Andrea Drescher (Hrsg.)

Menschen mit Mut

ars vobiscum

Originalausgabe

Dieses Buch ist auch als E-Book erhältlich.

1. Auflage

Vockestraße 97, 85540 Haar
www.ars-vobiscum.com

Umschlaggestaltung:
Martin Weinknecht

Druck und Bindung:
Künster-Druck GmbH, Andernach-Miesenheim
www.kuenster-druck.de

Printed in Germany

ISBN 978-3-948798-00-0

www.menschen-mit-mut.eu

Andrea Drescher

(Hrsg.)

Menschen mit Mut

ars vobiscum

Gewidmet

den Kriegsopfern und unseren Lesern

Inhalt

Der Versuch einer Inhaltsangabe

Dies ist kein Buch über Russland, aber es hat etwas mit Russland zu tun.
Dies ist kein Buch über Corona, aber es hat etwas mit Corona zu tun.
Dies ist kein Buch über Juden, aber es hat einiges mit Semiten und Antisemiten zu tun.
Dies ist kein Buch über Bürgerkriege, aber es hat etwas mit deren Folgen zu tun.
Dies ist kein Buch über Demonstrationen, aber es hat einiges mit Widerstand zu tun.
Dies ist kein Buch über die Friedensbewegung, aber es hat viel mit der Friedensbewegung zu tun.

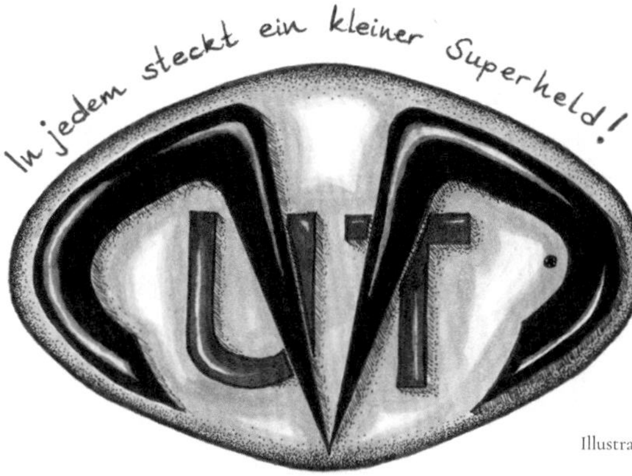

Illustration: Diana Wille

Es ist definitiv kein Buch über Superman und Superwoman, aber es hat sehr viel mit mutigen Menschen zu tun. Menschen die, warum auch immer, ungewöhnliche Dinge tun. Menschen, die sich außerhalb der Norm stellen, dem Konformitätsdruck der Gruppe nicht nachgeben. Prominente, weniger Prominente und völlig Unbekannte geben in Interviews Beispiel – und damit Impulse oder Inspiration – wie man handeln kann ... wenn man will.

Menschen und Menschinnen aus den unterschiedlichsten Lebenssituationen und Altersgruppen haben sich auf ein oft persönliches Gespräch eingelassen: Künstler, Schüler, Verkäufer, Anwälte, Geisteswissenschaftler, Arbeitslose, Mediziner, Studenten, Polizisten, Rentner, Soldaten, Hausmänner, Unternehmer, Journalisten ...

Man kann niemandem hinter die Stirn schauen, wenn man ihn interviewt, man muss nicht mit jeder Handlung einverstanden sein und man muss nicht jeden Handelnden sympathisch finden. Aber allen gebührt der Respekt für ihren Mut, in ihrer Situation gegen den Strom geschwommen zu sein.

Ich danke allen, die mutig sind.

Die Entstehung

Foto: Wolfgang Manuel Bamminger

Ich schreibe viel und gerne. Und ich gehe – gezwungenermaßen – gerne und häufig auf Demonstrationen. Der „Rote Mantel“ hat inzwischen schon ein bisschen Bekanntheit erlangt – ich kann eben meinen Mund nicht halten, wenn mir Dinge nicht passen. Und im Moment passt mir vieles nicht.

Die Idee zu diesem Buch kam mir am 9. Oktober auf dem Weg zum Schweigemarsch nach Berlin, der am 10.10.2020 „Premiere“ hatte. Ich fuhr mit einem befreundeten Aktivisten zusammen zur Demo. Er erzählte mir einige Details über den Jobverlust seiner Partnerin, die aufgrund ihrer Maskenbefreiung Probleme im Job hatte, sich aber weigerte, klein beizugeben. Das imponierte mir. Es bedeutet Mut, die eigene wirtschaftliche Existenz zu riskieren. Dann fiel mir mein Interview mit einer Ärztin ein, das seitens der Rubikon-Redaktion mit „Der Mangel an Mut“ übertitelt worden war. Da wurde mir klar: Es gibt vielleicht gar keinen Mangel an Mut – man weiß nur nichts von den vielen „kleinen“ mutigen Taten vieler einzelner Menschen! Und schon stand ein Buchtitel vor meinen Augen: „Menschen mit Mut“.

Mutig sein heißt gegen den Strom zu schwimmen, nicht nur – aber auch – in Zeiten von Corona. Viele Aktivisten der Friedensbewegung schwimmen schon lange gegen diesen Strom, sie haben bereits Schwimmhäute entwickelt, um gegen das, was passiert, ein mutiges Zeichen zu setzen. Einige dieser mutigen Menschen hatte ich bereits im Rahmen meiner Artikelserie „Wir sind Frieden“ befragt, die im Rubikon erschien. Außerdem gab es einige Interviews mit mutigen Filmemachern und Journalisten, die in den NachDenkSeiten veröffentlicht wurden. Hmmm ... 22 publizierte Interviews, entstanden zwischen Dezember 2019 und Oktober 2020, wären doch schon mal ein guter Grundstock, dachte ich.

Das Ergebnis dieser ersten Überlegung liegt jetzt vor. Über 90 Interviews sind es geworden. Genau 92. Manche kann man bereits online lesen. Free21, Frische Sicht, Neue Rheinische Zeitung, Rubikon und Zivilimpuls publizieren jetzt die – ganz überraschend – gleichnamige Artikelserie „Menschen mit Mut“. Denn JETZT brauchen die Menschen Mut. Und zwar möglichst viele und möglichst viel. Dafür sind alle Gesprächspartner beispielgebend, jeder und jede auf ihre ureigene Art.

Mein Dank an die Mitmachenden

Danke den mutigen Menschen, die sich Zeit für das Gespräch und die anschließende Freigabe der Texte genommen haben.

Mein weiterer Dank gilt Christiane Borowy, Jochen Mitschka, Kathrin Feldmann, Dr. Michael Dahnke, Sabiene Jahn und Thomas Stimmel, die sich Zeit für Gespräche mit mutigen Menschen genommen und ihre Arbeit beigesteuert haben.

Die Fotos und Illustrationen zur Gestaltung des Buches stammen von Björn Gschwendtner, Diana Wille, Harry Kühne, Lena Schukow, Martin Weinknecht, Patricia Kölb-Schur, Thomas Stimmel und Wolfgang Manuel Bamminger.

Mein besonderer Dank gilt Marion Koffend, Monika Asmus und Ute Brach, die durch Transkribieren und Lektorieren dazu beigetragen haben, dass am 08.02.2021 sämtliche Texte als „Gesamtkunstwerk" fertig waren.

Franz Kriftner, Johannes Obermayr, Rolf Künster, Thomas Gauer, Thomas Stimmel und Wolfgang Süß, die eingesprungen sind, als der Verlag trotz mündlicher Zusagen auf einmal absprang, und dafür gesorgt haben, dass es jetzt in Papierform vorliegt – was soll ich da noch sagen? Solche Menschen im Hintergrund, auf die man bzw. ich mich verlassen kann, sind einfach unbezahlbar.

Apropos Bezahlung: Der Ertrag dieses Buches geht zu 100 % auf das Konto der „Friedensbrücke – Kriegsopferhilfe e. V.", *www.fbko.org*, der ich für ihren unermüdlichen Einsatz für Menschen in Kriegsgebieten besonders herzlich danke.

Also, Leute: KAUFT DAS BUCH!

Alexander Ehrlich – #honkforhope: Man muss laut sein, um wahrgenommen zu werden

Andrea Drescher

Foto: Privat

Der in Mödling 1979 geborene Unternehmer Alexander Ehrlich lebt heute im Osten von Niederösterreich. Er ist alleinerziehender Vater von zwei seiner vier Kinder und hätte es sich vor ein paar Jahren vermutlich nicht träumen lassen, dass er in Wien Freiluftgottesdienste abhalten würde. Früher war er in seiner Freizeit Tanzlehrer für Standard und Latein, heute reicht die Freizeit nicht mal mehr für das Musizieren mit Horn und Klavier oder Häkeln, ein bei Männern eher unübliches Hobby. Denn er ist seit 2020 zu 100% Friedensaktivist und setzt sich seit August dieses Jahres Vollzeit für eine neue – und deutlich bessere – Welt ein.

Er ist Generalkoordinator des Vereins #honkforhope, eines pan-europäischen Busverbandes zur Rettung des Busreisegewerbes in Europa. Dieser entstand aus einem Zusammenschluss von Buslogistikern, Busunternehmen, Busverbänden, Busfahrern, Reisebüros, Gästeführern, Reiseleitern und anderen Akteuren des Busreisegewerbes. Die erste öffentliche Aktion von #honkforhope war die anlässlich des ersten internationalen Aktionstages in Wien, Dresden, Bratislava und vielen weiteren Städten in Europa erfolgte Übergabe der internationalen Petition „Rettet das Busreisegewerbe" an die österreichische Bundesregierung am 29.04.2020 durch Alexander Ehrlich. Es folgten seither zahlreiche Aktionstage unter anderem in Deutschland, Österreich, der Slowakei, Kroatien, Slowenien, Italien, Albanien, der Ukraine und anderen Ländern Europas.
www.honkforhope.eu

Im Busverband sind nicht nur Busunternehmer Mitglied, sondern jeder, der in einem Busunternehmen arbeitet – also Arbeitgeber und Arbeitnehmer –, ist im Verband gleichberechtigt, das ist eine ungewöhnliche Konzeption. Das Busreiseunternehmen unterscheidet sich insofern von anderen Gewerbesparten, weil es hier keinen Klassenkampf gibt. Arbeitgeber und Arbeitnehmer sind wie eine Familie, da gibt es sehr viel Loyalität und Solidarität – und deshalb auch einen Verband, in dem beide Seiten gleichberechtigt sind.

Sie setzen sich als Unternehmer für Ihr Unternehmen ein. Ihr Aktivismus deutet aber darauf hin, dass es Ihnen nicht nur um Ihr eigenes wirtschaftliches Überleben geht. Was wollen Sie erreichen?
Um mein eigenes wirtschaftliches Überleben ging es nie. Auch nicht um meine Unternehmensgruppe. Ich habe mich von Anfang an für das Überleben anderer eingesetzt. Ich selbst habe kein eigenes Busunternehmen, sondern habe laut Gewerbeberechtigung ein Reisebüro. Mein wirtschaftliches Überleben ist dank der sogenannten Hilfsmaßnahmen gesichert. Ich habe privat keinen Cent von den Dingen, die wir für die Busunternehmen erreicht haben, profitiert, und auch nicht der Busverband. Privat kostet mein Engagement mich einiges. Nicht jeder, der für eine Sache kämpft, tut dies des Geldes wegen.

Ihre Kinder sind wohl auch ein wichtiger Motivator, sich zu engagieren, oder?
Ganz richtig. Zunächst habe ich mich für den Busverband eingesetzt, am 1. August 2020 aber erkannt, dass es nicht hilft, den Brandstifter um Löschwasser zu bitten. Der einzige Weg, das Busreisegewerbe zu retten, ist die Freiheit zu retten. Und das war der Punkt, an dem der wirtschaftliche Aspekt für mich völlig in den Hintergrund, die gesellschaftliche Verantwortung, die Zukunft der Menschheit und natürlich die Zukunft meiner eigenen Kinder in den Vordergrund traten.

Sie waren mit Ihren Bussen bei vielen großen Demonstrationen in Deutschland dabei. Berlin, Konstanz und Leipzig – um nur einige Veranstaltungen zu nennen. Und am Bodensee sowie am 18.11. in Berlin waren Sie auch Veranstalter.
Am Bodensee am 03.10.2020 war ich als Koordinator tätig, da ging es um die logistische Planung und die Abstimmung vieler verschiedener Friedensinitiativen, nicht um die Busse. In Berlin am 18.11.2020 war ich Versammlungsleiter, auch da habe ich mich nicht um die Busfahrten gekümmert, sondern alles rund um die Demo koordiniert. Seit dem 29.08.2020 habe ich keine Busfahrten mehr abgewickelt.

Wie haben Sie 2020 die Stimmung erlebt? Gab es Veränderungen zwischen dem 01.08. und dem 18.11.?
Oh ja, es hat sich sehr verändert. Die Veranstaltungen am 01.08. und 29.08. waren optimistische, schwungvolle Partys für Frieden und Freiheit, allerdings ohne erkennbare Zielsetzung. Es waren eher Unterhaltungsveranstaltungen, zu denen man hinfährt, um etwas zu erleben – wie auf einem Festival –, aber nicht, um etwas zu fordern. Die Stimmung kippte in Leipzig, wo aus der Demo dann plötzlich eine Aktion des Volkes wurde, bei der jeder für sich selbst entschied: „Was tue ich, was fordere ich, wie drücke ich mich aus?"

Wie meinen Sie das?
In dem Augenblick, als in Leipzig die Demo beendet wurde, beschlossen die Menschen, dass sie in die Eigenverantwortung gehen und einen unangemeldeten Umzug auf dem Ring durchführen. Das war für mich ein entscheidender Wendepunkt der Bewegung. Bis dahin gab es immer einen strukturierten, organisierten Rahmen, mit Programm, das man sich anhört und dem man zustimmen kann, ohne sich selbst auszudrücken.

Zur Volksbewegung wurde es in Leipzig, und genau dasselbe geschah auch in Berlin am 18.11.2020. In dem Augenblick, in dem ich die Versammlung beenden musste, begannen die Menschen zu handeln, ohne dass irgendeine Organisation oder Struktur dahinter stand.

Haben Sie Veränderungen auf Seiten der Polizei wahrgenommen?
Leider ja. Die Polizei wurde laufend restriktiver. Vom ersten noch vergleichsweise harmlosen Eingreifen am 01.08. über die massiven Übergriffe am 29.08. bis zu den Wasserwerfern am 18.11. in Berlin wurde immer stärker an der Eskalationsschraube gedreht. Es wurde immer repressiver, bis hin zum 31.12., der ja komplett ausgefallen ist, weil es dort nicht mal mehr erlaubt war, in Gruppen von drei Personen spazieren zu gehen. Bereits in Bremen wurden am 05.12. erstmals alle regierungskritischen Demos generell untersagt, inklusive der, die ich angemeldet hatte. Ganz pauschal mit dem Hinweis: „Regierungskritisch demonstrieren ist verboten."

Das wurde explizit so gesagt?
Explizit wurde das erstmals in Dresden so vertreten, das haben wir auf Video. Da hieß es: „Corona- und regierungskritische Demonstrationen sind verboten." Das war eine wortwörtliche Polizeidurchsage in Dresden. In Bremen wurde es im Untersagungsbescheid durch die Blume sinngemäß so formuliert. Die inhaltliche Nähe zur Querdenken-Bewegung wurde gerügt und das Verbot von Demonstrationen aus diesem Umfeld hervorgehoben.

Sie sind auf den großen Demos in Österreich ebenso aktiv. Am 16.01. und 31.01.2021 in Wien gehörten Sie zu den Organisatoren.
Nicht nur im Januar 21, schon am 31.10.2020 und 01.11.2020 war ich Veranstalter der zweitägigen #hellowien-Kundgebung. Am 16.01.2021 war ich Mitorganisator der Großkundgebung „Kurz muss weg!" als Teil einer bundesweiten Allianz der österreichischen Friedensbewegung.

Seit 31.01.2021 läuft es bei uns leider auch etwas anders. Da wurden auch in Österreich regierungskritische Demos verboten. Daraufhin habe ich als lutheranischer Christ mein Recht wahrgenommen, entsprechend der Lehre Martin Luthers das Priestertum aller Gläubigen auszuüben, und habe zu einer interreligiösen und interkonfessionellen Wallfahrt für Rechtsstaatlichkeit aufgerufen. Somit war ich am 31.01.2021 der Gottesdienstleiter.

Sehen Sie Unterschiede bei Demonstrationen zu Deutschland und Österreich?
Es ist auf Seiten der Politiker dieselbe Eskalationsstrategie zu sehen, sie möchten auch bei uns jetzt viel repressiver vorgehen als bisher. Zu beobachten ist dabei eine Zeitverzögerung. Österreich hinkt um ein paar Monate hinter der Entwicklung in Deutschland her. Der große Unterschied ist aber, dass sich die Polizei in Österreich nicht politisch instrumentalisieren lässt. Das konnte man schon am 02.11. sehen, als die Polizeigewerk-

schaft AUF der Regierung per Presseaussendung mitgeteilt hat, dass österreichische Polizeibeamtinnen und -beamte keine Marionetten einer türkis-grünen Regierung sind und sich nicht dazu hergeben, verfassungswidrige Verordnungen umzusetzen.

Das führte in weiterer Folge dazu, dass die Großdemonstrationen am 16.01. ausgesprochen professionell und deeskalierend begleitet wurden. Auch alle vorbereitenden Demonstrationen vom 01.01. bis 15.01., die in vielen Städten Österreichs – selbst in kleinen Bezirksstädten – stattfanden, wurden professionell begleitet, sicher geschützt, aber nicht behindert oder gestört. Es gab nur einzelne Ausnahmen wie am 08.01.2021 in Linz, aber verglichen mit Deutschland war das noch harmlos. Wenn man erlebt hat, wie in Berlin Menschen mit Krückstöcken niedergeschubst wurden oder Schwangere mit dem Bauch nach unten auf den Boden gedrückt worden sind, waren die Übergriffe Einzelner überhaupt nicht vergleichbar.

Wenn man Artikel in den verschiedenen Medien verfolgt, war der 31.01. in Wien ja eine Ansammlung von Nazis, Hooligans, Identitären und anderen üblen Gestalten. Direkt gefragt: Sind Sie ein Nazi? Oder ein Antisemit?
(*Lacht*) Alleine durch meinen Familiennamen kann ich wohl kaum Antisemit sein. Wie auch immer, ich hatte die #hellowien-Demo mit einer Eröffnungsdemonstration am Mahnmal gegen Krieg und Faschismus eingeleitet. Dort haben wir sämtliche Ideologien, die einen Menschen höher bewerten als einen anderen, verurteilt und uns gegen jegliche Form von menschenverachtender Ideologie klar positioniert. Namentlich genannt haben wir Leninismus, Stalinismus, Nationalsozialismus, Maoismus, Salafismus und Absolutismus. Davon abgesehen bin ich einer der Mitzeichner des Salzburger Fundamentes, das wir am 06.09.2020 in Salzburg zwischen 30 Friedensinitiativen aus Deutschland und Österreich verhandelt haben. Darin haben wir ganz klar definiert, für welche Werte wir eintreten.

Welche sind das?
Wir stehen für Eigenverantwortung, transparente direkte Demokratie, Selbstbestimmung sowie für Achtung, Respekt und Verantwortung für alles Leben. Diese vier Punkte schließen ganz von selbst die genannten Extrempositionen aus, insbesondere den Nationalsozialismus, der mir persönlich auch deswegen verhasst ist, weil meine Familie zu den Opfern dieser Zeit gehört. Meine politische Einstellung zeigt sich auch darin, dass mein Busverband ein soziales Experiment zur Überwindung der Klassengräben ist, was man ebenfalls nicht als rechts, sondern als links einordnen muss.

Die Demos am 31.01. wurden verboten, stattdessen haben Sie einen Gottesdienst angemeldet. Wie verlief der Tag aus Ihrer Sicht?
Wir hatten ursprünglich verschiedene Demonstrationen angemeldet, die allesamt verboten wurden, mit dem Vorwand des Infektionsschutzes. Das betraf unter anderem eine Demo, bei der 20 Menschen auf einer abgesperrten Fläche mit ABC-Schutzanzügen

demonstrieren wollten. Auch ein Autokorso von drei Fahrzeugen wurde untersagt. Daran sieht man deutlich, dass es nicht um Infektionsschutz, sondern um Regierungskritik geht.

Daraufhin haben wir gesagt, wenn wir keine Hilfe mehr vom Staat erhalten und es keine Eilanträge gibt, um Hilfe vom Gericht zu bekommen, können wir uns nur noch an den wenden, der über der Regierung, der Verfassung und dem Staat steht: also Gott. Deswegen habe ich zu einer Wallfahrt eingeladen. Diese wurde von der Polizei zunächst verhindert, indem sie uns am Burgring einkesselten. Um eine Eskalation zu verhindern, haben wir die Wallfahrt in einen stationären Gottesdienst umgewandelt und so lange gemeinsam für Frieden und Freiheit gebetet, bis der Polizeikessel geöffnet wurde. Danach begannen wir mit der Wallfahrt, wurden von der Polizei auf eine weit größere Route geführt als ursprünglich geplant und haben dadurch mehr Menschen erreicht als gedacht. Der Zug wurde dann aufgespalten, zog durch die Wohngebiete, wo Menschen an den Fenstern gejubelt haben und den Daumen hoch zeigten. Der österreichische Innenminister Karl Nehammer hat durch seine repressiven Aktionen das Gegenteil dessen erreicht, was er wollte.

Es war eine wunderbare friedliche Stimmung, und die Polizei hat bis zuletzt ihre Hauptaufgabe, den Frieden zu sichern und die Demonstration vor Gewalt und Störungen zu schützen, wahrgenommen. Es gab sogar eine blitzartige Räumung einer Antifa-Blockade.

Nur ganz zum Schluss kam es noch zu einigen Zwischenfällen. So wurde Martin Rutter unter dem Vorwurf „Widerstand gegen die Staatsgewalt“ verhaftet und die letzten 60 Teilnehmer bei der Wiener Börse eingekesselt und längere Zeit daran gehindert, nach Hause zu gehen. Für mich persönlich endete der Tag mit einer bösen Überraschung, denn ein unbekannter Radfahrer hat eine Scheibe meines Autos eingeschlagen.

Insgesamt war der Tag aber ein phänomenaler Erfolg. Die Menschen haben ihren besten Willen gezeigt, sich keiner Diktatur zu beugen, und die Polizei hat gezeigt, dass zumindest die Religionsfreiheit in Österreich noch heilig ist.

Wie leben Sie derzeit? Man sieht Sie überall in Österreich auf Veranstaltungen, Sie organisieren Veranstaltungen, machen Videos, betreuen Telegram-Gruppen, machen Parteiarbeit und vernetzen Menschen. Schlafen Sie auch irgendwann?
Üblicherweise drei Stunden in der Nacht und 90 Minuten am Nachmittag.

Also volle Energie in den Widerstand?
Ich bringe 100% meiner Zeit, meiner Energie und meiner wirtschaftlichen Ressourcen ein. Ich würde aber nicht sagen in den Widerstand, sondern in die Friedensbewegung. Ich sehe nämlich keinen Widerstand. Ich sehe eine Bewegung, die das Ziel hat, aus der Krise eine Chance zu machen, um so eine bessere Gesellschaft zu erreichen, als wir sie

bisher hatten. Das Ziel, das ich anstrebe, ist die von Doreen Schneider aus Ravensburg konzipierte Anthropokratie, die Herrschaft des Menschen. Demokratie ist für mich ein sehr schwammiger Begriff. Was wir erreichen müssen, ist die Herrschaft des Menschen in seiner individuellen Vielfalt unter Achtung und Berücksichtigung jedes Einzelnen.

Ich persönlich sehe eine faschistische Diktatur auf uns zukommen. Die Zeit des „Wehret den Anfängen" ist in meinen Augen auch bereits vorbei. Wie schätzen Sie das ein – und was erwarten Sie sich für die Zukunft? Können wir das Ganze noch abwenden?
Wir erleben den Versuch, eine faschistische Diktatur zu errichten, dieser Versuch ist aber von vornherein zum Scheitern verurteilt. Ich sage es mit den Worten von Erzbischof Viganò: „Wir haben bereits gewonnen, denn Gott hat seine Werkzeuge erwählt." Und zwar jeden Einzelnen, der oder die in der Friedensbewegung steht, an ihr teilnimmt, sich einbringt, sich ausdrückt. Wir sind viele, wir werden immer mehr, und alles wird gut.

Nach der Demo ist vor der Demo. Wann sind die nächsten Veranstaltungen – Demonstrationen, Gottesdienste, Wallfahrten oder ähnliche Aktionen – geplant?
Am 06.02. werden wir eine länderübergreifende Kundgebung für grenzenlose Selbstbestimmung auf der Grenzbrücke zwischen Salzburg und Freilassing organisieren. Für die Faschingszeit sind Umzüge, Andachten und Demonstrationen in ganz Österreich in Vorbereitung. Am 14.02. nehme ich voraussichtlich als Gast an einer Kundgebung für die Liebe in Hannover teil. Als grenzüberschreitende Allianz aus Initiativen der Salzburger Gruppe mit dem Team Friedenskette, der österreichischen Friedensbewegung und #honkforhope planen wir für die unmittelbare Zukunft auch größere Wallfahrten, Kundgebungen und Andachten in München, Stuttgart und Berlin. Laufend informiere ich darüber auf meinem Telegram-Kanal **https://t.me/alexander_ehrlich**

Vielen Dank für das Gespräch und Ihr Engagement. Wir sehen uns auf der Straße!

Dr. Alexandra Koller: „Dienstfrei gestellt wegen Kritik an den Infektionsschutzmaßnahmen“

Thomas Stimmel

Foto: Privat

Ärzte und Wissenschaftler, die sich kritisch gegenüber den derzeitigen Maßnahmen zur Eindämmung der Corona-Pandemie äußern, haben oftmals mit negativen Konsequenzen zu rechnen. So erging es auch Dr. Alexandra Koller. Sie ist Amtsärztin des Bereiches Jennersdorf (Burgenland/Österreich). Nach einem Auftritt auf einer Corona-kritischen Demonstration in Oberwart wurde sie dienstfrei gestellt und ein zusätzliches Arbeitsverhältnis beendet. Ebenfalls wurde seitens der Ärztekammer ein Verfahren eingeleitet.

Dr. Koller sieht sich seit ihrem öffentlichen Auftritt in die Ecke gedrängt und einem enormen (medialen) Druck ausgesetzt. Die offensichtlich negativen Konsequenzen würden dazu führen, dass viele ärztliche Kollegen aus Angst nicht an die Öffentlichkeit treten würden. Dr. Koller betont, dass die Infektionsschutzmaßnahmen unverhältnismäßig seien und nicht auf – mittlerweile vielfach belegten – Fakten beruhen. Ärzte dürfen nicht von Pharma-Industrie und Politik vorgeschrieben bekommen, wie sie Patienten zu versorgen haben.

In dem Interview spricht Amtsärztin Dr. Alexandra Koller zu ihren Beweggründen, mit ihrer Kritik an den derzeitigen Infektionsschutzmaßnahmen an die Öffentlichkeit gegangen zu sein.

Was ist denn so das Tätigkeitsfeld einer Amtsärztin, könnten Sie mir das kurz umschreiben?
Das normale Tätigkeitsfeld sind überwiegend Führerscheinuntersuchungen, Frühkarenzierung für Mutterschutz, Wasseruntersuchungen, Prostituierten Gesundheitspässe ausstellen, amtsärztliche Gutachten verfassen. Das alles hat im letzten Jahr kaum stattgefunden oder nur am Rande. Im letzten Jahr war ich überwiegend mit den Covid-19-Maßnahmen beschäftigt, alles andere war in der Behörde untergeordnet. Also was meine Hauptbeschäftigung jetzt war: Wir schickten teilweise Symptomlose, bzw. PCR-positiv Getestete mittels Bescheid in Quarantäne, und ein Großteil der Arbeit war dann auch sozusagen die Genesenen wieder zu entlassen aus der Quarantäne.

Da ist es ja so, einer Ihrer Hauptkritikpunkte ist ja die falsche Darstellung dieser Infektionszahlen. Wie Sie ja schon gesagt haben, diese Infektionszahlen beruhen eben auf diesen Positivtestungen durch PCR-Tests. Wie haben sich diese Infektionszahlen konkret für Sie dargestellt in Ihrem Berufsalltag – können Sie mir da einen kurzen Einblick geben?
Zum einen muss man sagen, dass der PCR-Test prinzipiell keine Infektion nachweist, das wissen wir jetzt auch. Es gibt auch Sammelklagen vom Dr. Füllmich, dass das nicht die eigentliche Aufgabe des PCR-Tests sei, und wir haben auch gesehen, dass wir bei Symptomlosen einen positiven PCR-Test haben. Zum anderen muss man sagen, dass hier einfach Fallzahlen zustande gekommen sind, die nicht der ganzen Wahrheit entsprechen, weil ja viele falsch-positive Testergebnisse da waren. Wie viel da der Prozentsatz ist, da kann ich keine Angaben machen. Mir ist nur aufgefallen, es haben viele Symptomlose auch einen positiven PCR-Test. Prinzipiell gibt es keine Übersterblichkeit in unserem Bereich, und wenn man sich die Zahlen anschaut, dann kommt man auf die sogenannte Letalität, also das ist die Sterblichkeitsrate, und die errechnet sich aus der Anzahl der Todesfälle, die an der Erkrankung verstorben sind, dividiert durch die Gesamtzahl der Personen mit dieser Erkrankung. Und da muss ich sagen, dass ich in meinem Bereich, also wo ich die offiziellen Zahlen kenne, in unserem Bezirk – das sind etwa 17.000 Einwohner – auf eine Letalitätsrate von 0,017 komme. Das war der Zeitraum März bis Ende November 2020.

Das ist natürlich sehr interessant, diese Erkenntnisse sind ja sehr konträr zu der medial publizierten Panik. Jetzt ist es ja so, diese Teststrategie, die Sie ja schon angesprochen haben, mit den PCR-Tests – dass man symptomlose Menschen testet, wird ja von vielen Wissenschaftlern und Ärzten seit Beginn dieser Pandemie sehr kritisch diskutiert. Jetzt ist es so, dass am 20.01.2021 die WHO noch ein Papier veröffentlicht hat zur Handhabung der Tests, wo eben auch nochmal festgestellt wird, dass ein positives Testergebnis eben nicht gleich Infektion ist und eine Diagnose durch einen Arzt stattfinden muss. Da wollte ich Sie fragen: Wie erklären Sie sich, dass seitens der Regierungen diese Teststrategie nicht geändert wird, obwohl man jetzt diese anderen Erkenntnisse hat?
Zunächst muss man feststellen, dass die WHO ein ganzes Jahr gebraucht hat, um überhaupt die Teststrategie zu ändern. Die Änderung würde bezeichnen, dass wir für eine Erkrankung einen zweimaligen positiven Test brauchen, plus klinischer Symptomatik. Das ist bei uns noch immer nicht verändert worden, also es läuft gleich weiter, es zählt ein positiver Test – mit all den Quarantänemaßnahmen, die dann folgen. Bei uns wurde das noch nicht umgestellt, vielleicht will man es nicht umstellen, weil es dann zu einem starken Sinken kommen würde. Vielleicht will man das gar nicht.

Und ist jetzt diese Situation Anlass dafür gewesen, dass Sie sich öffentlich kritisch geäußert haben?
Ja, weil ich kenne die ganzen Zahlen, ich kann das seit März verfolgen, und seit März 2020 besteht aus medizinischer Sicht keine Verhältnismäßigkeit zu den getroffenen Maßnahmen. Vielmehr handelt es sich um eine gesundheitsschädliche Vorgangsweise. Ich fühle mich in die Enge gedrängt, die Politik und Industrie gibt vor, was Ärzte machen müssen. Und die Medien sagen leider die Unwahrheit, und ich denke, dass eine große Menge von Menschen nicht richtig aufgeklärt wird.

Das Hauptargument für das Fortschreiten der Infektionsschutzmaßnahmen ist ja damit begründet, dass eine Überlastung der Intensivstationen vermieden werden soll. Ist das eine richtige Schlussfolgerung, oder wie bewerten Sie diese offizielle Begründung?
Das wird seit einem Jahr behauptet, und das hat vielen Angst gemacht, den sogenannten Erstickungstod zu erleiden. Man muss ja bedenken, dass hier auch Angst erzeugt wurde. Das war leider immer die politische Begründung, diese ist aber nicht eingetroffen, also bei uns nicht. Wir hatten in jedem Winter vermehrte infektbedingte Spitalsaufnahmen. Und man muss anmerken, warum reduzierte man die Intensivbetten? Und ganz wichtig, uns wurde mit der sogenannten Triage bei den Intensivbetten auch Angst gemacht. Das ist bei uns nicht eingetroffen, vielleicht ist es in gewissen Teilen Italiens eingetroffen, aber bei uns nicht. Jetzt haben wir paradoxerweise die Triage bei den psychiatrischen Aufnahmen. Beispiel: AKH Wien schlägt Alarm, Triage in der Kinder- und Jugendpsychiatrie. Nur noch die Notwendigsten können aufgenommen werden.

Das sind sehr schwierige Entwicklungen, die wir da sehen. Da sind wir jetzt in dem Bereich der sogenannten Kollateralschäden, die jetzt durch diese eingeführten Schutzmaßnahmen entstehen. Können Sie mir noch weitere Beispiele nennen, aus Ihrem beruflichen Alltag, dieser Kollateralschäden, oder wie haben die sich ausgedrückt?
Natürlich, ich war nebenher auch noch in einer Praxis tätig, und ich kann insgesamt sagen, dass das Leid der Menschen größer geworden ist. Viele hatten vor den Maßnahmen mehr Angst als vor dem Virus. Notwendige OPs und Behandlungen wurden abgesagt. Die Ängste generell, Depressionen, psychiatrische Auffälligkeiten haben zugenommen, auch psychosomatische Beschwerden, familiäre Konflikte, die ich als Ärztin selbst wahrnahm bei Patienten. Die Gesellschaft wurde zerrüttet, Beziehungsprobleme haben zugenommen, Freundschaften sind zerbrochen, die Kinder haben Ängste entwickelt und sind unsicher und in ihrem sozialen Gefüge getrennt worden. Von vielen Klienten habe ich auch über finanzielle Nöte berichtet bekommen. Insgesamt hat sich eine unsichere Zukunftsvorstellung breitgemacht. Eigentlich müsste man auch die Suizidrate vom letzten Jahr genau ins Visier nehmen.

Jetzt kommen wir zu einem weiteren sehr schwierigen Thema. Es ist so, dass Sie auch die neuartigen Impfstoffe oder diese Impfstrategie kritisieren. Die wird derzeit offiziell als einziges Mittel zur Beendigung der Pandemie dargestellt. Jetzt gibt es inzwischen Berichte aus Norwegen, Norddeutschland, auch aus vielen anderen Ländern, wo nun eben Todesfälle im zeitlichen Zusammenhang mit der Impfung vorgekommen sind, gerade aus Alten- und Pflegeheimen. Könnten Sie mir dazu Ihre Gedanken schildern? Welche Probleme sehen Sie da im Zusammenhang mit der Impfung?
Zunächst muss man sagen, dass das wirklich ein neuartiger Stoff ist. Ich weiß nicht genau, ob das überhaupt eine Impfung ist. Diese mRNA-Impfung ist bei den Menschen neu, anscheinend existieren keine toxikologischen Studien. Weiter wissen wir nicht konkret, was unmittelbar nach der Impfung passiert, und in wie vielen Prozentsätzen da sofort etwas auftritt. Weiter wissen wir nicht: Was passiert nach einem, drei oder fünf Jahren nach der Gabe?

Also diese sogenannten Langzeitfolgen?
Genau. Man sagt zwar, Langzeitfolgen würde es nicht geben, aber das sehen wir ja erst in ein, drei oder fünf Jahren. Insgesamt bezeichne ich diese Sache als experimentell. Ich bitte auch, wenn sich da wer weiterbilden will, sich die Aussagen von Prof. Bakdhi und Dr. Wodarg bezüglich Impfstoffen herauszusuchen, es gibt genügend Lektüre dazu. Weiter scheint es so, dass keine sterile Immunität durch die Impfung entsteht. Darunter würde man jene Art der Immunität verstehen, bei welcher man nicht nur selbst geschützt ist, sondern als Geimpfter den Erreger auch nicht mehr weitergeben kann – und das ist nicht der Fall. Diese Immunität scheint hier nicht gegeben zu sein.

Wie können Sie sich dann erklären, wieso so wenige Ärzte nach außen treten oder wirklich kritisch Stellung nehmen zu dieser Situation?
Ich denke, aus Angst vor dem Angriff, den man abbekommt, wenn man die Wahrheit sagt, das habe ich ja auch selber deutlich gespürt. Also, ich bin zwei Jobs los, und die Ärztekammer hat auch noch ein Verfahren eingeleitet. Vielleicht spielt man auch mit als Arzt, wenn man einen finanziellen Vorteil bekommt, also zu den Corona-Gewinnern gehört. Im Großen und Ganzen war es aber immer schon so, dass die Industrie sagt, was Ärzte zu tun haben. Hier sehe ich die Problematik eigentlich.

Wir sprechen hier von einem sehr verengten Debattenraum. Wie bewerten Sie denn generell die gesellschaftliche Situation?
Man kann sagen, die gesamte Gesellschaft ist gespalten. Es herrscht Unsicherheit und Distanzierung, die soziale Situation hat sich katastrophal verschlechtert.

Eine letzte Frage: Was wäre denn Ihr größter Wunsch für die Zukunft?
Der größte Wunsch wäre, dass wir alle wieder in ein lebenswertes Leben kommen und die hierarchischen, rigiden Strukturen fallen. Ein Leben in Freiheit würde ich mir wieder wünschen.

Frau Dr. Koller, ich danke Ihnen sehr, dass Sie sich die Zeit genommen haben, mit mir zu sprechen, und wünsche Ihnen alles Gute für die anstehenden Herausforderungen.

Alexandra Pervulesko: Verhaftet am Linzer Hauptplatz

Andrea Drescher

Foto: Privat

Alexandra Pervulesko (Jahrgang 1969) stammt aus Linz, wo sie nach 30 Jahren in Deutschland wieder lebt, um sich um ihre Mutter zu kümmern. Die Mutter eines 13-jährigen Sohnes ist gelernte Schauspielerin und Sängerin und hat 2019 das Badcafé in Linz als Kulturstätte mit abendlicher Live-Musik eröffnet. Sie entspricht also nicht ganz dem klassischen Bild eines rechtsradikalen Hooligans, trotzdem wurde sie am 08.01.2021 von Mitgliedern einer Sondereinheit verhaftet, die gegründet wurde, um auf gewalttätigen Veranstaltungen in diesem Umfeld aktiv zu werden. In einem kurzen Interview am Folgetag schildert sie die Vorfälle, die zu ihrer Verhaftung führten, sowie den anschließenden Verlauf aus ihrer Sicht.

Wie geht es Ihnen am Tag danach?
Ich bin erschüttert, dass so etwas in meiner Heimatstadt Linz passieren kann. Es ist unfassbar. Ich war ja nicht mal mehr auf der Demonstration, sondern schon auf dem Heimweg.

Wie kam es zu Ihrer Verhaftung?
Ich war nicht mehr unter fremden Menschen, sondern hatte gemeinsam mit meiner Freundin das Gelände bereits verlassen, trug aber dennoch meine Netzmaske. In Höhe der Trafik stand eine Reihe von Polizisten, die mich aufforderten, mir eine anständige Maske aufzusetzen. Ich erwiderte, dass man in der frischen Luft keine Maske aufsetzen müsse. Sie ließen uns nicht vorbei, sondern forderten erst mich und dann meine Freundin auf, unsere Ausweise vorzuzeigen. Das haben wir selbstverständlich auch getan.

Als die Kontrolle fertig war, bat ich um meinen Ausweis, was aber von dem Polizisten ziemlich grob verneint wurde. Gleichzeitig forderte er meine Freundin auf: „Zieh dir gefälligst eine Maske auf – ein Schal ist kein Ersatz." Darauf fragte ich ihn, seit wann wir per du sein würden, so würde man nicht mit uns sprechen und bat ihn – immer noch höflich – sich an Anstandsregeln zu halten. Als Antwort kam nur: „Was soll ich denn sonst zu dera Dame da sagen?" Darauf ich: „Wie reden Sie denn mit uns?"

Das war der Beginn der Eskalation, denn er kam einen Schritt auf mich zu und schrie mich an, ich solle gefälligst Abstand halten. Ich musste lachen: „Sie verlangen von mir Abstand, wenn Sie auf mich zukommen – soll ich wegspringen?“, und fragte ihn nach Namen und Dienstnummer. Worauf er sagte, ich solle den Mund halten.

Als Nächstes schubste er mich nach hinten, worauf auch mir die Nerven durchgegangen sind und ich ihn angebrüllt habe. In dem Moment hat er – erstmals – die Bodycam angeschaltet. Und dann ging es immer aggressiver weiter. Sie haben die Daten meiner Freundin festgehalten, ich habe mich kurzzeitig fassungslos weggedreht, weil ich alles nicht fassen konnte, habe mich aber dann wieder zu ihr gestellt. Ein anderer Kollege kam sehr nah zu mir. Den bat ich wegzugehen und hob meine Hand, um ihm zu zeigen, dass er viel zu nahe neben mir steht. Das werteten die Polizisten dann als Angriff.

Das war der Grund für Ihre Verhaftung?
Ja. In dem Moment haben sie gesagt, sie verhaften mich jetzt, haben mir die Arme nach hinten verdreht und mich wie einen Schwerverbrecher gegen die Hauswand gepresst. Ich bat den Polizisten, er solle mein verletztes Handgelenk schonen – ich habe einen Stützverband am Arm –, aber das war denen völlig egal. Obwohl ich einer Verhaftung zustimmte und ihnen sagte, dass ich mit ihnen gehen würde, sie mich aber bitte loslassen sollten, wurde von dem zweiten Polizisten noch mein anderes Handgelenk nach innen gedreht, sodass ich vor Schmerzen losschrie. Dann haben sie mich über den Hauptplatz zum Polizeibus geschleift.

Wie ging es dann weiter?
Sie haben mich an den Bus gedrückt, mir Handschellen angelegt und dabei mein linkes Handgelenk auch noch verletzt. Dann haben sich andere eingemischt, riefen „Lassen Sie die Frau los!“, und wir wurden von gefühlt 30 Polizisten abgeschottet. Als sie merkten, die Menge wird lauter, haben sie mich ins Rathaus reingezerrt. Als es hieß: „Stellt sie an diese Wand, da kann man von außen nicht einsehen“, wurde mir sehr unwohl. Ich bekam richtig Angst und dachte, jetzt wird es ernst. Aber dann kam ein weiterer Polizeibeamter – vermutlich ein Linzer, die beiden, die mich verhaftet hatten, waren von der Sondereinheit –, der das Ganze deeskalierte. Er beruhigte mich und sorgte dafür, dass die Handschellen entfernt wurden. Durch einen Hinterhof beim Rathaus wurde ich rausgebracht, durch eine Beamtin einer Körperuntersuchung unterworfen und dann in den Polizeibus – einen Gefängnisbus mit Zelle – gesetzt. Im stockfinsteren Bus mit vergitterten Fenstern fuhren sie mich durch die Stadt. Das war ein sehr ungutes Erlebnis.

Warum?
Ich wusste nicht wohin es geht, keiner wusste, wo ich bin. Das macht Angst, sowas geht tief rein. Ich kam im Hinterhof des Polizeihauptkommissariats in Linz an und wurde in einen Container mit Zellen gebracht.

Wie waren die Erfahrungen im Kommissariat?
Soweit es die Linzer Polizei anging, durchweg korrekt. Eine Amtsärztin kam, um meine Handgelenke anzuschauen und stellte die Verletzungen durch die Handschellen fest. Auch wurde Fieber gemessen, Herz und Lunge abgehört und man hat mich nach Drogen, Alkohol und Rasierklingen befragt. Das gehört wohl zum normalen Ablauf.

Der „Brutalo" von der Einsatzeinheit kam und meinte: „Irgendein Depp von der Demo hat grade angerufen und gibt sich als Ihr Anwalt aus." Später hat sich herausgestellt, dass es mein Anwalt war, den meine Freundin angerufen hat. Den wollten sie wohl nicht zu mir lassen.

Ich kam in eine Zelle und man ließ, da ich Platzangst habe, auch das Licht an. Eine Beamtin kam, um eine vollständige Körperdurchsuchung durchzuführen. Auch wenn ich nicht weiß, was sie bei mir finden wollte – sie war sehr nett, machte nur ihren Job –, es ist vermutlich auch Teil der Prozedur. Das war ja meine erste Verhaftung.

Nur die zwei, die durch ihre Eskalation und ihr Verhalten das Ganze ausgelöst hatten, waren ein Problem – wobei ich den Eindruck hatte, dass es einem von beiden leid tat. Er hat wohl selbst gemerkt, dass das aus dem Ruder gelaufen war. Aber gut – da muss man trotzdem dagegen angehen. Ich wollte mir von den beiden die Dienstnummer geben lassen, das wurde aber verweigert.

Ein junger Polizist kam dann und fragte mich, ob ich meinen Anwalt sprechen wolle. Klar wollte ich das. Wir mussten dann noch solange bleiben, bis ca. 1,5 Stunden nach meiner Einlieferung eine Juristin kam, um über meine Freilassung zu entscheiden. Sie war genauso wie mein Anwalt von der Unverhältnismäßigkeit überzeugt. Es gab keine Begründung mich festzuhalten und ich durfte gehen. Ich war mir mit meinem Anwalt einig: Das wird ein Nachspiel haben.

Was haben Sie bisher unternommen?
Heute am 09.01. habe ich zuerst die Beschwerdestelle der Landespolizei kontaktiert. Die kannten den Fall bereits, konnten meine Frage nach Namen und Dienstnummern der Beamten aber auch nicht beantworten. Mir wurde mitgeteilt, man wolle versuchen, es herauszufinden, denn selbst die Polizei Linz kennt die Verantwortlichen nicht. Die kennt nur der Zugführer von der Sondereinheit, der mich eine Stunde später anrief und erneut die Bekanntgabe der Informationen verweigerte. Ich solle auf die Anzeige warten, dann könne ich ja Beschwerde einlegen. Er meinte, es wäre ja alles mit der Kamera aufgezeichnet, ich solle mich nicht aufregen, worauf ich ihn dann gleich darauf hinwies, dass die Aufzeichnung erst nach Beginn der Eskalation gestartet worden wäre. Den Grund – das Schubsen durch den Polizisten – hatte er natürlich nicht aufgezeichnet.

Was haben Sie weiter vor?
Ich werde natürlich Beschwerde einlegen, meinen Anwalt einschalten und die Polizisten wegen Körperverletzung und ungebührlichen Verhaltens anzeigen.

Haben Sie keine Angst vor Repressalien?
Die Repressalien werden am Montag, 11.01., weitergehen, wenn ich meinen Laden wieder öffne. Aber ich bin jetzt noch mehr dazu bereit als gestern früh. Ich muss das tun, um zu überleben und mein Kind zu versorgen – aber auch um ein Zeichen für den Erhalt unserer Demokratie und Freiheit zu setzen.

Hatten Sie schon vorher unangenehme Begegnungen mit der Polizei?
Niemals in dieser Form – die Linzer Polizei ist ganz anders. Ich habe als Barbesitzerin immer wieder Diskussionen mit der Linzer Polizei, aber das ist niemals so ausgeufert. Man diskutiert – und findet eine Lösung. Das war etwas völlig anderes.

Können Sie sich das erklären?
Vielleicht hatten sie mich im Visier, weil ich auf der Bühne angekündigt habe, am Montag, dem 11.01. meine Bar zu eröffnen. Das rechtfertigt aber nichts von dem, was sie getan haben.

Ich habe gehört, dass diese Sonderheit aus jungen Burschen besteht, die sich freiwillig für solche Einsätze gemeldet haben. Die werden wohl normalerweise gegen Rechtsradikale und Hooligans eingesetzt. Wie es zu einem Einsatz auf der Demo am Linzer Hauptplatz kommt, wo viele Omas, Kinder und Hunde dabei sind, Menschen, die schon seit 36 Wochen ihre Friedlichkeit bewiesen haben, kann ich mir nicht wirklich erklären.

Allerdings: Es ist das dritte Mal, dass der ORF in Linz am Hauptplatz war, und es ist das dritte Mal, dass die Polizei anders agierte als sonst. Ob das ein Zufall sein kann?

Eines ist aber auch sicher: Wir müssen uns unbedingt weiter friedlich zur Wehr setzen. Denn diese Aktion hat zeigt: Es kann jetzt jeden treffen.

Vielen Dank für Ihren Mut!

Andrea Feuer: Friedensaktivistin – Impfzwang-Kritikerin – Mutter

Andrea Drescher

Foto: Privat

Andrea Feuer (Baujahr 1971) stammt aus Berlin, wo sie immer noch lebt. Die geschiedene Mutter zweier Kinder – die Tochter ist 21, der Sohn 12 – ist zahnmedizinische Fachangestellte von Beruf, den sie in einer ganzheitlichen Praxis ausübt. Daher hat sie sich über die Jahre intensiv mit Naturheilkunde und Homöopathie beschäftigt. Das Thema, das sie seit Jahren begleitet, ist Impfung – das auch aus ganz persönlichen Gründen.

Du bist wegen deiner Kinder politisch aktiv geworden?
Ja. 2014 kam die Impfpflicht in Italien, dann 2016 in Frankreich. Als es bei uns 2017 die Impfberatungspflicht in Bezug auf Masern gab, schrillten bei mir sämtliche Alarmglocken. Genau das war in den anderen Ländern auch der erste Schritt in Richtung Zwang.

Warum denn Alarmglocken?
Mir ist die Freiwilligkeit total wichtig. Ich bin kein Impfgegner, aber ich weiß, dass keine vernünftige Diagnostik vor der Impfung erfolgt. Die meisten Kinder werden nur oberflächlich angeschaut und es wird losgeimpft. Frühere Impfstoffzulassungen waren auf einer anderen Basis erteilt worden, als sie heute besteht. Die Grundlagen – wie Hygienestandards –, aber auch die Art der Nahrungsmittel haben sich massiv verändert. Viele Kinder kommen bereits mit Allergien und anderen Grunderkrankungen, die vielleicht noch gar nicht ausgebrochen sind, auf die Welt. Aber diese werden nicht ausgeschlossen. In meinen Augen ist die Individualdiagnostik völlig unzureichend, darum gibt es so viele Nebenwirkungen und letztlich meistens nicht anerkannte Impfschäden.

Das betrifft dich auch persönlich, magst du kurz erzählen, warum?
Ich wurde impfkritisch, nachdem meine große Tochter direkt im Anschluss an die zweite Fünffachimpfung einen nicht enden wollenden Pseudokrupp-Anfall bekam. Das war mit einem Jahr, die erste hatte sie bekommen, als sie gerade ein halbes Jahr alt

war. Daraus resultierte ein chronisches Asthma, das 2002 diagnostiziert wurde, als sie drei war. Ich habe nächtelang vor dem Eisfach mit ihr gesessen – kalte Luft hilft, wenn man sie einatmet, bei diesen Anfällen – und habe sie beruhigt. Einmal mussten wir ins Krankenhaus fahren, da der Anfall so heftig war, da gab es Cortisonzäpfchen, aber fast immer konnte ich sie homöopathisch unterstützen. Da mein Chef auch Heilpraktiker ist, konnten wir ihr mithilfe von Entgiftung in nur sechs Wochen dann wirklich helfen und es wurde wieder gut.

Und das führst du auf die Impfung zurück?
Ja. Wenn man sich die Beipackzettel anschaut, ist chronische Bronchialerkrankung als Nebenwirkung aufgeführt. Und wenn man sieht, wie viele durchgeimpfte Kinder bronchiale Erkrankungen haben, weiß man, woher es kommt.

Daher Impfung als Einstieg in den Aktivismus?
Ja genau, das war mein Einstieg aufgrund der eigenen Erfahrungen. Die absehbare Pflicht war für mich inakzeptabel. In der Impfkritik war ich schon länger vernetzt, aber nur virtuell – ich habe kaum öffentlich diskutiert, fast immer nur online. Mir war klar: Bevor wir eine Impfpflicht bekommen, müssen wir auf die Straße gehen. Wir müssen zeigen, dass wir nicht nur ein paar Spinner sind.

Weder Spinner noch Impfgegner?
Genau. Es gibt auch richtig radikale Impfgegner, die in meinen Augen der Sache aufgrund ihrer Radikalität eher schaden. Es wird behauptet, man müsse nicht impfen, da es ja weder Viren noch Bakterien gäbe. Das finde ich überzogen – aufgrund meiner medizinischen Ausbildung sehe ich das anders, und die meisten Naturheilkundler stellen das ebenfalls nicht in Frage. Es kommt eben auf die Vorerkrankungen an.

Wie sollte man denn vorgehen?
Man muss sicherstellen, dass es keine Vorerkrankungen gibt, auch keine Erkrankungen in der Familienanamnese. Mit der heutigen genetischen Diagnostik lassen sich Veranlagungen – auch für Autoimmunerkrankungen – erkennen. Man kann in der Zahnmedizin oder Implantologie feststellen, ob Allergien vorliegen, man kann überprüfen, ob Menschen ein Material vertragen – warum nicht bei einer Impfung? In der Shoenfeld-Studie sind Kontraindikationen zum Impfen zusammengefasst, diese kann man in einer Diagnostik gut anwenden. Die Prüfung der Impffähigkeit nach Shoenfeld geben wir Eltern als Mittel zur Diagnostik an die Hand, wenn diese die Impffähigkeit ihrer Kinder sicherstellen wollen. Auch müssen Eltern genau wissen, was konkret an Inhaltsstoffen verabreicht wird. Davon sind schon viele sehr überrascht.

Warum denn überrascht?
Kaum jemand weiß, dass in jedem Präparat, das die Kinder bekommen, auch Antibiotika enthalten sind. Das können bis zu sechs verschiedene Antibiotika je Impfung sein.

Es ist kein Wunder, dass die Antibiotikaresistenz immer weiter steigt. Auch Glucose ist im Impfstoff zu finden, und auch die Zahl der Zuckererkrankten steigt konstant. Die körpereigene Immunabwehr ist grade bei kleinen Kindern noch nicht ausgebildet. Das muss alles beachtet werden, daher müssen diese Informationen an die Öffentlichkeit. So kam es dann zur Vereinsgründung Netzwerk Impfentscheid.

Ein deutscher Verein?
Jein. Daniela, die ebenfalls ein Kind mit Impfschaden durch eine Sechsfach-Impfung hat, und ich haben uns für eine vereinfachte Gründung entschieden. Der Aufbau eines Vereins in Deutschland ist sehr mühsam, darum haben wir uns an das Netzwerk Impfentscheid Schweiz angelehnt und dort den deutschen Zweig aufgemacht. Das Vereinsrecht ist dort weniger kompliziert, auch die Prüfungen erfolgen nach Schweizer Recht.

Wie viele seid ihr inzwischen und was macht der Verein?
Insgesamt sind es 80 Mitglieder, von denen zehn sehr aktiv sind. Wir führen öffentliche Veranstaltungen durch, also Informationsabende, Informationstische und auch bundesweite Demos in verschiedenen Städten. Für unsere erste Demonstration am 16.09.2017 hat *Die Bandbreite* das Lied „Bitte, bitte impft sie nicht" fertiggestellt. Wojna hat unsere Demos wann immer möglich unterstützt – er hat selbst auch Kinder. Von Anfang an war es auch unser Ziel, die gesamte Impfkritik besser zu vernetzen. Es gibt viele Stammtische und andere Vereine. Seit 2017 kümmere ich mich um die Vernetzung, mittlerweile sind wir europaweit vernetzt.

Du warst aber schon vor 2017 auf der Straße?
Ja, ich war bereits bei Mahnwachen 2014 aktiv. Anfangs waren das Lars Mährholz, Ken Jebsen und eine Handvoll Menschen. Ich war immer dabei, auch mein Lebensgefährte. Es hat sich der Aktivistenkreis Berlin gebildet, der nicht nur stationäre Mahnwachen, sondern auch Umzüge organisiert hat. Bei der riesigen TTIP-Demo in Berlin war ich auch in der Orga dabei. Mit unseren Demos sind wir dann immer zur Mahnwache dazugestoßen. Wir haben immer wieder phantasievolle Aktionen organisiert. Bei „Europa in Ketten" war meine Tochter das „Chlorhuhn". Wir wollen Menschen Impulse geben, und das friedlich und gewaltfrei, aber bildlich plakativ.

Was waren die Themen?
Geldsystem, Freihandelsabkommen, Ukrainekrise – es ist soviel passiert in den letzten Jahren – und natürlich schon immer das Thema Krieg. Es ist so schrecklich. Bis vor ein paar Jahren war mir nicht bewusst, dass es eine Bewegung gegen die Air Base Ramstein gibt. Der Satz „Nie wieder Krieg von deutschem Boden!" gilt nicht mehr. Nur weil hier keine Flieger direkt starten: Von deutschem Boden aus wird die Steuerung der Drohnen ermöglicht, die in Afghanistan oder sonst wo Menschen ermorden.

Das heißt, du warst damals schon „Antisemitin"?

Ja, das ist nun mal so. Wie ein Mantra: Alles was sich kritisch gegen den Staat richtet, wird als antisemitisch diffamiert, egal ob man das Geldsystem oder Konzerne kritisiert. Und irgendwie hängt alles mit allem zusammen.

Wie meinst du das?
Nehmen wir Nestlé, die Grundwasser in Flaschen füllen und teuer an die Einheimischen verkaufen. Oder Monsanto – heute Bayer –, die mit Glyphosat dafür sorgen, dass es kaum mehr gesunde Nahrungsmittel im Supermarkt gibt. Als Einzelner steht man den Konzernen fast hilflos gegenüber – wie kann man als Individuum etwas ändern? Welche Lebensmittel sollte ich nicht mehr kaufen, um nicht Heckler & Koch zu unterstützen? Coca-Cola finanziert Heckler & Koch mit – das ist alles so abartig, wenn man sich damit beschäftigt. Wenn man Kinder im Haus hat, kann man nicht immer nein sagen. Die wollen auch mal Markenprodukte konsumieren. Wir kaufen soweit wie möglich regionale Produkte, um die Menschen hier zu unterstützen.

Aber du bist trotzdem weiter auf Demos aktiv?
Ja klar. Die Demos rund um die Mahnwachen gingen zwar zurück, dafür wurde Impfen ein so dringendes Thema – es gibt immer etwas zu tun.

Auch im Corona-Jahr?
Natürlich. Unsere Impfdemo im März mit Robert Kennedy und Vera Sharav – Holocaust-überlebende, Menschenrechtsaktivistin und Impfgegnerin –, mussten wir zwar absagen, denn keiner wusste, wie es mit Quarantänebestimmungen funktionieren würde. Wir wollten die beiden unbedingt dabeihaben. Vera sieht die Impfpflichten als Bruch der Menschenrechte und ist aufgrund ihrer Holocaust-Erfahrung sehr aktiv. Dafür war ich im Mai bei „Kündigt Ramstein" aktiv dabei. Das war die erste Veranstaltung, die in Berlin wieder unbeschränkt – dank Klage von Ralf Ludwig – durchgeführt wurde. Einen Teil der Orga, Andreas Mertens, Mitsch Kotten und Norbert Voss, kannte ich bereits von der Mahnwache, mit den anderen habe ich mich gleich gut vernetzen können. ☺

Stimmt – seitdem kennen wir uns. Danach hast du auch wieder aktiv Demos organisiert?
Querdenken hat mit mir Kontakt aufgenommen. Einerseits haben sie Kontakt zur Impfkritik gesucht, nicht zuletzt aufgrund unserer Beziehung zu Kennedy, andererseits haben sie uns angeboten, unter der Schirmherrschaft von Querdenken zu agieren. Gegenseitige Vernetzung und Mitwirkung auf der Großdemo in Berlin war für uns okay. Aber wir sind natürlich unabhängig geblieben.

Am 01.08. und 29.08. waren wir zusammen mit „Kündigt Ramstein" und „Druschba" auf einem großen LKW bei den Umzügen in Berlin dabei. Am 10.10. war dann unsere Impf-Demo in München ein zweites Mal geplant und wurde ein zweites Mal abgesagt, also habe ich mich persönlich in den Schweigemarsch eingebracht. Die Anmeldungen für den Schweigemarsch am 10.10. liefen über mich und auch die Finanzierung konnten wir über den Verein abwickeln. Auch die bundesweiten Schweigemärsche am 22.11. und 19./20.12. habe ich mit organisiert.

Geht es dabei auch um Impfen?
Auf jeden Fall. Gerade jetzt ist Impfpflicht ja das gravierende Thema für alle. Ich hätte nie erwartet, dass Impfen mal so in den Vordergrund kommt. Wir haben einen Flyer für die Aufklärung entworfen, arbeiten daran, unsere Selbstbestimmung zu erhalten und die individuelle Handlungsfreiheit zu bewahren. Die Bedeutung der Impfkritik ist unheimlich gewachsen. Die Herstellung ohne lange Prüfphasen hat dazu geführt, dass viel mehr Menschen heute impfkritisch sind. Wir galten früher als Spinner, heute können viele unsere Kritik nachvollziehen. Die meisten waren vor ein, zwei Jahren noch unbefangen. Aber aufgrund des drohenden Impfzwangs hören sie uns jetzt endlich auch bei anderen Themen zu. Man hat einen anderen Einstieg in die Gespräche.

In der Impfkritik habt ihr jetzt aber auch mehr zu tun, nicht wahr?
Ja, es gibt viel mehr Anrufe im Verein, speziell von Eltern, die aufgrund der Masernimpfpflicht in Nöte kommen – sie bekommen keinen Kita-Platz, die Schulen verlangen Impfung, sonst droht ein Bußgeldverfahren – und eben Impfaufklärung. Derzeit plane ich wieder Info-Tische mit Impfaufklärung. Ich möchte einfach alles tun, um Menschen vor Schäden zu bewahren.

Andere Menschen vor Schäden bewahren – warum ist das für dich solch ein Anliegen?
Gute Frage. Warum kämpfe ich für Menschenrechte und Gerechtigkeit? ... Ich möchte, dass es mir gut geht, bin aber nicht egoistisch. Also möchte ich, dass es anderen auch gut geht. Ich möchte den mir möglichen Beitrag leisten, dafür bin ich da, das ist meine Aufgabe auf der Welt. Ich will in den Spiegel schauen können, ohne mich zu schämen.

Du setzt dich ja Risiken aus. Gab es schon konkrete Angriffe?
Nein. Nur Droh- und Beleidigungsmails – selbst von namhaften Psychologen aus Kliniken. Das ignoriere ich einfach. Wir haben ja das Recht auf freie Meinung in der Demokratie – da muss jeder die Meinung der anderen ertragen. Auch ich. Es gab auch noch nie Bedrohungen seitens der Antifa, auch keine unangenehmen Begegnungen. Ich bin ja ein kooperativer und weitestgehend diplomatischer Mensch. Es gab auch keine negativen Erfahrungen mit der Polizei, die machen ja auch nur ihren Job. Ich versuche mich respektvoll zu artikulieren und ziehe mich auch zurück, wenn es mir zu radikal wird. Ich habe ein behindertes Kind zuhause, das braucht mich. Schon allein deshalb riskiere ich keine Konfrontation. Mein Bauch sagt mir, geh drei Schritte zurück, nimm neu Anlauf und gehe wieder nach vorne. Ich bin nicht radikal und will mich auch nicht radikalisieren lassen. Ich will auch nicht den Messias spielen. Mir geht es um Öffentlichkeitsarbeit, damit jeder in der Lage ist, sich eine eigene Meinung zu bilden und selbstbestimmt und individuell agieren kann.

Glaubst du, dass wir die Situation noch drehen können?
Nein. Ich fürchte, es entwickeln sich Parallelgesellschaften. Es bilden sich mehr und mehr Gruppierungen, die autarke Dörfer organisieren wollen. Ich habe Angst, dass wir abhängig vom System werden. Es werden gerade so viele „alte" Verschwörungstheorien wahr. Wir sind zu spät dran, das läuft alles so schnell – aber man soll die Hoffnung nicht aufgeben.

Warum engagierst du dich trotzdem noch?
Die Hoffnung stirbt zuletzt. Es werden ja immer mehr, die sich über die Maßnahmen hinwegsetzen. Es bekommen mehr und mehr Menschen mit, dass etwas nicht stimmt. Es sind so viele Ungereimtheiten, der Frust wird intensiver. Mit den Schweigemärschen bieten wir eine friedliche Protestform an. Meine Angst ist, dass es zu einem Bürgerkrieg kommt, und das will ich unbedingt verhindern. Grade auch wegen der Kinder, da kann ich gar nicht aufhören.

Danke für deinen Mut und dein Engagement!

Andreas Erdmann: Assange-Aktivist aus Solidarität

Andrea Drescher

Foto: Ulrich Moskopp

Geboren 1958, lebt der Ostwestfale Andreas Erdmann heute in Köln. Der studierte Bildhauer, Maler und Fotograf hat keine Hobbys. Er sagt „Mein Leben ist Arbeit und Arbeit ist mein Leben“ und zitiert gerne Beuys: „Ich kenne kein Weekend.“

Wir haben uns in der Friedensbewegung kennengelernt. Einer deiner Schwerpunkte, mit denen du dich beschäftigst, ist Julian Assange. Warum?
Ich beobachte seit Langem das gesellschaftliche politische Leben kritisch, und deshalb interessierte ich mich sofort für die Gründung von WikiLeaks und für Julian Assange. Ich hielt es für sehr zielführend, Licht in die dunklen Ecken der Macht zu bringen. Dazu ein Assange-Zitat, das mich sehr ansprach: „Die Sonne der Wahrheit ist das einzige wegweisende Leuchtfeuer, das der Menschheit zur Verfügung steht.“ Dadurch war mir die Aktion WikiLeaks von Anfang an sehr sympathisch. Ich bin interessiert an der Wahrheit und war dankbar, dass dort Dinge zum Vorschein kamen, die doch sehr erschreckend waren. Wenn man sieht, wie die Mächtigen, wie die Regierungen agieren und was sie so alles im Dunkeln halten wollen, ist das alles sehr unerfreulich. Allein die Kriegsverbrechen in Afghanistan und Irak, die durch WikiLeaks aufgedeckt wurden – was ja letztlich zur Verfolgung von Julian Assange geführt hat – sind unfassbar.

Ich habe die Entwicklung verfolgt, die Hetze gegen ihn, seine Flucht in die Botschaft von Ecuador in London, und war unmittelbar medial dabei, als die Ecuadorianer ihm die Staatsbürgerschaft entzogen und er fast unmittelbar danach von der britischen Polizei aus der Botschaft heraus verhaftet und in ein Gefängnis gesteckt wurde. Das war nicht irgendein Gefängnis. Belmarsh Prison ist das Guantanamo von England. Da war mir dann klar, jetzt geht es ihm wirklich an den Kragen. Es war ja schon schlimm in der Botschaft, über Jahre nicht rausgehen zu dürfen. Jeder Spaziergang an die Sonne oder zu seiner Familie hätte zu einer Verhaftung geführt. Das war der Zeitpunkt, dass ich aktiv werden musste und nicht weiter nur medialer Zuschauer sein konnte.

Julian Assange hat mit WikiLeaks etwas völlig Neuartiges in die Welt gebracht. Er hat etwas ganz Besonderes kreiert, das ist in meinen Augen eine Form von Kunst. Darum muss ich mich als Künstler mit ihm solidarisieren. Es hat für mich eine logische Konsequenz, aktiv zu werden: Wird die Pressefreiheit ausgesetzt, wird auch die Kunstfreiheit ausgesetzt. Das kennen wir aus der Geschichte zur Genüge.

Du bist in einer Gruppe aktiv – wie seid ihr organisiert?
Es war September 2019, als es in Köln ein Treffen mit John Shipton, dem Vater von Assange gab, das zu der Aktion von Günther Wallraff „Assange helfen" führte. Erstmals kam es in Deutschland zu einer größeren Medienpräsenz. Durch einen Handzettel bin ich auf die Köln-Düsseldorfer Aktivisten aufmerksam geworden und habe mich ihnen relativ schnell angeschlossen. Das war im Herbst 2019. Von da an habe ich regelmäßig bei den Mahnwachen und Vorbereitungstreffen in Köln mitgemacht. Wir sind eine informelle kleine Gruppe auf Telegram. Die Düsseldorfer und Kölner machen manchmal gemeinsame Aktionen. Wir unterstützen uns gegenseitig. Wir haben auch gute Kontakte nach Koblenz zu Sabiene Jahn und Guy Dawson, die auch immer mal wieder nach Köln kommen, um unsere Aktionen zu unterstützen.

Welche Aktionen führt ihr durch?
Alle ein bis drei Wochen – also unregelmäßig – veranstalten wir immer wieder Mahnwachen in der Kölner Innenstadt. Wir sind zum Beispiel mit einem großen Banner zum Funkhaus Köln des Deutschlandfunk gegangen, mit dem Ziel, die Journalisten dort auf die Situation von Assange und auf die eingeschränkte Pressefreiheit aufmerksam zu machen. Assange ist ja letzten Endes Opfer der mangelnden Pressefreiheit in der westlichen Welt geworden. In den Massenmedien wird viel zu wenig darüber berichtet, wenn, dann abends nach 23:30 Uhr. Dabei sollte das Thema doch eigentlich im ureigensten Interesse der Journalisten liegen, nicht wahr?

Wir hatten ein sechs Meter großes Banner hergestellt, auf dem stand „Kriegsverbrechen publizieren ist kein Verbrechen – Freiheit für Julian Assange". Das Banner haben wir selber gemalt. Wir hatten die Unterstützung von einem Programmkino-Betreiber, den ich bat, uns seine 20 cm großen Wechselbuchstaben, die er für seine Kinoaußenwerbung benutzt, zu leihen, damit wir die als Schablonen für eine saubere Bannerschrift benutzen können. Das wurde ein professionell gemachtes Banner, das sehr gut von weitem sichtbar ist. Wir wollten uns auf das Funkhausgelände stellen, wurden aber von dort verjagt. Das sagt eigentlich schon alles über deren Haltung.

Dieses riesige Banner benutzen wir immer wieder, zum Beispiel in der Fußgängerzone von Köln, den Geschäftsstraßen, den Durchgangsstraßen oder auf großen Plätzen. Wir wollen möglichst viele Menschen erreichen. Durch die Zeiten des Lockdown lassen wir uns in unseren Aktionen, die wir natürlich immer anmelden, nicht aufhalten. Aber ich muss zugeben, wir sind da durchaus auch sehr flexibel ☺. Das müssen wir auch sein, wenn wir etwas erreichen wollen. Bei unseren Kunstaktionen war das alles ganz offiziell bzw. einfacher.

Was für Kunstaktionen meinst du?
Insgesamt waren es drei Aktionen. Das wandernde Kunstprojekt „Anything to say?", die KunstBenefizVersteigerung und „A chair for Assange".

Der Reihe nach, worum ging es dabei?
Für das wandernde Kunstprojekt hat der italienische Bildhauer Davide Dormino die Skulptur „Anything to say?" gestaltet. Dabei handelt es sich um eine Skulptur bestehend aus drei Bronzefiguren, die auf drei Stühlen stehen. Wichtig ist auch der vierte Stuhl, der frei ist und auf den sich jeder stellen kann, der sich äußern möchte. Demjenigen, der sich also auf diesen Stuhl stellt, um etwas zu sagen, dem stehen die drei lebensgroßen Figuren von Assange, Snowden, Manning zur Seite und umgekehrt. Dieses Kunstprojekt haben wir auf Initiative der Galerie Arbeiterfotografie nach Köln geholt und vom 16. bis 18.10.2020 vor dem Kölner Dom drei Tage lang präsentiert. Dazu gab es eine Auftaktveranstaltung am 16.10., in deren Rahmen die Neue Rheinische Zeitung den Kölner Karlspreis an Julian Assange verliehen hat. Sein Vater John Shipton nahm diesen Preis in Vertretung seines Sohnes in Empfang. Ich habe die Veranstaltung mitorganisiert und im Namen der Kölner Initiative eine kurze Ansprache gehalten.

Die zweite Kunstaktion war die KunstBenefizVersteigerung (IMAGINE artists4assange) mit dem Ziel, Geld für Julian Assange zu sammeln. Am 13.01. und 14.11. 2020 fand diese Kunstauktion in Köln statt, die die Galerie Arbeiterfotografie organisiert hat. Mein Beitrag als bildender Künstler waren zwei Arbeiten, die ich für die Auktion gespendet habe. Ich habe auch etliche Künstlerkollegen gebeten, eine Arbeit zu spenden, um Assange zu unterstützen. Darunter sehr berühmte Künstler, aber auch viele Künstler, die trotz ihrer finanziellen Schwierigkeiten ihr Werk für Assange gespendet haben. So kam ein stattlicher Betrag von knapp 12.000 Euro zusammen, den die Kölner Galerie Arbeiterfotografie John Shipton für seinen Sohn übergeben hat.

Die dritte Aktion „A chair for Assange" gibt es bereits in unterschiedlichsten Formen. So hat beispielsweise eine italienische Ballettperformancegruppe dafür ein modernes Tanzstück kreiert, das den Stuhl für Assange in den Mittelpunkt stellt. Im Dezember 2020 kam ich auf die Idee, dass sich jeder auf der Welt dieser Aktion „Anything to say?" anschließen könnte. Also habe ich im Rahmen von „A chair for Assange" die Stuhlaktion „5 Minuten vor 12" ins Leben gerufen. Am 03.01.2021 sollte jeder, der mitmachen wollte, mit einem Stuhl zum nächstgelegenen Bahnhof gehen, sich auf den Stuhl vor den Bahnhof stellen, mit einem selbstgemachten Plakat in den Händen, auf dem stehen sollte: „A chair for Assange" und der Name der Stadt – und sie sollten ihre Aktion filmen oder fotografieren. Auf diese Weise haben wir symbolisch den Einzelstuhl aus der Skulptur von Davide Dormino herausgenommen, auf den sich jederzeit und überall auf der Welt ein Mensch stellen konnte und sich auf diese Weise für die Freiheit von Assange aussprechen konnte. Wir haben dann Kontakte auf der ganzen Welt genutzt, um diese Idee zu verbreiten und so viele Menschen wie möglich dazu anzuregen, mitzumachen. Uns wurden dann aus allen Teilen der Welt diese Kurzfilme geschickt, und Patrick Bradatsch und ich haben die Einzelvideos zu einer Sequenz zusammengeschnitten. Daraus entstanden zwei Videos, die über die sozialen Medien zu sehen sind, u. a. bei YouTube: **https://ogy.de/z0wj**

Warum denn der 03.01.2021?
Am 04.01. wurde in England über die Auslieferung von Assange entschieden. Wir wollten nochmals ein deutliches Zeichen für seine Freiheit setzen.

Wie ist seine Situation denn jetzt?
Das Urteil des englischen Gerichtes untersagte die Auslieferung – allerdings aus gesundheitlichen und nicht aus politischen Gründen. Die USA aber haben Widerspruch eingelegt und Julian Assange sitzt weiter in Einzelhaft und wurde nicht auf Kaution freigelassen. Daher gehen wir weiter auf die Straße und führen weitere Aktionen durch.

Warum nützt ihr nicht die Schlagkraft großer Organisationen – wie zum Beispiel Reporter ohne Grenzen oder Amnesty?
Weil die bis heute immer noch nicht aktiv werden wollen. Im November haben wir einen offenen Brief an Amnesty International Deutschland initiiert, um auf die Untätigkeit von Amnesty im Fall von Assange hinzuweisen. Innerhalb eines Monats haben über 5.000 Menschen diesen Brief unterschrieben, darunter auch viele Prominente, Künstler, Journalisten, einige Politiker und sogar Amnesty-Unterstützer. Erschreckend war die Reaktion von Amnesty auf diesen offenen Brief, denn sie haben zu Assange auch nach diesem offenen Brief nicht konkret Stellung bezogen – und das ist ein Unding für eine Organisation, die sich auf ihrer Website selbst beschreibt, als die „weltweit größte Bewegung, die für die Menschenrechte eintritt“. Aber ausgerechnet nicht für Assange! Unfassbar!

Eine adäquate Reaktion auf dieses unterirdische „Antwortschreiben“ wurde inzwischen seitens der Nachdenkseiten publiziert. Umso unverständlicher sind für mich die Amnesty-Aktivitäten in Richtung Alexei Nawalny. Dort fordert Amnesty die sofortige Freilassung mit einer „Urgent Action“ – einer der massiveren Aktionsformen. Bei Assange aber gab es nur minimale Aktivitäten. Die Frage ist: Warum? Was ist der Grund für die zurückhaltende Haltung von Amnesty im Fall Assange? Was ist der Grund, einem mutigen Journalisten kaum zu helfen, der alles riskiert hat, um Kriegsverbrechen öffentlich zu machen, damit diese geächtet und beendet werden?

Alles hat mit allem zu tun – ein Spruch, den man von vielen Aktivisten hört. Hat Julian Assange etwas mit den Corona-Maßnahmen zu tun?
Die Pressefreiheit ist ein Grundrecht laut Grundgesetz. Assange ist der Vertreter der Presse, der für seine Pressearbeit in der freien, offenen, demokratischen westlichen Welt im Gefängnis sitzt. Die Corona-Maßnahmen greifen massiv in die Grundrechte ein, und

das verstößt gegen unser Grundgesetz. Diese Einschränkungen sind unverhältnismäßig, denn die Zahlen rechtfertigen diese angeordneten Ausnahmezustände nicht. Dies lässt sich anhand offizieller Quellen belegen. Wir müssen uns ansehen, wie diese Zahlen genau zustande kommen. In diesen Zeiten muss man sich die Mühe machen, genau hinzusehen und kritisch zu hinterfragen, statt einfach nur zu gehorchen. Das ist unser Recht, und es ist auch unsere Pflicht als Bürger. Wie derzeit die Politik agiert, steht in keinem Verhältnis zur realen Situation. Die Menschen werden durch Angst in Schach gehalten. Wir erleben seit einigen Jahren, dass die Regeln des Journalismus unterhöhlt werden, denn es wird thematisch kaum noch das Für und Wider besprochen. Die im Grundgesetz verankerte Aufgabe des Journalismus ist, die vierte Gewalt im Staat und damit eine Kontrollinstanz für eine funktionierende Demokratie zu sein. Einer Demokratie, in der naturgemäß unterschiedliche Haltungen, Meinungen, Sichtweisen ihren Raum haben müssen. Diese journalistische Aufgabe ist seit einiger Zeit ad absurdum geführt. Wir sehen in den offiziellen Medien eine ständige Verengung der Perspektive zu einer Einheitshaltung, die nahezu immer mit der Haltung der Regierung konform geht. Das nennen sie dann „Haltungsjournalismus". So finden sich derzeit viele hübsche Bezeichnungen für unschöne Dinge.

Was kann man als Einzelner tun, um Julian Assange zu helfen?
Man kann zum Beispiel Briefe an die Kanzlerin schreiben, dass sie sich für Julian Assange genauso einsetzen sollte, wie sie es für Alexei Nawalny getan hat, den sie in der Charité besuchte. Oder man kann Aufklärung im eigenen Freundeskreis betreiben, in den sozialen Netzwerken oder auf der Straße. Es gibt viel zu viele, die noch nichts über den Fall Julian Assange und WikiLeaks wissen, weil die Medien das Ganze kaum mehr thematisieren. Auf der Seite **www.freeassange.eu** kann sich jeder informieren. Es ist eine Sammelstelle für die Aktivitäten im deutschsprachigen Raum und dient gleichzeitig als Informationsportal, auf dem man sich über den aktuellen Stand des Verfahrens informieren kann. Und man kann Kontakt zu uns aufnehmen. Auf Telegram findet man uns unter: Free J. Assange Kanal. Zu tun gibt es immer was.

Dann hoffe ich, dass ihr noch viele Mitstreiter findet. Vielen Dank für dein Engagement!

Weitere Informationen
www.andreaserdmann.de

Julian Paul Assange (* 3. Juli 1971 in Townsville, Queensland) ist ein australischer investigativer Journalist, Politaktivist, ehemaliger Computerhacker, Programmierer und Gründer sowie Sprecher der Enthüllungsplattform WikiLeaks. Diese hat sich zum Ziel gesetzt, geheimgehaltene Dokumente allgemein verfügbar zu machen. WikiLeaks veröffentlicht interne Dokumente, unter anderem von US-Streitkräften und -Behörden, zum Beispiel die Kriegstagebücher des Krieges in Afghanistan und des Irakkrieges. Assange bzw. WikiLeaks enthüllte u.a. mutmaßliche Kriegsverbrechen und Korruption.

Diese Information stammen aus der Wikipedia, die nicht gerade für US-kritische Artikel bekannt sind.
https://de.wikipedia.org/wiki/Julian_Assange → Kurzlink: ws1.eu/k/3

Andreas Mertens: Demo-Organisation statt Lebensmittelhandel

Andrea Drescher

Foto: Privat

Der gelernte Groß- und Außenhandelskaufmann und selbstständige Unternehmer Andreas Mertens kam 1963 in Berlin zur Welt, wo er heute noch lebt. Mit Sport, Heavy Metal und Festivals beschäftigte er sich in seiner Freizeit früher sehr viel intensiver als heute. Jetzt sind es neben seiner Lebensgefährtin, seiner Tochter und seinem Hund die Friedensfreunde, mit denen er seine Zeit hauptsächlich verbringt. Nicht nur die Organisation von Demos ist für ihn eine Herzensangelegenheit, auch in sozialen Projekten engagiert sich der Friedensaktivist seit einigen Jahren.

Da wir uns aus der Friedensbewegung schon lange kennen, bleiben wir für das Interview beim Du?
Ja – selbstverständlich.

Am 10. Oktober 2020 hast du das erste Mal Interviews geben. Warum erst dann?
Stimmt nicht ganz, das erste habe ich der Springerpresse gegeben. 1994 – das war aber etwas Geschäftliches. Aber bis jetzt wurde ich auch nie gefragt, habe mich allerdings auch bewusst im Hintergrund gehalten. Ich stehe nicht gerne im Rampenlicht, wirke lieber im Hintergrund und überlasse anderen die Bühne. Ich bereite vor, organisiere, netzwerke, bringe Menschen zusammen – da habe ich meine Stärken. Am 10. Oktober war es dann aber nicht anders möglich. Da bin ich eben mit nach vorne.

Was war so besonders, dass du nach vorne gegangen bist?
Alle aus der Orga waren woanders und ich war einfach dazu gezwungen, über meinen Schatten zu springen. Es waren zwei polnische Sender auf Denglisch, Epochtimes und der unabhängige Journalist Matthias Tretschog. Zu meiner eigenen Überraschung ging es flüssig und recht locker vonstatten. Ich brauche normalerweise eine vertrauensvolle Umgebung, um zu arbeiten. Da ich die Interviewpartner ja meist nicht kenne, ist das nicht so mein Ding. Der Schweigemarsch war aber auch mit „mein Baby“, da fühlte ich mich von Anfang mit dafür verantwortlich. Also habe ich dann doch mein Gesicht gezeigt. Im Orgateam ist ein liebevoller Umgang, sehr vertrauensvoll, uns tragen oft die selben Gedanken – da ist es mir leicht gefallen, auch für die Gruppe zu sprechen.

Als es ums Schweigen ging, hast du mit dem Reden angefangen.
Ja, schweigen ist nicht wirklich meine Sache. Aber als ich merkte, dass das Konzept des Schweigemarsches bei den Menschen so viel Anklang fand, dass die Menschen unsere Idee eines friedlichen Protestes angenommen haben – es waren viele Tausend Teilnehmer da – war ich überwältigt. Die Menschen haben dem Orgateam applaudiert, die Polizei war mehrheitlich friedlich – zumindest die Kollegen aus Sachsen-Anhalt. Es gab extrem viel Zuspruch. Wir werden an dem Konzept dranbleiben, da Menschen erreicht wurden, die wir sonst nicht erreicht hätten, da sie sonst nicht auf eine Kundgebung gehen.

Das war aber nicht deine erste politische Aktion. Seit wann bist du aktiv?
In meiner Jugend war ich als Westberliner in Bonn und habe gegen den NATO-Doppelbeschluss demonstriert. Im Hofgarten war es eine friedliche, liebevolle, versponnene und verkiffte ☺ Stimmung – fast wie am 1. August 2020 in Berlin.

Und dein weiterer politischer Werdegang?
Ich war immer ein Pendler zwischen den Welten.

Was heißt das, welchen Welten?
Ost- und Westberlin – ich bin mehrere Jahre gependelt.

Der Liebe wegen?
Ja, ganz genau! Ich war Anfang der 80er zu Besuch in Ostberlin. Ich war in Erichs Lampenladen – dem Palast der Republik, den sie ja leider jetzt abgerissen haben – und habe dort meine spätere Ehefrau kennengelernt. Ich war jung, neugierig auf Ostberlin und habe es mir einfach mal angeschaut. Am Bahnhof Zoo habe ich dann ein Dauervisum beantragt, mit dem man täglich ein- und ausreisen konnte, wobei man jedes Mal 25 Mark berappen musste. Anfangs waren es vier Mal im Monat, meistens zum Wochenende, ab 1988 bin ich dann fast täglich gependelt. Geheiratet haben wir aber erst nach der Maueröffnung, die wir gemeinsam erlebt haben. Ihr Ausreiseantrag war schon gestellt. 14 Tage nach dem 9. November durfte sie offiziell ausreisen – mit allen Formalitäten. Zum gleichen Zeitpunkt habe ich mich selbstständig gemacht und bin seitdem in der Lebensmittelzulieferbranche tätig. Seit 1991 lebe ich im Osten Berlins – mir liegen die Ostdeutschen inzwischen viel mehr als die Westdeutschen. Sie sind einfach humaner im Umgang. Ich habe das ganze Elend mitgekommen, das die Ostdeutschen dann erleben mussten. Nach 1989 ging mein politisches Interesse aber aufgrund der Selbstständigkeit und der Familie zurück. Letztlich dachten wir alle, dass mit der Wende alles gut wird.

Einschneidend verändert hat sich mein Leben aber 2008 nach meiner Scheidung. Damals hatte ich 2000 Mitarbeiter bundesweit und es war richtig viel Stress. Innerhalb der Firma gab es aber Differenzen, sodass ich beruflich kürzer getreten bin und die Firma auf Berlin-Brandenburg reduziert habe. Bis zu diesem Zeitpunkt habe ich politisch nicht viel hinterfragt. Erst mit dem arabischen Frühling, der im Dezember 2010 losging, wurde ich politisch richtig hellhörig. Letztlich hatte ich durch meine berufliche Veränderung endlich Zeit, diesen Dingen nachgehen zu können, sodass mir viele Ungereimtheiten auffielen.

Was fiel dir denn auf?
Mir sind die ganzen Revolutionen im arabischen Raum viel zu bunt gelaufen. Nein, im Ernst. Die Berichterstattung war fast durchgängig einheitlich. Guter Westen, böse Diktaturen, die wir retten müssen. Es gab damals noch keine alternativen Medien, beziehungsweise ich wurde nicht richtig fündig. Daher hat mein Interesse – leider – relativ schnell wieder nachgelassen. Und als ich das erste Mal vom dritten Gebäude in New York gehört habe, dachte ich noch: Die spinnen, das schau ich mir nicht näher an. Das habe ich damals nicht hinterfragt. Ich hatte doch die beiden Flugzeuge gesehen.

Ab November 2013 hat mich die Ukraine-Krise gedanklich dann aber in eine neue Richtung geschoben. Als ich die Bilder sah, mich mit der Situation in der Ukraine beschäftigte und merkte, wie unausgewogen die geopolitischen Interessen dargestellt wurden, habe ich mich dann in die alternativen Medien reingearbeitet. Da zerbrach mein Weltbild.

Was heißt zerbrechen?
Ich stellte fest, dass ich vorher Nachrichten viel zu unkritisch aufgenommen hatte. Ab diesem Zeitpunkt habe ich Medien gegenübergestellt und gesehen, dass wir zu großen Teilen belogen werden. Ich habe einige Monate vor mich hingepöbelt, mich privat zu Hause aufgeregt. Ich stieß auf Quellen wie KenFM, Nuoviso, Oliver Janich, Nachdenkseiten und einige andere. Dort wurden geschichtliche Themen völlig anders dargestellt, als ich es in der Schule und den Medien gehört habe. Ich zweifelte jetzt an allem und wollte Kontakt zu Menschen aufbauen, die ähnliche Zweifel haben, wollte mich austauschen. Der Wendepunkt waren die Mahnwachen in Berlin. Die zweite Mahnwache am Brandenburger Tor war zwar komplett verregnet, aber ich musste hin, um mir die Menschen anzuschauen. Wer ist das eigentlich? Ich wusste nicht, was mich da erwartet.

Was hast du dann gefunden?
Lars Mährholz stand mit seiner Boom-Box mit Mikrofon im strömenden Regen mit rund 100 Zuhörern. Ken Jebsen sprang aus dem Taxi, gesellte sich zu Lars, der eine bewegende Rede über das Finanzsystem, die NWO und den globalen Frieden sowie die Ukraine hielt, die die Menschen aufrüttelte. Ich konnte alles, was er sagte, unterschreiben, es gab riesigen Applaus. Dann folgte ein rastloser Ken Jebsen mit einer fulminanten Stakkato-Rede, die ebenfalls richtig gut war. Im Anschluss gab es eine Schweigeminute. Wildfremde standen im Kreis, hielten sich an den Händen und schwiegen. Das hatte Wirkung auf mich. Keiner ging anschließend gleich weg, wir haben noch lange diskutiert und uns kennengelernt. Einige dieser Menschen treffe ich heute wieder auf den Demos.

Inzwischen sind die Mahnwachen zwar leider Geschichte, aber es hat sich vieles daraus entwickelt. Gleichzeitig hat sich vieles, was wir damals befürchtet haben, im Laufe der Jahre bewahrheitet. Es sind sehr viele Verschwörungstheorien inzwischen in der Realität umgesetzt.

Was hat sich daraus entwickelt?
Ein Beispiel ist Pax Terra Musica, eine großartige Idee meines Schwagers Malte Klingauf, der das dann zum Glück – trotz aller wirtschaftlichen und persönlichen Risiken – auch gemacht hat. Dieses Friedensfestival habe ich von Anfang an mit unterstützt und freue mich, dass es 2021 hoffentlich wieder an den Start geht. Auch wenn nicht immer alles optimal lief, die Friedensbewegung ist in meinen Augen wichtig für eine Neuorientierung in der Gesellschaft.

Du bist aber auch außerhalb der Friedensbewegung aktiv?

Foto: Lena Schukow

Ja, ein Herzensprojekt von meiner Lebensgefährtin und mir wurde 2015 umgesetzt. Wir haben die Winterhilfe am Alex mit ein paar Freunden ins Leben gerufen, da wir das Elend, die Not und die Verzweiflung nicht mehr ertragen konnten. In Berlin gibt es immer mehr Obdachlose und Bedürftige – Letztere machen inzwischen fast den Löwenanteil aus. Also haben wir jede Woche den Alex mit warmen Mahlzeiten, belegten Broten und Kuchen sowie winterfester Bekleidung „besetzt" und versuchen, den Leuten ein bisschen Hoffnung, Wärme und Anerkennung zu gegeben. Die Winterhilfe besteht bis heute.

Was lief denn in deinen Augen nicht gut in der Friedensbewegung?
Was mir immer wieder aufgestoßen ist, waren die ständigen Rechts-Links-Diskussionen. Das führte dazu, dass die Gräben immer tiefer wurden – und das zwischen friedensbewegten Menschen. Das Ganze ideologisierte sich zunehmend, was zur Spaltung geführt hat. Die Mahnwachen wurden kleiner, die Visionen sind ausgegangen, sodass ich mich 2019 wieder aus dem aktiven Tun zurückgezogen habe. So ging es aber nicht nur mir, sondern auch anderen. Aufgrund der Ausgrenzung von Andersdenkenden war ich nicht bereit, „Stopp Ramstein" weiter zu unterstützen, obwohl ich voll hinter dem Thema stehe. Das Gute ist, man hat sehr viele Menschen kennen- und schätzengelernt, daraus hat sich das spätere Team, der „verschworene Haufen" von „Kündigt Ramstein Air Base" gebildet.

Wofür steht denn „Kündigt Ramstein Air Base"?
Mit der Kampagne „Kündigt Ramstein Air Base" haben wir den Protest gegen diesen US-Standort erstmals nach Berlin gebracht. Demonstrationen im Wald rund um die Air Base sind zu wenig. Wir waren beziehungsweise sind der Überzeugung, dass dort protestiert werden muss, wo letztendlich über eine Standortschließung entschieden werden kann. Also in Berlin. Aufgrund von Corona haben wir nicht die Menge an Menschen erreicht, die wir ursprünglich angepeilt hatten, sind aber trotzdem zufrieden mit dem Ergebnis. Mitten in der Corona-Krise ist es uns mit Unterstützung von Ralf Ludwig gelungen, am 30. Mai die erste Demo in Berlin durchzusetzen. Das Programm bestand aus politisch renommierten Sprechern und engagierten Musikern. Zwei Tage vor der Veranstaltung vor dem Brandenburger Tor wurde die Teilnehmerbeschränkung aufgrund der Klageeinreichung vom Berliner Senat aufgehoben. Die Klage wurde im Nachhinein auch zu unseren Gunsten entschieden, die Kosten durfte der Berliner Senat tragen.

Seit dem 30. Mai bist du wieder regelmäßig auf Demos?
Nein. Das war schon deutlich früher. Ab dem Tag, als sie uns das Grundgesetz gestohlen haben, war ich gegen die Maßnahmen auf der Straße. Ich war nicht in Orgas aktiv, weil ich als Anmelder von „Kündigt Ramstein Air Base" unsere Veranstaltung nicht gefährden wollte, war aber fast jedes Wochenende am Rosa-Luxemburg-Platz mit dabei.

Was stört dich an den Maßnahmen denn besonders?

Auf jeden Fall die Willkür, der Entzug unserer Freiheiten und natürlich die Reisebeschränkung. Ich bin immer sehr gerne durch die Welt gezogen und habe mich mit anderen Menschen und Kulturen auseinandergesetzt. Ich bin extrem freiheitsliebend – und „die" haben mir meine Freiheitsrechte genommen. Ich tue, was ich tue, für Frieden, Freiheit und Gerechtigkeit und lehne jede Form von Faschismus ab. Das, was jetzt passiert, ist absolut menschenverachtend.

Dann kam der 1. August auf uns zu und es gab eine Anfrage, ob „Kündigt Ramstein Air Base" am Umzug teilnehmen möchte. Wir haben natürlich sofort zugesagt. Gemeinsam mit „Netzwerk Impfentscheid" und dem „Walk of Freedom" haben wir einen LKW mit Sprechern und Musikern im Demozug gestellt. Nachdem wir nur mit ein paar Tausend Menschen gerechnet hatten, war es überwältigend zu sehen, wie viele Menschen sich zu einer Sache – trotz aller Differenzen – vereinigen konnten. Viele sind an diesem Tag über ihren eigenen Schatten gesprungen. Das wollten wir am 29. August in Berlin wiederholen, wurden aber durch die Berliner Exekutive illegal trotz OVG-Urteil ausgebremst.

Im Anschluss haben sich die Organisatoren des Truck 4 mit ein paar anderen Aktivisten zusammengetan – zum Beispiel mit Nils Wehner, der beide Demo-Züge im August organisiert hatte – und überlegt, wie man Protest in Zukunft gestalten kann, damit sich Menschen weiterhin friedlich verhalten. Die Initiatoren der Friedensfahrzeuge hatten dann die Idee, gemeinsam einen Schweigemarsch ins Leben zu rufen. Am 10. Oktober war es dann soweit. Der Erfolg und die positive Resonanz hat unsere Entscheidung für diese Form des Protests bestätigt.

Das war also nicht die letzte Demo, die du organisieren wirst?
Definitiv nicht. Am bundesweiten Schweigemarsch am 22. November war ich selbstverständlich dabei und freue mich jetzt auf die Schweigemärsche am 19. und 20. Dezember. Schließlich muss ich mein Gesicht im Spiegel anschauen können und den Andreas, den ich da sehe, dauerhaft ertragen. Mit dem Typen, der mir da entgegengrinst, kann ich gut leben. Also bleibe ich dran.

Prima! – Weitermachen!

Andrej Nekrasov: Von journalistischen Coups, unterschiedlichen Blickwinkeln und der Abscheu vor Lügen

Andrea Drescher

Foto: Privat

Wenn von Russland und Pressefreiheit die Rede ist, geht es meist um die vermeintliche Behinderung regierungskritischer Berichterstattung durch den Kreml. Zum Thema gehört jedoch auch ein von arte und dem ZDF produzierter Dokumentarfilm über einen zu Tode gekommenen Anwalt, der als Begründung für die ersten US-Sanktionen gegen Russland herhalten musste. Ein Film, dessen Ausstrahlung seit Jahren von der Anti-Russland-Lobby mit teils fragwürdigen Mitteln verhindert wird. Ich hatte die Möglichkeit mit dem Regisseur und Filmemacher Andrej Nekrasov zu sprechen, der den Film „Der Fall Magnitzki" gedreht hat.

„Wer die Wahrheit nicht weiß, der ist bloß ein Dummkopf. Aber wer sie weiß und sie eine Lüge nennt, der ist ein Verbrecher!" – *Bertolt Brecht*

Dieses Brecht-Zitat sollte allen Journalisten ins Stammbuch geschrieben sein. Journalismus bedeutet, zu berichten, was man sieht, nicht was man sehen möchte. Nicht jeder ist gleich ein Dummkopf, der nicht die ganze Wahrheit sieht. Jedes Sehen ist perspektivisches Sehen, geprägt durch den eigenen persönlichen Hintergrund. Aber insbesondere Journalisten müssen alles daransetzen, über die Grenzen der „eigenen" Wahrheit zu gehen – um so im Sinne Brechts nicht zum Verbrecher zu werden.

Als der 1958 in Leningrad geborene Andrej Nekrasov 2007 den Film über die Ermordung von Alexander Litvinenko publizierte, hätte niemand erwartet, dass er sich rund 10 Jahre später würde anhören müssen, ein vom Kreml finanzierter Anhänger des Putin-Regimes zu sein – er selbst wohl am wenigsten. Er hatte am Bett seines Freundes gesessen, als dieser qualvoll an einer Polonium-Vergiftung starb, wofür Nekrasov und viele andere der Regierung bzw. Putin selbst die Verantwortung gaben.

Er war auch 2014 als Vertreter der liberalen russischen Intelligenz davon überzeugt, dass in Russland ein autoritäres System herrsche, gegen das man sich wehren müsse und das, wie der Fall Magnitzki belegte, seine Gegner gnadenlos ermorde. Als sich ihm die Möglichkeit bot, den Fall filmisch aufzubereiten, war er daher sofort Feuer und Flamme.

Es sollte ein Film über den Whistleblower Sergej Magnitzki werden, doch es kam anders als ursprünglich geplant. Das Problem: Im Gegensatz zu vielen westlichen Journalisten konnte Nekrasov die vom involvierten US-Geschäftsmann Bill Browder zur Verfügung gestellten Belege und Dokumente des Falles selbst lesen. Mit erstaunlichen Folgen. Es war eine schmerzhafte Erfahrung für ihn, festzustellen, dass die offizielle Story mit der Realität wenig bis gar nichts zu tun hatte. Der daraus resultierende Film dokumentiert diesen Erkenntnisprozess und stellt einen anderen Whistleblower in den Mittelpunkt: Andrej Nekrasov selbst.

Im Interview berichtet Nekrasov, wie es zu dem Gesinnungswandel kam und was dieser Prozess für ihn bedeutete. Er gibt seine jetzige Einschätzung auf Russland wieder und berichtet von Folgen, die diese Positionierung für ihn persönlich nach sich zog. Seine Erfahrungen zeugen davon, wie schwer es Journalismus, der sich der Wahrheit und nicht den eigenen Glaubenssätzen verpflichtet fühlt, es gerade hier im Westen inzwischen wieder hat. Andrej Nekrasov kann davon ein sehr persönliches Lied singen.

Wie wird man vom gefeierten systemkritischen Dokumentationsfilmer zu einem Filmemacher, dem vorgeworfen wird, Anhänger der Regierung Russlands zu sein?
Darauf gibt es keine kurze Antwort, das war ein sehr langer Prozess. Es ist nicht so, wie man es aus Filmen kennt, nicht die Entscheidung zwischen der roten und der blauen Pille. Es ist ein Weg der Erkenntnis. Eines habe ich auf diesem Weg gelernt: Jede politische Analyse wird geprägt durch den eigenen Blickwinkel. Die Art und Weise, wie man eine Situation betrachtet, hängt immer auch von der eigenen Agenda, dem eigenen Standpunkt ab. Aber diesen kann man verändern – muss man verändern, wenn man merkt, dass die Fakten gegen den bisherigen Standpunkt sprechen.

Das heißt, Sie wurden nicht vom Kreml für den Film bezahlt?
NEIN!

Als Sie den Film über die Ermordung Litvinenkos drehten, waren Sie ja ein entschiedener Kreml- und Putin-Kritiker. Wie kam es zu dieser Veränderung?
Der Mord an Alexander war für mich ein Schock. Ich war unendlich wütend. Er war mein Freund, ich begleitete ihn bis zu seinem Tod. Jemandem bei dieser Art des Sterbens zusehen zu müssen, ist furchtbar. Ich war überzeugt davon, zu wissen, wer ihn umgebracht hat und warum.

Sie waren überzeugt – sind Sie es nicht mehr?

Ich habe es definitiv geglaubt. Inzwischen verfüge ich über Informationen über seine Zusammenarbeit mit westlichen Geheimdiensten. Heute bin ich nicht mehr so sicher ... Wobei ich – auch mir selbst gegenüber – zugeben muss, dass ich bereits damals ganz leise Zweifel hatte. Die Motivation war mir unklar. Worin lag das Interesse der Regierung, des russischen Staates, jemanden wie Sascha zu ermorden? So bedeutend und gefährlich war er letzten Endes nicht. Viele, auch regierungskritische Menschen haben das damals gesagt. Aber das Ganze hat mich so extrem mitgenommen, Zweifel hatten da keine Chance. Erst durch den Fall Magnitzki geriet mein Bild über Russland, über das „Regime", ins Wanken.

Wie sah Ihr Bild denn aus?
Vermutlich wie bei den meisten Liberalen, die das Russland unter Putin als eine Art Sowjetunion 2.0 einordnen. Unser Kampf gegen den Staat ist der Einsatz für das Gute. Gegen den unfreien Staat, der seine Kritiker bedroht, der die Medien steuert, gegen das System, das seine Bürger politisch unterdrückt. Das alles ist zwar auch nicht ganz falsch, aber es verschleiert die Tatsache, dass Russland Teil eines globalen, kapitalistischen Systems mit einer brutalen Wirtschaft geworden ist. Unterdrückung findet bei weitem nicht mehr nur politisch statt. Das Geld, die Wirtschaft, ja der Kapitalismus haben in Russland inzwischen viel stärkeren Einfluss als irgendeine Ideologie. Das wird aber von fast allen übersehen – ob im Westen oder bei den Liberalen in Russland. Wer Russland verstehen will, muss das Finanzimperium in Russland unter die Lupe nehmen.

Wie würden Sie die Situation in Russland heute einschätzen?
Russland ist ein autoritärer Staat. Aber der Herrscher ist das Geld, nicht Putin. Damit haben der Westen und Russland mehr gemeinsam, als es viele Menschen, auch sich selbst gegenüber, zugeben wollen. Der Zusammenbruch der Sowjetunion hatte das Land schwach gemacht. In dieser Position der Schwäche wurde es quasi in einer Art „Blitz-Privatisierung" vom Westen übernommen. Die sogenannten Reformer unter Jelzin wurden vom Westen aus gesteuert. Keiner wusste, was es bedeutet, zu privatisieren, was es heißt, das kollektive Vermögen der Bevölkerung zu verteilen. Privatisierung um jeden Preis, Privatisierung war der Fetisch, der Kapitalismus war fast gottgleich. Es galt beinahe als moralisch, in diesem Privatisierungsprozess die eigene Bevölkerung auszurauben. Man war froh, dass die Jahre des sowjetischen Missmanagements vorbei waren – was dazu führte, dass noch viel wildere kapitalistische Jahre folgten. Während dieser Jahre mussten breite Bevölkerungsschichten viel mehr leiden, als das in der Sowjetunion zumindest in den post-stalinistischen Jahren der Fall gewesen war. Es war die Kombination von kindlicher Naivität, Konfusion und brutaler neoliberaler Politik – mehrheitlich aus dem Westen – die dazu führte, dass das Land ausblutete. Gleichzeitig schämten sich viele Menschen für ihre eigene Vergangenheit. Die liberale Intelligenz schien dagegen in ihrer moralischen Überlegenheit bestätigt.

Welche Position nimmt die liberale Intelligenz in Russland ein?

Sie steht schon seit Jahrhunderten für den Konflikt zwischen den Unterdrückten und dem russischen Staat. Viele unserer größten Dichter – Tolstoi oder Dostojewkski als Beispiele genannt – befassten sich in ihren Werken mit der Auseinandersetzung zwischen dem autoritären Staat und dem gebildeten, intellektuellen Widerstand, der sich für die unterdrückten Massen engagierte. Autokraten als Feindbild der Intellektuellen, ob in der Zarenzeit, während des Kommunismus oder heute unter der Präsidentschaft von Putin. Diese Intelligenz forderte Freiheit und Demokratie und war begeistert von dem, was Jelzin und der Westen ihnen versprachen. Die Masse hatte zwar nicht genug zu essen – aber: „Hey – endlich haben wir Demokratie!" Es kursierte der Spruch: „Selbst wenn die Mafia unsere Wirtschaft übernimmt, alles ist besser als der Kommunismus." Und dann kam Putin, stellte sich gegen Teile der Oligarchie, sorgte für Ordnung, für die Einhaltung der nationalen Interessen Russlands. Von seiner Regierung gingen für uns damals ähnliche Signale aus wie von der Sowjetunion. Oberflächlich betrachtet, aber für uns – die liberale Intelligenz, zu der ich mich ja auch zählte – äußerst bedrohlich. Wir wollten keine Rückkehr in die dunklen Zeiten der Unfreiheit. Für die breite Bevölkerung stellte sich diese neue, starke Regierung völlig anders dar. Sie hoffte auf einen starken Führer, der im Land wieder für Ordnung und wirtschaftliche Stabilität sorgt und gleichzeitig sicherstellt, dass Russland seine Würde wieder zurückbekommt. Das hat Putin erreicht. Zumindest in bestimmten Grenzen, denn natürlich haben die Oligarchen immer noch sehr viel Einfluss im Land. Wie weit dieser reicht und wie überraschend gering die Macht der russischen Regierung wirklich ist, zeigt ja gerade der Fall Magnitzki mehr als deutlich.

Inwiefern?
Bill Browder hat seine Geschichte „Der russische Staat hat meinen Anwalt umgebracht und Putin ist letztlich dafür verantwortlich" überall unter die Leute gebracht. Auch in Russland. Fast die gesamte russische Presse ist seiner Story gefolgt – obwohl Browder für die Regierung ja „persona non grata" sein sollte. Aber die Regierung verfügt eben nicht über die durchgängige Kontrolle der Medien, wie allgemein angenommen wird. Im Gegenteil: Ich habe inzwischen den Eindruck, dass die russische Presse freier ist als die des Westens.

Das widerspricht aber völlig der gängigen Meinung. Wie ist das möglich?
Im Westen überträgt man immer die eigenen Strukturen auf Russland. Das passt aber nicht. Es gibt in Russland keine „medialen Institutionen" wie ARD, ZDF, Zeit, Süddeutsche oder FAZ, die die Medienlandschaft wesentlich prägen. Die Dinge sind nicht so systematisch und organisiert, wie man das aus Deutschland kennt. Natürlich gibt es in Russland einige Kanäle, die bestimmten Linien folgen. Aber dabei geht es nur um die wichtigsten Themen auf den großen Sendern. Für die Russen spielt das Internet aber eine deutlich größere Rolle in der Informationsbeschaffung, als das in Deutschland der Fall ist. Und die großen Filterblasen sind mehrheitlich pro-westlich orientiert. Darüber hinaus gibt es zahlreiche einflussreiche Medien wie die Nowaja Gaseta, Echo von

Moskau, oder Dozhd TV, die ausgesprochen regierungskritisch sind und ihre Meinung frei publizieren. Es ist in Russland beinahe lukrativ, die Regierung zu kritisieren, vieles wird direkt oder indirekt vom Westen aus finanziert. Das ist nur wenigen bewusst, die meisten denken, die Kritiker seien Idealisten, wenn nicht Helden. Als ich einmal einen russischen Freund und Kollegen fragte, warum er die aus dem Westen stammenden Unwahrheiten wiederhole, antwortete er mir, er hätte seine Familie zu ernähren. Nochmals: In der Magnitzki-Story folgten nahezu alle Medien der Browder-Version, auch die Organe, die man als regierungstreu einordnen könnte. Letztlich haben alle das eine Narrativ übernommen. Wenn es eine Zensur gibt, dann kommt die eher von Seiten der liberalen pro-westlichen Seite und natürlich vom Westen.

Wie kommen Sie darauf?
Seit ich aufgrund des Magnitzki-Filmes für viele „die Seiten gewechselt" habe und anfing, Bill Browder zu kritisieren, habe ich Schwierigkeiten, meine Texte auf bekannten und kritischen Webseiten in Russland zu publizieren. Das sind Seiten, auf denen vor vier Jahren noch 100.000 und mehr Leser meine Artikel verfolgt haben. Und meine Erfahrungen beim Versuch, den Film im Westen zu veröffentlichen, haben mich wirklich erschreckt. Es gibt eine sehr effiziente Zensur, still und leise, aber wirksam und konsequent. In den Mainstream-Medien bin ich – als bis dato sehr geschätzter Dokumentarfilmer – nicht mehr von Interesse, werde ignoriert und totgeschwiegen. Nach außen ist der Westen eine wunderschöne Demokratie, die Realität stellt sich mir allerdings anders dar. Die Chancen, als Putin-Kritiker im russischen Mainstream veröffentlichen zu können, sind deutlich größer, als als Kritiker von US-Finanzoligarchen in führenden westlichen Medien abgedruckt zu werden. Man kann sehr vieles im Westen kritisieren, aber wehe es tut dem Establishment wirklich weh. Die „üblichen Verdächtigen" in Politik und Gesellschaft – kein Thema. Browder persönlich ist eigentlich relativ unbekannt. Aber sein Fall ist zentral für ein Verständnis der heutigen Welt. Ein Kampf für die Menschenrechte in einem „bösen" Land wie Russland lässt sich ironischerweise als Alibi für Betrug und Ausbeutung der Menschen dieses Landes missbrauchen. Und da mein Film genau das mit Zahlen, Daten und Fakten dokumentiert, muss die Ausstrahlung verhindert werden. Man merkt es nicht – oder will es nicht merken, dass gesellschaftliche Werte wie Menschenrechte, Meinungsfreiheit, Solidarität und Gerechtigkeit komplett untergraben werden. Ich bin weiterhin sehr kritisch, was die russische Regierung angeht. Ich habe einfach meinen Blick geöffnet und nenne Dinge beim Namen, die im Westen eben nicht so gern gehört werden. Ein Freund Browders bin ich jetzt auf jeden Fall nicht mehr.

Waren Sie das – ein Freund von Bill Browder?
In oberflächlichem Sinne ja. Ich begann die Arbeiten an dem Film ja als typischer Vertreter der liberalen Intelligenz Russlands. Ich sah die klassischen Elemente: die autokratische Regierung, die unschuldige Bürger unterdrückt, die einen Whistleblower ermorden lässt, um ein korruptes System, das die freie Wirtschaft belastet, zu schützen. Dann zum Schluss der grausame Tod in russischer Haft – ein hervorragender Plot für einen

hervorragenden Film. Ich lernte alle wichtigen Leute rund um Browder kennen, traf auf den Partys die richtigen Leute, die Finanzierung war mit einem guten Budget gesichert. Mir standen alle wichtigen Türen offen. In dem Sinne war ich sein Freund, aber das änderte sich sehr schnell, als ich begann, meine Zweifel zu formulieren.

Wie kam es zu den Zweifeln?
Der Film war ja nicht als investigative Dokumentation, sondern vielmehr als Tribut an einen Helden, als Doku-Drama geplant. Ich entwickelte ein Drehbuch, das ich meinen Schauspielern vermitteln musste. Die Motivation der handelnden Personen muss im Skript nachvollziehbar sein. Und auf einmal stellte ich fest, dass mir genau das nicht möglich war. Laut der Browder-Story ging Magnitzki zur Polizei, um einen gravierenden Fall von Korruption bei der Polizei anzuzeigen. Welcher Whistleblower würde in Russland zur Polizei gehen? Welcher Whistleblower würde überhaupt zur Polizei gehen? Können Sie sich vorstellen, dass Snowden zum FBI geht, um dort zu berichten, dass er als CIA-Mitarbeiter wichtige Informationen an die Öffentlichkeit bringen will? Whistleblower gehen zu den Medien und nicht zur korrupten und gewalttätigen Polizei des repressiven Russlands. Das war eine von vielen Facetten, die mich an der Wahrheit zweifeln ließen. Und nach den Zweifeln kamen die Fakten. Da ich neben Englisch und Deutsch eben Russisch beherrsche, konnte ich die von Browder vorgelegten Beweise selbst überprüfen. Um festzustellen, dass man dort nicht das las, was in der englischen Zusammenfassung präsentiert wurde. Als ich dann ernsthaft begann zu recherchieren, kam eines zum anderen. Die Browder-Story war in zahlreichen Punkten, schlicht gesagt, falsch. Wenn man bedenkt, welche Konsequenzen dieser Fall auf politischer Ebene nach sich gezogen hat, war das ungeheuerlich. Der Name Magnitzki gilt ja inzwischen als ein Synonym für den Kampf gegen Menschenrechtsverletzungen, und es gibt bereits mehrere Gesetze, die seinen Namen tragen. Und all das basierend auf „Fakten“, die keine sind. Als Journalist bin ich doch der Wahrheit verpflichtet ...

Die Wahrheit – war das der Grund, dass Sie den Film so völlig anders realisierten als zunächst geplant?
Nach einem sehr schwierigen Prozess, den ich im Wesentlichen mit mir allein ausmachen musste, war mir klar: Das muss an die Öffentlichkeit. Ich muss aber vor mir selbst zugeben, dass es natürlich auch etwas mit meinen beruflichen Ambitionen zu tun hatte. Es war einfach „Wow – was für eine sensationelle Story!“, der journalistische Coup meines Lebens. Aber das war nicht der entscheidende Grund. Entscheidend für mich war und ist, dass ich nicht belogen werden will. Wir wurden in den Zeiten der Sowjetunion belogen. Man sprach vom souveränen Volk, von Gerechtigkeit und Freiheit – und erlebte die Geheimpolizei, sah, wie das Volk belogen wurde, und dass es Gerechtigkeit und Freiheit nur für die Mächtigen gab. Daran zerbrach das System in meinen Augen letzten Endes. Wird den Menschen bewusst, dass sie in wesentlichen Bereichen belogen werden, erwacht der Widerstand. Wenn man sich Bill Browder mit kritischen Augen ansieht, geht es um einen enorm gierigen westlichen Firmenboss, der keinerlei Steuern zahlen

will, obwohl diese in Russland bereits sehr niedrig sind. Er nutzt jedes legale und illegale Schlupfloch aus und wird dafür von der russischen Polizei bzw. vom Staat juristisch verfolgt. Als Teil der westlichen Machtelite betont dieser Firmenboss gleichzeitig die eigene moralische Überlegenheit und sieht sich als einer derjenigen, die den Russen beibringen müssen, wie Demokratie, westliche Werte und Geschäftsleben funktionieren. Die Zeit in der Sowjetunion war durch Lügen geprägt, und das neue, neoliberal-kapitalistische System – für das Bill Browder und die Oligarchen um ihn herum stehen – basiert wiederum auf Lügen. Das hat mich richtig wütend gemacht. Ich musste einfach handeln.

Haben Sie mit den Folgen gerechnet, die anschließend auf Sie zukamen?
Nein. Dass es Schwierigkeiten geben würde, habe ich erwartet. Aber diese Form der Zensur, diesen massiven Widerstand im demokratischen Westen – nein, damit hatte ich wirklich nicht gerechnet.

Mit welchen Folgen sind Sie denn konfrontiert?
Für meine Karriere ist es eine Katastrophe. Vom Grimme-Preisträger, bekannt für russlandkritische Filme, zur kontroversen Person, der man unterstellt, von der russischen Regierung bezahlt zu werden, ist es ein weiter Weg. Mein Ruf ist quasi ruiniert. Ich spüre, dass Menschen mich als Risikofaktor wahrnehmen und mir eher verhalten bzw. sehr skeptisch gegenübertreten. Selbst meine Kollegen in Norwegen, die mich unterstützen und zu mir stehen, sind dadurch belastet. Da ist ein Zweifel, ein Schatten, der über mir schwebt, das läuft wohl völlig unbewusst. Mir nimmt es die Möglichkeit, wirklich frei zu arbeiten.

Wie geht es jetzt weiter?
Ich setze alles daran, dass „The Magnitzki Act" doch noch eine breite Öffentlichkeit erreicht. Gleichzeitig arbeite ich an einem neuen Film – kritisch beobachtet von meinem Umfeld. Ich hoffe, dass der Schatten nicht zu einer Selbstzensur führt, das wäre für meine kreative Arbeit wirklich tödlich. Kreatives Schaffen – jeder Artikel, jeder Film, jede Dokumentation – beinhaltet immer Risiken. Geht man diese Risiken nicht mehr ein, nimmt man Rücksicht, dann wird alles zur Routine – und damit nur noch Durchschnitt. Das ist meine größte Befürchtung für meine persönliche Zukunft.

Da können wir Ihnen alle nur wünschen, dass das nicht eintritt! Viel Erfolg – und weiter so!

Ob Andrej Nekrasov in seinem Film „The Magnitzki Act" nun die ganze Wahrheit berichtet, kann ich nicht beurteilen. Das redliche Bemühen, der Wahrheit so nah wie möglich zu kommen, war für mich aber bereits im Film überdeutlich spürbar. Ich würde mir wünschen, dass es mehr Dokumentarfilmer und Journalisten gibt, die mir genau dieses Gefühl vermitteln. Und natürlich, dass das dann auch von den großen Medien gewürdigt wird.

Anneliese Fikentscher: Dämonisierung als Mittel der Propaganda entlarven

Sabiene Jahn

Foto: Privat

Anneliese Fikentscher ist bewaffnet, aber ausschließlich mit einer Kamera. Das ist ihr Medium. Ihr Outfit ist praktisch für jedes Wetter, ihre Hochsteckfrisur leuchtet in grau von Weitem, aber alt wirkt sie damit zu keiner Minute. Sie ist überall da zu finden, wo Menschen um ihre Rechte kämpfen. Sie porträtiert ihre Wirkung und ihr Wechselspiel. Auch das bedeutet für sie im weitesten Sinne „Arbeiterfotografie" und sie meint damit arbeitsame Menschen, die für Gerechtigkeit und ein friedliches Miteinander wirken. Das ist oft nicht leicht zu bewerkstelligen, weiß Anneliese Fikentscher, macht sie jedoch zu einem zufriedenen Menschen. Weshalb, erzählt sie uns.

Wir sitzen, so scheint es, schon knapp ein Jahr in einer gesellschaftlichen Krise fest.
Ja, leider. Corona ist offenbar der neue Dämon. Aber ich fürchte mich nicht. Im Gegenteil. Auch hier gilt es, Hintergründe zu durchleuchten. Ich genieße mein Leben und lasse mir meine Arbeit nicht verbieten. Mein Lebensmotto lautet: „Immer hübsch fröhlich bleiben!"

Was war dein letztes Projekt?
Die Galerie Arbeiterfotografie holte das Kunstobjekt ANYTHINGTOSAY des italienischen Bildhauers Davide Dormino vor den Kölner Dom – anlässlich der Verleihung des „Kölner Karlspreises für Engagierte Literatur und Publizistik" der Neuen Rheinischen Zeitung an Julian Assange und Sabiene Jahn. Im November 2020 organisierten wir in den Kölner Kunsträumen der Michael-Horbach-Stiftung die Benefizauktion „IMAGINE artists4assange" als Abschluss einer mehrmonatigen Ausstellung. Wegen „Corona" gab es zusätzlich einen Livestream mit der Möglichkeit, telefonisch zu steigern. Wir sind allen Beteiligten, den Künstlerinnen und Künstlern, aber auch zahlreichen UnterstützerInnen, HelferInnen und den KäuferInnen sehr dankbar.

Wie kam die Idee der Auktion an?
Neben der Ausstellung, die am Internationalen Tag der Pressefreiheit (3. Mai) startete,

und die einen weiteren Höhepunkt zu Julian Assange's 49. Geburtstag (3. Juli) hatte, wollten wir auch einen Beitrag zur finanziellen Unterstützung einspielen. Rund vierzig teils weltbekannte Künstler haben sich daran beteiligt. Der Auktionserlös von 12.500 Euro ging im Dezember an Julians Vater John Shipton.

Ein Großteil der Menschen nimmt derzeit die Einschnitte in ihr Leben hin, sie sind mehr und mehr genervt, aber bereit mitzumachen. Demonstrationen und neue wissenschaftliche Erkenntnisse lassen die Regierung völlig unbeirrt. Öffentlicher Diskurs ist eine Einbahnstraße, scheint es. Die Versuche der „Klagepaten" oder des „Corona-Ausschusses" kommen noch nicht zu ihrem Ziel. Was kann noch versucht werden?
Zunächst einmal müssen die unwiderlegbaren Argumente, das ist die Untauglichkeit des PCR-Tests usw., „unters Volk" gebracht werden. Das ist eine Aufgabe, die im Gegenpart zu den penetrierenden Mainstreammedien und den „Löschungen" konträrer, rechtswissenschaftlicher Darstellung gar nicht hoch genug bewertet werden kann. Wer begriffen hat, was sich hinter den Kulissen abspielt, wie ID2020, der „Great Reset" oder die Profite für Big Pharma, Big Data und vieles mehr, oder was generell auf dem Spiel steht, ist bereit, sich zu widersetzen und nicht mitzumachen. Es gibt ungeahnte Möglichkeiten, Sand ins Getriebe zu streuen.

Die da sind?
Die Initiative „Wir machen auf!" zeigt einen Weg. Viele Gewerbetreibende stehen vor dem existentiellen Aus. Sie haben keine andere Wahl, wenn sie und ihre Kinder nicht hungern oder obdachlos werden wollen. Das heißt, die angeblich der Gesundheit verpflichtete, brutal unverhältnismäßige Vorgehensweise, bei gleichzeitigem Abbau von Krankenhauskapazitäten von Bund und Ländern, muss skandalisiert werden. Ebenso muss geklärt werden, lassen wir diese Regierung weiter auf den Staatsbankrott zusteuern? Für mich ist das Hochverrat, der gestoppt werden muss.

Hat sich da nicht schon einiges gut entwickelt?
Da hat sich einiges sogar sehr gut entwickelt. Aufrufe der „Ärzte stehen auf", der „Anwälte für Aufklärung", der Protest der Anwälte vor dem Bundesverfassungsgericht in Karlsruhe, Elterninitiativen, die Initiative der Einzelhändler, nicht zu vergessen der Corona-Untersuchungsausschuss um Viviane Fischer und Dr. Rainer Füllmich. Überall wurden Entschädigungsverfahren initiiert. Das ist großartig. Aber auch jede/r Einzelne muss begreifen, dass Zuschauen alleine nichts bringt. Im Gegenteil, es kommt auf alle Menschen an! Auch kleinste Dinge können viel bewegen. Sie können zum Beispiel Freunde, Kollegen oder Nachbarn überzeugen, selbst wenn es nur in einem einzigen Fall gelingt.

Ganz wichtig sind auch Straßenproteste, die nach Herrschaftslinie stets unterdrückt werden (sollen). Bei den Großdemonstrationen in Berlin am 1. und 29. August 2020 war viel Qualität und Kreativität an Aussagen zu beobachten. Eine enorme Vielfalt und die

Motivation, die Aushöhlung der elementaren Rechte unter dem Corona-Deckmantel zu stoppen, hat sich entwickelt, sei es mit den „Friedensfahrzeugen" oder der neuen Protestform der „Schweigemärsche" gegen Polizeigewalt. Da ist viel passiert, und da gibt es unendliches Potenzial. Ich habe großartige Menschen kennengelernt, die sich spontan politisiert haben, in der Grundrechtebewegung, aber auch in der Free-Assange-Solidarität, die ständig auf der Straße sind. Ich vermisse jedoch die „üblichen" Linken.

Woran liegt das?
Viele „Linke" sind in einer Formelsprache und einem Rasterdenken gefangen. Sie haben hohe Kompetenz und ehrenwerte Grundsätze. Sie gleichen jedoch selten bis gar nicht die aktuellen Koordinaten ab. Mir ist wichtig, dass wir uns den kritischen Geist bewahren, im Sinne des Leitsatzes von Karl Marx: „An allem ist zu zweifeln." Der ständige Abgleich ist die Basis wissenschaftlichen wie journalistischen Beweises.

Welche Koordinaten hast du?
Mein Vater war Arbeiter, meine Mutter war im Einzelhandel tätig. Ein typisch passiver „Wähler"-Haushalt. Meine Großmutter empfing ihre Ratschläge „von der Kanzel". In dieser Gemengelage hatte ich das Bedürfnis und den Ehrgeiz, mich nach Volksschulabschluss und Lehre im Justizdienst auch kulturell weiterzubilden. Durch meine erste Ehe bekam ich Kontakt zu Mitgliedern der Deutschen Kommunistischen Partei (DKP), einer politischen Richtung, die in unserem „Arbeiterhaushalt" ebenso verpönt war wie die 68er-Studentenproteste.

Kannst du die Impulse schildern, die dich als junge Frau dann zur „Arbeiterfotografie" führten?
Im Zuge meines politischen Erwachens kam ich zur Kölner Gruppe der „Arbeiterfotografie" und wunderte mich naiverweise, dass diese in einem „Arbeiterhaushalt" nicht bekannt war. Die Kombination von Kreativität und gesellschaftlicher Positionierung fand und finde ich fundamental, bis heute. Bald initiierte ich Projekte, zum Beispiel die Mitherausgeberschaft des „Kölner Volksblatts", einem – personell gesehen – Vorläufer der „Neuen Rheinischen Zeitung". Technisch war das eine Entwicklung von der Klebemontage zur digitalen Online-Zeitung. Oder eins meiner ersten Fotoprojekte, die Portraits in Bild und Interviewstil mit Widerstandskämpfern im deutschen Faschismus abbildete, die in einer Zusammenarbeit mit dem städtischen NS-Dokumentationszentrum mündete. Wir organisierten eine Ausstellung mit Katalog. Hier wurden schnell Grenzen deutlich, als wir unsere Geschichtszeugen nach Parallelen zur heutigen Zeit befragten. Die meisten waren aktiv bei Protesten gegen den 1991 begonnenen Golfkrieg, USA gegen Irak. Systemkritik sollte jedoch unter den Tisch fallen. Fast wäre das Projekt daran gescheitert.

Wie war die Debatte innerhalb des Verbandes „Arbeiterfotografie" möglich?
In den Folgejahren gab es im Verband Diskussionen bezüglich der Zeitgemäßheit des „Etiketts" Arbeiterfotografie. Mir widerstrebte es zutiefst, die bedeutenden historischen Bezüge zu Willi Münzenberg, dem großen linken Medienunternehmer und Gründer der

„Arbeiterfotografie" sowie John Heartfield, dem weltbekannten Fotomonteur, aufzugeben. Deshalb nannte ich die 1990 gegründete Galerie selbstverständlich „Arbeiterfotografie". Vorschläge wie „Galerie Grauwert" ließen mich erschaudern. Im Gegenteil war es mein Bestreben, den Begriff trotz seiner linken Anrüchigkeit oder vermeintlichen Verstaubtheit gesellschaftlich zu etablieren, was erfolgreich gelang.

Niemand in der Kunstszene der unter Reinhold Mißelbeck, Fotokunstbereichsleiter des Museum Ludwig, gegründeten „Internationalen Photoszene Köln" hatte Probleme damit. Ich war zeitweilig in der Jury, die einen Programm-Katalog herausgab. Viermal in Folge stellten wir unser Wirken, eine Mischung aus historischer Rückblende und aktuellem Fokus, im Kulturbereich der Weltmesse Photokina an einem Stand und in einem Bühnenprogramm mit internationalen Fotografen, Buchautoren, Filmemachern und Galeristen vor. Ein einziges Mal gab es Einspruch von Seiten der Messeleitung, als wir ein Gentrifizierungsprojekt der Stadt Köln, bei dem ein denkmalgeschützter Wohnblock – das „Barmer Viertel", mit knapp 400 Mieteinheiten und etwa 1000 betroffenen Menschen – unter die Abrissbirne kam, kompetent präsentieren wollten. Wir brachten das Thema dann in kleinerer Form, ohne darauf zu verzichten. Der Kampf um das „Barmer Viertel" war auch Auslöser, in Köln wieder ein unabhängiges Presseorgan zu installieren. Das war die Geburtsstunde der „Neuen Rheinischen Zeitung", die 2005, mit bewusst provokantem Bezug auf die gleichnamige revolutionäre, in Köln erscheinende Zeitung von Karl Marx (1848 – 1849), unter Federführung des ehemaligen Stadtanzeiger-Redakteurs und Filmemachers Peter Kleinert „auf Sendung" ging.

Gibt es ab und an Vorwürfe, dass ihr generell gegen die Regierung opponiert?
Erstaunlicherweise kamen derartige „Vorwürfe" mit fortschreitender Zeit bei thematischer Erweiterung unter anderem auf den Israel-Palästina-Komplex, dem Walter Herrmann täglich in seiner „Klagemauer für Frieden und Völkerverständigung" vor dem Kölner Dom auf Papptäfelchen ein mediales Forum bot, von „links". Was den Eindruck verstärkte, dass „die Szene" sich von linken, sozialen und antiimperialistischen Ansprüchen bewusst, unterwandert oder zersetzerisch, entfernte. Besonders deutlich wurde dies, als 2014 ein telefonbuchdickes Kompendium über links-alternative Kölner Initiativen der 1970er und 1980er Jahre erschien, bei dem sowohl die Friedensklagemauer Walter Herrmanns (zuvor Kölner Klagemauer gegen Wohnungsnot), die Soziologin Prof. Maria Mies mit ihrer epochalen Gründung autonomer Frauenhäuser als auch die Arbeiterfotografie „ausgespart" blieben.

Bei welchen Episoden warst du selbst Zeugin von falscher oder tendenziöser Berichterstattung?
Wichtiger Teil unserer Arbeit war und ist es, Feindbilder zu hinterfragen, Dämonisierung als Mittel von Propaganda zu entlarven. In solchen Fällen ist meist derjenige der Dieb, der laut ruft: „Haltet den Dieb!" Aber mal konkret dazu ein paar Worte: 1999 erlebten wir unter einer rot-grünen Regierung den ersten deutschen Kriegseinsatz nach dem Zweiten Weltkrieg. Im Zusammenspiel mit der NATO wurde auf die Serben und

ihren als Wiedergänger Hitlers diffamierten Präsidenten Milosevic medial eingeschlagen. „Kollateralschäden" wurden mit Krokodilstränen beweint. In „meinem" Sender habe ich erlebt, dass Journalisten die Bombardierung von Rundfunkstationen befürworteten. Kriegstote auf serbischer Seite zählten nicht. Das Ganze wurde verfälschend Kosovo-Krieg genannt. Ich fuhr mit meinem Partner Andreas Neumann nach dem Ende der Kriegshandlungen nach Serbien und wir dokumentierten gezielte „Kollateralschäden" an Schulen, Wohnblocks, Krankenhäusern, Rundfunkeinrichtungen, die zeigten, was in den Mainstreammedien schlicht ausgeblendet wurde. Über das Kriegsverbrechen Uranmunition wurde weithin nicht gesprochen.

Zweites Beispiel, und das ist nur eines von vielen, ist der Iran: 2012 reisten wir im Zenit des Kriegsgebrülls dorthin, um uns einen Einblick in die dortigen Lebensverhältnisse zu verschaffen. Unsere Erfahrungen fassten wir in Bildern und Berichten zusammen, die in Deutschland niemand zur Kenntnis nehmen wollte. Die Propagandamaschine war dermaßen auf Touren, dass niemand normale, freundliche, arbeitende, sich in herrlichen Parkanlagen entspannende Menschen sehen wollte. Gemäß öffentlich beschriebener Lesart eines Psychokrieges lebten dort nur Teufel, und ihr Präsident Ahmadinedschad wurde wiederum zum Ebenbild Hitlers stilisiert. Gesteinigt wurden wir nach unserer Rückkehr in „linken" Kreisen.

Wie würdest du heute handeln, wenn du noch einmal neu starten könntest?
Genauso. Sicher gibt es vieles im Detail besser zu machen, eine Jugendorganisation aufbauen zum Beispiel. Gerne hätte ich eine Lehrtätigkeit im Rahmen einer Professur ausgeübt, hätte gerne mehr „Macht" und Möglichkeiten gehabt, Einfluss auszuüben. Mein Ziel ist es, Debatten zu führen und einzufordern, Schlimmes abzuwenden, Wohlergehen und Gerechtigkeit zu fördern, wenn erforderlich gegen Widerstände. Ein Freund sagte einmal: „Nur ein Baum, der aufrecht steht, wird von Wind und Sturm umweht." Wichtig ist und bleibt, sich zu vernetzen, sich zu organisieren und vertrauensvoll zusammenzuarbeiten. So können wir unsere Erkenntnisse und Erfahrungen weitergeben.

Vielen Dank für das Gespräch.

Weitere Informationen – Biographie

Anneliese Fikentscher, Jahrgang 1953, lebt in Köln, ist Diplom-Fotoingenieurin. Sie studierte Theater-, Film- und Fernsehwissenschaften, Germanistik und Kunstgeschichte, arbeitet als Fotografin, Kamerafrau, Ausstellungs- und Filmemacherin. Sie ist (seit 2007) Vorsitzende des Bundesverbands Arbeiterfotografie, langjährige Chefredakteurin des Magazins „Arbeiterfotografie", 1990 Gründerin und seitdem Betreiberin der „Galerie Arbeiterfotografie", Jurytätigkeit u.a. bei der Internationalen Photoszene Köln. Mitwirkung am „Infobrief gegen Konzernherrschaft und neoliberale Politik" von Prof. Maria Mies. 2012 Initiatorin der (Satire-)Quartalsschrift „DAS KROKODIL" und seit 2016 Mitherausgeberin der Online-Publikation „Neue Rheinische Zeitung" sowie Mitinitiatorin der Kampagne „NATO raus – raus aus der NATO!", Beiratsmitglied im Deutschen Freidenkerverband DFV. Sie betreibt das KAOS-Kunst- und Videoarchiv und verwaltet als Vorstandsmitglied des Fördervereins Kölner Klagemauer den Nachlass von Walter Herrmann „Klagemauer für Frieden und Völkerverständigung".

Antonia Kelnberger: Ein „Küken" der Aktivisten-Szene

Andrea Drescher

Foto: Privat

Antonia Kelnberger ist mit 18 Jahren eines der „Küken" in der Aktivisten-Szene. Geboren 2002 in München, lebt sie jetzt mit ihren Eltern in Passau und möchte, wenn ein maskenfreier Schulbesuch wieder möglich ist, ihre Ausbildung zur Ergotherapeutin abschließen. In ihrem „früheren" Leben war sie eine ganz „normale" Jugendliche, die Tennis spielte, Freunde traf und regelmäßig schwimmen ging. Seit 2020 setzt sie sich intensiv mit Politik auseinander und hat für ihre früheren Hobbys kaum mehr Zeit, hofft aber, dass sich das wieder ändern wird.

Du bist eine von den ganz jungen Corona-Aktivisten – wie kam es dazu?
Als beim ersten Lockdown 2020 die Schulen geschlossen wurden, habe ich mir nicht viel dabei gedacht. Ich saß auf der Terrasse und postete fleißig *#wirbleibenzuhause* – das taten alle in meinem Umfeld. Irgendwann haben mir meine Eltern gesagt, „Überleg' dir mal, was du da eigentlich postest" – und ich begann nachzudenken. Dann habe ich mich zwei Tage intensiv mit dem Thema beschäftigt und das Hashtag seitdem nicht mehr benutzt.

Du hast einfach mal recherchiert?
Ja. Im April habe ich jeweils Meldungen zu einem bestimmten Thema in den Medien verglichen – habe Mainstream-Medien und Alternativ-Medien gegenübergestellt, das eine am Handy, das andere am Tablet – und mir fiel auf: Das kann so nicht sein. Die Widersprüche waren einfach zu krass.

Dann wurdest du aktiv?
Anfangs bin ich gemeinsam mit meinen Eltern auf die Demo in Passau gegangen, so hat eines zum anderen geführt. Man lernt sich kennen, unterhält sich mit den Orga-Mitgliedern – und auf einmal hilft man eben am Stand mit. Schon ist man dabei. Dann bin ich mit auf die Großdemonstrationen gefahren und habe mehr und mehr Menschen kennengelernt. In Konstanz begegnete ich Janko Williams zum ersten Mal, in Stuttgart trafen wir uns wieder und auch dank seiner Unterstützung wurde mein Aktionsradius immer größer. Irgendwann wurde mir klar, dass man mehr für uns Junge tun muss. Da-

rum habe ich gemeinsam mit Julia den Kanal „Corona-Jugend informiert" auf Telegram[1] und Instagram[2] gegründet. Wir wollten einfach die jungen Leute erreichen und ihnen helfen, mit dieser Situation umzugehen. Wie wichtig das ist, hatte ich ja selbst erfahren.

Was war denn los?
Bei mir in der Schule gab es auf einmal Massentests. Ich war völlig überfordert damit, wusste nicht, wie ich mich verhalten soll. Da es keine Unterstützung bei solchen Problemen gab, die uns junge Menschen betreffen, haben wir es eben selbst gemacht.

Was macht ihr denn konkret?
Wir erstellen Leitfäden, wie man sich in bestimmten Situationen verhalten kann. Was tue ich, wenn in meiner Schule Massentests angeordnet wurden? Was ist zu tun, wenn mir oder einem Mitschüler durch die Maske schlecht wird? Zwei von vielen Beispielen, die wir auf den sozialen Medien veröffentlicht haben. Wir haben auch Interviews mit Ärzten geführt und einiges mehr. Wir versuchen einfach, Hilfe beim alltäglichen Wahnsinn im Leben der Schüler zu bieten.

Du gehst selbst aber nicht mehr zu Schule?
Nein. Ich habe eine einjährige Befreiung. Als es bei uns zu den Massentests kam, habe ich die Testung verweigert und bin heimgefahren, während die anderen Schüler auf die Testzentren aufgeteilt wurden. Eine Woche lange habe ich nichts von der Schule gehört, dann beauftragten meine Eltern einen Anwalt, der an die Schule schrieb, aber es gab wieder keine Reaktion. Wir haben dann nochmals einige Zeit vergehen lassen und dann ein Kooperationsgespräch mit der Schule geführt. Da sie mein Maskenattest nicht mehr akzeptieren wollten – nicht zuletzt, weil ihnen aufgrund der Testverweigerung meine politische Haltung klar war –, einigten wir uns darauf, dass ich ein Jahr pausieren solle, bis sich die Situation hoffentlich wieder normalisiert hat.

Warum trägst du keine Maske und lässt dich nicht testen?
Ich bekomme gesundheitliche Probleme mit der Maske und vertrage sie überhaupt nicht. Beim Testen war es wohl die Tatsache, dass man uns dermaßen überrumpeln wollte. Mein Bauch sagte: Lass dich nicht testen. Darauf habe ich gehört und habe es dann auch durchgezogen. Was ich nicht verstehe: Warum war man nicht daran interessiert, mich einfach 14 Tage in Quarantäne zu schicken? Das hätte ja gereicht, um zu zeigen, dass ich nicht erkrankt bin.

Du bist auf vielen Demos dabei. Hattest du schon Probleme deswegen?
Ja, leider. In Passau ist die Antifa sehr aktiv vertreten. Sie machen sich einen Spaß daraus, Rasterfotos zu produzieren – also Fotos mit persönlichen Daten zu versehen und

---

1 https://t.me/Corona_Jugend_informiert → Kurzlink: ws1.eu/k/4

2 https://www.instagram.com/corona_jugend_informiert/ → Kurzlink: ws1.eu/k/5

online zu stellen. Auch erstellen sie Bewegungsprofile und veröffentlichen beispielsweise, wo meine Schule ist oder wo ich zum Sport gehe. Auch die Schule meines Vaters wurde bereits online gestellt. Es gab auch einige richtige Bedrohungen. Da laufen aktuell Ermittlungen, das ist kein Kindergartenspiel mehr, das ist schon richtig heftig. Ich habe es in den Adventskalender der Antifa geschafft, was mich sehr berührt hat.

Du bist eine anerkannte Aktivistin, wenn du dermaßen im Kreuzfeuer stehst?!
Genau. Ich kann stolz auf mich sein. Danke, Antifa! Ich habe es mir aber auch verdient, war wirklich viel unterwegs, habe einen Teil des Anwaltsteams auf Demos wie am 18.11.2020 in Berlin begleitet und war auch in Dänemark mit dabei.

Was war denn in Dänemark los?
Das war ein länderübergreifendes Treffen verschiedener Aktivisten mit vielen Besprechungen – aber Details möchte ich nicht öffentlich erwähnen. Wir wollen das vertraulich halten.

Du warst bei der Frauen-Bustour dabei – wie kam es dazu?
Das war ganz spontan. Eva rief Janko an, benötigte einen Berater wegen der Bustour und den Demos und erwähnte, dass weitere Frauen, speziell junge, noch gesucht werden. Das war die „Planung", in deren Folge ich vom 01.12. bis 31.12.2020 mit nur kurzen Pausen dann mitgefahren bin.

Wie hast du die Tour erlebt?
Es war eine aufregende Reise – ich bin froh und dankbar, dass ich so etwas erleben durfte. Mein Ziel, Menschen zu erreichen, die noch keinen direkten Kontakt mit alternativen Meinungen und Medien haben, die eben zufällig vorbeikommen, wenn wir mit unserem Bus irgendwo stehen, haben wir erreicht. Ich bin total zufrieden. Ich kam mit ganz vielen Menschen ins Gespräch.

Wie lief es denn im Bus?
Wir waren – bis auf die Weihnachtstage – fast immer rund acht Menschen im Bus, und es gelang uns, trotz des Stress, trotz der Belastungen, diese Bustour erfolgreich durchzuführen. Es gab auch mal Streit, aber das ist normal, wenn man dauerhaft auf so engem Raum zusammen ist. Und da es uns allen um die Sache ging, haben wir das alles gut gemeinsam bewältigt. Inklusive der Verhaftungen und Angriffe auf unseren Bus!

Ihr hattet einen Anschlag auf den Bus?
Bei der Versammlung in Münster stand der Bus am Rand. Auf einmal hören wir einen lauten Schrei von einem der Mitfahrer, der nicht teilnehmen durfte und im Bus auf uns wartete. Er sah, wie Farbbeutel auf den Bus geworfen wurden und der Bus dann mit Spraydose „verschönert" wurde.

„Verschönert" ist eine eigenartige Bezeichnung. Wie kommst du denn darauf?
Das finde ich auch. Aber ein Polizist, der vorbeikam, sagte, wir sollen uns „nicht so anstellen, das ist eine Verschönerung von dem Bus". Es war ein Schaden von mehreren Tausend Euro – aber zum Glück ist uns nichts passiert. Materielles kann man immer ersetzen, doch es war für uns alle ein Schock. Aber besonders schlimm war die Reaktion dieses Polizisten.

Hattet ihr keine Security?
Nicht von Anfang an. Aber nach den ersten Anschlägen haben wir entschieden, dass es notwendig ist. Es gab eine Verfolgungsjagd mit der Antifa, die uns zu unserem Nachtstellplatz nachkam. Und als die Antifa öffentlich dazu aufrief, dass es sinnvoll wäre, unseren Bus von der Straße zu drängen, wurde Security unverzichtbar. Wir sind jetzt dabei, das Material zusammenzutragen und dann der Kripo zu übergeben. Wobei wir uns – leider – nicht so viel von der Polizei erwarten. Die besten Erfahrungen haben wir ja nicht gemacht.

Inwiefern?
Der Kommentar nach dem Angriff der Antifa auf unseren Bus war nicht das einzige Negative. Bei der zweiten Einreise am 28.12. nach Mecklenburg-Vorpommern hatten wir massive Schwierigkeiten. Als Folge bekam ich am 23.01.2021 ein Ordnungswidrigkeitsschreiben wegen „Verstoßes gegen das Einreiseverbot nach Mecklenburg-Vorpommern". Es gab immer wieder Schikanen vom Feinsten. Mal hat die Polizei mitten in der Nacht an den Bus geklopft, um uns wissen zu lassen, dass man nicht wisse, ob die Versammlung durchgeführt werden könne, mal hat sie uns morgens ganz in der Früh geweckt, um zu sagen, dass die Versammlung stattfindet. Mal durften alle an der Versammlung teilnehmen, dann wieder wurden manche ausgeschlossen. Ohne juristische Unterstützung wäre es noch schwieriger geworden. Mit Janko hatten wir einen guten Berater im Bus, und telefonisch waren noch Anwälte verfügbar.

Jetzt macht ihr statt Bustour Podcasts und Videos – wie kam es dazu?
Ich produziere die zusammen mit Anna, die ich im Rahmen der Bustour in Augsburg kennengelernt habe. Sie kam auf mich zu, dann haben wir spontan eine gemeinsame Rede gehalten und sie entschied sich – noch spontaner – den Bus zu begleiten. Damit waren wir die zwei Küken im Team. Da viele Menschen auch mit uns kommunizieren wollen, kam uns die Idee mit den Podcasts, für die wir interessante Menschen aus der Szene zu Wort kommen lassen.

Und wie kommt das an?
Sehr gut. Angefangen haben wir am 04.01.2021 mit dem ersten Podcast, in dem wir unser Projekt vorgestellt haben. Nach 10 Folgen haben wir auf dem Kanal jetzt gut 333.000 Aufrufe – Stand 25.01. Das zeigt, dass wir etwas richtig machen.

Illustration: Diana Wille

Unser nächstes Projekt war das Video, das zeigt, wie sich junge Menschen fühlen: *https://t.me/Corona_Jugend_informiert*.[1] Dabei ging es uns nicht um Maßnahmenkritik, wir wollen nur zeigen, was den Kindern und Jugendlichen alles genommen wird, in der Hoffnung, dass es so mehr Menschen bewusst wird, was gerade passiert. Wir wollen unter dem Motto „Wir brauchen Unterstützung“ dazu beitragen, dass die jungen Menschen gehört werden. Die ganzen Selbstmorde sind nur „Kollateralschäden“ – zumindest laut der jetzigen Politik. Aber diese Schäden sind immens hoch.

Warum sind so wenig junge Menschen wie du aktiv – es geht doch um eure Zukunft?
Ich erkläre es mir so: In meiner Generation ist die Bequemlichkeit enorm. Seit wir auf der Welt sind, hat immer alles gepasst. Man hat nie kämpfen oder nachdenken müssen. Es gab keine großen Probleme. Es war einfacher, eine vorgekaute Meinung zu übernehmen, als zu hinterfragen.

Bis Corona habe ich auch Meinungen aus dem Mainstream unkritisch übernommen. Bei FFF war ich schon skeptisch, aber sonst ziemlich systemkonform. Wenn es bequem ist, sind auch Junge bereit, etwas zu leisten. Wird es aber unbequem, riskiert man, Freunde

1 Kurzlink: ws1.eu/k/4

zu verlieren. Wenn man eine Meinung vertritt, die nicht gut ankommt, werden die meisten gleich zurückhaltender. Ich habe das selbst im Freundeskreis erlebt. Sagte ich etwas Kritisches zu Corona in der Gruppe, gab es allgemeinen Widerspruch. Anschließend kamen aber Einzelne zu mir und haben mir bestätigt, dass sie es ähnlich sehen. Die Gruppenzugehörigkeit ist enorm wichtig, viele haben Angst davor, aufzufallen. Der Konformitätsdruck ist grade bei Jungen enorm. Wer verliert schon gerne Freunde?

Hast du Freunde verloren?
Schulfreunde ja – mit manchen telefoniere ich noch, aber höre immer, dass sie Angst haben, sich mit mir zu treffen, wegen ihrer Großeltern. Im Großen und Ganzen ist mein Freundeskreis aber stabil geblieben und ich habe viele neue Kontakte dazugewonnen. Das sind so tolle Menschen, Freundschaften, die fürs Leben bleiben, weil diese aktuelle Zeit ja enorm verbindet. Man trifft sich auf den Demos – obwohl man aus ganz Deutschland anreist. Das macht einfach auch Spaß. Ich würde jederzeit wieder so handeln. Auch wenn es manchmal anstrengend ist, ich bereue nichts.

Danke für dein Handeln. Ich wünsche mir, dass du für viele junge Menschen ein Vorbild bist!

Arne Schmitt: Mein Piano hat Kraft!

Kathrin Feldmann

Foto: Privat

Seit 1997 tourt Arne Schmitt mit seinem umgebauten Van, in dem er auch lebt, quer durch die Welt. Als leidenschaftlicher Straßenpianist spielte er in Deutschland, England, Frankreich, Italien, Polen, Österreich, Norwegen, Schweden, Dänemark, Tschechien, Hongkong, China, Irland, Schottland, Holland und anderen Ländern, um „Harmonien in unruhige Gassen zu tragen und Akkorde über Felder und Seen, die dich an die wichtigsten Dinge im Leben erinnern sollen. Piano Across the World möchte eine Botschaft weitertragen, die in unserem hektischen Alltag leider oft untergeht. Lächle, konzentriere dich auf dein Wohlbefinden und entspanne."

So beschreibt er selbst es auf seiner Website. Catch Your Dreams. The Melody of Life steht da weiter einleitend. Und so lädt sein Spiel zum Träumen, Nachdenken und Verweilen ein.

Vor ein paar Tagen erreichte mich ein YouTube-Video: Ein Pianist lässt Töne in den untergehenden Tag hineinfließen, umringt von ein paar Passanten, kaum Masken, meist Abstände, jemand hält eine brennende Kerze in der Hand, es ist friedlich. Ein paar Polizisten kommen auf ihn zu, einer bittet ihn, aufzuhören zu spielen, da die Abstände nicht eingehalten würden, außerdem sei die Versammlung beendet. Die Versammlung, um die es zuvor ging, war eine der Querdenker, die am 18. November in Berlin stattgefunden hatte, um sich gegen die Durchsetzung des neuen Infektionsschutzgesetzes zu wenden. Arne Schmitt entgegnete, dass er lediglich Straßenmusik spiele, dafür habe er nachweislich eine Genehmigung.

Der selbe Polizist, der ihn zuvor von der anderen Seite der Straße auf diesen Platz verwiesen hatte, ließ den Pianisten nun abführen, obwohl er bereits nicht mehr musizierte, sondern stattdessen argumentierte, dass diese Aktion nicht rechtens sei. Umringt von weiteren Polizisten wurde er zu Boden gedrückt und in Handschellen zum Polizeiauto geschleift.

Ein paar Stunden zuvor zeigt ein weiteres Video Schmitt die Deutschlandhymne begleitend, die Demonstranten singen lautstark. Kurz darauf rücken Wasserwerfer an,

Schmitt und sein Flügel befinden sich nun zusammengedrängt inmitten der Demonstrierenden, Schmitt erhebt seine sonore Stimme, steht dabei inzwischen auf seinem Flügel und ruft wie alle anderen: „Wir bleiben hier, schließt euch an! Frieden, Freiheit." Kein Krimi, bittere Realität!

Heute sprach ich mit Arne Schmitt:

Hast du eine Veränderung feststellen können in dem, wie die Menschen seit dem Lockdown im März auf dein Musizieren auf der Straße reagieren?
Zu Beginn des ersten Lockdowns im März gab es noch keine Maskenpflicht, doch Straßenmusik ging auch nicht. Erst Ende April dann wieder. Da blieben die Leute stehen und freuten sich, setzten sich auf den Boden. Es war ein kleiner Lichtblick für sie, endlich wieder Musik, sie hörten mir noch intensiver zu, haben mir auch mal einen Zehneuroschein zugesteckt, viel applaudiert.

Im Oktober mache ich meist meine Haupttournee, da spiele ich in vielen verschiedenen Städten. Und da gab es nun diesmal eine Frau, die mir ansonsten so gerne zuhört und sich jetzt aber entschuldigte, dass ihr das, wenn sie hier jetzt eine Maske tragen müsse, einfach keine Freude mehr mache, und auch für mich wird es da schwierig: Die Masken machen das nun erst richtig kaputt, wer will schon die Maske länger tragen als unbedingt nötig, und es gibt einfach kaum Kontaktmöglichkeit mehr. Ich trage auch Maske, weil ich keine Lust habe auf die Blicke der anderen und auf Diskussionen. Da gibt es so viel Angst vor Strafe, das ist ein ganz perfides Spiel.

Was ist deine Botschaft, wenn du im Moment auf den Demos der Querdenker spielst?
Mein Piano hat sehr viel Kraft, es steht für Frieden, es ist keine Waffe und erregt Aufmerksamkeit. Ich kann den Konsenz der Querdenkerbewegung auf diese Art unterstützen und komme mit Menschen ins Gespräch. Die Bewegung wird viel missverstanden, oft kommt es gar nicht dazu, dass die Leute sich überhaupt ein neutrales Bild davon machen, wenn die Medien derart einschlägig von Rechtsextremen, Verschwörern, etc. in diesem Zusammenhang sprechen. Da kann ich mit dem Piano wunderbar zeigen, dass wir eben nicht alle Rechtsradikale und Verschwörer sind, denn die Leute, die mich sehen und kennen, wissen, dass ich sensibel und friedvoll bin und offen für andere Kulturen, nachdem ich durch die ganze Welt reise. Musik ist friedlich, ich möchte einfach, wie alle anderen dieser Bewegung auch, dass wir in einen Diskurs miteinander gehen.

Je mehr das unterdrückt wird, desto mehr darf man doch spekulieren, dass da etwas nicht stimmt, wenn wir alle über den selben Kamm geschoren werden. Mit meinem Piano kann ich meine Haltung vehement, aber diplomatisch ausdrücken.

Wie hast du dich gefühlt, als es am Abend des 18. November tatsächlich zum Ärgsten kam und die Polizisten dich mitnahmen?

Ich hab mich wirklich erschrocken, weil ich damit nicht gerechnet hatte. Normalerweise bleibe ich ruhig und gefasst und kann auch gut argumentieren in solchen Situationen, doch da hatten sie mich ja schon gepackt und niedergedrückt.

Als ich dann quer im Auto mit Handschellen auf dem Boden lag zwischen den Radkästen, hörte ich die Polizisten: Widerstand gegen Volksgewalt, getreten und geschlagen auch ... Da bekam ich Angst, dass sie mich in U-Haft stecken. Dabei ist auf dem Video ja dokumentiert, dass ich ganz friedlich blieb. Ich dachte nur, ich muss jetzt deeskalieren. Dann ging's ums Klavier. Letztlich habe ich dann in Begleitung von Polizei mein Klavier wieder eingeladen und danach konnte ich gehen. Ich werde nun eine Strafanzeige stellen, da kenn' ich mich aus und habe einen guten Anwalt, den ich gleich kontaktierte und der meine Geschichte sofort veröffentlichte und das nun in die Hand nimmt.

Die Polizei greift im Moment zu schnell und zu hart durch und sobald sie aggressiv oder handgreiflich tätig werden, haben wir die Möglichkeit Strafanzeige zu stellen. Ich versuche immer friedlich zu bleiben, meistens genügt es schon, wenn ich mit lauter Stimme und meiner Körpergröße auftrete.

Ich verstehe auch ein bisschen die Polizei, die jetzt einfach Angst hatte, dass sich hier nun eine neue Demo entwickelt, nachdem die eigentliche Demo schon aufgelöst worden war. Dabei handelte es sich ja hier nur um Straßenmusik, das erkannte man auch am Publikum. Daher musste ich an dieser Stelle einfach nach dem Grundsatz handeln: Wenn Recht zu Unrecht wird, wird Widerstand zur Pflicht. Aus diesem Grund wollte ich mich da durchsetzen und nicht klein beigeben.

Was ist deine Vision für die kommende Zeit?
So gut ich kann weiter mitzuwirken zur Aufklärung der Lügen, den Lockdown zu beenden, damit Menschen wieder ins normale Leben zurückkehren können und aufgeklärt wird, was hinter allem steht.

Weitere Informationen

https://youtu.be/qoCKr7C9YI4 → Kurzlink: ws1.eu/k/6
https://m.facebook.com/watch/live/?v=380104079974996&ref=watch_permalink&_rdr → Kurzlink: ws1.eu/k/7

Bernd Bayerlein: Der erste Polizist auf einer Corona-kritischen Bühne

Andrea Drescher

Foto: Privat

Ein Aufschrei ging durch die Menge, als sich Bernd Bayerlein in Augsburg als Mitarbeiter der Exekutive outete. Viele Menschen haben auf ein derartiges Signal gehofft. Videokommentare auf YouTube[1] wie „Ich habe die allergrößte Hochachtung vor diesem Polizisten. Auch die Ordnungshüter gehören zu uns, das sollten sie auch wissen. Wir sitzen alle im selben Boot.", sprechen eine deutliche Sprache.

Der 1971 in Gunzenhausen geborene Polizeihauptkommissar Bernd Bayerlein wurde nach seinen Reden in Augsburg, Gunzenhausen und Weißenburg im August zunächst in den Innendienst versetzt, im Oktober dann suspendiert. Jetzt hätte der bisherige Dienstgruppenleiter mehr Zeit für seine Hobbys – Fahrradfahren und Theater spielen –, zieht es aber vor, gemeinsam mit Frau und seinen beiden Söhnen, Zeit auf Demonstrationen zu verbringen.

Sie waren der erste Polizist, der sich öffentlich auf der Bühne gegen die Corona-Maßnahmen geäußert hat. Was hat Sie dazu veranlasst?
Ausschlaggebend waren letzten Endes die Ereignisse bei der Demonstration am 01.08.2020 in Berlin. Wir standen vor der Hauptbühne und haben das Geschehen selbst miterlebt. Als nach der Auflösung die ersten Pressemeldungen kamen, fiel bei mir der Entschluss, an die Öffentlichkeit zu gehen, ab sofort selbst auch öffentlichkeitswirksam zu handeln. Das, was in den Medien zu lesen war, stand im krassen Widerspurch zu unserer eigenen Wahrnehmung. Ich war ja nicht allein da. Es war ein Bus aus Gunzenhausen vor Ort, auch meine Frau war mit dabei. Im Bus wurde heftig darüber diskutiert, wie es möglich sein kann, dass die Sender rund um Berlin eine derartig falsche Berichterstattung abliefern konnten. Das ging bei den Teilnehmerzahlen los und setzte sich bei Art und Verhalten der Teilnehmer fort. Die Menschen waren völlig friedlich und gut drauf und in keiner Form gewalttätig. Den Bericht, dass Massen an reichsbürger-ideo-

1 https://www.youtube.com/watch?v=6soI3R4WRoU → Kurzlink: ws1.eu/k/8

logischen Teilnehmern mit anwesend waren, konnte von uns auch keiner bestätigen. Es gab einzelne Flaggen aus dem Kaiserreich, aber die waren vereinzelt.

War Corona das erste Mal, dass Sie eine derartige Diskrepanz von Berichterstattung und Realität wahrgenommen haben?
In dieser Deutlichlichkeit habe ich das zum ersten Mal erlebt. Diese massive Abweichung der Berichterstattung zwischen Leit- und Alternativmedien wurde mir erst während der Corona-Zeit richtig deutlich.

Waren Sie schon früher politisch aktiv?
Nein. Nur mit der wirtschaftlichen Entwicklung habe ich mich schon länger beschäftigt – darum habe ich sehr schnell Zusammenhänge gesehen.

Warum jetzt?
Ich musste aktiv werden, da ich das Unrecht wahrnahm, das bei uns in Deutschland und auf der ganzen Welt passiert. Ich konnte es mit meinem Gewissen nicht vereinbaren, nichts zu tun.

Von welchem Unrecht sprechen Sie?
Ich meine, dass eine massive Manipulation vonstatten geht, dass das Covid-Virus zwar existiert, aber nicht das anrichtet, was uns immer geschildert wird. Es ist kein Killervirus, sondern ein Vorwand, etwas umzusetzen, was schon lange geplant wurde.

Welchen Plan vermuten Sie?
Den, von dem man immer wieder hört: The Great Reset[1], über den sich auch Frau Merkel schon geäußert hat. Details zu dieser Neuen Weltordnung findet man direkt beim Weltwirtschaftsforum – angekündigt wohl für die nahe Zukunft.[2] Dagegen möchte ich etwas tun – und ich war und bin fest davon überzeugt, dass sich das auch mit meinem Beruf vereinbaren lässt.

Das sehen Ihre Dienstherren wohl anders?
Ja, offensichtlich. Bis zu meinen ersten Auftritten auf der Bühne war ich Dienstgruppenleiter bei der Polizeiinspektion Weißenburg. Danach wurde ich abgeordnet, das bedeutet Versetzung im Behördendeutsch. Man argumentierte, dass ich aktuell zu stark in der Öffentlichkeit stehe und deklarierte es als Schutzmaßnahme, um mich aus der Schußlinie zu nehmen. Ich wurde nach Nürnberg in eine andere Dienststelle in den Innendienst abgeordnet, man erteilte mir einVerbot von Bürgerkontakten und die Befreiung vom Führungsgeschäft.

---

1 https://norberthaering.de/die-regenten-der-welt/grosser-neustart/ → Kurzlink: ws1.eu/k/9
2 https://www.weforum.org/great-reset/ → Kurzlink: ws1.eu/k/10

War das eine Strafmaßnahme?
Es war eine Begleitmaßnahme zum dann eingeleiteten Disziplinarverfahren. Diese zweite Maßnahme wird gegen Beamte eingeleitet, wenn diesen ein Dienstvergehen oder eine Dienstpflichtverletzung vorgeworfen wird. Das ist bei mir der Fall. Mir wird vorgeworfen, gegen die Neutralität bei politischer Betätigung und gegen das Wohlverhaltensgebot verstoßen zu haben, da ich mich übermäßig und laut geäußert habe.

Hatten Sie das erwartet?
Nein. Man macht sich zwar Gedanken, aber ich war mir nach dem ersten Auftritt noch sicher, dass das so o.k. läuft. Auch als Polizist hat man das Recht auf Meinungsäußerung und aktive Teilnahme an Versammmlungen. Ich war und bin überzeugt, dass ich mich im Rahmen meiner Grundrechte bewegt und meine Dienstpflichten nicht verletzt habe. Vor dem zweiten Auftritt am Sonntag bekam ich bereits Besuch von meinem Dienststellenleiter, der mir nahelegte, nicht weiter in dieser Art aufzutreten, da dies dienstrechtliche Konsequenzen nach sich ziehen könne. Ab diesem Zeitpunkt habe ich damit gerechnet, dass seitens des Polizeipräsidiums etwas kommt.

Die Konsequenzen waren Ihnen egal?
Nein. Die Konsequenzen sind mir nicht egal, da ich nach meinem Dafürhalten sicher war, korrekt zu handeln, sodass ich am Sonntag dem 08.08. wieder auf die Bühne ging.

Wie ging es dann weiter?
Montag hat mich der Dienststellenleiter angerufen und mich darüber informiert, dass der Polizeipräsident mich abordnen will. Im beiderseitigen Einvernehmen habe ich mir den Tag freigenommen, Dienstags bei der alten Dienststelle die Dienstgeschäfte übergeben und nach einem weiteren freien Tag am Donnerstag dann in Nürnberg die Arbeit aufgenommen.

Aber da sind Sie auch nicht mehr tätig?
Nein. Seit 05.10. bin ich suspendiert. Begründet wird das aufgrund der weiteren Auftritte in der Öffentlichkeit. Das Disziplinarverfahren wurde ausgedehnt und mir mündlich und schriftlich mitgeteilt. Mir werden weitere Dienstpflichtverletzungen vorgehalten, u.a. achtungs- und vertrauensschädigendes Verhalten. Das Vertrauen zu meinem Dienstherrn sei durch mein Verhalten so in Mitleidenschaft gezogen, dass eine weitere Zusammenarbeit vorerst nicht mehr möglich wäre, so die Begründung.

Wie verhalten sich Ihre Kollegen?
Die Reaktionen sind im überwiegenden Maß positiv. Von fast allen, mit denen ich in Kontakt bin, gab es positives Feedback. Es stimmen mir sicher einige auch nicht zu, aber konkrete negative Rückmeldungen erhielt ich nur von zwei Kollegen. Viele Polizisten denken kritisch, teilen meine Positionen und Ansichten. Es gehen auch einige Kollegen mit auf die Demonstrationen. Aber der Gang an die Öffentlichkeit ist für viele noch zu schwierig. Das sind leider vorläufig noch Einzelfälle.

Erwarten Sie wirtschaftliche Probleme?
Ich sehe da keine Gefahr. Der Dienstherr kann die Bezüge zwar bis zu 50% kürzen, aber im Moment ist alles o.k.

Wie lange läuft das Verfahren?
Das wüsste ich auch gerne. Es gab schon Suspendierungen, die sich über mehrere Jahre hinzogen. Man kann ganz normal den Rechtsweg über mehrere Instanzen bestreiten. Das Ziel könnte sein, mich aus dem Dienst zu entfernen. Eine Suspendierung wird ja nur vorgenommen, wenn man von schweren Dienstvergehen ausgeht. Die Entfernung aus dem Dienst ist die schwerste Form der Sanktionierung im Beamtenrecht. Ich gehe davon aus, dass ich mit einer Degradierung oder Entfernung aus dem Dienst konfrontiert werde. Bisher liegen mir aber dazu keine Informationen vor, das erwarte ich in den nächsten Monaten.

Wie verhält sich Ihr familiäres Umfeld?
Die Familie stand von Anfang an komplett dahinter. Meine Frau ist selbst sehr engagiert, auch meine Söhne findet man auf Demonstrationen. Im weiteren Familienumfeld herrschen sehr unterschiedliche Ansichten. Die Spaltungen im Freundes- und Familienkreis sind ja leider bei vielen Menschen normal.

Ist der Ruf erst ruiniert, lebt es sich völlig ungeniert – Sie gehen jetzt regelmäßig auf Demonstrationen?
Ja, ich bin jetzt sehr häufig unterwegs. Mein Ruf ist aber nicht ruiniert, ganz und gar nicht. Ich fühle mich ja im Recht. Das Beamtenrecht ist sehr dehnbar. Und ich bin weiter ein überzeugter Polizist!

Was sagen Sie zu der 33er Hundertschaft in Berlin?
Ich bin seit über 33 Jahren im Dienst. Mit Demonstrationsgeschehen war ich seit knapp 30 Jahren nicht mehr betraut. Aber wenn ich das Geschehen heute sehe, bin ich sehr irritert. Das Verhalten, das ich selbst beobachten musste, ist für mich nicht nachvollziehbar. Ich habe in Berlin mehrfach Situationen überzogener, körperlicher Gewalt gegen Demonstranten gesehen. Da kann man auch als Polizist nicht mitgehen. Am 29. und 30.08. habe ich die Auflösungen live als Teilnehmer miterlebt. Davon blieben Bilder im Kopf, die mit meinen Werten nicht zusammenpassen. Um mich herum nur friedliche Menschen aus der bürgerlichen Mitte und dann die gewalttätige Auflösung der Demonstration. Das war für mich nicht mehr verhältnismäßig und ist daher in meinen Augen rechtswidrig.

Halten Sie den Rechtsstaat für gefährdet?
Momentan ja. Das habe ich von Anfang an auch öffentlich gesagt. Ich sehe Gefahren für Rechtsstaat und Demokratie – insbesondere aufgrund einer Gesetzeslage, die auf Verordnungsgesetzgebung beruht. Diese soll ja auch noch bis März 2021 anhalten. Und

ich stehe – als verfassungsrechtlicher Laie – mit dieser Haltung auch nicht alleine da. Es gibt zahlreiche Rechtswissenschaftler, zudem unter anderen der ehemalige Bundesverfassungsrichter Papier, die das ähnlich sehen.[1]

Sehen Sie eine Chance, dass sich das Ganze noch zum Positiven dreht?
Ich sehe eine Chance, das ist der Grund, dass wir weiter aktiv sind. Alle, die auf Demonstrationen gehen, die Flyer verteilen oder sich anderweitig engagieren, sind positiv eingestellt. Wie es sich letztendlich entwickeln wird, kann ich nicht konkret sagen. Ich denke, es muss von unten aus passieren, bei den Landräten und Bürgermeistern angefangen. Von den Parteien und Abgeordneten im Bundestag erwarte ich nicht viel. Die repräsentative Demokratie bietet dem Souverän kaum Einfluss. Wir müssen das in Zukunft so gestalten, dass der einzelne Bürger mehr Macht bekommt und seine Interessen vertreten kann. Direkte Demokratie wie in der Schweiz wäre ein Ansatz – dort haben die Menschen deutlich mehr Mitwirkungsrechte als bei uns.

Aber jetzt heißt es erstmal die Grundlage für derartige Verbesserungen zu schaffen?
Ja. Mein primäres Ziel ist die Wiederherstellung der Grund- und Menschenrechte, die erheblich eingeschränkt sind. Das Recht auf eine eigene Meinung ist massiv gefährdet, auch in der freien Wirtschaft. Ich höre immer wieder: „Wenn mein Chef sehen würde, dass ich hier auf einer Demo bin, würde er mich am nächsten Montag entlassen."

Und weitere Ziele sind ...?
Ich möchte, dass wir als Gesellschaft wieder Menschlichkeit und Umwelt in den Mittelpunkt rücken. Social Distancing und Diffamierung, wie wir sie jetzt erleben, geht gar nicht. Und lieber einen vernünftigen Umweltschutz als eine CO2-Steuer, die wieder nur den großen Konzernen in die Hände spielt. Nur Konzerne profitieren von den Corona-Maßnahmen. Das nehmen leider nur die wenigsten wahr, weil sie die Themen isoliert betrachten und den Zusammenhang nicht sehen. Wir müssen den Menschen in den Mittelpunkt des Handelns rücken und nicht die Konzerne – also das Gegenteil dessen tun, was Regierungen und Nichtregierungsorganisationen wie WHO, NATO, IWF oder Weltbank derzeit treiben. Auch die Macht dieser Organisationen ist vielen Menschen nicht bewusst. Die haben m. E. einen wesentlichen Einfluss auf das derzeitige Weltgeschehen.

Das ist aber noch ein längerer Weg?!?
Uns allen ist klar: Das ist ein Marathon und kein Sprint. Das äußern auch viele ehemalige DDR-Bürger. Ich höre immer wieder, das war vor dem Mauerfall auch so. 1988 sei es losgegangen mit den ersten Protesten und habe sich über mehr als ein Jahr hingezogen. Ich hoffe wie alle, dass noch mehr demonstrieren und das auch in den höheren Etagen. Aber

---

1 https://www.nzz.ch/international/hans-juergen-papier-warnt-vor-aushoehlung-der-grundrechte-ld.1582544 → Kurzlink: ws1.eu/k/11

viele sind eingeschüchtert und haben Angst. Am 25. Oktober war ein Rechtsanwalt aus unserer Gegend mit in Berlin. Er fährt jedes Wochenende 500 km, dabei gibt es in Berlin sicher mehrere Tausend Rechtsanwälte. Nur: Wo sind die? Auch da dürften es mehr sein – viele kennen ja die Missstände mittlerweile.

Sie fahren auch sehr weit. „Lohnt" sich das?
Es tut ja unheimlich gut, mit Gleichgesinnten zusammen zu sein. Das hält die Motivation aufrecht. Natürlich ist nicht jeder Tag gleich, das erleben wohl alle ähnlich. Man hat immer wieder mal einen Durchhänger, aber man hilft sich gegenseitig und motiviert sich, weiterzumachen. Das Positive: Ich habe viele liebe und wertvolle Menschen kennengelernt, neue Freunde gefunden – eine Erfahrung, die gerade in dieser schwierigen Zeit sehr wichtig ist.

Dann wünsche ich Ihnen einen „langen Atem". Vielen Dank für Ihren Mut!

Björn Gschwendtner: Der Friedensaktivist, der anderen Aktivisten ein Gesicht gibt

Andrea Drescher

Foto: Privat

Björn Gschwendtner, geboren am 12. Juli 1977 in Frankfurt, wo er nach Zwischenstopp Köln immer noch wohnt, ist verheiratet und hat eine kleine Tochter. Er war erst als Biologielaborant tätig und hat dann umgesattelt auf Kommunikationsdesign. Jetzt ist er freiberuflicher Künstler, Illustrator und Grafiker, der seine Hobbys – Zeichnen und Malerei – zum Beruf gemacht hat.

Du bist bekannt als der Friedenszeichner – warum?
Ja, das hat sich so ergeben. Der Betreiber von Willy Wimmers Facebook-Seite „Die Akte Moskau" nannte mich so, als ein Beitrag von mir von ihm geteilt wurde. Meine Facebook-Seite heißt Friedenszeichnen – in Anlehnung an das Friedenszeichen – und ich bin eben jetzt der Friedenszeichner.

Wann hat das angefangen?
Das war im September 2016. Ich hatte zu wenig Zeit, um mich künstlerisch zu betätigen, gleichzeitig wollte ich wichtige Inhalte aus der Friedensbewegung an die Öffentlichkeit bringen. Während ich mir zum Beispiel auf KenFM die Interviews, die ja oft zwei Stunden dauern, anhörte, habe ich einfach gezeichnet. Die Kombination passt prima.

Und seit wann beschäftigst du dich mit Friedensthemen?
In der Schule haben wir uns schon während des Golfkriegs Anfang der 90er engagiert. Da war ich gerade mal 14. Wir haben bei Mahnwachen mit Kerzen und Gitarre im Kreis auf dem Schulhof gesessen und waren auf den Demonstrationen. Das ist aber alles wieder eingeschlafen. Und dank der Wende haben wir ja alle irgendwie auf weltweiten Frieden für immer gehofft. Aber das war leider eine Illusion. 2014 bin ich auf die Mahnwachen gestoßen und wurde wieder aktiv.

Du bist also auch „Mahnwachler"?
Ja – aber nicht wegen der Ukrainekrise, wie viele andere. Mich beschäftigte eher das Geldsystem und ich war unzufrieden damit, dass wir immer mehr arbeiten müssen und

es niemals aufhört. 2007 stieß ich dann auf das Thema privates Schuldgeld sowie Zins- und Zinseszins als Ursache dafür, dass es letztlich immer zu wenig von allem gibt. Das wurde auf der Mahnwache ebenfalls thematisiert. Eine Freundin aus Berlin kannte Lars Mährholz und ging dort auf die Mahnwachen. Sie berichtete mir davon und ich stieß dann im Internet auf Ken Jebsen, der mich beeindruckte, weil er kein Blatt vor den Mund nahm. So kam ich dann im April 2014 zur Mahnwache in Frankfurt.

Auch dort waren die Schwerpunkte Krieg und Geldsystem, die ja eng zusammenhängen. Jean Jaurès hat bereits im 19. Jahrhundert gesagt: „Der Kapitalismus trägt den Krieg in sich, wie die Wolke den Regen." Wir spielen weltweit „Reise nach Jerusalem" – es gibt immer zu wenig für die Forderungen der Finanzwirtschaft, darum müssen wir uns gegenseitig etwas abjagen, was zu einer zunehmend feindseligeren Gesellschaft führt. Da muss man einfach etwas dagegen tun.

Was tust du denn konkret?
Auf KenFM gab es die Aufforderung, zur Ramstein-Planungskonferenz zu kommen. Dort wurde ich richtig aktiv und habe der Orga mein Grafik-Know-how angeboten. Seitdem mache ich Plakate, Flyer und alle Druckunterlagen für die Stopp-Ramstein-Kampagne. Seit letztem Jahr arbeite ich grafisch an der Webseite für das „Pax Terra Musica"-Festival mit und bin seit Anfang 2019 beim Wissens- und Aktionsnetzwerk Human Connection mit im Team.

Du bringst also deine beruflichen Kompetenzen in die Friedensbewegung ein?
Genau. Vor Kurzem habe ich bei der Webseite von Ralph Boes[1] mitgeholfen, das war aber nur eine Kleinigkeit. Ich bin immer offen für Anfragen, wie beispielsweise beim Selbstversorgerbuch, das zugunsten der „Friedensbrücke Kriegsopferhilfe e.V." verkauft wird und Kriegsopfern in der Ukraine und in Syrien zugutekommt. Manchmal habe ich die Tendenz, zu viele Zusagen zu machen, aber es ist für mich lohnenswerter, alternative Projekte zu unterstützen, als für Großkonzerne bezahlte Grafikarbeiten zu machen. Ich muss natürlich noch Geld verdienen, aber wie man mir ansieht, bin ich noch nicht verhungert.

Verdienst du an der Friedensarbeit?
Nein, bei den Friedensprojekten lasse ich mich nicht bezahlen. Nur einmal habe ich schon „Pay what you want" gemacht, da ich wusste, dass ein kleines Budget vorhanden war. Ich kann den Organisationen kein Geld spenden, gebe aber meine Arbeitskraft gerne weiter.

Aber du bist auch sonst noch aktiv?
Ja, ich fahre mit Peace-Motorrad durch die Gegend, das einem Polizei-Motorrad sehr ähn-

1 https://unsere-verfassung.de

lich sieht. Bewundern kann man das seit Oktober 2018 auf **www.friedensfahrzeuge.de**. Fast alle drehen sich danach um – es gibt den Menschen einen Denkanstoß. Dann gehe ich auf Veranstaltungen und Vorträge zum Beispiel von Daniele Ganser, Rainer Mausfeld, Gabriele Krone-Schmalz, Albrecht Müller oder Willy Wimmer – natürlich immer mit dem Zeichenbuch mit den Portraits. Alle freuen sich, wenn sie ein Bild von sich sehen von einem Aktivisten, der das Zeichnen für den Frieden nutzt – so auch Politiker wie Dieter Dehm oder Sahra Wagenknecht. Ich werfe meine Stimme nicht bei einer Wahl in eine Urne, sondern erhebe sie auf meine Art. Auf Demos kann ich meine Unzufriedenheit deutlich machen und Lösungen fordern.

Nochmals zurück zu den Friedensbildern. Was machst du damit?
Inzwischen sind es über 200 Portraits – hauptsächlich von Menschen, die in der Öffentlichkeit stehen und in den Interviews der alternativen Medien zu Wort kommen. Ich veröffentliche sie auf Facebook. Im April nach dem Vortrag in Offenbach hat mir Daniele Ganser den Vorschlag gemacht, ein Buch mit den Zeichnungen zu veröffentlichen. Da denke ich jetzt drüber nach.

Bist du sonst noch auf Facebook aktiv?
Nein, seit Februar betreibe ich nur noch die Seite. Für mich hat es sich als Zeitfresser herausgestellt, der Konzern erhält meine sämtlichen Daten und mir gefallen die Streitereien dort nicht. Darum habe ich mich zurückgezogen. Im persönlichen Gespräch kann man Probleme viel leichter klären als online. Ich habe auch schon kaum mehr Lust auf das Smartphone. Aber wer kein WhatsApp oder Telegram nutzt, ist raus. Diese Messenger-Dienste sind fast unverzichtbar, um Kontakte zu pflegen – zum Beispiel schreibt keiner separat eine E-Mail, wenn an die Gruppe kommuniziert wird. Die Systeme haben sich tief in unser Leben eingegraben und führen gleichzeitig – Stichwort „Seltene Erden" – zur Ausbeutung armer Menschen.

Unsere Luxusgesellschaft hat ihre Tücken, nicht wahr?
Oh ja. Ich persönlich bin gerne bereit, noch mehr von dem Luxus, den wir uns als westliche Gesellschaft angeeignet haben, abzugeben. Aber ganz aussteigen kann man auch nicht. Dann müsste man ein Leben wie ÖffÖff führen. Der Gründer der Schenkerbewegung lebt seit über 20 Jahren im Wald, aber das ist nicht jedermanns Sache.

Das wäre mit Familie wohl auch kaum möglich?
Ja, es gibt aber viele Dinge, die man im Leben ändern kann, ohne gleich radikal auszusteigen. Ich lebe inzwischen vegan, da ich denke, dass wir an den Tieren ein großes Verbrechen begehen. Ich möchte kein Blut mehr an meinen Händen haben. Zuhause nutzen wir Wasser aus Glasflaschen statt Plastik. Und generell kaufe ich selten Dinge. Ich hätte auch kein Problem, in einer Jurte zu wohnen, aber das wäre nichts für meine Frau. Da für mich ein Kredit nicht in Frage kommt, leben wir also weiter in unserem Häuschen zur Miete. Kredite sind das Heroin des Systems und Zinsen sind das Geld,

das man zurückzahlen soll, welches aber nie hergestellt wird. Also sind zur Zinszahlung wieder Kredite nötig.

Meine Frau sieht das zwar anders, aber wir finden innerhalb der Familie und im Freundeskreis immer Kompromisse. So bin ich meiner Frau sehr dankbar, dass sie akzeptiert, dass ich in einer Festanstellung unglücklich war. Und sie kann keinen Mann gebrauchen, der genervt von der Arbeit heimkommt. Jetzt leben wir zwar etwas prekärer, aber ihr Verzicht auf diese „Sicherheit" ist enorm wertvoll für mich und ich habe nun eine gute „Work-Life-Balance", wie es so schön heißt.

Dann liebe Grüße an deine Frau – schön, dass so etwas möglich ist! Und weiter viel Spaß beim Friedenszeichnen!

Bodo Schiffmann: Vom angesehenen Arzt zur politischen Unperson

Andrea Drescher

Foto: Privat

Den HNO-Arzt und Rettungssanitäter, der in Sinsheim eine Schwindelambulanz betrieben hat, kennen in Deutschland inzwischen alle politisch Interessierten. Der verheiratete Vater zweier Kinder im Alter von 10 und 14 hat mit seiner Berufswahl sein Hobby zum Beruf gemacht. Er möchte Menschen helfen. Genau diese Haltung hat 2020 dazu geführt, dass er einen kompletten Bruch in seinem Leben erfahren musste. Es kostet viel Mut, seinen Weg so konsequent zu gehen, „nur" der eigenen Überzeugung folgend.

Sie sind in Deutschland zu einer sehr bekannten Persönlichkeit geworden, war das Ihre Absicht? Was war Ihr Anlass, an die Öffentlichkeit zu gehen?
Ich wollte zunächst erstmal dafür sorgen, dass meine Mitarbeiter nicht in Panik geraten. Das war der Anlass für die ersten Videos, die auf dem Kanal meiner Schwindelambulanz erschienen. Ich dachte einfach, die Regierung irrt sich und man muss den Verantwortlichen nur klarmachen, dass sie falsche Entscheidungen auf Basis falscher Informationen treffen. Es nicht wissen. Ich wollte helfen, über Fehler informieren, die Fakten deutlich machen und dachte, sobald meine Videos bei „den Richtigen" angekommen, wird alles gut.

Das war der gleiche Gedanke, der auch Sucharit Bhakdi zu seinem Brief an die Kanzlerin veranlasst hatte. Auch er ging davon aus: Wenn Frau Merkel das gelesen hat, wird sie entsprechend entscheiden. Am Anfang der Corona-Krise bestand ja überall große Unsicherheit, es fehlte Wissen und wir haben gedacht, wir könnten helfen.

Die Hilfe wurde nicht angenommen – Sie haben trotzdem weitergemacht. Warum?
Wir waren natürlich alle enttäuscht, dass es so war. Aber so war es eben. Wenn man mit der Zeit dann realisiert, dass es nie um Fakten ging und dass man eigentlich nur belogen wird, dann weiß man, dass es hier im Moment um alles geht.

Wie meinen Sie das, alles?

Mir wurde irgendwann klar, es geht hier um die Zukunft der Menschheit. Es geht nicht nur um die Zukunft meiner Kinder oder anderer Kinder. Das, was passiert, betrifft die gesamte Welt. Es ist eine neue Form eines totalitären Staates, nicht regional auf ein Land begrenzt, sondern weltweit. Und das macht es so bedrohlich. Beträfe es nur einzelne Länder, könnte man ja irgendwohin fliehen. Vielleicht hätte ich dann gesagt: „Naja, dann macht das halt ohne mich", und hätte Deutschland verlassen. Im Dritten Reich sind ja viele Menschen geflohen, viele kluge Köpfe, die die Entwicklung in Deutschland damals frühzeitig erkannt haben, sind ja in die USA geflüchtet. Aber wohin soll man fliehen? Heute gibt es kein Land mehr, auch in den USA findet man die gleichen Strukturen. Die Option Flucht gibt es nicht, es bleibt einem gar nichts übrig als zu handeln.

Wie ist es mit Schweden? Die Politiker dort agieren doch anders als in vielen Ländern?
Ich denke, die Freiheit in Schweden ist nur eine Illusion. In Schweden sie sind nur einfach weiter. Das heißt, vieles von dem, was umgesetzt werden soll, ist in Schweden bereits Realität. Schweden hat die härtesten Gesetze im Bereich der Impfpflicht, digitale Währungen sind dort in der Bevölkerung bereits akzeptiert, man kann kaum mehr mit Bargeld zahlen und auch die Bereitschaft, sich chippen zu lassen, ist dort überdurchschnittlich groß. Die Schweden müssen also nicht erst dazu „erzogen" werden wie beispielsweise die Deutschen, die ihr Bargeld nicht so gerne hergeben wollen. Sie haben daher eine Schonfrist und dürfen sich der Illusion hingeben, frei zu sein. Ich glaube aber nicht, dass das langfristig so bleibt.

Ja, das macht Sinn. Wie sind Sie darauf gekommen?
Ich habe mich selbst gefragt, warum Schweden nicht mitmacht, und habe diese Frage an „die Crowd" geschickt. Die Antworten, die innerhalb eines halben Tages kamen, gefielen mir zwar nicht, waren aber einleuchtend. Sie deckten sich auch mit dem, was ich über das „Szenario 201" – die Pandemie-Situation – gelesen habe. Staaten, die „mitspielen", erhalten eine Schonfrist. Darum – es gibt keinen wirklichen Fluchtweg, wir müssen hier für den Erhalt der Freiheit sorgen.

Sie stehen fast jeden Tag auf Bühnen, machen Videos, sind dauernd unterwegs, um Menschen, die es teilweise nicht mal wirklich wissen wollen, zu informieren. Woher nehmen Sie die Energie?
Keine Ahnung, aber vielleicht von Gott.

Sie sind ein gläubiger Mensch?
Ja. Ich bete, und das gibt mir viel Kraft und Unterstützung. Nach einem Gebet habe ich wieder mehr Energie als vorher. Und ich schöpfe auch viel Kraft aus der Liebe der Menschen, die ich inzwischen um mich herum habe und denen ich täglich begegne. Es ist eine tolle Community entstanden, und diese Menschen tragen und stützen mich. Ich habe in den letzten Monaten mehr echte Freunde gefunden als in den 52 Jahren meines Lebens zuvor.

Ähnliches höre ich von vielen meiner Gesprächspartner. Viele sind dankbar für diese wertvollen Begegnungen, sagen aber auch, dass sie Freunde verloren haben. Wie ist das bei Ihnen?
Es gibt Menschen, mit denen ich früher viel Kontakt hatte, da hat sich der Kontakt reduziert. Aber ich bin niemand, der anderen irgendwie nachtragend ist. Freunde verloren, das klingt mir zu endgültig, das kann sich ja wieder ändern.

Viele sagen, die Spreu trennt sich vom Weizen. Sehen Sie das nicht so?
Ich werde niemandem die Tür verschließen. Es zeigt doch nur, dass einige Menschen mir weniger vertrauen als Medien wie ARD und ZDF. Damit sind sie aber auch nur Opfer und leben in Angst. Angst ist kein guter Ratgeber. Sie tun mir leid und ich bin niemandem böse, weil er oder sie sich aus Angst zurückgezogen hat.

Wie ist das mit Ihrer Familie. Gab es da Differenzen?
Nein. Eher im Gegenteil, die Familie gibt mir Stabilität. Ich hatte in der Vergangenheit wenig Kontakt zu meinen Geschwistern, jetzt höre ich von meinem Bruder: „Chapeau, kleiner Bruder – ich ziehe den Hut vor dir." Ich habe mit meiner Schwester in den letzten Wochen mehr Gespräche geführt als in den letzten 20 Jahren. Wir sind jetzt enger zusammengewachsen. Das ist nicht bei allen so, und dafür bin ich dankbar. Ich kenne aus meinem Umfeld Corona-Scheidungen, aber auch Corona-Paare. Meine eigenen Erfahrungen sind überwiegend positiv.

Wie gehen Sie damit um, diffamiert und angegriffen zu werden. Ärgert Sie das nicht?
Es interessiert nicht, man kann mich nicht angreifen. Niemand hat die Macht, mich zu ärgern, wenn ich mich nicht ärgern lasse. Vieles, was sie über mich schreiben, ist einfach nicht wahr. Darin erkenne ich mich nicht wieder. Damit kann man mich nicht treffen, denn ich bin nicht der, den sie beschreiben. Also warum soll ich mich ärgern? Da halte ich es so wie der Dalai Lama. Er reagiert auch nicht auf Angriffe, sondern lächelt. Jeder kann eine Meinung über mich haben, keiner muss mich nett finden. Das ist eben so. Aber ich bin inzwischen der Meinung, besser eine schlechte Presse als totgeschwiegen zu werden. Denn so kann sich jeder anhand meiner Videos, Reden und Vorträge eine eigene Meinung bilden.

Sie sind aber nicht nur auf der Straße aktiv, auch parteipolitisch. Warum das?
Ich bin ein Ideengeber. Ich habe eine Partei gegründet, genau genommen zwei, weil ich es für richtig halte und das den Menschen Vorteile bringt. Die Parteigründung schützt die Menschen, das Parteienrecht steht über dem Infektionsschutzgesetz und sorgt damit für Versammlungsfreiheit innerhalb der Partei. Parteitreffen können eigentlich von der Polizei nicht aufgelöst werden – selbst bei einem totalen Lockdown darf man sich z. B. in einer Turnhalle treffen.

Ralf und ich verstehen uns ja bekanntermaßen extrem gut und hatten auch nie irgendwelche echten Differenzen. Wir sind aber beide nicht daran interessiert, in irgendeiner

Partei den „Oberguru“ zu spielen. Die Menschen sollen diese Parteien gestalten. Ob „WiR2020“ oder „Die Basisdemokratische Partei“ – man muss einfach sehen, in welche Richtung es sich entwickelt, in beiden Fällen haben wir eine gute Grundlage für zukünftiges politisches Handeln. Ich bin gut darin, Dinge anzustoßen, weil die Menschen oft allein nicht in die Gänge kommen, mir zu langsam sind und einen derartigen Impuls brauchen. Aber danach ziehe ich mich auch wieder zurück, um andere Themen voranzubringen.

Wie die Freiheitsboten beispielsweise?

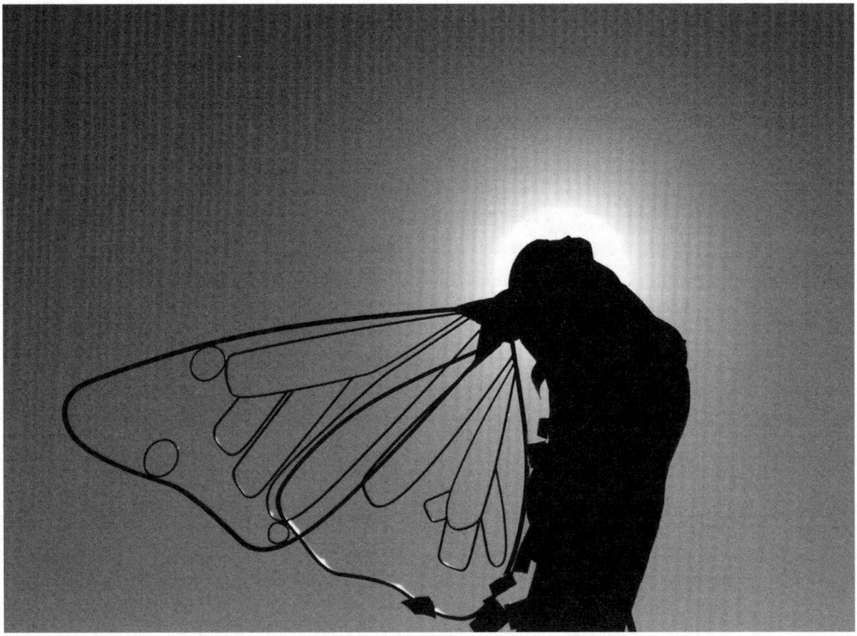

Illustration: Lena Schukow

Ja genau. Wir müssen Informationen zu den Menschen bringen, müssen raus aus unserer „Blase“. Ich bin kreativ, wenn es darum geht, andere Menschen zu erreichen. Die Bustour war auch eine Idee in diese Richtung.

Wie kamen Sie darauf?
Ich war mit dem „Honk for hope“-Bus in Graz und Wien unterwegs, hatte Zeit, meine Mails abzuarbeiten. Da kam mir die Idee, dass man viel mehr Menschen erreicht, wenn man länger mit dem Bus unterwegs ist und sich zwischendurch mal hinlegen oder duschen kann. Der Nightliner bot uns die Möglichkeit, und dann habe ich mich mit Samuel Eckert, Ralf Ludwig und Wolfgang Greulich auf den Weg gemacht.

Sie sind nur in Deutschland unterwegs, Österreich liegt nicht auf der Route?
Nein. Es ist wichtig, in Deutschland aktiv zu sein. Ich glaube, es gibt zwei entscheidende „Kriegsschauplätze": Deutschland und die USA. Christian Drosten ist eine Schwachstelle, mit den vielen Fragen zu seiner Doktorarbeit, der Glaubwürdigkeit seines Tests, der sich aufgrund der WHO-Entscheidung weltweit durchgesetzt hat, obwohl die Chinesen zeitgleich einen besseren Test eingereicht haben. Ein Schelm, wer Böses dabei denkt. Fällt der Test, fällt die ganze Pandemie. Das ist das, was Rechtsanwalt Füllmich gerade in den USA vorantreibt: den Test zu Fall zu bringen.

Was beabsichtigen Sie mit Ihren Aktivitäten?
Ich will, dass die Wahrheit an die Öffentlichkeit kommt, will sicher sein, dass es in ein paar Jahren nicht wieder von vorne los geht. Man muss so aufräumen, dass sich so etwas nie wiederholen kann. Die Gefahr besteht, dass, wenn wieder ein Hauch von Normalität einkehrt, die Menschen wieder auf Urlaub fahren können, alles in Vergessenheit gerät. Man muss die Voraussetzungen schaffen, dass es nie wieder zu einem Ermächtigungsgesetz kommt.

Hätten Sie eine derartige Entwicklung in Deutschland erwartet?
Nein. Ich habe immer geglaubt, im freiesten Land der Welt zu leben. Ich stand auch hinter einer Impfpflicht, habe mich über die Verhältnisse in der Türkei aufgeregt – und muss feststellen: Bei uns ist es schlimmer.

Ihnen geht es ähnlich wie vielen, die schon lange in der sogenannten Wahrheitsbewegung sind. Tut es weh zu sehen, wie sehr man belogen wurde?
Es ist Hardcore. Bei diesem Erkenntnisprozess, den viele wohl schon seit 9/11 durchlaufen, habe ich in den letzten Monaten eine Abkürzung genommen. Es hat mich wirklich geschockt. Mir waren die Strukturen ja eigentlich bewusst, ich war gewarnt durch Großeltern, auf derartiges zu achten, wusste, was dazu geführt hat, dass damals die Menschen mitgelaufen sind. Und jetzt erlebe ich es selbst.

Was erleben Sie denn?
Die Hausdurchsuchung in meiner Praxis, der Druck, die Drohung des Approbationsentzugs – das macht ja nicht die Polizei, das kommt vom Regierungspräsidium. Es ist mir aber auch egal. Bei solch einem Staat, der mir vorschreiben will, als Arzt das zu tun, was diese Regierung sagt, können sie die gerne geschenkt haben.

Sie machen aber weiter?
Natürlich! Ich spucke ihnen in die Suppe, fühle mich der Wahrheit verpflichtet und bleibe friedlich, aber im Widerstand.

Was wünschen Sie sich von der Gesellschaft?
Ich wünsche mir, dass mehr Menschen Mut haben, dass die Menschen nicht aus Angst

vor Strafe einknicken, dass ihnen ihr Bauchgefühl wichtiger ist als die Kosten einer Ordnungswidrigkeit. So viele Menschen teilen unsere Sicht, haben aber Angst vor den Konsequenzen. Dabei werden gerade Kinder massiv traumatisiert und instrumentalisiert. Wenn Menschen nicht bereit sind, für ihre Kinder zu kämpfen, gehören sie wohl zur einzigen entwickelten Spezies, der ihre Kinder egal ist.

Jeder Mensch kann natürlich für sich freiwillig entscheiden, ob er in Sklaverei leben möchte, aber ich denke, wir haben alle die Verantwortung für unsere Kinder, ihnen eine Zukunft in Freiheit zu ermöglichen. Darum bitte ich alle: Habt einfach Mut.

Dem schließe ich mich gerne an. Ich möchte mit meinen Interviews und dem Buch ja anderen Mut machen. Danke für Ihre Zeit.

Boris Reitschuster: Vom Feindbild für viele zum Helden für viel mehr

Andrea Drescher

Foto: Pavel Ruban

Unter der Überschrift „Freiheit statt Lockdown in Moskau – Russlands Umgang mit Corona“ konnte man am 16.12.2020 auf **www.reitschuster.de** lesen: „Ich persönlich empfinde in diesen Tagen eine Sehnsucht nach meiner zweiten Heimat Moskau, die so groß ist wie selten zuvor. Würde ich einer Risikogruppe angehören, wäre das zwar sicher anders. So aber muss ich offen und ehrlich gestehen, dass ich weitaus lieber in Moskau wäre in diesen Tagen als in Berlin. Und meine vielen russischen Freunde um ihre Freiheit beneide. Es gab Zeiten, da hätte ich mir das nicht vorstellen können.“

Es braucht Mut, eigene Vorstellungen zu verändern. Es gehört noch mehr Mut dazu, das auch öffentlich zu formulieren. Und bei manchen journalistischen Einsätzen auf Corona-Demos ist Mut heute unverzichtbar, um den Anforderungen an guten Journalismus gerecht zu werden. Der Journalist und Autor Boris Reitschuster (1971) hat diesen Mut. Der gebürtige Augsburger legte seine Prüfung als Dolmetscher am Wissenschaftlichen Zentrum der Moskauer Ökonomisch-Statistischen Hochschule ab, war anschließend als Moskau-Korrespondent für deutsche Medien tätig und arbeitete für Nachrichtenagenturen. Von 1999 bis 2015 war er Leiter des Moskauer Büros des Nachrichtenmagazins Focus, seitdem arbeitet er als eigenständiger Journalist. Seit 2019 betreibt er den Blog **www.reitschuster.de**, der sich zunehmender Beliebtheit erfreut, weil er die Erwartungen an unabhängigen Journalismus weit besser erfüllt als die „großen“ Medien.

Worin sehen Sie Ihre Aufgabe als Journalist?
Ich sehe meine Aufgabe als Journalist in erster Linie darin, dass wir dazu da sind, die Mächtigen zu kontrollieren. Es gibt natürlich noch weitere Aufgaben, aber ich glaube, die Grundaufgabe ist eben diese Funktion als vierte Macht. Natürlich nicht nur gegenüber der Regierung, aber auf dieser sollte der Schwerpunkt liegen. Weitere Punkte sind für Pluralismus zu sorgen, also sicherzustellen, dass die Menschen unterschiedliche Meinungen zu hören, zu sehen oder zu lesen bekommen. Dann sehe ich uns Journalisten auch als eine Art Bürgeranwälte, die die Interessen der einfachen Menschen gegenüber

den Regierenden und den Behörden wahrnehmen, speziell wenn deren Rechte verletzt werden.

Ich habe den Eindruck, dass diese Aufgaben heute sträflich vernachlässigt werden, dass sehr viele Medien nicht mehr im Auftrag der Bürger die Regierenden kontrollieren, sondern eher im Auftrag der Regierenden die Bürger kontrollieren. Das halte ich für dramatisch, eine Pervertierung der Grundwerte und für etwas, das Demokratie, Pluralismus und Freiheit extrem gefährdet.

Was erwarten Sie von Ihren Berufskollegen?
Dass sie ihren Aufgaben gerecht werden. Was mir besonders auffällt, ist die Tatsache, wie minimal das Problembewusstsein bei vielen Kollegen ist. Das Problem liegt wohl darin, dass sich in meinen Augen viele massiv von den Idealen unseres Berufsstands entfernt haben. Das jüngste Beispiel dafür ist mir selbst widerfahren. Die Journalistenplattform »Steady« hat mir die Zusammenarbeit aufgekündigt – und das mit einer Begründung, die man sich auf der Zunge zergehen lassen muss.

Mit welcher denn?
„Ich schreibe Ihnen heute, weil Steady die Zusammenarbeit mit Ihnen und Ihrer Publikation www.reitschuster.de beenden möchte. Freie Meinungsäußerung ist uns wichtig. Die Publikation von Inhalten, die Missfallen erregen, sanktionieren wir darum nicht zwangsläufig. Wir greifen möglichst wenig in die Freiheit der Steady-Publisher ein. Dazu gehört auch die Freiheit, Inhalte anzubieten, denen nicht jeder zustimmt, auch das Steady-Team nicht. Es gibt für uns aber Grenzen, die wir nun überschritten sehen."

Ich dachte bisher immer, dass das Erregen von Missfallen die Aufgabe von Journalisten ist und dass jeder Artikel, der bei niemandem Missfallen erregt, keinen Journalismus, sondern PR darstellt. Allein die Formulierung „Wir greifen möglichst wenig in die Freiheit von Publishern ein" steht für massivste Horizontverengung und eine Bankrotterklärung für wirklichen Journalismus. Es ist ein journalistischer Offenbarungseid, der aber nicht verwundert, wenn man weiß, wie dieser Startup finanziert wurde. Dahinter steckt die IBB „Förderbank des Landes Berlin". Es sind also indirekt Steuergelder mit im Spiel. Damit beißt sich die Katze in den Schwanz. Ein mit Steuermitteln geförderter Journalismus – wie soll der seine Kernaufgaben wahrnehmen können?

Manche nennen Sie einen „rechten" Journalisten. Wie würden Sie sich politisch verorten?
Rechts? Das ist völlig absurd. Schon mein Urgroßvater war Sozialdemokrat, ich war in jungen Jahren Jungsozialist, dann Sozialdemokrat. Natürlich entwickelt man sich weiter und wird gesetzter, vielleicht auch konservativer mit den Jahren. Bei mir kommt noch hinzu, dass ich in Russland in den 90er Jahren die Folgen des Sozialismus hautnah erlebt habe, sodass ich da sehr kritisch bin. Ich vertrete Positionen wie der große Sozialdemokrat Kurt Schumacher, der die Kommunisten als „rotlackierte Faschisten" bezeichnete.

Nach heutigen Maßstäben ist auch Helmut Schmidt ein Rechtsradikaler, der hat ja ganz „böse" Aussagen zum Thema Migration gemacht. Man versucht Menschen über derartige Schubladen zu diffamieren. Das spricht für die intellektuelle Hilflosigkeit derjenigen, die das betreiben, da sie mit Argumenten nicht weiterkommen. Wenn man jemanden nur lange genug mit Dreck bewirft, wird schon etwas hängen bleiben.

Sie sprechen auch mit Vertretern der AfD, so auch mit der in Russland geborenen Hamburger AfD-Abgeordneten Olga Petersen. Wie stehen Sie zu dieser Partei und zu den Parteien im Allgemeinen?
Mir wurde schon gelegentlich vorgeworfen, ich würde mich nicht energisch genug von der AfD distanzieren. Aber allein dieser Vorwurf zeigt die Pervertierung der Vorstellung von Journalismus. Guter Journalismus heißt, zu jeder Partei Distanz zu halten. In dem Moment, wo man sich von einer Partei offenkundig deutlich mehr distanziert als von einer anderen, ist das keine Äquidistanz – da kann man zur AfD stehen, wie man will.

Im Interview mit Frau Petersen haben Sie aber direkt gesagt, dass Sie der AfD persönlich kritisch gegenüberstehen.
Genau. Aber als große Oppositionspartei und als Oppositionsführer im Bundestag muss sie zu Wort kommen. Dass dies in den Medien nicht angemessen geschieht, ist eine schwere Verletzung journalistischer Grundsätze. Ich versuche, mit meinem kleinen Blog wie ein Feuerlöscher zumindest dort Akzente zu setzen, wo die großen Medien in meinen Augen massiv versagen. Leider können heute viele nicht mehr unterscheiden zwischen Parteinahme und Berichten über die Partei – nur wenn man sie zu Wort kommen lässt. Sobald man Corona-kritische Stimmen veröffentlicht, wird man sofort als „Coronaleugner" bezeichnet. Das zeigt, wie weit die intellektuelle Inzucht bei vielen gediehen ist, wenn man überhaupt noch von Intellekt reden kann.

Sie sind – zumindest in meinem Dunstkreis – in der Friedensbewegung seit dem 29. bzw. 30.08. in Berlin sehr positiv aufgefallen, als Sie die Ereignisse bei der Auflösung rund um den „Großen Stern" dokumentierten. War das Ihr erstes Engagement bei den Corona-Maßnahmen-Demos? Oder habe ich Sie im Rahmen der Rosa-Luxemburg-Demos oder Querdenken-Aktionen nur einfach nicht wahrgenommen?
Ich würde nicht von Engagement bei Demos sprechen, sondern von Berichterstattung. Ich bin seit Mai regelmäßig vor Ort, war bei fast allen größeren Demonstrationen und habe von Anfang an eigentlich sehr kritisch darüber berichtet. Mir wurde von einer Redakteurin seitens des ZDF öffentlich vorgeworfen, wie ich „bei so etwas mitlaufen könne", man forderte mich dann zum Dialog darüber auf. Ich schrieb zurück, dass ich in der Journalistenschule gelernt habe, als Berichterstatter vor Ort zu sein, um mir die Geschehnisse selbst anzuschauen. Da muss man eben auch mitlaufen, ohne ein Mitläufer – sprich Teilnehmer – zu sein. Es ist schon ein eigenartiges Verständnis von Journalismus, welches darin besteht, dass man sich kein eigenes Bild machen darf. Aufgrund

meiner Reaktion wurde ich dann von ihr gesperrt. Ein seltsamer „Dialog", bei dem man für eine Antwort gesperrt wird – öffentlich-rechtlicher Dialog verkraftet wohl keinen inhaltlichen Widerspruch.

Ich habe den Eindruck: Wären Sie am 11.10. nicht am Brandenburger Tor gewesen, als ein Polizist dem Veranstaltungsleiter den Arm brach, weil er sich schützend vor die Polizei gestellt hatte, wäre das Ganze weiter eskaliert. Täuscht mich das?
Das stimmt wohl. Ich habe meinen Livestream an einen Abgeordneten geschickt, der das an hohe Entscheidungsträger weitergeleitet und gefragt hat, ob das „gewünschte Bilder" sind. 15 Minuten später war der Hebel umgelegt, die überaggressive Einheit wurde auf einmal abgezogen. Ich glaube, da war es gut, dass ich vor Ort war.

DANKE dafür.
Nichts zu danken, ich mache meine Arbeit. Das ist ja mein Job.

Gemeinsam mit dem Video von Martin Lejeune hat Ihr Video von Leipzig am 07.11. gut dokumentiert, dass Agents Provocateurs offensichtlich gezielt in der dortigen Querdenken-Demonstration Unruhe gestiftet haben. Ich kenne eine Teilnehmerin der Demo vom 18.11.2020 in Berlin, die bezeugt, dass auch an diesem Tag „schwarze Männer" für Provokationen gesorgt haben. Warum wird das von der Mainstream-Presse überhaupt nicht thematisiert?
Weil in den Medien das Narrativ bedient wird, Querdenker seien gewaltbereite Verschwörungstheoretiker, und dieses Narrativ wird auf Biegen und Brechen durchgehalten. Frei nach Hegel: „Wenn Tatsachen gegen meine Überzeugung sprechen, umso schlechter für die Tatsachen."

Viele meiner Kontakte in den Mainstream-Medien sehen es kritisch, dürfen das aber nicht offen sagen oder schreiben, die wären sofort weg vom Fenster. Wer Artikel von mir verlinkt oder mit einem „Like" versieht, kann bei manchen Medien große Probleme bekommen. Kollegen verleugnen mich nach außen, aus Angst, dass es der Karriere schadet. Es wurden auch schon Journalisten meinetwegen „einbestellt". Einige stehen mit mir in Kontakt, liefern mir regelmäßig Informationen, aber nur heimlich. So weit sind wir in unserer Demokratie gekommen. Ein Ostdeutscher sagte mal, das sei für ihn wie „Kontakt mit dem Klassenfeind".

Wie sind Ihre Erfahrungen mit der Polizei generell, lassen sich Tendenzen zunehmender Gewalttätigkeit erkennen?
Ein Polizist hat mir ein langes Interview gegeben, in dem er sagte, dass die Polizisten vor den Einsätzen quasi aufgehetzt werden. Man mache sie regelrecht scharf, und zwar die gleichen Leute, die bisher immer Deeskalation gepredigt haben. Er erkenne die eigene Polizei nicht wieder. Gerade bei den jungen Kollegen verfange dieses Aufhetzen, daher komme es zu der teilweise deutlich spürbaren Aggression gegen Demonstranten bei den sogenannten Corona-Demos.

Sie gehen immer mittenrein ins Geschehen, erhielten auch schon mal einen Stein an den Kopf. Haben Sie keine Angst, dass etwas passiert?
Der Stein war eine Glasflasche. Ja, das war unangenehm. Ich wurde das schon oft gefragt. Nach 16 Jahren in Russland, Einsätzen in diversen Kriegen und Krisengebieten wie Afghanistan, Tschetschenien oder Georgien bin ich wahrscheinlich abgehärtet, bin etwas härter im Nehmen als Kollegen, die gerade von der Journalistenschule kommen.

Wurden Sie schon persönlich belästigt? Man kann ja nachlesen, dass es in Russland Morddrohungen gegen Sie gab. Wie ist das jetzt in Deutschland z. B. mit der Antifa? Ich weiß von Aktivisten, denen mit Gewalt gedroht wurde, wenn sie weiter gegen Corona-Maßnahmen aktiv sind. Wie ist das bei Ihnen, Sie sind ja sehr exponiert?
Es gab schon mehrfach Übergriffe, mir wurde die Kamera aus der Hand geschlagen und ich wurde bedroht. Beleidigungen sind sowieso an der Tagesordnung, mündlich bei Demos oder schriftlich per E-Mail. Aber das trifft mich alles nicht besonders. Ich war in der richtig harten Zeit – Anfang der Neunziger – in Russland. Da wird man hartgesotten.

Stimmt es, dass Sie wegen Ihrer Freundin nach Moskau gezogen sind?
Ich habe mich 1988 beim Jugendaustausch verliebt und bin 1990 mit zwei Koffern nach Moskau gegangen, sehr zum Entsetzen der Eltern und der Verwandten. Dies war der Hungerwinter in Russland – das war ganz schlimm und wurde die ersten Jahre danach nicht viel besser.

Sie galten jahrelang als einer der schärfsten Moskau- bzw. konkreter Putin-Kritiker. Jetzt schreiben Sie, dass Sie sich nach Moskau zurücksehnen. Wie kam es zu dem Wandel?
Ich sehe da keinen Wandel. Russland ist meine zweite Heimat, ich liebe das Land und die Menschen und habe mich seit meiner Rückkehr immer wieder zurückgesehnt. Und wenn ich im Moment sehe, dass meine Freunde in Moskau ein normales Leben führen können, Essen gehen, Sport treiben, einfach ganz alltägliche Dinge tun, ist meine Sehnsucht viel größer. Für viele ist es vielleicht schwer zu verstehen, dass Moskau für mich zum Sehnsuchtsort der Freiheit wird. Bei allen Schwierigkeiten in der Vergangenheit gab es auch viele Freiheiten – das ist nicht schwarz-weiß. Wie heißt es so schön: Die Strenge der russischen Gesetze wird dadurch gemildert, dass man sich nicht an sie halten muss. In Deutschland erleben wir das Gegenteil. Bei uns geht es um das Durchsetzen von jeder noch so unsinnigen Verfügung – auf Punkt und Komma genau. Polizisten, die kontrollieren, wie lange jemand einen Apfel isst oder einen Kaffee trinkt, um so die korrekte Umsetzung der Maskenpflicht sicherzustellen.

Ich persönlich finde es sehr mutig, in der jetzigen Situation öffentlich zu äußern, dass man sich nach Russland zurücksehnt. Wie waren die Reaktionen Ihrer Leser bzw. Ihres Umfelds?
Diejenigen unter den Putin-Kritikern, die stramme Merkel-Anhänger sind, machen mir heute den Vorwurf, ich sei mit meiner Kritik an Angela Merkel jetzt auf „Putin-Kurs“ umgeschwenkt, was völliger Unsinn ist. An meiner Einstellung zu Präsident Putin und

der russischen Regierung hat sich nichts geändert, wohl aber an meiner Einstellung zu Deutschland nach meiner Rückkehr. Es ist nicht mehr die gut funktionierende Demokratie, es herrscht nicht mehr der Grad an Meinungsfreiheit, den ich kannte. In den 16 Jahren, in denen ich in Moskau war, ist viel zusammengebrochen. Es ist nicht mehr das Land, von dem ich meinen russischen Freunden und Bekannten immer vorgeschwärmt habe. Das habe ich aus der Ferne unterschätzt.

Man soll immer vor der eigenen Haustüre kehren, hat mich meine Oma gelehrt. Ich lebe jetzt in Berlin, daher liegt der Schwerpunkt meiner Arbeit und meiner Seite **www.reitschuster.de** auf Deutschland und ich kritisiere die deutsche Regierung. Ich würde mich schämen, wenn ich nur Putin kritisiert hätte und jetzt nicht Merkel gleichermaßen kritisieren würde.

Unrecht muss bekannt gemacht und deutlich kritisiert werden. Ich wünsche Ihnen weiter viele Leser!

Britta Berthold: Authentizität statt Glamour

Andrea Drescher

Foto: Mayk Azzato

Die Schauspielerin, Sprecherin, Moderatorin, Autorin und Coach stammt aus Halle an der Saale und lebt jetzt in Frankfurt am Main. Verheiratet und Mutter einer Tochter, genießt sie die Natur, Sport, Lesen und Kunst sowie tiefsinnige Gespräche in ihrer Freizeit. 2020 wurde sie durch ihr aktives Eintreten gegen die Corona-Maßnahmen auch Menschen bekannt, die mit der Glamour-Welt der Schauspieler und Medien, die Britta Berthold gut von innen kennt, wenig zu tun haben.

Sie stehen laut Ihrer eigenen Webseite für Familie, Kind, Glamour, Luxus und Reisen. Und dann sieht man Sie allein am 10.10.2020 auf dem Schweigemarsch in Berlin. Sie stehen bei den Frauen in der ersten Reihe im schwarzen Block mit Maske. Wie kam es dazu?

Ich hatte so viel zu tun, konnte die Webseite bisher nicht ändern. Sie ist fünf Jahre alt, fünf Jahre, in denen so viel passiert ist, dass sie mit mir nichts mehr zu tun hat. Das ist die alte Britta, die ich mal sein wollte. Ich war die perfekte Heuchlerin, die eine perfekte Maske trug. Ich wollte etwas gelten, habe die Aufmerksamkeit gesucht, alle sollten mich liebhaben. Das ist Vergangenheit. Mein Leben heute steht für Echtheit, Authentizität, Entscheidungsfreudigkeit und Manifestation. Ich bin auf ganz andere Dinge gestoßen, die wirklich wichtig sind. Ich habe spirituell gearbeitet und ich engagiere mich heute gerne für die wichtigen Dinge.

Können Sie ein Beispiel nennen?

Ein Beispiel ist das Projekt „Love Letters“, das ich ehrenamtlich und allein 2019 bzw. Anfang 2020 in Gefängnissen durchgeführt habe, bis es aufgrund von Covid abgebrochen wurde. Es ging um ein kulturelles Angebote für Strafgefangene, Lesung der Liebesbriefe berühmter Menschen wie Churchill, Ingeborg Bachmann oder Jimi Hendrix. Ich habe Gefängnisdirektoren angeschrieben und vor Ort Lesungen abgehalten. Es war für mich sehr bewegend. In der JVA für männliche Gefangene saßen sie mir in ihren Jogginganzügen gegenüber, genossen die Lesung und stellten anschließend Fragen. Es kam die Frage, warum ich das für sie mache. Meine Antwort war, dass es aus meinem Herzen kommt. Wir haben uns alle mit Handschlag verabschiedet, einer der Zuhörer hat geweint. Das hat mir viel gegeben, ich hatte ja keine Vorstellung, wie es sich dort anfühlt.

Warum kamen Sie zum Schweigemarsch nach Berlin?
Ich war vorher schon auf einigen Demonstrationen, auch ganz alleine, ohne dass mich jemand an die Hand nehmen musste. Ich hatte für mich erkannt, wie wichtig das ist. Nachdem ich mit meinem deutschen Lieblingspsychiater Dr. Hans-Joachim Maaz im Austausch war und er über seinen Wunsch nach einer anderen Form des Protestes schrieb, tauchte der Artikel von Multipolar über die Schwarzen Wahrheiten auf. Und ich dachte mir: Das ist genau das, was Dr. Maaz angeregt hat. Und als Nächstes stieß ich auf den Schweigemarsch mit den schwarzen Masken. Ein Trauermarsch, eine Überhöhung aus dramaturgischer Sicht. Da wusste ich, ich muss da hin.

War das eine spontante Entscheidung?
Ja und nein. Die großen Demonstrationen sind immer weit entfernt – ich wohne im Rhein-Main-Gebiet. Da überlegt man sich gut, ob man teilnimmt, organisiert die Reise und macht es dann einfach. Berliner haben es einfacher. Viele entscheiden einfach nach dem Wetter, ob sie zu einer Kundgebung gehen oder nicht. Da fehlt es noch an wirklicher Überzeugung. Ich meine es ernst, wie damals bei meiner Ausreise aus der DDR.

Wann haben Sie die DDR verlassen? Und warum?
Ich gehörte als erfolgreiche Fallschirmspringerin mit über 1000 Sprüngen in eine besondere Liga, war in der Nationalmannschaft und DDR-Meisterin bei den Junioren. Ich war aber nicht nur als Sportlerin privilegiert, sondern auch durch meine Arbeit für das Fernsehen. Ich hatte einfach genug von der DDR, das Kapitel war für mich beendet. Ich hatte hinter die Fassade der Politiker geschaut, hatte Einblicke in die Täuschungsmanöver der Regierung bekommen und musste erkennen: Die leben uns etwas vor, was nicht echt ist. Das ist übrigens völlig vergleichbar mit der Situation heute. 1987 habe ich den Antrag gestellt, August 89 wurde er bewilligt.

Solch ein Antrag brauchte aber auch Mut. Gab es Konsequenzen für Sie?
Ja, es war schon eine gravierende Entscheidung, denn sie war nicht mehr umkehrbar. Ich war durch meine Tätigkeit beim Kinderfernsehen in der DDR bekannt. Mit der Entscheidung, auszureisen und sich so gegen das System zu stellen, hebt man sich von der Masse ab. Man bleibt aufrecht, weil man sich keine Ungerechtigkeit gefallen lassen will. Nach dem Antrag kam ich auf eine schwarze Liste, ich war ja nun mit dem Klassenfeind liiert. Ich wusste nicht, was auf mich zukommen würde. Mir ging es um Freiheit, und dafür riskierte ich auch Probleme. Die zwei Jahre waren relativ schnell vorbei. Bei anderen hatte es auch schon mal fünf Jahre gedauert. Die Repressalien blieben überschaubar, waren aber unangenehm. Was ich wahrgenommen habe: Ich kam nach Hause, das Schloss meiner Wohnung in Friedrichshain war aufgebrochen, die Wohnung war durchwühlt. Sie war entweiht, in meinen persönlichen Dingen waren fremde Hände. Sie wollten wohl hinterlassen, dass sie alles über mich wissen. Ich war aber schon gedanklich weit weg, habe es für mich abgehakt. Die Unverletzbarkeit der Wohnung ist heute aber wieder gefährdet.

Wie kommen Sie darauf?
Die Änderung des Infektionsschutzgesetzes. Wir werden jetzt auch schon wieder beobachtet. Bei uns postieren sich immer wieder Autos vor dem Haus, wir sind vermutlich wieder auf einer Liste gelandet, 1987 beim MfS, heute beim Verfassungsschutz.

Seit wann sind Sie politisch aktiv?
Ich bin ehrlich, ich wusste bis 2020 nicht mal, wie dieser Gesundheitsminister heißt. Nach der Ausreise aus der DDR habe ich die politische Verantwortung abgegeben. Das hatte viel mit mir, meinem Leben und meiner persönlichen Entwicklung zu tun. Ich brauchte diese Zeit für mich. Heute stehe ich für ein gutes, einfaches Leben, mit viel Bodenhaftung. Mein früheres Leben waren Illusionen – der Wandel gewaltig. Seit Februar 2020 nahm ich wahr, dass merkwürdige Dinge passieren, dass seltsame Nachrichten verkündet wurden. Ich schaue schon lange kein Fernsehen, weil ich weiß, wie Nachrichten gemacht werden, da ich u.a. auch als Nachrichtensprecherin gearbeitet habe. Anfang 2020 beschäftigte ich mich also erstmals wieder richtig mit Politik und das, obwohl ich diese Regierung auch gewählt hatte. Ich hatte im Jahr, als Angela Merkel erstmals gewählt wurde, die Gelegenheit, sie bei einer Veranstaltung kennenzulernen. Damals hat sie auf mich als patente, kluge und starke Frau gewirkt und mich überzeugt. Ich dachte mir, die kann ich wählen, die ist o.k. Ich habe das, was dann kam, über Jahre, bald Jahrzehnte ausgeblendet, nicht hinterfragt. Ich habe dieser Regierung vertraut – genauso wie Millionen anderer Menschen mit mir.

Dieses Vertrauen ist jetzt aber weg?
Definitiv. Es ist unsere Verantwortung hinzuschauen, nicht blind zu vertrauen, die Augen aufzumachen und zu hinterfragen. Das hat bei mir erst 2020 wieder stattgefunden. Ich bin sehr dankbar dafür, dass ich mich entwickeln konnte. Meine kleine Familie, zwei Hunde von der Straße, ich lebe ein erfülltes gutes Leben – jetzt sind andere Themen dran: Wahrheit, Freiheit, persönliche Haltung. Das sind die Werte, die jetzt im Vordergrund stehen und mich politisch aktiv werden ließen.

Sie engagieren sich aber jetzt nicht parteipolitisch?
Nein. Ich habe mich mit den Parteipolitikern beschäftigt. Auch wegen meines Mannes kennen wir ja viele Berufspolitiker persönlich. Sie sind so geschult, dass die Maske perfekt sitzt und man an sie menschlich nicht mehr herankommt. Wir wollen auch auf Veranstaltungen nicht mehr mit Politikern fotografiert werden. Den Parteien heute fehlen die humanistischen Ansätze völlig. Die gesamte Parteienlandschaft, die sich seit 1945 etabliert hat, ist überholt. Es werden Solidarität und ein echtes Wir-Gefühl benötigt. Meine Vision: Wir brauchen keine Parteien, die spalten – es muss Veränderung, Evolution durch die Menschen geben. Dazu möchte ich auch beitragen.

Sie waren am 07.11. gemeinsam mit Ihrem Mann in Leipzig bei der Querdenken-Demo auf der Bühne. Ist das Ihre Art beizutragen?

Ich wurde gefragt, ob wir als Paar auftreten, und habe erst überlegt, ob das gut ist. Thomas hat sein Publikum, ich erreiche andere Menschen – zu manchen Herzen habe nur ich einen Schlüssel. Wir waren uns dann aber schnell einig, dass wir nicht über PCR-Tests, Masken, Atteste etc. reden, sondern den Menschen etwas mitgeben wollen. Ich habe eine spirituelle Mitgefühlsübung und einen Ermutigungsdrill gemacht. Viele meiner Gleichgesinnten sind manchmal erschöpft und hoffnungslos. Wie gehen wir damit um, dass wir nicht in dieser Stimmung stecken bleiben? Durch positive Aktionen in Verbindung mit Menschen, die man bewundert, geht man beim Ermutigungsdrill von der eigenen – temporär negativen – Position weg. Man erlebt einen „Shift" und fühlt sich wieder stärker aufgestellt. Bei der Mitgefühlsübung geht man auf Menschen ein, mit denen man im Konflikt ist. Das müssen keine persönlichen Konflikte sein, das können auch gewalttätige Polizisten oder Politiker sein.

Im Nachgang zu der Kundgebung haben mich Menschen angeschrieben, die schon gleich am nächsten Tag eine Wirkung gespürt haben. Diese 10 Minuten kamen sehr gut an. Ich möchte, dass Menschen in Verbindung gehen, nicht in die Spaltung.

Hat Ihr öffentliches Engagement Konsequenzen? Gab es Veränderungen bei Ihrer beruflichen Karriere?
Ja, leider. Da meine Mailadresse auf der Webseite steht, bekomme ich immer wieder ganz widerliche Mails. Es lohnt sich nicht, sie zu lesen, nur kann man am Betreff nicht immer erkennen, was drin steht. Es ist ein regelrechter Shitstorm über uns hereingebrochen, nicht nur medial. Das macht aber nichts, wir hatten das erwartet. Meine Auftritte sind alle abgesagt worden. Und da ich öffentlich bei den Querdenkern auf der Bühne stand, bin ich jetzt „die Böse". Auch Thomas ist als Fußballexperte nicht mehr tragbar. Besonders, nachdem sein Wikipedia-Eintrag in Richtung „rechtsradikaler Antisemit" ergänzt wurde, was uns fassungslos gemacht hat. Als ich mit einem Anwalt darüber sprach, dass man etwas dagegen tun müsse, hat er mich nur ausgelacht. An die Wikipedia-Autoren kommt man kaum heran, die agieren ja alle anonym.

Beruflich gibt es Spielregeln, damit man besetzt wird. Ich hatte eine Agentur, war mit der Verantwortlichen sogar persönlich befreundet. Sie hat sich ganz schnell von mir distanziert und mich aufgefordert, ihre Telefonnummer zu löschen. Jetzt habe ich keine Agentur mehr, keinen Support – aber das ist ihre Entscheidung. Es geht auch ohne diese Person weiter. Geht eine Tür zu, geht die nächste auf.

Wo sind denn die anderen Künstler?
Ich habe mir diese Frage oft gestellt. Eine meiner besten Freundinnen, sie ist auch Schauspielerin, war auch in Berlin mit mir auf den beiden großen Demonstrationen im August. Die meisten anderen halten sich bedeckt, haben Angst, dass sie nicht besetzt werden, schütteln mit dem Kopf, sagen aber nichts. Menschen, die in einem Ensemble engagiert sind, bekommen zumindest Kurzarbeitergeld. Treten sie öffentlich in Erschei-

nung, droht ihnen die Kündigung und damit der Verlust der Existenzgrundlage. Es ist aber auch eine Qualität, als Künstler Haltung zeigen zu können. Wenn ich an Frankreich denke, z. B. Sartre und Simone de Beauvoir. Die hatten noch Feuer im Herzen. Das fehlt heute vielen. Es fehlt an Mut.

Haben Sie keine Angst?

Foto: Patricia Kölb-Schur

Angst ist für mich ein Lebensthema, ich hatte oft Angst – auch manchmal vor dem Sprung aus dem Flugzeug als professionelle Fallschirmspringerin. Ich bin vor jedem Bühnen-Auftritt sehr aufgeregt. Angst ist aber doch was ganz Normales. Ich habe auch bei sehr bekannten Schauspielern Angst, also Lampenfieber, wahrgenommen. Das ist menschlich. Angst gehört dazu. Angst, den fünften Satz im Text falsch zu sprechen. Aber dennoch: Wenn man dann auf der Bühne steht, dann läuft der kleine Motor im Bauch los und man leistet die unglaublichsten Dinge. Angst will uns beschützen vor dem, was uns passieren könnte, vor dem, was wir nicht kennen. Das muss man durchschauen. Angst gehört zum Mut dazu – wie Licht zur Dunkelheit.

Mut ist, die Angst immer noch ein bisschen länger auszuhalten, es trotzdem zu machen. Ich mache es trotzdem. Ich tue das für alle unsere Kinder. Dieser Unsinn muss aufhören.

Danke, dass Sie es weiter aushalten!

Dr. Carola Javid-Kistel:
In der Ärzteschaft fehlt der Mut – ihr nicht!

Andrea Drescher

Foto: Privat

Viele Hausärzte glauben insgeheim nicht mehr an die Richtigkeit der staatlichen Anti-Corona-Maßnahmen – doch schweigen aus Angst um ihre Existenz. Seit Beginn der Corona-Krise melden sich nach und nach mehr Ärzte zu Wort und berichten lautstark über ihre Zweifel an den Maßnahmen gegen die mutmaßliche Pandemie. Aber noch sind es viel zu wenige, die den Mut haben, sich öffentlich zu äußern. Aussagen wie „Bei uns in der Klinik glaubt keiner, dass das, was die Regierung macht, richtig ist" sind keine Seltenheit – um im nächsten Moment zu hören: „Aber bitte zitiere mich nicht mit Namen." Das führt dazu, dass die einzelnen Aktiven zunehmend unter Druck gesetzt werden. Einzelne Ärzte haben bereits ihre Anstellung beziehungsweise ihre Approbation verloren. Dr. Carola Javid-Kistel gehört zu diesen Aktiven und hat erste Auswirkungen ihres Handelns bereits zu spüren bekommen. Was sie nicht davon abhält, trotzdem weiterzumachen, wie sie im Interview mit Andrea Drescher erzählt.

Frau Dr. Javid-Kistel, können Sie sich kurz vorstellen?
Ich kam 1966 in Gardelegen in Sachsen-Anhalt zur Welt und habe inzwischen drei erwachsene Kinder und vier Enkel. 1985 begann ich mein Studium der Humanmedizin an der Leipziger Universität. Ich war massiv unzufrieden mit der Situation in der DDR. Wir haben in einer Diktatur gelebt, ohne Pressefreiheit, Meinungsfreiheit oder Reisefreiheit. Ich habe damals nicht an den friedlichen Wandel geglaubt.

Noch im September 1989 flüchteten mein Mann, meine 11 Monate alte Tochter und ich in unserem Trabi über Ungarn in die BRD, wo ich ab April 1990 mein Studium an der Georg-August-Universität in Göttingen fortsetzen konnte. Schon während meiner schulmedizinischen Ausbildung belegte ich Vorlesungen und Seminare für Homöopathie, die am Klinikum Göttingen regelmäßig angeboten wurden. Aufgrund von schwerem Asthma, zahlreichen Allergien und ständiger Infektanfälligkeit wurde ich selbst homöopathisch behandelt und vollständig geheilt. Durch diese Motivation absolvierte ich noch eine dreijährige Zusatzausbildung „Homöopathie für Ärzte" und betreibe seit 1998 meine eigene homöopathische Privatpraxis in Duderstadt. Neben Homöopathie nutze ich weitere Naturheilverfahren, um Patienten möglichst schonend und nebenwirkungsfrei zu behandeln.

Warum eine Privatpraxis?
Da Homöopathie keine Kassenleistung ist, habe ich keine Kassenzulassung beantragt. Das ist jetzt ein ganz großer Vorteil, man kann mir also nicht mit Entzug der Zulassung drohen und nur bei schweren Fehlern gegenüber meinen Patienten die Approbation entziehen.

Wie stehen Sie zur Schulmedizin?
Sie ist für mich unverzichtbar in der Diagnostik und kommt auch immer dann zum Einsatz, wenn weder die Homöopathie noch die Naturheilverfahren ausreichen, um die Selbstheilungskräfte entsprechend anzuregen. Dann kommt – wenn auch sehr, sehr selten – zum Beispiel ein Antibiotikum oder ein Schmerzmittel zum Einsatz. Impfen dagegen lehne ich inzwischen komplett ab.

Warum?
Anfänglich habe ich auf ausdrücklichen Wunsch von Eltern noch einige Kinder nach dem 3. Lebensjahr geimpft – gegen ausgesuchte Krankheiten wie Diphtherie, Tetanus und Polio. Es kam aber mehrfach danach zu allergischen Reaktionen, sodass ich dann vollständig davon abgesehen habe. Seit 20 Jahren impfe ich nicht mehr, denn ich habe inzwischen Tausende Patienten mit schweren Impfschäden in der Praxis behandelt, aber niemanden, der durch Nicht-Impfen irgendwie zu Schaden gekommen ist. Darum bin ich auch im Netzwerk Impfentscheid Deutschland aktiv.

Was bedeutet für Sie „aktiv"?
Seit die Entscheidung zur Masern-Impfpflicht 2019 anstand, engagiere ich mich für das Netzwerk, war bei der ersten großen Demo im September 2019 in Berlin als Rednerin mit dabei und seitdem regelmäßig auf der Straße. Und das hat sich seit Beginn von Corona noch intensiviert.

Auch hier die Frage nach dem Warum.
Ich sehe die vielen sinnlosen Tests, die sinnlosen Quarantänemaßnahmen, den sich abzeichnenden Impfzwang bei Covid-19 und insbesondere die gesundheitlichen, wirtschaftlichen, politischen und sozialen Folgen, die durch die Maßnahmen verursacht werden. Das kann ich als verantwortungsbewusste Ärztin nicht mittragen. Es war ein fließender Übergang. Die Demonstrationen gegen die Masern-Impfpflicht gingen bis Ende Februar 2020, dann bestand ja Versammlungsverbot, und seit April demonstriere ich jede Woche meinen Widerstand gegen die Maßnahmen auf der Straße.

Sind die Demonstrationen Ihre Hauptaktivität?
Ja und nein. Ich habe in der Nähe von Göttingen den impfkritischen Elternstammtisch

mit 155 Menschen aufgebaut. Auf den Demonstrationen gibt es natürlich zusätzlich Informationsstände, um die Menschen systematisch aufzuklären. Ich bin als Rednerin, teilweise als Sängerin und Organisatorin aktiv und versuche so viele Menschen wie möglich zu erreichen.

In Hannover habe ich zunächst bei „Wirwachenauf Hannover" mitgearbeitet, habe dann mit dem „Walk to Freedom Hannover" zusätzlich eine regelmäßige bewegte Demonstration ins Leben gerufen, da man mehr Menschen bei Märschen begegnet als bei rein stationären Kundgebungen. Jeden Samstag von 15 bis 18 Uhr ist „Walk to Freedom" in Hannover unterwegs, jeden Montag spazieren wir im Eichsfeld – mal in Heiligenstadt, vorher auch in Leinefelde.

In Berlin war ich am 1. und am 29. August 2020 als Sprecherin für das Netzwerk Impfentscheid auf Truck 2 beziehungsweise Truck 4 aktiv – wobei der Demonstrationszug am 29. rechtswidrig aufgelöst und ich anschließend auch verhaftet wurde. Meine Antwort mit vielen anderen Aktiven ist nun der Schweigemarsch am 10. Oktober 2020 – da bin ich gespannt, ob sie uns wieder boykottieren.

Sie wurden verhaftet? Warum denn?
Es war die erste Verhaftung meines Lebens. Ich war äußerst verärgert, dass sie uns eingekesselt hatten und wir nicht starten durften. Obwohl wir uns an die Regeln hielten, wurden wir in die Passivität gedrängt. Dafür war ich nicht nach Berlin gekommen. Ich wurde daher mit einigen anderen vom Walk to Freedom aktiv und meldete gemeinsam mit meinem Kollegen und Freund Rolf Kron eine Spontandemo an. Natürlich keine Demo gegen die Corona-Maßnahmen, das war ja rechtlich nicht zulässig, sondern eine Demo für unser Recht auf medizinische Selbstbestimmung und freie Impfentscheidung. Das wurde uns auch mündlich von den Verantwortlichen bei der Polizei genehmigt, und wir sind mit unserem Bollerwagen – mit entsprechender Demotechnik drauf – losgezogen. Das hat die Menschen im Kessel wieder aktiviert, und es wurden Sprüche wie „Freiheit!", „Wir sind das Volk!" oder „Schließt euch an!" skandiert. Ich habe sehr viel gesprochen und habe die Gruppe quasi mit anderen Kollegen angeführt. Das führte dazu, dass ich ganz gezielt von der Polizei aus der Menge rausgezogen wurde. Das ging ganz schnell, sie kamen von hinten und haben mich in Gewahrsam genommen. Dass es gezielt gegen mich ging, konnte ich anschließend verschiedenen Videos entnehmen. Ich habe zwar laut protestiert und nicht klein beigegeben, aber sie haben mich zu einer Außenstelle der Polizei am S-Bahnhof Friedrichstraße gebracht, wo ich erkennungsdienstlich behandelt wurde. Auch ein Alkoholtest wurde durchgeführt – warum auch immer. Sie haben unsere gesamte Technik konfisziert und bis jetzt auch nicht zurückgegeben. Welche Beweissicherung man an unseren Boxen, dem Mischpult und den Mikros vornehmen will, erschließt sich mir nicht ganz. Ich sehe es daher als reine Schikane, mit der sie letztlich eine weitere Spontandemo vermeiden wollten. Über den gegen mich erhobenen Tatvorwurf, die Durchführung einer unerlaubten Demo, habe ich aber bis

jetzt noch keinen schriftlichen Bescheid erhalten, was laut meines Anwaltes innerhalb von 14 Tagen hätte erfolgen müssen.

Also gab es für Sie keine negativen Konsequenzen aus der Verhaftung?
In diesem Fall bis jetzt noch keine. Meines Wissens wurde hier kein Verfahren eröffnet.

Läuft denn gegen Sie bereits ein Verfahren?
Ja. Inzwischen sind es schon zwei. Im April wurde ein berufsrechtliches Ermittlungsverfahren von der Ärztekammer Niedersachsen aufgrund von angeblich unsachgemäßer Ausstellung von Impfunfähigkeitsbescheinigungen für Kinder, Jugendliche und Erwachsene eröffnet. Mir wird vorgeworfen, dass das nicht mit der notwendigen ärztlichen Sorgfalt erfolgt sei, ich also Gefälligkeitsatteste ausgestellt habe. Dies ist aber nicht der Fall. Jeder Patient wird ausführlich untersucht in der Praxis, ich nehme mir sehr viel Zeit für die Anamnese. Aber auch das Verfahren hängt derzeit in der Luft. Nach zwei schriftlichen Widersprüchen meinerseits kam es zu keiner weiteren Reaktion.

Seit September läuft ein polizeiliches Ermittlungsverfahren wegen Ausstellung von Maskenschutzattesten ohne ausreichende Prüfung – was auch nicht stimmt. Mein Eindruck ist, sie wollen die Ärzte mundtot machen – damit andere Ärzte nicht riskieren, Widerstand zu leisten. Das Spannende hier ist, dass ich über dieses Verfahren bis dato nicht offiziell informiert wurde. Eine Mutter, die ich persönlich gut kenne, hat mich zuerst darüber informiert. Drei ihrer Kinder wurden gezielt Mitte September aus dem Schulbus herausgeholt, weil sie über Atteste verfügen, die ich ausgestellt hatte. Auch im Radio habe ich bereits hören dürfen, dass man „gegen diese Ärztin wegen falscher Maskenatteste ermitteln würde".

Haben Sie keine Angst vor den Konsequenzen?
Für mich persönlich nicht. Ich bin kein ängstlicher Mensch, sonst hätte ich mich schon lange zurückgezogen. Wovor ich Angst habe, sind Haus- beziehungsweise Praxisdurchsuchungen, was sie schon bei zwei Ärzten in Offenbach und einer Ärztin in Süddeutschland durchgezogen haben. Schließlich geht es um sensible Patientendaten. Es geht um meine ärztliche Schweigepflicht, die Diagnostik, die nur Patient und Arzt kennen sollten – was in einem Rechtsstaat selbstverständlich sein sollte. Das wird gerade alles ausgehebelt. Ich hatte schon Albträume, dass ich morgens in die Praxis komme und alles ist leer. Aber es gibt ja Gott sei Dank noch positive Erfahrungen.

Inwiefern?
Am 3. Oktober 2020 habe ich in meiner alten Uni-Stadt Leipzig an einer Demonstration teilgenommen. Dort war kaum Polizei präsent, wir konnten unbehelligt durch die Stadt gehen und ebenso unbehelligt die Abschlusskundgebung durchführen. Die Polizei war freundlich und kooperativ. Diese Erfahrung war dringend notwendig, um nicht ständig an die „schlechten alten Zeiten" erinnert zu werden.

Schlechte alte Zeiten – woran denken Sie dabei?
Ich habe mich in der DDR schlecht und komplett entmündigt gefühlt, darum sind wir nach Ungarn geflohen. Aber das, was wir jetzt erleben, ist viel schlimmer. Dieses als Infektionsschutz getarnte Ermächtigungsgesetz, das Denunziantentum und die Mitläufer. Wir haben in der Schule sehr viel über die Nazi-Zeit gelernt – ich habe zudem auch später sehr viel darüber gelesen –, und die Parallelen sind nicht zu übersehen. Das will ich nicht. Ich habe das Bedürfnis, wieder zu fliehen, aber wohin? Also muss ich hier etwas ändern. Das Erschreckende ist eine weitere Parallele: Viele Menschen haben 1933 gedacht, es wird schon nicht so schlimm werden. Sie konnten sich nicht vorstellen, wie schlimm es tatsächlich werden würde. Und heute glauben auch wieder viele, dass es nicht schlimmer kommen kann.

Aber es gibt schon Länder mit Quarantäne-Lagern. In Deutschland kann man Eltern die Kinder wegnehmen, wenn die häusliche Quarantäne nicht minutiös eingehalten wird. Eine mögliche nächste Stufe in Deutschland kann man bereits in Australien beobachten – da werden Kritiker ins Gefängnis gesteckt, auf der Straße verprügelt, die Polizei dringt in Wohnungen ein, auch Zwangsimpfungen sind nicht ausgeschlossen. Es kann also auch hier noch viel schlimmer werden. Aber dessen sind sich viele noch nicht bewusst. Über Zwangsimpfungen wird ja auch bei uns diskutiert, man nennt sie zwar nicht so, aber über Berufsverbote ohne Impfung und Ähnliches wird bereits laut nachgedacht.

Haben Sie berufliche Probleme?
Ja, ganz ungewöhnliche: Dank der Rufschädigung habe ich mehr neue Patienten als ich bewältigen kann. Es kommen Anfragen über Telefon, Mail, Telegram und WhatsApp. Früher hatte ich eine kleine beschauliche Privatarztpraxis, von der ich gut und entspannt leben konnte. Jetzt arbeite ich fast nur noch am Limit. Dazu kommt, dass das ganze normale Freizeitleben nicht mehr vorhanden ist. Keine Auftritte mit unserem Gospelchor, kein Kino, kein Theater, keine Konzerte, auch das Reisen ist massiv eingeschränkt. Erholung – speziell mental – ist bei momentan zwei Demos pro Woche auch nicht ganz einfach. Aber die positiven Reaktionen der Patienten zeigen mir auch, dass es den Einsatz wert ist.

Das heißt, Patienten teilen Ihre Haltung?
Ja, die meisten Patienten schätzen die Situation ähnlich ein wie ich. Es gab nur sehr wenig Kritik, aber keiner von den Kritikern lässt sich deswegen nicht mehr von mir behandeln. Viele klagen mir ihr persönliches Leid, das durch Corona verursacht wurde. Das belastet mich natürlich auch. Was mich erschreckt ist, wie sehr sich mein Einzugsbereich als Ärztin vergrößert hat. Früher fuhren Patienten ein bis zwei Stunden, um zu mir in die Praxis zu kommen. Jetzt sind es bis zu sechs Stunden Anfahrt. Patienten kommen aus dem Allgäu, aus Ostfriesland, aus dem Ruhrgebiet oder Sachsen bis zu mir in die Praxis. Kürzlich kam eine Mutter extra aus Bremen angereist, um eine Vorsorgeuntersuchung bei ihrem Kind durchführen zu lassen.

Warum verhalten sich so wenige meiner Kollegen wirklich verantwortungsbewusst? Warum findet man keinen Arzt in der Nähe, der einem wohlwollend und empathisch zuhört und sich Zeit für seine Patienten nimmt? Und warum gibt es nicht mehr Ärzte, die den Mut haben, gegen den Strom zu agieren?

Die letzte Frage ist doch eine entscheidende Frage, nicht wahr?
Auf jeden Fall. Gäbe es mehr Ärzte, die den Mund aufmachen, könnte man Einzelne von uns nicht unter Druck setzen. Man kann nicht 30, 40 oder 50 Prozent der Ärzte die Approbation entziehen, das würde zu einem Zusammenbruch des Gesundheitssystems führen, was die Politiker nicht verantworten könnten.

Wie schätzen Sie die Zukunft ein?

Foto: Lena Schukow

Das ist schwer zu sagen. Am 3. Oktober nach Leipzig war ich wieder optimistischer. Die Bilder Ende August in Berlin, die Reisebeschränkungen und Verschärfungen der Maßnahmen machten mich zuvor ein bisschen pessimistisch. Die Verhaftung von Heiko Schöning in London vor Kurzem ist auch kein gutes Signal gewesen. Und ich kenne leider schon eine Reihe von Ärzten, die aus purer Angst inzwischen keine Maskenatteste, Impfunfähigkeits- oder Schulpflichtbefreiungsbescheinigungen mehr ausstellen. Die Menschen lassen sich nötigen und erpressen. Ich glaube und fürchte, wir müssen diesen Herbst unbedingt noch den Durchbruch schaffen, wenn wir nicht in eine totale Diktatur münden wollen. Ich hoffe und bete sehr, dass wir es schaffen. Darum bin ich weiter aktiv.

Danke für Ihren Mut – machen Sie weiter! Wir sehen uns auf der Straße!

Weitere Informationen

Dr. Carola Javid-Kistel ist Mitherausgeberin des Buchs „Krank geimpft – Betroffene erzählen: Wenn der Beipackzettel wahr wird …“, das Impfgeschädigten eine Stimme gibt. Die vorliegenden Leidensgeschichten werden durch ärztliche Kommentare abgerundet, sodass persönliche Erfahrungen mit wissenschaftlichen Erkenntnissen verbunden werden. Der Ertrag aus dem Taschenbuch mit der ISBN 9783941567900 kommt Impfgeschädigten und dem Netzwerk Impfentscheid zugute.

Nachtrag: Das Interview wurde im Frühherbst 2020 geführt. Im Januar 2021 fand die befürchtete Durchsuchung von Haus und Praxis statt. Es kam zu einer spontanen Kundgebung seitens vieler Patienten bzw. Eltern von Patienten. Carola Javid-Kistel macht trotzdem weiter. Jetzt erst recht!

Chris Beckmann: Dann gründe ich eben selbst eine Schule …

Andrea Drescher

Foto: Privat

Christian Beckmann, geboren 1986 im Landkreis Cuxhaven, wo er immer noch wohnt, ist glücklich liiert und hat eine knapp zweijährige Tochter. Seit er das Studium der Informationswirtschaft nach vier Semestern erfolgreich abgebrochen hat, ist er als Fotograf und Webdesigner sowie seit Kurzem als Geschäftsführer einer gemeinnützigen Unternehmensgesellschaft zur Trägerschaft einer freien Schule in Oberndorf tätig. Hobbys hat er neben dem Friedensaktivismus kaum mehr, ein wenig vermisst er das Wandern. Berufsbedingt ist er viel im Internet und in sozialen Netzwerken unterwegs.

Damit seine Tochter und viele andere Kinder auf eine andere Art lernen und sich die Welt aneignen können hat Christian Beckmann selbst eine Schule gegründet.

Was bedeutet für dich Friedensaktivismus?
Christian Beckmann: Für mich heißt das, das „Richtige" zu tun, dem zu folgen, was mein Herz sagt. Ich habe wohl auch eine eher altruistische Ader – etwas für andere tun, ist mir ein Anliegen. Hinschauen ist ganz wichtig. Da mir Ungerechtigkeit und Unglück auf dieser Welt sehr früh bewusst geworden sind, habe ich mich entschieden, aktiv zu werden und etwas dagegen zu tun.

Und was tust du konkret?
Mein konkretes Engagement begann direkt nach der Schulzeit vor knapp 15 Jahren mit einem Blog. Da ging es um Kriegslügen, Gesundheit, Überwachung und Finanzkrise. Der Blog war als Mitmachprojekt organisiert, sodass sich einige einbringen konnten. Jetzt ist er aber nicht mehr online, sondern nur noch im Backup auf meiner Festplatte verfügbar, obwohl sehr viel Informationen bereitgestellt wurden.

Warum habt ihr aufgehört?
Es war frustrierend. Viel zu schreiben, aber letztlich nichts verändern zu können. Wir drehten uns im Kreis, nach fünf Jahren war offensichtlich: Es bringt niemanden weiter, alle wichtigen Informationen stehen bereits im Netz.

In Karlsruhe habe ich einen Stammtisch gegründet, mit dem Ziel, nicht nur im Netz zu diskutieren, sondern sich mit Gleichgesinnten zu überlegen, wie man ins Handeln kommen kann, was möglich ist, was über Aufklärung hinausgeht. Circa zwei Jahre lang haben wir uns einmal im Monat getroffen, dann bin ich aber – aufgrund des Studienabbruchs – wieder in den Norden zurückgegangen.

Aktiv bist du aber weiter geblieben?
Auf jeden Fall. 2010 habe ich das Truthcamp kennengelernt und mich in die Orga eingebracht, obwohl es drei Stunden Fahrzeit bedeutete. Nach und nach habe ich die Orga übernommen und als der ursprüngliche Initiator nach Kanada ausgewandert ist, wurde es zu meinem „Baby“. Wir haben es dann in Friedensmanifest umbenannt und sind von Helmstedt nach Cuxhaven umgesiedelt. 2015 fand es erstmals in Cuxhaven statt, pausiert aber seit 2018, da wir mit der Schulgründung mehr als genug zu tun hatten.

Wie kommt man denn darauf, eine Schule zu gründen?
Wenn man Friedensarbeit macht, beschäftigt man sich ja auch mit den Ursachen. Meiner Meinung nach ist das Bildungssystem eine der Hauptursachen für den Istzustand unserer Gesellschaft. Gerald Hüther hat dazu sehr interessante Vorträge gemacht. Und als meine Freundin Ende 2016 schwanger wurde, stellten wir uns konkrete Fragen: Was machen wir, wenn unser Kind so alt ist, dass es in die Schule kommt? Ideen hatten wir vorher schon, aber jetzt wollten wir handeln.

Man hat ja letztlich nur die Wahl zwischen „wir wandern aus, an einen Ort, an dem es besser läuft“ oder „wir schaffen selber eine Alternative“. Wenn alle auswandern, geht aber alles den Bach runter.

Wir wollten es selbst vor Ort verändern, zeigen, dass es besser geht. Meine Freundin kannte die Alternativen, ich lernte sie nach und nach kennen und dann setzten wir uns damit auseinander, was eine Schulgründung bedeutet.

Das war vermutlich kein ganz einfacher Prozess?
Wir haben damals rumgewitzelt, dass es vermutlich einfacher ist eine Genehmigung für ein AKW zu bekommen als für die Gründung einer Schule. Der bürokratische Akt zog sich bei uns über zwei Jahre hin – und das gilt schon als sehr schnell. Aber es hat sich gelohnt.

Was ist denn das Besondere an eurer Schule?
Die Schule ist kindgerecht. Unsere Schüler können selbst entscheiden, was sie wann lernen, wo sie lernen und wie sie mit wem lernen. Wir üben keinen Zwang auf die Schüler aus.

Die Schüler können aber einen „normalen“ Abschluss erwarten?

Ja. Wir haben alle Klassen von 1 bis 10 und die Kinder verlassen die Schule mit Haupt- oder erweitertem Realschulabschluss.

Unser wesentlicher Grundsatz ist „Liebe statt Angst“. Wir schaffen für die Kinder ein anregendes Umfeld, in dem sie sich von sich heraus gut entwickeln, einen Erfahrungsraum, wo sie selbstwirksam sein können. Wenn man an einem Grashalm zieht, wächst der auch nicht schneller. Aber wenn die Erde gut genährt ist und ausreichend Licht und Wasser zur Verfügung stehen, hat man zur richtigen Zeit eine wunderschöne Wiese.

Statt Konkurrenz steht Kooperation, statt Zwang Begeisterung im Vordergrund. In der Regelschule ist Abschreiben verboten, Kooperation also nicht erwünscht. Über die Noten wird selektiert in gut und schlecht und Konkurrenzdruck erzeugt. Im Mathematikunterricht ist es verboten, ein Buch zu lesen, obwohl es sehr begrüßenswert ist, wenn Kinder lesen wollen. Bei uns darf der Schüler lesen, es heißt eben nicht: „Jetzt ist Mathe, pack das Buch weg!“ Bei uns steht kein Lehrer vorne, der vorgibt, was zu sein hat. Wir sind Begleiter, die die Kinder im Lernen und Leben begleiten und gemeinsam mit ihnen nach Lösungen suchen, wie sie ihre eigenen Ziele und Wünsche umsetzen.

Bei unseren regelmäßigen Schulversammlungen wird Demokratie gelebt. Lernbegleiter und Schüler diskutieren alle relevanten Themen gemeinsam und stimmen über die schulinternen Regeln ab. Darf man in der Aula Lärm machen, welche Kursangebote werden gewünscht, ist ein Lagerfeuer erlaubt, wo sollen Ausflüge hingehen? Die Schüler werden aktiv in die Gestaltung des Schulalltags einbezogen.

Beim Schulabschluss geht es aber doch wieder um externe Regelwerke – wie passt das zusammen?
Die Kinder entscheiden selbst, welchen Abschluss sie wollen. Ab der achten Klasse bereiten wir darauf vor. Sie wissen dann, warum sie sich für etwas entschieden haben und sind dann selbst motiviert, sich das notwendige Wissen anzueignen.

Wie ist die Resonanz aus eurem Umfeld?
Sehr positiv. Oberndorf ist ein alternatives Dorf. Wir haben unser Projekt beim Oberndorfer Forum 2016 vorgestellt. Direkt nach der ersten Präsentation kam die Rückmeldung von einem ehemaligen Schulleiter, der in etwa Folgendes sagte: „Ich denke, ich spreche für alle hier. Das, was ihr vorhabt ist das, was wir uns wünschen.“ Wir waren sofort im Dorf integriert, das uns auch durch den Gründungsprozess begleitet und getragen hat. Es gab natürlich auch ein paar negative Reaktionen – meistens anonym – und ein paar Verleumdungen. Aber wer mit Friedensarbeit vertraut ist, dem ist sowas ja nichts Unbekanntes.

Wie viele Schüler habt ihr jetzt?
Derzeit sind es rund 40 Schüler in einer Grundschule und einer Oberschulklasse mit zwei Gruppen.

Was kostet der Besuch eurer Schule?
Das Schulgeld ist sozial gestaffelt. Es sind mindestens 100, maximal 250 Euro pro Monat. Hinzu kommt das Verpflegungsgeld, von dem wir das tägliche Buffet in der Schule bezahlen. Wir haben zwar einen kleinen Biobauernhof dabei, bei dem die Kinder auch lernen, wie gesunde Nahrung entsteht, aber das reicht natürlich nicht. Wir beziehen alles, was für das Buffet noch nötig ist, von Bio-Bauern aus der Region.

Kann man denn mit diesen Mitteln die Schule finanzieren?
Nein. Das reicht natürlich nicht. Wir müssen die ersten drei Jahre mithilfe eines Kredits der GLS Bank selbst vorfinanzieren, erst danach greift die staatliche Finanzierung durch das Land Niedersachsen. Sobald das der Fall ist, können wir den Kredit nach und nach abbezahlen. Für 180.000 der notwendigen 310.000 Euro haben wir schon Bürgen, jeder, der eine weitere Bürgschaft abgibt, hilft uns.

Schüler dürfen es aber auch noch mehr werden?
Natürlich. Wir haben ein großes Schulgebäude und planen langfristig mit rund 100 Schülern. Viele Familien sind schon nach Oberndorf gezogen – auch aus dem Ausland. Statt Dorfsterben ist bei uns Dorfwachstum angesagt.

Wo kann man sich über die Schule informieren?
Auf der Website[1] findet man alles Wissenswerte – und natürlich die Kontaktdaten, wenn Fragen offen bleiben.

Hast du neben der Schule eigentlich noch Zeit für weitere Aktionen?
Nur noch eingeschränkt. Ich bin wohlwollender Unterstützer von Pax Terra Musica und auch als Aussteller dabei, habe zum Beispiel das große Vortragszelt zur Verfügung gestellt. Auch das Festival „Grenzen sind relativ", ein Projekt von Mischa Gohlke, bei dem es um ganzheitliche Inklusion und Friedensarbeit geht, unterstützen wir. Ich würde gerne mehr machen, aber die Ressourcen sind begrenzt.

Das ist klar. Danke dir für dein Engagement! Ich wünsche vielen Kindern, dass sie euch finden.

---

1 http://www.lernart.schule

Christian Frantal: Neue Wege, neue Wohnformen, neues Denken – alles erfordert Mut

Andrea Drescher

Foto: Privat

Christian Frantal, geboren 1967 in Wien, wo er heute auch wieder lebt. Der (Lebens-)Künstler und Unternehmer hat seine Hobbys Musik und Kunsthandwerk zum Beruf gemacht und ist stolz darauf, dass er mit zwei Händen ein Haus bauen kann.

Siehst du dich als Friedenaktivist?
Indirekt ja. Ich gehe das eher subtil an. Ich glaube, wenn man für sich einen autarken Platz gefunden hat, bedeutet das Frieden. Ich muss niemandem etwas wegnehmen, um etwas zu haben. Mir liegt viel an der Natur. Ich war schon 1984 mit 17 in Hainburg bei der Au-Besetzung dabei. Das war die Geburtsstunde der Grünen in Österreich. Heute will ich aber nicht nur politische Parolen schwingen, sondern über positive Themen Prozesse anstoßen, bei denen die Menschen die Geschwindigkeit der eigenen Veränderung selbst bestimmen.

Was heißt denn „positive" Themen?
Mir geht es um Autarkie in allen Bereichen. Selbstbestimmt sein. Weniger zu besitzen bedeutet niedrigere Fixkosten und, soweit möglich, viel selbst zu tun. Mit meinen Workshops verführe ich Menschen zum Handwerk. Ein Möbelstück selbst gebaut zu haben verändert das Bewusstsein beim Wohnen. Man verliert die Angst vor dem Werkzeug, lernt Kaputtes wieder zu reparieren, was automatisch zur Nachhaltigkeit führt. Ordentliche solide Arbeit, gepaart mit Ästhetik und Schönheit, denn Schönes verliert nicht so schnell an Wert. Darum sind die Wohnwagons, die wir bauen, auch sehr hochwertig und schön. Ich habe sie so konzipiert und konstruiert, dass ich selbst darin leben möchte.

Was sind Wohnwagons?
Ein Wohnwagon ist ein kleines fahrendes mobiles Massivholzhaus, eine „mobile Immobilie" aus hochwertigen nachwachsenden, weitestgehend regionalen Rohstoffen mit 15 bis 32 Quadratmetern Wohnfläche. Der Grundgedanke ist ein natürlicher Stoffkreislauf und Autarkie. Ein High-End-Bauwagen sozusagen. Wir fertigen Einzelstücke aus Standardkomponenten in Modulbauweise, der Kunde bestimmt den Ausbau.

Foto: Lena Schukow

Inwiefern ist Kreislaufdenken eingebaut?
Einige Beispiele: Die eingebauten Komposttoiletten erzeugen Terra Preta – also Schwarzerde als Humus für den Garten. Der Wasserverbrauch wird minimiert, es gibt kein dreckiges „Schwarzwasser", sondern nur „Grauwasser" aus Dusche und Spüle, dessen Qualität natürlich vom Bewusstsein des Bewohners abhängt. Biologisches Spülmittel ist für die Pflanzenkläranlage kein Problem, das Wasser kann dann wieder zum Gießen verwendet werden. Der Regen speist die Waschmaschine und Dusche, es kann aber auch alles mit Fixanschlüssen extern montiert werden. Mit 3 Kilowatt Peak am Dach und 5 Kilowatt Batterie sorgt Photovoltaik für 80% Stromautarkie und mehr. In der grauen Jahreszeit hilft ein Stromaggregat oder der Stromanschluss vom Nachbarn. Windkraft gibt es auch als Option. Ein wassergeführter Holz- oder Kochofen sorgt mit 300 Litern Pufferspeicher für Warmwasser und Heizung im Winter. Der Wagen überhitzt aber nicht, einmal einheizen und man hat den ganzen Tag angenehme Temperatur. Durch Holzmassivbau und Schafwolle- beziehungsweise Thermohanf-Isolation bleibt es sehr lange warm und man hat keine Kondenswasserprobleme.

Mit diesen Konzepten haben wir Investoren bei der Gründung der Firma und inzwischen schon 65 stolze Wohnwagon-Besitzer überzeugt, für mehr Nachhaltigkeit im eigenen Leben zu sorgen und haben langfristige Arbeitsplätze geschaffen.

Wie ist die Firma denn entstanden?
Die Wohnwagon GmbH wurde 2013 mithilfe von Crowdfunding ins Leben gerufen. Der erste Wagon wurde über Crowdinvesting finanziert. Inzwischen produzieren wir mit insgesamt 25 Mitarbeitern ein bis zwei Wagons pro Monat. Die Mitgründerin Theresa Steininger ist Geschäftsführerin, ich bin für die Entwicklung der Wägen verantwortlich und kümmere mich um die künstlerische Gestaltung der Wohnwagons: Schönheit bleibt mir ein wichtiges Anliegen, da man darüber mit völlig anderen Zielgruppen politisch ins Gespräch kommen kann.

Politisch? Wie meinst du das?
Manche finden den Wagen einfach nur wunderschön, und so kommt man ins Gespräch über Autarkie, ökologisches Bauen und Humusklos. Das sickert dann ein. Sie kaufen sich im Online-Shop vielleicht mal eine Wurmkiste, dann ein paar Bücher und so weiter. Das ist immer ein Prozess, der oft zu mehr Umweltbewusstsein und vor allem zur Reduktion auf das Wesentliche führt. Beim Leben im Wagon muss man sich fragen, was man wirklich braucht und was einen glücklich macht. Alles andere lässt man weg. Es ist ein großer Unterschied zwischen dem, was man will, und dem, was man braucht. Es geht um qualitativ hochwertige und gleichzeitig nachhaltige Lösungen, die wir auch im Oskar-Magazin, das einmal im Jahr herausgegeben wird, und auf unserer Homepage **www.wohnwagon.at** vorstellen. Wohnwagon steht für reduziertes, alternatives, ökologisches, nachhaltiges Wohnen ohne Verzicht auf Qualität und ohne Müll.

Stichwort alternatives Wohnen – ihr habt ja auch ein Projekt in Niederösterreich gestartet, nicht wahr?
Wir sind mit der Firma vor einem Jahr nach Gutenstein in Niederösterreich gezogen und haben eine Genossenschaft gegründet. Diese hat das Ziel, Immobilien wie den Gutensteiner Hof aus dem Spekulationsmarkt herauszuziehen und zu betreiben. Das ehemalige Gasthaus mit 20 Zimmern wurde vor zwei Jahren geschlossen. Wir wollen das Wirtshaus wieder öffnen, Coworking-Büros schaffen, im Hof verschiedene Veranstaltungen wie Workshops, Kabarett und Kleinkunst organisieren und Raum zur Vernetzung bieten. Einige von uns leben bereits in den alten Gästezimmern. Es wird renoviert und soll ein Projekt gegen die Landflucht der letzten 10 Jahre werden. Auch Cohousing wird schon vorbereitet und im Gemeinschaftsgarten mit Permakultur gab es 2019 die ersten Ernten. In Gutenstein sind derzeit rund 20 Mitarbeiter, alles ist im Fluss. Wichtig für uns ist es, mit der Gemeinde und den bisherigen Anwohnern einen guten Draht zu finden. Man muss nicht immer alles neu bauen, es geht um Bestandserhaltung durch Sanierung und Belebung.

Ist die Rückkehr aufs Land ein neuer Trend aus deiner Sicht?
Definitiv – und das ist auch logisch. Ich glaube nicht, dass in 20 Jahren 90 Prozent der Menschen in der Stadt leben. Im Gegenteil. Die Menschen wollen Natur, Ruhe und zunehmend mehr selbstbestimmt wohnen und leben. Das ist in der Stadt schwer möglich.

Und dafür braucht es alternative Wohnkonzepte?
Ich denke ja. Neue Wohnkonzepte kommen einer bewussteren Gesellschaft entgegen. Gemeinschaftsprojekte müssen ja nicht gleich eine Kommune oder Sekte sein. Immer mehr Menschen bewerten das Leben neu, abseits von Konsum und Wachstum. 30 Jahre zu buckeln, um eine halbe Million für ein Haus abzuzahlen, ist für viele nicht mehr so attraktiv. Sind die Kinder außer Haus, lebt die – oft geschiedene – Mama auf 300 Quadratmetern – und packt es nicht allein.

In einer Genossenschaft bleibt die Wertschöpfung beim Bewohner, nicht beim Besitzer. Der Vermieter erhält keine Spekulations- und Zinsgewinne, das senkt die Kosten.

So kommt man auf Selbstkostenpreise von 2 bis 4 Euro pro Quadratmeter. Man hat eine Top-Wohnqualität und muss weniger dafür arbeiten. Dank Gemeinschaftsflächen wie Partyraum, Werkstatt, aber auch Wellnessbereich, Atelier und Garten kommt man mit weniger Fläche viel weiter. Niedrige finanzielle Belastungen befreien die Menschen.

In Wien bist du auch aktiv?
Ja – seit 15 Jahren betreibe ich mit einem Verein ein Atelier für Kunst am Bau: Bauen und Wohnen, Planung und Design in einem uralten typischen Wiener Fuhrwerkerhaus, das wir selbst saniert und gestaltet haben. Es gibt zahlreiche 20 bis 30 Quadratmeter große Wohnungen, die wir nach und nach hergerichtet haben. Dann gibt es als Gemeinschaftsräume ein Atelier und die Kellerwerkstatt sowie das Gemeinschaftsbüro und einen Garten. Dort ging es auch mit Wohnwagon los. Alle, die sich einmieten, sind am Nachhaltigkeitsthema dran – auf der gleichen Spur, wenn auch mit unterschiedlichen Zugängen.

Auch hier gibt es Vorträge, Workshops, Events – es ist eine Netzwerkzentrale für alle, die aktiv am Wandel arbeiten. Ob Pioneers of Change, Grüne Wirtschaft Wien, G!LT vom Düringer, diverse Vereine und Künstler – ich stelle den Raum gerne zur Verfügung. Unser Gemeinschaftsgarten ist eine klitzekleine Minilandwirtschaft mitten in der Stadt im 16. Bezirk Wiens. Wir haben Wein, Kürbis, Paradeiser und Küchenkräuter – und sogar Bienen. Es ist ein selbsterhaltendes Projekt, ein kreativer Platz, um konzentriert zu arbeiten, aber auch zu feiern. Am Anfang hielten mich die meisten für verrückt, jetzt finden es alle ziemlich cool.

Du bist ein Macher, als Unternehmer aber auch nicht der typische Friedensaktivist?
Ich halte Autarkie an sich schon für friedensstiftend. Ich glaube auch, dass es notwendig ist, unternehmerisch tätig sein, um nachhaltig wirken zu können. Ich kann auf die

Lieferanten einwirken und dort etwas bewegen. Immer mehr Unternehmen erkennen, dass nachhaltiges Denken auch ein Markt ist. Ich unterstütze Vereine, Genossenschaften und andere Gruppierungen. Von der Wurmkiste über Bienenhaltung bis hin zum Möbelbau – alles trägt zur konstruktiven Veränderung in den Köpfen der Menschen bei. Wir streuen Samen, die sich nach und nach entfalten. Praktikanten, die früher bei uns gearbeitet haben, kommen oft später mit eigenen Projekten zurück. Wichtig ist doch, ins Handeln zu kommen, nicht nur zu reden. Bricht das bestehende System zusammen, sind Strukturen wir unsere am ehesten überlebensfähig.

Der Hauptantrieb ist nicht Gewinn. Geld ist zwar ein unverzichtbares Betriebsmittel, aber es geht nicht um Jachten in der Südsee. Glücklich machen mich schöne Musik, gute Gespräche mit Menschen, die was im Kopf oder/und Herzen haben, schöne Feste und interessante Bücher – und natürlich gutes Essen. Dafür brauche ich keinen großen Gewinn. Ich komme mit unter 1.000 Euro im Monat aus. Und das mitten in Wien. Das kann man nicht kaufen, das muss man sich gestalten. Da steckt schon sehr viel Zeit, Liebe und Aufwand drin.

Und viel Disziplin?!
Das ist richtig. Strukturiertes Denken und Arbeiten gehören ebenso dazu wie Kreativität – es braucht die Vision und die konkrete, disziplinierte Umsetzung. Und Sturheit auch. Nachts wird geträumt und am Tag wird gehackelt und der Traum umgesetzt.

Dann weiter viel Spaß beim Hackeln!

Christine Hägele-Alleze: Das Gesicht vom Schweigemarsch

Andrea Drescher

Foto: Hannes Henkelmann

Die Industriekauffrau Christine Hägele-Alleze aus Schwäbisch Gmünd war bis vor Kurzem als Assistentin in einem Konzern tätig. Diesen Job hat die 1984 geborene Aalenerin inzwischen aber gekündigt – auch weil sie in dieser Funktion keine Demonstrationen hätte anmelden können. Bekannt wurde sie unter anderem als „The Face" – das Gesicht des Schweigemarschs vom 10. Oktober 2020 in Berlin, der am 22. November 2020 – diesmal in über 20 Städten – in größerem Umfeld stattfindet. Neben Demonstrieren gehören Reisen mit der Familie mit dem VW-Bus, Tauchen und Wandern in abgelegenen Gegenden dieser Welt zu den Hobbys der zweifachen Mutter.

Sie sind „The Face", das Gesicht vom Schweigemarsch. Wie kam es dazu?
Durch das Foto von Hannes Henkelmann. Er hat den Moment als Foto eingefangen.

Was für einen Moment?
Ich war am 29./30. August in Berlin als Ordner an der Siegessäule eingesetzt. Da ich eine Frage hatte, bin ich auf den Polizisten zugelaufen. Es war irgendwas Banales – ich weiß nicht mehr was. Es ging, glaube ich, um die Festnahme von Nana. Ich konnte meine Frage aber gar nicht stellen, denn er hat sofort seinen Gesichtsschild vom Helm runtergenommen und den Schlagstock ausgefahren. So ist dieses Bild entstanden. Ich stand menschlich entsetzt vor ihm. Ich habe ihn dann 15 Minuten lang mit seinem Verhalten konfrontiert, bis er mit seinem 4er-Trupp abbestellt worden ist.

Konfrontiert – was meinen Sie damit?
Ich habe 15 Minuten auf ihn eingeredet, ihm erklärt, warum ich auf der Straße stehe, dass ich zwei kleine Kinder habe und möchte, dass diese in Frieden und Freiheit aufwachsen und nicht in einer ungerechten, menschlich verwahrlosten Welt.

Hat er reagiert?
Die einzige Reaktion war, dass er mir nicht in die Augen schauen konnte. Ich habe ihn gefragt, ob er es schafft, mir von Mensch zu Mensch 10 Sekunden in die Augen zu schauen. Aber das war ihm nicht möglich. Er sah mich kurz an und dann wieder auf den Boden.

War es also eher ein Monolog als ein Gespräch?
Ja – aber ich glaube, es hat ihn menschlich sehr beschäftigt. Er schien wirklich überfordert mit dem, was ich ihm gesagt habe, als ob er wirklich nicht wisse, was momentan auf politischer Ebene geschieht. Ich habe ihn gleich geduzt – er war so jung –, auf gut schwäbisch: „Mensch Kerle, du könntest mein Sohn sein." Ich rede mit Menschen, nicht mit der Uniform. Immerhin hat er den Schlagstock wieder runtergenommen, nachdem ich absolut fassungslos mit Tränen in den Augen vor ihm stand. Da hat er wohl gemerkt, was er mit seinem Verhalten bei mir persönlich angerichtet hat.

Warum hatten Sie Tränen in den Augen?
Weil ich menschlich fassungslos war, betroffen und völlig im Schock auf die Situation, wie ein Polizist auf eine junge Frau reagiert, von der wirklich keine Gefahr ausgeht. Ich meine, ich stand im Sommerkleid mit Flipflops vor ihm!

Glauben Sie, dass er Angst hatte?
Nein.

Warum hat er dann wohl so reagiert?
Weil er unter Strom stand. Ich glaube auch nicht, dass es die typische Machtdemonstration war, sondern dass er einfach mit der Situation überfordert war. Sonst reagiert man doch nicht so. Er hat immer wieder gesagt: Halten Sie Abstand, halten Sie Abstand. Monotones unreflektiertes Reden – antrainiert –, er war total überfordert. War doch das Publikum an diesem Tag ganz anders als vielleicht bei vorherigen Einsätzen von ihm. Menschlich, friedvoll, Friedenslieder singend. Das kann schon verwirrend sein, wenn die Anordnung von oben bezüglich der zu treffenden Maßnahmen gar nicht mit dem Verstand unter einen Hut gebracht werden kann. Alle waren friedlich.

War das die erste Demo, auf der Sie als Ordner dabei waren?
Nein. Ich war schon mehrfach auf Großkundgebungen in Stuttgart und München als Ordner eingesetzt.

Frauen sollen als Ordner auch deeskalieren, nicht wahr?
Ja. Und ich mit meinen 50 Kilo war dann eine Bedrohung für diese Polizisten. Unglaublich.

Sind Sie aktiv bei Querdenken?
Ja. Wir sind Querdenken-7171.

Wir – also Sie und Ihr Mann?
Nein, aber er passt immer auf die Kinder auf. Ohne ihn wäre das gar nicht möglich. Heute sind auch mal die Männer mit den Kindern daheim (lacht). Wir – das ist ein Orga-Team von 12 Menschen, die alle vier Wochen vor Ort Kundgebungen organisieren und am Wochenende zusammen auf die Großdemos fahren, um uns für Frieden, Frei-

heit, Wahrheit, Gerechtigkeit und Selbstbestimmung einzusetzen! Vor allem für unsere Kinder!

Waren Sie schon vor Corona politisch aktiv?
Nein. Es gibt zwar viele Themen, mit denen ich mich seit 20 Jahren beschäftige, wie zum Beispiel Monsanto, TTIP oder die Sea Shepherds. Ich habe verschiedene Bewegungen verfolgt, auch finanziell unterstützt, war aber nie selbst aktiv.

Warum jetzt?
Meine rote Linie wurde überschritten. Jetzt ist der Zeitpunkt, auf die Straße zu gehen, es ist nicht mehr der Zeitpunkt, Petitionen von der Couch aus zu unterschreiben!!!

Was stört Sie denn besonders?
Mich stört, dass wir als Familie nicht mehr leben können, wie es uns von der Seele her entspricht! Die Maßnahmen derzeit sind nicht verhältnismäßig. Eine App für die Feststellung Infizierter? Ich hätte gerne eine App, die mir Kinderschänder anzeigt, welche auf Bewährung davongekommen sind! Wo bleibt der gesunde Menschenverstand? Wir werden so dermaßen eingeschränkt, dass man uns die komplette Eigenverantwortung nimmt! Nochmal zur Erinnerung: Ich bin als freier Mensch geboren und so werde ich von dieser Erde als Gast auch wieder gehen! Ich lebe maximale Eigenverantwortung. Als grundsätzlich vernünftiger Mensch gehe ich Risiken bewusst ein und will mir keine Vorschriften machen lassen, die mit meinem Wertesystem nicht übereinstimmen. Wir ernähren uns gesund, sind viel in der Natur und pflegen Beziehungen zu Menschen, die wir von Herzen lieben und wo man sich gegenseitig guttut! Gesundheit bedeutet für mich eine gesunde Beziehung zwischen Körper, Geist und Seele. Wer anders als ich persönlich kann für diese hohen Güter Verantwortung übernehmen? Ein Politiker? Nein danke. Man muss selbst entscheiden.

Können Sie ein Beispiel geben?
Ich bin kein Impfgegner, aber auch hier plädiere ich für die Selbstbestimmung. Wer möchte, darf sich gerne impfen lassen. Bei manchen Personengruppen ergibt das auch Sinn. Aber Zwänge und Androhung von Bußgeldern, wenn man in die Selbstverantwortung geht?! Ich habe einen gesunden Menschenverstand und möchte nach meinen eigenen Vorstellungen handeln. Ich bin seit vier Jahren in der Ausbildung zur Heilpraktikerin, habe inzwischen einiges an medizinischem Wissen aufgebaut und weiß alternative Heilmethoden sehr zu schätzen.

Foto: Lena Schukow

Sie haben im Vorgespräch erzählt, Sie haben gekündigt. Warum?
Ich möchte mehr Zeit für meine Kinder und mein Studium haben. Ich sehe mich nicht mehr in der Firma, das entspricht mir nicht mehr. Ich bin dankbar für die jahrelange schöne Zeit und die Möglichkeiten, die mir der Konzern geboten hat, aber jetzt möchte ich mehr mit Menschen arbeiten, für Gesundheit sorgen und habe auch deswegen die Ausbildung zum Heilpraktiker begonnen. Für mich ist das Leben eine große Erfahrung, man darf mutig sein und sich auch mal von einem vermeintlich sicheren Beruf trennen. Ich vertraue meinem Bauchgefühl, anstatt immer auf Sicherheit zu gehen.

Ist es nicht sehr riskant, in dieser Zeit einen sicheren Job zu kündigen?
Viele „normale" Menschen sagen, dass ich ziemlich dämlich sei, das zu machen. Aber für mich fühlt es sich richtig an. Ich hätte in meiner Position ja auch keine Demonstrationen anmelden können. „Normal" – das ist für mich inzwischen die Abwesenheit von Mut. Es gibt so viele Mitläufer heutzutage – es ist kaum auszuhalten. Wenn ich selbst nicht den Mut aufbringe, verändert sich nichts.

Sie haben keine Ängste?
Ich lebe lieber mit den Konsequenzen meines Tuns, wenn es mir richtig erscheint und wichtig ist. Eigenverantwortung eben. Das Leben ist nicht sicher. Wir haben als Gesellschaft den Anspruch entwickelt, nie krank zu sein. Das ist doch komplett irre. Das Immunsystem muss sich entwickeln können. Man darf ab und zu einen Infekt in Kauf nehmen, damit die Gedächtniszellen des Immunsystems aufgefrischt werden. Das Immunsystem muss „auf dem Laufenden" bleiben.

Mit 16 las ich die Bücher von Elisabeth Kübler-Ross und habe mich damals schon mit den Sterbephasen konfrontiert. Fragen Sie mich nicht, woher das Interesse in diesem Alter kam, aber mit 18 auf den ersten Selbsterfahrungskurs zu gehen ist wohl auch unüblich, wie ich dann vor Ort feststellte. Ich habe mich als langjährige Zen-Schülerin mit der Endlichkeit unseres Erdendaseins intensiv beschäftigt. Meinen ersten Klosteraufenthalt hatte ich mit 20. Danach folgten weitere bis hin zu einem richtigen Sesshin. Angst hat nur unser Ego.

Meine Familie kümmert sich aktiv um ein starkes Immunsystem durch gesunde Ernährung, viel Bewegung an der frischen Luft und kein Social Distancing, das ist nämlich ein wesentlicher Punkt, der Menschen krank macht: Vereinsamung, Werteverlust und oberflächliche Beziehungen. Das möchte ich auch in meinem Umfeld vermitteln.

Als Heilpraktiker? Da ist Ihre Zukunft ja unsicher.
Stimmt, ich habe die Ausbildung in zwei Jahren abgeschlossen. Herr Spahn hat aber einen Eilantrag gestellt, um unseren Berufsstand abzuschaffen. Ich lerne trotzdem weiter, weil ich der festen Überzeugung bin, dass medizinisches Wissen – speziell Alternativmedizin – enorm wichtig ist. Ich mache es vor allem für meine Familie und darum,

auch hier in die Selbstverantwortung zu gehen. Ich bin Anhänger der Ernährungslehre von Dr. Max Otto Bruker aus Lahnstein, der für gesunde Vollwertkost, wertvolle menschliche Beziehungen und viel Bewegung steht. Als Zen-Schülerin geht es mir um Authentizität in allen Lebensbereichen.

Tragen Sie Maske?
Nein. Grundsätzlich nicht. Und das ohne Attest. Ich möchte meine Ärztin schützen. Außerdem gilt immer noch das Recht der Glaubhaftmachung, wenn man die Maske aus sonstigen Gründen nicht tragen kann.

Hatten Sie dadurch schon Probleme?
Ich wurde im Supermarkt an der Kasse angeschrien – weil ich ohne Maske eingekauft habe. Vor meinen Kindern! Ich habe die Dame dann höflich und mit Respekt mit ihrem Verhalten konfrontiert! Habe ihr die Coronaverordnung auswendig vorgetragen. Dann war sie ruhig und offensichtlich peinlich berührt. Auf die Frage, ob sie vielleicht sonst noch was zu ihrem Verhalten mir gegenüber „in aller Öffentlichkeit" sagen wolle, schaute auch sie nur noch zu Boden. Immerhin hat sie mich vor den Kindern und vor etwa zehn mir völlig fremden Menschen angebrüllt. In die Stadt zum Bummeln gehe ich schon lange nicht mehr. Die meisten Menschen sind entweder verängstigt durch die wirklich gestörte Angstpolitik oder schon so im Denunziantentum gefangen, dass man diese freie Zeit lieber im Wald und der Natur verbringt.

Beim Schweigemarsch am 10. Oktober war aber Maskenpflicht. Hat Sie das nicht gestört?
Nein. Ich stehe zu 100 Prozent hinter diesem Konzept. Es ging ja auch darum, die Auflagen mal komplett zu übertreiben und zu veranschaulichen, wo wir eigentlich momentan hinsteuern. Sogar die Polizei hat gesagt, wir müssen ja nicht übertreiben. Oh doch! Heute übertreiben wir! Mit Zollstöcken und Schutzanzügen wurden die Reihen penibel aufgestellt. Darum habe ich auch den Schweigemarsch am 22. November in Stuttgart organisiert. Das mache ich mit einer lieben Freundin zusammen, weil das von Menschen und nicht von Organisationen durchgeführt werden soll. Ich wurde als Organisatorin bereits auch von Journalisten kontaktiert. Wir haben ein klares Konzept, zu dem wir stehen und für das ich dann auch gerne eine Maske aufziehe. Natürlich eine ohne Atemwiderstand. Wir wollen ja gesund bleiben!

Näheres dazu unter **www.der-schweigemarsch.de**

Eine Abschlussfrage an die Zen-Schülerin: Glauben Sie, dass wir die derzeitige Zerstörung des Rechtsstaates aufhalten können?
Ich habe das Grundvertrauen, dass alles gut ist und wird. Die momentanen Erfahrungen gehören wohl zu dieser spannenden Zeitqualität dazu. Alle Menschen, die ich in letzter Zeit kennenlerne, bleiben dran. Keiner, und ich meine keiner(!) von diesen liebgewonnenen Menschen wird diese neue Normalität jemals akzeptieren. Wie sagte ein

bekannter Virologe vor kurzer Zeit: Wir wollen keine genveränderten Lebensmittel, keine genveränderten Tiere, sollen uns jetzt aber genverändernde Spritzen injizieren, Nebenwirkungen unbekannt, Produkthaftung des Herstellers ausgeschlossen, um wieder an unsere Grundrechte zu kommen? Und das unter Zwang mit Androhung von Bußgeld? Ein klares Nein. Wo leben wir denn? Ich dachte, im Jahre 2020 in Deutschland? Unfassbar!

Bis wir unsere Grundrechte wiederbekommen, gehen wir auf die Straße. Das „neue" Grundgesetz ist menschenverachtend – also machen wir weiter. Die Bewegung ist weltweit – auf jedem Kontinent stehen die Menschen auf. Auch wenn die Mainstreammedien nicht davon berichten, viele sind mittlerweile auf dem Weg der Freiheit, Wahrheit und Gerechtigkeit. Die Grenze ist bei vielen überschritten! Zu Recht! Das Fass ist übervoll. Diese Welle der Revolution für Freiheit, Wahrheit und Liebe ist nicht mehr zu stoppen. Es werden täglich immer mehr, die ihrem Bauchgefühl vertrauen und sich aufrichten. Weiter so! Das Neue ist schon da, und das Alte macht bekanntlich viel Krach beim Gehen.

Ich hoffe, dass Sie recht behalten!

Noch ein Schlusssatz an die Regierung: Es ist mein Leben, mein Körper und meine Gesundheit – Hände weg von unseren Kindern!

Clara N.: „Alltag auf der Coronastation eines Berliner Krankenhauses“

Thomas Stimmel

Clara N. – ihr wirklicher Name ist dem Autor bekannt – ist Pflegefachkraft in Berlin in einem großen Krankenhaus. Frau N. stellt zum Thema Auslastung der Krankenhäuser und Pflegebettenthematik die Sicht einer Pflegefachkraft am Hotspot dar. In dem Interview werden die akuten Probleme thematisiert, welche sich durch den Umgang mit der Pandemie besonders für die Pflegefachkräfte ergeben. Altbekannte Probleme wie der Personalmangel, die Unterbezahlung sowie die fortschreitende Privatisierung von Kliniken werden durch Corona für viele Menschen deutlich aufgezeigt. Frau N. spricht in dem Interview über ein strukturelles Versagen im Hinblick auf das derzeitige Gesundheitssystem. Menschenleben werden dem Profit untergeordnet.

Bevor wir einsteigen – beschreiben Sie bitte ihren beruflichen Weg. Wie sind Sie zur Pflege gekommen?
Ich wollte schon immer Krankenschwester sein! Das ist mein Traumberuf. Da gehe ich auf, auch trotz der Umstände, unter denen wir arbeiten müssen.

Sie spielen auf Pflegekraftmangel oder Unterbezahlung an. Wie hat sich denn die Situation für Pflegefachkräfte entwickelt?
Die Situation ist nicht besser geworden. Das Personal wird tatsächlich weniger, egal, ob es jetzt die Krankenhäuser sind, die Pflegeheime, die Hauskrankenpflegen – alle sind unterbesetzt. Der Beruf der Krankenschwester oder des Krankenpflegers wird einfach nicht attraktiv gestaltet. Man ist absolut unterbezahlt, man schiebt Überstunden ohne Ende ...

Wie kommt es zur Unterbezahlung?
Es geht nur um Gewinne. Also, es geht im kompletten Gesundheitssystem nicht um Menschen. Das gesamte Gesundheitssystem ist kaputtgespart, die Krankenhäuser sind zum größten Teil privatisiert worden.

Und jetzt sind wir seit fast einem Jahr mit der Corona-Pandemie beschäftigt. Sie arbeiten auf einer Corona-Station, auf der nur Personen aufgenommen werden, die PCR-positiv getestet sind. Können Sie mir beschreiben, wie jetzt der Alltag einer Pflegefachkraft dort aussieht?
Das haben Sie ganz richtig ausgedrückt. PCR-Positive, also, sprich: keine oder kaum Covid-19-Erkrankte, das ist leider eine Tatsache. Es ist so, dass wir komplett ausgelastet sind, und ich würde behaupten, dass 98 % meiner Patienten asymptomatisch sind, also ohne Symptome.

Wir bekommen Patienten aus der Rettungsstelle, die mit irgendwelchen Wehwehchen dorthin kommen. Dort findet der Schnelltest statt, der dann positiv ist, und dann werden die zu mir auf die Corona-Station verlegt – mit null Symptomatik. Kein Fieber, kein trockener Husten, also gar keine Symptome. Diese Patienten liegen quasi ihre Quarantänezeit bei uns ab und werden dann als genesen nach Hause entlassen. Ich will nicht sagen, dass es Covid 19 nicht gibt. Und ich hatte den einen oder anderen, der tatsächlich mit einer Pneumonie bei mir lag. Aber ich habe tatsächlich Menschen bei mir auf der Station, die nicht an Covid 19 erkrankt sind, und das sind in meinen Augen Fake-Patienten, um die Zahlen zu halten, die die Regierung haben möchte.

Es ging ja auch viral, dass viele viel zu früh auf die ITS verlegt und beatmet werden, was ja bei Covid 19 absolut kontraproduktiv ist. Ich hatte einen Fall, Patient tatsächlich mit einer Pneumonie. Er hat gefiebert, es war aber alles stabil. Er hielt sich gut – aber die behandelnde Ärztin wollte ihn auf die ITS verlegen. Ich habe mit dem Patienten gesprochen und ihm abgeraten. Die Umstände auf einer Intensivstation sind nicht förderlich für den Genesungsprozess, da gibt es viele Risikofaktoren. Gottseidank hat dieser Patient die Intensivstation abgelehnt. Er blieb bei mir auf Station, wofür ich sehr dankbar war, und wurde nach Weihnachten genesen entlassen. Und er war mir auch dankbar, dass ich ihm abgeraten hatte. Wenn ich mir überlege, dass dieser arme Mann – er war auch noch gar nicht so alt – auf die Intensivstation gekommen wäre ... ich glaube, er wäre heute noch nicht zuhause.

Sie haben sehr, sehr viele Patienten auf der Corona-Station. Sie haben mir im Vorgespräch erzählt, viele Menschen können nicht mehr adäquat versorgt werden, einfach weil der Prozess jetzt ein ganz anderer ist. Haben Sie das Gefühl, sie kommen den Anforderungen noch ausreichend nach, die die Patienten an Sie haben, oder ist es nicht mehr möglich?
Nein, überhaupt nicht. Ich werde meinen Patienten und mir selber nicht gerecht. Jetzt ist das tatsächlich nur noch ein Abarbeiten. Mein Dienst fängt mit einer ersten Runde an, wo man durchläuft und die Medikamente für den Abend schon verteilt. Unter normalen Umständen dauert so ein Rundgang mit ein bisschen Schwatzen so um die 20 Minuten, dann bin ich durch. Jetzt muss ich mir bei jedem Zimmer, bevor ich reingehe, einen Schutzkittel anziehen, eine Haube aufsetzen, Handschuhe, meine FFP2-Maske. Und wenn ich rausgehe, muss ich mich wieder ausziehen. Bei jedem Zimmer. Jetzt kann so ein Durchgang bis zu zwei Stunden dauern. Das kommt darauf an, was habe ich da für Patienten – ist er

bettlägerig, braucht er neues Inkontinenzmaterial? Das mach' ich dann natürlich gleich mit bei dem Rundgang. Wenn ich hinten angekommen bin, fange ich vorne wieder an.

Wir verteilen auch das Essen alleine, weil unsere Servicekräfte nicht in die Zimmer dürfen. Um zeitlich hinzukommen, fange ich um 16 Uhr 15 schon an, das Essen zu verteilen. Die Runde dauert wieder zweieinhalb Stunden. Es ist ein enormer Aufwand. Und dann kommen noch die dazu, die klingeln, weil sie einen Wunsch oder ein Problem haben. Man hat keine Pause. Oft sind wir nur zu zweit. Das war jetzt der Ablauf vom Spätdienst – es ist kaum zu schaffen und wird niemandem gerecht.

Das sind ja haarsträubende Zustände, die Sie mir da beschreiben. Ich denke, jeder, der schon mal in einem Krankenhaus war vor Corona, hat schon gesehen, unter welchem Zeitdruck gerade Pflegekräfte arbeiten. Unter diesen Bedingungen jetzt ist es ja umso schwerer. Sie haben aber auch schwerkranke Patienten, die auf Ihrer Station versterben. Wie ist das, können Angehörige diese Menschen begleiten? Oder haben Sie da schon anderes erlebt?
Ja, ich habe einen Fall erlebt, dieser Patient hatte wohl auch eine gesetzliche Betreuung, keine Angehörigen, jedenfalls nicht in Berlin. Den Patienten konnte ich leider nicht adäquat versorgen. Er war eigentlich ein Palliativpatient, er sollte in ein Hospiz, um seinen letzten Weg antreten zu können, in Würde und auch schmerzfrei. Das wurde ihm verwehrt, weil er angeblich Corona-positiv war. Er hatte null Corona-Symptomatik, die arme Seele hatte Lungenkrebs – er ist also einsam bei mir verstorben. Normalerweise hält man solchen Patienten die Hand und begleitet angemessen. Das können wir momentan nicht gewährleisten. Bei einem anderen Patienten, das wurde mir erzählt, konnten die Angehörigen tatsächlich kommen und sich verabschieden. Aber generell herrscht bei uns auf der Station ein Besuchsverbot für die – in Anführungsstrichen – „normalen" Patienten, und da wurde auch Weihnachten keine Ausnahme gemacht.

Das ist traurig. Was ich in dem Kontext interessant finde, ist, dass Sie ja Palliativschwester waren, nicht? Da haben Sie natürlich auch einen ganz anderen Erfahrungsschatz, wie man Menschen auf ihrem letzten Weg begleiten sollte. Jetzt ist es für Sie sehr schwierig, unter diesen Umständen zu arbeiten. Wie geht es denn Ihren Kolleginnen und Kollegen?
Ich glaube, sie stecken das ein bisschen anders weg. An vielen meiner Kollegen prallt das ab, was vielleicht nicht das Schlechteste ist. Ich kann damit nicht so gut umgehen, es ist nicht die Art zu arbeiten, die ich mir vorstelle. Und schon gar nicht bei einem Palliativpatienten, der sehr viel Zuwendung braucht, der auch viel ärztliche Kontrolle benötigt seitens Palliativärzten, was bei uns nicht der Fall ist.

Wenn Sie jetzt gerade von so einem Fall sprechen wie dem Herren, der dann verstorben ist aufgrund seiner Krebserkrankung: Dieser wird ja dann in der in der Statistik als Corona-Toter gezählt. Ist das richtig?
Leider ja. Ich habe das jetzt ein paarmal beobachten können, dass bei Patienten, die bei mir versterben – asymptomatisch wohlgemerkt, an anderen Vorerkrankungen –

tatsächlich auf dem Leichenschauschein Covid-19 steht. Das ist auch ein Grund, warum wir heute sprechen, das muss einfach nach außen getragen werden. So werden Zahlen oben gehalten, und das entspricht definitiv nicht der Wahrheit. Wenn jemand sich in der präfinalen oder finalen Phase einer Krebserkrankung befindet und in dieser Phase auch noch auf Corona abgestrichen wird – was sowieso überhaupt gar keinen Sinn macht –, an seiner Grunderkrankung stirbt und dann als Covid-19 -Toter in der Statistik auftaucht – da hört's tatsächlich auf.

Das ist unfassbar. Ich hoffe, dass die Menschen durch unser Interview Denkanstöße bekommen beziehungsweise ihnen auch die Angst genommen wird. Ich nehme wahr, dass viele Menschen aufgrund der hohen Zahlen der Positivtests nach wie vor der Ansicht sind, dass die Gefahr sehr groß ist. Aber ein positiver Test bedeutet nicht infiziert, geschweige denn erkrankt. Das ist genau das, was Sie ja offensichtlich auf ihrer Station erleben: dass Sie positiv getestete Personen zu pflegen haben, die aber keinerlei Symptome aufweisen. Nicht?
Richtig. So ist derzeit die Lage, mit ganz, ganz wenigen Ausnahmen. Ich versorge quasi gesunde Menschen, die vielleicht Vorerkrankungen haben, aber definitiv nicht an Covid-19 leiden.

Und es gibt ja noch viele andere Missstände. Zum Beispiel, wenn ich eine kleine alte Dame übernehme aus einer anderen Abteilung, angeblich kürzlich positiv, kommt mit null Symptomatik auf meine Station. Sie war bei der Aufnahme total fit, aber ich konnte zugucken, wie sie – sie lag über Weihnachten bei mir – von Tag zu Tag mehr abgebaut hat. Weil diese Menschen einfach eingesperrt werden. Wir haben nicht die Kapazitäten, diese Patienten zu mobilisieren, mit ihnen zu laufen, das ist Aufgabe der Physiotherapie – mal ganz abgesehen davon, dass über Weihnachten ja sowieso nichts stattfindet. Viele weigern sich aber, zu uns auf die Station zu kommen, um Patienten zu versorgen. Ich konnte zugucken, wie die kleine alte Dame von Tag zu Tag immer mehr abgebaut hat, weil sie einfach nur in ihrem Bett lag. Und das ist ein großer Knackpunkt bei mir auf Station, dass ich zugucken muss, wie eigentlich relativ gesunde Menschen dahinvegetieren und immer immobiler werden.

Ein anderes Beispiel: Ich hatte einen Patienten, der hat den Anus Präter bekommen, einen künstlichen Darmausgang. Und war Corona-positiv, ohne Symptome. Da muss eigentlich jeden Tag eine sogenannte Stoma-Schwester am Ball sein, die dem Patienten zeigen muss: Wie kann er in der Häuslichkeit sein Stoma versorgen. Das ist nicht so einfach, das muss geübt werden. Die Stoma-Schwester ist nicht zu dem Patienten hineingegangen, aus Angst vor Ansteckung. Dabei sollte der entlassen werden! Da hab' ich gesagt, das geht so nicht. Wir können den armen Mann nicht nach Hause entlassen, er weiß nicht, wie er seinen künstlichen Darmausgang versorgen soll. Das darf doch so nicht sein! Der arme Mann weiß nicht mal, wie er diesen Stoma versorgen soll, weil die Stoma-Schwester sich weigert, in das Zimmer zu gehen – obwohl er asymptomatisch war! Das sind so Geschichten, also ... und das geht so nicht.

Ich habe mit Ärzten gesprochen, die sagen, dass Menschen nicht mehr mobilisiert werden, wenn sie zuhause sind – also nicht nur im Krankenhaus –, dass die Menschen, gerade alte Menschen, auch in ihren Wohnungen sich nicht mehr mobilisieren – und das Nicht-Mobilisieren ja auch gerade zu Pneumonien führt. Das erlebt man immer wieder bei Patienten, die liegen, gerade im höheren Alter. Können Sie mir das bestätigen?
Das kann ich sehr wohl bestätigen. Das ist nichts Neues. Ich denke, dass auch gerade dadurch in den letzten Monaten viel mehr Menschen gestorben sind – an ihrer Immobilität, weil sie deswegen vielleicht eine Pneumonie bekommen haben oder eine Embolie. Das muss doch jeder Arzt wissen – und es interessiert einfach niemanden. Hauptsache, die Station ist voll, der Rubel rollt, was aus diesen armen Seelen wird, ist letztendlich egal.

Es wird seitens der Bundesregierung propagiert: „Alle sind Helden, die zuhause bleiben." Es gibt ja auch diese Werbespots, wo man junge Leute daheim auf der Couch liegen sieht, Chips essend und Cola trinkend, und propagiert wird, es sei heldenhaft, das so zu tun. Ist das denn wirklich gesundheitsförderlich, was da propagiert wird? Wie diese Handhabung der Situation der Gesundheit zuträglich sein soll? Meines Wissens nach wären doch Bewegung, frische Luft, Natur wesentlich wichtiger als sich zuhause einzusperren. Was ist da Ihre Meinung?
Also zuhause sitzen, nicht rausgehen – schlimmer geht's ja schon gar nicht mehr. Bewegung an der frischen Luft ist das A und O. Zuhause sitzen und auf dem Sofa bleiben? Nein, auf gar keinen Fall! Da wird die Fettleibigkeit forciert, Herz-Kreislauf-Erkrankungen werden forciert, Diabetes ... Dass so was von der WHO, sogar noch von unserem Gesundheitsminister Spahn, angepriesen wird, das grenzt ja schon an Körperverletzung. In Gottes Namen, geht raus!

Auch was mit unseren Kindern geschieht, ist schlimm! Kinder sollen sich von ihren Freunden trennen, sie dürfen nicht mehr rodeln, sollen draußen mit Mundschutz herumrennen ... In Gottes Namen, lasst die Kinder in Frieden! Lasst die Kinder miteinander spielen an der frischen Luft, gebt ihnen frisches Obst, frisches Gemüse. Lasst sie mit Viren und Bakterien in Berührung kommen, die brauchen das, um ein gutes Immunsystem aufbauen zu können. Damit sie große gesunde Menschen werden. Was wollen sie noch mit den Kindern machen, womöglich noch in Sagrotan baden?

Foto: Lena Schukow

Nein! Lasst die Kinder in Ruhe. Ich habe nicht EINMAL in den ganzen Monaten das Wort

Prävention gehört, weder von der WHO noch vom Gesundheitsminister Spahn. Was sagt man denn in einer Grippewelle? Prävention ist doch ganz, ganz wichtig. Und Prävention bedeutet: Ich beuge vor. Wie beuge ich vor? Wie werde ich hoffentlich nicht krank? Indem ich mich gesund ernähre. Also viel frisches Obst, viel frisches Gemüse. Ich bewege mich viel an der frischen Luft. So beuge ich Erkrankungen vor, nicht indem ich mich von meinen Freunden fernhalte, in der Wohnung bleibe, auf dem Sofa sitze und mir nur die Chips reinhaue. Das sind unsere Kranken von morgen. Die Kinder sind unsere Kranken von morgen, wenn das so weitergeht.

Zum Schluss: Was wäre ihr Wunsch für die Zukunft – für ihren Berufsstand und generell für den Bereich Gesundheitswesen. Was müsste sich jetzt ganz, ganz dringend ändern?
Die Rahmenbedingungen müssten geändert werden. Der Beruf ist definitiv unterbezahlt für die Arbeit, die dort geleistet wird. Wir brauchen mehr Personal, und das bekommen wir nur, wenn die Bezahlung stimmt. Ansonsten rennen immer mehr weg. Wenn so wenig Personal auf den Stationen ist, läuft man auf dem Zahnfleisch. Der Personalschlüssel müsste angehoben werden. Wenn die Pflegedienstleitung sagt, es reicht, wenn auf Station zwei Schwestern sind – nein, das reicht nicht!

Muss der Gedanke des Wirtschaftlichen im Gesundheitswesen einfach zurückgestellt werden, also sprich: Gesundheit muss und darf etwas kosten, und man muss nicht Gewinne erzielen. Wäre das nicht der erste Ansatz?
Das ist so richtig, genau. Es darf nicht mehr um Profit gehen. Das ist aber leider so, das komplette Gesundheitswesen und die Krankenhäuser sind privatisiert worden – das darf nicht sein. Da steht der Profit an erster Stelle, die Patienten sind nur Nummern, mehr sind sie einfach nicht wert. Da ist tatsächlich der erste Ansatzpunkt. Ja.

Vielleicht ist ja gerade diese Situation der Weckruf, dass ein Umdenken stattfinden kann und stattfinden wird. Was ist Ihr persönlicher Wunsch für die Zukunft? Ihre größte Hoffnung?
Ich will einfach mein normales Leben wieder zurück. So, wie es jetzt ist, ist es – für mich – kein Leben mehr. Was passiert, was wird noch kommen? Ich gehe stark davon aus, es wird hier zu einem Finanzcrash kommen. Ich habe noch nie Angst gehabt, noch nie – jetzt habe ich tatsächlich Angst, was kommt. Ich würde mir einfach wünschen, dass alles wieder so ist, wie es vor anderthalb Jahren war.

Vielen Dank, Frau N. Da ich weiß, dass Sie um 03:30 Uhr die nächste Schicht antreten müssen, bedanke ich mich jetzt ganz, ganz herzlich für Ihre Zeit und für ihre Ausführungen.

Dr. Daniele Ganser: Schon lange ein mutiger Mensch

Andrea Drescher

Foto: René Rickli

Dr. Daniele Ganser, Jahrgang 1972, lebt in der Schweiz. Der bekannte Historiker, Friedensforscher und Familienvater von zwei Kindern im Alter von 12 und 14 ist nicht erst seit der Corona-Krise mutig. Mut ist ein Thema, das ihn schon länger begleitet und ihn als Mensch 2006 öffentlich sichtbar gemacht hat.

Von dir ist bekannt, dass du gegen universitäre Widerstände deine Forschung zum Thema WTC7 fortgesetzt und dafür mehrere Forschungsstellen verloren hast. Das braucht Mut. Aber als Erstes gefragt: Hättest du das auch gegen den Willen deiner Frau durchgezogen?
Ich glaube nicht. Ich bin Familienvater, das kommt zuerst. Hätte sie gesagt: „Daniele, du darfst die Familie nicht in Gefahr bringen. Was ist, wenn wir die Miete nicht mehr bezahlen können ...?", hätte ich vermutlich einen weniger mutigen Weg beschritten. Ich bin sehr froh, dass ich diese Frau an meiner Seite habe. Sie ist sehr mutig. Ich habe es ihr bis heute nicht vergessen. Das verbindet uns sehr. Wird man unterstützt, macht das schwierige Situationen sehr viel einfacher. Viele Menschen müssen so etwas allein durchstehen, müssen den mutigen Weg allein gehen. Ich konnte bzw. kann diesen Weg zusammen mit meiner Frau gehen. Sie hatte damals die Klarheit, mir zu sagen: „Wenn du dich jetzt verbiegst, kriegst du deinen Rücken nie mehr gerade." Und sie hatte recht!

Gab es vor den Ereignissen am 11.09.2001 Situationen, die in deinem Leben Mut erfordert haben?
Ja, die gab es. Ein Erlebnis fand statt, während ich im Jahr 2000 an meiner Promotion arbeitete. Ich war in Nepal unterwegs und habe einen Bungy Jump gemacht, also einen Sprung von einer 160 Meter hohen Brücke über einen nepalesischen Bergbach, den Bhote Kosi. Beim Bungy Jump ist man mit einem Seil an den Füßen gesichert. Ich habe mich damals sehr in Achtsamkeit geübt und meine Gedanken und Gefühle genau beobachtet. Das war sehr spannend. Mir wurde klar, und das gilt ja für alle Menschen, dass wir über Kräfte verfügen, die oft ungenutzt bleiben, weil wir unsere Komfortzone nicht verlassen. Wenn wir aber diese Komfortzone verlassen, können wir immer mehr von unserem Potenzial entfalten. Ich habe auch mal ein Jahr kalt geduscht, inklusive Haare waschen – immer nur kalt. Das brauchte schon Überwindung. Aber es ist sehr spannend, die eigenen aufgeregten Gedanken und Gefühle zu beobachten und zu erkennen,

dass man nicht die flüchtigen Gedanken und Gefühle ist, sondern das zentrierte Bewusstsein, in dem diese aufsteigen und auch wieder vergehen.

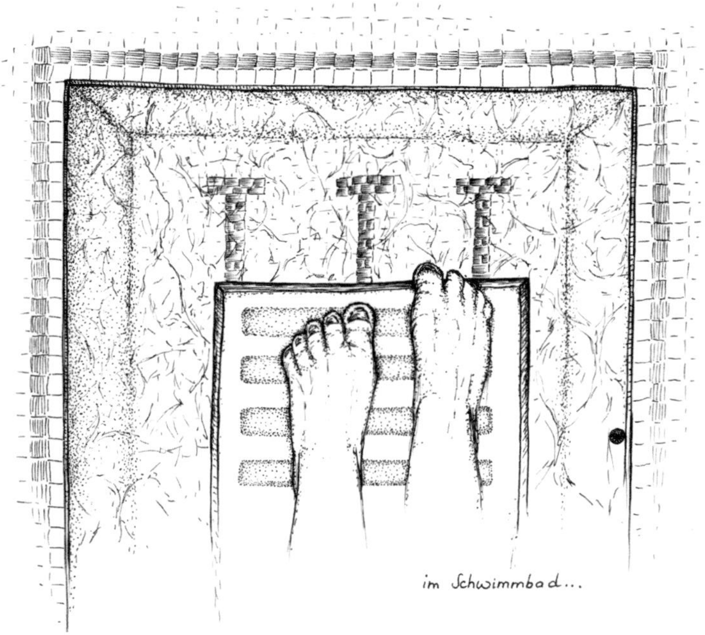

Illustration: Diana Wille

Beim 11.09. musstest Du diese Kräfte dann mobilisieren?
Oh ja. Da ging es an die Substanz. Existenzängste sind sehr bedrohlich. 2006 kam gerade meine Tochter auf die Welt, ich wurde zum ersten Mal Vater. Da sind die Prioritäten im Leben eigentlich ziemlich klar. Ich hatte als Angestellter der ETH Zürich einen mit 10.000 Schweizer Franken pro Monat sehr gut dotierten Job, fuhr BMW und plante eine Universitätskarriere. Als Familienvater – als Mann – will man für die Familie sorgen können. Das Einkommen ist wichtig. Es ist aber auch wichtig offenzulegen, warum Menschen im Krieg sterben. In Afghanistan starben neben Hunderttausenden Afghanen auch Soldaten der Bundeswehr und vieler anderer Armeen. Der Krieg dort wurde mit den Ereignissen vom 11.09. begründet – aber die Erkenntnisse, die mir damals zu WTC7 vorlagen, machten überdeutlich, dass an der Begründung etwas ganz und gar nicht stimmt. Als Wissenschaftler sehe ich es als meine Aufgabe an, historische Wahrheiten aufzuzeigen – gerade wenn sie derartige Konsequenzen haben.

Es sind nur wenige, die dazu den Mut aufbringen. Ist das „nur“ die Existenzangst, die die Menschen blockiert?
Ja, das ist ganz sicher eine zentrale und weit verbreitete Angst. Aber neben der Angst, die Stelle zu verlieren, gab es damals bei mir auch die Angst, sozial diffamiert zu werden. Man wird gesellschaftlich ausgeschlossen und gemieden, Menschen nehmen von einem

Abstand. Man wird wie ein Ketzer oder eine Hexe behandelt, wird – gesellschaftlich – verbrannt. Bei mir war das damals so, dass ich 2006 einen Artikel zum Einsturz von WTC7 in der Schweizer Zeitung Tages-Anzeiger veröffentlichte. Und unmittelbar danach haben mich die US-Botschaft und verschiedene Schweizer Medien als „Verschwörungstheoretiker" diffamiert. Diffamierung ist schmerzhaft und hält viele davon ab, zu sensiblen Themen öffentlich Stellung zu beziehen. WTC7 war ganz klar ein sensibles Thema, glaubwürdige Experten hatten mir erklärt, das Gebäude sei mit großer Wahrscheinlichkeit gesprengt worden. Das habe ich dann in den Artikel geschrieben. Und danach kam die Diffamierung. Zum Glück kannte ich damals schon die Techniken der Achtsamkeit und habe meine Gedanken und Gefühle genau beobachtet. Für mich war klar, dass ich weiterhin aufdecken wollte, wie Lügen zu Kriegen führen, weil dadurch so viel Leid entsteht.

Kriegslügen sind das Thema, für das du dich mutig einsetzen willst?
Ja genau. Mir geht es um Kriegslügen und deren Folgen. In Afghanistan über 200.000 Tote. Im Irak mehr als eine Million – und das alles aufgrund von Lügen. Heute braucht man Mut, wenn man Lügen aufzeigen will. So absurd das klingen mag: Selbst das UNO-Gewaltverbot einzufordern braucht Mut. Am Anfang dachte ich ja noch, dass sich alle freuen werden, wenn ich Lügen aufdecke, da war ich sehr naiv. Ich habe sehr schnell gemerkt, wie naiv ich war. Die Probleme, die dann kamen, sprachen eine klare Sprache.

Probleme heißt: der Verlust der Hochschulstelle an der ETH Zürich?
Ja – das war der Anfang. Nach meiner Tätigkeit bei der ETH war ich als Lehrbeauftragter in Basel tätig. Ich war damals schon Doktor der Geschichte, und in dieser Funktion erhält man zeitlich befristete Lehraufträge. Normalerweise macht man das einige Jahre, bewährt sich, um danach eine fixe Anstellung als Professor für Geschichte zu erlangen. Aber ich habe wohl zu viel Staub mit meinen Studien aufgewirbelt, sodass die Lehrtätigkeit dort nicht verlängert wurde. Auch bei meiner letzten universitären Station in St. Gallen hatte ich während vielen Jahren immer wieder Lehraufträge, bis dann plötzlich wegen meiner Forschung zu WTC7 Druck von außen entstand und ich von der Universität St. Gallen keine Lehraufträge mehr erhielt.

Wie kam es dazu?
Es war eine TV-Sendung – die Talkshow Arena 2017 –, in der ich mich fachlich mit einem Journalisten über die Terroranschläge vom 11. September 2001 stritt. Danach wurde seitens Medien Druck auf die Universität ausgeübt. Und das war es dann.

Hattest du nie Zweifel?
Ich habe sehr genau recherchiert, bevor ich anfing, mich öffentlich zu äußern. Meine Recherchen zu WTC7 sagen eindeutig, dass die offizielle Version nicht die Wahrheit sein kann, gleichzeitig sind aufgrund der Ereignisse rund um den 11.09.2001 mehr als eine Million Menschen umgekommen.

Hast du dein Handeln bereut?
Nein. Ich habe meine Forschung nie bereut, ich bin inhaltlich auch nie von dem abgewichen, was ich durch sorgfältige Recherchen herausfand, und habe letzten Endes mein eigenes Institut gegründet. Statt eines Lehrauftrags für die Studentinnen und Studenten der Universität St. Gallen habe ich jetzt einen Lehrauftrag für die Menschheitsfamilie. Jene, die wollen, können meine Vorträge anhören, meine Bücher kaufen oder meinen Online-Kurs „Peacemaker" machen. Es ist völlig freiwillig. Und das ist auch schön. Ich kann forschen, wie ich es für richtig halte, kann Dinge aussprechen, ohne dass man mir mit Kündigung droht. Das Aussprechen von Kriegslügen ist wohl meine Lebensaufgabe, der Sinn meines Lebens, dafür bin ich dankbar.

Das heißt, du hast von deinem Mut profitiert?
Auf jeden Fall. Die Erfahrung, durch solch einen Prozess durchzugehen, ist der Gewinn. Man wächst in derartigen Situationen, man wächst über Grenzen hinaus, die vorher unüberwindbar schienen. Ein weiterer Gewinn von „mutig sein": Man trifft andere mutige Menschen, denen man sonst nie begegnet wäre. Ob Eugen Drewermann, Michael Lüders, Dirk Müller, Ken Jebsen, Willy Wimmer, Noam Chomsky, Bertrand Piccard oder Dirk Pohlmann, um nur die Bekanntesten zu nennen. Ich habe viele spannende Menschen getroffen, die enorm viel Wissen haben. Ohne die öffentlichen Vorträge wäre das nie passiert. Meine Energie steht eben für die Öffentlichkeit zur Verfügung – und dort, wo man Energie hineingibt, entwickeln sich entsprechende Kontakte. Das wäre alles nicht entstanden, wenn ich 2006 nicht mutig gewesen wäre.

Es gibt ja die These, es gäbe so etwas wie einen „Mutmuskel". Kann man Mut trainieren? Hast du trainiert?
Das ist ein schönes Bild. Ja, ich habe gelernt, über die Jahre konsequent zu bleiben, nicht einzuknicken. Als ich meinen Job bei der ETH verlor, war ich sehr überrascht. Beim ersten Mal war es sehr schmerzhaft. Das war ein bisschen wie mit der ersten großen Liebe, die man mit 14 oder 15 verliert. Das ist ganz schlimm – aber später erkennt man: Das Leben geht weiter. Auch wenn es weh tat, nicht mehr an der Universität zu unterrichten, war es auch befreiend, seinen eigenen Weg gehen zu können.

Hat sich durch die Angriffe und Diffamierungen in deinem Leben etwas geändert?
Ja. Ich kannte es früher nicht, angegriffen zu werden. Im Gegenteil. Mein erstes Buch „NATO-Geheimarmeen in Europa" wurde sehr positiv angenommen. Als junger Doktorand war ich über die Doppelseite im Spiegel mit dem Titel „Die dunkle Seite des Westens" schon stolz. Die Rezension war sehr wohlwollend, meine Kritik an den Geheimarmeen der NATO wurde geteilt, mein Einstieg als publizierender Historiker war gelungen. Das änderte sich mit WTC7 schlagartig – es begannen die Angriffe, die seitdem nie aufgehört haben. Aufgrund meiner Position zu WTC7 gab es auch sehr viel Lob, aber mit Lob umzugehen ist sehr viel leichter.

Wie sagte Buddha? „Lob und Tadel bringen den Weisen nicht aus dem Gleichgewicht." An diesen weisen Satz erinnere ich mich immer wieder und versuche mit Einflüssen von außen gelassen umzugehen. Das gelingt nicht immer, aber oft. Es ist so etwas wie eine endlose Übung. Ich will ein friedlicher, glücklicher und in mir zentrierter Mensch sein, unabhängig davon, ob ich durch Dritte gerade in den Himmel gelobt oder diffamiert werde.

Auch von Eckhart Tolle habe ich viel gelernt, er ist ja ein Deutscher, aber meiner Ansicht nach noch zu wenig bekannt. Wenn ich meine Gedanken und Gefühle beobachte, erkenne ich, dass ich weder meine Gedanken noch Gefühle, sondern Bewusstsein bin. Mit der Technik der Achtsamkeit kann ich mich immer wieder erden, auch wenn das, was gerade passiert, mir überhaupt nicht gefällt. Wir können die Phänomene in der Außenwelt nur sehr bedingt beeinflussen, auf unsere Innenwelt hingegen haben wir viel Einfluss. Daher übe ich mich täglich in Achtsamkeit.

Gelingt dir das immer?
Nein, es gibt gute und es gibt schlechte Tage. Das Achtsamkeitstraining ist nie abgeschlossen, sondern fängt bei jedem Sonnenaufgang neu an. Und jede und jeder ist eingeladen, mitzumachen, gratis. Spannend ist es dann, wenn man auf Schwierigkeiten stößt oder diffamiert wird. Dazu ein Beispiel. Mein neues Buch „Imperium USA", das im April 2020 auf den Markt kam, hat es beim „Spiegel" auf die Bestsellerliste geschafft und wurde daher im Rahmen der Top-10-Vorstellung in der ARD besprochen. Ein Leser hat mir einen Link zu dieser Sendung geschickt, sonst hätte ich das gar nicht mitbekommen. Als ich sehen musste, wie es der Rezensent als „krude Mischung von Wahrem und Falschem" bezeichnet und in die Tonne wirft, tat mir das erst mal weh. Ich ärgerte mich, und es kam Wut hoch. Ich hatte lange am Buch gearbeitet und empfand das wie Bücherverbrennung. Das war meine erste Reaktion. Aber dann beobachtete ich mich, nahm die Adlerposition ein und blickte auf meine eigenen Gedanken und Gefühle herunter, so wie der Adler auf die Bergspitzen blickt. „Ah, Daniele, du bist verletzt, aufgeregt und wütend – das sind Gefühle und Gedanken, die kommen und die gehen, das bist nicht du", sagte ich mir. Nach 10 Minuten beruhigte sich das wieder in mir und ich arbeitete zufrieden weiter.

Der Trick ist, nicht nach außen, sondern sofort nach innen zu gehen, sich sofort mit sich selbst zu beschäftigen. Damit habe ich dann genügend zu tun, um nicht auf Anfeindungen zu reagieren. Wenn dich jemand Idiot nennt, musst du nicht Idiot zurückrufen, das führt nur zu einem endlosen Streit. Ich bleibe gelassen und fröhlich, lasse mir von anderen weder den Tag ruinieren noch mich im Handeln blockieren. Wenn mich ab und zu jemand abwertet, bin ich nicht böse. Er weiß es eben nicht besser und ist auch ein Teil der Menschheitsfamilie – selbst wenn er mich nicht mag.

Kann man das lernen?

Ich habe lange geübt – es sind jetzt 14 Jahre. Es macht mir immer noch keinen Spaß, abgewertet zu werden, aber ich kann damit umgehen, dass es irgendwie Teil meiner Arbeit ist. Man kann nicht Kriegslügen aufdecken, öffentlich darüber sprechen und erwarten, sich keine Feinde zu machen. Achtsamkeitsübungen helfen, und die vermittle ich auch in meinem Online-Kurs „Peacemaker", der im November 2020 gestartet ist und auf großes Interesse gestoßen ist, was mich freut.

Du bist Friedensforscher und Friedensaktivist, machst einen positiven und friedlichen Eindruck. Aber es gibt Situationen, in denen ist meines Erachtens Widerstand unvermeidbar. Hast du rote Linien, die dich unfriedlich machen?

Natürlich habe ich die. Ich bin Friedensforscher und kein Pazifist. Natürlich würde ich meine Familie verteidigen, wenn Gefahr droht. Aber derartige Situationen sind sehr, sehr weit weg. Bis etwas wirklich Gravierendes passiert, käme es mir nicht in den Sinn, andere Menschen zu töten. Es gibt zahlreiche Möglichkeiten des gewaltfreien Widerstands: Flugblätter verteilen, in Meditationshaltung demonstrieren, sich mit anderen Menschen intensiv über Krieg und Frieden austauschen. Gandhi, Martin Luther King oder Sophie Scholl stehen für gewaltlosen Widerstand. Widerstand sollte meiner Ansicht nach nie gewalttätig werden. Aber natürlich ist es in der Geschichte schon oft vorgekommen, dass Widerstand radikalisiert und militant wurde. Es braucht auch Mut, friedlich zu bleiben, und es ist ziemlich anstrengend.

Jetzt in der Corona-Zeit stehen wir ja vor Fragen wie Zwangsimpfung. Zumindest winkt diese „hinter dem Horizont" hervor. Ist in deinen Augen hier Widerstand notwendig?

Ich bin kein Impfgegner und lasse mich impfen, wenn ich es als sinnvoll erachte. So habe ich zum Beispiel die Impfung gegen Tetanus in meinem Körper. Aber nach allem, was ich weiß, ist diese neue Corona-Impfung nicht lange genug getestet worden. Zudem kommt Gentechnologie zum Einsatz. Daher warte ich ab und beobachte und lasse mich vorerst nicht impfen. Die Corona-Impfung muss unbedingt freiwillig bleiben. Jeder muss hier seinen eigenen Weg nach bestem Wissen und Gewissen gehen dürfen. Der Staat darf uns auch nicht zwingen, diese Impfung zu machen, indem er sie mit der Reisefreiheit verbindet. Gewalt gegen Menschen oder Sachen lehne ich ab, ich setze auf friedlichen Widerstand und Dialog.

Ich glaube, wir erleben gerade eine sehr, sehr spannende Entwicklung. Wir sind alle zusammen in einem riesengroßen Trainingslager, tauschen uns untereinander aus, lernen dazu und wachsen. Dieses Wachstum ist jetzt eine Chance, die wir nutzen können, jeder für sich selbst und für die gesamte Menschheitsfamilie. Natürlich bin auch ich nicht immer gelassen, aber ich versuche immer achtsam zu sein. Darum möchte ich allen Menschen ans Herz legen, sich mit Achtsamkeit zu beschäftigen. Gerade auch in dieser Zeit hilft es mir sehr, nicht aus der Ruhe zu kommen.

Danke für diesen Hinweis, deine Zeit und deinen Mut, Daniele. Und viele liebe Grüße an deine Frau!

Daria Szmelter: Grenzübergreifender Protest

Andrea Drescher

Foto: Privat

Die 1983 in Stettin geborene gelernte Erzieherin Daria Szmelter kam mit fünf Jahren nach Deutschland und lebt heute in Bochum. Die Mutter eines sechsjährigen Sohnes und einer 14-jährigen Tochter spricht fließend polnisch und hat über die Jahre den Kontakt zu ihrer alten Heimat nie verloren. Aber auch in Deutschland hat sie Wurzeln geschlagen – genauso wie das Gemüse in ihrem Schrebergarten, aus dem sie sich seit fünf Jahren teilweise selbst versorgt. Gesunde Selbstversorgung sieht sie auch als Teil ihrer „politischen" Arbeit.

Seit wann bist du politisch aktiv?
Richtig aktiv auf der Straße erst seit diesem Jahr aufgrund von Corona. 2008 habe ich angefangen, die Welt mit anderen Augen zu sehen, habe sehr viel recherchiert und einen politisch völlig neuen Blickwinkel bekommen. Wenn man den einmal hat, kommt man nicht mehr raus. Ich kann nicht sagen: „Das weiß ich alles nicht mehr", und wie vorher weiterleben. Die „rote Pille" ist irreversibel. 2011 habe ich am „Truth Camp" teilgenommen und mich erstmals mit Gleichgesinnten ausgetauscht. Aber Aktivistin war ich keine, ich habe eher mit meinem Wissen mein eigenes Leben angepasst.

Was heißt das?
Ich habe meine Ernährung umgestellt, angefangen, auf Sinnloses oder Schädliches wie Alufolie oder Zahnpasta mit Fluorid zu verzichten. Meine Tochter kam auf die Waldorfschule. Ich bin der Auffassung, nur wenn der Mensch sich ändert, verändert sich die Welt. Ich entwickelte auch eine neue Sicht auf Impfungen. Erzogen als katholische, aber nicht dogmatische Christin, mit einer guten Beziehung zu Jesus als Grundpfeiler, habe ich auch meine Spiritualität entwickelt. Das Ganze war ein Prozess, der mir auch aus meinen depressiven Phasen half. Ich bekam Zugang zu alternativen Heilmethoden. Einmal war ich bei einer Schamanin – ein ganz tolles Erlebnis, das mich weiter gebracht hat. In der Zeit bin ich tollen, spirituellen Menschen begegnet, was für alle gegenseitige Befruchtung bedeutet.

Was bedeutet für dich Spiritualität?
Es heißt zu begreifen, dass ich mehr bin als meine Gedanken. Ich habe erlebt, dass ich

meine Gedanken beobachten kann – und dann kommt schnell die Frage auf: Wer beobachtet sie denn? Es ist ein intensives Erlebnis, wenn man sich bewusst wird, dass es mehr gibt als das, was wir sehen.

Du hast viel recherchiert? Nutzt dir das etwas?
Ja. Am Anfang in der „Aufwachphase“ wollte ich alles wissen. Ich erwartete eine Revolution, sobald nur alle Menschen erfahren, was ich erfahren habe. Zum Beispiel über unser Finanzsystem oder inszenierte Vorwände für Kriege. Doch ich musste relativ schnell feststellen, dass es den Anschein macht, dass einige Menschen weder wissen noch verstehen wollen. Mit meinem Wissen konnte ich die sogenannte „Corona-Pandemie“ schnell für mich einordnen. Vieles, womit ich mich die letzten Jahre beschäftigt habe, schien auf einmal wahr zu werden. Leider. Wir erleben gerade, dass das Bargeld nach und nach verschwinden soll, dies zum Beispiel ist vielen aus der Friedensbewegung schon lange bewusst. Die Corona-Pandemie scheint ein Werkzeug zu sein, um Menschen- und Freiheitsrechte immer mehr einzuschränken. Dazu scheint die Corona-Thematik perfekt zu sein.

Wenn ich z. B. mit Menschen spreche, die die Coronamaßnahmen aus Angst befürworten, und sie auf die Untersterblichkeit aufmerksam mache – da man bei diesem Punkt ja für mich offensichtlich nicht von einer Pandemie sprechen kann –, ist die Antwort: Es gibt weniger Tote, weil wir die Maske tragen.

Angst dominiert die Situation?
Ja – alle haben Angst. Die einen haben Angst vor dem Virus, vor Erkrankung und vor einem vorzeitigen Tod. Menschen wie ich haben Angst, was mit dieser Welt passiert, fragen sich, was auf uns zu kommt und warum „die“ das machen. Beides ist nicht gut, weder für den Körper noch für die Seele und die zwischenmenschlichen Beziehungen, die zerstört werden.

Du meinst auch die gesellschaftliche Spaltung?
Die Spaltung in der Gesellschaft tut mir richtig weh. Menschen wie ich werden als „Rechte“ oder sonst etwas beschimpft. Es war so rasant, wie durch die Medien diese Trennung vorangetrieben wurde! Ähnliches höre ich seit Jahren aus der Ukraine. Und jetzt erlebe ich es überall, dass aufgrund von Meinungen der Bruder mit der Schwester zerstritten ist. Familienverbände werden zerstört, langjährige Freundschaften gehen in die Brüche, es ist irre. Dabei geht es doch nur um Meinungen, das hat nichts damit zu tun, wie ein Mensch letztlich handelt. Der Mensch zeigt sich in seinen Taten, das unterstreiche ich immer wieder.

Bist du auch persönlich davon betroffen?
Am 01.08. wurde ich gefragt, ob sich mein Freundeskreis auch total verändert habe, da konnte ich noch sagen: „Nein, alles gut.“ Aber dann ging es ganz schnell. Gute Bekannte

wünschten mir, dass ich an Corona erkranken möge oder dass Verwandte sterben sollen, damit ich begreife, dass ich Unrecht habe.

Vor Kurzem hatte ich ein längeres Gespräch mit meinem Stiefvater, der zu Corona eine andere Meinung vertritt als ich. Wir haben es aber geschafft, friedlich auseinanderzugehen. Das passiert zu selten. Manche haben sich abgewendet, gehen auf Abstand. Mir wird unterstellt, dass ich mit Rechten auf die Straße gehe. Dabei wissen sie, dass ich alles, nur nicht extrem bin.

Waren am 01.08. aus deiner Sicht Rechte vor Ort?
Also ich habe nur einen offensichtlichen Rechten gesehen. Als Michael Ballweg von der Bühne fragte, wer sich als rechts verorten würde, haben ca. drei Menschen die Hand gehoben. Da muss man aber fragen: Was heißt das, wann ist man rechts? Ist man schon rechts oder gar NAZI, wenn man von unkontrollierter Migration nicht begeistert ist? Die meisten unterscheiden nicht mehr zwischen rechts und NAZI. Da läuft etwas gewaltig falsch. Das weiß ich, da ich vor Ort bin. Ich gehe auf die Demos, sehe, was dort wirklich passiert und wie im Anschluss darüber berichtet wird. Daher weiß ich, dass die Berichterstattung nicht stimmt. Da muss ich mir doch die Frage stellen, was hier läuft und warum das passiert. Warum gibt es keinen öffentlichen Diskurs z. B. mit den Reichsbürgern? Sie bekommen immer mehr Zulauf, aber kaum jemand kann sie wirklich einordnen. Warum greift man in den Talkshows das Thema nicht auf, redet mit den Menschen und nicht über sie? Ein Staatsrechtler könnte die Argumente ja entsprechend einordnen. Vielleicht würden sich die Reichsbürger eingestehen müssen, dass sie im Unrecht sind, vielleicht müssten wir uns aber auch eingestehen, dass es wichtig wäre, einige ihrer Themen genauer anzusehen. Aber da das alles nicht passiert, bleiben wir bei unseren Feindbildern und somit in der Spaltung. Der Meinungskorridor wird immer enger. Es ist einfacher, übereinander zu reden als miteinander.

Siehst du uns auf dem Weg in die Diktatur?
Ja, leider. Aber wir sind – noch – eine Minderheit, die das so sieht. Viele verstehen nicht, warum wir von diktatorischen Zügen reden, sie erfahren nicht, dass die Geschäftskonten von Anwälten oder Journalisten gesperrt werden, dass ganze Kanäle in sozialen Medien, die es seit über 10 Jahren gab, einfach mal so komplett gelöscht werden. Sie können nicht verstehen, warum wir einen Bezug zum Dritten Reich herstellen. Der Mensch muss vergleichen. Wir hatten noch nie so eine Zeit. Auch wenn ich nicht glaube, dass es dort wieder hinführt, wo es im Dritten Reich hingeführt hat, doch die Assoziationen sind nicht so weit hergeholt.

Die Mainstream-Medien sind mit ihrer Hetze kaum noch zu ertragen. Querdenker werden als psychisch kranke Menschen bezeichnet. Als sich eine junge Studentin von 22 Jahren mit Sophie Scholl verglichen hat, gingen alle auf die Barrikaden. Dabei steht ein Neffe von Sophie Scholl mit uns auf der Straße. Julian Eichner ging von sich aus auf die Querdenker zu und wollte sprechen. Ja, es ist nicht die Situation von Sophie Scholl, aber es ist definitiv Zeit für Widerstand.

In welcher Form leistest du Widerstand?
Ich habe bei den Querdenkern angefangen, war immer dort, wo man mich gebraucht hat. Ich habe Demos in Stuttgart, Berlin und im Ruhrgebiet unterstützt. Mein erster Demobesuch war allerdings am 1. Mai in Dortmund, als Querdenken noch gar kein Begriff war. Dort habe ich meine ersten schlechten Erfahrungen mit der Polizei gemacht und mein erstes Bußgeld bekommen.

In Stuttgart war ich erstmals dabei, als der Angriff auf Ken Jebsen passierte. Da habe ich erste Kontakte mit Tassilo, der heute die Klagepaten unterstützt, und Hardy Groeneveld, jetzt einer der Mutigmacher, geknüpft.

Ich mache Bürgerjournalismus, um zu zeigen, was wirklich passiert. Auf einer Demo habe ich einfach angefangen zu streamen – ohne mir das vorher genau zu überlegen. Ich hatte keinen Plan, war unvorbereitet, habe aber gesehen, es kommt bei den Menschen an. Ich dokumentiere, spreche mit Teilnehmern und führe kurze Interviews. Ich bin schon mal emotional. Wenn ich Polizeigewalt sehe, heule ich auch mal los oder werde lauter. Daher gelte ich als echt und authentisch, auch wenn ich nicht die beste Rednerin bin.

Gab es einen besonderen Anlass für dich, aktiv zu werden?
Ja. Meine Großmütter leben in Stettin, eine ist 93 Jahre alt und altersbedingt etwas dement. Sie hat sehr gelitten, dass ich sie nicht besuchen konnte, weil die Grenzen geschlossen waren. Am Telefon fragte sie: „Kannst du nicht da irgendetwas machen?" Ich habe vor mich hingeschmunzelt – aber das gab den Ausschlag, selbst etwas zu tun.

Du bist auch nicht nur in Deutschland aktiv?
Nein. Ich bin immer wieder in Polen unterwegs. Ich habe noch sehr enge Beziehungen zu Polen. Wegen meiner Großeltern und Freunde wollte ich eigentlich nie von dort weg, habe Deutschland erst nach der Geburt meiner Tochter als zweite Heimat schätzen gelernt. Heute möchte ich nicht mehr zurück, fühle mich Deutschland verbunden, fahre aber immer wieder nach Polen zu Besuch. Im September war ich in Warschau auf einer Demo und habe dort Menschen aus Stettin kennengelernt. Ich war dort mit meinem Querdenker-T-Shirt gut erkennbar. Da einige am 29.08. in Berlin dabei waren, kam der Kontakt schnell zustande und es entstand die Idee, eine völkerübergreifende Demo zu machen. Zusammen mit Stefan Brackmann haben wir die gemeinsame Demonstration in Frankfurt an der Oder / Slubice organisiert. Dort trennt die beiden Länder nur eine Brücke. Das war wegen der tollen Stimmung eine der schönsten Veranstaltungen, die ich in diesem Jahr erlebt habe.

Gab es keine Diskussionen wegen der historisch belasteten Beziehungen der beiden Länder?

Nein, definitiv nicht. Ich hatte vorher meine polnischen Kontakte gefragt, wie wir mit der gemeinsamen Geschichte umgehen wollen. Als Antwort kam: „Hör auf damit, das war vor 100 Jahren, wir schauen nach vorne!"

Querdenker werden ja gerne als Nazis diffamiert, bist du ein „Nazi" mit polnischen Wurzeln?
Es ist immer die gleiche Keule, die sie rausholen, wenn sie keine inhaltlichen Argumente in der Hand haben. In Polen nennt man Demonstranten nicht Nazi, das geht mit Polen nicht so gut. Dort beschränkt man sich auf die Bezeichnungen Coronaleugner und Impfleugner. Spannend finde ich, dass auch Polen den Vergleich mit dem Dritten Reich ziehen. Auf der 2. Demo in Warschau wurden Polizisten mit dem Ruf „Gestapo!" beschimpft. Auch andere Vergleiche wurden gezogen. Das machen also nicht nur Deutsche, das sehen die Polen genauso und äußern es auch. Das ist kein regionales Phänomen.

Das Thema Impfen ist für dich ja auch von Bedeutung, du hast dazu eine Aktion gestartet. Kannst du die kurz beschreiben?
Die Aktion heisst *#ichlassemichnichtimpfen*. Daraus entstanden Gruppen auf Facebook und Telegram, die schnell großen Zulauf bekamen. Anfang Januar hatte allein die private Gruppe auf Facebook bereits über 70.000 Mitglieder. Die Idee dahinter war, Gesicht zu zeigen und seine Meinung klar und deutlich, in Form von einem Posting mit Foto auf den Sozialen Medien, zu dem Thema Impfung zu äußern. Außerdem wollte ich Menschen eine Plattform bieten, die mit Querdenken nichts anfangen können, da sie z. B. mit den Coronamaßnahmen einverstanden sind, sich aber trotzdem nicht impfen lassen wollen. In dieser Protestform haben die Menschen ihren Raum gefunden. Einige teilen in diesem Zusammenhang mittlerweile ihre eigenen Lebens- und Krankheitsgeschichten mit der Community. Zu meinem Erstaunen beteiligen sich an der Aktion sehr viele Menschen aus dem medizinischen Bereich, darunter Krankenschwestern, Pfleger und auch viele Ärzte. Die Aktion basiert zusammengefasst auf dem Wunsch bzw. der Forderung, selbstbestimmt über den eigenen Körper zu entscheiden.

Man könnte die Aktion fortführen, indem man mit Straßenkreide auch Gehwege mit dem Hashtag *#ichlassemichnichtimpfen* verschönern würde. Es gibt viele Möglichkeiten, gewaltfrei, einfach und kostengünstig Protest zu zeigen.

Glaubst du, die Situation lässt sich durch Protest noch zum Guten wenden?
Schwierig. Ich denke, wer auch immer dahinter steht, ist uns zehn Schritte voraus. Ich weiß, man sollte keine Angst haben, aber ich habe Angst, dass nichts an die Öffentlichkeit kommen wird. Wir leben seit Jahren mit der 9/11-Lüge – und niemand interessiert sich für die Studie, dass WTC7 nicht durch Brand zerstört wurde. Aufgrund dieser Lüge starben über eine Million Menschen allein im Krieg im Irak. Ich weiß nicht, warum sie das tun, womit das alles enden soll. Aber ich bleibe auf jeden Fall dran – ich werde da auch nicht müde werden. Wir müssen uns alle zusammenschließen, um den Diskurs zu fordern.

Ich denke, die breite Masse der Menschen, die nicht so denken wie wir, sollte zumindest eine Chance haben, uns zu hören. Wichtig ist, die Filterblasen zu verlassen, ohne andere zu beleidigen. Auch wenn die Medien aktiv für Spaltung sorgen, als Menschen können wir dem entgegenwirken, indem wir erst gar nicht auf Beleidigungen eingehen und in der Liebe bleiben.

Fühlst du dich durch Beleidigungen nicht verletzt?
Nur Menschen, die mir nahe stehen, können mich verletzen, Fremde weniger. Wenn ich auf Beleidigungen nicht eingehe, wandelt sich der Dialog manchmal. Ich antworte auf die inhaltlichen Aussagen mit Respekt, das nimmt Aggression. Ab und zu nehme ich Angriffe auch einfach mit Humor. Als man mich als „nachweisliche Satanistin" bezeichnet hat, konnte ich nur lachen! Ich fragte öffentlich, wie ein Alltag einer Satanistin so aussehen würde, da ich mich meinem neuen Titel anpassen wollte. Und schon war der Vorwurf aus der Welt.

Dann wünsche ich dir, dass dir der Humor nicht ausgeht. Danke für dein Engagement!

Detlef Wildenheim: Ein neues Leben auf der Almhütte

Kathrin Feldmann

Foto: Privat

Es gibt wenig, was Detlef Wildenheim noch nicht gemacht hat. Bereits als Kind verdiente sich der gebürtige Nordrheinwestfale mit diversen Jobs ein Taschengeld. Gelernt hat er nach dem Abitur das Druckhandwerk, doch schon bald schwang er sich auf der Karriereleiter immer weiter nach oben, arbeitete als Unternehmer und Berater für diverse Firmen, siedelte 2003 mit seiner Familie in den Osten des Münchner Umlandes, wo er sich als CSU-Mitglied im 2. Bürgermeisteramt für seinen Wohnort engagiert.

Doch dann kam Corona und die damit einhergehenden Sparmaßnahmen seiner Firma beendeten sein Beschäftigungsverhältnis. Der passionierte Bergsteiger zögerte nicht lang und bewarb sich, zusammen mit seiner Frau, kurzerhand als Pächter für das Bodenschneidhaus, in dem er inzwischen seit Oktober 2020 lebt und die Bewirtschaftung für den bisherigen Pächter übernommen hat.

Die Konkurrenz, gegen die er sich nun in diesen dem Gastgetriebe abgeneigten Zeiten durchsetzen muss, schläft nicht, und so versucht er alles, um bis zur endgültigen Entscheidung zur Pachtübernahme durch die DAV-Sektion Bodenschneid das Geschäft glänzen zu machen und zu lassen.

Gelangt man nach etwa zwei Stunden Fußmarsch über den letzten Wiesenbuckel auf die Alm, so wird man von Schildern empfangen: „Herzlich willkommen. 7 Tage die Woche geöffnet. Täglich von 11 bis 16 Uhr.“ Nähert man sich weiter, lädt die Speisekarte zu Spezialitäten wie Kaspressknödelsuppe, Gulaschsuppe, Chili con carne, Käsespätzle und Weiterem ein, selbst gemachter Kaiserschmarrn als Krönung – alles im Moment natürlich „to go“. Aus einer Feuertonne lodern Flammen und spenden so während der Wartezeit wohltuende Wärme. Speisen und Getränke werden mit aufmunterndem Lächeln durch das Fenster gereicht, so viel entspannte, charmante Freundlichkeit lassen sie gleich noch besser schmecken. Ich hatte nach meinem zweiten Besuch das Glück, in der urgemütlichen Stube bei Ofenfeuer mit Detlef zu sprechen:

Wie kamst du auf die Idee, dich als Hüttenwirt zu bewerben?

Im Januar letzten Jahres lernte ich den Besitzer der Maxlrainer Alm kennen, wir kamen ins Gespräch, unsere Hunde verstanden sich gut, und so habe ich dort zunächst immermal ein bisschen ausgeholfen, im Ausschank, in der Küche.

Als sich dann mit Corona auch mein Leben schlagartig veränderte, stand ich am Scheideweg und fragte mich, in welche Richtung es gehen könnte. Nachdem ich schon immer gern in den Bergen unterwegs war, gestattete ich mir nun, nach Einsparungsmaßnahmen in meinem bisherigen Betrieb und an die 200 vergeblichen Neubewerbungen, den Gedanken, hier einen neuen Lebensplan zu erproben – früher wäre mir alleine ein solcher Gedanke vollkommen abwegig vorgekommen, als Familienvater mit Karrierewunsch, stets unterwegs in der Welt und positiven Verdienstaussichten.

Ich erfuhr, dass der bisherige Pächter des Bodenschneidhauses im November aufgrund der durch die Coronamaßnahmen hervorgerufenen Schwierigkeiten der Bewirtung das Handtuch schmeißen wolle, bewarb mich auf die Ausschreibung mit Pachtbeginn Juli 2021 bei der entsprechenden Sektion des Alpenvereins und bin nun seit 1. November mit meiner Frau am Platz. Nun gilt es, die Sektion davon zu überzeugen, dass wir nach Pachtende des vorherigen Pächters kommenden Juli die Zusage der Sektion zur endgültigen Übernahme bekommen.

Foto: Detlef Wildenheim

Das Besondere ist sicherlich dabei, dass wir – meine Frau kommt aus der Hotel- und Gastrobranche, ich allerdings ja eher aus der betrieblichen – gerade jetzt einen solchen Neuanfang wagen, wo es doch gerade in diesem Bereich immer schwerer wird.

Perfekt ist natürlich die doch überschaubare und doch wenn's läuft lukrative Größe: 48 Betten, Plätze innen und im Biergarten und die Nähe zu München, wo meine Frau und Tochter während der Woche leben.

Wie sieht es im Moment wirtschaftlich aus?
Nachdem wir noch ein weiteres Standbein haben – wir vermieten durch unsere Firma my-wohni-Wohnwägen, doch auch das steht ja nun still – sieht es eigentlich normalerweise ganz gut aus. Doch im Moment zahlen wir jeden Monat drauf. Wir bekommen kein Gehalt und nützen diese Zeit, um uns vor der Sektion zu bewähren. So ist das Wichtigste im Moment: Das Essen muss passen, auch jetzt im To-Go-Betrieb mit all den Maßnahmen, die Atmosphäre muss so sein, dass die Leute gerne wiederkommen. Doch wenn das Wetter besser wird, der Biergartenbetrieb wieder anläuft, die Inzidenzzahlen runtergehen, dann bin ich bester Hoffnung, dass wir schnell wieder aus den roten Zahlen kommen.

Gibt es besondere Herausforderungen, im Moment und auch sonst?
Natürlich. Wir müssen immer abwägen, dürfen ja niemanden auf die Toilette lassen, keinen nahen Kontakt haben – und da gibt es immer wieder Fälle, in denen man einfach menschlich bleiben muss, wenn es jemandem schlecht geht oder sonstige Dringlichkeiten nicht anders zu lösen sind.

Und dann ist auch zu sehen, dass man sich organisiert, wirtschaftlich handelt, was bedeutet, dass ich bei normal laufendem Betrieb mir nicht zu schade sein darf, auch die Toiletten selbst zu putzen oder die Gästezimmer zu reinigen, gleichzeitig zu schnippeln und Speisen auszugeben und zusätzlich auch sonst für die Gäste da zu sein. Ich bin also 7 Tage die Woche hier, kümmere mich darum, dass die Wege in Ordnung sind, bei Schnee spure ich manchmal mehrmals täglich die Schlittenstrecke.

Wie beurteilen Sie die derzeitige Situation, die gerade ja auch die Gastro in die Knie zwingt?
Man hätte längst Expertenrunden bilden müssen, um ein Konzept zu erarbeiten, damit nach dem ersten Lockdown, in sicherer Erwartung des zweiten, die Hoffnungslosigkeit nicht überhand nimmt. Überall wurden Hygienemaßnahmen aus eigenen Mitteln verwirklicht, Spritzschutz etc.

In den 7 Monaten zwischen den beiden Lockdowns hätte man längst nach Erfahrung des ersten Vorkehrungen treffen müssen: Gesundheitsleute aufstocken und ausbilden, bessere Arbeitskonditionen schaffen, Gehälter der Krankenpfleger anheben, um den Beruf attraktiver zu gestalten. Man hätte in Riem Intensivbetten aufstellen können, das Messegelände steht leer. Stattdessen wurden Krankenhäuser dicht gemacht, weil das Gesundheitssystem kaputt gespart wurde. Mit denselben Kapazitäten sind sie in den zweiten Lockdown gegangen, gleichzeitig wird das Geld an anderer Stelle zum Fenster rausgeschmissen. Jetzt erst kommen all die Insolvenzen, die Arbeitslosen, die daraus resultieren, müssen bezahlt werden, die Insolvenzbetriebe zahlen keine Steuern mehr. Und nun droht Merkel mit dem Lockdown bis Ende März. Wer soll denn das noch bezahlen?

In der Gastro gab es so gut wie keine Coronaherde, die Nachverfolgungen haben funktioniert, überall wo Hygienekonzepte geklappt haben, zum Beispiel auch in Fitnessstudios, muss geschlossen werden. Die Herde sind aktuell die Altenheime, hier hätte man investieren müssen.

7 Monate lang wurden die Computersysteme an den Schulen nicht optimiert, zumindest bekommen die Schulen iPads.

Eine geschiedene Freundin hat 3 Kinder und muss plötzlich 120 Seiten ausdrucken, jedes Kind braucht einen eigenen Computer und einen eigenen Raum, alle brauchen Hilfe, und sie sagt, dass sie's einfach nicht hinbekommt.

Wie kann es weiter gehen?
Man muss ein Konzept erarbeiten, wie man die Wirtschaft langsam wieder hochfahren kann, die kleinen und mittleren Betriebe. Wenn das so weiter geht, werden Familien kaputt gehen, Existenzen zerstört, Suizide begangen werden. Es braucht unbedingt einen Silberstreif am Firmament. Stattdessen gibt es immer nochmal eins obendrauf. Inzidenz 200: Das muss doch ordentlich aufgeschlüsselt werden, wo die Fälle herkommen. Wenn 80 davon im Altenheim zu finden sind, kann man doch nicht die ganze Region abriegeln. Das ist ja, wie wenn man im Wald einen Brandherd hat, aber den ganzen Wald abriegelt und bewässert, anstatt gezielt den Brand zu löschen.

Wie lässt sich das erklären?
Die Politiker sehen den Wald vor lauter Bäumen nicht mehr. Es gibt kein Patentrezept. Auch das Impfkonzept wird nicht aufgehen. Die Leute werden sich nicht alle impfen lassen. Letztlich ist es ja auch einfach eine Frage der Eigenverantwortlichkeit und Demokratie. Die Schäden, auch in der Autoindustrie, werden sich viel später zeigen. Wer kauft schon ein Auto mit einem Kurzarbeitergehalt?

Ein früherer Kollege von mir sagte, wenn er sich so intensiv mit der Sache beschäftigen würde wie ich, könnte er nicht mehr schlafen. Genauso läuft es in der Politik. Wenn es so weiter geht, dann wird es sehr schwierig werden.

Schon die Römer wussten: Das Volk braucht Brot und Spiele. Und nun gibt's keine Spiele, Vereine sind zu, Kinder sind zu Hause, und Brot wird an mancher Stelle auch nicht mehr verdient. So eine Stimmung im Volk, ohne das Konzept einer Bundesregierung, ist der Beweis der Hilflosigkeit. Die Wahlen im September werden das wohl widerspiegeln.

Doris Schröder: Mutig sein heißt, es trotzdem zu tun

Andrea Drescher

Foto: Privat

Geboren 1975 in Schwerin, lebt Doris Schröder inzwischen mit ihrem Mann in Nord-Vorpommern. Die gelernte Hotelfachfrau war jahrelang im B2B-Vertrieb tätig, ist aber seit 2016 Hausfrau. Das erlaubt es ihr, sich nicht nur um Hund und Garten zu kümmern und entschleunigt zu leben, sondern auch politisch aktiv zu sein. Und das nicht erst seit 2020. Sie ist schon lange in der Friedensbewegung aktiv, hat eine Zeit lang „Aufstehen Dresden und Umland" unterstützt und organisiert gemeinsam mit ihrem Mann politische Veranstaltungen, seien es Film- und Informationsabende, Demonstrationen oder – wie seit 2020 oft nicht anders möglich – Grundgesetzspaziergänge und Schweigemärsche.

Du bist ja keine „Frischgefangene" aus 2020 – seit wann bist du politisch aktiv?
Interessiert und informiert habe ich mich schon lange – schon vor der Wende –, seit 2006 habe ich begonnen, gemeinsam mit meinem Mann politische Bücher zu lesen. Aktiv wurden wir 2015, da begann es mit Friedenspetitionen, 2018 ging es mit dem Aufbau von „Aufstehen Dresden und Umland" los, wo ich von Anfang an sehr intensiv mitgearbeitet habe.

Das heißt, du gehörst zu den Linken?
Ja. Ich verorte mich politisch links, jedoch nicht im Sinne einer Partei wie z. B. Die Linke.

Was hast du bei „Aufstehen" alles gemacht?
Als Mitglied im Orga-Team, das aus fünf Menschen bestand, ging es erst mal um Fragen wie Räume für Veranstaltungen zu beschaffen und den Aufbau der Infrastruktur und der Arbeitsgruppen voranzutreiben, damit thematisch gearbeitet werden konnte. Pressemitteilungen mussten geschrieben, Versammlungen angemeldet, Redner organisiert werden.

Welche Themen standen denn an?
Die Themen der AGs waren Frieden, Demokratie, Umwelt, Soziales, Finanzen und Wirtschaft. Als das alles halbwegs stand, habe ich mich der Arbeitsgruppe Frieden an-

geschlossen. Auch wenn alles wichtig ist und letztlich alles mit allem zu tun hat: Da ich mich aus Zeitgründen für ein Thema entscheiden musste, habe ich mich für die AG Frieden entschieden. Frieden ist in meinen Augen grundlegend.

Kannst du das kurz begründen? Für andere steht ja der Klimawandel total im Vordergrund?
Es geht ja nicht nur darum, Kriege zu verhindern. Auch der innere Frieden zwischen den Menschen ist ein Thema, der Umgang mit der Umwelt und mit Tieren muss friedlich sein. Frieden hat eine ganz klare Umweltkomponente. In einer zerstörten Umwelt können die Menschen nicht überleben. Und der massive Ressourcenbedarf durch die Rüstungsindustrie – seltene Erden, Erze, Öl – trägt massiv zur Umweltzerstörung bei. Die Gebiete, in denen Uranmunition zum Einsatz kommt, sind auf Jahre und Jahrzehnte belastet, von Minen will ich gar nicht reden. Kriege und deren Vorbereitung haben überall massive Kriegs-, aber auch Umweltschäden hinterlassen und – nebenbei – in manchen Gegenden für eine bedrückende Armut gesorgt. Krieg zerstört die Welt, und wie gesagt: Alles hängt mit allem zusammen. Daher habe ich entschieden, in dieser AG mitzuarbeiten.

Wo lagen eure Arbeitsschwerpunkte?
Bei unseren Treffen sind wir die verschiedenen Themen durchgegangen, von denen wir der Meinung waren, dass sie „auf die Straße gehören" – über die Menschen besser informiert werden müssen. Wir haben Aktionen in Dresden wie „Umweltschutz statt Rüstung" abgehalten, Flyer entworfen, um die Bevölkerung zu informieren, Versammlungen und Infotische durchgeführt. Dann kamen die ersten Aktionen zur Vorbereitung des Widerstands gegen Defender 2020.

Wurden 2020 überhaupt Friedensaktionen organisiert?
Natürlich. Am 23.01.2020 gab es eine Veranstaltung in der Dresdener Frauenkirche: „Umwelt und Frieden gemeinsam denken". Die ging uns inhaltlich aber nicht weit genug. Also haben wir außerhalb von der Frauenkirche die Aktion „Frieden nicht nur gemeinsam denken, sondern auch leben" [1] organisiert, haben Flyer verteilt und darin genau den Zusammenhang zum Pariser Klimaschutzabkommen aufgezeigt. Es ist wichtig, auf den Nutzen von Rüstungsreduktion zur Erreichung der Klimaziele aufmerksam zu machen. Das ist den Wenigsten bewusst. Von unserem Friedensfahrzeug aus haben wir dann noch eine vorher aufgenommene Rede zu diesem Thema abgespielt.

In der Eisarena von Weißwasser gab es noch kurz vor dem Lockdown eine NATO-Werbeveranstaltung. Dort trat das europäische NATO-Orchester auf – das war für die Gegend ein riesiges und kostenloses Happening. Gemeinsam mit einer Frau aus Weißwasser, die ich vorher gar nicht kannte – sie war im Tierschutz sehr engagiert – haben wir eine

1 https://aufstehen-dresden-umland.de/umwelt-nicht-nur-denken-sondern-auch-leben/
→ Kurzlink: ws1.eu/k/12

Demo angemeldet und organisiert. Das war ein richtiges kleines Friedensfestival vor der Eisarena, auch unser Friedensfahrzeug diente wieder als Lautsprecherwagen. Unser offenes Mikrofon wurde reichlich genutzt für das Vortragen von Friedensgedichten, Reden, Appellen oder Friedensliedern, aber auch von Michael Kretschmer, Ministerpräsident Sachsens, als Vertreter der NATO-Linie. Das waren die typischen Aktionen der AG Frieden. Ich habe „Aufstehen" im Mai dann zwar verlassen, arbeite aber immer noch mit der Gruppe in Dresden zusammen. 2020 war es mit Veranstaltungen aufgrund der Corona-Verordnungen ziemlich mühsam, aber wir waren natürlich im Mai 2020 auch bei „Kündigt Ramstein Air Base" in Berlin mit dabei.

Du hast zweimal von eurem Friedensfahrzeug gesprochen. Könntest du kurz erklären, was das ist?
Friedensfahrzeuge geben dem Frieden in unserem Alltag eine Bühne. Die Fahrzeuge sind sehr auffällig beklebt und dienen dazu, dass Frieden (innerer und äußerer) mehr Aufmerksamkeit bekommt. Wer ein solches Fahrzeug fährt, kommt automatisch mit Menschen ins Gespräch. Unser Volvo ist seit Mai 2019 entsprechend gestaltet und ich erlebe das immer wieder. Die meisten Rückmeldungen, die wir erleben, sind positiv.

Und warum bist du nicht mehr bei „Aufstehen"?
Die Parteiabhängigkeit gefiel mir nicht. Es wurde von Parteilinken versucht, parteiähnliche Strukturen zu installieren. „Aufstehen" wird nach wie vor stark von der Partei „Die Linke" vereinnahmt. Wir strebten in Dresden von Anfang an Basisdemokratie an, das passt aber nicht zu Parteistrukturen. Ich habe fast ein Jahr mit mir gerungen, ob ich bei „Aufstehen" weitermachen soll oder nicht. Aber als nichts besser wurde, stieg ich im Mai 2020 aus und konzentriere mich nun auf unabhängige Aktionen bzw. Vereinsarbeit.

Welcher Verein?
Wir haben bereits im Februar 2019 einen gemeinnützigen Verein gegründet: die „Initiative Bürgerforum e.V." (IBF). Er hat das Ziel, für mehr politische Bildung in der Bevölkerung zu sorgen, den politischen Aktivismus der Menschen zu fördern, und will durch Aufklärung politisches Interesse wecken, damit die Politikmüdigkeit wieder nachlässt. Es ist ein sehr kleiner Verein, der wie „Aufstehen" die Themen Frieden, Demokratie, Soziales, Umwelt, Wirtschaft und Finanzen im Fokus hat.

Wir kooperieren natürlich weiter mit „Aufstehen Dresden und Umland" und waren am 1. Mai gemeinsam auf der Straße, haben bei der Versammlung am Goldenen Reiter bereits die zu erwartenden Schäden aufgrund der Corona-Maßnahmen thematisiert: Arbeitslosigkeit und Kurzarbeit. Eine Künstlerin, die praktisch Berufsverbot hatte und noch hat, berichtete, wie es ihr mit den angeblich großzügigen Staatshilfen in Wirklichkeit geht. Erschreckend.

Im Sommer gab es gemeinsame Filmabende mit Podiumsdiskussionen zu den Filmen „Der marktgerechte Mensch" und „Der marktgerechte Patient". Und am 5. September

2020 war dann der Weltfriedenstag in Dresden, für den wir eine vierstündige Friedensveranstaltung vorbereitet hatten, die sehr gut ankam. Das Programm war auch wirklich interessant und abwechslungsreich. Frieden ist eben sehr weitreichend.

Wer war dort alles vertreten?
Das waren ein Redner vom ICAN Städteappell[1], Hermann Ploppa, Peter Frey, Bill Heydenreich von der Dresdner Friedensmahnwache sowie Kilez More, Äon und Morgaine, die für gute Stimmung sorgten. Ich kann mich nicht erinnern, dass je so viele Menschen bei einer Friedensveranstaltung in Dresden mit dabei waren.

Im Oktober hat der IBF e.V. gemeinsam mit einigen Querdenkern aus Dresden die Petitionsübergabe an den MDR von Bastian Barucka veranstaltet. Es ging darum, dass eine ausgewogene Berichterstattung in den Öffentlich-Rechtlichen stattfinden sollte. Die Petition wurde innerhalb weniger Tage von 63.000 Leuten deutschlandweit unterschrieben und in sämtlichen Städten an deren Studios übergeben, da die ARD-Zentrale sich zuerst geweigert hatte, die Petition öffentlich in Empfang zu nehmen.

Du engagierst dich also auch intensiv gegen die Corona-Maßnahmen?
Ja. Ich bin seit Anfang April auf der Straße – seit dem kompletten Lockdown in Dresden. Vorher hatten wir die ganze Entwicklung schon besorgt beobachtet. Mein Mann und ich sind samstags im Großen Garten in Dresden spazieren gegangen, hatten Grundgesetze im Fahrradkorb zum Verteilen, die wir uns vom Bundesministerium für politische Bildung für 5 Euro Versandgebühr haben schicken lassen. Dazu hatten wir selbst Flyer erstellt mit Informationen von staatlicher Seite zu der Situation. Daraus entwickelten sich Kundgebungen – erst im Großen Garten, später an der Frauenkirche. Auch dort waren wir präsent und haben z. B. Reden gehalten bzw. auch Flyer verteilt.

Das ging bis zum Frühsommer. Wir wurden auch immer mehr, bis die Polizei aufmerksam wurde, aber irgendwann wurden Versammlungen ja auch wieder erlaubt.

Warst du im August in Berlin dabei?
Am 01.08. ja – mit unserem Friedensfahrzeug. Am 29.08. war ich Ansprechpartner für die Friedensfahrzeuge am Computer, gab durch, wo es schwierig werden könnte. Bei der Hitze und der zu erwartenden Eskalation durch die Exekutive wollten wir das unserem Hund nicht

Illustration: Diana Wille

1 https://www.icanw.de/ican-staedteappell/
→ Kurzlink: ws1.eu/k/13

antun – und hatten ja leider auch recht. Der Demozug wurde eingekesselt und die Friedensfahrzeuge kamen nicht richtig zum Fahren. Diese Schikanen kannte ich aus Dresden noch nicht, aber im November beim Schweigemarsch war es bei uns dann leider auch so weit.

Was war denn los?
Beim Schweigemarsch am 22.11. in Dresden, den wir als IBF e.V. wieder organisiert hatten, wurden wir zum ersten Mal richtig schikaniert. Ich hatte bei unseren Veranstaltungen bis dahin immer ein gutes, kooperatives Verhältnis mit der Versammlungsbehörde. Alles lief immer super problemlos. Per 22.11. war das auf einmal anders – wir wurden wohl von der Politik als Querdenken bzw. regierungskritisch eingestuft, was wohl zu den entsprechenden Wünschen der Politik bezüglich maßnahmenkritischer Versammlungen führte.

Obwohl ich zwei Jahre lang immer wieder Veranstaltungen angemeldet hatte und Absprachen immer ganz entspannt über Telefon und E-Mail funktionierten, musste ich erstmalig zum Kooperationsgespräch zur Behörde gehen. Da war auch ein Polizeioberrat dabei, der uns ziemlich offensichtlich nicht wohlgesonnen war. Wir haben offen über mögliche Probleme – z. B. Maskenatteste, Originale oder Kopien, Diagnosen, Einzug von Attesten durch die Polizei – gesprochen. Dieser Oberrat hat alle Bedenken aufgenommen – und sie dann konsequent gegen uns eingesetzt. Besonders viel Freude schien er bei mir als Versammlungsleiter zu haben.

Was war denn los?
Mein ärztliches Attest für eine Befreiung des Maskentragens habe ich sei Juli letzten Jahres. Zu diesem Zeitpunkt waren Atteste überhaupt keine Pflicht. Für den Schweigemarsch hatte ich mir eine schwarze Spezialmaske ohne Atemwiderstand angefertigt. Als die Versammlung begann, ging ich zum ersten Polizisten und wollte mich als Versammlungsleiter vorstellen. Der sah meine Maske und sprach mich gleich an mit: „Ihre Maske akzeptieren wir nicht." Auch mein Attest wurde ohne Diagnose und Stempel nicht als gültig erachtet. Wobei beides nicht in der Sächsischen Corona-Verordnung gefordert war. Ein anderer Teilnehmer hatte ebenfalls nur eine Spezialmaske auf, den hat man aber völlig in Ruhe gelassen.

Auch bei der Versammlungsfläche gab es Probleme, nicht zuletzt, weil die Behörde ganz in der Nähe eine Gegendemonstration der Antifa zugelassen hatte. Der ganze Platz war mit Hamburger Gittern umstellt, obwohl wir komplett friedlich waren. Die wenigen Eingänge zur Aufstellfläche – marschieren durften wir ja nicht – wurden genau kontrolliert, damit auf keinen Fall der 1001-te nicht den Platz betreten konnte. Und das, obwohl wir sehr wohl geeignete Hygienemaßnahmen umgesetzt hatten und die Corona-Verordnung in diesem Fall keine Einschränkung vorsah.

Es wurde auf uns enormer Druck aufgebaut, ich war ständig mit Polizei und Behörde beschäftigt. Als wir 1000 waren, wurden die Gitter geschlossen, und unser stellvertre-

tender Versammlungsleiter musste mit den Überzähligen zur Frauenkirche laufen.
Wie viele waren das denn?
Fünf. Es war einfach nur Schikane. Ich habe mich im Nachgang schriftlich an den sächsischen Datenschutz gewendet mit der Bitte zu klären, ob wirklich eine Diagnose erforderlich sei. Das wurde klar verneint. Und auf dem Theaterplatz wäre unter Hygienebedingungen noch mindestens Platz für 20 weitere Demoteilnehmer gewesen. Aber die Polizei macht ihre eigenen Auslegungen und Gesetze, selbst ein Anwalt kann da kaum sofort etwas erreichen. Das war meiner Meinung nach reine Beamtenwillkür.

Du machst aber trotzdem weiter?
Natürlich. Auch wenn ich im Dezember durch unseren Wegzug aus Dresden nur noch Informationen verteilt habe. Aber mein Name stand im Impressum sämtlicher impfkritischer Flyer in Dresden. Laut Sächsischem Presserecht, Artikel 6, muss auf jedem Druckerzeugnis das ViSdP[1] angegeben sein.

Ist das nicht riskant? Hast du keine Angst?
So vieles ist heute riskant. Inzwischen ist es sogar ein Risiko, ein Friedensfahrzeug zu fahren. Die werden nämlich bereits angegriffen. Aber da wir jetzt nicht mehr in Dresden wohnen, hat das mit dem Impressum seit Januar 2021 jemand anderes in Dresden übernommen.

Und das mit der Angst: Ich hatte im April bei unseren Spaziergängen im großen Garten große Angst, aber wir haben uns überwunden. Mutig zu sein bedeutet nicht, dass man keine Angst hat. Ich versuche meine Angst und meine Lähmung durch den Schock im März 2020 dadurch zu bekämpfen, dass ich aktiv bin. Ich denke, Corona ist nur das Deckmäntelchen für den Gesellschaftsumbau, den sie gerade von „oben" vornehmen – gegen das Wohl der Mehrheit der Bevölkerung weltweit. Die Planungen für die Aktionen des IBF e.V. 2021 sind auch in Arbeit. Der 1. Mai und der 4. September 2021 sind schon fixiert. Wir hoffen, am Weltfriedenstag Dr. Eugen Drewermann und den Dresdner Slavica-Chor[2] zu begrüßen. Es gibt genug zu tun, es ist einfach keine Zeit da, in Angst zu verharren. Und jeder kann etwas beitragen.

Dann kann ich nur sagen: Weitermachen!

---

1 ViSdP: Verantwortlich im Sinne des Presserechts

2 https://www.slavica-dresden.de

Eva Rosen: Von der Kommunalpolitik in die Maßnahmenkritik

Thomas Stimmel

Foto: Privat

Eva Rosen, geboren 1985 in Frankfurt, ist stellvertretende Vorsitzende der Partei WiR2020, die sich im Juni 2020 gegründet hat. Sie hat in Frankfurt Kommunikationsdesign studiert und engagiert sich so richtig politisch erst seit Februar diesen Jahres. Vorher lag ihr Schwerpunkt auf kommunalpolitischen Themen. Das Interview ist eine gekürzte Transkription eines Video-Gesprächs mit Thomas Stimmel von der „Frischen Sicht" im August 2020.

Wie ist es zu deinem Engagement in der Partei WiR2020 gekommen, in dieser Partei, die sich auch aufgrund der Infektionsmaßnahmen und der Einschränkungen unter Bodo Schiffmann gegründet hat? Was war der Grund, dass du dich da von Anfang an eingebracht hast?
Ich habe angefangen, mich auf Landesebene zu engagieren. Natürlich war auch für mich der Auslöser zu sagen, jetzt kannst du gar nicht mehr anders, jetzt musst du etwas tun, als hier diese ganzen Maßnahmen losgegangen sind. Ich habe mir das ganze sogenannte Infektionsgeschehen angeschaut und dachte: „Hä?" Da ich mich schon lange mit unabhängigen Medien versorge und anders informiere – keinen Fernseher habe –, war mir ganz schnell gefühlsmäßig klar, dass da etwas nicht stimmt. Mir hat dieses Virus nie Angst gemacht – mir hat Angst gemacht, dass da etwas nicht stimmt. Daraufhin habe ich gesagt, okay, da muss ich mich engagieren.

Aus welchen Quellen hast du dich informiert?
Ich habe natürlich die Zahlen des RKI verfolgt. Aber da man sich heute ja auch mit verschiedenen Menschen in vielen Regionen vernetzen kann, habe ich Leute in Italien angerufen und gefragt: „Leute, ist das so, wie das hier berichtet wird?" Da habe ich völlig andere Sachen zu hören bekommen und auch ganz andere Hintergrundinformationen erhalten. Zum Beispiel, dass junge Leute mit Grippesymptomen einfach auf Stationen kamen oder in Altenheime abgelegt wurden, wo natürlich die Risikogruppe ist. Da dachte ich: „Das können die doch nicht machen, das ist doch verrückt!" Also über soziale Netzwerke, dann die ganzen Webseiten wie Robert Koch-Institut und zum Teil

auch die Massenmedien. Was ich sah: *Alle* haben immer das Gleiche berichtet. Da habe ich gesagt: Da stimmt was nicht.

Das war dann der Grund, dass du zu WIR2020 gegangen bist.
Jetzt würde ich gerne kurz zu den Inhalten der Partei kommen. Da gibt es ja die zehn wichtigsten Punkte: die Rücknahme aller Gesetzesänderungen im Zusammenhang mit der Covid-19-Pandemie, die Einsetzung eines außerparlamentarischen Untersuchungsausschusses, der die ganzen Maßnahmen beleuchten soll. Dann eine Reform des Gesundheitssystems – zum Beispiel ein Verbot der Impfpflicht, stattdessen eine Beratungspflicht und Freiwilligkeit. Friedenspolitik ist noch ein ganz großer Punkt, Förderung des Mittelstands als Rückgrat der deutschen Wirtschaft, Wiederherstellung der Presse- und Versammlungsfreiheit, Reform der Familienpolitik, Reform des Rentensystems, Reform des Steuerrechts und die Einführung eines Straftatbestands der Steuerverschwendung. Zu all dem stehe ich.

Das ist ja durchaus ambitioniert. Jetzt hat sich der Vorstand noch einmal neu aufstellen müssen durch den Weggang des Gründungsmitglieds Bodo Schiffmann, der sich mehr seiner ärztlichen und aufklärerischen Tätigkeit widmen möchte, aber noch Teil der Partei bleibt?
Ja, genau. Der Bodo als Mitbegründer beziehungsweise Ideengeber für die Idee WiR2020 durch seine Videos ist zurückgetreten, weil er sich wieder mehr seiner Aufklärungsarbeit widmen muss und möchte. Er ist ja jedes Wochenende und auch unter der Woche auf Demonstrationen und leistet da einfach eine ganz wichtige Aufklärungsarbeit. Gerade wenn man ins Ausland schaut, ist es auch ganz besonders notwendig, dass diese Aufklärungsarbeit geleistet wird. Die Menschen trauen sich zum Teil nicht, sich zu wehren, nicht zuletzt weil sie manchmal gleich auch körperlich angegangen werden. Daher finde ich wichtig, dass er da weiter Aufklärungsarbeit leistet. Die operativen Aufgaben hat er uns überlassen. Das musste sich alles noch mal neu sortieren, und das haben wir am 21.08. gemacht.

Du bist ja stellvertretende Vorstandsvorsitzende – wer ist denn da jetzt noch mit im Boot?
Unser 1. Vorsitzender ist der Wolfgang Romberg, ein ganz toller, sehr vertrauenswürdiger Mann, den man auch in nächster Zeit noch häufiger sehen und kennenlernen wird. Wir sind bis jetzt alle noch nicht so sehr öffentlich in Erscheinung getreten. Ich wurde als 2. Vorsitzende gewählt, Bodo Piesch ist nach wie vor Schatzmeister, Sabine Hartmann ist stellvertretende politische Geschäftsführerin und Manuela Hingel aus dem Gründerteam stellvertretende Parteimoderatorin. Die restlichen Posten haben wir nicht besetzt, da es jetzt nur eine Interimslösung ist. Die Mitglieder sollen entscheiden. Wir bringen das Ganze jetzt einfach in Handlung, wir bauen die Strukturen auf, und dann sagen wir: „Hey, jetzt habt ihr die Wahl, wen wollt ihr wo haben?" Und dann wird das Ganze nochmals umstrukturiert. Der Bundesvorstand ist nicht wichtig, wir repräsentieren ja nur die Sache und die Menschen, die zu uns kommen und mitmachen. Das ist ja schon alles.

Das heißt, ihr vertretet die Orts- und Landesverbände und seid das Sprachrohr dieser Partei?
Genau.

Wie weit seid ihr da schon in der Bildung der Strukturen?
Die Strukturen sind schon ziemlich weit. Wir haben vor allen Dingen in Baden-Württemberg, Hessen, Rheinland-Pfalz, Bayern, Brandenburg, Nordrhein-Westfalen ganz tolle Teams. Es gibt Telegram-Gruppen, in denen Nacht und Tag gearbeitet wird. Das geht zum Teil schon bis zu den Ortsgruppen – und zwar ratzfatz. Ich staune immer wieder! Also, ich ziehe meinen Hut vor allen, die sich so fleißig die ganze Zeit einbringen. Das machen alle ehrenamtlich, es kriegt keiner Geld.

Was sind es für Menschen, die bei euch mitmachen. Und wie viele sind es?
Es sind zwischen 300 und 600 Menschen, die permanent aktiv dabei sind. Das Ganze splittert sich dann nochmal auf in die Koordinatoren der Verbände. Wir haben immer Kontakt zu den Koordinatoren. Das müssen wir ja auch, sonst kriegen wir ja keine Informationen. Anmeldungen für die Mitgliedschaft haben wir aktuell rund 9.600. Das ist von der Geschwindigkeit etwas zurückgegangen, das finde ich auch normal. Wir müssen jetzt aber wieder ein bisschen mehr nach außen agieren.

Ihr habt ein spezielleres Anmeldeverfahren. Wer sich für die Partei anmeldet, wird auch von euch noch persönlich angesprochen. Wie funktioniert das?
Wir wollten wissen, wer mit uns zusammenarbeiten möchte, und vor allen Dingen wollen wir auch in Erfahrung bringen: Was machen die Interessenten beruflich? Können die uns vielleicht aktiv helfen? Deswegen gibt es das Verifizierungsverfahren, durch das wir die Menschen kennenlernen. Wir wollen zum Beispiel wissen: „Was hat dich dazu bewegt, warum möchtest du bei WiR2020 sein?"

Gibt es Ausschlusskriterien für euch? Also dass eine Person nicht Mitglied dieser Partei werden darf?
Ausschlusskriterium bei uns ist zum Beispiel, wenn man in den Antragsdaten falsche Daten angibt oder ganz bewusst lügt. Man darf nur Mitglied bei WiR2020 sein, also nicht auch noch in einer anderen Partei angemeldet. Ein weiteres Ausschlusskriterium ist Radikalismus in jeglicher Art oder jede Form von Faschismus. Darum hat Bodo diesen Satz geprägt: „Nicht oben, nicht unten, nicht links, nicht rechts, sondern die Mitte der Gesellschaft." Radikalismus jeder Art, auch religiöser Art, lehnen wir einfach ab, ebenso wie Gewalt.

Ihr seid letztlich der politische Arm dieser Grundrechtsbewegung, die sich zusammengefunden hat im Verlauf der Pandemie und der Maßnahmen, richtig?
Genau.

Und Ihr verortet euch – ich fasse das jetzt nochmal zusammen – als Partei der Mitte.

Genau. Aber Mittelstand jetzt nicht im Sinne mittelständischer Unternehmen oder so, sondern nein, für den ganz normalen Arbeitnehmer. Natürlich auch für kleine Unternehmen, aber einfach für die Menschen.

Wie wird euer politisches Engagement in den Leitmedien wahrgenommen? Wird es überhaupt wahrgenommen? Und wenn, begegnet ihr auch diesen Klischees, die sagen, ihr seid Spinner, Rechte, Aluhüte et cetera?
Seitens der Medien habe ich so etwas noch nicht erlebt. Im Privaten hat man mich als all solches beschimpft – vor allem wenn man auf Demos ist, hört man das ja auch immer wieder. Es ist aber eher so verallgemeinernd. Die große mediale Aufmerksamkeit fehlt. Ich denke, dass diese auch erst dann kommt, wenn wir wirklich konkrete politische Ziele definiert haben und es nicht nur um ein Protestthema geht. WiR2020 ist nicht nur gegen etwas, nein, wir sind auch *FÜR* ganz viele Dinge. Da ist es wichtig, diese Ziele auch zu zeigen.

Euer Bestreben ist es, dass ihr euch von der reinen Protestpartei hinentwickelt zu einer Partei, die auch konstruktiv an einer Gestaltung des Landes beteiligt sein kann? „Protestparteien", die es in der jungen Vergangenheit gab, sind ja grandios gescheitert oder glänzen durch politisches Versagen. Das wollt ihr vermeiden?
Absolut wollen wir das vermeiden, und wir arbeiten auch daran, nicht die gleichen Fehler zu machen. Ich kann verstehen, dass wir im Moment noch so wahrgenommen werden. Aber das ist nicht das Ziel, und ich bin sehr zuversichtlich, dass wir gute Ziele für alle definieren.

Inwieweit seid ihr mit anderen Organisationen vernetzt, die sich gerade oppositionell gegen die derzeitigen Regierungsmaßnahmen aufstellen?
Wir sind noch zu schlecht vernetzt für mein Gefühl. Ich würde mich gerne deutlich mehr vernetzen – mit Ralf Ludwig und mit Michael Ballweg, mit Samuel Eckert und anderen Aktiven. Wir haben eine gute Chance, wenn wir alle zusammen an einem Strang ziehen. Wir wollen alle an der jetzigen Regierungssituation etwas ändern und in der Zukunft an der politischen Umgestaltung aktiv mitwirken. Hier können wir auch zusammen arbeiten. Das Ziel ist nicht, dass man nur die Sachen rückgängig macht, die in den letzten Monaten passiert sind, und die Wirtschaft wieder aufbaut. Das Ziel muss sein, dass wir es besser machen. Und ich glaube, mit den tollen Menschen, die wir bei uns haben, erreichen wir das auch.

Du warst ja in Vertretung von WiR2020 auf der großen Demonstration in Berlin am 01.08.2020. Könntest du mir da nochmal deine Eindrücke schildern, wie du diese Demo erlebt hast?
Ja. Ja, es war … *UNGLAUBLICH*. So was habe ich echt noch nie erlebt. Diese ganze Stimmung, die Menschen, das alles hat mich total emotional überfordert. Du kommst da aus den ganzen Wochen heraus, in denen du fast nur zuhause warst, und kommst unter Menschen und bist total geflasht von Gefühlen, Gesang … Wir sind dahin gelaufen, haben

gesungen und es kamen mehr Leute und haben mitgesungen. Es war so friedlich, da waren Junge und Alte, Eltern mit Kindern, auch behinderte Menschen waren dabei. Es waren Menschen aus vielen Ländern dabei und wirklich wahnsinnig viele Familien auch mit kleinen Kindern. Die sind für ihre Kinder hingegangen. Das Gefühl war wirklich wie auf einer Wolke, auf einer weichen, schönen Wolke des Friedens. Man hat so viel Liebe und Emotion gespürt! Ich habe mir mit Ordnern und auch Polizisten heulend in den Armen gelegen bei manchen Reden, das ist natürlich überhaupt nicht rübergekommen in der Presse. Ich wünschte, wir hätten jemanden gehabt, der diese Momente fotografisch festgehalten hat. Diese Bilder wären um die Welt gegangen: Es war ein Fest der Liebe, der Freiheit und des Friedens.

Was entgegnest du Kritikern, die sagen, es waren sehr rechte Tendenzen dort?
Dazu kann ich nur sagen, es gibt Meinungsfreiheit in Deutschland – gottseidank gibt es die. Dafür gehen wir auch auf die Straße, für die Meinungsfreiheit. Dazu gehört es auch, dass man Meinungen respektiert, die nichts mit der eigenen Meinung zu tun haben. Natürlich, sobald jemand ausfallend, beschimpfend, beleidigend oder im schlimmsten Fall sogar gewalttätig wird – das lehnen wir ab. Das ist ganz klar. Was meine persönliche Meinung betrifft: Ich bin halbe Griechin, ich habe einen israelischen Nachnamen, ich habe einen sehr großen, sehr multikulturellen Freundeskreis, auf den ich verdammt stolz bin, und mein bester Freund bei WiR2020 ist Türke und Moslem. Da sollte man sich denken können, dass ich das nicht gut finde, nicht? Dafür stehe ich, nichtsdestotrotz werde ich mit jedem sprechen, der mir mit Respekt begegnet. Und das wünsche ich mir auch von anderen.

Foto: Lena Schukow

Ich habe nur Livestreams von dieser Demonstration sehen können. Was ich verstanden habe: Es ist nicht so, dass in irgendeiner Form das Virus geleugnet würde, sondern ich habe einfach die Kritik vernommen an den Maßnahmen, die jetzt durchgesetzt werden. Ist das richtig?
Ja! Natürlich sind die Maßnahmen ein wesentlicher Kritikpunkt, aber vor allem, auf welcher Grundlage werden diese Maßnahmen weiter verhängt? Das ist für mich die eigentliche Frage! Wir haben seit Kalenderwoche 16 keinen Nachweis von SARS-CoV-2 in den Sentinelproben. Dann frage ich mich, auf Grundlage von was? Auf Grundlage von unsicheren PCR-Tests sollen wir unsere Kinder mit Masken in die Schule schicken.

Diese ganzen Maßnahmen sind für mich einfach nur verrückt. Ich finde das nicht gerechtfertigt, in keinster Weise, und weiß nicht, was da läuft. Ich möchte so nicht leben und erwarte, dass endlich mal eine vernünftige Erklärung seitens der Regierung kommt. Die Zahlen vom RKI sind nicht stimmig. Aufgrund dessen haben wir einen Lockdown, aufgrund dessen haben wir Maskenpflicht, Bußgelder ... Zwangstests, ja? Für Leute, die aus dem Urlaub kommen! Du kannst eigentlich weder ein- noch ausreisen, ohne dass du getestet wirst. Das verstehe ich einfach nicht. Ich empfinde es einfach maßlos übertrieben, auch dass die Wirtschaft so geschädigt wird. Das ist nicht nur bei uns, sondern überall auf der Welt der Fall. Damit spucken wir denen, die die ganze Zeit schon am Existenzminimum leben – und die sind nicht hier in Europa – echt vor die Füße. Das finde ich eine Frechheit! Das ist unmenschlich, da geht es nicht um Gesundheit, diese Lüge lasse ich nicht stehen.

Was muss getan werden?
Ein Diskurs auf Augenhöhe ist sehr notwendig, ebenso wie ein Untersuchungsausschuss zur Aufarbeitung der Dinge, die bis jetzt passiert sind. Mittlerweile gibt es aber ja auch durchaus Initiativen, die sich um eine konstruktive Aufarbeitung bemühen. Es müssen auch andere Fachleute angehört werden – das fehlt definitiv. Man muss auch etwas gegen die Angst tun, die gerade enorm viele Menschen belastet, was der Gesundheit nicht zuträglich sein kann.

Zum Abschluss etwas Positives: Ich habe herausgefunden – und es freut mich als Künstler, als Sänger sehr –, dass du auch kreativ sehr umtriebig bist. Du hast Kommunikationsdesign studiert und bist auch musikalisch unterwegs. Kannst du mir mal sagen: Wie wichtig ist denn Kunst und Kultur für dich?
Sehr wichtig! Kunst und Kultur sind Herz und Seele unserer Gesellschaft, alles andere findet ja eigentlich drumherum statt. Das ist das, was uns trägt und glücklich macht, abschalten lässt von allen negativen Gedanken und vor allen Dingen auch von der Angst. Das ist Seelennahrung. Mit unseren Händen verdienen wir das Brot, aber unsere Seele ernähren wir mit Kunst, Kultur und Musik. Und mit Glauben.

Florian Ortner: Wer steckt hinter der Linzer Demo?

Andrea Drescher

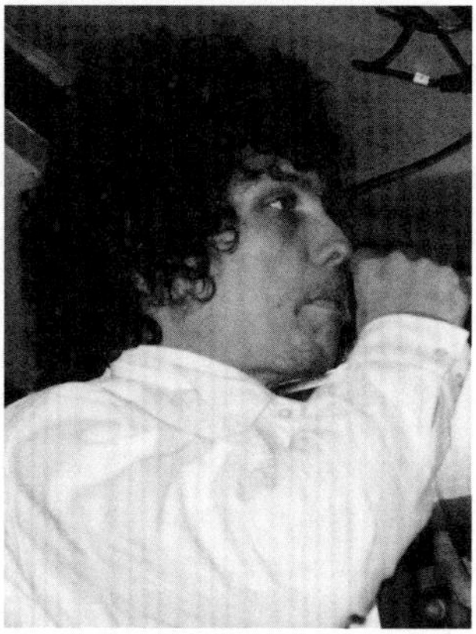
Foto: Wolfgang Manuel Ortner

Seit 36 Wochen treffen sich Menschen am Hauptplatz in Linz, um gegen die Corona-Maßnahmen zu demonstrieren. In den Mainstream-Medien werde sie gerne als Rechte oder gar Rechtsextreme diffamiert, ohne dass man mit ihnen spricht. Ein Interview mit einem der Initiatoren, einem Menschen mit Mut: Florian Ortner. Der gelernte Koch, der 1984 in Wels zur Welt kam, ist heute nicht nur Gründer und Präsident des Vereins Genussgarten, sondern in verschiedenen Vereinen aktiv. Als Selbstversorger und Lebensmittelproduzent, der leidenschaftlich gerne Gemüse anbaut, lebt der Vater von drei Kindern seine Berufung und vermarktet die ehrenamtlichen Erzeugnisse des Vereins über den Wochenmarkt in Linz. Die Einnahmen für die Erzeugnisse aus den Projekten fließen direkt wieder in den Verein und damit in die Projekte ein.

Du hast Stand 10. Januar 2021 36-mal die Demo in Linz für Menschenwürde und Meinungsfreiheit wegen der Corona-Maßnahmen organisiert. Warum tust du das, oder besser: Warum tust du dir das an?
Das ist eine gute Frage. Ich weiß vom Herzen, dass wir Menschen ein neues Zeitalter erleben werden. Wir kommen in eine neue Zeit, die Zeit der Menschen bricht an. Da ist es wichtig, die Menschen friedlich in diese Zeit zu begleiten. Hätte ich es nicht gemacht, hätte es jemand anderer gemacht. Ich sehe es als meine Bestimmung, das zu übernehmen. Dank unserer langjährigen Vereinsarbeit verfüge ich bzw. wir über notwendiges Hintergrundwissen.

Foto: Lena Schukow

Was sind deine Ziele bzw. die Ziele der Demo?
Unser Ziel ist es, unsere durch die Verfassung geregelten Freiheitsrechte wieder herzustellen. Die ganzen derzeitigen Verordnungen sind ja keine Gesetze, sondern der Verfassung untergeordnet. Mir geht es um unsere persönlichen Freiheitsrechte und natürlich um die Menschenwürde. Das Konzept dahinter ist: Ich bin frei, solange ich die Würde eines anderen nicht

verletze. Durch die Verordnungen wird aber die Würde von uns allen verletzt. Kommuniziert wird natürlich das Gegenteil. Man erweckt medial den Eindruck, als ob wir diejenigen wären, die etwas verletzen.

Wie viele Leute organisieren das Fest „Freitags für Freiheit", wie ist die Gruppe aufgestellt?
Die Orga-Gruppe ist klein. Im innersten Team sind es fünf Menschen – eine ist aus Gesundheitsgründen aktuell ausgestiegen –, die sich regelmäßig treffen. Zum erweiterten Kernteam gehören einige, die noch nicht so lange dabei sind, aber wichtige Aufgaben wie Flyertisch, Ordner und Videoaufzeichnung verlässlich übernehmen. Hier treffen wir uns mindestens zweimal im Monat, wenn es etwas zu besprechen gibt, dann auch häufiger.

Wie finanziert ihr euch? Ihr habt ja klein angefangen, inzwischen steht ihr mit eigenem Demo-Bus am Hauptplatz.
Der Bus wurde von einem Mitglied der Orga allein finanziert. Er ist leidenschaftlicher Taucher, der 2020 nirgendwohin durfte. Mit unserer Demo setzt er sich auch dafür ein, wieder reisen zu können. Da er Geld auf der Seite hatte, hat er den Bus gekauft. Nicht viele sind bereit, wirklich etwas zu investieren, aber in unserem Team sind alle im Rahmen ihrer Möglichkeiten dabei. Wir wollen unser Leben wieder so leben können, wie wir es gerne möchten. Vieles wird auch über freiwillige Zuwendungen finanziert – die Flyer, die Musikanlage, die Generatoren. Alle laufenden Kosten werden durch Einnahmen von der Demo refinanziert.

Ist das Linzer Team mit anderen Gruppen vernetzt?
Wir haben österreichweit sehr gute Kontakte zu lokalen Gruppen in Salzburg, Vorarlberg, Wien oder Kärnten, Graz, etc. Wir sind auch beim Schweigemarsch mit dabei, der am 15.01. zum dritten Mal in Linz stattfindet, und unterstützen die oberösterreichischen Phantome. Grundsätzlich ist es aber unser Interesse, uns so regional wie möglich, so klein wie möglich zu vernetzen.

Warum das?
Es geht um Kontakte zwischen Menschen, die sich physisch treffen können – nicht nur virtuell, sondern real. Wir wollen alle nicht in der virtuellen Computerwelt landen, sondern als Menschen in der natürlichen Realität leben. Diese ausufernde Technokratie ist nicht unser Ziel, gegenseitige Hilfe geht nur über die physische Ebene, am Computer nicht wirklich.

Ihr nutzt das Netz gar nicht?
Doch. Das Netz ist ein zweischneidiges Schwert – auch unsere Plattform befindet sich ja im Netz. Man muss immer beides miteinander verbinden. Meine persönliche Aufgabe ist die physische Ebene, die virtuelle Ebene machen andere im Team, die sich mit IT auskennen. Ich stehe am Bauernmarkt, pflege den direkten Kontakt von Mensch

zu Mensch. Da bin ich stark, da stecke ich meine Energie rein. Andere haben andere Stärken. Um diese Synergien geht es ja.

Was für ein Verhältnis habt ihr mit der Linzer Polizei? Grade im Januar konnte man einiges lesen, was nicht wirklich entspannt klang.
Grundsätzlich haben wir ein sehr gutes Verhältnis zur Polizei und mit den Polizisten aus Linz auch keine Probleme. Letzte Woche – also am 08.01.2021 – wurde es so richtig offensichtlich, dass es verschiedene Einheiten gibt, die verschiedenen Zwecken dienen. Man darf aber auch die nicht über einen Kamm scheren, es sind ja auch nur Menschen.

Was war denn los?
Es wurde provoziert – es war ganz offensichtlich: Die Polizei wollte provozieren. Wir versuchen trotzdem zu vermitteln und zu deeskalieren. Speziell wenn die Emotionen so hochkochen wie am 08.01. – da sind auch uns zuerst mal die Nerven durchgegangen, aber dann sofort wieder deeskaliert. Mein ständiger Appell ist es friedlich zu bleiben, nie in die Aggression zu gehen. Auch wenn es schwerfällt. Die Aggression ist das Spiel der Mächtigen, Gewalt und Aggression spielen die perfekt, da ziehen wir den Kürzeren, denn das haben die trainiert, wir nicht. Frieden ist unser Spiel. Wir sind Menschen mit Herz, das ist unsere Qualität, da kann der Verstand nicht mit.

Hattest du nicht auch schon Probleme mit der Polizei?
Ja, ich hatte schon mehrere Anzeigen, da ich noch nie eine Maske getragen habe. Bis jetzt habe ich aber noch keine der 13 oder 14 Anzeigen bezahlt, sondern fast alle erfolgreich beeinsprucht. Zwei laufen noch im Verfahren. Man versucht mich jenseits des Covid-Maßnahmengesetzes wegen Ruhestörung oder Erregung öffentlichen Ärgernisses zu belangen. Das war aber auch nicht erfolgreich bisher.

Nutzen Demos überhaupt etwas?
Politisch gesehen verändert eine Demo erst einmal nichts. Das war mir von Anfang an klar. Aber es geht darum, Menschen, die ähnlich denken, miteinander zu vernetzen, den Menschen eine Plattform zu bieten, sich zu finden. Die Demo bringt Menschen physisch zusammen, bietet vielen einen Rückhalt, die sich sonst mit ihren Gedanken allein fühlten. Im Sommer war es auch sehr wichtig, Menschen zu informieren und Wissen über die jetzige Situation unter die Leute zu bringen. Da waren wir ziemlich gut – unsere Flyer machen überall die Runde.

Aber auch politisch hat sich etwas verändert. Unsere Friedlichkeit bringt „sie" dazu, Fehler zu machen, sie führen sich durch ihre Aggression selbst vor. Eine seriöse und gut angesehene Geschäftsfrau wegen angeblicher Gewalt zu verhaften, obwohl diese bereits auf dem Heimweg war, ist solch ein Fehler. Und obwohl man am 08.01. gezielt Menschen herausgezogen hat, von denen man wohl erwartet hat, dass sie aggressiv werden, sind wir friedlich geblieben. Das war so wichtig. Wir haben gezeigt, wer wir sind.

Am 08.01. war zum dritten Mal der ORF dabei. Und zum dritten Mal ist auf der Demo etwas eskaliert. Kann das Zufall sein?
Das sind Drehbücher, keine Zufälle. Es wird vorgegeben, welche Bilder benötigt werden, und die werden dann erzeugt. Dreimal ORF, dreimal Eskalation, das ist schon sehr auffällig. Bei den beiden ersten Malen haben wir ihnen auch noch in die Hände gespielt, haben uns in die Wut treiben lassen. Dieses Mal haben sie den Fehler gemacht, bei uns bleiben alle ruhig, wofür ich den Teilnehmern sehr dankbar bin. 36 Wochen Freitagsdemo waren aber auch ein gutes Training, bei dem wir entsprechende Erfahrungen sammeln konnten. Jetzt kommt die heißere Phase in diesem Spiel, es wird sich zuspitzen, aber wir haben schon gewonnen.

Wie schätzt du die Situation in Österreich ein?
Ich bin optimistisch, die Politik hat verloren, die Menschen haben gewonnen, aber das Spiel wird noch zu Ende gespielt. Wir leben 2021 in einer Zeit, die so unkalkulierbar ist wie nie zuvor. Es wird auf Eskalation gesetzt – ganz klar –, aber die Menschen haben verstanden, dass wir die Veränderung einleiten, wenn wir friedlich bleiben.

Wir fahren am 16.01. nach Wien, haben mehrere Busse organisiert. 150 fahren mit den Bussen, wobei zu befürchten steht, dass die Busse abgefangen werden sollen. Die Busunternehmer wurden von offiziellen Stellen angeschrieben, dass man nicht Wien anfahren soll. Es wurde sogar mit Strafen gedroht, das hat mir ein Busunternehmer gesagt. Herzlich willkommen in der Demokratie!

Ihr arbeitet ja auch an Projekten für „die Zeit danach", richtig?
Ja. Der Genussgarten, der Verein, den ich seit 2016 als ehrenamtlicher Präsident leite, war der Anfang. Mein Gefühl sagt, es kommt die Zeit der Menschen, und im Genussgarten leben wir das bereit seit Längerem.

Wie kam es dazu?
Als Koch sah ich sehr schnell, dass es in der Gastronomie nicht um die Qualität der Grundlebensmittel ging, sondern primär deren Verarbeitung im Fokus liegt. Mir ging es um einfache Gerichte, aber mit hoher Qualität der Bestandteile. Da ich selbst leidenschaftlich gerne Gemüse anbaue, war ich bis 2016 sechs Jahre als Einzelunternehmer in der Produktion von Marmeladen, Pestos, Chutney, etc. selbstständig. Das war aber nicht wirtschaftlich, da ich nach Werten und Idealen und nicht gewinnorientiert arbeiten wollte. Das haut in dieser Wirtschaftsform nicht hin. So kam es zur Gründung des Vereins.

Dank der Vereinsgründung können wir das Hauptaugenmerk auf die Qualität legen und etwas Gutes erzeugen. Denn der Verein orientiert sich an Idealen und Werten und als ehrenamtlicher Präsident bringe ich mich zu 100% in den Verein ein. Es nimmt meine komplette Zeit in Anspruch, die Projekte und damit die Umsetzung unserer Ideale und Werte voranzutreiben.

Kannst du denn davon leben? Finanzierst du dich von den Spenden?
Nein. Alles was wir an Einnahmen generieren, fließt in die Projekte. Wir bieten unsere Erzeugnisse ja gegen Wertschätzungsbeiträge am Markt an, um den Verein zu fördern.

Und deine Familie?
Meine Frau hat ein fixes Einkommen, mit dem wir unsere Grundbedürfnisse wie Miete, Schulgeld o. Ä. finanzieren. Als Selbstversorger, die einfach leben, benötigen wir wenig. Das ist eben auch eine Frage der Ideale und Werte.

Wie viele Menschen sind im Verein Genussgarten organisiert?
Stand Jänner 2021 hatten wir 170 Mitglieder, Tendenz steigend. Und es gibt ja nicht nur diesen Verein.

Ihr arbeitet auch an weiteren Lösungen – Stichwort: „Ich denke selbst."
Ja. Es geht uns darum, Menschen mit Menschen, Fähigkeiten mit Bedürfnissen zu vernetzen und das auf Vereinsbasis, basierend auf Idealen und Werten, nicht auf Geld. So können wir hier bei uns in Österreich eine alternative Wirtschaftsform entwickeln. Der Genussgarten ist dabei das Pilotprojekt, wir testen aus, wie sich das alles organisieren lässt, welche Fehler im System sind. Jedes Vereinsmitglied kann seine Lieblingserzeugnisse bestellen. Die Bestellungen werden ab 01.01.2021 bereits nach Urfahr, Linz, Traun, Leonding und Puchenau geliefert. Wer möchte, kann die Bestellung selbst abholen. Das Pilotprojekt wird nach einer kurzen Anlaufphase um Steyr, Enns, Wels und anschließend auf ganz Oberösterreich bzw. Österreich ausgeweitet. Gerade in dieser Zeit ist es wichtig, die heimischen Erzeuger zu unterstützen und gleichzeitig auf Umwelt und Natur zu achten.

Die Plattform[1] arbeitet mit allen Vereinen zusammen, die untereinander kooperieren wollen und verbindet die Mitglieder der vielen Vereine. Allein in meinem Umfeld sind das schon rund 1000 Vereine – wir sind ein Riesennetzwerk, das noch sichtbar miteinander verbunden werden muss, wobei Eigenständigkeit und Eigenverantwortlichkeit erhalten bleiben. Freiheit ist ja mit Verantwortung verbunden. Je mehr Erzeuger und Anbieter von Tätigkeiten mitmachen, umso rascher kann ganz Österreich profitieren.

Geht es nur um Lebensmittel?
Nein. Wir machen auch noch völlig andere Projekte, planen beispielsweise Bauernhöfe zu kaufen, gemeinnützige Wohnprojekte mit Selbstversorgung zu gründen und Menschen die Sicherheit für ihr tägliches Leben zu bieten. Dadurch erschaffen wir gleichzeitig Kultur. Eigenständige regionale Strukturen, die sich in ihrer regionalen Situation total unterschiedlich entwickeln können, macht Kultur aus.

---

1 https://www.ichdenkeselbst.at

Wie finanziert ihr das?
Es gibt Menschen mit genug Geld, die jetzt in der Zeit, in der alle sehen, dass das Finanzsystem dem Ende zugeht, noch etwas Sinnvolles mit ihrem Geld anfangen wollen. Es gibt Sponsoren, die uns bei dem, was wir machen, nämlich die Entwicklung einer autarken Gesellschaft, unterstützen. Und wir hoffen natürlich, dass wir noch mehr finden.

Könntest du eure Vision kurz zusammenfassen?
Das Ziel – heute noch Utopie – ist ganz einfach: Wenn jeder das macht, was er kann, und jeder das nimmt, was er braucht, hat jeder alles, was er benötigt. Das ist die neue Weltordnung, die wir uns wünschen. Und die gestalten wir, die Menschen, uns auch!

Franco Clemens: Der Impfbefürworter, der gegen Impfzwang votiert

Andrea Drescher

Foto: Privat

Der „kölsche Jung“ (1964) mit italienischen Wurzeln lebt auch heute noch in seiner Geburtsstadt. Seit Jahren in „wilder Ehe“ glücklich, arbeitet der Experte für niederschwellige Brennpunktarbeit als Sozialarbeiter und genießt in seiner Freizeit die Musik, weite Reisen, Kampfsport und Tauchen. Politik gehört ebenfalls zu seinen Hobbys – auch wenn diese eher keinen Genuss darstellt. Er formuliert auch mal Gedanken, die nicht der Norm entsprechen – gerade in der Corona-Zeit eine mutige Ausnahme.

Sie äußern sich auf Facebook kritisch zu den Maßnahmen gegen Corona, haben aber den folgenden Text gepostet.

Hört mir kurz zu, ihr kritischen Geister und FreiheitskämpferInnen! Auch Leute mit „Ehre“ wie ich, die immer den Mut hatten, auch mal gegen den Strom zu schwimmen, sich also nichts unhinterfragt vom Staat aufzwingen zu lassen und stets die Eier/Eierstöcke, mit allen drohenden Konsequenzen auch mal *Nein* zu sagen, lassen sich impfen. Solidarität lässt sich nicht erzwingen, sondern ist immer nur eine *Bitte*. Der solidarische Mensch hat die Wahl zwischen einem hypermodernen Impfstoff oder klassischem Impfstoff, je nach Mut und Experimentierfreudigkeit. Die, die sich, aus welchem Grund auch immer, nicht impfen lassen wollen, werde ich definitiv nicht verurteilen – denn es reicht, wenn 60–70 % dies tun – und wünsche den anderen trotzdem viel Glück und ein langes Leben. Ich werde mich impfen lassen. *Punkt.*

Wieso?

Ich bin grundsätzlich ein kritischer Begleiter der Corona-Politik. Es gibt eine Pandemie, es gibt Tote, ich hänge keiner Verschwörungstheorie an und habe mich mein ganzes Leben gegen Rechts engagiert. Das vorweg. Ich sehe die Lockdowns aber sehr kritisch, weil es einen Zielkonflikt gibt zwischen Volksgesundheit und wirtschaftlichen Interessen und in Folge großen sozialen Spannungen. Darum ist es mir sehr wichtig, dass alle eingeleiteten Maßnahmen sehr gut durchdacht und logisch sind. Zu diesen Maßnahmen gehört auch die Durchführung von Impfungen. Das finde ich – wenn sie denn wirken –

o.k. Ich selbst bin als weitgereister Mensch und Taucher gegen sehr vieles geimpft und definitiv kein Impfgegner.

Sie fordern aber Entscheidungsfreiheit, auch wenn Sie selbst impfbereit sind?
Ja. Was ich vehement ablehne, ist Zwang, jede Art von Zwang zur Impfung. Es handelt sich um einen massiven Eingriff in den Körper der Menschen. Jeder Mensch hat das Recht, selbst zu entscheiden, ob er sich impfen lässt oder nicht. Vor allem gibt es ja keine Garantie dafür, dass die Impfungen frei von Nach- und Nebenwirkungen sind. Wer steht denn in der Pflicht und Verantwortung gegenüber den Menschen, die man z. B. gezwungen hätte, sich impfen zu lassen? Der Staat und die Pharma-Industrie ziehen sich bei Schadensersatz immer gerne heraus. Und wenn, bedarf es jahrzehntelanger Klagen, bis es überhaupt zu Zahlungen kommt – die in Deutschland übrigens meistens lächerlich ausfallen.

Was ich sehe, ist, dass der Staat das freiheitlich-liberale demokratische Primat umgeht, indem er Menschen, die sich nicht impfen lassen wollen, sozial, kulturell und wirtschaftlich sowie in ihrer Bewegungsfreiheit ausgrenzt. Darum wehre ich mich gegen jegliche Impfzwänge, ohne Impfgegner zu sein. Als Mensch, der an Bürgerrechten sehr interessiert ist und der die Verfassung gut kennt, habe ich auch aus der geschichtlichen Erfahrung heraus große Angst, dass Corona missbraucht wird, um uns vieler Errungenschaften der Nachkriegskultur zu berauben. Freiheit ist auch ein Wert an sich.

Wie stehen Sie zu den Maßnahmen generell?
Ich denke analytisch und stelle fest, dass viele der Maßnahmen sich meiner Logik entziehen. Das geht soweit, dass Fragen des Grundgesetzes, der Bürgerrechte und Grundrechte betroffen sind. Ich empfinde, mit der Verfassung in der Hand, einige Maßnahmen unverhältnismäßig und damit verfassungswidrig.

Das ist der Grund, warum ich mich als guter Basisdemokrat auch gegen die einseitige Lockdown-Politik und gegen die Abläufe im Parlament wehre, die das Parlament aushebeln und dazu führen, dass im Moment ein Pandemie-Regime herrscht. Das ist inakzeptabel.

Wie waren die Reaktionen auf Ihr Posting?
Sehr gut – es gab ziemlich viele positive Reaktionen. Das wundert mich aber nicht, ich bin auf eine ganz besondere Art vernetzt. Ich habe Kontakt zu Politikern aus dem demokratischen Spektrum, Chefredakteuren und Journalisten, politisch Engagierte aller Couleur, ganz normalen Bürgern und auch Angehörigen von sozialen und kulturellen Randgruppen.

Warum wollen Sie sich impfen lassen? Warum das Posting?
Das Posting war deshalb, weil ich selbst glaube, dass die Impfungen ein Teil der Lösungen

sein könnten. Als Mensch des öffentlichen Lebens sehe ich darin eine Vorbildfunktion. Das mögliche Risiko kalkuliere ich dabei mit ein, bin aber dennoch zu der Überzeugung gekommen, dass es besser ist. Mir ist allerdings sehr wichtig zu betonen: Ich mache niemandem einen Vorwurf, wenn er zu einer anderen Überzeugung kommt.

Das klang in Ihrem Posting etwas anders. Sind Menschen, die sich nicht impfen lassen wollen, in Ihre Augen unsolidarisch?
Dieser Rückschluss war nicht so beabsichtigt. Diese Formulierung war nicht glücklich gewählt. Ich habe die Perspektive der Skeptiker nicht durchdacht. Man darf keine Solidarität erzwingen. Es gibt die Gefahr der kollektiven moralischen Verhaftung. Der muss man genauso energisch entgegentreten. Das würde ich in der Form nicht mehr schreiben. Da, wo die Verhältnismäßigkeit gewahrt bleibt, ist der Appell an Solidarität aber weiter legitim. Wer ohne Maske auf fremde alte Menschen zugeht, ist in meinen Augen absolut unsolidarisch und handelt unverantwortlich.

Sie sind also ein Befürworter der Maskenpflicht?
Hochrisiko-Gruppen müssten FFP3-Masken mit Ventil zur Verfügung gestellt bekommen. Warum das seitens der Politik bisher nicht passiert ist, ist mir unverständlich. Ich trage eine Maske dort, wo sie nötig ist, um andere zu schützen. Aber wenn ich Fahrradfahrer mit Maske sehe oder Spaziergänger mit Masken in der Natur beobachte, kriege ich innerlich die Krise. Da wurde unnötig Panik geschürt und das geht beim Thema Mutationen leider weiter.

Wie meinen Sie das?
Meine Freundin hat sich als Naturheilpraktikerin ausführlich informiert, lange recherchiert und kennt sich jetzt gut aus. Die Angstmacherei aufgrund der Mutationen ist aus ihrer Sicht völlig unnötig. Bei dem Grad der Durchseuchung mutiert das Virus überall. Mutationen sind aber nicht grundsätzlich schlecht. Normalerweise hat das Virus kein Interesse, den Wirt zu töten, sondern will sich vermehren und überleben. Es kann sogar sein, dass Mutanten ungefährlicher werden und den Organismus nicht schädigen. Das ist noch alles offen. Im Moment ist es eine Hypothese, dass das mutierte Virus sich viel schneller verbreitet, die auf Basis der rohen Fallzahlen mit dem Virustyp aufgestellt wurde. Natürlich kann das bedeuten, dass es zu mehr Infektionen und in Folge zu mehr schweren Krankheitsverläufen und Toten kommen kann. Aber ich wehre mich dagegen, grundsätzlich vor Mutationen Panik zu verbreiten und damit Maßnahmen zu legitimieren, die aus meiner Sicht sinnlos erscheinen, weil wir die schrittweise Durchseuchung wahrscheinlich gar nicht verhindern können. Also ich glaube, dass wir das Rennen gegen die Mutationen als „Locks" gar nicht gewinnen können. Auch glaube ich, dass wir stattdessen bei den Behandlungsmethoden der Infizierten mit schweren Kankheitsverläufen mit Hochdruck weiter forschen sollten, um Medikamente und Therapien zu entwickeln, die die Symptome abschwächen und damit den Tod verhindern.

Wie stehen Sie grundsätzlich zu den Impfstoffen? Wie bewerten Sie die Risiken?
Ich selbst bin Laie. Meine Freundin hat mich darüber aufgeklärt, dass der neue Impfstoff von der Idee, zu impfen und derart Impfstoffe zu entwickeln, ein guter Ansatz ist. Er trägt aber noch große Risiken in sich, weil wir damit keine Erfahrungen beim Menschen haben. Bei Tieren wird er wohl schon länger eingesetzt, das aber auch nicht ohne Nebenwirkungen. Ich selber werde mich auch nicht unter dem pandemischen Druck als Testperson zur Verfügung stellen. Daher werde ich mich nicht mit den mRNA-Impfstoffen impfen lassen, sondern warte auf eine Vektorimpfung. Ich habe wirklich schon viele Impfungen durchgeführt und habe mit klassischen Impfungen gute Erfahrungen gemacht. Ich habe selbst nie Nebenwirkungen, kenne aber auch Menschen, die selbst bei dieser Art der Impfstoffe Nebenwirkungen entwickelt haben. Genau deshalb bin ich gegen jeden Impfzwang oder irgendeine Form von sozialer Ausgrenzung ungeimpfter Menschen. Das Traurige ist ja, dass die Impfung nicht mal sicher vor Ansteckung Dritter schützt. Das muss man ja alles bedenken. Man kann trotz einer Impfung Virenträger sein, Zwang macht also wirklich keinen Sinn.

Haben Sie persönlich Angst vor dem Virus?
Nein. Ich habe keinerlei Vorerkrankungen. Ich rauche zwar, bin aber sportlich und habe vielleicht auch eine Lebenshaltung, die es mir nicht erlaubt, aus Angst zu sterben, mich lebendig zu begraben.

Können Sie das konkretisieren?
Wie bereits gesagt: Freiheit ist ein Wert an sich. Bewegungsfreiheit ist mir sehr, sehr wichtig. Ich gestehe dem Staat nicht zu, mich nachts in eine Wohnung einzusperren oder mich in meinem Bewegungsradius auf 15 km zu begrenzen. Niemand hat mir vorzuschreiben, wohin ich reise, zumal Corona auch keine zwingend tödliche Krankheit ist. Da stimmen die Verhältnisse nicht. Über Tests kann man gerne mit mir sprechen. Sollte ich tatsächlich infiziert sein, ist es für mich eine Selbstverständlichkeit, dass ich mich sofort in Quarantäne begebe. Mich aber willkürlich und präventiv einzukasernieren, löst bei mir instinktiv maximale Gegenwehr aus. Und das meine ich so. Da hört für mich jedes Verständnis und jeder postmoralische Appell an die Solidarität auf.

Ich habe einen Eid auf die Verfassung geschworen – mehrfach als Sozialarbeiter und erst kürzlich wieder als Mitglied des Jugendhilfe-Ausschusses in Köln – und ich gedenke diesen Eid sehr ernst zu nehmen. Auch als kritischer Begleiter aller Corona-Maßnahmen. Wir haben ja schon erlebt, dass Erlasse und Maßnahmen im Nachhinein von den Gerichten als verfassungswidrig eingestuft wurden. Und ich bin mir sicher, dass das neue Infektionsschutzgesetz bei einer Prüfung durch das Bundesverfassungsgericht punktuell keinen Bestand haben wird. Allerdings haben wir ebenfalls schon die Erfahrung gemacht, dass es in dieser Republik bis zu 16 Jahre dauern kann, dass verfassungswidrige Gesetze wie z. B. die 100 %-Sanktionen von Hartz4-Beziehern als solche vom Bundesverfassungsgericht verurteilt und erst dann wieder abgeschafft wurden. 16 Jahre! Unglaublich!

Sie sind von der Pandemie überzeugt. Wie stehen Sie zu den Demonstrationen von Querdenken, Protesten wie dem Schweigemarsch oder anderen Protestformen von Menschen, die an der Pandemie zweifeln?
Grundsätzlich gilt das Demonstrationsrecht. Ich finde es schade, dass die Medien bei Demonstrationen immer sehr stark auf die Extreme fokussieren, anstatt zu erkennen, dass dort sehr viele ganz normale Bürger mitgehen, um die wir uns kümmern müssen. Jede Art von Widerstand wird dadurch diskreditiert. Das wird zu einer Gefahr, weil die berechtigten Interessen und Anliegen der Bürger im Spektrum der demokratisch legitimierten Parteien kein Gehör finden – und sie damit den Rechten in die Arme getrieben werden. Da sehe ich eine große Gefahr, der man entgegentreten muss.

Danke fürs Brückenbauen – auch das kostet ja Mut!

Frank Höfer: Seit 2005 schon ein „Alternativer"

Christiane Borowy

Foto: Privat

Heutzutage kann man es sich kaum vorstellen, dass es Zeiten gegeben hat, in denen es keine alternativen TV-Formate im Internet gab. Frank Höfer aus Leipzig, der Gründer des erfolgreichen Senders NuoViso hatte im Jahr 2005 eine zukunftsweisende Idee, denn heute ist es gar nicht mehr wegzudenken, dass es TV-Portale im Internet gibt, die Informationen und Inhalte präsentieren, die in den Massenmedien ausgelassen, als zu schwierig angesehen oder nur oberflächlich behandelt werden. Damit hat er sich nicht nur Freunde gemacht. Doch das stört ihn wenig. Meinungsfreiheit ist und war ihm wichtig und dafür ist ein freier Debattenraum nötig. Egal, wie schwer es alternativen Sendern inzwischen gemacht wird: Höfer bleibt kreativ und fokussiert sich auf das, was möglich ist, um diesen freien Debattenraum zu erhalten oder immer wieder neu zu schaffen.

Sie waren seit Gründung von YouTube (2005) einer der ersten, die über das Internet Inhalte angeboten haben, die eine Alternative zu den Inhalten in den Mainstream-Medien darstellten. Wie findet YouTube, eine Tochter des digitalen Giganten Google, Ihre Inhalte?
Das weiß ich nicht. Ich glaube, Google interessiert sich nicht wirklich für die Inhalte von NuoViso. Die Zusammenarbeit mit YouTube verlief jahrelang sehr kooperativ und positiv. Der Wandel der Zeit hat allerdings zu immer verschärfteren Community-Richtlinien geführt, weshalb eine Zusammenarbeit heute kaum noch möglich ist. YouTube (Google) nimmt sich das Recht heraus, Inhalte willkürlich zu löschen. Von daher wird NuoViso zukünftig wohl nicht mehr nur auf der größten Plattform zu finden sein, sondern dafür verteilt auf viele kleinere.

YouTube hat im Jahre 2019 einen Jahresumsatz in Höhe von 15 Milliarden Dollar erwirtschaftet. Haben Sie von dem Geld für Ihre Inhalte etwas abbekommen?
Ja, weil wir unsere Videos auch monetarisiert haben. Es scheint so zu sein, dass YouTube die Videos, bei welchen Werbung zugelassen wird, besonders hervorhebt und selbst für Reichweite sorgt. Solange wir dieses Tool zur Verfügung hatten, haben wir das natürlich genutzt. Die Umsätze durch YouTube-Werbung investieren wir wieder in unser Programm, welches wir daran anpassen, was uns eben durch Werbeeinnahmen

und Spendengeldern zur Verfügung steht. Ich bin YouTube dankbar für die Möglichkeiten, die uns dieser Konzern bisher bot. Ohne YouTube hätte NuoViso nicht diesen Erfolg erzielen können, den wir bisher damit erreicht haben. Im Oktober 2020 wurden wir bei YouTube allerdings mit Restriktionen sanktioniert. Im Resultat haben wir viel Reichweite eingebüßt. Dies hat natürlich auch finanzielle Folgen.

Wenn Sie damit kein Geld verdienen können: Was hat Sie motiviert, sich dennoch mit „heiklen Themen" zu beschäftigen?
Die Motivation entstand bei mir ja bereits unmittelbar nach den Anschlägen des 11. Septembers. Ich habe bis zum Jahre 2005 regelrecht auf so eine Möglichkeit wie YouTube gewartet. Als es diese dann gab, habe ich nicht gezögert, den Film „Unter falscher Flagge" zu produzieren. Ich hatte damals keine Profitinteressen, weil ich zeitgleich einer Beschäftigung beim Mitteldeutschen Rundfunk (MDR) als Film- und Videoeditor nachgegangen bin. Das hat zum Leben gereicht. Heute ist die Situation etwas anders. Aus NuoViso ist eine Firma mit Angestellten erwachsen. Ich selbst arbeite seit 2009 nicht mehr beim öffentlich-rechtlichen Rundfunk. Natürlich muss man dann auch auf die Finanzen blicken, weil man nicht mehr nur für sich selbst verantwortlich ist.

Ist es gelungen, das Publikum auf den Zweitkanal Nuo7 umzuleiten?
Als unser Hauptkanal quasi unbenutzbar geworden ist, haben wir unser Publikum auf unseren anderen Kanal Nuo7 umgeleitet. Das hat sehr gut geklappt – allerdings ist das ja aber auch keine Alternative zu YouTube, wenn man es dort einfach nur auf einem anderen Kanal hochlädt. Wir haben auch andere Sachen ausprobiert. Sonst gut geklickte Sendungen wie „TACHELES" haben wir zum Beispiel exklusiv auf unserer Webseite angeboten. Das Ganze haben wir dann auf allen sozialen Medienkanälen mit Trailern beworben. Fazit: Wir konnten über diesen Weg nicht einmal mehr 10 % der sonst üblichen Zuschauerzahlen erreichen. Es wird also noch eine ganze Weile dauern, bis sich wirkliche Alternativen zu YouTube durchgesetzt haben. Es geht gar nicht um technische Lösungen dabei, sondern vor allem um die Reichweite. Dadurch, dass diese bei kritischen Kanälen immer mehr eingeschränkt wird, wird natürlich auch der Debattenraum verengt.

Wie schafft man es, nicht daran zu verzweifeln und seinen Mut zu behalten, wenn der Debattenraum immer mehr verengt wird und die eigene Arbeit als „rechtsoffen", „esoterisch" und „verschwörungsideologisch" verbrämt wird?
Ganz ehrlich, ich verstehe nicht, wieso ich mutig sein soll, nur weil ich es mir erlaube meine Meinung zu publizieren. Ich habe bisher außer der Entfernung meiner digitalen Hinterlassenschaften noch keinerlei persönliche Restriktionen gegen mich erlebt. In früheren Regimes war die freie Meinungsäußerung tatsächlich ein mutiger Akt – sowohl in der DDR als auch im Dritten Reich. Man musste um Freiheit oder Leben bangen. Heute setzt man seinen YouTube-Kanal, seinen Job oder gute Freundschaften aufs Spiel – schlimm genug zwar, aber dennoch bin ich froh, in einem doch recht humanen

Despotismus zu leben, wo ich wenigstens noch die Auswirkungen meines Schaffens lebendig und in Freiheit miterleben darf. Wenn in mir Verzweiflung hochkommt, zu derer es Anlässe en masse gäbe, dann vergegenwärtige ich mir genau das. Ein ähnliches Prinzip wendet der Historiker Daniele Ganser an. Er gibt den Rat, sich stets vor Augen zu halten, dass ein undichtes Dach meistens ein größeres Problem darstellt als jenes, welches man gerade hat. Das klingt banal, aber es funktioniert tatsächlich. Ganz nach dem Motto: Es könnte schlimmer sein.

Sind Sie momentan mit der alternativmedialen Gesamtsituation zufrieden?
Überhaupt nicht. Es stellt sich heraus, dass diese Bewegung noch in den Kinderschuhen steckt. Es ist ein Dilemma. Denn damit sich überhaupt ein alternatives Portal neu gründet, bedarf es jemanden, der das macht. Dieser jemand ist in der Regel jemand, der nicht besonders obrigkeitshörig ist und sich nur ungern unterordnet. Diese Charaktereigenschaft bringt alternative Geister und Querdenker hervor, welche eine Gesellschaft schon immer vorangebracht haben. Allerdings verhindert diese Charaktereigenschaft auch einen größeren Zusammenschluss von Freidenkern. Diese tauchen immer nur temporär auf, wie 2014 bei der Mahnwachen-Bewegung oder 2020 bei den so genannten „Querdenkern". Der starke Individualismus und Drang nach Freiheit innerhalb der Bewegung ist Stärke und Schwäche zugleich. Ein gegeneinander Ausspielen durch äußere Protagonisten wird dadurch oft erst möglich. Alternative Medien werden sich weiterentwickeln und ohne die Hilfe der Großkonzerne wie Google und Facebook auskommen müssen. Das wird geschehen, aber wahrscheinlich erst mit der neuen Generation, die bereits im YouTube-Zeitalter aufgewachsen ist.

Gibt es eigentlich auch mal Momente, in denen Sie denken: Verdammt, ich hau es hin. Viel zu anstrengend, lohnt sich nicht, die Mühe, ich habe meinen Beitrag geleistet?
Nein. Überhaupt nicht. Je frustrierender die Situation, desto mehr bin ich motiviert, noch mehr herauszuholen. Als YouTube zum Beispiel den NuoViso-Kanal sperrte, habe ich mich dazu entschieden, meinen Plan eines NuoViso-Printproduktes zu verwirklichen. Und genau in diesem Moment lerne ich Daniel Haas kennen – einen begnadeten Comiczeichner. Ich habe mich einfach nicht mehr auf den YouTube-Frust fokussiert, sondern auf die Fertigstellung eines Printcomics, von dem ich keinerlei Ahnung hatte, ob und wie er bei unserem Publikum ankommt. Diese Arbeit hat mich bereichert und erfüllt. Der Comic war ein voller Erfolg. Was will man mehr? Es kommt nur auf den Fokus an.

Das Richtige zu wissen und es nicht zu tun ist das größte Maß an Feigheit, heißt es. Würden Sie gemessen daran von sich sagen, dass Sie ein mutiger Mensch sind?
Als ich mich 2007 entschloss, einen Film über die Ungereimtheiten von 9/11 zu machen und gleichzeitig ankündigte, meinen sicheren Job beim MDR aufgeben zu wollen, um zukünftig über YouTube „Verschwörungsfilme" (mein damaliges wording) zu vertreiben, sagte niemand zu mir: „Das ist aber ganz schön mutig von dir." Man erklärte mich eher

für verrückt und riet mir, dass ich mir das noch einmal ganz genau überlegen sollte. Wenn es also an irgendeinem Punkt wirklich eine mutige Entscheidung gebraucht hat, dann diese, sich über den Rat von Familie, Freunden und Kollegen hinwegzusetzen und meinen eigenen Weg zu gehen. Ansonsten betrachte ich die Arbeit mit NuoViso nicht als mutig, sondern vielmehr als befreiend. Ich frage mich vielmehr, wie es so vielen meiner früheren Kollegen gelingt, ihrerseits den Mut aufzubringen, sich täglich im Spiegel zu begegnen.

Mutig heißt nicht unbedingt, angstfrei zu sein. Mutige Menschen vertrauen laut Psychologen nur mehr auf ihr Können. Auf welche Ihrer Fähigkeiten vertrauen Sie am meisten in Krisenzeiten?
Ich glaube, mir gelingt es einigermaßen, den Überblick zu behalten. Worauf kommt es jetzt wirklich an? Auf diese Frage finde ich in den meisten Situation schnell die passende Antwort.

Man hört oft, dass Angst einen Menschen wachsen lässt, oder dass man Frustration in Faszination verwandeln kann. Inwiefern würde dies zu Ihnen passen?
Aus Frustration kann man eine Menge Energie gewinnen und wenn man in der Lage ist, seinen Fokus zu kontrollieren, kann daraus sehr viel kreatives Potenzial entstehen. Dieses muss man dann nur noch freisetzen. Die Faszination entsteht dann am Ende, wenn man seine Schöpfung betrachtet und sich gewahr wird, aus welcher Emotion heraus diese geboren wurde.

Haben Sie schon eine alternativmediale Vision für die Zukunft?
Ich denke, wir werden es in Zukunft mit einem noch deutlich vielfältigeren Medienangebot zu tun bekommen. Die bisherigen Medienmonopolisten fürchten um ihre Meinungshoheit. Nur deshalb wird gelöscht und zensiert, wo es nur geht. Eine objektive Berichterstattung findet kaum noch statt. Medienhäuser berichten nach einem hausinternen Narrativ. Was von einem Autor der Jungen Freiheit verlangt wird, wäre bei der TAZ ein Kündigungsgrund (und wahrscheinlich umgedreht). Ich rechne mit einem Niedergang der etablierten Mainstreammedien. Diese werden nicht verschwinden, aber ihr Einfluss wird schwinden. Heutzutage kann jeder im Eigenverlag publizieren oder im Internet mit wenig Budget eine eigene Nachrichtensendung mit zig Tausend Zuschauern gestalten. Die unzähligen Medienangebote führen letztlich dazu, dass wir uns alle voneinander entfernen. Gespräche über den „Tatort" am Abend zuvor gibt es heute kaum noch, weil den eben keiner gesehen hat. Gemeinsame Gesprächsgrundlagen schwinden dadurch auch. Vor diesem Hintergrund lässt sich heute schwer sagen, wohin die Reise geht. Ich versuche auch, nicht allzu weit nach vorne zu blicken, sondern viel mehr im Hier und Jetzt zu agieren.

Frank Wohlberg: Friedensaktivismus ohne Mut geht nicht

Andrea Drescher

Foto: Privat

Frank Wohlberg, geboren 1966 in Hamburg, wohnt jetzt in Nortorf/Wilster, ist Maurer, Unternehmer, Lebenskünstler und geschäftsführender Gesellschafter mehrerer GmbHs. Der geschiedene Vater von vier Kindern hat eigentlich keine Hobbys, da er zu gerne werkelt. Handwerken, sein Grundstück, Haus oder Garten gestalten reichen ihm, um sich auszupowern. Nebenbei noch aktiv in Facebook beziehungsweise im Internet ist er völlig ausgelastet.

Seit wann stehst du dem bestehenden System kritisch gegenüber?
Das zieht sich eigentlich durch mein ganzes Leben. Ich bin oft mit dem System aneinandergerasselt. Die Behörden, die deutsche Justiz, ob Kreditverhandlungen, Sorgerechtsstreitigkeiten oder Bauvorhaben, ich weiß aus eigener Erfahrung, dass vieles im Argen liegt. Dass aber eigentlich nichts so ist, wie es sein sollte, wurde mir erst nach dem 11. September 2001 bewusst. Die Erlebnisse mit meiner Firma haben mir das nochmals drastisch bestätigt.

Was ist denn passiert?
Mein Unternehmen beschäftigte sich mit der Umrüstung von Dieselmotoren auf den Betrieb mit naturbelassenem Pflanzenöl als Kraftstoff. Mit der Begründung der CO2-Neutralität wurde Pflanzenöl zunächst von der Mineralölsteuer befreit. Wir produzierten die Umrüstsätze, kümmerten uns um die Tankstellenlogistik und Kraftstoffbelieferung und waren ziemlich erfolgreich. Im ersten Jahr nach Gründung hatten wir bereits 4,5 Millionen Euro Umsatz, das ging zwei Jahre steil bergauf. Wir haben in der Zeit 4.000 LKWs, Traktoren und auch einige PKWs umgebaut.

Bei den PKWs waren es Überzeugungstäter aus der ökologischen Ecke, die Transporteure konnten viel Geld sparen. Die Kraftstoffkosten sind ja *der* Kostenfaktor für die Branche. Dann wurde die stufenweise Einführung der Mineralölsteuer auf Pflanzenöl angekündigt. Im Endausbau sollte sie die gleiche Höhe wie beim Diesel aufweisen. Damit wurde Pflanzenöl wiederum teurer als Diesel, da der Grundpreis an der Warenterminbörse immer rund 20 Cent über dem Dieselpreis lag.

Mineralölsteuer auf ein Produkt, das kein Mineralöl ist. Das geht?
Offensichtlich ja. Ich wollte es auch nicht glauben und reichte eine Verfassungsklage ein. Ich habe gemeinsam mit anderen 55.000 Euro für eine spezialisierte Anwaltskanzlei in die Hand genommen, um dann nach drei Jahren in einem Zweizeiler darüber informiert zu werden, dass unsere Klage nicht angenommen wird. Aber das ist ja auch nicht verwunderlich.

Wieso?
Man darf nicht übersehen, was den Mineralölkonzernen und dem Finanzamt durch die Lappen gegangen ist. Die LKWs hatten nur noch einen kleinen Dieseltank für den Start und schalteten automatisch auf Pflanzenöl um. 95 Prozent des verbrauchten Sprits waren pflanzlicher Natur. Der Durchschnittsverbrauch eines LKWs liegt beim Einsatz auf Fernstrecken bei 50.000 Liter / Jahr. Die Verluste kann man sich ausrechnen. Aber die CO_2-Einsparung – regenerativ – war schon gewaltig. Statt die Einführung einer CO_2-Steuer zu forcieren, hätte man die Besteuerung von CO_2-neutralen Kraftstoffen besser mal beibehalten.

Aber Pflanzenöl als Kraftstoff wird ja auch kritisch diskutiert, oder?
Ja klar. Als Gegenargumente kam es immer zur Teller-Tank-Diskussion – man solle keine Nahrungsmittel vernichten. Fakt ist aber: Raps besteht zu zwei Dritteln aus Rapskuchen, zu einem Drittel aus Rapsöl. Der Rapskuchen wird in der Tierfütterung verwendet, das Öl nimmt man zum Tanken. Und was ist schlimmer: Mineralöl oder Co_2-neutrales Pflanzenöl zu verbrennen? Vor dem Hintergrund, dass weltweit noch kein Krieg um Rapsöl, aber sehr viele Kriege um Erdöl geführt werden, ist die Antwort doch eindeutig.

Du bist Systemkritiker, siehst du dich auch als Friedensaktivist?
Was ist ein Friedensaktivist? Zunächst muss man fragen, warum haben wir keinen Frieden? Das führt zur Systemkritik. Das jetzige System aufzudecken, zu entlarven, was falsch läuft und eine Alternative zu installieren, führt eigentlich automatisch zum Frieden.

Wir haben ein Geldsystem, ein Wirtschaftssystem und ein politisches System, das auf gnadenloser Konkurrenz und Kampf aufsetzt. Das System ist darauf angewiesen, dass wir uns bekämpfen. Es ist ein in sich geschlossenes Kriegssystem.

Illustration: Diana Wille

Wir müssen dafür sorgen, dass sich diese

Systeme ändern, nur dann ist Frieden möglich. Aktionen gegen die einzelnen Kriege bringen wenig. Militärische Auseinandersetzungen sind nur eine Folge, der Krieg wird vom System gegen jeden Einzelnen auf dieser Welt geführt. Unsere Aktionen müssen darauf gerichtet sein, die Unfrieden stiftenden Systeme abzuschaffen.

Was machst du konkret?
Ich versuche, Menschen über das Internet und soziale Medien aufzuklären, nachdem ich vorher Jahre darauf verwendet habe, mich umfassend zu informieren. Es ist leider sehr schwer, eine Gruppe aufzubauen, mit der man gemeinsam etwas tun kann. Man muss reisebereit sein, um Gleichgesinnte zu treffen. Und es gibt keinen Konsens, wie eine Gegenbewegung aussehen kann. Im Gegenteil: Sobald sich ein Konsens zu bilden scheint, wird das durch Spaltung wieder zerstört. Diese Spaltung ist meines Erachtens nur deshalb möglich, weil die überwiegende Anzahl der Menschen unzureichend und unsachlich über die wahren Hintergründe des wirtschaftlichen und politischen Systems informiert ist.

Wenn ich Hilfe leisten kann, unterstütze ich andere Menschen. Friedlich im eigenen Umfeld mit anderen Menschen zu leben heißt auch, konkret etwas zu tun. Ich entziehe dem System Energie, indem ich möglichst wenig Geld benötige. Die Energie vom System ist das Geld. Vor drei Jahren habe ich zusammen mit meiner Partnerin mit der Selbstversorgung angefangen. Wir bauen Obst und Gemüse soweit wie möglich selbst an, den Rest beschaffen wir uns in Bioläden oder kaufen beim Demeter-Bauern ein.

Selbstversorgung können ja nicht alle umsetzen – in der Stadt ist das nicht möglich. Aber dort kann man auf SoLaWi (solidarische Landwirtschaft) ausweichen. Natürlich sind Hürden zu nehmen, aber täte das eine signifikante Menge an Menschen, würde das bereits Veränderungen nach sich ziehen. „Weil keiner etwas macht, mache ich es auch nicht", ist ein trauriges Phänomen. Menschen, die sich aus eigenem Antrieb noch nicht mit Selbstversorgung beschäftigt haben, brauchen längere Prozesse, bis sie dann sagen: „Ja, das will ich auch." Es ist gar nicht leicht, die Menschen zu überzeugen. Denn Selbstversorgung bedeutet auch intensive Arbeit.

Was treibt dich denn an?
Mein großer Ansporn sind meine Kinder. Meine beiden Jungs denken und handeln schon „wie der Papa", haben einen vorsichtigen Umgang mit Geld, sind sehr kritisch, konsumieren Bio-Lebensmittel, leben aber leider auch teilweise in Angst. Falls in Europa mal Krieg ausbricht, sind sie „dran". Darum muss ich das tun, was mir möglich ist.

Dann wünsche ich dir und uns allen, dass deine Jungs nie „dran" kommen!

Guy Dawson: Liedermacher und Friedensaktivist

Dr. Michael Dahnke

Foto: Privat

Obwohl die meisten der für 2020 geplanten, offiziellen Auftritte des Musikers Guy Dawson wegen der Anti-Corona-Maßnahmen abgesagt wurden, tourt er seit Monaten durch die Republik, musiziert bei Demonstrationen gegen die Einschränkungen und hat vermutlich mehr Menschen erreicht, als ihm das mit seinem offiziellen Programm möglich gewesen wäre.

Wo sind Sie in den letzten Monaten aufgetreten? Viele Musikerkollegen sind arbeitslos, „Die Ärzte" haben Ende März „Ein Lied für jetzt" veröffentlicht, Niedecken hat sich im August publikumswirksam mit einer Gesichtsmaske auf Instagram von „Aluhüten, Verschwörungstheoretikern und Corona-Verweigerern" distanziert – und Sie spielen öffentlich vor Publikum.
Jeder soll machen, was er oder sie für richtig hält. Ich lasse „Die Ärzte" einfach „Die Ärzte" sein. Ich finde, dass die Haltung, sich zu distanzieren, so weit ausgeartet ist, dass Menschen unterschiedlicher Meinung überhaupt nicht mehr vernünftig debattieren. Das ist ein Verlust eines wichtigen Teils der Demokratie. Ich hatte ein paar lokale offizielle Auftritte im Sommer, ansonsten habe ich bei vielen Demonstrationen von „Kündigt Ramstein", dem „Netzwerk Impfentscheid", „Walk to Freedom" und „Querdenken" sowie anderen gegen die Einschränkungen musiziert. Genauso habe ich mich musikalisch für die Freilassung von Julian Assange und die volle Wiederherstellung des Grundgesetzes, für Frieden und Freiheit in Koblenz, in Köln, in Berlin, Hannover, Magdeburg, Leipzig, Frankfurt und Ulm eingesetzt. Dort war und ist mein Publikum.

Zuletzt haben Sie den Song „Antifa Hounds of Hell"[1] *veröffentlicht, wann haben Sie angefangen, als politischer Liedermacher mit Selbstgeschriebenem aufzutreten?*
Als ich Anfang zwanzig war, trat ich mit Cover-Versionen von Billy Bragg, Bob Dylan und Irish Traditional Songs auf. Politische Lieder habe ich erst in letzter Zeit geschrieben, nachdem ich viele Jahre kaum Musik gemacht hatte. Ich war Vollzeit als Altenpflegefachkraft tätig und kümmerte mich um meine Kinder und meine Frau. Nach einem Burnout habe ich mich 2016 als Musiker selbständig gemacht und bin seitdem in einer neuen kreativen Phase meines Lebens. Seit Beginn der staatlichen Anti-Corona-Maß-

1 https://youtu.be/864AN6xT7-8 → Kurzlink: ws1.eu/k/14

nahmen im März 2020 gibt es vieles, was gesagt werden muss. Ich würde viel lieber Irish-Traditional-Musik in Pubs und auf Hochzeiten spielen, aber ich muss jetzt diese Lieder als Waffe gegen gefährliche politische Umstände schreiben, die ein würdiges Leben unmöglich machen.

Sie interessieren sich sehr für die irische Volksmusik, die eine lange Tradition mit politischen Liedern im Widerstandskampf gegen den britischen Imperialismus und die Unterdrückung in Irland hat. Sie war immer ein wichtiges Instrument im politischen Kampf. Mit Sunday Bloody Sunday hat die irische Rockband U2 sehr schnell sehr viele Menschen erreicht.
Musik erreicht Menschen auf einer ganz anderen Ebene und kein Panzer kann sie abwehren. Sie geht in die Seele und spielt mit Emotionen. Die Iren haben die Heldentaten ihrer Menschen immer in historischen Balladen beschrieben. Vor diesem Hintergrund habe ich „Carolas March“[1] geschrieben und mich in diese Tradition eingereiht. Damit wollte ich der politischen Demokratiebewegung von heute ein Profil geben und die Menschen unterstützen, die so viel von ihrem Leben für die Freiheit einsetzen. 800 Jahre lang war die irische Musik eine tragende Säule des Widerstandes und diente der Aufrechterhaltung der Identität der Iren und dem Zusammenhalt in harten Zeiten, auch während des Nordirland-Konfliktes von Ende der 1960er bis zum Karfreitagsabkommen 1998. Die unmenschliche Behandlung der Gefangenen in Maze Prison in Lisburn habe ich als besonders schlimm empfunden, die gegen alles ging, was ich für anständig halte, und für mich die brutale Realität des britischen Kolonialismus zeigte.

War der Entzug des „Sonderkategoriestatus“ für gefangene IRA-Mitglieder 1976 ein besonders berüchtigtes Beispiel?
Ja. Im Zuge dessen wehrten sich die bis dahin als politische Gefangene behandelten IRA-Mitglieder u. a. mit der Weigerung, Uniformen von Strafgefangenen zu tragen. Ihnen wurde daraufhin von den Wärtern nicht erlaubt, ihre Exkremente aus den Zellen zu entsorgen, bis sie die verhängten Auflagen akzeptierten. Dem kamen sie nicht nach und mussten darum monatelang im eigenen Dreck leben. Das hat mich sehr schockiert. Dann sind Anfang 1981 ungefähr 14 Gefangene wieder in den Hungerstreik getreten, dessen prominentestes Opfer und Symbolfigur dieses Kampfes Bobby Sands am 5. Mai 1981 nach 66 Tagen Hungerstreik starb. Die britische Regierung hatte nach einem ersten Hungerstreik im Oktober bereits im Dezember 1980 eingelenkt und den Forderungen der IRA-Mitglieder zugestimmt. Als klar wurde, dass die Regierung unter dem neoliberalen Aushängeschild Margaret Thatcher nicht bereit war, sich an die Vereinbarungen zu halten, wurde der Hungerstreik wieder aufgenommen und insgesamt 10 Streikende sind gestorben. Der Mut von Bobby Sands und den anderen hat mich tief beeindruckt. Die höhnischen Reaktionen vieler Briten sowie die Wortbrüche und Verbrechen der britischen Regierung gingen nicht spurlos an mir vorbei. Ab dann war mir klar, dass Menschenrechte das höchste Gut sind.

---

1 https://youtu.be/YexFpvardaY → Kurzlink: ws1.eu/k/15

Sie leben seit 30 Jahren in Deutschland …
Nein, ich war von 1992 bis 1993 in Prag und habe dort hautnah den Umbruch erlebt, als sich am 31.12. die Tschechoslowakei in die unabhängigen Staaten Tschechien und Slowakei trennte. Prag war ein Paradies für Musiker, dort fand man Musiker aus aller Welt und viele Touristen. Es war frei und wir machten auf der Straße, in Parks und Pubs Musik und rauchten Gras. Jeder konnte machen, was er wollte, Václav Havel ließ das damals alles zu. Diese Freiheiten wurden später mit Gesetzen stark beschnitten. In dieser durchaus auch als anarchistisch zu bezeichnenden Zeit habe ich gelernt, wie Anarchismus funktionieren kann. Ich habe dort keine Gewalt erlebt und die Stadt war überall und jederzeit – auch für Frauen – sicher. Diese wunderschöne Zeit möchte ich nicht missen.

Trotzdem haben Sie erst in den beiden Jahren begonnen, politische Lieder zu schreiben. Wie kam es zu diesem Wandel?
Ich würde lieber ein schönes Leben genießend meine Blues-, Irish Folk- und andere Lieder in Pubs oder Party-Musik in einer Band spielen, aber die Situation ist zur Zeit unerträglich. Es gibt Sachen, die gesagt werden müssen. Das ist alles. Wir leben laut Sheldon Wolin in einer Welt des „umgekehrten Totalitarismus“[1]. Wolin hat mit diesem Ausdruck die Situation vor 20 Jahren in den USA beschrieben, mittlerweile macht aber eine starke wirtschaftliche Lobby Politik in der ganzen westlichen Welt und Regierungen sind nur noch Handlanger. Es herrscht – höflich ausgedrückt – ein großes demokratisches Defizit. Ich fühle mich reifer, um musikalische Texte und Melodien zu schreiben. Der „Philanthrop“ Bill Gates ist gefährlich. Kein Mensch hat ihn gewählt, aber er hat weltweit große Macht. So entstand der Text für „Who the fuck is Bill Gates“[2]. Politische Tatsachen werden von Medien völlig ignoriert, und ich sehe hier einen Bedarf an Liedern zu diesen Dingen. Ein weiteres Thema ist für mich der Wandel der antirassistischen Antifa der 1980er in die Blockwarte des gegenwärtigen politischen Systems und die daraus entstandene Transatlantifa – um es mit Markus Fiedler und Dirk Pohlmann von den Geschichten aus Wikihausen zu sagen.[3]

Woraus das Lied „Antifa Hounds of Hell“ entstanden ist?
In Koblenz haben „Antifanten“ gegen die Vortragsreihe Koblenz im Dialog und unsere Demonstrationen für das Grundgesetz demonstriert. Diese Menschen wüteten herum, beleidigten uns als Rechte und warfen uns Antisemitismus vor. Die Absurdität ist nicht zu übersehen, wenn man ihr Auftreten sieht. Dazu konnte ich nicht schweigen und wollte ein kurzes und knackiges Lied daraus machen. Ich konnte damit meine Gefühle gegenüber diesen Pseudolinken ausdrücken.

---

1 https://kenfm.de/die-scheindemokratie/ → Kurzlink: ws1.eu/k/16

2 https://youtu.be/_Mjqd-hOUos → Kurzlink: ws1.eu/k/17

3 https://wikihausen.de/2019/12/06/psiram-und-die-schlaegertruppe-von-der-transatlantifa-31-wikihausen/ → Kurzlink: ws1.eu/k/18

Das Lied wurde dann aber noch nicht veröffentlicht ...
... weil ich es noch nicht beendet hatte. Es lag längere Zeit unfertig herum, bis meine Frau, Ute Dawson, die jahrelang bei der Lebenshilfe Koblenz gearbeitet hatte, meiner Meinung nach rechtswidrig fristlos gekündigt wurde.

Wieso das?
Sie hatte am 15. August 2020 ein Video hochgeladen, in dem Eltern und Kinder lautstark gegen die Maskenpflicht für Kinder protestierten. Ein etwa neun oder zehn Jahre altes Mädchen, das sie nicht persönlich kannte, rief ins Mikrofon: »Wir sind doch nicht im Dritten Reich, warum müssen wir alle Masken tragen?« Dafür wurde sie von der Transantlantifa bei ihrem Arbeitgeber denunziert. Jochen Mitschka hat diese unglaubliche Geschichte minutiös nachgezeichnet und bei RT veröffentlicht.[1] Diese Ereignisse und die orchestrierten Denunziationen der Transantlantifa waren die Auslöser, das Lied zu beenden.

Und anschließend auch rasch produzieren zu lassen?
Die Suche nach einem Produzenten war alles andere als einfach. Ich bin Frank Reuter und Marcel Wojnarowicz von „Die Bandbreite“ wirklich dankbar, dass auch sie keine Angst vor der Transantlantifa haben und das Lied produzierten.

Waren Sie auch vor der aktuellen Situation politisch aktiv?
Ja. Ich habe in Deutschland eine Ausbildung zum Altenpfleger gemacht und bin von 2000 bis 2004 Betriebsratsvorsitzender für 240 Mitarbeiter beim Arbeiter-Samariter-Bund gewesen. Auch war ich viele Jahre ver.di-Mitglied und von Anfang 2014 bis März 2019 Mitglied der LINKEN, um nur einmal meine Mitgliedschaften in offiziellen Parteien und Organisationen aufzuzählen.

Warum sind Sie in DIE LINKE eingetreten und warum haben Sie sie dann wieder verlassen?
Vorweg: Ich fühle mich heute als eine Art Christ, ohne auf eine Konfession festgelegt zu sein, die anthroposophische Art, die spirituelle Welt zu erleben, ist mir wichtig. Gleichzeitig war ich immer sozial engagiert und sah darum DIE LINKE als meine natürliche politische Heimat und bin eingetreten. Ich erkannte damals noch nicht, dass die Mitglieder der LINKEN überhaupt keine politische Arbeit machen. Sie tun jedenfalls dezidiert nichts, was auch nur im Entferntesten eine politische Wirkung zeigt und erkennbar etwas in der Gesellschaft oder der Wirtschaft verändern könnte.

Stellt DIE LINKE den herrschenden Einfluss der Großunternehmen auf die Politik in Frage?
Genau das tut sie nicht und macht sich damit komplett überflüssig. Ich nahm tatsächlich an, dass DIE LINKE im Deutschland des Jahres 2007 links von der SPD ähnliche Ziele

---

1 https://de.rt.com/meinung/106420-geschichte-frau-uber-umgang-mit/ → Kurzlink: ws1.eu/k/19

einer Arbeiterbewegung wie die Labour Party der 1980er Jahre in England verfolgte. Ich habe sie als „hard-left", also wirklich als Linke, Sozialisten, die ihren solidarischen Prinzipien verpflichtet sind und diesen folgen, fehlinterpretiert.

Warum hat man sich aber Ihrer Meinung nach die Mühe der Gründung einer Partei DIE LINKE gemacht?

Nach meiner Wahrnehmung werden damit Aktivisten gebündelt, um deren Energie und Veränderungswillen gezielt ins Leere laufen zu lassen und damit unschädlich zu machen. Bei Koblenz: Im Dialog trat beispielsweise Ernst Wolff auf, den ich kennenlernen wollte. Da sagten mir ganz viele „Linke": „Da darfst du nicht hin, den darfst du dir nicht anhören, da sind lauter Antisemiten und ganz schlimme Leute und Ernst Wolff hat bei der AfD einen Vortrag gehalten." Um sich ein Urteil über Ernst Wolff zu bilden, braucht man nur „The Wolff of Wall Street SPEZIAL: Agenda 2021 – Ein neues Geldsystem" und „KenFM-Spotlight: Ernst Wolff über ein Leben ohne Geld" zu hören. Und darum sagte ich diesen Menschen: „Ich habe Videos von Ernst Wolff gehört, er interessiert mich. Es gibt weder Rassistisches noch Antisemitisches von Ernst Wolff. Seine ökonomischen Analysen sind klar und präzise und er sagt nichts anderes als Joseph E. Stiglitz oder Noam Chomsky." Das wurde, bar jeder sachlichen Argumentation, von diesen „Linken" lautstark bestritten. Ich fragte: „Habt Ihr Ernst Wolffs Buch gelesen?" Das hatten sie nicht – und wussten trotzdem, dass er ein ganz Schlimmer ist. Diese „Linken" haben frei von Sachkenntnis und Fakten einen kompetenten Aufklärer denunziert und gegen seinen und weitere Vorträge in Koblenz Stimmung gemacht. Die Verbreitung von Informationen und Meinungen ohne Sachkenntnis quasi mit einer Vorzensur wie in einer Diktatur gewaltsam zu unterdrücken war der Tropfen, der das Fass zum Überlaufen und mich zum Austritt gebracht hat. In der LINKEN ist es seitdem ja auch nicht besser geworden. Im November 2019 beantragte der Kreisverband Vulkaneifel der LINKEN die Neuwahl des Landesvorstands und der Landesschiedskommission, und die Begründungen dieses Antrages zeigen deutlich, in welchem Zustand sich diese Partei jetzt befindet.

Worauf führen Sie diesen Zustand der LINKEN zurück?

Weil ich nicht verstanden habe, warum sich die Vertreter der LINKEN, Mitglieder der Grünen und andere so eisig gegenüber bestimmten Personen und Meinungen benehmen, habe ich begonnen, nachzuforschen, um die Gründe in Erfahrung zu bringen. Eine treibende Kraft ist die von einer ehemaligen „IM", Anetta Kahane, geleitete Amadeu-Antonio-Stiftung. Dazu muss ich gar nichts weiter sagen, sondern verweise auf die informativen Recherchen von Markus Fiedler und Dirk Pohlmann. Dann stieß ich auf Menschen innerhalb der LINKEN, die nicht links waren, Menschen mit zionistischen Tendenzen, die alles taten, um jede Kritik an der Apartheid-Politik der rechtsgerichteten Likud-Regierung in Israel gegen die Palästinenser zu unterdrücken. Laut des amerikanischen Journalisten Max Blumenthal ist eines der erklärten Ziele der Antideutschen innerhalb der Partei DIE LINKE „to crush the left". Das waren Erklärungen dafür, wie DIE LINKE so systematisch ausgehöhlt werden konnte, damit keine echte linke, politische Opposition in Deutschland mehr existiert.

Woher beziehen Sie bei all Ihrer Arbeit und insbesondere in der gegenwärtigen Situation Ihren Mut und Ihre Stärke?

Zuerst und an erster Stelle macht mich die Liebe zu meiner Frau, meinen Kindern und zu meinen Enkeln stark. Zweitens haben Menschen meines Alters einfach kein Recht auf Feigheit. Ich habe ein tolles Leben gehabt, bis jetzt, ich habe eine liebe Frau, zwei wunderbare Kinder, und habe so viel geschenkt bekommen, wofür ich dankbar bin. Ich habe alles erreicht, was ich erreichen wollte, und in meinem Alter ist es nun an der Zeit, zurückzugeben. Es ist mir wirklich wichtig, mich dafür einzusetzen, dass auch die nächste Generation in einer gesunden und gerechten Welt aufwächst. Sie sollen mindestens die Möglichkeiten bekommen, die ich in meiner Kindheit und Jugend hatte, und den Schutz, den ich genossen habe vor tödlichen Impfungen und Gesichtsmasken. Das möchte ich meinen Kindern und Enkelkindern, deren Freunden und Freundinnen auch ermöglichen. Ich weiß einfach, dass es kein besseres Ziel gibt. Drittens sind es Menschen wie Dr. Carola Javid-Kistel[1], für die ich „Carolas March" geschrieben habe – die, die gemeinsam zusammenstehen, informieren, widerstehen, aufklären, dieselben Ziele wie ich verfolgen. Am Ende des Tages aber gilt für mich: „Hier singe ich, ich kann nicht anders. Amen!"

Danke!

1 http://www.naturheilpraxis-duderstadt.de → Kurzlink: ws1.eu/k/20

Dr. Heidi Wichmann: Die Krawallbraut mit Doktortitel

Andrea Drescher

Foto: Privat

Dr. Heidi Wichmann stammt aus der Wesermarsch und wohnt im Oldenburger Raum. Sie studierte Biologie mit den Schwerpunkten Neurobiologie und marine Naturstoffe an der Universität Oldenburg und der University of New South Wales, Sydney, Australien, und veröffentlichte 2017 das Buch „Was Algen, ein gesundes Gehirn und Wale miteinander zu tun haben". Die Mutter eines 20-jährigen Sohnes liebt ihren Garten, wo sie sich intensiv auch mit essbaren Wildpflanzen beschäftigt, und ist mit ihrem Hund viel in der Natur. Die Tierliebhaberin weiß, dass sie die Göttin ihres Hundes und die Dienerin ihrer Katzen ist.

Wir kennen uns schon länger, da wir beide in der Friedensbewegung aktiv sind – darum bleiben wir beim Du?
Klar doch!

Seit wann bist du politisch aktiv?
Da bin ich irgendwie reingestolpert, denn irgendwie ist ja alles Politik. Ich bin mir bereits während der Zeit an der Hochschule vieler Diskrepanzen bewusst geworden, als ich verstand, dass es mehr als Petro-Chemikalien gibt. Während ich im Bereich Meeresmikrobiologie promovierte, lernte ich viele Stoffe kennen, die gegen multiresistente Keime wirken. Die Forschung ging aber nie über vorklinische Studien hinaus. Die Pharma tut nicht das, was uns die Medien erzählen, also das, was wir glauben sollen. Mein Einstieg in die Politik erfolgte über den Gesundheitssektor, und das im persönlichen Umfeld.

Was meinst du mit persönlichem Umfeld?
Ich habe lange geglaubt, dass Chemotherapie eine gute Idee ist, dass sie die Menschen heilt. Und dann gab es Todesfälle im direkten Umfeld, ich sah heftigste Nebenwirkungen, ohne dass die Behandlung irgendwie half. Das hat mich schockiert und ich fing an, im Rahmen meiner Forschung nach Alternativen zu suchen.

Kannst du das näher erläutern?

Wir betrieben in meinem Fachbereich medizinische Grundlagenforschung, waren auf der Suche nach interessanten Substanzen zur Behandlung von Erkrankungen und beschäftigten uns mit Naturstoffen zur Krebsbehandlung. In der Forschung galt ich als Krawallbraut, da ich meine eigene Meinung deutlich vertrat. Ich hole mir zwar Rat und höre anderen zu, um zu lernen, gehe aber immer meinen eigenen Weg. Mein Doktorvater hat mich frei arbeiten lassen, war kein Chef, der Anweisungen gab. Ich musste natürlich alles belegen und argumentieren, aber ich war frei in meinem Forschungsschwerpunkt. Promoviert habe ich 2015 und meine Doktorarbeit kann man auch einsehen ☺ – sie ist öffentlich verfügbar.

Warum hast du die Universität verlassen?
In meinem letzten Projekt ging es um die Entwicklung eines gehirnschützenden Algenextrakts – ich wollte in die Richtung eines zukünftigen Medikaments bei Alzheimer und Demenz. Wäre ich an der Hochschule geblieben, hätte ich mein geistiges Eigentum an die Universität verloren und nicht einmal ohne Erlaubnis daran weiterforschen dürfen. Daher habe ich den Schritt in die Selbstständigkeit gewagt und bin ins kalte Wasser gesprungen.

War das nicht riskant?
Nun ja, die anfänglichen Existenzsorgen waren heftig, aber es gab für alles eine Lösung, nachdem ich den Schritt gewagt hatte. Die gute Gründungsberatung der Universität Bremen half mir auch weiter. Seitdem schlage ich mich als Firmeninhaberin mit dem System herum.

Was macht deine Firma?
Ich vermarkte Algenprodukte, die man sonst nirgendwo in dieser Form erhält. Anfangs war das richtig „lustig". Damals wurde seitens der Stiftung Warentest noch vor der Einnahme gewarnt, man konnte lesen, sie seien giftig. Inzwischen wächst das Interesse sehr stark an. Mir ist es ein Anliegen, dass die Menschen mehr in die Eigenverantwortung gehen und sich umfassend informieren können. Darum habe ich auch ein Buch geschrieben – und machte meine erste Erfahrung mit Zensur.

Inwiefern Zensur?
Das Buch über Algen wurde von einem kleinen Verlag herausgebracht. Als ich es in einem Interview bei „Welt im Wandel" vorstellte, wurde der Verleger am Tag danach bei Amazon gesperrt. Da war mir klar: Algen müssen sogar noch besser sein, als ich dachte – sonst gäbe es keinen Gegenwind.

Wo liegt denn der Nutzen von Algen? Mir ist das Thema völlig unbekannt.
Da möchte ich aus einem Beitrag von ExtremNews zitieren:[1]

1 https://www.extremnews.com/berichte/gesundheit/9cd317ed689da7b → Kurzlink: ws1.eu/k/21

Algen gehören zu den ältesten Lebewesen auf dieser Erde, trotzen durch ihre extreme Anpassungsfähigkeit Eiszeiten und Dürreperioden und halten jeder Sturmflut stand. Als Ahnen der Landpflanzen konnten sie sich seit Urzeiten gegenüber Bakterien, Viren und Pilzen erfolgreich durchsetzen. Bereits die Kelten und Wikinger wussten sie sehr zu schätzen, nicht zuletzt wegen ihres hohen Vitamin-C-Gehalts. Algen haben eine außergewöhnlich hohe Nährstoffdichte, in einem Kilo Meeresalgen stecken die wertvollsten Elemente aus ungefähr 10.000 Litern Meerwasser. Darunter zu finden sind die Mineralstoffe Kalium, Magnesium, Calcium, aber auch Spurenelemente wie Eisen, Zink und Jod. Ob essenzielle Aminosäuren wie Arginin, Omega-3-Fettsäuren oder zahlreiche Vitamine, all das und noch viel mehr beinhalten Algen. Hippokrates sagte bereits vor 2500 Jahren: „Alles Leben stammt aus dem Meer." Unser Körper kennt und benötigt jedes dieser Mineralien oder Spurenelemente, die das Meer in sich trägt. Die Mineralstoffzusammensetzung des menschlichen Blutplasmas ist interessanterweise mit der des Meerwassers nahezu identisch. Ob Krebs, neurodegenerative Erkrankungen, Diabetes, Lern- und Erinnerungsvermögen, positive Wirkungen auf das Immunsystem, Arthritis und noch vieles mehr, zahlreiche vorklinische Studien untermauern das unglaubliche Potenzial dieser Multitalente. Immer mehr Forscher widmen sich der von ihnen beinhalteten und produzierten Substanzen (Sekundärmetabolite). Ergänzend dazu sind Algen sehr gute Entgifter und beinhalten Stoffe wie z. B. Alginate und Jod, die den Körper darin unterstützen, die Toxine freizusetzen, zu binden und auszuleiten. Als wichtige Bausteinlieferanten für die Neurotransmitterproduktion liefern insbesondere Makroalgen je nach Art alle (essenziellen) Aminosäuren, Fette, Mineralstoffe, Spurenelemente, Vitamine uvm., welche als Zusatzfaktoren für die Bioverfügbarkeit sowie Neurotransmittersynthese unverzichtbar sind.

Beschäftigst du dich mit weiteren Themen neben den Algen?
Themenstellungen, mit denen ich mich beschäftige, sind die Bedeutung der Zirbeldrüse, die Entgiftung des Gehirns, die Auswirkung von Stress auf die Gesundheit und die Wirkung von Umwelteinflüssen auf die Epigenetik. Auch versuche ich, Informationen über den Einfluss der Ernährung an eine breitere Öffentlichkeit zu bringen.

Stichwort Öffentlichkeitsarbeit. Du bist ja auch in den alternative Medien aktiv.
Ja, ich moderiere Gespräche, früher bei Welt in Wandel, heute bei ExtremNews in der Sendung „Der holistische Blick" und schreibe gelegentlich Artikel in Medien wie Epoch-Times oder Heilkraft. „Der Holistische Blick" wird regelmäßig ausgestrahlt. Nur das erste Gespräch fand im Studio statt, alles andere wurde dann per Internet organisiert. Ich spreche dabei mit Gästen, die man sich näher anschauen sollte. Es geht mir um andersdenkende Wissenschaftler und Freigeister, deren Denkansätze an eine breitere Öffentlichkeit gehören. Eine Sendung hatte den Titel „Sei mutig". Seit der Corona-Krise sieht man, wer sich wirklich etwas traut. Wir erfahren ja oft nicht, was wirklich los ist. Es braucht mehr Whistleblower, mehr Menschen, die sich auf die Straße und in die Öffentlichkeit wagen.

Bei den Demonstrationen in Berlin am 01.08. und 29.08. warst du ja in der Öffentlichkeit. Wie hast du die Tage erlebt?
Stimmt, ich war am 01.08. als Rednerin auf dem gemeinsamen LKW von „Netzwerk Impfentscheid", „Kündigt Ramstein" und „Druschba". Es ging um den PCR-Test, Masken und Gehorsamkeit. Manchen Menschen ist nicht mal wirklich bewusst, welche Wirkung die Maske auf ihre Atmung hat, es gab verschiedene Studien dazu, die aber kaum publiziert wurden.

Als am 27.08. das Verbot für den 29.08. kam, dachte ich daran, was mir Bruce Lipton – ich glaube, es war 2013 – mal gesagt hat: „Der Wandel wird von Deutschland ausgehen". Ich wollte die Inhalte einer Video-Nachricht von ihm am 29.08. ebenfalls auf dem LKW vorstellen. In der Nachricht ging es um die Metamorphose von der Raupe zum Schmetterling. Wir sind ja mitten in einem sehr chaotischen Prozess. Es sieht nach Tod aus – aber es ist der Aufbruch zu etwas Neuem. Die Rede konnte ich aufgrund polizeilicher Verbote nicht halten, habe sie dann als Video für ExtremNews gemacht und zwei Wochen später publiziert. Ich musste mich erst mal von dem Schock des 29.08. erholen.

Wieso warst du schockiert?
Die Gewalt der Polizei war schockierend. Denn getroffen habe ich dort nur friedliche und freundliche Menschen – und dann diese Gewalt seitens der Staatsmacht. Allein die Tatsache, dass man die juristischen Entscheidungen einfach ignoriert hat und den Demozug nicht starten ließ. Aber klar, am 01.08. gab es sehr viel positive Energie – das wollten die am 29.08. nicht wieder. Was mich eben sehr traurig macht, ist die Tatsache, dass so viele Polizisten einfach mitmachen. Das Ganze wird noch heftige Folgen haben.

Was meinst du damit?
Die eigenen Gedanken und wie man die Welt wahrnimmt, haben Einfluss auf die Gesundheit eines Menschen. Ich bin leider sicher, dass es in Zukunft viele Kranke – darunter auch viele Krebskranke – aufgrund der derzeitigen Dauerbelastung der Menschen geben wird. Die Menschen werden ja dauerhaft in Angst gehalten, das setzt die Körper unter Dauerstress. Das merke ich selbst. Mein Blutdruck und mein Puls sind höher als früher, seit April diesen Jahres habe ich Rückenprobleme. Wir müssen unbedingt regenerieren. Es ist grade eine sehr krasse Zeit, die wir erleben, aber auch wirklich spannend.

Du bist aber weiter aktiv?
Natürlich. Ich konzentriere mich darauf, mir wichtige Projekte voranzutreiben, beschäftige mich mit alternativen Lebensformen, Vernetzung, meinen Artikeln und Sendungen und natürlich auch meiner Firma. Man kann nicht alles ändern, aber man kann sich engagieren.

Siehst Du eine Chance, dass es sich die aktuelle Krise noch ins Gute dreht?
Ja. Ich bin mir da sehr sicher. Das System zeigt jetzt seine hässliche Fratze in vollem Umfang.

Foto: Patricia Kölb-Schur

Viele Menschen glauben lieber an eine fürsorgliche Regierung und das böse Virus, als sich mit dem Great Reset und Klaus Schwab auseinanderzusetzen. Aber jetzt tritt Chaos ein, es passieren unvorhersehbare Dinge. Man hat wohl nicht mit dem Widerstand gerechnet. Es sieht manchmal echt düster aus – aber es passiert auch sehr viel Positives. Endlich wird darüber diskutiert, dass Impfungen schädliche Stoffe enthalten, Impfgeschädigte werden wahrgenommen. Chlordioxid wird wahrgenommen, man spricht über alternative Behandlungsformen. Ärzte und Heilpraktiker arbeiten zusammen.

Es ist nichts vorhersehbar, das Magnetfeld verändert sich, auch das hat Einfluss auf die Menschen – das ist uns in der mechanistischen Medizin ja nicht bewusst. Die Klage von Rechtsanwalt Füllmich gegen Christian Drosten ist eine weitere große Chance. In der Wissenschaft weiß man, dass da vieles nicht stimmt.

Keiner weiß, was kommen wird. Aber wir sind als Menschen in Wirklichkeit sehr viele, die „Mächtigen" sind nur wenige. Viele Menschen, die bisher noch nie alternativ unterwegs waren, sind jetzt kritisch geworden. Die Zeit der freien Medien geht jetzt richtig los. Auch wenn sie uns zensieren, es gibt immer Schlupflöcher. Es gibt eigene Plattformen für Videos, es werden eigene Fernsehsender geschaffen, alternative Printmedien. Finanzen sind halt ein Thema, aber da arbeiten auch viele dran.

Es liegt an uns. Wir müssen das Neue kreieren. Wie soll die Welt, die ich erleben möchte, aussehen? Autarke Dörfer, Wildpflanzenparks, naturfreundliche Stromversorgung ... es gibt zahlreiche Wege für eine lebenswerte Zukunft. Wir müssen sie nur gehen!

Ich bin auf dem Weg – du auch. Wir werden immer mehr!

Weitere Informationen

https://www.dr-wichmann.com/pages/was-algen-ein-gesundes-gehirn-und-wale-miteinander-zu-tun-haben → Kurzlink: ws1.eu/k/22
https://veezee.tv

Heidrun Wolkenstein: Der Überzeugung treu bleiben

Andrea Drescher

Foto: Privat

1972 in Steyr geboren, lebt Heidrun Wolkenstein heute in Luftenberg. Sie ist selbstständige Lebens- und Sozialberaterin, war bis zu Beginn von Corona beruflich sehr erfolgreich, hatte aber ausreichend Zeit, sich um ihre drei Hunde und ihr Pferd zu kümmen. Mit Beginn des Lockdowns brach ihre Auftragslage zusammen und sie engagiert sich seitdem gegen die Corona-Maßnahmen in Österreich. Trotz oder vielleicht auch wegen drohender weiterer Probleme mit ihren Auftraggebern folgt sie ihrer inneren Überzeugung.

Haben Sie berufliche Probleme aufgrund der Lage?
Oh ja. Die ersten drei Monate konnte ich gar nicht arbeiten, viele Aufträge gingen verloren, da ich die Gebäude meiner Firmenkunden nicht betreten durfte.

Was umfasst Ihr Tätigkeitsbereich?
Ich mache psychologische Beratung in den Unternehmen – und alle haben mir als Externer den Zutritt untersagt. Auch meine Kurse und Workshops an der Volkshochschule und dem WIFI fielen monatelang aus. Selbst jetzt arbeite ich noch wesentlich weniger als 2019 – die Auftragslage kann man gar nicht vergleichen.

Gab es Unterstützung seitens der Regierung?
Ja. Ich bekam vom Härtefallfonds sehr schnell finanzielle Hilfe, kann mich in dieser Hinsicht also nicht beschweren. Auch für die Digitalisierung meiner Tätigkeiten gab es seitens der WKO im Sommer entsprechende Förderungen. So konnte bzw. kann ich meine Angebote auf online umstellen. Darüber hinaus muss ich seit März keine Steuern und keine Sozialversicherung zahlen. Mir wurde bis Mitte Jänner 2021 alles gestundet. Dann muss ich weitersehen.

Sie sind aber trotzdem kritisch und sprechen regelmässig in Linz auf der Demo am Freitag?
Ja – ich habe diese Demo mit initiiert. Zwei Wochen vor der ersten Veranstaltung habe ich Florian und Andi am Markt kennengelernt. Florian wollte zunächst nur im Rahmen eines Spaziergangs aufklären. Aufgrund der starken Resonanz auf Facebook – ich habe die Informationen in verschiedenen Gruppen geteilt – wurde deutlich, dass wir

Hunderte Spaziergänger sein würden. Bei mir hatten sich viele gemeldet, die Aufklärung für dringend nötig hielten. Da haben wir umdisponiert und das Ganze offiziell als Kundgebung am Hauptplatz angemeldet. So fing es an. Seither habe ich einige Male dort gesprochen, bin aber nicht aktiv an der Orga beteiligt. Es ist in meinen Augen aber wirklich wichtig, dass sich die Gruppe regelmäßig am Freitag trifft. Das stärkt uns alle.

Für Sie hatten Ihre Auftritte aber auch berufliche Folgen?
Ja, leider. Im Herbst wurde die langjährige Zusammenarbeit mit dem Dominikanerhaus in Steyr, das zur Diözese Linz gehört, beendet. Meine Kurse und Workshops hatten fast immer psychologischen Hintergrund. Diesmal wollte ich dort eine Schreibwerkstatt abhalten – also etwas völlig Unpolitisches. Aber dieser Workshop wurde nach meiner Rede auf der dritten Demonstration in Linz abgesagt. Ich wurde angerufen und man hat mir recht wütend mitgeteilt, dass sie die Zusammenarbeit mit mir aufgrund dessen nicht weiterführen werden. Konkrete Gründe wurden nicht genannt. Es ginge eben nicht, dass man auf einer Demonstration gegen Corona-Maßnahmen auftritt.

Was haben Sie denn Schlimmes gesagt?
Eigentlich nichts. Ich habe von meiner Vision erzählt, die ich als 12-jährige hatte und in der diese Krise und die herrliche Zukunft danach vorkamen. Ich habe erzählt, dass ich durch meinen Vater, der früher Historiker war, eine sehr kritische Erziehung erhalten habe, und gelernt hätte, dass man gegenüber den Medien, der Politik und dem ganzen System sehr vorsichtig sein sollte. Auch habe ich meine Sicht auf das verordnete „Social Distancing" mit anderen geteilt. Ich habe meinen Vater, der mit 88 Jahren jetzt blind, bettlägerig und dement ist, auch während des Lockdowns zweimal die Woche besucht, ihn umarmt und ihm die körperliche Nähe gegeben, die für einen dementen alten Menschen so enorm wichtig ist. Er hat es überlebt, er lebt heute noch – obwohl ich mich nicht an die Vorgaben gehalten habe. Es war mir enorm wichtig, ihn zu besuchen. Und ich habe Freunde getroffen, obwohl das ja irgendwie – oder doch nicht – verboten war. Ich sprach auch über die Schumann-Resonanz und dass wir stärker in die Liebe gehen müssen – also eigentlich völlig unpolitische Themen. Aber es hat der Diözese eben nicht gefallen, dass ich überhaupt dort spreche. Eine Kollegin vom WIFI hat mir gegenüber auch schon Andeutungen gemacht, ob man beim WIFI wisse, was ich da treibe. Ich lasse mir nicht drohen, gehe meinen Weg weiter.

Sie tragen ja auch keine Maske?
Ja – ich habe seit Mai ein Attest. Das WIFI und die VHS haben mich deswegen auch schon angesprochen. Ich habe mir genau überlegt, dass ich konsequent weiter das mache, was ich für richtig halte. Auch wenn beides gerade jetzt wichtige Auftraggeber sind. Ich verzichte lieber auf die Aufträge, weiche von meiner Überzeugung aber nicht ab, lasse mich von der Hysterie nicht anstecken. Geht eine Tür zu, geht die nächste auf.

Was meinen Sie mit Hysterie?

Am 09.11. gab es in einem WIFI einen positiv getesteten Fall. Ich kam hin und alle waren richtig hysterisch, panisch, haben sich sofort, als sie mich sahen, die Masken ins Gesicht gezogen. Ich wurde gefragt, warum ich da sein, warum man mir nicht abgesagt habe? Ich hatte Coachings mit zwei jungen Mädchen, die dann trotz der „Krise" stattfanden und auch dringend nötig waren.

Warum?
Die ganze Klasse saß mit Maske im Klassenzimmer, als ich eines der Mädels in den Coaching-Raum holte. Sie erzählte mir, dass sie seit Freitag die Maske dauerhaft trage und war enorm dankbar, sie endlich mal absetzen zu dürfen. Ihr ging es schlecht, weil sie schlecht Luft bekam. Ich habe lange mit ihr gesprochen, obwohl ich vom WIFI und VHS „Sprechverbot" habe.

Was bedeutet denn Sprechverbot?
Ich darf mit den Teilnehmern der Workshops und Coachings nicht über meine Einstellung sprechen. Daran habe ich mich auch die ganze Zeit gehalten. Aber bei den Mädchen war es notwendig, weil beide ganz klar das Bedürfnis hatten, sich darüber auszutauschen. Von mir aus hätte ich nichts gesagt, aber lügen werde ich als verantwortungsvoller Coach sicher nicht. Damit würde ich meine Glaubwürdigkeit verlieren. Beide wollten von sich aus reden. Und beiden hat es sicher auch gut getan.

Was war denn los?
Es herrscht soviel Angst. Eine der beiden erzählte mir von der Angst ihrer Eltern vor Corona, vor der möglichen Ansteckung, vor den Gefahren. Die Eltern wurden durch die Medien komplett in Panik versetzt. Das überträgt sich natürlich auf die Kinder. Die andere sagte gleich: „Ich glaube nicht an Corona", und es war eine Entlastung für sie, sich – ohne Maske – aussprechen zu können. Ich glaube, ich habe beide beruhigen können. Und das ist das, was zählt.

Sie arbeiten aber weiter am WIFI ohne Maske?
Ja, dort und auch bei der VHS – bei beiden Organisationen darf ich noch arbeiten, da ich ja über ein Attest verfüge und wir zunehmend mehr Online-Trainings machen. Es wäre aber auch kontraproduktiv, wenn ich eine Maske tragen müsste.

Warum?
Ich wäre agressiv und kein guter Coach, wenn ich Maske tragen müsste. Allein der Anblick der „Fetzengesichter" macht mich zornig. Es erinnert mich an Träume, die ich vor ca. 10 Jahren hatte. Menschen ohne Gesicht, nur mit Augen, aber ohne Mund oder Nase kamen darin vor. Diese Menschen sind gesichts- und sprachlos durch die Stadt geirrt und im Traum alle untergegangen. Nur am Land, am Berg gab es Sicherheit.

Sie sind also ein sehr spiritueller Mensch?

Das sicher! Seit meiner Vision und dank meiner Träume habe ich keine Angst vor dem, was passiert. Ich sehe es als meine Aufgabe, Menschen zu helfen, dass sie es unbeschadet aus dieser Krise schaffen. Ich habe die ganzen Jahre auf etwas gewartet, von dem ich nicht wusste, was es ist. Jetzt weiß ich es. Ich war auch noch nie so stark und mutig wie jetzt, kann mit Anfeindungen gut umgehen und ziehe wenn nötig Konsequenzen – wie z. B. in meinem Fitnessstudio.

Was ist dort passiert?
Ich war die Einzige, die ohne Maske dort trainiert. Zwei Wochen vor der aktuellen Schließung rannte das gesamte Team ständig durch den Raum und hat jeden, der reinkam, richtig agressiv angegangen, die Maske zwischen den Geräten und in allen Pausen zu tragen. Immer wieder hieß es: Maske auf, Maske auf ... Obwohl mein Attest dort aufliegt, wurde auch ich angesprochen – und bin an die Decke gegangen. Die Stimmung war nur noch untererträglich, man kam sich vor wie im Irrenhaus. Ich habe daraufhin die Zentrale angeschrieben und meine vorzeitige Kündigung eingereicht. Unter solchen Bedingungen bin ich nicht bereit, den Vertrag fortzusetzen. Bis jetzt habe ich aber nichts gehört, und jetzt sind sie bis zum Ende des zweiten Lockdowns geschlossen – wann immer das sein mag.

Hat sich Ihr Freundeskreis verändert?
Mit der Demo-Gruppe in Linz hat er sich erweitert. Es sind zwar anfangs einige Freunde weggebrochen, aber die kommen jetzt langsam zurück. In der ersten Panikphase haben sich einige anstecken lassen. Diesen Menschen wird jedoch langsam bewusst, dass etwas an der allgemeinen Nachrichtenlage so nicht stimmen kann. Und das stimmt mich sehr positiv und motiviert mich, weiterzumachen. Ich lasse mich nicht kleinkriegen.

Ja – das ist das Wichtigste: Weitermachen!

Ivan Künnemann: Den Rechtsstaat retten

Andrea Descher

Foto: Privat

Ivan Künnemann kam 1975 in Münster zur Welt und lebt heute im Raum Hamburg. Der verheiratete Vater zweier kleiner Söhne ist als Geschäftsführer eines Reiseveranstalters sowie als Anwalt tätig. Seit Juli unterstützt er die Anwälte für Aufklärung (AfA) und besuchte am 29.08.2020 die erste Demonstration seines Lebens.

Am 29.08. waren Sie das erste Mal in Ihrem Leben auf einer Demo. Wie kam es dazu?
Ich habe die Demo am 01.08.2020 in Berlin aus der Ferne wahrgenommen und musste feststellen, dass das, was ich in alternativen Medien darüber hörte und sah, mit den Informationen aus den Leitmedien nicht das Geringste zu tun hatte. Aufgrund meines Engagements bei den AfA und meines vorherigen Engagements als Einzelanwalt gegen die aus meiner Sicht teilweise verfassungswidrigen Corona-Maßnahmen habe ich mich dann entschieden, die Demo am 29.08. als Anwalt zu unterstützen.

Vorher nie auf einer Demo – dann gleich im Anwaltsteam?
Ja, das war spannend. Ich bekam am Stern erstmal eine kurze Einweisung ins aktuellste Versammlungsrecht, denn es handelt sich um ein sehr spezielles Rechtsgebiet, mit dem ich sonst wenig Kontakt habe. Da es eine sehr friedliche Versammlung war, war es für meine Kollegen und mich gut machbar. Nur der politische Druck auf die Polizei, die Versammlung nach Möglichkeit aufzulösen, hat Schwierigkeiten bereitet.

Sie waren vorher schon als Einzelanwalt aktiv. Was haben Sie unternommen?
Ich habe Ordnungswidrigkeitsanzeigen gegen Exekutivpolitiker wie z.B. Annegret Kramp-Karrenbauer, Jens Spahn, Helge Braun, Olaf Scholz, Julia Klöckner, Volker Bouffier, Kai Klose und andere gestellt. Es ging mir um diejenigen, die für die Corona-Verordnungen Mitverantwortung tragen. Wenn man ein Exekutivgesetz zu verantworten hat, sollte man doch zumindest selbst in der Lage sein, sich daran zu halten.

Was umfasste diese Anzeigen?
Die Genannten haben sich selbst an die Abstandsregeln der verschiedenen Corona-

Verordnungen der Länder nicht gehalten. Dabei sollten doch gerade sie mit gutem Beispiel vorangehen.

Wie ist der Stand?
Die Verfahren laufen noch – die Behörden sind alle ziemlich langsam, wenn das Vorgehen nicht politisch opportun erscheint. Das Verfahren gegen Frau Kramp-Karrenbauer ging sogar zunächst durch das Ordnungsamt an die Staatsanwaltschaft, wurde aber eingestellt und ans Ordnungsamt zurücküberwiesen.

Was war Ihr Ziel, was wollten Sie mit Ihren Anzeigen erreichen?
Mein Ziel war es, den Exekutivpolitikern bewusst zu machen, wie schwer es ist, sich an ihre eigenen Vorgaben zu halten – ihnen also die Durchsetzbarkeit der Verordnungen zu demonstrieren. Außerdem sollten sie darüber nachdenken, ob die Maßnahmen überhaupt angemessen sind. Politiker sollen Vorbilder sein. Wenn sie es selbst nicht schaffen, rechtliche Gebote einzuhalten, wie kann man es dann von einem normalen Bürger erwarten?

Das war mein Anfangsengagement. Ich ging davon aus, dass auch andere Anwälte Mandate bekommen, die sich gegen die Corona-Gesetzgebung wenden. Es gab einige Aktivitäten in meinem Umfeld. Ein Kollege aus Hamburg hat die Quarantäne-Regelung der Verordnungen in Niedersachsen und NRW gekippt. In Wiesbaden wurde am Oberverwaltungsgericht gegen die Maskenregelung in der Verordnung geklagt.

Warum wurden Sie selbst nicht gleich gegen die Gesetze aktiv?
Aufgrund der Einschätzungsprärogative – dem wohlwollenden Umgang mit neuen Gesetzen – hat der Gesetzgeber anfangs eher mehr Freiheiten. Ich hatte daher keine große Hoffnung, dass die Gesetze schnell für rechtswidrig erklärt werden. Während des Sommers merkte ich aber, dass die Exekutive weiter von der parlamentarischen Ermächtigung Gebrauch machte und alles auf Verordnungsebene regelte, ohne die Parlamente einzubeziehen. Das war für mich der Zeitpunkt, mich auch hier zu engagieren. Es ist inzwischen gut die Hälfte des Tages, die ich mit Aktivitäten zur Bekämpfung bestimmter Maßnahmen und gegen die Zerstörung des Rechtsstaats verbringe.

Was treibt Sie an, so viel Zeit zu investieren?
Meine Motivation ist es, dazu beizutragen, den Rechtsstaat zu retten, mit rechtsstaatlichen Mitteln den Rechtsstaat wiederherzustellen. Gerade im Sommer hätte man Regelungen auf parlamentsgesetzliche Ebene zurückführen können. Das wollte man offensichtlich nicht.

Aber als Einzelkämpfer kommt man auch nicht weit. Darum bin ich den Anwälten für Aufkärung beigetreten und begleite seit dem 29.08. Demonstrationen im Anwaltsteam. Auf der Demo in Kiel am 19.09. habe ich erstmals auch selbst gesprochen. Ich unterstütze Kollegen bei Klagen, habe auch selbst Klagen geführt bzw. führe welche.

Und wie sehen Sie die Chancen?
Es fehlt die gesetzliche Grundlage, gleichzeitig muss alles, was die Politik tut, verhältnismäßig sein. Und beides ist nicht gegeben. Viele Juristen – meines Wissens 9 von 10 der Verfassungsjuristen – wie z. B. Hans-Jürgen Papier (ehemaliger Bundesverfassungsgerichtspräsident), Prof. Dr. Michael Elicker, Prof. Dr. Thorsten Kingreen, Prof. Dr. Oliver Lepsius, Prof. Dr. Thomas Mayen und viele andere – sind der Auffassung, dass das, was gerade passiert, verfassungswidrig ist. Namhafte Juristen schreiben dazu Aufsätze in Fachzeitschriften, in den Leitmedien kommen sie faktisch – mit Ausnahme von Hans-Jürgen Papier – nicht vor. Im gesamten Bundesgebiet kenne ich nur zwei Verfassungsrechtler, die die Maßnahmen in der jetzigen Ausgestaltung für verfassungsgemäß halten.

Wie bewertet Ihr Umfeld Ihr Engagement?
Meine Frau unterstützt mein Engagement, indem sie mir den Rücken freihält und mich zum Teil begleitet. Im familiären Umfeld gibt es weitestgehend Rückendeckung. Selbst meine Mutter, frühere Lehrerin und pensioniertes VBE-Vorstandsmitglied, findet gut, was ich mache, obwohl sie selbst vom Alter her zur Risikogruppe zählt. Sie liebt ihre Freiheit und sieht es ähnlich wie ich. Das Leben wird durch Lebensqualität bestimmt. Freiheit ist dabei ein wesentlicher Aspekt. Wer freiwillig zuhause bleibt und eigenverantwortlich Maske trägt – völlig o. k. Aber alles, was ich bisher weiß, zeigt mir, dass die derzeitigen rechtlichen Regelungen in der Härte nicht notwendig sind, um die Sache in den Griff zu bekommen.

Sie sind ja nicht nur Anwalt, sondern auch als Unternehmer tätig. Hat die Krise auf Ihr Unternehmen Auswirkungen?
Als Reiseveranstalter gehören wir zu den Branchen – neben der Event-Branche – die seit Mitte März am härtesten betroffen sind. Wir haben uns auf nachhaltigen Naturtourismus spezialisiert. Die weltweite Reisewarnung entsprach fast einem Berufsverbot. Wir haben 12 Mitarbeiter und gehören damit zum klassischen unteren Mittelstand. Unsere Mitarbeiter sind seit März in Kurzarbeit. Im Sommer gab es eine kurze Unterbrechung, seit dem 01.11. ist aber wieder Kurzarbeit angesagt.

Wird eine Reise maßnahmenbedingt abgesagt bzw. ist aufgrund von Restriktionen nicht durchführbar, müssen wir 100 % vom Reisepreis zurückzahlen. Sämtliche anfallenden Arbeiten zahlen wir normalerweise aus der Marge, machen also aufgrund der Rückabwicklungen erheblichen Verlust. Die Überbrückungshilfe deckt die Verluste nicht ab.

Ist Ihr Unternehmen wirtschaftlich bedroht?
Wir sind nicht insolvenzgefährdet. Wir waren schuldenfrei und hatten Rücklagen aus den Erträgen vergangener Jahre. Und wir haben auch unsere Kosten senken können. Viel kritischer ist es für unsere Partner in den Destinationen. Die Menschen dort sind sehr viel härter von den faktischen Reiseverboten betroffen.

Können Sie das kurz erläutern?
Ein großer Teil unseres Umsatzes geht in die Länder, hauptsächlich in kleine Betriebe, die von diesen Zahlungen abhängig sind, deren Arbeitsplätze von unserem Tourismus abhängen. Große Umsatzanteile gehen weltweit an kleine Betriebe mit 5 bis 10 Angestellten. Gerade bei Fernzielen mussten teilweise Mitarbeiter von heute auf morgen entlassen werden – ohne Einkommen. Das sind Einzelschicksale, die unter die Haut gehen, denn in den meisten Ländern fehlt das soziale Netz.

Auch das hat mich motiviert, mich zu engagieren. Viele glauben, dass wir in Deutschland hart getroffen sind. Das stimmt auch. Aber bei uns muss man sich wenigstens keine Sorgen machen, wie man die Kinder ernährt oder ob man ein Dach über dem Kopf hat. Im schlimmsten Fall gibt es Harz 4, Wohngeld, Überbrückungshilfe, es gibt auch vergünstigte Kredite vom Verursacher – dem Staat durch die KfW. Die Auswirkungen der Corona-Maßnahmen führen in anderen Ländern zu deutlich extremeren Schicksalen.

Als Reiseveranstalter war mir im März klar: Wenn die Situation länger anhält, wird das langfristig für einige Partner das Aus bedeuten. Sie können ihren Betrieb nie wieder aufmachen. Die verlorenen Umsätze kann man nicht nachholen. Das Bett von gestern kann morgen nicht verkauft werden. Die Umsätze sind unwiederbringlich weg. Unsere Verträge sind so gestaltet, dass Zahlungen nur erfolgen, wenn Leistung erbracht wurde, also die Reise stattfand. Ist eine Reisewarnung ausgesprochen, sagen die Veranstalter normalerweise sofort ab. Im Schengen-Raum wurden Reisewarnungen zwar vergleichsweise schnell aufgehoben, für die Entwicklungsländer jedoch nicht. Eine Reisewarnung war bisher Ultima Ratio – im Fall von Bürgerkrieg oder Katastrophe. Für einen weltweit verbreiteten Virus erschien sie mir von Anfang an sinnlos – besonders wenn die Inzidenzzahl im Zielland niedriger ist als im eigenen Land.

Wo arbeiten Sie hauptsächlich?
Insgesamt in über 60 Ländern auf allen Kontinenten und auch in Deutschland. Da wir ein großes Angebot in Deutschland haben, hat es uns nicht ganz so hart getroffen wie zum Beispiel Veranstalter für Fernreisen. Wir hoffen, dass das Geschäft wieder halbwegs anläuft, wobei niemand in unserer Branche davon ausgeht, dass – wenn der Spuk vorbei ist – alles so weitergeht wie vorher. Viele Menschen sind tief verunsichert.

Wie sind die Erwartungen?
Ich gehe davon aus, dass wir auf dem Stand von vor 10 Jahren wieder aufsetzen, wenn wir Glück haben. Die volkswirtschaftlichen Auswirkungen sind nicht abschätzbar, wir werden sie noch viele Jahre spüren. Es ist nur offensichtlich, dass es schlimm wird. Wie schlimm, weiß keiner. In den ärmeren Ländern wird es besonders schlimm werden. Nicht nur die Touristen fehlen, auch die Spendenbereitschaft lässt nach und Hilfsprojekte sind eingestellt. Hat man Kurzarbeit, fehlt das Weihnachtsgeld, müssen alle sparen. Der Amazon-Umsatz steigt, der kleine Laden von gegenüber, der in guten Jahren

gerne für alles Mögliche gespendet hat, geht pleite. Ausländischen Mitbürgern, die in Deutschland arbeiten und die Familie zu Hause unterstützen, fehlt ebenfalls Einkommen, sie schicken weniger Geld nach Hause. Die Einkommen ausländischer Saisonarbeiter oder Pflegekräfte fehlen ebenfalls in deren Heimatländern.

Haben Sie Hoffnung, dass man das Ganze noch zum Guten wenden kann?
Die Hoffnung stirbt zuletzt. Für bestimmte Bereiche ist, glaube ich, der Zug abgefahren. Ich persönlich glaube nicht, dass wir unser Finanzsystem retten können. Die deutsche Bank spricht von 1,9 Billionen Kosten durch Corona, die Bundesregierung von 1,5 Billionen nur in Deutschland. Im November 2020 lag die beschlossene Neuverschuldung für 2020 und 2021 bei 314 Milliarden. Dem Schaden durch Corona steht ein Geldvermögen aller Deutschen von rund 6,6 Billionen gegenüber. Ca. 25 % des Geldvermögens wurden einfach zerstört.

Und welche Perspektive für unseren Rechtsstaat haben Sie?
Die Hoffnung, den Rechtsstaat zu retten, habe ich noch. Ich bin ein optimistischer Mensch. Ich kann viele Gerichtsentscheidungen, die im Zuge der Pandemie getroffen wurden, rechtlich nicht mal im Ansatz nachvollziehen. Z. B. gibt es eine Metastudie von Prof. Dr. John Ioannidis, die eine mittlere Sterblichkeit bei Corona-Infizierten von 0,23 % belegt. Das liegt knapp über einer mittelschweren Influenza. Diese Studie ist in der Zwischenzeit auf der Seite der WHO veröffentlicht, findet aber in den politischen und juristischen Entscheidungen keinerlei Berücksichtigung.

Eine Versammlung mit mehr als 1000 Teilnehmern unter freiem Himmel wurde verboten, ein Gottesdienst ohne Teilnehmerbegrenzung und ohne Anmeldung ist zulässig. Derartige Regelungen zeigen, dass der Verhältnismäßigkeitsgrundsatz nicht eingehalten wird. Gerade in der indirekten, repräsentativen Demokratie ist das Versammlungsrecht ein zentrales Grundrecht. Es ist die einzige Möglichkeit neben Wahlen, zu zeigen, dass man mit der Politik nicht einverstanden ist. Daher kann die Religionsfreiheit in einem säkularen Staat nicht höher bewertet werden.

Meine Maxime: Ich halte mich an Regeln, bis ein Gericht feststellt, dass die Regeln rechtswidrig sind. Dann muss ich mich nicht mehr dran halten. Und ich bin optimistisch, dass die Gerichte das auf Dauer auch entsprechend bewerten werden.

Dann hoffe ich, dass Ihr Optimismus berechtigt ist. Vielen Dank für Ihr Engagement!

Janko Williams: Immer vorne dabei

Andrea Drescher

Foto: Privat

Der 1985 in Freiburg im Breisgau geborene Brite mit britischer Mutter und französischem Vater ist überzeugter Europäer und lebt heute in Brandenburg. Als selbstständiger Datenschutzbeauftragter, Qualitätsmanager, Auditor und Büroleiter einer Anwaltskanzlei hat der Wirtschaftsjurist sein Hobby, den Datenschutz, zum Beruf gemacht. Aktuell sind aber seine juristischen Kompetenzen von größter Bedeutung, da er sich in dem in Gründung befindlichen Verein „Anwälte für Aufklärung" als Mitglied engagiert und „nebenbei" noch die Anwälte und Juristen der Klagepaten bei Demonstrationen auf der Straße unterstützt.

Waren Sie vor Corona schon politisch aktiv?
Ich sehe mich nicht wirklich als politisch aktiv, ich setze mich für Gerechtigkeit und Frieden ein. Was mich in Berlin am 30. August und 11. Oktober wirklich geschockt hat, waren die polizeilichen Übergriffe der 33. Hundertschaft auf behinderte und gesundheitlich eingeschränkte Menschen, die aggressive Diskriminierung – der untersten Schublade – von Menschen, die keine Masken tragen können.

Mir geht es um einen menschlichen, fairen Umgang, um ein gemeinsames Miteinander. So wie es in Australien früher war, wo sich jeder auf der Straße freundlich begrüßt hat. Ich fühle mich zu keiner Partei hingezogen, mir wurde aber schon mal empfohlen, in die Politik zu gehen.

Warum denn das?
Vermutlich, weil ich ganz gut reden und – wenn es nottut – auch mal laut werden kann.

Gerechtigkeit ist für Sie also ein Treiber, um aktiv zu werden?
Ja, definitiv. Ich habe schon früher verschiedene regionale Projekte betreut. Bei „Elsterwerda lacht" haben

Illustration: Björn Gschwendtner

wir uns aktiv um mehr Freundlichkeit in der Region bemüht. Ich habe Veranstaltungen und Konzerte organisiert und mich in der Jugendarbeit engagiert.

Das bedeutet konkret ...?
Es waren Schülertagungen, Workshops für Jugendliche, die sich um Themen wie Gewaltfreiheit oder Drogenkonsum drehten. Wir haben verschiedene politische Redner eingeladen, um die jungen Menschen frühzeitig zum Selbstdenken zu animieren.

Selbstdenken im Sinne von Eigenermächtigung?
Ja. Es geht in meinen Augen nichts über Eigenermächtigung. Heute werden die Leute zum Gehorsam abgerichtet, also zum genauen Gegenteil. Wer abweicht, ist ein Verschwörungstheoretiker. Selbst wenn man nur etwas tut, was in jeder Demokratie selbstverständlich ist beziehungsweise sein sollte: eine eigene Meinung öffentlich äußern. Man will die Menschen zum Gehorsam programmieren, die Maske ist ein Indiz dafür.

Tragen Sie einen Mund-Nasen-Schutz in der Öffentlichkeit?
Nein. Ich bin aus medizinischen Gründen davon befreit, da ich aufgrund einer langjährigen Krankheit sehr schlecht Luft bekomme. Die ungenormten Stoffmasken bringen ja auch nichts, ihr Nutzen ist nicht validiert. Wenn, dann müsste man FFP2-Masken aufsetzen, die sind heute aber sehr teuer. Und da man derzeit – dank den Maßnahmen der Regierung – kaum mehr Geld verdienen kann, sind sie für den Normalbürger unbezahlbar. Zumal die FFP2-Masken auch nur einen selbst schützen.

Sind Sie wirtschaftlich von Corona betroffen?
Definitiv, auch wenn ich finanziell klarkomme. Mehrere Kunden haben mich gebeten, auf mein Honorar zu verzichten. Ich habe fast 80 % Umsatzeinbruch zu verzeichnen. Das tut schon weh.

Darum können Sie sich jetzt auch mehr politisch engagieren?
Ja, ich bin aktiv bei den Anwälten für Aufklärung, die über Misswirtschaft im Rechtsbereich aufklären und als Verein das demokratische Staatswesen fördern wollen. Der Verein ist in Gründung und soll ausschließlich und unmittelbar gemeinnützig agieren. Durch unsere Mitgliedsbeiträge unterstützen wir den Aufbau.

Das heißt, Sie werden für Ihre Arbeit nicht bezahlt?
Für den Verein nicht, da werden nur die Reisekosten übernommen. Sollten sich aus unseren Aktionen Mandate ergeben, erfolgt eine Bezahlung nach der RVG oder auf Basis eines Honorarvertrages.

Sie unterstützen aber noch andere Organisationen?
Ja. Die Klagepaten, die Anwälte für Aufklärung und die Mutigmacher e.V. arbeiten zusammen – mit jeweils anderem Fokus. Die Klagepaten unterstützen die Mandanten

in ihren konkreten Fällen, wir sorgen uns schwerpunktmäßig um Information der Öffentlichkeit und die Mutigmacher kümmern sich um die juristische Unterstützung von Whistleblowern. Und jeder, der kann, hilft vor Ort auf der Straße.

Sie meinen die Begleitung von Demonstrationen?
Genau. Ich werde immer wieder gefragt, war schon in ganz Deutschland unterwegs. Ich habe am 3. Oktober in Konstanz die Anwälte vor Ort koordiniert, war am Wochenende 10./11. Oktober in Berlin aktiv und werde wohl auch zu „Hallowien" – am 31. Oktober – nach Wien fahren.

Wie viele Anwälte engagieren sich auf der Straße?
Es sind zwischen 60 und 130 Anwälte und Juristen aktiv, die sich unterschiedlich einbringen. Manche machen telefonischen Support, manche sind vor Ort im Einsatz. Einige bleiben mehr im Hintergrund, kümmern sich um die Eilfragen oder klären anstehende Rechtsfragen. Das Gute ist: Wir werden jeden Tag mehr.

Wie helfen Sie den Menschen auf den Demonstrationen?
Es ist für viele bereits ein beruhigendes Gefühl, uns Juristen in der Nähe zu haben. Es ist wichtig zu wissen, dass jemand da ist, der bei den Konfrontationen mit der Polizei unterstützt, die Gesetzeslage kennt und dann entsprechend kompetent gegenüber der Polizei auftritt. In Berlin war es ja reine Schikane. Angeblich war jedes zweite Attest gefälscht und auf die Teilnehmer wurde großer Druck ausgeübt. Es wurde auch gegen die Polizei Anzeige erstattet, weil diese sich in zahlreichen Fällen rechtswidrig verhielt und körperliche Gewalt ausgeübt hat.

Seit wann sind Sie auf der Straße?
Meine erste aktive Teilnahme war der 29. August, den ich als sehr friedlich – und leider von den Medien völlig verzerrt dargestellt – erlebt habe. Seitdem engagiere ich mich für einen gesunden demokratischen Widerstand. Vorher hatte ich keine Zeit, da sich unsere Kanzlei für die Wiedereröffnung von Berliner Kneipen und Saunen eingesetzt hat.

Erfolgreich?
Ja. Wir haben geklagt, der Staat hat die Verordnung geändert. Jetzt ruhen die Klagen und es muss im Hauptsacheverfahren geklärt werden, ob die Verordnungen verfassungswidrig waren oder nicht. Parallel dazu laufen die Entschädigungsverfahren, da laut juristischer Auffassung die Corona-Verordnung dem enteignungsgleichen Eingriff laut Grundgesetz entspricht. In solch einem Fall muss der Staat entschädigen.

Hat sich Ihr Umfeld verändert, seit Sie den Widerstand unterstützen?
Manche werfen mir vor, Antisemit, Neonazi, Verschwörungstheoretiker oder Coronaleugner zu sein – es sind aber relativ wenige. Dabei leugnet niemand von uns Corona. Es gibt diese Krankheit, nur sind die Maßnahmen nicht durch die Schwere der Krankheit

gerechtfertigt. Sie sind völlig überzogen und unverhältnismäßig, das kann einfach alles nicht wahr sein. Ich bekomme aber auch sehr viel Zuspruch, die meisten Menschen in meinem Freundeskreis sehen das, was passiert, ähnlich wie ich. Ich wurde auch schon mehrfach von Unternehmern kontaktiert, die mich beziehungsweise unsere Sache unterstützen wollen, weil sie der Überzeugung sind, dass wir etwas tun müssen, damit der Wahnsinn ein Ende hat.

Was erwarten Sie sich für die nächste Zeit?
Ich hoffe, dass die Gerichte anfangen wach zu werden, dass die Rechtsstaatlichkeit wiederhergestellt wird. Und ich hoffe, dass das bald passiert. Viele Menschen sind am Limit – die Bundes- und Verfassungsrichter dürfen nicht mehr lange zuschauen. Vor allem muss die Gewalt seitens der Polizei unterbunden werden. Besonders Berlin ist erheblich härter als andere Städte. Polizeigewalt gegen Behinderte, wie sie am 11. Oktober mehrfach passiert ist, darf es einfach nicht wieder geben.

Sehen Sie das wirklich in naher Zukunft?
Ich weiß es nicht. Aktuell ist alles so verrückt, ich habe kein Gefühl dafür, wie lange das noch geht. Ich bin aber auf einen Marathon eingestellt.

Dann wünsche ich Ihnen und uns, dass wir einen ausreichend langen Atem haben, das alles schadlos durchzustehen. Vielen Dank für Ihr Engagement.

Jürgen Lessner: Widerstand hat viele Facetten

Andrea Drescher

Foto: Privat

Es ist einfach nicht wahr, dass man als Einzelner „nichts tun kann". Abgesehen davon, dass viele Einzelne eine große Menge ergeben und damit sehr wohl eine Wirkung haben – wie man an den Demonstrationen in Wien im Januar sehen konnte – sind auch Einzelaktionen manchmal sehr wirkungsvoll und für andere betroffene Menschen nützlich. Das Einzige, was es braucht, ist Engagement und Mut. Es braucht Menschen mit Mut wie beispielsweise Jürgen Lessner aus Oberösterreich.

Jürgen Lessner kam 1965 in Steyr zur Welt und lebt heute noch dort in der Nähe. Beruflich war er deutlich mehr unterwegs – als IT-Techniker und Informatiker hat er jahrlang als Projektmanager in der IT große Projekte geleitet. Der verheiratete Vater dreier Kinder engagiert sich sehr für seine Familie. Das Wohl von Menschen und insbesondere Kindern liegt ihm sehr am Herzen. Das ist einer der Gründe, dass er als – wie er selbst sagt – ängstlicher Mensch 2020 sehr mutig wurde und aus politischen Gründen auf die Straße ging.

Du sagst von dir, dass du ein ängstlicher Mensch bist. Ist das richtig?
Ja, das stimmt – das ist seit meiner Kindheit so. Das sind Kindheitstraumata. Ich hatte ein turbulentes und leidvolles Leben, auf das ich gar nicht näher eingehen möchte. Da ist etwas zurückgeblieben, was immer wieder zu Phobien führt. Angst ist aber keine Schande, Feigheit schon. Ich bin ängstlich, aber nicht feige.

Du bist mutig – zumindest erlebe ich dich so auf den Freitags-Demonstrationen in Linz.
Mutig sein heißt, nicht feige zu sein. Feigheit ist, nichts zu tun, obwohl man weiß, dass etwas getan werden muss. Ja, in dem Sinne bin ich mutig. Auch wenn es nicht immer leicht fällt.

Du warst von Anfang an bei den Demonstrationen am Hauptplatz in Linz mit dabei. Warum?
Ich beobachte seit vielen Jahren, was auf der Welt passiert. Die Umverteilung von Fleißig nach Reich findet ja bereits seit Generationen statt. Das Unrecht hat sich aber immer mehr zugespitzt, die Corona-Situation im Frühjahr hat dem Fass dann den

Boden ausgeschlagen. Vielen Menschen wird das durch die jetzige Krise erst bewusst. Ich sehe es schon sehr lange, wie Menschen richtig abgezockt werden.

Menschen abzocken, also ausbeuten – was meinst du damit?
Bei meinen Eltern – also zu Zeiten, als wir in Österreich noch angeblich arm waren – musste nur mein Vater arbeiten. Meine Mutter war zuhause und konnte sich um die Kinder kümmern. Aber sie konnten es sich leisten, ein Haus zu bauen. Heute sind meistens beide Elternteile berufstätig, was nicht toll für die Kinder ist. Für den Hausbau braucht man ein Erbe oder eine reiche Tante in Amerika, die einen sponsert. Und beide Elternteile sollten schon gut verdienen im Beruf und auch möglichst viel Eigenleistung beim Bau einbringen, sonst kann man das als normaler Arbeitnehmer nicht mehr finanzieren. Dabei leben wir heute in einer angeblich „reichen" Gesellschaft. Da stimmt etwas ganz und gar nicht, die Mittelschicht wird immer mehr zerstört.

Seit wann ist dir das bewusst?
Mit 35 ist es mir aufgefallen. Ich habe mich selbstständig gemacht und durfte erleben, wie schwer es einem gemacht wird, auf die Beine zu kommen. So viele Auflagen und Zahlungen, der ganze Formularkram belastet Einzelunternehmer doch enorm. Hinzu kommt das Krankheitsrisiko – darum habe ich meine Selbstständigkeit aufgeben und mir wieder einen Job gesucht.

Aber politisch aktiv wurdest du deshalb nie?
Nein. Erst mit der Pandemie haben sich bei mir die wenigen verbliebenen Haare gesträubt. Auch wenn ich nie auf die Idee gekommen wäre, die Krankheit zu leugnen: Ich war sehr schnell überzeugt, dass die Maßnahmen in keiner Relation stehen, und habe das entsprechend kritisiert.

Hast du keine Angst vor der Krankheit?
Ach, es gibt viele Krankheiten auf der Welt. Ich verstehe ja, dass Menschen mit Vorerkrankungen Angst haben. Aber ich habe Gottvertrauen. Wenn man an Gott glaubt, denkt man, Gott weiß ja, was er tut. Also weiß er auch, was er mit mir vorhat. Warum soll ich mir Gedanken machen, ob ich krank werde oder nicht? Ich habe keine Angst vor dem Tod. Ich kann mit dem Auto fahren und einen tödlichen Unfall bauen oder auf Eis ausrutschen und mit dem Schädel blöd auf die Kante schlagen. Trotzdem kommt niemand auf die Idee, Auto fahren zu verbieten oder Spaziergänge auf Glatteis zu untersagen. Nur bei Corona ist man auf einmal um die Menschen weltweit besorgt. Die gleichen, denen Raucher und Alkoholiker völlig egal zu sein scheinen, denen die Menschen, die grade weltweit an Hunger verrecken, keine Träne wert sind, machen um diese Krankheit ein unfassbares Aufheben. Meine kleine Existenz ist mir nicht so wichtig – in Afrika, in Südamerika sterben Millionen. Würde man die Unsummen, die gerade für die Impfung draufgehen, in den armen Ländern investieren, könnte man viel mehr Menschen retten.

Du würdest freiwillig auf die Impfung verzichten?
Selbstverständlich. Und nachdem unsere Regierung ja so immens wichtig für Österreich ist und vor lauter Bescheidenheit nicht darauf besteht, geimpft zu werden, stelle ich die für mich vorgesehene Impfdosis gerne den Herren Kurz oder Anschober zur Verfügung. Schließlich bin ich ja nicht so wichtig wie unsere Politiker. Leider bin ich überzeugt, dass es diesen Politikern nicht um die Menschen geht. Darum musste ich aktiv werden.

Du bist ja nicht nur Teilnehmer auf den Linzer Demos, sondern arbeitest auch in der Orga mit. Ist das richtig?
Als ich von einer Demo am Hauptplatz hörte, musste ich dabei sein und fuhr mit meinen Protestschildern hin. Das war überhaupt die erste Demo in meinem Leben, ich wusste nicht, was mich erwartet. Auf der Demo sah ich, dass großer Unterstützungsbedarf bestand. Ich dachte mir: „Organisieren kann ich, Projekte auf die Beine stellen kann ich auch", und fing an, die Dinge zu tun, die offensichtlich notwendig waren. Projektmanager besitzen die Fähigkeit, Menschen zusammenzuführen und ihre Projekte zum Ziel zu führen. Diese Fähigkeit war nützlich. Anfänglich haben wir erst einmal geschaut, was überhaupt österreichweit passiert, welche anderen Aktivisten es gibt und welche Informationen in schriftlicher Form verfügbar sind.

Das war anfänglich noch sehr wenig, wenn ich mich erinnere.
Ja. Es gab kaum etwas. Darum begann ich, Flugblätter zu schreiben, auszudrucken, zu schneiden und habe sie mit nach Linz genommen. Inzwischen kann ich mich darüber freuen, dass wir den 35. Flyer mit einer Auflage von rund 650.000 Stück verteilt haben – vermutlich sogar mehr.

Du verteilst die aber nicht alle selbst?
Nein, natürlich nicht. Es gibt Hunderte Verteil-Helfer, die die Flyer unter die Leute bringen. Und das Feedback ist einhellig positiv. Auch bei den inzwischen ca. 5000 E-Mails, die ich aufgrund der Flyer erhalten habe, gab es nur einmal eine wirklich negative Reaktion. Das zeigt mir: Die Österreicher wissen, dass hier etwas nicht mit rechten Dingen zugeht.

Dabei blieb es aber nicht – du unterstützt auch bei rechtlichen Themen, nicht wahr?
Ja. Informationen allein reichten nicht. Die Menschen brauchen mehr Unterstützung. Als mir das klar wurde, begann ich Gesetzestexte zu lesen. Dabei fiel mir als Erstes die Lücke bei der Tragepflicht des MNS auf. Im Text stand, dass eine Glaubhaftmachung reicht, wenn man nicht in der Lage ist, die Maske zu tragen, um davon ausgenommen zu werden. Also erfand ich den Tragebefreiungsschein. Auf der einen Seite stand der Gesetzestext, auf der anderen Seite die persönlichen Angaben, mit denen man sich selbst bestätigte, dass man die Maske aus gesundheitlichen Gründen nicht tragen kann. Rund 50.000 dieser Scheine wurden in Österreich verteilt, es kam bei den Menschen gut an.

Wurde das von den Firmen akzeptiert?
Nicht immer. Es gab Feedback, dass manche es den Menschen nicht glauben. Das veranlasste mich, große Konzern wie REWE, Hofer, Spar und viele andere mehr anzuschreiben und dort nachzufragen, ob sie sich an die Gesetze halten. Ich wies auf die Regelungen im Hinblick auf die Maskenpflicht sowie auf die Ausnahmen hin. Die Antworten waren eindeutig: Natürlich erkannten alle die gesetzliche Grundlage zur Maskenbefreiung an. Selbst mimikama.at hat bestätigt, dass ich mit meinen Aussagen recht habe und dass die Maskenbefreiung auf dieser Basis gilt. Zumindest bis zur Gesetzesänderung Ende Oktober 2020 konnte man den Menschen so Ängste nehmen.

Das ist ja eines der Ziele der Veranstaltung am Freitag in Linz. Wir wollen den Menschen Hoffnung und Halt geben. Wir sind inzwischen auch gut mit Anwälten, Ärzten und Psychologen vernetzt – so kann man auch in Einzelfällen helfen.

Gab es weitere Aktionen?
Ja, als Nächstes ging es um Masken in Schulbussen. Viele kleine Schulbus-Unternehmer wurden vom Auftraggeber bedrängt – ja fast genötigt –, Kinder ohne Maske nicht mehr mitzunehmen bzw. nur noch Atteste zu akzeptieren, die von einem Amtsarzt oder Schulamtsarzt ausgestellt worden sind. Also wurden Kinder, die „nur“ ein Attest vom Facharzt vorweisen konnten, einfach auf der Straße stehen gelassen. Das ist doch ein unfassbar fahrlässiges Verhalten! Was ist, wenn den Kindern etwas passiert, während die Eltern davon ausgehen, dass sie sicher in die Schulen gebracht worden sind? Ich habe mir daraufhin die Kontaktdaten der Direktoren aller Volksschulen herausgesucht, sie schriftlich darüber informiert, was passiert, und sie aufgefordert, die Busunternehmen auf die rechtlichen Folgen hinzuweisen.

Illustration: Harry Kühne

Wie war die Reaktion?
Einige haben geantwortet – oft mit einem großen Dankeschön von Seiten der Busunternehmen. Manche Busunternehmen haben mich direkt angeschrieben und sich bedankt. Vielen waren die rechtlichen Konsequenzen gar nicht bewusst. Das hat mich motiviert, sämtliche Kindergärten und Krabbelstuben in allen Bundesländern anzuschreiben. Was viele nämlich nicht wissen: Bei der Beaufsichtigung von Minderjährigen ist man – laut Gesetzestext – maskenbefreit. Das gilt auch jetzt noch. Die meisten sind aber so eingeschüchtert, dass sie sich nicht trauen, ohne Maske irgendwohin zu gehen. Dabei ist es für Kinder wirklich traumatisierend. Bei Traumatisierung weiß ich, wovon ich rede. Das verfolgt einen lange über die Kindheit hinaus. Kinder kennen sich nicht mehr aus, wenn die Eltern mit Maske herumlaufen. Viele Eltern sind sich nicht bewusst, welchen psychischen Schaden sie ihrem Kind antun. Informationen der Eltern bzw. Betreuer sind daher unverzichtbar. Darum versuche ich auch über verschiedene Webseiten die Menschen zu erreichen.

Welche Webseiten sind denn das?
Die Seite *neuewahrheit.com* betreibe ich von Anfang an. Die zweite Seite *neuewahrheit.at* ist eine Presseplattform, außerdem versuche ich, den Veranstaltungskalender von der Bewegung 2020 aktuell zu halten. Das neueste Projekt ist die Plattform *ichdenkeselbst.at*, auf der sich Vereine anmelden können. Alle Mitglieder der Vereine sind automatisch Mitglieder der Plattform und können diese nutzen. Dabei geht es um die Präsentation ehrenamtlicher Erzeugnisse, zukünftig auch ehrenamtlicher Tätigkeiten und die Möglichkeit, diese in Anspruch zu nehmen.

Hast du auch einen Verein gegründet?
Selbstverständlich. Das ist doch die Grundlage, dass rechtlich alles in Ordnung ist, sonst hätte ich die Flyer nicht durch Spenden finanzieren können.

Was erwartest du dir von dieser Plattform?
Falls – wie von uns allen befürchtet – die große Pleitewelle kommt und Geschäfte und Dienstleister zusperren, verfügen die Menschen über ein Netzwerk, über das sie sich mit dem Nötigsten versorgen können. Auch ist über die Plattform sichergestellt, dass sich Menschen auch ohne Maske, Test oder Impfung mit notwendigen Gütern eindecken können. Uns geht es dabei um regional Erzeugtes in guter Qualität, also nachhaltige Güter mit niedrigem CO2-Fussabdruck. In Linz könnten diese sogar mit Fahrradservice geliefert werden.

Bist du immer noch in der Demo-Orga aktiv?
Im Moment nicht, ich sitze hauptsächlich am Computer und bringe die Plattform zum Laufen. Das Orga-Kernteam ist klein, aber top, und es läuft auch ohne mich wie am Schnürchen. Acht Monate Aktion auf der Straße haben mich sehr ausgelaugt und ich muss mich auch um meine Familie kümmern. Das ist gerade ebenfalls ziemlich stressig.

Warum?

Meine Frau wurde fristlos entlassen, weil sie keine Maske tragen kann. Wir klagen natürlich gegen diese ungerechtfertigte Entlassung und sind bei Rechtsanwalt Mag. Beneder in den besten Händen. Nach der ersten Anhörung vor Gericht wird man weitersehen. Bei einer fristlosen Entlassung bekommt man im ersten Monat kein Arbeitslosengeld und man hat keinen Anspruch auf „AbfertigungNEU". Auch wird sie weder vom praktischen Arzt noch vom Facharzt in der Arzt-Praxis behandelt, da sie ja keine Maske tragen kann. Eine fällige Krebs-Vorsorge-Untersuchung im Krankenhaus wurde vom zuständigen Primar abgelehnt, der Termin mit ihrem Psychotherapeuten findet ausschließlich telefonisch statt. Es ist alles sehr belastend.

Aber als Teilnehmer sieht man dich doch wieder?

Ja, aber seltener. Natürlich fahre ich zu den Großdemonstrationen nach Wien und freue mich auch schon auf den 05.02.2021 – die erste österreichische Faschingsdemo in Linz – von 17 bis 20 Uhr am Hauptplatz. Verkleidung ist willkommen, Maskierung nicht – ein ganz besonderer Fasching eben. Die interessanten Redner und die tolle Musik werde ich mir sicher nicht entgehen lassen.

Wir sehen uns am 05.02. – ich freu' mich auch schon darauf!

Juliane Kissner: Der mutige Weg durch den Medizin-Dschungel

Andrea Drescher

Foto: Privat

Mut hat die 1981 in Nordhausen geborene Musikerin Juliane Kissner, die heute in Berlin lebt, auf ganz besondere Art bewiesen. Dass neben Politik und Gärtnern auch das Thema Alternativmedizin zu ihren Hobbys gehört, hat ihr vielleicht das Leben gerettet. Es ermöglicht ihr auf jeden Fall ein medikamentenfreies Leben – und das nach einem Herzinfarkt, den sie im „zarten" Alter von 36 Jahren durchstehen musste.

Sie setzte sich – trotz des massiven Drucks der Ärzte – über die Empfehlungen zur OP und medikamentösen Behandlung gemäß Schulmedizin hinweg, hörte auf ihre Intuition und suchte und fand ihren ganz eigenen Weg, mit der Diagnose umzugehen. Heute nimmt sie – außer Nahrungsergänzungsmitteln – keinerlei Medikamente zu sich und konnte sich vom Kardiologen bereits anhören: „Würde ich nicht wissen, dass Sie einen Herzinfarkt hatten, würde ich ihn jetzt nicht mehr sehen. Weder im Ultraschall noch im EKG noch im Belastungs-EKG lässt er sich erkennen."

Illustration: Diana Wille

Alternativ-Medizin ist ein Thema, mit dem Sie sich sehr beschäftigen. Warum?
Mir ging es sehr, sehr schlecht, und ich wusste lange Zeit nicht, woher das kommt. Besonders 2017 war eine Katastrophe. Also suchte ich nach der Ursache. Als ich 2019 dann diese Diagnose bekam und die Ursache endlich feststand, begann die Suche nach Methoden, die mich bei der Heilung unterstützen können. Ein Herzinfarkt mit 36 ist schon eher sehr ungewöhnlich, besonders wenn man erst zwei Jahre später davon erfährt.

Was ist Ihnen denn passiert – und wann?
Am Ostermontag 2017 hatte ich einen Herzinfarkt. Diese Diagnose kam aber wie gesagt erst zwei Jahre später. Ich merkte, dass plötzlich der Blutdruck extrem anstieg. Wie man später feststellte, lag er bei 270 zu 160. Ich hatte erstmalig massives Herzrasen. Ich hatte mich gerade telefonisch mit einem Freund gestritten, da ging das los. Ich habe mich in die Badewanne gelegt, um runterzukommen, bin aber gleich wieder raus, weil ich das Gefühl hatte, gleich in Ohnmacht zu fallen. Schmerzen oder Druck auf der Brust hatte ich nicht, es fühlte sich nach einem üblen Kreislaufkollaps an. Ich rief dann die Rettung an. Es war so schlimm, dass ich nicht wusste, wie lange ich mich auf den Beinen halten kann.

Man brachte mich ins Krankenhaus, weil ich das typische EKG-Zeichen für Herzinfarkt, eine ST-Strecken-Hebung, aufwies. Dort wurde der Troponin-Wert abgenommen, der bei mir aber negativ war. Laut Schulmedizin müssen beide Werte positiv sein, dann wird der Herzinfarkt als ziemlich wahrscheinlich angesehen. Da mein Troponin-Wert negativ war und nicht nachgemessen wurde, obwohl dieser manchmal erst später ansteigt, wurde ein Infarkt bei mir dann ausgeschlossen.

Ich blieb aufgrund der ST-Strecken-Hebung und sehr hoher Puls- und Blutdruckwerte eine Woche im Krankenhaus. Die Ärzte hatten dann eine Herzwand-Verdickung gefunden und sich die ST-Strecken-Hebung damit erklärt, da diese neben Herzinfarkt die zweite bekannte Ursache dafür ist. Ursachen für den hohen Blutdruck haben sie keine gefunden und haben mir Blutdrucksenker verabreicht.

Als man nach einer Woche immer noch keine Erklärung für die Blutdruckentgleisung fand, wurde es auf die Psycho-Schiene geschoben und mit meinem schlechten Lebenswandel erklärt. Mir wurde gesagt, ich solle weniger rauchen und weniger trinken. Immerhin kam von einem der Ärzte der Impuls, dass die krasse Blutdruckentgleisung eine hormonelle Ursache haben könne. Das hat mich auf die Idee gebracht, dass es auch an der Hormonspirale liegen könne, die ich sofort entfernen ließ.

Knapp drei Wochen nach der Entlassung haben sie mich zum MRT geschickt, bei dem eine Narbe am Herzen erkannt wurde. Trotzdem sind sie wegen meines Alters – bzw. meiner Jugend – nicht auf die Diagnose Herzinfarkt gekommen. Das sei in meinem Alter nicht möglich.

Wie ging es dann weiter?
Das nächste Jahr ging es mir extrem schlecht. Mein Herz war derartig instabil, dass ich bei jedem Schritt Herzrasen bekam, nicht einkaufen gehen konnte. Tat ich es doch, bin ich auch mal unterwegs zusammengebrochen und man musste mich abholen. Ich hatte fast jeden Abend das Gefühl, nicht zu wissen, ob ich am nächsten Morgen noch aufwache. Da glaubte ich selbst schon, dass es an meiner Psyche liegen könnte. Ich hatte die Fitness einer 90-jährigen und ständig Angst davor, dass mein Herz bei minimaler Anstrengung versagen würde.

Nach etwa einem Jahr begann ich eine Besserung zu spüren. Ich hatte das Gefühl, wieder einen ruhigen Alltag leben zu können. Schnelleres Laufen, Treppensteigen – jedwede sportliche Betätigung – führten zwar noch zu Beklemmung auf der Brust, die Angst vor dem ganz normalen Alltagsleben ließ aber nach. Richtig bergauf ging es aber erst nach der Diagnose.

Wann wurde der Infarkt diagnostiziert?
Das war Ende März – also ziemlich exakt zwei Jahre später. Ich hatte immer wieder diese Blutdruckkrisen, die mit meinem unausgewogenen Hormonspiegel zusammenhingen. Das führte mindestens zweimal im Monat zu sehr schlechten Werten. Zyklisch, kurz vor der Periode und zur Zeit des Eisprungs. Diese Krisen hatte ich weiterhin. Und das trotz der Blutdrucksenker, die ich damals regelmäßig nahm. Im Zuge eines extrem heftigen Anfalls – man hat bei Blutdruck 240 richtig Angst, besonders wenn das Herz schon belastet ist – bin ich selbstständig ins Krankenhaus gegangen. Nach meiner Ansage: „Hier stimmt was nicht. Das kann nicht sein, ihr müsst mich noch mal durchchecken", haben sie mich fast zähneknirschend aufgenommen.

Die ersten fünf Tage hat man mich überhaupt nicht ernst genommen – ich bin sogar noch aus dem Krankenhaus zum Heilpraktiker gefahren, nachdem mein Herz sich soweit gefangen hatte, dass mein EKG nicht mehr auffällig war. Die Ärzte schoben es wieder auf Panikattacken, kamen aber meiner Forderung nach einem Belastungs-EKG nach 5 Tagen endlich nach. Und dabei habe ich dann so richtig versagt. Sie sahen auf einmal auf ihren Geräten, dass ich völlig unfit war, dass bei jeder kleinsten Anstrengung über das Normalmaß hinaus Herzrythmusstörungen zu erkennen waren. Zeitgleich habe ich meine körperlichen Wahrnehmungen genannt: „Mein linker Arm wird taub", „Ich bekomme Druck auf der Brust". Diese Symptome passten zu dem, was sie auf dem EKG sahen.

Der O-Ton des Arztes war dann: „Das Ergebnis ist aber arg positiv" – und ich bekam endlich eine Herzkatheter-Untersuchung, bei der – Überraschung! – der Vorderwand-Infarkt ganz klar zu sehen war. Sie sahen auch, dass es sich um einen alten Infarkt handelte, da ich Kollateralen gebildet hatte. Diese „Ausweichbahnen" entwickelt man nicht über Nacht. So wie diese bereits ausgebildet waren, war es eindeutig ein alter Infarkt.

Die Frage, wann das aus meiner Sicht passiert sein könnte, war leicht zu beantworten: Ostermontag 2017, als ich den Rettungswagen holte und drei Wochen später das MRT Narben aufwies. Da hatte keiner Zweifel.

Wie wurden Sie nach der Diagnose behandelt?
Jetzt kippte die Stimmung auf der Station. Ab sofort durfte ich nicht mehr aufstehen. Ich sollte eine LifeVest anziehen, die im Fall der Fälle Stromstöße auslöst. Der behandelnde Arzt, der den Herzinfarkt zwei Jahre vorher übersehen hatte, stand kreidebleich vor mir und fragte mit stotternder Stimme, wie es mir geht. Meine Antwort schien ihn zu überraschen: „Mir geht es eigentlich gut. Endlich weiß ich, wo meine Beschwerden herkommen.“ In dem Moment hatte ich das Gefühl, dem Arzt geht es schlechter als mir. Für mich war es eine Erklärung, für den Arzt war es ein Schock, den man ihm ansah.

Ich bekam ein Dauer-EKG und war konstant mit dem Computer verbunden. Jedes Mal wenn ich aufs Klo ging, stand die Schwester an der Tür und schickte mich wieder ins Bett. Das fand ich in dem Moment ziemlich absurd. Der Herzinfarkt hatte mich zwei Jahre nicht umgebracht – ich würde schon nicht sterben, wenn ich aufs Klo gehe! Nach einem Tag bat ich um ein Gespräch mit dem behandelnden Arzt.

Eine Untersuchung stand noch an, um den Herzinfarkt endgültig zu bestätigen. Man wollte die Narbe am Herzmuskel überprüfen. Das MRT-Gerät war ständig belegt und ich sollte keine drei Wochen in dem damals schon völlig überlasteten Berliner Krankenhaus einfach nur rumliegen – der Platz sollte nicht sinnlos belegt sein. Die Zeit bis zur Untersuchung durfte ich darum zu Hause abwarten. Drei Wochen später sah man die Narbe zum zweiten Mal im MRT.

Welche Behandlung wurden Ihnen dann nahegelegt?
Die Behandlungsempfehlung kam vom Oberarzt der Kardiologie. Er zeigte mir die Röntgen-Videos, die zeigten, dass die Hauptarterie des Herzens komplett zu war, und auf denen man die Kollateralen sehr gut sah. Er schlug mir seine OP-Idee vor, bei der die aufgrund der Dauer bereits stark verhärtete Arterie durch zwei Stents geöffnet werden sollte. Da die OP-Chancen bei meinem Zustand bei einem Stent nur bei 25% lagen, wollten sie es gleich – im Falle eines Scheiterns im ersten Versuch – mit einem zweiten Stent von der anderen Seite versuchen. Zwei Versuche auf gut Glück, beide mit 25% Erfolgschance, also 50/50, dass es klappt.

Das hat Sie nicht begeistert?
Mein erster spontaner Gedanke dazu war: „Super, ich nehme jetzt mein ganzes Geld mit ins Casino und setze auf Rot oder Schwarz, vielleicht habe ich ja Glück.“ Das war die Reaktion meines Verstands. Mein Bauch sagte sofort: „Ich schaffe das anders!“ Ich hatte zwei Jahre ohne Hilfe und ohne Medikamente überstanden und seit einem Jahr ging es ja bereits bergauf. Mein Körper befand sich im Heilungsprozess und in meinen Augen

war das eine superschlechte Idee, da reinzupfuschen. Ich habe mich beim Arzt für seine Mühe bedankt, ihm mitgeteilt, dass ich mich erstmal informieren möchte und darüber nachdenken wollte, da es ja auch alternativ-medizinische Wege gäbe. In diesem Moment verschränkte er wütend die Arme – er war richtig sauer – und zischte: „Wenn Sie noch etwas wissen wollen, können Sie sich melden. Aber Ihnen sollte klar sein, an der OP geht kein Weg vorbei, wenn Sie die nicht machen, werden Sie sterben."

Wie haben Sie reagiert?
Ich fuhr nach Hause und informierte mich über die Stent-OP. Nach dieser „Todesdrohung" schien sie mir zunächst doch als eine Option, die vielleicht ja dazu führen kann, dass es besser wird. Aber dann las ich, dass man lebenslang Medikamente nehmen muss, damit sich die Stents nicht wieder zusetzen. Blutverdünner und Cholesterinsenker waren Pflichtprogramm, außerdem soll man Betablocker nehmen, um das kranke Herz zu schonen, und natürlich die Blutdrucksenker. Für diesen lebenslangen Medikamenten-Cocktail empfand ich mich persönlich als zu jung. Da war mir klar, dass ich nach Alternativen suchen musste, die ich gottseidank auch ziemlich schnell fand.

Welche alternativ-medizinischen Ansätze haben Sie verfolgt?
Ich bin als Erstes über die Herzhosen-Therapie[1] gestolpert und habe mich auf der Herzhose-Station Berlin-Brandenburg bei Univ.-Prof. Dr. med. Ivo Buschmann behandeln lassen. Diese Therapieform gibt es wohl schon sehr lange, scheint aber durch die Stent-Therapie verdrängt worden zu sein. Zumindest wird sie von den Krankenkassen nicht bezahlt.

Wie verlief die Behandlung?
Man zieht eine Pumphose an, die mit dem Herzschlag gekoppelt ist. Diese pumpt gezielt zu, sodass der Körper „denkt", er mache Hochleistungssport. Dadurch beginnt er, das Gefäßsystem am ganzen Körper auszubauen und die Kollateralen, die ich bereits hatte, die aber noch zu schwach waren, zu verstärken. Dafür bin ich sechs Wochen nach Brandenburg an der Havel gefahren und wurde eine Stunde lang behandelt. Bereits nach ca. 7 Tagen war mein Blutdruck deutlich gesunken, meine Blutdrucksenker konnte ich halbieren. Das waren erste Zeichen, dass die Therapie anschlägt, denn hat man mehr Gefäß, verteilt sich das Blut und der Blutdruck geht runter.

Nach Abschluss der Behandlung baut der Körper wohl noch bis zu 6 Monate das Gefäßsystem aus. Ich habe nach ca. drei Monaten eine deutliche Verbesserung meiner Fitness feststellen können. Ich konnte wieder Treppen steigen, die Herzrhythmusstörungen verschwanden und mein Blutdruck war stabil. Nach ca. einem halben Jahr konnte ich die Blutdrucksenker komplett absetzen. Mein Ruhepuls von 100 lag ca. 4,5 Monate nach der Behandlung bei 65.

---

1 https://herzhose.de/herzhose-station-brandenburg/ → Kurzlink: ws1.eu/k/23

Sie sind jetzt wieder fit. Führen Sie das allein auf die Herzhosen-Therapie zurück?
Nein. Ich habe zwei Monate später bei Dr. Peters in Bordesholm[1] noch eine Herzwoche durchgeführt. Auch er ist ein Schulmediziner, der Herzpatienten alternativ behandelt. Der hat mit mir daran gearbeitet, dass die Narbe auf dem Herzen zurückgebildet wird, da diese die Pumpleistung des Herzens negativ beeinflusst. Das ist etwas, was lt. Schulmedizin irreversibel ist. Er hat mit einer speziellen Sauerstoff-Therapie gearbeitet, die dazu führt, dass aufgrund der hohen regenerativen Fähigkeit des Herzens das Narbengewebe gegen gesunde Zellen ausgetauscht wird.

Und das Ergebnis?
Durch Herzultraschall wurde festgestellt, dass nach einem Dreivierteljahr die Narbe nur noch ein Drittel so groß war wie vorher. Ein Jahr nach den Behandlungen wurde erneut ein Belastungs-EKG gemacht, bei dem ich die ganz normale Leistungsfähigkeit eines Menschen meines Alters besaß. Die Pumpleistung meines Herzens hatte wieder einen sehr guten Normalwert und – als interessanter Seiteneffekt – die Herzwandverdickung war verschwunden. Mein Kardiologe hat mir bescheinigt: „Mit diesem Herzen werden Sie 90 Jahre alt."

Sie nehmen keinerlei Medikamente?
Mir wurden Nahrungsergänzungsmittel empfohlen – das hatte ich selbst auch schon herausgefunden –, um den Aufbau des Herzens wieder zu stärken. Dazu gehören Q10, L-Carnitin und, ganz wichtig: D3, K2 und Magnesium. Darüber hinaus habe ich festgestellt, dass ich mit geringen Mengen Kalium meinen Blutdruck senken kann und mein Herz stabiler schlägt. Man muss mit der Kaliumzufuhr aber vorsichtig umgehen, ein Zuviel kann auch lebensbedrohlich sein. Diese NEMs konsumiere ich seitdem regelmäßig.

Sie sagen, dass die Behandlung nicht von der Kasse bezahlt wurde. War sie so teuer?
Nein. Die Kosten für die Herzhosen-Therapie beliefen sich auf knapp 4000 Euro, eine Stent-OP mit 2 Stents hätte vermutlich mehr als 10.000 Euro gekostet. Hinzu kommen die monatlichen Medikamentenkosten, die ich bis zu meinem Lebensende noch benötigt hätte. Insgesamt fünf verschiedene Medikamente hatte man mir empfohlen bzw. verschrieben. Allein eine Packung Blutdrucksenker für drei Monate kostet die Krankenkasse ca. 80 Euro.

Sind Sie jetzt ein Gegner der Schulmedizin?
Nein. Die Schulmedizin ist unbedingt notwendig bei Diagnostik, Notfallmedizin, Brüchen, beim Entfernen von Tumoren oder Nähen von Wunden. Die Ärzte, die mich alternativ behandelt haben, sind letztlich auch ausgebildete Schulmediziner, arbeiten aber nicht nur nach Schema F laut vorgeschriebenem Plan.

1 https://herztherapie-nord.de → Kurzlink: ws1.eu/k/24

Sich gegen den Rat eines Arztes – mit einer faktischen Todesdrohung – auf den eigenen Weg zu machen, erfordert sehr viel Mut. Würden Sie diesen Weg wieder gehen?
Wichtig war es für mich, dass ich auf meinen Körper gehört habe. Solange mein Körper über die notwendige Regenerationsfähigkeit verfügt, werde ich auch zukünftig bei eventuell erforderlichen Behandlungen nach alternativen Wegen ohne OP suchen. Auch wenn das länger dauert und beschwerlicher ist. Mit einer Stent-OP wäre ich den Rest meines Lebens Patient geblieben. Dank der Selbstheilungskräfte meines Körper und der wirksamen Unterstützung kompetenter Ärzte bin ich jetzt wieder gesund.

Ihr Mut hat sich gelohnt. Danke, dass Sie bereit waren, davon zu erzählen.

Julia Weikl: Mein Sohn braucht eine Zukunft

Andrea Drescher

Foto: Privat

Geboren 1992 in Deggendorf, gehört die Lehramtsstudentin Julia Weikl zu den vergleichsweise wenigen „Jungen", die sich im Widerstand gegen die Corona-Maßnahmen aktiv einsetzen. Der Hauptgrund für die Mutter eines fast neunjährigen Sohnes ist offensichtlich: ihr Sohn!

Du bist aktiv wegen deines Kindes?
Ja. Die Belastung für mein Kind war und ist enorm. Er wird im Februar neun und geht in die dritte Klasse. Wie viele Kinder verträgt er die Maske nicht und ist daher maskenbefreit. Anfangs, als die Maskenpflicht noch nicht so rigoros durchgesetzt wurde, ging das noch in der Schule, obwohl er der einzige war. Aber ca. 2 Monate vor Weihnachten bekam ich einen Anruf seitens der Schulleitung, die mir drei Optionen ließ. Erstens – er setzt eine Maske auf. Zweitens – er wird in der Schule komplett von allen isoliert, sitzt allein, darf nicht auf den Pausenhof, muss das Gebäude allein betreten und verlassen. Und die dritte Option – er bleibt zuhause und wir machen Homeschooling. Ich habe mich für die Variante drei entschieden, da sie die geringsten psychischen Schäden nach sich zieht.

Wieso Schäden?
Er war das einzige Kind mit Maskenbefreiung, der war dann der Einzige, der nicht in die Schule ging. Das stempelt zum Außenseiter ab. Aber die soziale Komponente fehlt natürlich jetzt. Am Nachmittag kommen aber ab und zu Freunde vorbei oder er geht hin, um sie zu besuchen. Das machen ja eh alle. Tagsüber werden sie getrennt, nachmittags spielen sie zusammen.

Wie sieht er die Situation?
Manchmal nervt es ihn schwer, er ist mir aber dankbar, dass ich ihm keine Maske aufsetze. Er hat das selbst so entschieden – ich habe ihm die Entscheidung überlassen, weil es ihm einfach nicht gut mit der Maske geht. Nach den drei Wochen Weihnachtsferien gibt es ab Montag, dem 11.01. Homeschooling für alle, da wir bis 31.01. vorerst einen kompletten Lockdown haben. Danach müssen wir schauen, wie es weitergeht. Ich habe

ihm zu Silvester versprochen, dass er dieses Jahr wieder in die Schule gehen kann – auch ohne Maske, dafür werde ich kämpfen.

Was heißt für dich „kämpfen"? Gewalt?
Nein, auf keinen Fall! Zusammen mit zwei Freunden – Anna und Antonia – betreiben wir den Telegram-Kanal „Corona_Jugend_informiert", in Facebook gibt es die Gruppe „Landkreis Passau steht auf", in der bereits 4000 Menschen aktiv sind. Wir verbreiten Information zum Thema, über kommende Demos und vieles mehr. Der Telegram-Kanal wird mittlerweile mit Podcasts befüllt – ein weiterer Informationskanal, ein weiteres Medium, um Menschen zu erreichen, die wir bis jetzt über die Demos nicht erreichen konnten.

Was bezweckt ihr mit den Podcasts?
Wir wollten eine moderne Möglichkeit nutzen, junge Menschen anzusprechen. Wir wollen Einblicke in das Leben von Aktivisten vermitteln, wollen interessante Menschen und ihr Handeln vorstellen. Karl Hilz und Michael Fritsch von den Polizisten für Aufklärung, Hardy Groneveld von den Mutigmachern, Michael Ballweg von Querdenken, die Anwälte Raphaela Dichtl und Markus Hainz sind dabei, um nur mal einige zu nennen. Es werden aber noch mehr kommen, wir haben einen ziemlich ambitionierten Plan.

Du gehst auch auf Demos?
Jein. In Passau war ich Gründungsmitglied vom Verein „Für die Freiheit 2020". Da haben wir regelmäßig – anfangs jeden Samstag – Demonstrationen organisiert. Ich habe diese teilweise angemeldet, war auch stellvertretende Versammlungsleiterin, und wir hatten sehr informative Veranstaltungen. Einmal gab es beispielsweise ein Live-Interview mit Prof. Bhakdi. Das war richtig spannend. Ich war auf vielen Großdemos wie Berlin und Leipzig dabei, habe auf einigen, z. B. in Stuttgart, Konstanz und München, selbst gesprochen.

Wie kam es dazu?
Ich habe mich – ziemlich wütend – bei einer der Organisatorinnen von Konstanz privat „ausgekotzt", und schon meinte sie: Du hast 10 Minuten Redezeit auf der Bühne. Sag' das öffentlich. So fing es an. Aber jetzt habe ich mich zurückgezogen.

Warum das?
Das hat zwei Aspekte. Von meiner Seite ist alles gesagt – mein Standpunkt ist klar, ich kann nichts Neues mehr erzählen. Ich leiste jetzt Basisarbeit und versuche die Menschen persönlich und über unsere Kanäle direkt zu erreichen. Außerdem wurde ich seitens der Antifa bedroht. Nicht zuletzt wegen meines Sohnes war mir die Gefahrenlage einfach zu hoch.

Was ist passiert?
Ich hatte in Passau einen Martinsumzug für den 11.11. angemeldet. Als das bekannt gemacht wurde, begannen massiv verbale Angriffe. Ich wurde im Netz „zerrissen". Ich wurde als Nazi tituliert. Einige haben bei mir privat kommentiert: „Wir behalten dich im Auge." Es waren unangenehme unterschwellige Drohungen dabei. Auf Antifa-Kanälen wurden mein Name und Bilder von mir veröffentlicht. Mein Vater erhielt Anrufe in seiner Praxis, dass ich dort nicht hingehen solle. Das war ganz schön heftig. Daraufhin hat Janko Williams von den Anwälten für Aufklärung die Anmeldung für mich übernommen und mich aus der Schusslinie genommen.

Wo verortest du dich politisch? Bist du eine Rechte?
Ich bin weder links noch rechts, ich bin in keiner Richtung extrem. Ich setze mich einfach für Demokratie und Freiheit ein, und zwar für alle Menschen. Mir ist völlig egal, woher ein Mensch kommt, welche Religion er hat, welche Sprache er spricht – alle sollen in Frieden, Freiheit und Demokratie leben.

Hast du eine Idee, warum die Antifa so agiert?
Eigentlich nicht. Sie informieren sich einseitig, wenig bis gar nicht. Ich denke mir, dass Menschen, die sich so verhalten, selbst sehr frustriert sein müssen. Vielleicht werden sie auch dafür bezahlt, Unruhe zu stiften.

Wie ist es bei dir an der Uni – sind andere auch kritisch?
Es gibt leider nur wenige positive Rückmeldungen, ich habe fast alle meine Freunde verloren. Sie haben sich von mir abgewendet, weil sie mit meiner Einstellung nicht einverstanden sind.

Kannst du deine Einstellung kurz zusammenfassen?
Die aktuellen Maßnahmen der Regierung sind absolut unverhältnismäßig. Ich käme nie auf die Idee, das Virus in Frage zu stellen – aber die Risikogruppen, Vorerkrankte und ältere Menschen könnten durch Einzelmaßnahmen vernünftiger geschützt werden.

Entschuldige die Schärfe der Frage, aber woher maßt du dir als junge Lehramtsstudentin die medizinische Kompetenz an, das zu beurteilen?
Ich habe das große Glück, dass mein Vater seit 26 Jahren niedergelassener Arzt ist und sich seit Beginn der Pandemie intensivst mit dem Thema auseinandergesetzt hat, sehr viel dazu liest und sich ständig informiert. Er hat aufgrund des offenen Briefs von Prof. Bhakdi an die Bundeskanzlerin Kontakt mit ihm aufgenommen und zusammen mit ihm den Verein MWGFD.de – Mediziner und Wissenschaftler für Gesundheit, Freiheit und Demokratie e.V. – gegründet. Da war ich von Anfang an dabei. Ich rede viel mit ihm, wir lesen gemeinsam Studien und veröffentlichte Artikel. Der medizinische Hintergrund dieser Krise ist seit gut einem Jahr das Thema Nummer 1 bei uns zuhause.

Wofür steht der Verein?
Auf der Webseite steht: „Der MWGFD e. V. ist ein Zusammenschluss von Ärzten und anderen medizinisch tätigen Personen mit Wissenschaftlern, die sich in Forschung und Lehre mit den Themen Gesundheit, Freiheit und Demokratie beschäftigen, um dem gesundheitlichen und sozialen Wohl der Bevölkerung zu dienen. Wir bekennen uns uneingeschränkt zum Grundgesetz und den darin verankerten Werten. Radikalismus jeder Form lehnen wir strikt ab. Als überparteilicher Verein enthalten wir uns tagespolitischer Betätigung, stehen Regierungen und Parlamenten aber gern mit unserem Rat zur Verfügung. Unsere Tätigkeit besteht in der Einholung und Verbreitung vertrauenswürdiger Informationen zu medizinischen und gesellschaftlichen Fragen. Hierzu stellen wir Fachartikel, Broschüren und Videos zur Verfügung. Auf diese Weise wollen wir zu einer offenen und sachlichen Diskussion beitragen, die dem gesellschaftlichen Wohl und einer vernunftorientierten Meinungsbildung dient."

Ich habe gehört, dass dein Vater durch seine Arbeit Probleme bekommen hat. Stimmt das?
Leider ja. Seit er so aktiv ist, hat er sehr große Probleme. Er hat als niedergelassener Arzt Maskenbefreiungen ausgestellt, wenn Patienten darunter zu leiden hatten. Seine Aufgabe ist es ja, Menschen davor zu bewahren, krank zu werden. Als praktischer Arzt, der viel mit Naturheilverfahren arbeitet, hat er auch das Recht, das zu tun. Er muss es sogar tun, denn er hat einen Eid geschworen, Menschen zu helfen. Er handelt nach bestem Wissen und Gewissen und hat aufgrund der besorgten Mütter, die zu ihm in die Praxis kamen, auch vielen Schulkindern Maskenbefreiungsatteste ausgestellt. Das wurde ans Schulamt gemeldet, was dazu führte, dass wir kurz vor Weihnachten eine Haus- und Praxisdurchsuchung erleben mussten. Die waren auch in meinem Kleiderschrank – jedes Zimmer, jeder Schrank wurde durchsucht. So etwas ist sehr unangenehm. Immerhin waren sie wirklich freundlich – haben einen sauberen Job gemacht –, aber es war ein sehr einschneidendes Erlebnis.

Jetzt läuft gegen meinen Vater ein Verfahren, weil ihm vorgeworfen wird, unrichtige Gesundheitszeugnisse ausgestellt zu haben. Bei der Durchsuchung wurden auch Patientendaten beschlagnahmt, sein PC und Handy wurden mitgenommen, auch den Laptop von meiner Mama haben sie mitgenommen. Der PC von meinem Vater ist noch in Gewahrsam – das heißt, er kann nicht arbeiten. Aktuell ist das nicht so schlimm, da er wegen einer Wirbelverletzung krankgeschrieben ist, aber irgendwann muss er wieder in die Praxis. Daher steht er sehr unter Druck, das ist für ihn und uns alle eine enorme Belastung.

Er hört aber nicht auf, sich zu engagieren?
Nein. Auf keinen Fall – weder er noch ich hören auf, aktiv zu sein.

Hat du das Gefühl, dass wir die Lage noch kippen können?
Ich glaube fest daran. Nachdem 2020 ein übles Jahr war, habe ich mir vorgenommen, in

2021 positiv zu denken, ich glaube, dass wir da noch was retten können. Es wird noch eine Zeit dauern, es wird noch ein Kampf – aber ich bin positiv gestimmt.

Du sagst, 2020 war übel. Gab es auch Positives im vergangenen Jahr?
Doch, definitiv. Für mich gab es mehrere Dinge, die absolut positiv waren und für die ich dankbar bin. Seit 2020 weiß ich, wer die echten Freunde sind und wer zu mir steht. Ich habe super super tolle Menschen kennengelernt, die mein Leben bereichern und die mich auch in Zukunft begleiten werden. Und ich bin über mich selbst hinausgewachsen, habe auf der Bühne gestanden, Reden vor mehreren Tausend Menschen gehalten und meinen Standpunkt klar vertreten. Das hätte ich mir vorher nicht zugetraut und weiß jetzt, dass ich an den Herausforderungen wachsen kann. Das ist sehr viel wert, darauf möchte ich auf keinen Fall verzichten.

Konzentrieren wir uns alle auf das Positive! Das ist das Beste, was man tun kann. Vielen Dank!

K. H.: Ein Namenloser will es Behörden nicht ganz so leicht machen

Andrea Drescher

Foto: Privat

K. H. ist Hambi-Aktivist, Vollzeitreisender und – laut deutschem Gesetz – Ökoterrorist, daher hier nur anonym. Ich kann aber garantieren, es gibt ihn. Und das, was er tut, braucht Mut.

Was ist für dich Aktivismus?
Es bedeutet für mich, überzeugt zu sein von dem, was man macht, daran zu glauben und das Leben danach auszurichten. Es bedeutet für mich, dass man auch aus der Ferne und durch Kleinigkeiten etwas erreichen kann. Man muss nicht gleich auf die Straße, man kann auch von zuhause mit kleinen Dingen viel erreichen. Oder man kann Menschen aufklären, wie wir es bei unseren Gruppenführungen durch den Hambacher Forst gemacht haben.

Also nicht nur zu reden?
Genau.

Foto: Lena Schukow

Wonach richtest du dein Leben aus?
Ich lege Wert auf Nachhaltigkeit und den bewussten Umgang mit Konsum, Lebensmitteln und Tieren. Man muss auch bewusst mit der Umgebung umgehen. Impulse zum Handeln dürfen da sein, aber man sollte denken, bevor man in Aktion geht. Man sollte sich einfach im Klaren sein, was man mit seinem Handeln auslöst. Welche Gefahren man, zum Beispiel bei Sa-

botageversuchen, selbst eingeht.

Upps, Sabotageversuche – Was meinst du denn damit?
Sabotage bedeutet Verweigerung. Man verweigert etwas. Es muss nicht gleich immer das brennende Auto sein. Man kann auch auf andere Art lästig werden. Vegan zu leben ist für die Fleischindustrie ein Sabotageversuch.

Du bist aber kein Veganer?
Nein. Da hapert es noch. Ich habe mich lange vegetarisch ernährt. Ich achte sehr bewusst auf die Ernährung – wo wird was hergestellt. Beim Containern kann man natürlich nicht auf diese Punkte achten, dafür stellt man aber sicher, dass nichts verschwendet wird, kein Tier umsonst gestorben ist. Was in meinen Augen essbar ist, nehme ich mit.

Warst du oft containern?
Während meiner Zeit der Forstbesetzung haben wir uns häufig die Nahrung in den umliegenden Dörfern und Städten vom Hambacher Forst beschafft. Anders ging es ja gar nicht, die ganzen Aktivisten zu versorgen.

Wie bist du in den Hambacher Forst – den „Hambi" – gekommen?
Das war eine für mich typische Aktion. Man hatte mir beim Bundesfreiwilligendienst zum 31. März 2019 gekündigt und ich stand vor der Frage, was ich mit meinem Leben anfangen möchte. Nachdem ich vorher schon auf etliche Demos zum Erhalt des Hambis und gegen den Kohleabbau gegangen war, war es irgendwie naheliegend, mich dort einzubringen – und ich stand am 1. April bereits im Wald.

Warst du lange vor Ort?
Bis circa Ende September 2019 – also rund ein halbes Jahr. Dann brauchte ich erst einmal Pause.

Warum das? Was hast du denn erlebt?
Es war von Anfang an schon aufregend. Ich war sehr nervös, wusste nicht, was auf mich zukommt. Ich hatte Interviews und Berichte gesehen. Als ich dann dort war, war alles ganz anders. Es macht etwas mit einem Menschen, wenn man keine Privatsphäre, keine eigene Toilette, kein eigenes Bett mehr hat. Das geht im Wald alles nicht – aber man lebt eben völlig anders.

Ist das eine Art Kommune?
Wir bezeichnen es als Kollektiv.

Wie wurdest du aufgenommen?
Total herzlich, freundlich und wertschätzend. Nicht wie in der normalen Gesellschaft, wo jeder für sich allein steht. Man ist nicht allein, man kann jederzeit zu anderen gehen

und bekommt Unterstützung. Es ist dort wie in einer Familie – man verbringt ja auch die ganze Zeit miteinander. Natürlich gibt es untereinander auch Konflikte, aber die wurden immer kommunikativ gelöst. Es wird enorm viel diskutiert, Entscheidungen werden im Konsens getroffen. Das längste Plenum dauerte 12 Stunden. Man muss da aber nicht teilnehmen. Alles bleibt dir selbst überlassen, in der eigenen Verantwortung – und das in einer hierarchiefreien Struktur.

Wie viel Leute wart ihr?
Es ist immer ein Kommen und Gehen, das ist schwer zu sagen. Meist waren wir zwischen 50 und 60 Menschen – an den vier Standorten: im Wald, bei der Wiesenbesetzung, bei der Mahnwache und im Hambi-Camp. Ein gewisser Kern ist immer da und es gibt Menschen, die kommen immer am Wochenende oder alle paar Wochen für ein paar Tage.

Hast du dir dein Baumhaus selbst gebaut?
Ja. Das meiste habe ich allein gemacht. Hochziehen und Befestigen haben wir zu dritt erledigt. Baumhausbau heißt Improvisation. Es muss halten, nicht schön aussehen. Menschen mit Erfahrung haben den anderen geholfen. Die Brücken zwischen den Baumhäusern wurden aber erst berechnet und dann gebaut. Hin und wieder wurde das Hirn eingeschaltet (lacht).

Wie lange hast du im Baumhaus gewohnt?
Eigentlich die ganze Zeit. Im Juni habe ich angefangen, mein Haus zu bauen, ab Juli war ich oben, davor war ich in anderen zu Gast.

Wie hat das funktioniert? Toilette und Kochen stelle ich mir etwas schwierig vor.
Das passiert natürlich hauptsächlich am Boden. Im Wald haben wir ein Kompostklo. Im Baumhaus steht ein Eimer für den Fall, dass man länger oben bleiben muss. Einmal saß ich bei Gefahrenstatus (Polizeieinsatz) fast zwei Tage in einer Art Seilschaukel. Das war schon anstrengend. Gekocht wird für das Kollektiv und in den Barrios – kleinen Vierteln, die gemeinschaftlich agieren. Donnerstag gibt es Küche für alle, wenn genug zu essen vorhanden war, da kann dann jeder hingehen.

Wo bekommt ihr das Essen her?
Wie gesagt, durchs Containern. Dann kommen Leute von Foodsharing vorbei und versorgen uns, und es gibt Spenden. Wir haben auch mal zwei Paletten Tofu oder drei Paletten Paprikadosen geschenkt bekommen. Manches war super lecker, manches war grauslig. Einerseits haben wir gegessen, was für andere Müll war, andererseits gab es auch Essen, das wir uns gar nicht leisten könnten.

Was wollt ihr mit der Waldbesetzung erreichen?
Den Erhalt des Hambacher Forstes und das Ende der Zerstörung der Natur durch RWE. Ich persönlich habe mir mehr friedliche Kooperation erhofft.

Dir war es zu gewalttätig?
Ja, es waren gefühlt 1.000 Polizisten im Wald, um uns paar Menschen aus dem Wald zu holen. Ich will auch die Aktivisten jetzt nicht schönreden. Zugegeben, wir haben auch Sabotage-Aktionen durchgeführt – aber nie Menschen angegriffen, nur den Konzern.

Was gab es für Sabotage-Aktionen?
Wie gesagt, Menschen waren für uns immer tabu! Es gab Manipulationen an den Pumpen, um den Abbau zu behindern. Es wurden teilweise Kohlebagger besetzt. Auch der Wald bei Osterholz wurde vor der weiteren Bewirtschaftung durch eine Besetzung vor mehr Schaden bewahrt. Dann gab es Hausbesetzungen, um zu zeigen, dass die Bürger, die von dort abgesiedelt werden sollten, nicht alleine sind. Die wurden ja auch massiv ausgebeutet.

Inwiefern?
Die Anwohner erhielten Angebote für neue Grundstücke an anderen Standorten, die bei weitem nicht dem Wert ihres bisherigen Besitzes entsprachen. Hat jemand diese Angebote verweigert, wurde nach mehreren Verwarnungen geräumt. Egal ob alte Rentnerin oder alleinerziehende Mutter – da kannten die keine Gnade. Es wurden Friedhöfe zerstört. Was im Weg war, wurde weggebaggert. Es ist wohl ein uraltes Bergbaugesetz, dass Ressourcen vor Menschen gehen. Als die meisten Menschen dann vertrieben waren, wurden dort Flüchtlinge angesiedelt. 20 bis 30 Menschen, ohne Nachbarn, ohne soziales Umfeld. Das ist doch absurd. Nur ein paar Anwohner gibt es, die sich nicht aus dem Weg räumen lassen. Das Hambi-Camp steht im Garten einer fast 90-jährigen Dame. Sie hat ihren Garten zur Verfügung gestellt, das Camp ist ihr Schutz. Da käme die Polizei nur mit Hundertschaften.

Derzeit herrscht im Hambi Ruhe. Ist das eine Ruhe vor dem Sturm?
Gute Frage, es fühlt sich fast danach an. Voriges Jahr wurde zwar der Rodungsstopp ausgerufen, und RWE darf bis 2020 keine Bäume mehr fällen. Aber es gibt wieder ein neues Gerichtsverfahren, und nach einer entsprechenden Gerichtsentscheidung könnte wieder gerodet werden. Dann kann wieder alles Mögliche passieren. Am 16. Januar 2020 ging es durch die Medien, dass der Hambacher Forst erhalten bleiben soll. Abwarten.

Warum gab es aus deiner Sicht den Stopp?
Ich glaube, sie haben gemerkt, dass wir viele sind. Viele Menschen waren vor Ort, innerhalb eines Tages waren allein über 50.000 Demonstranten dort. Der Tod eines Reporters hat auch für viel Aufsehen gesorgt. Meine Vermutung ist, der Stadt ist das über den Kopf gewachsen. Man wollte nicht noch mehr Massen anziehen. Es wurde enorm viel Geld für den Räumungsversuch ausgegeben, Geld, das die Städte ja nicht haben.

Gehst du wieder in den Forst zurück, oder was hast du vor?
Das ist eine offene Frage. Sicher werde ich wieder vorbeischauen. Derzeit bin ich unterwegs und lerne mich und die Welt kennen.

Karl Hilz: Ein Polizei-Urgestein wird zum Dauerdemonstranten

Andrea Drescher

Foto: Privat

Der bayerische Polizeibeamte (Jahrgang 1957) im Ruhestand war 43,5 Jahre in der Polizei – genauer: im Polizeipräsidium München – tätig. Zeit für seine Hobbys Schwimmen, Skifahren oder Lesen findet der Vater von drei Kindern und Opa dreier Enkel derzeit kaum. Man findet ihn, den manch einer seiner Wegbegleiter vermutlich als notorischen Querulanten beschreiben würde, aktuell auf Demonstrationen und bei politischen Kundgebungen. Denn er will, dass wir aus der Illusion einer Demokratie aussteigen und zu einem wirklichen Rechtsstaat kommen. Das zu erreichen, braucht sehr viel Mut und Durchhaltevermögen. Und eben eine gehörige Portion Querulantentum.

Waren Ihre Enkel ein Grund für Sie, sich aktiv gegen die Corona-Maßnahmen zur Wehr zu setzen?
Ja. Ich sehe, dass unsere Freiheit, unsere Demokratie zerstört werden, etwas, was ich schon sehr lange beobachte, damit aber auch lange Zeit sehr allein war.

Was haben Sie denn beobachtet?
Seit dem Mauerfall hat sich in der BRD vieles zum Negativen entwickelt. Was die Situation betrifft, rückblickend betrachtet, komme ich zu dem Schluss, dass sich die totalitäre Elite im Osten jetzt auf den Westen ausgedehnt hat. Damit meine ich natürlich nicht die Bevölkerung im Osten. Die dortige totalitäre Clique hat sich mit den Verbrechern im Westen zusammengeschlossen. In beiden Landesteilen leiden die Bevölkerungen, während sich die Mächtigen aus Ost und West am gesellschaftlichen Vermögen bereichern. Was für Bildung, Kinder, Rentner – generell für ein Leben der Menschen in Würde – zur Verfügung stehen müsste, wird von der Führungs-Clique abgezockt und

für sich persönlich verwendet.

Ich empfinde die Lage als ausgesprochen übel und wir haben dem nichts entgegenzusetzen. Dabei kann niemand mehr übersehen, dass die Menschen ausgebeutet werden – und das nicht nur bei uns im Land, sondern in ganz Europa bzw. weltweit.

Sie haben sich früher allein gefühlt, warum?
Um in den gehobenen Dienst aufzusteigen, studierte ich auch Politologie, Soziologie und Psychologie. Dabei wurde mir bewusst, in der Illusion einer Demokratie zu leben. Und das setzte sich im realen Leben dann drastisch fort. Im Zuge eines geförderten Bauprojektes der Landeshauptstadt München – angeblich preiswertes Wohneigentum wollten sich 44 Familien mit mindestens zwei Kindern schaffen, das hätte zu einer massiven Überschuldung der beteiligten Familien geführt – musste ich feststellen, dass dabei keine verfassungsgemäßen Grundregeln eingehalten wurden. Ich sah, wie die politisch Verantwortlichen jeder Partei mit dem Kapital zusammenarbeiteten, sich selbst bereicherten und alles taten, um an der Macht zu bleiben. Ich habe 14 Jahre lang verschiedene Rechtsstreite gegen die Baufirma, die Stadt München und die Regierung von Oberbayern geführt und konnte in einer Art Salami-Taktik insgesamt etwa 2,5 Millionen Euro für die beim Bauprojekt übervorteilten Bauherrenfamilien, mit jeweils mindestens zwei Kindern, als Schadensersatz zurückholen.

Es war für mich ein sehr schmerzhaftes Erwachen innerhalb des Systems, da ich feststellen musste, dass sich seitens der offiziellen Volksvertreter niemand an Recht und Gesetz zu halten schien. Das Zusammenwirken von Politik und Bankenwesen war erschreckend. Noch erschreckender war, dass die Menschen um mich herum das nicht wahrnehmen konnten oder wollten. Das gab den Ausschlag für mich, mich politisch zu engagieren.

Parteipolitisch?
Ja, man muss sich selbst am politischen Geschehen beteiligen, um etwas zu verändern. Zumindest dachte ich das. Zuerst in der Statt-Partei, deren bayerischer Landesvorsitzender ich Anfang der 90er

Foto: Thomas Strimmel

Jahre wurde. Anschließend engagierte ich mich bei den Freien Wählern.
Aber wirklich überzeugend klingt das nicht. Erwies sich Parteipolitik als Lösung?
Wenn ich offen bin, nein. Es ging letztlich immer darum, wer welche Ämter besetzt. Es floss Geld für Parteiämter, es wurde immer dafür gesorgt, dass nur bestimmte Personen Zugriff auf Finanzen hatten. Es ging nur um individuelle Macht, es gab massive interne Machtkämpfe und es entwickelte sich in meinen Augen regelmäßig in Richtung organisierte Kriminalität. Man kann in diesen Strukturen kaum anständig bleiben, nicht zuletzt, weil man auch individuell sehr viel Geld benötigt – für Wahlkämpfe, für Werbung usw. Während einige ihr ganzes Erspartes in den Wahlkampf investierten, kamen andere irgendwie finanziell gestärkt aus dem Wahlkampf heraus – und genau die waren dann meist auch erfolgreich.

Was verstehen Sie unter organisierter Kriminalität?
Der Begriff Organisierte Kriminalität ist international definiert als das Zusammenwirken von Höchst-Kriminellen mit Behörden, Justiz und Politik.

Das klingt nicht gut.
Ist es auch nicht. Nachdem ich mein Engagement in Parteien beendet hatte, habe ich mich nur noch – wie auch schon die ganze Zeit parallel – in Bürgerinitiativen organisiert. Eine Verkettung von Erlebnissen in meinem Leben hat mir deutlich gemacht, dass weder Politik noch Wirtschaft in der Realität so sind, wie man es den Menschen bereits ab der Schule vorgaukelt. Es wird ein System präsentiert, das so gar nicht existiert.

Sie blieben aber weiter aktiv?
Ja klar. Ich engagierte bzw. engagiere mich mit und in Bürgerinitiativen, habe eine eigene kleine Gewerkschaft für die Polizei in München gegründet und war als Personalrat tätig. Trotz meiner Pensionierung im April 2018 blieb ich Vorsitzender der Gewerkschaft und unterstütze Polizisten, die mit der Polizeiführung Probleme haben.

Also ein notorischer Querulant?
Ja, das sagt die Polizeiführung auch, aber mich freut das inzwischen. Abwertungen und Beleidigungen gehören ja mittlerweile zur Tagesordnung. Normale Menschen, die Freiheit, Ordnung, Sicherheit oder die Einhaltung des Grundgesetzes fordern, werden heute als rechtsradikal bezeichnet. Das hat System und ist vielen leider nicht bewusst. Unserer Gesellschaft fehlt ein Bewusstsein für Werte – und auch das hat System, weil es über die Bildung nicht wirklich vermittelt wird.

Wie meinen Sie das?
Ich habe über viele Jahre alle Lehrer meiner drei Kinder gefragt, welches der oberste Wert unseres Staates sei und wollte gerne hören, dass ihnen der Art. 1/I GG – die Würde des Menschen ist unantastbar – bekannt ist. Ausschlaggebend war die Lehrerin, welche meinen ältesten Sohn in der 1. Klasse unterrichtete und recht eigenartige Erziehungsme-

thoden anwandte. Sie schrie die Kinder an, ließ sie während des Unterrichts nicht auf die Toilette und Ähnliches. Meine Frage nach dem obersten Grundsatz unserer Verfassung konnte sie nicht beantworten. Kein Lehrer meiner drei Kinder konnte es, all die Jahre, die sie öffentliche Schulen besuchten. Wertevermittlung steht laut dem Bayerischen Erziehungs- und Unterrichtsgesetz vor Stoffvermittlung, aber kein Lehrer ist so ausgebildet, dass er diese Werte wirklich kennt. Also werden sie weder beachtet noch vermittelt.

Die ersten 20 Artikel des Grundgesetzes werden vielleicht auswendig gelernt, aber nicht verstanden oder gar gelebt. Es darf nicht sein, dass Lehrer Kinder so behandeln, dass diese ihre Würde verlieren. Die Würde des Menschen ist unantastbar. Und die aktuelle Maskenpflicht hat nichts mit Kinderwohl, Gesundheit oder gar Würde zu tun. Aus meiner persönlichen Wahrnehmung ist es eines der schlimmsten Versäumnisse, Lehrer nicht verfassungswissend ausgebildet zu haben. Die wichtigsten Regeln unserer Gesellschaft sind so dem Großteil der Bevölkerung nicht bekannt.

Wann und warum haben Sie sich entschieden, sich zu Corona öffentlich zu äußern?
Ich war gleich bei den ersten Demonstrationen am Marienplatz und Max-Josef-Platz dabei, weil ich von Anfang an die Maßnahmen als grundgesetzwidrig erkannte. Der erste Lockdown, die ganze Maskendiskussion, die Entscheidungen, wie man sich zu verhalten hat: Man hat den Menschen die Freiheit genommen. Das war aus meiner Sicht von Anfang an verfassungswidrig. Man hat mir verboten, meine Kinder und Enkel zu besuchen. Man hat meinen Kindern und Enkeln Angst gemacht, dass sie mich umbringen, wenn sie mich treffen. Der Umgang mit alten und/oder kranken Menschen wurde verboten. Was sich die Politik hier herausgenommen hat, habe ich als unmenschlich empfunden. Die Exekutive erlässt Verordnungen, ordnet Notmaßnahmen wie als Kriegsrecht bekannt an, und das nur wegen einer Krankheit, die nicht anders verläuft als jede schwere Erkältung oder Influenza.

Bei diesen Demos wurde ich gefragt, ob ich mich nicht äußern wolle. Das erste Mal war das dann am Königsplatz, ich denke, im April.

Richtig bekannt wurden Sie durch die Äußerungen in Berlin?
Ja. In Berlin ist es nach dem 29.08.2020 eskaliert. Ich hatte vorher in Passau eine Rede gehalten und die Antifa darauf hingewiesen, dass die Faschisten im Mantel der Antifaschisten kämen. Davor hatten mich schon meine Großeltern gewarnt. Laut meiner Oma haben es viele immer auf „den Hitler“ geschoben, sie sagte dazu, es war nicht „der Hitler“, es waren „die Hitler“, es waren die vielen mitmachenden Menschen. Man konnte sich nicht dagegen wehren. Die vielen mit Maske, die Menschen angreifen, die ohne Maske unterwegs sind, erinnern mich an Erzählungen meiner Großeltern, wie die Hakenkreuzträger die andern Menschen schikaniert haben. Der SPD-Politiker Ritter – ein selbsternannter Rechtsradikalen- und Antisemitenjäger – behauptete dann im Anschluss, dass es rechtsradikale Polizeibeamte gäbe, die in Berlin sprechen. Das müsse der

Innenminister von Bayern unterbinden.

Welche Konsequenzen hat das für sie?

Es wurde ein Disziplinarverfahren eingeleitet. Ich bekomme meine Pension als Beamter. Beamte haben sich auch im Ruhestand staatstreu zu verhalten, sie dürfen sich nur gemäßigt politisch äußern, um das Vertrauen in den Staat nicht zu erschüttern. Die Staatsräson steht über allem. Die Realität sieht so aus, dass Loyalität gegenüber Politikern und Führungsbeamten unbedingt erforderlich ist. Es war mir schon während meiner Dienstzeit oft unerträglich, die Öffentlichkeit nicht über die Zustände bei uns „im Hause" informieren zu dürfen. Es gibt nur einen Weg, Fehlentwicklungen öffentlich zu machen, und das ist der Weg über die Verwaltungsgerichte. Nur so wird eine gewisse Öffentlichkeit hergestellt.

Beamte dürfen in den Verfahren auch nur im Rahmen ihrer Aussagegenehmigung kommunizieren. Richter können von Beamten nicht verlangen, wahrheitsgemäß Auskunft zu geben, wenn deren politischer Vorgesetzter das nicht erlaubt. Tut das ein Beamter ohne Aussagegenehmigung, folgt ein Disziplinarverfahren, bei dem alle Register gezogen werden. Dementsprechend bringt man nichts nach außen. Organisierte Kriminalität beim Staatsanwalt zu melden führt auch nur ins Leere. Die Gewaltenteilung wurde nie richtig umgesetzt, alle haben daran gearbeitet, der Exekutive unbeschränkte Macht zu geben. Und genau in der Situation leben wir jetzt, müssen schmerzhaft wahrnehmen, dass die Exekutive weder vom Parlament noch von den Gerichten gebremst werden kann. In einem nach unserem Grundgesetz funktionierenden Rechtsstaat hätten Richter schon längst Haftbefehle gegen die Verantwortlichen ausgestellt, die unseren freiheitlich demokratischen Rechtsstaat zerstören und eine Diktatur umsetzen.

Wie ist denn der Stand Ihres Verfahrens?

Ich habe einen Anwalt beauftragt, Akteneinsicht zu nehmen. Das Ziel scheint es zu sein, mir meine Pension zu streichen, aber das war mir schon klar, als ich anfing, mich zu äußern. Ich werde schon seit Jahren mit Disziplinarverfahren überzogen. Meine erste Remonstration, die in meinen Augen aufgrund einer rechtswidrigen Anweisung erfolgte, führte zu 800 Euro Bußgeld, da das Verwaltungsgericht der Auffassung folgte, bei der zweiten Hierarchiestufe müsse man nach Anweisung umsetzen. Der Verwaltungsgerichtshof Bayern hat das dann auch noch bestätigt und das Bundesverfassungsgericht eine Überprüfung abgelehnt, weil es keine Entscheidung von grundsätzlicher Bedeutung sei. Damit ist das Remonstrationsrecht in meinen Augen völlig ausgehebelt worden und wir leben wieder im sogenannten Befehlsnotstand.

Können Sie nachvollziehen, dass Menschen zunehmend Angst vor der Polizei bekommen? Stichwort: die 33er-Truppe in Berlin.

Das kann ich schon verstehen, das ist eine Frage der Gruppendynamik und der Polizei-Führung. Das ist die Spitze der Negativentwicklung, die ich seit den 90er Jahren wahrnehme, bei der immer mehr Wert auf Befehl und Gehorsam gelegt wird. Das bringt natürlich auch einen bestimmten Typ Mensch in die Führungspositionen. Das sind sehr häufig Menschen mit vorauseilendem Gehorsam, die findet man in jedem totalitären System, die setzen gewissenlos um, was die politische Führung sich wünscht und diese an der Macht hält.

Sehen Sie noch Chancen für die Zukunft?
Natürlich sehe ich Chancen, sonst würde ich nicht so engagiert um unsere freiheitlich-demokratische Grundordnung kämpfen können! Alles, was im Grundgesetz steht, plus einige Verbesserungen, müsste doch umsetzbar sein, wenn sich die Bürger auf die Hinterfüße stellen. Der Souverän braucht mehr Mitsprachemöglichkeiten als jetzt. Sehr lange musste ich sehen: „Stell dir vor, es ist Demokratie, und keiner macht mit.“ Seit über 40 Jahren ist das unser Problem. Deshalb bitte ich alle auf den Kundgebungen, ihren Hintern von der Couch zu heben, den Fernseher auszustellen und aktiv Politik und Demokratie mitzugestalten.

Kerim Kakmaci: Keynote-Speaker und Mutredner

Andrea Drescher

Foto: Privat

Kerim Kakmaci ist alleinerziehender Teilzeitvater, der seinen 18 Monate alten Sohn jede zweite Woche betreut. Er ist Viertel-Wessi, Viertel-Ossi und halber Türke und wurde nach seiner Geburt 1984 in Wiesbaden, wo er heute auch noch lebt, evangelisch getauft. Von Beruf Persönlichkeitstrainer und Keynote Speaker, macht es ihm Spaß, Menschen in ihrer Entwicklung zu fördern und Reden zu halten, was bei seiner Mutrede auf der Wiesbadener Anti-Masken-Demo am 27.10.2020[1] deutlich wird.

Seit wann sind Sie politisch aktiv?
Seit Corona. Was ich normalerweise tue, ist nicht politisch, sondern menschlich. Mir geht es um Menschenrechte, aus der Politik habe ich mich mein Leben lang rausgehalten. Ich bin allerdings seit 2012 überzeugter Nichtwähler, um dem politischen System die Legitimation zu entziehen. Eine Wahlbeteiligung von unter 30 % – da müssen wir hin, für einen wirklichen Neustart in Deutschland.

Warum wurden Sie jetzt aktiv?
Ich musste beobachten, wie seit März unsere Menschen-, Grund- und Freiheitsrechte nach und nach eingeschränkt wurden. Von Anfang an habe ich mich gefragt, in welchem Verhältnis die Maßnahmen zur Ursache stehen. Freiheit ist für mich der wichtigste Wert im Leben. Dazu gehört Eigenverantwortung für das eigene Denken und Handeln und damit für die eigenen Ergebnisse im Leben. Und natürlich gehört es auch dazu, die Verantwortung für meine Gesundheit selbst zu übernehmen. Alles das bedeutet Freiheit für mich.

Ist das nicht ein wenig radikal?
Entweder ist man fremdbestimmt und macht andere für Niederlagen, Misserfolge und Krankheit verantwortlich, oder man übernimmt Eigenverantwortung und kreiert Ergebnisse, wird zum machtvollen und mutigen Erschaffer seines Lebens. Darüber spreche ich seit Jahren in meinen Seminaren, das sind Themen, die mich bewegen. Wie es

1 https://www.youtube.com/watch?v=EVA05OA4yzE → Kurzlink: ws1.eu/k/25

gelingt, dass man mutig denken, mutig reden und mutig handeln kann, um so zum Schöpfer seiner Realität zu werden. Seit 2,5 Jahren veranstalte ich Seminare, in denen ich Menschen motiviere, eigenverantwortlich zu agieren. Ich fordere jeden auf: Glaube mir kein Wort, recherchiere selbst. Natürlich kann niemand immer alles überprüfen, aber wenn es um die eigene Sicherheit, Freiheit oder Gesundheit geht, sollte das jeden interessieren und ins Tun bringen.

Foto: Thomas Stimmel

Sie müssen also handeln, um Ihrem Leben eine positive Richtung zu geben.
Für mich ist Handeln in dieser Situation selbstverständlich. Als ich zum ersten Mal einen ganz kleinen Artikel zum Thema Immunitätsausweis gelesen habe, dachte ich: „Jetzt schlägt es 13!" Und im November 2020 sind wir bereits bald soweit. Das neueste Infektionsschutzgesetz, die absehbaren Reisebeschränkungen für Ungeimpfte – mir wird schlecht. Das wurde zunächst in Italien diskutiert – ich habe darüber online ein Video veröffentlicht. Aber die meisten haben sich nur lustig darüber gemacht, die hatten den Schuss noch nicht gehört. Wie schnell aus einem demokratischen und freien Land eine faschistische Angstdiktatur geworden ist, hätte ich mir nicht vorstellen können.

In welcher Form handeln Sie?
Ich begann im April mit Video-Postings über meine Kanäle in den Sozialen Netzen, in denen es normalerweise um Themen wie Mut und Eigenverantwortung geht. Das wurde um Corona bzw. die kritische Auseinandersetzung mit den Maßnahmen erweitert. Am 1. Mai habe ich in Karlsruhe das erste Mal öffentlich auf einer Demo gesprochen. Ein Freund kannte Videos und Beiträge von mir zum Thema und schlug mich als Redner

vor. Dort waren 200 Menschen, die trotz strömenden Regens auf der Straße standen. Seitdem bin ich immer wieder als Teilnehmer oder Sprecher auf Demos. Ich vertrete meine Werte und Überzeugungen nach außen.

Sie waren wohl schon vor Corona ein kritischer Geist?
Ja, ich war schon länger „Verschwörungstheoretiker" (lacht), habe das in meinen Seminaren auch immer gesagt. Beim Thema Gesundheit wurde mir bewusst, dass die klassische Schulmedizin in weiten Teilen nicht dem Menschen nutzt, sondern vor allem dem Kapitalismus unterwürfig ist.

Was war der Auslöser?
2012 hatte ich das erste Mal eine virale Grippe – eine richtige Influenza. Ich war 28 und dachte, ich müsste sterben. Meine damalige Freundin brachte mich zu ihrer Heilpraktikerin. Ich wurde fast reingetragen, weil mir jeder Muskel weh tat und ich völlig kraftlos war. Nach einer halben Stunde am Tropf mit hochdosiertem Vitamin C bin ich quasi rausgetanzt. Da fing ich an nachzudenken, ob das, was ich glaube, so stimmt, und stieg mit dem Thema Gesundheit ein. Was braucht mein Körper, um gesund zu bleiben, welche Nahrungsergänzungsmittel sind hilfreich, was kann ich aktiv tun? Seitdem ich entsprechend lebe – ich habe meine Ernährung umgestellt – habe ich komplett die Angst vor Krankheiten verloren und war auch seit 8 Jahren nicht mehr krank. Die nächsten Themen kamen fast automatisch.

Welche waren das?
Auf Gesundheit folgte Glyphosat und industrielle Landwirtschaft, Chemtrails bzw. Geoengineering – bei der flachen Erde bin ich allerdings ausgestiegen. Allein zu 9/11 habe ich drei Monate recherchiert. Seitdem weiß ich, dass sie uns von vorne bis hinten belügen. Warum ist Kennedy wirklich gestorben? Der Zusammenhang mit dem Geldsystem war ziemlich deutlich. Letztlich hat alles mit Geld zu tun. Die Antwort auf jede Frage findet man durch „follow the money". Man muss hinterfragen, wohin Gelder fließen, wer profitiert und wer die Leidtragenden sind. Am Ende sind die an der Macht, die sich korrumpieren lassen. Jeder Mensch hat seinen Preis.

Auch zu Zeiten Kennedys wurden Menschen manipuliert – durch Menschen. Heute gibt es dafür die künstliche Intelligenz und riesige Serverfarmen, mit deren Hilfe Menschen überwacht und manipuliert werden. Sie kennen uns ganz genau, da es endlos viele Informationen über jeden Einzelnen gibt. Dadurch sind wir sehr leicht steuerbar. Wir werden erzogen, Nachrichten zu schauen und die Tageszeitung lesen. Meine Mutter zweifelt nicht an der Tagesschau bzw. schaut erst langsam etwas kritischer hin. Für diese Generation ist es abwegig, dass Jan Hofer sie belügen könnte.

Aber man sieht doch oft mehrheitlich Ältere bei Demonstrationen. Wie erklären Sie den Widerspruch?

Viele aus der Risikogruppe haben keinen Bock auf diese „Scheiße", laufen ohne Maske herum und gehen auf die Straße. Die Mehrheit der 30 bis 40-jährigen musste für nichts kämpfen, die 20-jährigen sind „next day delivery" gewohnt. Sie wollen nicht warten, sondern bestellen, konsumieren und in Raten bezahlen. Das Leben wurde zu leicht, erwartete zu wenig Gegenleistung für das, was man „gratis" bekommt. Kurz gesagt: Jüngeren fällt es leichter, den Medien zu misstrauen, die Älteren haben aber das Kämpfen gelernt.

Sie sagen, das Leben ist zu leicht. Sagen Sie das auch zu einem Hartz-4-Empfänger?
Fakt ist: Bei uns muss keiner Angst haben zu verhungern, in Deutschland muss man nicht auf der Straße leben. Fakt ist aber auch, es hat nicht jeder die gleichen Chancen, die gleichen Grundvoraussetzungen – der Millionärssohn hat völlig andere Grundvoraussetzungen als der H4-ler.

Ein Satz meines Vaters hat mich geprägt: „Für alles, was dir in deinem Leben ab deinem 18. Geburtstag passiert, bist du zu 100% selbst verantwortlich." Das gesamte Wissen der Welt ist per Klick verfügbar und das kostenlos. Wenn man will, kann man sich entwickeln. Aber das ist für Menschen mit schlechten Grundvoraussetzungen viel, viel schwieriger. Trotzdem können auch sie erfolgreich sein. Das sehe ich immer wieder in meinen Seminaren.

Haben Sie persönlich Nachteile aufgrund der Corona-Maßnahmen?
Sowohl die Maßnahmen als auch meine Meinung über die Maßnahmen haben mich viel Geld gekostet. Ich habe Kunden verloren. Ich bin selbst Veranstalter und hatte auch kaum Aufträge als Keynote Speaker. In den Seminaren sind weniger Teilnehmer, weil die Menschen Angst haben. Ich schätze, dass es von März bis November 2020 rund eine Viertelmillion Euro Umsatzeinbuße war. Aber das ist nicht tragisch. Maximalen Erfolg hat man, wenn man seine Werte lebt, wenn man authentisch lebt, sich von Masken und Rollen befreit. Dann kommen die richtigen Menschen und Situationen auf einen zu.

Sie sind also in jeder Hinsicht gegen Masken?
Ja! Die meisten Maskenträger sind Heuchler, ohne sich dessen bewusst zu sein. Wer geht schon rauchend auf eine Demo gegen Tabak oder mit Wurst zu einer Veganer-Veranstaltung? Man demonstriert in dem Maße, in dem es einem gnädigerweise gestattet wird. Wir Deutschen sind zu nett und machen die ganze Scheiße mit.

Plädieren Sie für Gewalt?
Nennen Sie mir eine Revolution, die ohne Gewalt stattgefunden hat. Aber nein, ich sage nicht, dass Gewalt eine Lösung ist. Nur lassen sich die meisten Menschen zu leicht einschüchtern, scheuen den Rechtsweg, wollen keine Auseinandersetzung. Die Bevölkerung muss aber auf ihrem Recht bestehen, die Judikative muss gefordert werden – damit wir uns das Recht wieder zurückholen. Es ist nicht clever, dass viele noch kein Attest

in der Tasche haben. Das allein reicht, um Bußgeldbescheiden zu widersprechen. Wir wissen, dass die Verordnungen rechtswidrig sind. Die gesetzliche Unfallversicherung hat festgestellt, dass eine generelle Maskenpflicht aus arbeitsrechtlichen Gründen rechtswidrig ist, es gibt strenge Vorgaben über Tragezeiten und Pausen. Eine gesundheitliche Prüfung ist Voraussetzung – das ist Gesetz in Deutschland.

Wird eine anmeldete Demo aufgelöst, sollten die Menschen einfach bleiben. Es gibt ganz selten harte Einsätze. Aber die meisten haben Angst zu sagen: So nicht – *ENDE*. Wir bleiben stehen, bis ihr uns Rede und Antwort steht. Da müssen 100.000 vor den Landtagen stehen – dann würde etwas passieren. Ist die Straße des 17. Juni eine Woche durch Menschen blockiert, passiert etwas. Die Menschen müssen bleiben, bis sie weggetragen werden. Bei ein paar 100 geht das, bei 100.000 geht das nicht mehr. Richtet man dann Wasserwerfer auf friedliche Demonstranten, wird alles per Handy dokumentiert, was weiteren Widerstand mobilisiert. Hier geht es um Klarheit, Beharrlichkeit und Konsequenz. Der Schmerz muss noch größer werden, dann steigt die Bereitschaft, sich vor die Wasserwerfer zu stellen. 10 Millionen sind in Deutschland in Kurzarbeit. Es wird erwartet, dass 40–60 % der deutschen Unternehmen 2021 insolvent sind.

Der Schmerz ist ja jetzt schon ziemlich heftig, oder?
Ja. 20 % der Unternehmen sind jetzt schon tot. Und sie nehmen den Menschen alles, was Freude bereitet und Lebensqualität gibt. Man zerstört die menschliche Vernetzung und zwingt sie in digitale Medien, die KI zeigt, was du denken sollst. Der Kontakt zu echten Menschen wird minimiert – gleichzeitig nimmt die Internetzensur Ausmaße an, wie es sie in Nordkorea geben soll. Man treibt die Menschen konsequent in Angst. Angst war schon immer das beste Steuerungsinstrument, sorgt für Kontrolle und wirkt gegen Eigenverantwortung. Früher hatten die Menschen Angst vor Gott oder der Pest, heute vor Söder und Corona. Viele sind panisch – wie die kleinen Kinder.

Apropos Kinder. Ihr Engagement dient auch speziell den Kindern?
Ganz ganz stark. Kinder können noch nicht wirklich eigenverantwortlich handeln. Die Erwachsenen, die Eltern müssen das für sie übernehmen. Erwachsene sind Lehrer durch ihr Tun. Kinder kopieren das Verhalten, das wir ihnen vorleben. Sie erleben dadurch konkret, wie wir die Gesellschaft prägen und aufbauen. Darum habe ich bei der Maskenpflicht in Schulen auch eskaliert. Seitdem spreche ich Eltern auf der Straße an, wenn ihr Kind eine Maske trägt, frage, warum sie ihrem Kind das antun.

Wie reagieren die Angesprochen?
Die meisten sind abweisend und gehen einfach, obwohl ich nicht aggressiv bin, sondern Fragen stelle. Ich frage, warum das Kind eine Maske trägt, oder ob sie wissen, dass Masken für kleine Kinder aufgrund der kleineren Lunge schädlicher sind. Die wenigsten lassen sich drauf ein. Aber das ist normal, wenn man Menschen mit ihrer mangelnden (Eigen)verantwortung konfrontiert. Das finde ich bei Eltern einfach katastrophal. Wer

sich selbst schadet – o.k., mach was du willst. Aber wenn man seinem Kind schadet, das geht gar nicht. Gerade bei Kindern muss man hinterfragen.

Und die Menschen hinterfragen nicht?
Nein, sie tun es weder beim Essen noch beim Impfen. Sie übernehmen blind, was „Autoritäten" sagen. Bei meinem eigenen Kind habe ich mich schon lange vorher mit Impfen beschäftigt, mich immer wieder gefragt, wie ich entscheiden soll. Ich fühlte mich nicht in der Lage zu entscheiden, habe Wochen mit Recherche verbracht, um eine Entscheidungsgrundlage zu entwickeln. Mein Kind muss sich doch auf mich verlassen können. Es setzt sein Urvertrauen in mich. Wie kann ich da eine Meinung ungefragt übernehmen, die die Gesundheit meines Kindes massiv beeinflussen kann?

Glauben Sie, dass wir das Ganze drehen können?
Ich weiß es nicht. Ich glaube aber daran, dass alles für etwas gut ist. Nichts passiert ohne Grund. Das Universum gibt jedem genau die Aufgabe, die er lösen kann. Also wird am Ende alles gut sein, wir werden in einer freieren Welt leben als jemals zuvor. Was ich aber nicht weiß: Was muss bis zu diesem Ende alles passieren? Reden wir über Monate oder Jahrzehnte? Das macht auch mir Angst. Aber selbstverständlich mache ich weiter. Mut heißt ja, auch bei Angst zu handeln. Jetzt ist es an der Zeit, mutig zu handeln. Wir erschaffen unser Leben zu 100 % eigenverantwortlich. Ich muss andere Umweltbedingungen erschaffen. Ich muss nach neuen Wegen suchen und diese dann gehen. Ist absehbar, dass ich irgendwann ungeimpft nicht mehr reisen darf, werde ich ungeimpft ein letztes Mal ausreisen. Wohin, wird sich zeigen – alles was ich brauche, ist frische Luft, gutes Essen und ein glückliches Kind. Dann werde ich eben Betreiber einer Kokosnussbar in Costa Rica.

Dann sehen wir uns in Costa Rica, ich mag Kokusnussmilch. Vielen Dank!

Leslie Franke und Herdolor Lorenz: „Der marktgerechte Mensch“

Andrea Drescher

Foto: Privat

Die unsichtbare Grenze des Sagbaren
Von der Freiheit im öffentlich-rechtlichen Fernsehen und anderen Illusionen

Wenn man sich Dokumentationen in den öffentlich-rechtlichen Medien anschaut, findet man immer wieder kritische Berichte. Diese werden zwar meist erst nach 22:00 Uhr und später ausgestrahlt, es macht aber den Eindruck, dass die Journalisten das jeweilige Thema fundiert hinterfragen. Nur: Wie kritisch sind diese Reportagen? Wird wirklich umfassend recherchiert, werden Probleme und deren Ursachen bis an die Wurzel analysiert oder gibt es da Grenzen, ab denen bestimmte Themen nicht mehr angesprochen werden sollten? Die Erfahrungen von Herdolor Lorenz und Leslie Franke zeigen, dass es diese Grenzen definitiv gibt. Werden Bereiche adressiert, die den politisch Mächtigen im Land nicht genehm sind, ist es aus mit der bis dato guten Auftragslage.

Was bleibt, um den eigenen Überzeugungen treu zu bleiben, ist, sich auf eigene Füße zu stellen. Das ist kein Phänomen, das erst in den letzten Jahren aufgekommen ist. Spricht man mit Herdolor Lorenz und Leslie Franke, sieht man, dass das schon länger der Fall ist. „Filme von unten“ – das war die Antwort der beiden Dokumentarfilmer, die 25 Jahre für das öffentlich-rechtliche Fernsehen tätig waren.

Erzählt doch bitte kurz von euch – wie wird man Filmemacher?
Leslie: Nach meinem Staatsexamen in Geschichte und Russisch ging ich mit einem DAAD-Stipendium 1987 während der Perestroika-Zeit an die Filmhochschule nach Moskau. Als Studentin war ich politisch sehr engagiert, fand es spannend, die Sowjetunion im Umbruch kennenzulernen und konnte mich dort sehr gut vernetzen. Vorher hatte ich bereits gemeinsam mit Herdolor erste Filme für die Gewerkschaft gemacht.

Herdolor: Ich habe bereits während meines Studiums der Politik, Geschichte, Philosophie und Germanistik erste Videos gedreht. Bildungs- und Gewerkschaftsarbeit lagen mir als ASTA-Vorsitzender in Marburg sehr am Herzen. Unser erster Film 1985 drehte sich um arbeitslose Menschen. Als Leslie dann nach Moskau ging, kam es zu unserem ersten Fernsehfilm „Tanja“, ein Film über eine sowjetische Frau. Gemeinsam mit Leslie entstand dann jedes Jahr zumindest ein Film, der auch vom Fernsehen finanziert wurde.

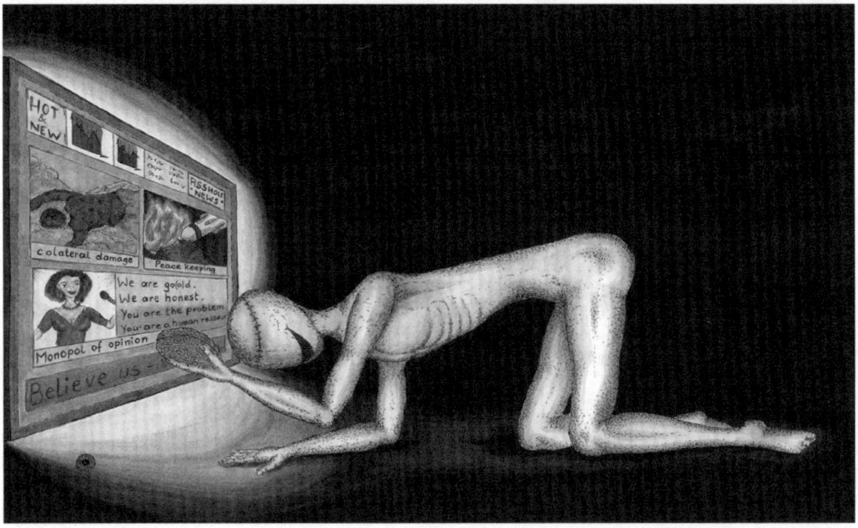

Illustration: Diana Wille

Ihr habt lange Zeit aus Russland berichtet, gab es da Probleme bei deutschen TV-Sendern?
Leslie: Nein – eigentlich nie. Wir haben als freie Autoren viele Filme über die Sowjetunion und die postsowjetische Zeit gemacht, es gab nie Probleme, unsere Sachen unterzubringen, kritische Berichterstattung aus Russland war völlig o. k. Man konnte so kritisch sein, wie man wollte, es wurde nie beanstandet.

Wovon handelten eure Filme aus dieser Zeit?
Leslie: Wir haben immer sehr nah am Menschen gearbeitet und wollten die gesellschaftlichen Veränderungen in der Umbruchszeit zeigen. Wir waren hauptsächlich in Fabriken unterwegs z. B. in einem großen Stahlkombinat, in einer Motorradfabrik in Minsk oder im Baltikum, wo Transporter herstellt wurden, und haben versucht, die Hoffnung der ArbeiterInnen, zu dokumentieren. So war es den Arbeitern eine Zeit lang möglich, die Direktoren selbst zu wählen.

Herdolor: Die Jahre 1987 bis 1989 waren wirklich eine sehr hoffnungsvolle Phase – man erwartete sich Kooperation mit dem Westen, aber es zeigte sich schnell, dass das sehr schwierig war. Und dann kam die ruppige Zeit, in der nichts mehr so war wie vorher. Als die Sowjetunion auseinanderfiel, brach auch das wirtschaftliche Netzwerk der Sowjet-Republiken zusammen. Die Wirtschaft lag am Boden. Wir haben in unseren Dokumentationen gezeigt, wie die Menschen damit umgingen. 1995 verlagerten wir unseren filmischen Schwerpunkt wieder nach Deutschland. Da begannen dann unsere Probleme.

Was für Probleme hattet ihr?
Herdolor: Wie ich es bereits an anderer Stelle einmal gesagt habe: Kritik an anderen Ländern ist im deutschen Fernsehen immer erwünscht, aber wehe, du bist im eigenen Land kritisch. Da wird es wirtschaftlich gefährlich, denn dann kommt etwas, was man schon als Zensur bezeichnen muss.

Könntet ihr das konkretisieren?
Leslie: Aufgrund des Jugoslawienkrieges waren in den 90er-Jahren viele Menschen von Bosnien nach Deutschland geflohen. Die wollte man aber nicht im Land haben, die wollte man schnellstmöglich loswerden. Unsere erste Dokumentation über den Umgang mit den Flüchtlingen passte da nicht wirklich in das gewünschte Schema. Unsere Redakteurin ließ uns völlig freie Hand und wir zeigten, was den Menschen alles so passiert war. Man erfuhr von ihrer Lebenssituation in Bosnien und sah dann, wie es in Deutschland – also bei uns in Hamburg – zuging. Qualifizierte, moderne Menschen wurden gerne als „Putzen" missbraucht, wurden von oben herab wie Idioten behandelt, obwohl eigentlich nur die Sprache fehlte. Auch serbische Flüchtlinge kamen zu Wort – und zwar als Menschen und nicht als Feind.

Herdolor: Die 45 Minuten wurden zwar von der Redaktion abgenommen und um 20:15 Uhr, also zur besten Sendezeit, ausgestrahlt – aber dann kam ein Anruf vom NDR. Ein Vertreter des Intendanten teilte uns mit, dass „dies unsere letzte Sendung für den NDR gewesen sei. Wir hätten die Flüchtlinge viel zu positiv dargestellt, nicht darüber berichtet, dass diese ja nur an der D-Mark interessiert seien und auch keine Deutschen zu Wort kommen lassen. Das ginge gar nicht." Das war der Anfang vom Ende. Es dauerte fast zehn Jahre, bis wir wieder etwas für den NDR machen durften. Und das war dann das wirkliche Ende.

Gab es Aufträge seitens anderer Sender?
HERDOLOR: Anfangs ja. Wir haben zunächst für den WDR, dann für ARTE gearbeitet. Im Auftrag des WDR entstand unsere erste preisgekrönte Langzeitdokumentation „Mein Herz zerreißt". In dieser Langzeitdokumentation haben wir auch hier Menschen, Flüchtlinge begleitet. Menschen, die kein Asyl bekamen, aber aufgrund ihrer persönlichen Situation nicht wussten, wohin. Wo sollte ein Serbe, der mit einer Kroatin verheiratet ist, hingehen, wenn sie in Deutschland nicht willkommen sind?

LESLIE: Die beiden haben sechs Jahre in Schwerin gearbeitet und waren – ebenso wie ihre Kinder – gut integriert. Alle sprachen fließend Deutsch, erhielten aber keine Aufenthaltsverlängerung. Sie war in Bosnien als Chefärztin tätig, durfte bei uns nur in der Altenpflege arbeiten. Da eine Rückkehr „nach Hause" nicht möglich war, haben sie beschlossen, in die USA auszuwandern. Dort haben wir die Familie dann zehn Tage mit der Kamera begleitet. Der Film wurde zwar im WDR gezeigt, stieß aber auf keine große Gegenliebe, obwohl er ausgezeichnet wurde. Danach waren wir zunächst nur noch für ARTE tätig, bis dann unser letzter Auftrag vom NDR kam.

Zehn Jahre später?
LESLIE: Ja. Ein mutiger Redakteur, der kurz vor der Pensionierung stand, wagte es, mit uns zusammenzuarbeiten. Es entstand der Film „Wasser unter dem Hammer", der sich mit der Privatisierung der Wasserversorgung beschäftigte. Neben den Hamburger Stadtwerken, die kommunal waren und es auch noch sind, wurden die Folgen der Privatisierung in England, wo man unter Thatcher Vorreiter der Privatisierung war, mit Ergebnissen in Deutschland wie z. B. Berlin verglichen. Die Berliner Wasserversorger waren ja bis 2013 zu 49 % in den privaten Händen von RWE und dem internationalen Wasserriesen Veolia. Also eine sogenannte öffentlich-private Partnerschaft, kurz ÖPP. Die Ergebnisse dieses Vergleichs waren aber nicht gewollt.

Was heißt denn „nicht gewollt"?
HERDOLOR: Der Film wurde das erste Mal im NDR um 22:30 Uhr gesendet. Aufgrund der enorm positiven Rückmeldungen sollte er um 20:15 Uhr wiederholt werden. Eine ausführliche NDR-Webseite wurde extra dazu aufgesetzt – und dann wurde er von einer Sekunde auf die nächste abgesetzt. Wir erfuhren vom Redakteur, dass Veolia beim Intendanten interveniert hatte und behauptet hätte, dass darin enthaltene Aussagen falsch seien. Markus Schreiber, damals Assistent der Geschäftsleitung beim NDR, wurde aktiv und warf uns vor, wir hätten nicht seriös recherchiert. In einer Besprechung mit Vertretern des Investors Veolia sowie dem technischen Direktor der Berliner Wasserwerke wurden von diesem jedoch alle monierten Punkte als korrekt bestätigt. Markus Schreiber übernahm aber die Argumentation der Investoren und setzte den Film ab. Unser mutiger Redakteur wurde kurzfristig in Pension geschickt, der Leiter der Redaktion durfte zwei Jahre nichts mehr für den NDR machen. Das war dann nicht nur unser endgültiges Aus beim NDR, sondern auch bei allen anderen Redaktionen in der ARD.

Wieso das?
Herdolor: Auf einmal wussten alle in den Redaktionen, dass wir aufgrund unseres letzten Filmes beim NDR gesperrt worden waren. Jeder kannte uns. Wir waren das „heiße Eisen", das keiner mehr anfassen wollte. Das war wirklich für uns einschneidend. Als wir Ende der 90er erstmals vom NDR gesperrt worden waren, bot sich der WDR für die weitere Zusammenarbeit an. 2005 gab es keine Alternativen mehr. Wir hatten in der Redaktion einen Film über die Privatisierung der Bahn in Vorbereitung, die Filmförderung war dafür bereits zugesagt – das wurde alles gekippt. Fast kein Sender war mehr bereit, mit uns an den Folgeprojekten zu arbeiten.

So entstand dann „Film von unten"?
Leslie: Genau. Wir haben Crowdfunding 2005 für uns erst erfinden müssen. „Film von unten" wird von denen finanziert, die die Filme sehen und zeigen wollen. Jeder, der 20 Euro beisteuert, hat das Recht, den Film öffentlich nichtkommerziell aufzuführen. Filme zu produzieren dauert jetzt natürlich länger, wir benötigen gut ein Jahr mehr Vorlauf, um die vollständige Finanzierung auf die Beine zu stellen.

Aber der Multiplikationseffekt darf nicht unterschätzt werden. Die Menschen, die den Film finanzieren, haben ein echtes Interesse, dass möglichst viele ihn auch zu sehen bekommen. Die Spender fühlen sich mitverantwortlich, den Film „auf die Straße" zu bringen. Er wird nicht nur in Kinos, sondern in Schulen, Universitäten, Kneipen oder Pfarren aufgeführt, erreicht ein ganz anderes Publikum und kann damit auch etwas bewirken. Filme wie „Wer rettet wen?" „Water Makes Money" und „Bahn unterm Hammer" haben gezeigt, wie mit Aufklärung und Mobilisierung Einfluss genommen werden kann.

Bei „Water Makes Money" war auch ARTE mit im Boot?
Herdolor: Ja. Bis 2010 haben wir noch mit ARTE zusammengearbeitet, wobei sie in diesen Film erst kurz vor Fertigstellung eingestiegen sind. Das Thema Privatisierung der kommunalen Wasserversorgung haben wir ja schon rund zehn Jahre verfolgt – „Water Makes Money" wurde dann von der Hamburger Filmförderung, verschiedenen Stiftungen wie RLS und „Menschenwürde und Arbeitswelt" mitfinanziert. Den Löwenanteil brachte aber die Crowd zusammen. Allerdings war die Unterstützung von ARTE extrem wichtig, als Veolia, einer der im Film kritisierten Konzerne, in Frankreich Anklage erhob. ARTE und die Crowd – die mediale Verbreitung – haben uns geschützt.

Leslie: Der Prozess verlief hervorragend, die wichtigsten Protagonisten haben als Zeugen ausgesagt und wir dürfen weiterhin das, „was korrupt ist, auch als korrupt bezeichnen". Nur eine Bemerkung des Hauptprotagonisten musste aus der französischen Fassung entfernt werden. Insgesamt ein großer Sieg, den wir der Riesenöffentlichkeit und der Solidarität unserer Crowd in Frankreich und Deutschland verdanken. Der Film hatte auch großen politischen Erfolg: In Frankreich wurde die Wasserversorgung in vielen Städten und Gemeinden auf den Weg zur Rekommunalisierung gebracht. Auch in Italien nahm er Einfluss auf die Gesetzgebung, ein Gesetz zur Privatisierung konnte gekippt werden, und in Berlin beeinflusste der Film den Volksentscheid zur Rekommunalisierung der kommunalen Wasserversorgung. Was dann kam, war für uns aber weniger positiv.

Welche Folgen gab es denn?
Herdolor: Zum einen war ARTE, obwohl sie die ganze Zeit der Auseinandersetzungen hinter uns standen, nicht länger an der Zusammenarbeit interessiert – wir kamen jetzt bei keinem Sender mehr mit unseren Filmvorschlägen durch. Zum anderen kam der Angriff auf unser Studio.

Was für ein Angriff?
Herdolor: Drei Tage nach dem Prozess wurde unser Studio gehackt. Alle Rechner wurden von außen gekapert, unsere Archive zerstört. Es war eine professionelle Zerstörung sämtlicher Studiosysteme, alles musste neu aufgesetzt werden und wir hatten keine ausreichenden Backups. Eine echte Katastrophe für unsere Arbeit. Die Polizei hat es dem LKA übergeben, aber die Täter konnten nie identifiziert werden. Das war natürlich reiner Zufall – ein Schelm, wer Böses dabei denkt.

Aber ihr habt trotzdem weitergemacht?
Herdolor: Natürlich. Jetzt gerade! Und mit Filmförderung und Crowdfunding kamen wir ja eigentlich gut durch – wobei es bei der Filmförderung auch schon Probleme gab.

Inwiefern?
Leslie: Als wir unseren neuen Film, „Der marktgerechte Mensch“ 2016 vorschlugen, gab es quasi gleichlautende Antworten von ARTE und der Filmförderung Hamburg. „Sie machen nur Agitprop.“ Es ist schon richtig, wir vertreten in unseren Filmen eine klare Meinung, benennen Ursachen und analysieren die Hintergründe. Wir machen die Filme so, wie wir sie für richtig halten, lassen uns nicht zensieren. Wir stehen allerdings sicher nicht für Agitation und Propaganda, sondern recherchieren sorgfältig und arbeiten mit Fakten, die manchem allerdings unangenehm sind. Aber die Zensur hat auch Lücken, gottseidank.

Welche Lücken gibt es denn?
Herdolor: Die Zensur ist nicht perfekt. Wir bekamen den Tipp, dass es sich für uns nicht lohnen würde, nochmals in Hamburg einzureichen, dass wir aber bei der Bundesfilmförderung eine Chance hätten. Und das hat auch geklappt. Ein Drittel der Finanzierung wurde gefördert. Und dann gibt es noch unsere mutigen Kollegen in den Redaktionen, die man nicht vergessen darf.

Leslie: Die Filme kommen nicht ins Fernsehen. Aber die Kulturjournale machen uns zum Thema. Es gibt Interesse seitens kritisch eingestellter Kollegen in den Redaktionen, im Hamburger Kulturjournal, Kulturzeit oder WDR Westart. Es werden immer lange

Interviews geführt und gesendet. Es gibt kritische und mutige Menschen in den Redaktionen, die im beschränkten Rahmen noch arbeiten dürfen. Sie kämpfen, und wenn sie zu intensiv kämpfen, sind sie ihren Job los. Aber sie setzen sich im Rahmen ihrer Möglichkeiten aktiv für die Aufklärung ein und unterstützen damit unsere Ziele.

Welche Ziele sind das?
Herdolor: Wir wollen mit unseren Filmen aufklären. Wer nicht Bescheid weiß, kann sich nicht wehren. Widerstand muss von unten kommen – und der kommt nur auf, wenn die Menschen wissen, worum es geht.

Leslie: Mit „Der marktgerechte Mensch" wollen wir ein Bewusstsein für die Zusammenhänge von neuen kapitalistischen Arbeitsmodellen auf der einen Seite und den Konsequenzen wie Ausbeutung, Entsolidarisierung, Vereinsamung, der Zunahme von psychischen Krankheiten schaffen. Also welche Auswirkungen hat der herrschende Neoliberalismus auf den einzelnen Menschen und wie verändert das die Gesellschaft? Damit setzen wir Impulse, die die Menschen zum Nachdenken und dann ins Handeln bringen können.

Wann und wo kommt der Film denn in die Öffentlichkeit?
Premiere und bundesweiter Kinostart ist der 16.01.2020 – sämtliche Aufführungen an diesem Tag kann man online finden (siehe unten).

Dann toi, toi, toi für eure Premiere!

Zum Film: Der marktgerechte Mensch

Die Filmemacher gehen an die Arbeitsplätze der neuen Modelle des Kapitalismus wie der Gig-Economy, der Arbeit auf Abruf. Sie treffen auf Menschen in bisher sicher geglaubten Arbeitsstrukturen an Universitäten oder in langjährigen Arbeitsverhältnissen mittlerer und oberer Leitungspositionen. Und beobachten, wie sich die Verschärfung des Wettbewerbs immer stärker auf den Einzelnen verlagert – was Solidarisierung und tragbaren sozialen Beziehungen nur sehr schwer Raum lässt. Depression und Burnout machen Menschen, die an dieser Last und Unsicherheit zerbrechen, das Leben zur Hölle. Selbst dann noch glauben viele, an ihrem Schicksal selbst schuld und ein Einzelfall zu sein. Doch dieser Wahnsinn ist nicht alternativlos. Der Film stellt Betriebe vor, die nach dem Prinzip des Gemeinwohls wirtschaften, Beschäftigte von Lieferdiensten, die einen Betriebsrat gründen, und die Kraft der Solidarität von jungen Menschen, die für einen Systemwandel eintreten. „Der marktgerechte Mensch" ist ein Film, der die Situation hinterfragt und Mut machen will, sich einzumischen und zusammenzuschließen. Denn ein anderes Leben ist möglich.

Weitere Informationen
https://marketable-people.org/index.php/de/ → Kurzlink: **ws1.eu/k/26**

Liane Kilinc: Der verschwiegene Krieg im Donbass

Andrea Drescher

Foto: Privat

Die Wahrheit über die Ukraine wird systematisch totgeschwiegen. Selbst nach dem Vorfall in der Straße von Kertsch wurde das Leid der Menschen im Kriegsgebiet im Osten der Ukraine kaum thematisiert. Findet ein Krieg nur statt, wenn er medial präsent ist? Leider ja – zumindest macht es den Eindruck, wenn man mit Menschen spricht. Dieses Kriegsgebiet ist kaum jemandem bewusst. Nach fünf Jahren ist es ganz nach hinten gerückt. Das war mal anders.

Im November 2013 wurde die Krise in der Ukraine virulent: Das Land lehnt das Assoziierungsabkommen mit der EU vorläufig ab. Danach brachen Chaos, Bürgerkrieg und Krieg aus. Im deutschsprachigen Raum gingen Anfang 2014 viele Menschen auf die Straße, um mit Mahnwachen ein Zeichen gegen den Krieg in der Ukraine zu setzen.

Die Straßen sind heute leer, die Mahnwachen sind – bis auf ganz wenige Ausnahmen – Vergangenheit. Der Krieg und das Chaos in dem Land sind es allerdings nicht. Im Gegenteil: Für die Menschen im Osten der Ukraine ist der Krieg bittere Gegenwart bis zum heutigen Tag – und vermutlich auch morgen und übermorgen und nächste Woche.

Und die Menschen sind – wie in allen Kriegen – die eigentlichen Opfer. Am schlimmsten betroffen – wie in allen Kriegen: Alte, Kranke und Kinder. Nach fünf Jahren Krieg, Zerstörung, Hunger und – jetzt wieder aktuell – Kälte in den Kriegsgebieten ist die Hoffnung auf Frieden und ein „normales" Leben bei vielen dort nahezu verschwunden. Das sind zumindest die Eindrücke, die verschiedene Mitglieder von Hilfsorganisationen von ihren Besuchen vor Ort mit nach Deutschland bringen.

Die *Friedensbrücke Kriegsopferhilfe e. V.* ist vorwiegend in der Volksrepublik Donezk oder auch Donezkaja Narodnaja Respublika, DNR, aktiv und betreut zusätzlich einige Projekte in der LNR. Liane Kilinc, Vorstandsvorsitzende des Vereins Friedensbücke Kriegsopferhilfe e. V., beschreibt die Lage vor Ort aus eigenen Erfahrungen. Es sind subjektive Eindrücke der Realität des Krieges, der für die meisten Mainstream-Medien heute kein Thema ist.

Als erstes die Frage: Wie siehst du die Lage in der DNR?
In Donezk ist die Lage sehr angespannt. Besonders seit der Ermordung von Alexander Sachartschenko herrscht viel Unruhe. Die politische Entwicklung ist für mich undurchschaubar. Im Vorfeld gab es den Ausschluss von Kandidaten und Parteien, zum Beispiel der KP. Ich kann nicht sagen, was sich entwickeln wird. Dazu kommt der ständige Beschuss, viele Dörfer an der Frontlinie kommen nie zur Ruhe. Minsk 2 wird komplett ignoriert.

Die Lage der Menschen hat sich in meinen Augen verschlechtert. Wobei man differenzieren muss – in der Stadt leben die Menschen besser als in den Dörfern. Mitten in Donezk ist eigentlich nichts vom Krieg zu spüren, aber sobald man den städtischen Raum verlässt, kann es heftig werden.

Nehmen wir das Beispiel Heizung: In den Städten kein Problem. Auf den Dörfern jedoch gibt es verschiedene Kategorien: Vorne an der Frontlinie erhalten die Menschen Kohle kostenlos. Ist man von der Front entfernt, muss man zahlen.

Für Rentner oder Alleinerziehende ist das natürlich ein großes Problem. Auch beim Wiederaufbau gibt es Kategorien: In der Nähe der Front-Gebäude wieder aufzubauen erscheint sinnlos. Aber manchmal wäre es eine Kleinigkeit, ein Dach zu reparieren, um das Gebäude vor Wasser zu schützen. Das passiert jedoch nicht, wenn das Haus, eine Schule oder eine Kita der falschen Kategorie zugeordnet ist. Auch in der medizinischen Versorgung gibt es erstaunliche Unterschiede.

In vielen Dörfern fehlt es an einfachsten Dingen. Alles, was von der Stadt entfernt und nahe der Frontlinie ist, ist ein Alptraum, was die Versorgungslage angeht. In Dörfern, in denen früher 1.000 und mehr Menschen gewohnt haben, sind noch 300 Alte und Kranke beziehungsweise Frauen und Kinder getöteter oder gefallener Väter übriggeblieben. Von 250 Häusern sind gerade 40 halbwegs bewohnbar. In manchen Gegenden ist sauberes Trinkwasser purer Luxus. Es gibt keine Grundnahrungsmittel, ohne die Selbstversorgung aus den Gärten und die verschiedenen Hilfsorganisationen würden die Menschen dort schlichtweg verrecken.

Woher hast du diese Informationen?
Ich war vom 22. Oktober bis zum 2. November 2018 selbst vor Ort, seit 2015 sind wir das zweimal im Jahr. Das sind meine eigenen konkreten Erfahrungen. Die Dörfer an der Frontlinie sind kaum zugänglich, weitestgehend von der Versorgung abgeschnitten und liegen unter Dauerbeschuss. Kein tolles Gefühl.

Ich habe dieses Jahr wieder erleben müssen, was das heißt. Wir waren beim Verteilen der Hilfsgüter bis auf 500 Meter dran. Da ist Hilfe nur mit Schutzweste möglich.

Warum setzt du dich dem aus?
Das hat mehrere Gründe. Zum einen möchte ich unsere Projekte, die schon seit Jahren laufen, selbst kontrollieren. Ich will wissen, was wirklich benötigt wird, was in der letzten Zeit passiert ist und wo man am besten helfen kann. Wir sind als Hilfsorganisation in der DNR anerkannt und dürfen vor Ort tätig sein, arbeiten mit den Behörden, Ministerien und Volontären vor Ort zusammen und die Treffen, Absprachen und die Kontaktpflege sind da sehr wichtig.

Ein persönliches Bedürfnis ist es mir aber auch, den Menschen zu zeigen, dass wir sie nicht vergessen. Ich möchte sie diese Solidarität spüren lassen. Ich weiß, wie wichtig das für die Menschen ist. Die Hilfe, die wir leisten können, ist ja nur ein Tropfen auf den heißen Stein, aber die Menschen geben uns immer zu spüren, wie wertvoll dieser Tropfen für sie ist. Sie sind unendlich dankbar dafür.

Welche Art von Hilfe leistet ihr denn?
Das ist ein breites Spektrum: Von der Notversorgung mit Lebensmitteln, Medikamenten und Heizmaterial über Hilfe zur Selbsthilfe und Unterstützung für den Wiederaufbau bis hin zur Förderung von Kultur und Sport bei Kindern und Jugendlichen. Wir helfen auch insbesondere jenen, die aus den oben genannten Kategorien herausfallen.

Foto: Privat

Wir sanieren leicht beschädigte Dächer – auch auf die Gefahr hin, dass es wieder zu Zerstörungen kommen kann. Wir finanzieren dort die Kohle, wo man es sich nicht leisten kann. Das Autismus-Zentrum, das wir unterstützen, hatte nicht mal genügend Geld, die Wasseranschlüsse im Bad zu finanzieren.

Insgesamt haben wir 2018 sicher wieder mindestens 80 verschiedene Projekte durchgeführt. Das Größte dabei war die Evakuierung aus Frontgebieten von insgesamt fast 600 Kindern mit Begleitpersonen aus den Bunkern und Kellern in Friedens-Pioniercamps nach Russland, Rostov am Don, Krasnodar und Taganrog. Ein paar Wochen „bunkerfrei“, das heißt einige Wochen Erholung vom Krieg. Eine gewisse Zeit einfach angstfrei leben zu können. Vor Ort traf ich viele dieser Kinder, unter Tränen. Mit selbstgebastelten Geschenken drückten sie erneut ihre Dankbarkeit für diese Zeit aus.

Unterstützt Russland denn nicht?
Auf dem Rückweg zur Grenze sind wir einem Transport mit 18 weißen LKWs begegnet. Aber die Menschen empfinden es anders. In meinen zahlreichen Gesprächen von Donezk bis zur Frontlinie habe ich den Eindruck gewonnen, dass die Hilfe aus Russland

deutlich weniger geworden ist. Man fühlt sich allein gelassen, hat keine Hoffnung mehr, besonders auf eine politische Lösung. Das ist schon sehr schlimm für die Menschen – es ist für mich, wie für den Verein, aber auch Ansporn, weiterzumachen. Auch wenn es immer schwieriger wird.

Warum wird es schwieriger? Wo gibt es Probleme?
Es wird ja in Deutschland immer noch stark pro-ukrainisch Stimmung gemacht, Russland soll weiter und stärker sanktioniert, die Menschen im Donbass für ihren Wunsch nach Eigenständigkeit bestraft werden. Wir werden immer mal wieder angegriffen, es gibt Drohungen gegen unsere Aktionen von Anhängern der Kiewer Regierung. Daher ziehen sich manche verständlicherweise aus Angst zurück.

Wir mussten uns aufgrund des Regierungswechsels neu anerkennen lassen. Das hat aber sehr gut und schnell funktioniert. Jetzt dürfen wir uns aber nur noch in Begleitung in die Frontgebiete begeben, der Schutz ist zwingend vorgeschrieben. Das gibt uns mehr Sicherheit, wir sind aber weniger flexibel.

Als gemeinnütziger Verein in Deutschland und anerkannte Hilfsorganisation in Donezk werden wir zwar sehr streng kontrolliert, haben aber alle Prüfungen problemlos bewältigt – doch das können die Spender ja nicht so leicht unterscheiden. Der Krieg ist jetzt im fünften Jahr. Nicht nur die Menschen im Donbass sind müde – auch die Spendenmüdigkeit ist erkennbar, nicht zuletzt weil der Krieg ja medial totgeschwiegen wird. Jedoch haben uns viele die Treue gehalten und unterstützen uns tatkräftig weiter.

Aber ihr plant weiterzumachen?
Auf jeden Fall! Die Weihnachtsaktionen und ein weiterer Transport sind in Vorbereitung. Auch 2019 werden wir unsere Projekte weiter betreuen. Besonders werden wir die Hilfe zur Selbsthilfe weiter forcieren, auch weitere Hilfstransporte sind in Planung.

Im April nehmen wir an einer internationalen Konferenz in Donezk teil, wo man die Hilfe der verschiedenen Organisationen aus Deutschland, Russland, Frankreich, Italien und weiteren Ländern effektiver koordinieren will. Dann gibt es, von uns organisiert, ein Chor-Event in Moskau, mit Chören aus Deutschland und Russland, Donezk und Gorlovka, das wir zusammen mit dem Veteranenverband Moskau veranstalten werden. Letztere kümmern sich um die Unterkunft und Verpflegung der Kinder in Moskau.

Braucht ihr Unterstützung?
Auch hier: Auf jeden Fall. Hauptsächlich bitten wir um Spenden, da man viele Güter in Russland beziehungsweise im Donbass sehr viel günstiger kaufen kann und die Transportkosten von hier nach dort erheblich teurer sind, werden wir nur noch gezielt benötigte Sachgüter transportieren.Auf der Homepage findet man eine Liste, wo wir für konkrete Aktionen sammeln.

Schaut man nur auf die Situation in der Ostukraine, macht das alles nur wenig Hoffnung. Was jedoch viel Hoffnung macht, ist die Tatsache, dass es Menschen gibt, die sich für andere Menschen engagieren, sich solidarisieren und helfen.

Weitere Informationen
www.fbko.org

Dieses Interview wurde im Winter 2018 geführt. Die Situation ist seither nicht besser geworden – im Gegenteil. Der Krieg ging unvermindert weiter und durch Corona hat auch die Spendenbereitschaft bzw. Möglichkeit der Spender nachgelassen. Trotzdem hat der Verein auch 2020 mehrere Transporte nach Donezk gebracht. Aufgeben ist keine Option. Darum auch dieses Buch.

Lukas Kolar: Friedlicher Ausstieg aus dem System

Andrea Drescher

Foto: Wolfgang Manuel Bamminger

Lukas Kolar stammt aus Linz in Oberösterreich, ist „Baujahr 1986" und war früher Maschinenbediener, eine Tätigkeit, die ihm nicht entsprach. Eine Ausbildung zum Krankenpflegehelfer brach er aus moralischen Gründen ab, heute lebt er seine Berufung als Aktivist in Linz. Der Vater einer Tochter von fünf Jahren, der auch schon als Dialekt-Rapper auf der Bühne stand, beschäftigt sich heute sehr intensiv mit Naturheilmitteln wie CBD oder CDL und versucht so friedlich wie möglich zu leben.

Von Beruf Aktivist – wie kommt man dazu?
Indem man so nicht weitermachen kann oder will, wie es derzeit läuft. Ich habe in verschiedenen Berufen gesehen, wie von Konzernen alles zerstört wird, sodass man innerhalb des Systems nur wenigen Berufen mit ruhigem Gewissen nachgehen kann.

Wie meinst du das? Inwiefern wird alles kaputt gemacht?
Ich habe eine Ausbildung in der Pflege abbrechen müssen, weil ich nicht für etwas bezahlt werden wollte, was ich für falsch halte. Die theoretische Ausbildung war sehr gut, man lernte sogar, wie man ganzheitlich mit Patienten umgehen soll. In der Praxis ist dann aber alles ganz anders. Werden Patienten nur nach wirtschaftlichen Gesichtspunkten behandelt, ist ein völlig liebloser, ja unmenschlicher Umgang die Folge. Diese Diskrepanz konnte ich nicht aushalten. Man sieht es ja jetzt, es gibt viel zu wenig Pflegekräfte – und alle arbeiten am Limit, trotzdem können, wenn überhaupt, nur die Grundbedürfnisse erfüllt werden. Das kann auch zum Tod von Menschen führen, das habe ich selbst erleben müssen.

Was ist denn passiert?
Ich habe auf einer Unfallchirurgie als Praktikant gearbeitet und dort erlebt, wie eine alte Dame zwangsmobilisiert wurde. Das heißt, sie wurde am Vormittag an den Sessel geschnallt, sollte so nach der Operation ihres Hüftbruches möglichst früh in Bewegung gebracht werden. Sie hat vor Schmerzen gestöhnt und rülpste unkontrolliert und ihre Zimmernachbarin sagte zu mir: „Die hat jetzt aufgegeben und wird bald sterben." Das habe ich an die Oberschwester weitergegeben, die aber nur lapidar meinte, dass das

Mobilisierungsteam erst am Abend wieder käme. Sie saß den ganzen Tag im Sessel, litt unter heftigen Schmerzen, es hatte aber niemand Zeit, sich um sie zu kümmern. Ihr Enkel aus Wien, der sie am nächsten Tag besuchen wollte, hat sie nicht mehr lebend gesehen, da sie noch in der Nacht verstorben ist. Solche Zustände sind nur deshalb „normal", weil Krankenhäuser primär wie Wirtschaftsbetriebe geführt werden und Gewinn abwerfen müssen und nicht mehr primär dem Zweck dienen, den Menschen zu helfen.

Wie lebst du als Aktivist?
Zur Zeit lebe ich vom Notstand und auch von Freunden, die mir helfen, weil sie meine politische Arbeit unterstützen wollen, und arbeite ehrenamtlich für diverse Vereine. Ich organisiere Demos wie das FestLinz.at und den Schweigemarsch.de, mache Aufklärungsarbeit in meiner Umgebung, gestalte und verteile Flyer und bringe alternative Medien wie Free21 unter die Leute. Darüber hinaus versuche ich, Menschen noch besser zu vernetzen und vermittle, wenn es – gerade in dieser angespannten Lage nichts Ungewöhnliches – mal zwischen Menschen oder Organisationen „knirscht".

Wo liegen die Schwerpunktthemen deiner Aufklärungsarbeit?
Ganz wichtig sind mir alternative Heilmethoden, Geopolitik, das Geldsystem und die Grundrechte – diese Themen hängen ja eng zusammen. Ich sah schon Schweinegrippe & Co. kritisch. Aber bis Jänner 2020 habe ich mich nicht mit Corona oder der Unwirksamkeit von Masken bei Viren beschäftigt. Ich habe mich autodidaktisch informiert und festgestellt, da wird maßlos übertrieben – und nach Lösungen gesucht. Ein Heilmittel beendet die Pandemie sofort.

Wo liegt dein Schwerpunkt bei Heilmitteln?
Definitiv auf CDL, denn es hat unglaubliches Potential. Unzählige Krankheiten lassen sich damit behandeln, unter anderem wenn sie von Pilzen, Viren, Bakterien oder Parasiten verursacht werden. Das Gute ist, es kommt nicht zu Resistenzen, da es durch Oxidation wirkt. Es zerfällt zu ungefährlichen und sogar die Heilung unterstützenden Abbaustoffen: Wasser, Salz und Sauerstoff.

Wie bist du auf das Thema gekommen?
CDL bin ich schon öfters begegnet. Seitdem der Biophysiker Andreas Kalcker seine toxikologischen Studien abgeschlossen hat, beschäftige ich mit sehr intensiv damit und möchte breite Aufklärung darüber betreiben. Ich selbst nehme es schon lange.

Und du lebst noch?
Wie man sieht. ☺ Die Diffamierungskampagnen sind allgegenwärtig, man findet über Google kaum vernünftige Informationen – erfährt z. B., dass es Chlorbleiche wäre. Es hat mit Chlor genau so viel zu tun wie Salzwasser (Natriumchloridlösung). Auch Salz ist giftig, wenn man es überdosiert, aber niemand ist je an CDL (Chlordioxidlösung)-

Einnahme nach dem Protokoll gestorben. Man verdient nicht viel daran und kann es nicht patentieren, es ist zu günstig und einfach. Dass es wirkt, weiß ich aus eigener Erfahrung.

Warum nimmst du es?
Es ist in der heutigen Welt unmöglich, sämtliche Umweltgifte zu vermeiden, da sie in der Nahrung oder in der Luft verteilt sind. Ich nutze CDL zur Entgiftung, da man damit auch Schwermetalle ausleiten kann. Merke ich, dass sich eine Verkühlung ankündigt, nehme ich ein paar Tropfen und sofort hat es sich erledigt. Früher war ich dann regelmäßig lange krank. Auch einen entzündeten Zahn habe ich damit geheilt.

Man hört auch, dass es gegen Corona wirkt?
Ja genau – in Bolivien und der Türkei wird es wohl schon in größerem Stil eingesetzt, und es gibt auch in der EU zugelassene CDL-Medikamente. Es gibt eine Vorstudie zur Wirksamkeit, bei der Tausende Menschen geheilt worden sein sollen. Ich rate auch jedem, nicht mir zu glauben, sondern sich zu informieren und in die Eigenverantwortung zu gehen, was die eigene Gesundheit angeht. Informationen dazu findet man auf der Webseite von Andreas Kalcker.[1]

Aufklärungsarbeit betreibst du auch auf Demonstrationen. Seit wann bist du in dieser Form aktiv?
Da meine Eltern politisch links und menschenrechtlich engagiert waren, war ich als ganz kleines Kind schon bei einem Fackelmarsch für Flüchtlinge aus Jugoslawien mit dabei. Das erste Mal dann bewusst, erneut zusammen mit der Familie, auf der Demo gegen den Irakkrieg in Wien. Seit 2014 bin ich mit den Friedensmahnwachen regelmäßig auf die Straße gegangen. Auch wenn wir damals viel weniger waren als heute – diese Zeit hat mich persönlich und politisch stark beeinflusst. Ich habe gelernt, man muss aus den Komfortzonen rausgehen, um sich weiterzuentwickeln. Auch wenn es anfangs weh tut, anschließend wird es besser.

Du bist also schon lange ein „Rechter". Die Mahnwachen wurden ja – so wie die Demos gegen die Corona-Maßnahmen – ins rechte Eck gestellt.
Da kann ich nur drüber lachen, auch wenn das immer wieder behauptet wird. Aber ja, wir „Alten" kennen diese Diffamierungen schon etwas länger, sind es quasi gewohnt, für kritische Äußerungen gegen das bestehende System als Antisemit bezeichnet zu werden. Da entwickelt man ein dickes Fell. Viele, die jetzt erst aktiv wurden, fallen aus allen Wolken, wenn sie so bezeichnet werden. Auf der Demo, die wir jeden Freitag am Hauptplatz abhalten, sind viele Teilnehmer, die bis jetzt nie politisch aktiv waren. Viele herzensgute Menschen, und die meisten sind weit von der „Links-rechts"-Denke entfernt, da sie nur spaltet. Unsere Versammlungen sind eine Plattform für respektvolle Meinungsfreiheit.

1 https://andreaskalcker.com → Kurzlink: ws1.eu/k/27

Warum engagierst du dich da so?
Corona ist nur der aktuelle Höhepunkt einer ganz langen Entwicklung. Es geht seit Jahren in Richtung Unterdrückung, Krieg, Ausbeutung und Krankmachen des Planeten und der Menschen. Die gewünschten Hype-Themen werden bewusst oder unbewusst durch die Medien immer mehr befeuert – ob aus schlechter Recherche, Mangel an Zeit – oder Bösartigkeit, wie wir es in Linz selbst erleben mussten.

Was ist denn passiert?
Ein Reporter, der für den *Standard* schreibt, hat uns gezielt über mehrere Wochen mit Falschinformationen versorgt. Er hat sich per E-Mail als unterstützende Ärztegruppe ausgegeben und so getan, als wäre er ein Whistleblower. Der Veranstaltungsleiter hat die Informationen dann auf seine Bitte hin – mit Vorbehalt – vorgelesen. Im Nachhinein hat er sich über uns lustig gemacht. Das Beste daran ist: Es gab später diese Ärzte, die sich im Hintergrund formiert haben, ja wirklich – aber er tut so, als wäre das nur seine Erfindung. Grüße gehen raus an die Ärzte für Aufklärung und den ACU! Es widerspricht dem journalistischen Ehrenkodex, selbst gezielt Fake-News zu produzieren, also aktiv Nachrichten zu machen, statt zu recherchieren und zu berichten. Im *Standard* legt man auf einen derartigen Ehrenkodex wohl keinen Wert. Hat er ja schon oft bewiesen.

Warum das?
Man muss wissen: Es gab in der Vergangenheit keinen größeren Krieg, der nicht auf Lügen basierte. Ob Brutkastenlüge oder Massenvernichtungswaffenlüge – beide Irakkriege wurden aufgrund von Lügen geführt, die von den Medien massiv verbreitet wurden. Das Auffällige: Nicht mal im Nachhinein wurde irgendwer dafür bestraft, niemand wurde je zur Verantwortung gezogen, obwohl es offiziell sogar zugegeben wurde. Die Kriegsverbrecher laufen weiter frei herum und verdienen weiter am Leid anderer Menschen. Und was tun die Medien? Nichts.

Auch bei der jetzigen Krise werden sie ihrer Aufgabe nicht gerecht, legen die Finger nicht in die Wunden. Der Staat hat Vollmachten, die ohne Corona nie denkbar gewesen wären. Einige – insbesondere Konzerne – verdienen enorm an dem, was gerade passiert, die kleinen und mittleren Unternehmen gehen vor die Hunde. Und kaum einer tut etwas dagegen. Nichtmal die Unternehmen selbst.

Woran liegt das deiner Meinung nach?
Oft glauben die Menschen nicht, dass diese Zerstörung Absicht sein kann. Keiner kann glauben, dass so etwas Böses überhaupt möglich ist. Aber ich bin überzeugt, es gibt Menschen, die sind moralisch flexibel oder sind sich der Konsequenzen ihres Handelns nicht bewusst. Der Clou an Verschwörungen ist: Der Großteil der Beteiligten weiß gar nicht, woran sie mitwirken. Ein Umdenken würde aber ihr ganzes Weltbild kippen, und das ist nicht angenehm.

Was das WEF plant, ist ja öffentlich einsehbar. The Great Reset ist keine Verschwörungstheorie, sondern lässt sich im Buch von Klaus Schwab in allen Details nachlesen. Der Spruch: „Ihr werdet bald nichts mehr besitzen und werdet glücklich sein", sagt alles. Das ist Propaganda für ein Regierungssystem, das sich weder durch Kommunismus, Faschismus, Kapitalismus noch Neoliberalismus beschreiben lässt, da es Eigenschaften aus allen Systemen zusammenführt. Diese hässliche Realität anzuerkennen, fällt den meisten Menschen aber enorm schwer.

Auch ich halte einen Schuldenschnitt für unverzichtbar, der Crash des Finanzsystems wird ja schon seit Jahren hinausgezögert und ist in meinen Augen unausweichlich. Aber das darf nicht unter Aufgabe aller persönlichen Rechte passieren. Jetzt wird über ein bedingungsloses Grundeinkommen diskutiert. Man muss aber auf die damit verbundenen Bedingungen aufpassen. Mit Speck fängt man Mäuse. Dieses Grundeinkommen wirkt auf mich wie ein Köder, auf den auch viele kritische Menschen reinfallen, die so wie ich ein bedingungsloses Grundeinkommen erst mal für eine grundsätzlich gute Idee halten. Aber es täuscht ebenso wie die ökologischen und Nachhaltigkeits-Botschaften in der Agenda über die wirklichen Ziele hinweg: eine autokratische Technokratie mit einer nie dagewesenen Konzentration von Macht.

Wie schätzt du Bitcoin – als ein Beispiel für digitales Geld – ein?
Das sehe ich zwiegespalten, es hat Gefahrenpotenzial. Wird das Bargeld abgeschafft, werden uns unsere letzten Freiheiten genommen. Mir ist aber auch klar, dass durch die Blockchain-Technologie ganz neue Möglichkeiten vor allem für direkte Demokratie entstehen können. Anfangs dachte ich auch, es bringt eine ausschließlich positive Entwicklung, da es eine Konkurrenz zum Bankensystem und der Geldschöpfung aus dem Nichts darstellte. Bitcoin (BTC) ist aber nicht automatisch anonym und hat als leistungsloses Einkommen für alle, die damit nur handeln, inzwischen einen faden Beigeschmack. Letztlich hat für mich in einer Krise nur Handfestes einen realen Wert: Gold, Silber, Werkzeug, Grund – und natürlich besonders Naturalien wie Nahrung. Im Blackout oder Internet-Shutdown hilft kein BTC.

Erwartest du noch 2021 eine Krise?
Ja, aber schwer zu sagen wann genau. Derzeit wird unsere Wirtschaft nur von Unmengen leistungslos gebuchten Geldes am Leben erhalten. Ohne Kurzarbeitergeld und Insolvenzverschleppung hätte es wahrscheinlich schon gekracht. Ich fürchte, je später es kommt, desto härter wird die Krise ausfallen. Ja, ich vermute, dass noch dieses Jahr etwas passiert. Aber ich habe keine Ahnung, ob ihnen wieder etwas einfällt, es weiter hinauszuzögern. Die Insolvenzmeldepflicht wurde in Österreich und Deutschland erneut verlängert. Die Gefahr ist der sich verstärkende Domino-Effekt. Durch die verzögerten Insolvenzen können mehr und mehr eigentlich gesunde Unternehmen mitgerissen werden. Und das kann zu einer wirklich unangenehmen Krise führen.

Bereitest du dich darauf vor?
Ich habe das Nötigste an Nahrung, Kerzen und Getränken, um erst mal eine Zeitlang durchhalten zu können. Ganz wichtig ist es in meinen Augen, sich mit Menschen zu vernetzen, die das Ganze ähnlich sehen und Gemeinschaften vorbereiten. Wenn es wirklich losgeht, heißt es raus aus der Stadt und möglichst autark werden.

Siehst du Hoffnung für die Zukunft?
Das Einzige, was ich mit Klaus Schwab gemeinsam habe: Für mich ist die Krise eine Chance. Es war höchste Zeit, dass sich etwas ändert. Es geht seit Jahren bergab, wir brauchen dringend neue Systeme zum Wirtschaften und Zusammenleben. Unsere Arbeitseffektivität ist kontinuierlich gestiegen die letzten Jahre, aber diese Mehrleistung spüren wir nicht, wegen des Zins- und Steuersystems. Wir haben gleichzeitig Arbeitslose, aber beide Eltern müssen Vollzeit arbeiten. Wenn wir erkennen, dass wir uns von Zentralbanken und Konzernen unabhängig machen können, kann sich wieder jede und jeder um unsere Kinder kümmern und dabei soviel arbeiten, dass es einem Freude macht. Eine positive Entwicklung sehe ich sehr deutlich. Mir ist schon seit Jahren bewusst, dass in diesem System etwas nicht stimmt, aber es gab kaum Menschen, die diese Sicht geteilt haben. Seit der Coronakrise sehe ich ein exponentielles Wachstum. Nicht bei der Virusverbreitung, aber im Bereich Bewusstseinsentwicklung. Da sind wir in der Kurve dort, wo sie anfängt, mit Schwung nach oben zu zeigen.

Foto: Lena Schukow

Durch Vereine können wir alternative Strukturen für die Zukunft gestalten. Ich bin Mitglied im Verein Genussgarten und arbeite dort regelmäßig in den Projekten mit. Mein eigener Verein, den ich Mitte Januar 2021 erst gegründet habe, heißt „Akademie für lösungsorientierte Lebensweisen" und beschäftigt sich mit der konkreten Umsetzung von Alternativen wie beispielsweise CDL. Mehr und mehr Ökodörfer entstehen, Plattformen wie **www.ichdenkeselbst.at** und andere sorgen für regionale und überregionale Versorgung mit Lebensmitteln und Dienstleistungen. Es zeigen sich jetzt ganz viele Möglichkeiten, aus der Matrix des Systems auszusteigen. Man muss sie nur nutzen.

Nutze sie – ich versuche es auch!

Marcel Wojnarowicz: Der Unbequeme

Andrea Drescher

Foto: Privat

Im Interview mit Wojna, Frontmann von „Die Bandbreite", zeigt sich, wie schnell jemand ausgegrenzt wird, der nicht die vorherrschende Ideologie bedient.

„Wojna" ist Russisch für „Krieg", und Marcel Wojnarowicz befindet sich im Dauerkonflikt: mit den „Antideutschen" und anderen Correctness-Hütern, denen die Lieder der „Bandbreite" schon lange ein Dorn im Auge sind. Kündigt die Band einen Auftritt an, werden die Veranstalter mit diffamierenden Briefen und Anrufen traktiert. Die appellieren meist an die Angst des braven Bürgers, durch Berührung mit Wojna könne sich das Stigma des „Verschwörungstheroretikers" auf sie übertragen wie ein Grippe-Erreger. Dabei sind die Fragen, die der Musiker und Rapper stellt, brisant und berechtigt. Etwa: Hat das US-Establishment den Anschlag vom 11. September „selbst gemacht"? Was auch immer man von den häufigen Fettnäpfchen-Tritten Wojnas halten mag – Auftrittsverbote und Ausgrenzung sind die schlechteste Antwort darauf.

Der Stempel „Kontaktschuld" wird heute schneller benutzt als noch vor Jahren. Hat A mit B Kontakt und B gehört nicht zu den Guten, ist A auch niemand mehr, mit dem man sich gern in der Öffentlichkeit fotografieren lässt. Auch der Bruder von A gilt schnell als belastet und wird in die gleiche Ecke wie B gestellt. Ob die Vorwürfe nun stimmen oder nicht, die häufige Wiederholung lässt – wenn auch unbewusst – Spuren zurück. Sich davon freizumachen ist nicht einfach. Selbst wenn man denkt, man sei nicht davon befallen. Eine Erfahrung, die ich selbst machen musste.

Als ich hörte, dass Marcel Wojnarowicz bei „Kündigt Ramstein Air Base" auftreten sollte, war ich nicht begeistert. Die Bandbreite – das sind doch die, die schon bei der AfD gespielt haben ... muss das sein? Mal abgesehen davon, dass diese Art von Hip-Hop beziehungsweise Rap nun ganz und gar nicht „meine" Musik ist. Der Gedanke, dass ich Seite an Seite mit jemandem auf die Straße gehen soll, der sich laut Mundpropaganda für die AfD einsetzt, war für mich ziemlich unerträglich. Dann hörte ich von anderen aus der Orga-Gruppe, dass Wojna eben kein Anhänger der AfD sei, dass er sich im Gegenteil dafür einsetzt, die Feindbilder in deren Köpfen abzubauen. Da wurde ich neugierig. Das passte gar nicht zusammen. Nach einer ersten Recherche wurde deutlich, dass die Geschichte irgendwie doch „etwas“ anders verlaufen war, als es die Gerüchteküche kolportiert hatte. Zutage kamen sehr schnell die „üblichen Verdächtigen“ – die „Freunde“ aus der anti-deutschen Ecke, die dafür gesorgt hatten, dass ein linker Hip-Hop-Musiker zur „verschwörungstheoretischen“, „antisemitischen“, „sexistischen“, „antimuslimischen“ und „homophoben“ Persona non grata mutiert war.

Ganz unschuldig war Wojna an dieser Entwicklung aber auch nicht. Da er zu den Menschen gehört, die nicht jedes Wort auf die Goldwaage legen, bevor sie es „raushauen“ und auch in seinen Texten das eine oder andere Mal eine Wortwahl präsentierte, die zwar in der heutigen Jugend als „normal“ gilt, für Menschen wie mich aber in die Kategorie „ziemlich geschmacklos“ fällt, bot er hinreichend viel Angriffsfläche.

Das Resultat: Heute befindet sich der Musiker in einer beruflichen Neuorientierung, da er von den wenigen Auftritten, bei denen es sich die Veranstalter noch „antun“, mit der Kritik und Drohungen von außen umzugehen, nicht leben oder gar eine Familie mit inzwischen drei Kindern durchbringen kann. Wie es dazu kam, erzählt er im Interview.

Ein gemeinsamer Kontakt hat dich als „authentische ehrliche Haut mit dem Hang zum nächsten Fettnäpfchen, jemand, der Dinge raushaut ohne Rücksicht auf Verluste für sich selbst, aber auch leider völlig unüberlegt, was die Folgen angeht“ beschrieben. Würdest du dem zustimmen?
Das bringt es gut auf den Punkt. Mir ist es immer zu blöd, nicht das zu sagen, was ich sagen möchte, was ich denke. Ich rede mit jedem – auch Menschen, deren Positionen ich nicht teile. Ich rede auch heute noch mit allen, selbst mit denen, die dafür gesorgt haben, dass meine musikalische Karriere faktisch beendet ist, würde ich reden. Aber dazu sind die ja leider nicht bereit.

Wenn du von Karriere sprichst – was heißt das?
Die Bandbreite beziehungsweise ihre Vorläufer gibt es bereits seit 2001. Wir waren als Hip-Hop-Musiker in der linken Szene ziemlich gut vernetzt. Ich war Mitglied bei den Falken, der SjD, der Jugendorganisation der SPD, und wir haben unzählige Male Wochenend-Workshops für sie durchgeführt. Ich habe mit Jugendlichen gemeinsam neue Lieder entwickelt, die dann von denen aufgeführt wurden. Wir waren mit der Gewerkschaft in Russland, haben mit einer dortigen Band zusammengespielt und uns für die Freundschaft mit Russland eingesetzt. 2007 haben wir den Kampagnen-Song der IG Metall für die Werbung neuer Mitglieder gemacht. „Wenn du drin bist, bist du besser dran“ lief unter anderem in den Kinos, und wir waren auch regelmäßig bei Veranstaltungen der Gewerkschaften dabei. Wir hatten die Möglichkeit, bei namhaften Bands auf großen Festivals als Vorband aufzutreten. Bis zu „Selbst gemacht“ im Sommer 2007 ging es eigentlich nur bergauf. Und dann kam dramatischer Gegenwind.

Worum geht es bei „Selbst gemacht"?
Das Lied stellt die Frage, ob die USA die Anschläge des 11. September selbst verübt hatten, um so zwei illegitime Kriege zu führen, die ihnen einen großen Ressourcen-Vorteil verschaffen und weitere Rüstungsausgaben vor dem amerikanischen Volk rechtfertigen. Aufgeführt werden in dem Song auch bekannte Kriegslügen der USA wie die Brutkastenlüge – und wir stellen die Fragen, die auch zahlreiche Wissenschaftler, Piloten und – mutige – Journalisten auf der ganzen Welt stellen.

Foto: Thomas Stimmel

Was passierte dann?
Wir wurden von allen Seiten angeschossen. Und zwar massiv. In den Medien konnte man beispielsweise lesen „Gewerkschafter lassen Verschwörungstheoretiker rappen".[1] Musik-Veranstalter wurden unter Druck gesetzt und teilweise anonym, manchmal aber auch offiziell aufgefordert, uns nicht auftreten zu lassen,[2] die Zusammenarbeit mit der Gewerkschaft wurde nicht verlängert. Vor Veranstaltungen wurden Flugblätter verteilt, auf denen man massiv Stimmung gegen uns machte. Und das waren keine Einzel-Aktionen, das hatte System.

Inwiefern?
Wenn eine Veranstaltung mit der Bandbreite angekündigt wurde, wurde das volle Programm gefahren. Wir wurden systematisch mit Dreck beschmissen. Es gab Schreiben an die Medien der Region, den Veranstalter, den Bürgermeister, den Stadtrat, das Hotel beziehungsweise den Veranstaltungsort – es wurde massiv Druck gemacht, uns nicht auftreten zu lassen.

Und kam es dann trotzdem zu einem Auftritt, gab es massive Gegendemonstrationen, der Zugang zum Veranstaltungsort wurde blockiert – das ging bis zu gewalttätigen Übergriffen, bei denen Veranstaltungen gestürmt wurden und die Kasse geklaut wurde. Einmal wurden uns die Reifen angestochen – aber so, dass sie eigentlich erst bei der

---

1 https://www.spiegel.de/politik/deutschland/dgb-party-gewerkschafter-lassen-verschwoerungstheoretiker-rappen-a-519729.html → Kurzlink: ws1.eu/k/28

2 https://www.youtube.com/watch?v=KDt9gEXxWT4 → Kurzlink: ws1.eu/k/29

Rückfahrt auf der Autobahn hätten platzen sollen –, mir wurde ohne Ankündigung das Konto bei der Bank gekündigt – die persönlichen Schikanen fanden auf allen Ebenen statt. Von den persönlichen – völlig unberechtigten – Anfeindungen, ein „Riesenarschloch“ zu sein, mal ganz abgesehen.

Ihr wurdet also in Folge immer weniger gebucht?
Ja. Aber das ist ja nur natürlich. Die Kulturschaffenden, Veranstalter oder Betreiber von Event-Locations wollen sich keine Probleme an den Hals hängen, sie haben ja selbst Familien zu ernähren. So bekannt waren wir dann auch nicht, dass man nicht Alternativen gefunden hätte. Bands, die antiimperialistische, sozial- und kapitalismuskritische Songs spielen, gab es auch noch zahlreiche andere. Warum sollten die etwas riskieren?

Es bleibt leider auch immer etwas hängen. Und die Anti-Deutschen sind ja überall, in allen Organisationen vertreten – da kommt die Kritik sozusagen „von allen Seiten“ – auch wenn es letzten Endes immer auf einer Basis beruht. Werden Vorwürfe wieder und wieder wiederholt ... muss ja etwas dran sein.

Wer keine Zeit hat beziehungsweise sich keine Zeit nimmt zu recherchieren, geht dann einfach aus Vorsicht – oder Angst – auf Distanz.

Dieses Distanzieren tat vermutlich auch menschlich weh?
Naja, dass die Falken es nicht einmal als nötig erachtet haben, mir ins Auge zu schauen, als sie entschieden hatten, mich aus dem Verband auszuschließen, das war schon hart. Man hat mich nicht mal richtig angehört, nachdem wir über zehn Jahre intensiv zusammengearbeitet hatten.

Das war alles lange vor der Mahnwachenbewegung, die 2014 durch Lars Mährholz initiiert wurde?
Ja. Es setzte sich 2014 dann aber fort. Wenn man sieht, wie mit der Mahnwachenbewegung umgegangen wurde, wie diese bekämpft und diffamiert wurde – das kannte ich alles schon, das sind bekannte Muster, wenn man mal das Vergnügen mit den Anti-Deutschen hatte.

Jetzt mal zu den Vorwürfen gegen dich – nacheinander. Bist du Antisemit?
Definitiv nicht – ich bin Humanist. In meinem Weltbild kommt so etwas gar nicht vor.

Wie kam es dann zu der Kritik?
Ich vermute, dass meine Kritik gegen die Regierung Israels dazu geführt hat, mich als antisemitisch zu verorten. Aber die hat sich nie gegen Israelis oder gar gegen Juden gerichtet.

Ich kritisiere die faschistoiden Maßnahmen der israelischen Regierung. Man muss ja auch nicht anti-deutsch sein, weil man die Regierung Merkel ablehnt.

Das Perverse: Die Opfer des Holocausts werden bei all diesem Bashing immer wieder vergessen. Bereits 2015 konnte man in der Süddeutschen lesen, dass unter Holocaust-Überlebenden in Israel Armut grassiert.[1] Das hat sich bis heute nicht geändert.

So was macht mich enorm wütend – denn dass die Opfer der Shoa nichts von unseren Reparationen erhalten, finde ich ganz schlimm. Ich mache mich in meinen Liedern für Entrechtete in allen Ländern stark und protestiere gegen die Systeme, die zu solchen Ungerechtigkeiten führen. Darum kritisiere ich auch das Finanz- und Wirtschaftssystem, was vermutlich auch zu dem Vorwurf beigetragen hat. Ich bin überzeugt, dass es eine Weltverschwörung von Arschlöchern aller Glaubensrichtungen inklusive Atheisten gibt, die ein System geschaffen haben, das immer mehr Armut schafft.

Den Antisemitismus-Vorwurf hast du aber abschmettern können?
Ja. Ich bin gerichtlich gegen die Ruhrbarone und die taz vorgegangen. Das ist vom Tisch.[2]

Um bei den rassistischen Vorwürfen zu bleiben, wie schaut es mit dem Vorwurf „Islamophobie" aus?
Ich bin auf türkischen und kurdischen Veranstaltungen mehrfach mit Muslimen aufgetreten, eine direkte Zusammenarbeit mit einem streng gläubigen Muslim war geplant – es kam aber leider nicht dazu. Ich bin Humanist und spreche mit Menschen aus allen Lagern, solange sie nicht Gewalt unterstützen.

Bist du ein Verschwörungstheoretiker?
Hier möchte ich Dr. Dieter Dehm mal sinngemäß zitieren: Wenn es eine Verschwörung gibt, braucht man auch eine Theorie dazu. Wenn man Glück hat, stimmt die sogar. Das hat er in meiner Gegenwart gesagt und das finde ich sehr treffend.[3] Die Menschen, die man heute Verschwörungstheoretiker nennt, wurden früher wohl Journalisten genannt. Früher hat die Presse die Aufklärung von Verschwörungen übernommen, das tun sie heute nur noch im eng begrenzten Umfang.

Bist du Sexist und Frauenfeind?
Frauenfeind bin ich sicher keiner. Zumindest würde mich meine Frau diesen Sommer nach zehn Jahren Zusammenleben und drei Kindern im Alter von 1, 5 und 7 nicht heiraten. Aber heute wird man ja bereits durch die Erwähnung weiblicher Charakteristika zum Sexisten. Wenn ich sage, dass Frauen eher die Fähigkeit haben, sich gütlich zu einigen und einvernehmliche Lösungen zu suchen, schätze ich das und würde mir manchmal mehr davon für mich wünschen. Ich glaube, es gibt Eigenschaften, die man eher

---

1 https://www.sueddeutsche.de/politik/studie-armut-grassiert-unter-holocaust-ueberlebenden-in-israel-1.2437113 → Kurzlink: ws1.eu/k/30

2 http://www.diebandbreite.de/wp-content/uploads/2011/12/Anerkenntnisurteil_Ruhrbarone_StefanL.jpg → Kurzlink: ws1.eu/k/31

3 https://youtu.be/ikf-h6ThyKU?t=315 → Kurzlink: ws1.eu/k/32

Männern zuschreibt und andere, die man eher Frauen zuschreibt. Das heißt aber nicht, dass diese Eigenschaften nicht beim anderen Geschlecht vorkommen oder irgendetwas mit dem Wert des Menschen zu tun hätten.

Wie kam es dann zu dem Vorwurf, der ja auch durch die Medien ging?
Es gibt zwei ältere Lieder von mir, in denen ich das Thema sehr satirisch aufgreife. Sehr böse – das muss ich zugeben. Es war aber eine Persiflage, nicht ernst gemeint. Da kommt es schon auf den Humor an. Auch Freunde von mir fanden sie nicht gut, darum haben wir das auch nicht auf der Bühne gespielt. So was kann man natürlich dann herrlich aus der „Diffamierungstasche" ziehen und mich zum Sexisten abstempeln. Wenn ich mir Lieder von Cro wie Easy oder den Auftritt von Feine Sahne Fischfilet 2018[1] anhöre, kann ich die Aufregung bei meinen „alten" Texten nicht ganz verstehen.

Du meinst, es wird mit zweierlei Maß gemessen?
Ja genau. Wir sind sexistisch – aber als gute „linke" Band darf man ungestraft „Eva Hermann, die grün und blau [gefickt]" singen. Zumindest hat das bei FSF nicht zu faktischem Auftrittsverbot geführt.

Wie steht es mit dem Vorwurf der Homophobie?
Der ist völlig an den Haaren herbeigezogen. Nein. Ich habe mit so vielen Schwulen zusammengearbeitet – ich bin mit allen klargekommen. Ich denke darüber gar nicht nach. Beim Christopher-Street-Day hat man uns ein-, aber dann auch wieder ausgeladen, obwohl den Einladenden klar war, dass da nix dran ist. Aber der Druck war wohl zu groß. Der Vorwurf wurde wohl aus dem Lied „Kein Sex mit Nazis" abgeleitet. Auch da war ich satirisch unterwegs, es war schwarzer Humor. Vor einer internationalen Jury erzielten wir 2012 bei der „Parade der Kulturen" in Frankfurt mit eben diesem Song den ersten Platz. Dieses Mega-Event ist eine Art Karneval der Kulturen, bei dem Hunderte Teilnehmer einen Umzug durch die Frankfurter Innenstadt veranstalten und dabei mehrere Zehntausend Zuschauer anlocken.

Naja – ich muss sagen, für mich ist der Text auch ziemlich unterirdisch – aber Homophobie höre ich da auch nicht. Eher ein Anpissen der Nazis …
Ja genau – aber daraus hat man mir dann eben den „Homophobie-Strick" gedreht.

Apropos Nazi – man spricht dir ja auch die Nähe zur Neo-Nazi-Szene zu. Ist da was dran?
Nein. Ich kenne diese Szene überhaupt nicht, ich kenne keinen aus dieser Szene. Neo-Nazis nehmen die Uniformpflicht heute wohl nicht mehr so ernst. Aber selbst wenn ich jemanden als Neo-Nazi erkennen würde, reden würde ich trotzdem mit ihm. Veränderung kann ich doch nur durch ein Gespräch erreichen.

1 https://www.faz.net/aktuell/politik/inland/die-texte-der-linksextremen-bands-von-chemnitz-schockieren-15779272.html → Kurzlink: ws1.eu/k/33

Dass du mit einem Neo-Nazi in Halle bei der Endgame-Veranstaltung zu sehen warst, war also Zufall?
Es war zumindest ein komischer Zufall. Der Typ kam nach dem Song „Kein Sex mit Nazis“ zu mir, hatte eine CD von mir in der Hand und sagte etwas wie: „Auch wenn wir heute keinen Sex haben werden.“ Ich dachte zuerst, der wäre schwul. Dass es sich auf den Song bezog, habe ich in dem Moment absolut nicht mitgekriegt. Erst durch das Foto habe ich mich an den Typen überhaupt erinnert. Wir sprachen gefühlt eine Minute miteinander – maximal. Dann gab ich ihm die Hand und habe weitergemacht – ich hatte eine Menge zu tun. Hinterher wurde mir dann mein „vertrautes Zusammensein“ mit einem „bekannten Neo-Nazi“ vorgeworfen. Ja. Es gibt halt immer wieder Zufälle.

Jetzt zu der Frage, die mich persönlich überhaupt erst motiviert hat, mir die Causa Wojna genauer anzuschauen. Wie kam es zu deinem Auftritt bei der AfD? Das war ja nicht das erste Mal, dass du für „Rechte“ gespielt hast – in der Schweiz warst du ja auch bei der Jugendorganisation der SVP aktiv. Wieso machst du solche Auftritte?
In der Schweiz hat mir die SVP-Jugend den Auftritt bei der Demonstration gegen das dortige Bilderberger-Treffen in St. Moritz finanziert. Da waren mehrere Organisationen vor Ort und ich konnte meine Songs gegen Kapitalismus, Imperialismus und Menschenfeindlichkeit vor einem breiten Publikum aufführen.

Es ist doch eigentlich schlimm, dass so wenige linke Gruppierungen sich dort engagieren. Wo sind sie, die Linken, wenn die Bilderberger sich ein Stelldichein geben und ohne Protokoll völlig intransparent Absprachen zwischen den Reichen und den Mächtigen diskutiert werden? Da muss man doch Gesicht zeigen. Ich zumindest. Und wenn mich dann jemand für meine antiimperialistische Arbeit bezahlt, kann ich froh sein.

Und das war bei der AfD auch so?
So ähnlich. Nach einer Friedensdemo wurde ich von jemandem angesprochen, ob ich nicht auf einer Veranstaltung spielen wolle, bei der mehrere Organisationen vertreten sind. Dass ich weder die Positionen von Alexander Gauland noch von der früheren Goldmann-Sachs-Mitarbeiterin Alice Weidel vertrete, geht aus meinen Texten sehr klar hervor. Dass ich das sogar bei deren Veranstaltungen von mir geben darf, fand ich richtig gut. Schließlich sollten deren Anhänger Bescheid wissen, sollten die wichtigen Kritikpunkte gegen ihre Parteispitze erfahren.

Viele wählen AfD doch nur aus diffusem Protest heraus, sind sich nicht bewusst, dass das eine richtige neoliberale Partei ist, die sicher nicht zugunsten der „kleinen Leute“ oder gar gegen Krieg agiert. Erst vor Kurzem haben sie ja wieder gegen den Austritt aus der NATO gestimmt. Die AfD war noch nie in der Verantwortung, hatte noch nie „die Chance“, ihren Wählern zu zeigen, was sie wirklich vorhaben. Wir müssen deren Anhänger informieren, was da auf sie zukommen kann. Und wo kann man das besser tun, als bei einer AfD-Veranstaltung, die aus meiner Sicht enorm spannend war.

Inwiefern?
Im Grund genommen konnte ich bei vielen Themen einen Konsens zwischen den anwesenden AfD-lern, den linken Gegendemonstranten und uns als Bandbreite feststellen. Beim Thema Migration ist zwar ein massiver Unterschied zu erkennen, aber was die Ursachen angeht, gibt es große Schnittmengen. Kriege und wirtschaftliche Ausbeutung von Afrika beispielsweise, die zu den Migrationsbewegungen führen, wird von beiden Seiten bekämpft. Dass die Menschen dann bei uns als Billiglöhner für die Konzerne schuften, wird ebenfalls von beiden Seiten bekämpft. Dass europäische Subventionen die afrikanische Wirtschaft zerstören und gleichzeitig die daraus resultierende Flüchtlingsbewegung ja auch einen „Brain Drain" darstellt, wird auch von beiden Seiten als menschenverachtend kritisiert. Der Konsens ist viel größer als man denkt.

AfD-Anhänger wollen keine Migranten. Linke bekämpfen aus humanistischen Gründen die Flucht der Menschen aus ihren Heimatländern. Wir müssen einfach nur genau hinschauen, wer ist Profiteur und wer ist Leidtragender, und könnten gemeinsam gegen die Profiteure auf die Straße gehen.

Aber leider gab es auch im Anschluss an diese Veranstaltung dann noch eine etwas gewalttätige Auseinandersetzung, die erst durch die Polizei, nachdem ich sie gerufen hatte, geschlichtet werden konnte.

Würdest du bei der AfD wieder auftreten?
Gute Frage, das kann ich ehrlich gesagt nicht beantworten. Ich glaube nicht. Ich gehe weiter in jede Diskussion mit jedem AfD-ler rein. Aber ich glaube nicht mehr, dass man die Menschen zusammenbringen kann – Auftreten würde ich wahrscheinlich nicht mehr.

Da ich persönlich der AfD sehr distanziert gegenüberstehe, finde ich das gut. Dann freut es mich jetzt doch besonders, dass du bei „Kündigt Ramstein Air Base" am 30. Mai in Berlin auf der Bühne stehst!

Mariam Chikava: Von Georgien nach Linz – aus dem Krieg in die Krise

Andrea Drescher

Foto: Privat

Mut der besonderen Art besitzt die 1983 in Georgien geborene Kunstpädagogin, Malerin, Architektin/Innenarchitektin und Schmuckdesignerin Mariam Chikava, die jahrelang als Kind im Krieg (über)leben musste. Mangel an Klopapier wirft sie nicht aus der Bahn, die Kriegserfahrung zeigt ihr, dass sie mit Schwierigkeiten fertig werden kann. Sie schafft es, immer positiv nach vorne zu schauen, und das mit lachendem Gesicht. Die verwitwete Mutter von zwei Kindern im Alter von drei und sechs lebt inzwischen in Linz und hat ihr Hobby Schmuck zum Beruf gemacht.

Wo und wie haben Sie den Krieg erlebt?
Ich wurde 1983 in Tiflis geboren, meine Mutter war alleinerziehend. 1991, nach dem Ende der Sowjetunion, begann der Krieg. Zunächst für uns unmerklich, aber irgendwann erreichte der Bürgerkrieg auch die Stadt. Tiflis wurde bombardiert, Schulen zerstört, wir hatten immer Angst auf die Straße zu gehen. Schüsse auf Zivilisten waren Normalität, im Bus mussten wir uns bei Schießereien auf den Boden werfen. Ich wusste nie, was los war. Ich war ja nur ein Kind, kann mich aber erinnern, dass wir uns immer wieder verstecken mussten. Die Schule fiel immer wieder aus und wenn sie mal stattfand, saßen wir im Winter dort mit Jacken und Handschuhen, da die Fenster zerstört waren. Meistens blieben wir aber daheim. Das ging in etwa fünf Jahre lang so. Arbeit gab es keine. Strom, Heizung, Wasser fielen immer wieder aus. Das Wasser haben wir uns mit Kübeln vom Hofbrunnen geholt, aufgrund des fehlenden Stroms gab es keine Informationen aus dem Fernsehen. Irgendwann war der Krieg vorbei. Das Elend ging aber weiter.

Was passierte dann?
Es kamen viele einheimische Flüchtlinge in die Stadt. Rund 250.000 Menschen. Daher begann nach dem Krieg die Hungerzeit. Es wurde damals mehr für Flüchtlinge getan als für die Einheimischen. Es gab keine Arbeit, kein Arbeitslosengeld, keine Unterstützung

für Familien. Wir standen stundenlang für Brot oder Zucker vor den Geschäften an – es hat nie für alle gereicht. Also standen wir auch mal um zwei Uhr nachts auf, um rechtzeitig in der Schlange zu stehen. Die Hungerzeit dauerte etwa solange, bis ich anfing zu studieren. Die Schulen und Universitäten hat man sehr schnell wieder aufgebaut. Ich erinnere mich, dass ich ca. ab dem 9. Schuljahr wieder in einer renovierten Schule lernen konnte. Mit dem Wechsel der Regierung kehrte langsam die Normalität wieder zurück, aber selbst heute herrscht immer noch eine hohe Arbeitslosigkeit.

Wie überlebt man in solch einer Situation?
In Georgien unterstützen sich die Familien untereinander, wohnen zusammen, alle helfen sich gegenseitig, wer kann, der arbeitet. Ich habe meine Bilder an ein Geschäft verkauft, um meinen Beitrag zu leisten. Während des Colleges und an der Hochschule musste ich als ausgezeichnete Studentin nichts zahlen. Nachdem mein Vater meine Bilder sah, kam erstmals auch von seiner Seite Unterstützung. Man kommt eben irgendwie durch, auch wenn es sehr hart ist.

Sind Sie deshalb nach Österreich gekommen?
Nein, nicht direkt. Man bot mir an, Deutsch zu lernen, um in Deutschland zu studieren. Nachdem ich mir ausreichend Sprachkenntnisse angeeignet hatte, bekam ich auch die Zulassung der Universität. Aber mit 20 – ohne Smartphone, Internet oder Messenger – war ich in Deutschland so isoliert, dass ich sehr großes Heimweh bekam. Ich wollte mein Studium in Georgien beenden und ging – nachdem ich ein bisschen Geld gespart hatte – 2006 zurück. In Tiflis habe ich neben meinem Studium erst als Schmuckdesignerin in einer Werkstatt gearbeitet und mich dann damit selbstständig gemacht.

Eine Zeitlang habe ich als Innendesignerin gearbeitet, aber dann kam 2008 wieder ein Krieg, das normale Leben und meine Möglichkeiten zu arbeiten waren wieder vorbei. Zwei Jahre war erneutes Chaos, das die Menschen enorm belastet hat – die Situation ist heute immer noch kritisch.

Wie haben Sie diesen Krieg wahrgenommen?
Deutlich bewusster als als Kind. Wir saßen zwei Wochen zuhause, gingen nie raus. Ganz in der Nähe der Wohnung waren eine russischen Tankfabrik und eine Flugzeugfabrik, beide wurden bombardiert. Warum die Russen ihre eigenen Fabriken bombardiert haben, weiß ich nicht. Aber zwischen diesen beiden Fabriken leben zu müssen, war eigentlich das erste Mal, das mir richtig Angst machte. Wir haben immer „gewartet", dass eine Bombe auf unser Haus fällt. Obwohl ich heute noch Bilder aus dem ersten Krieg im Kopf habe, hatte ich diese Zeit als weniger schlimm empfunden.

Dank meiner Arbeit konnte ich irgendwie überleben. Im Flughafen gab es ein Geschäft, das meine Schmuckstücke anbot. Menschen, die per Flugzeug aus Georgien flohen, wollten irgendetwas Schönes aus der Heimat mitnehmen. Auch Russen und EU-Ausländer waren begeistert und haben gekauft. In der Stadt selbst war Schmuck nicht interessant. Es herrschte tiefste Armut und die großen Firmen waren wegen des Krieges geschlossen, die kleinen Geschäfte waren ausgestorben. Das Leben in Georgien war unfassbar schwer geworden, was dazu führte, dass ich nach Österreich ging.

Wieso Österreich und nicht wieder Deutschland?
Ein guter Freund brachte mich 2009 auf die Idee, doch wieder ins Ausland zu gehen. Da ich schon 26 war, füllte ich die Formulare für Österreich aus, wo man bis 27 als Au-pair vermittelt wird. Ich hatte nicht damit gerechnet, dass sich überhaupt etwas ergibt, aber auf einmal kam eine Anfrage und ich landete in Wallern in Oberösterreich.

Wollten Sie aufs Land?
Nein. Ich wollte eigentlich in eine Stadt, fand den Ort nicht mal auf der Karte und habe über Netz gefragt, wo er denn liegt. Aber da hatte ich das Visum schon beantragt, war extra dafür in die Türkei gefahren, also dachte ich mir, dann wechsele ich eben später die Familie – ich kann ja deutsch. Einer meiner Netzkontakte aus Wallern lud mich zum Kaffee ein – und wurde später meine Mann.

Foto: Lena Schukow

In Österreich begann ich mit Malerei, ohne Werkzeug war die Schmuckherstellung nicht möglich, und hatte nach kurzer Zeit meine erste Ausstellung in Ungarn, während ich noch als Au-pair-Mädchen arbeitete. Meinen zukünftigen Mann traf ich täglich – rein freundschaftlich. Erst bei der Fahrt nach Ungarn wurde mir klar, dass es Liebe ist. Sein Heiratsantrag war unkonventionell: Er hat mir ein türkises Kleid gekauft, den 24. Juli 2010 beim Standesamt fixiert und damit vollendete Tatsachen geschaffen. Dem konnte ich mich nicht entziehen – wir heirateten und ich blieb in Österreich.

2014 kam mein erstes Kind zur Welt und ich habe mich kurz nach der Karenz wieder selbstständig gemacht. Ich verkaufte meinen Schmuck und nahm an Ausstellungen und Kunstmärkten teil. Dank der Unterstützung meines Mannes klappte das auch nach der Geburt unseres Sohnes 2017 ganz gut. Aufgrund der Zusammenarbeit mit dem Bund sozialdemokratischer Akademiker_innen, Intellektueller und KünsterInnen BSA:ART wurde ich bekannter und konnte meine Kunst erfolgreich österreichweit präsentieren. Als mein Mann 2018 überraschend starb, brach meine Welt zusammen. In fünf Minuten verliert man alles. Ein Herzanfall und er war auf der Stelle tot. Selbst im schlimmsten Stress waren wir wie frisch verliebt gewesen. Bis zum letzten Moment – bis zur letzten Minute – keine SMS endete ohne „ich liebe dich".

Wie haben Sie das bewältigt?
Zwei Wochen vorher hatten wir über das Sterben geredet. Er wollte kurz und schmerzlos sterben. Dass es für Angehörige eine Katastrophe ist, wusste er. Ohne mich wollte er nicht leben, aber ich sei stark genug, allein weiterzumachen. Er hatte zu viele Angehörige sterben sehen. Auch wenn ich mir nicht vorstellen konnte, wie es weitergeht, ich musste weiterleben – mein Sohn war eineinhalb, meine Tochter auch noch klein und ich in Karenz. Das erste halbe Jahr war ich im Schock – ohne Trauer, entweder hysterisch oder gefühllos – und bis auf die Kinder komplett allein.

Half Ihnen wenigstens die Familie weiter?
Nein. Von der Familie gab es kaum Hilfe. Für sie war es wohl ein Problem, dass ich als Ausländerin nicht nur Putzfrau blieb, sondern eine erfolgreiche Künstlerin mit großen Veranstaltungen war. Sie waren vermutlich einfach neidisch. Unterstützung kam von Freunden, seinen Arbeitskollegen und der BSA:Art. Alle seine früheren Mitarbeiter kamen zur Beerdigung, er hatte immer allen geholfen, egal ob Ausländer oder Inländer.

Nach der Beerdigung gab ich einen Malkurs im Arcobaleno – ich habe einfach gearbeitet. Ich wusste, ich muss etwas machen, um zu überleben. Die Konten meines Mannes waren gesperrt, ich erhielt keine Witwenpension, nur Karenzgeld, das reichte nicht für Wohnung, Auto, Versicherungen, Kindergarten und, und, und ... Dann kam erst meine Schwester, später meine Mutter aus Georgien zu Hilfe und ich war nicht mehr ganz allein.

Haben Sie mit dem Gedanken gespielt, nach Georgien zurückzugehen?
Ja. Ich habe mir überlegt, es auszuprobieren – für fünf Wochen. Ich wusste nicht, ob ich es schaffe, nach 9 Jahren Österreich zurückzukehren, und wie die Kinder damit klarkommen. Sie sind Österreicher, kannten das Land kaum. Mir wurde schnell klar, ich will zurück nach Österreich, die Kinder wollten zurück zu ihren Freunden und ich wollte meinen Mann nicht zurücklassen. Ich wollte den Kindern nicht alles wegnehmen: Papa, Land, Freunde. Also entschied ich mich zu bleiben und endlich auch die Staatsbürgerschaft zu beantragen. Seit Februar 2020 habe ich den österreichischen Pass.

Wie ging es dann weiter?
Ich habe mir eine günstige Wohnung gesucht, ein Freund half mir beim Umzug der großen Möbel. Mit dem Einkommen aus der Witwen- und Halbwaisenpension sowie meiner Selbstständigkeit kamen wir irgendwie durch, speziell nachdem ich mein Auto verkauft hatte. Wir leben sparsam. Ich wollte alles möglichst alleine schaffen, aber mir wurde klargemacht, dass ich lernen muss, Hilfe anzunehmen.

Es war ein Neustart – die Trauer war und ist natürlich noch da. Aber neue Möbel sind eben frei von Erinnerungen. Ich habe alles verkauft und es für die Kinder gemütlich gemacht – meine Kinder sind fröhlich geblieben. Mir war klar, ich muss mein Leben ändern, Dinge tun, die mir gut tun. Dann habe ich angefangen, in die Natur zu gehen. Das hat mir sehr geholfen. Bis zum Lockdown ging es mir besser, dann wurde es wieder hart.

Wieso?
Der erste Lockdown war für mich Freiheitsberaubung, ich bekam richtig Angst. Als mein Mann starb, hatte ich keine Zukunftsangst, mir war klar, dass ich es irgendwie schaffe. Aber beim Lockdown wurde ich zwangsweise eingesperrt, niemand wusste, wie lange es dauert. Wie erkläre ich das den Kindern? Mein Sohn ist durchgedreht, weil er nicht auf den Spielplatz durfte. Er konnte das alles nicht verstehen. Auf den zweiten Lockdown war ich dann schon besser vorbereitet. Ich bin vorher nochmal mit den Kindern schwimmen gegangen, war mit ihnen im Kino und habe Ausstellungen besucht. Und ich nutze die Zeit des Lockdowns, um mich für die Zukunft noch besser aufzustellen.

Was tun Sie?
Im Sommer hatte ich kaum Einkommen. Von der Pension allein kann ich nicht leben, will aber auf Dauer keine Abhängigkeit vom Amt. Darum habe ich die Zulassungsprüfung zur Kunst-Universität für bildnerische Erziehung gemacht und bestanden. Jetzt verbessere ich noch meine Sprachkompetenz, um die C1-Prüfung abzulegen und im September 2021 mit dem Studium zu beginnen. Mit meiner Kunst, einem fixen Job, der Selbstständigkeit bin ich hier sicher.

Geben Sie nie auf?
Natürlich habe ich auch depressive Phasen und ziehe mich zurück. Aber wenn ich rausgehe, lache ich und sage, mir geht es gut. Es gibt immer noch Menschen, die Schlimmeres erlebt haben. Und die haben auch weitergelebt. Wichtig ist doch, dass meine Kinder gesund aufwachsen können. Man muss es wollen. Es braucht nicht viel Geld, es braucht die Lust zu leben. Ich darf im Gegensatz zu meinem Mann weiterleben und mit meinen Kindern Glück empfinden. Ich darf meine Kunst machen. Also geht es mir wirklich gut.

Marion Koffend: Die eigene Zeitung, weil der Mainstream versagt

Andrea Drescher

Foto: Privat

Marion Koffend, Jahrgang 1963, lebt in der Nähe von Heilbronn. Die Büro- und Steuersachbearbeiterin beschäftigt sich in ihrer Freizeit mit Handpuppen und Marionetten, Nähen. Sie kümmert sich, wenn Zeit ist, um die Selbstversorgung, alte Haushaltstechniken und ihren Garten. Sie beschäftigt sich mit muslimischen Themen und der Anthroposophie und denkt gerne. Sie sieht sich als chronische Weltverbesserin und lässt sich vom lieben Gott (ihrem Chef) zum Handeln motivieren.

Siehst du es als deine Aufgabe, die Welt zu verbessern?
Nein, ich sehe es als meine Aufgabe, ein nützliches Mitglied der Menschengemeinschaft zu sein.

Was heißt das konkret?
Ich überlege immer erst, bevor ich etwas tue, welche Auswirkungen das auf andere hat. Gehe ich einkaufen, überlege ich mir beispielsweise bei den Produkten, ob sie schädlich oder nützlich sind, lese mir die Produkt- und Inhaltsinformationen genau durch und lasse dann auch wieder Sachen im Laden zurück. Mein 30 Jahre altes Auto lasse ich immer wieder reparieren. Ein neues E-Auto würde in Herstellung und Gebrauch erheblich mehr Umweltschäden anrichten als die Reparatur. Ich überlege eben, ob etwas sinnvoll ist oder nicht, ich laufe keinem Trend hinterher.

Du hältst also nicht viel von der Förderung für das E-Auto?
Nein, gar nichts. Ich muss leider viel Auto fahren, da ich zu 50 Prozent gehbehindert bin und nicht überall hinlaufen kann, verzichte aber so oft wie möglich auf den PKW. Man sollte mehr die öffentlichen Transportmittel fördern, damit der Mensch eine Wahl hat.

Bist du als Weltverbesserin auch Friedensaktivistin?
Ja, sowohl politisch als auch privat. Ich bin oft die Vermittlerin bei Missverständnissen, auch bei Streitereien unter Freunden. Da versuche ich, das Verständnis für die jeweils

andere Seite rüberzubringen. Das Problem ist der dritte Faktor, dieser muss von allen Beteiligten gemeinsam angegangen werden. Normal ist ja leider: „Ich und mein Gegner". Besser ist: „Wir und das Problem". Dieses Prinzip hat meines Wissens die Profilerin Suzanne Grieger-Langer erstmals formuliert, ich lebe es aber schon lange.

Das Prinzip ist wirklich wichtig, auch für die Friedensbewegung, die sich ja gerade endgültig zu zerlegen scheint.
Stimmt, das sehe ich ähnlich. Aber ich gebe nicht auf. Ich habe Ausdauer und lasse mich nicht gleich bei Schwierigkeiten aus der Bahn werfen. Ich versuche Menschen meine Ideen und Gedanken zu vermitteln, ohne beleidigend zu werden. Vermeintliche Lösungen wie „Haut die Glatzen bis sie platzen" werden niemanden davon abhalten, rechts zu agieren. Im Gegenteil: Wenn wir diese Menschen aus unserer Gemeinschaft aussperren, werden sie in der rechten Ecke schon sehnlichst erwartet. Ich versuche immer zuerst zu spüren: Wo steht der Mensch gerade? Wen habe ich vor mir? Wer ist das, mit dem ich da rede?

Ich möchte Menschen Impulse geben, sie aber nicht mit Informationen erschlagen, denn dadurch wachen sie ja auch nicht auf und es verändert sich wieder nichts. Ich kann mit meiner Nachbarin nicht so über die Medien sprechen wie mit dir. Wenn ich merke, dass das, was ich sage, beim anderen Angst auslöst, will ich diese nicht weiter verstärken.

Als ich jung war, hatte ich auch viele Ängste, das habe ich mir beharrlich abtrainiert, frei nach Goethe: Von der Gewalt (Angst), die alle Menschen bindet, befreit der Mensch sich, der sich überwindet. Es gibt Themen, die spreche ich bewusst nicht an, weil es kontraproduktiv wäre. Ich möchte Verständnis schaffen und dabei ehrlich und direkt sein, aber den Menschen keine Angst machen, was mir leider nicht immer gelingt. Das Gegenüber muss sich auf eine Diskussion ja auch erstmal einlassen. Sobald man im Gespräch ist, kann sich alles entwickeln. Das kann bis zur Weitergabe vom Zivilimpuls gehen.

Zivilimpuls: ein gutes Stichwort. Kannst du den mal kurz vorstellen?
Die Idee war es, das Internet auf die Straße zu bringen, ein Medium für Menschen zu gestalten, die lieber Zeitung lesen als am Tablet rumzuwischen. Gerade viele Ältere wollen ja nicht online sein, weil der Informationswahnsinn sie erschlägt. Die normale Presse ist ja ziemlich fehlerhaft und bietet kein vollständiges Bild zu einem Thema. Dem wollte ich mit dem „Zivilimpuls" entgegenwirken und Zusammenhänge aufzeigen, die Vielzahl der Puzzleteile, die wir vorgesetzt bekommen, zusammenführen. Wir versuchen 360-Grad-Perspektiven auf die Themen zu bieten und das wird von unseren vorwiegend älteren Abonnenten auch sehr geschätzt.

Geht es auch um Gesellschaftskritik?
Ja natürlich, aber eben nicht nur um Kritik, sondern auch um Lösungen. Ich beschäftige mich schon lange mit Gesellschaftssystemen und als Bücherwurm bin ich für mich bei der sozialen Dreigliederung von Steiner als probates Mittel angekommen, um die Ge-

sellschaft, wie sie jetzt ist, mitzugestalten. Wenn es interessiert: Axel Burkhardt kann die Konzepte und Prinzipien von Steiner sehr gut und verständlich vermitteln, ohne sie zu verunstalten. Es geht mir aber nicht darum, Recht zu haben, das „richtige" System zu propagieren. Es geht darum, die jeweils beste Lösung zu finden. Daher sage ich, dass jede politische Ausrichtung – bis auf den Faschismus, der ist völlig indiskutabel – ihren Platz und ihre Berechtigung hat.

Man muss eben länger darum ringen, die jeweils beste Lösung zu finden. Man muss sich Zeit lassen, um zu brauchbaren Gedanken zu kommen. Mit einer Peitsche als Antrieb ist nichts gewonnen.

Kannst du das konkretisieren?
Ja. Ein Beispiel ist unsere Redaktion. Da „Zivilimpuls" ein kulturelles Projekt ist, gilt bei uns das Freiheitsprinzip im Denken. Es gilt also nicht das demokratische Prinzip der Abstimmung. Das ist dann angebracht, wenn eine Entscheidung alle Menschen betrifft, zum Beispiel im Rechtsleben, wenn Regeln durch den Rechtsapparat, also Polizei und Gerichte, auch durchgesetzt werden. In der Kultur, die von Ideen und nicht von Gesetzen lebt, wäre es kontraproduktiv. Wir stimmen intern also nicht ab, sondern diskutieren Dinge aus, bis wir einen Konsens finden. So lernt man auch, nicht sinnlos zu diskutieren, sondern diszipliniert am Thema zu bleiben. Finden wir bei Inhalten der Zeitung keinen Konsens, wird das Thema zurückgestellt. Niemand soll mit der Faust in der Tasche zurückbleiben. Die Diskussionen verlaufen sehr unterschiedlich, auch emotional, aber wir sind uns alle darin einig, dass wir das jeweilige Problem lösen wollen. Eben: „Wir und das Problem".

Wie groß ist eure Redaktion?
Im Moment sind wir fünf, alle arbeiten ehrenamtlich, der Lektor kriegt ein bisschen Taschengeld, er hat aber auch die meiste Arbeit. Denn wir sind alle keine ausgebildeten Journalisten, da braucht es jemanden, der sein Sprachgefühl einbringt und Texte leserlich macht. Ich verstehe mich in unserem Projekt „Zivilimpuls" eher als Ideengeber.

Und wo kann man „Zivilimpuls" erhalten?
Man findet uns unter **www.zivilimpuls.de** und kann sich die Artikel, die im A4-Format gesetzt sind – selbst ausdrucken.

Was ist das Besondere im Vergleich zu anderen alternativen Medien?
Unser Hauptaugenmerk liegt nicht auf der Kritik. Die gehört natürlich bei der Aufklärung dazu, aber wir legen den Fokus auf Lösungsansätze.

Dann wünsche ich dir, dass möglichst viele Menschen die Lösungsansätze, die ihr vermittelt, kennenlernen und umsetzen. Vielen Dank!

Markus Schlöffel: Remonstration ist Pflicht – die Sicht eines engagierten Polizisten

Andrea Drescher

Foto: Privat

Polizeihauptmeister Markus Schlöffel stammt aus Horn-Bad Meinberg im Lipperland. 1973 geboren, entschied er sich 1990 – nach dem Besuch eines Einstellungsberaters des Bundesgrenzschutzes (BGS) in der Schule – für eine berufliche Karriere beim BGS. Seine Hobbys Rennradfahren, Laufen und Krafttraining sind für ihn Ausgleich und gleichzeitig gezieltes Leistungstraining. Der geschiedene Vater von drei Kindern befindet sich nach eigener Sicht seit 11. April 2020 im Widerstand. Bekannt wurde er durch seine Demorede in Karlsruhe am 4. Oktober 2020: „Remonstration ist kein Recht, Remonstration ist meine Pflicht."[1] Im Interview schildert er den Entwicklungsprozess, der ihn zu dieser Erkenntnis gebracht hat.

Gehören Sie zu den Menschen, die erst seit Kurzem politisch anders denken?
Jein, passiv habe ich 2014 angefangen, meinen Blickwinkel zu verändern, aktiv agiere ich erst seit April 2020.

Was bedeutet für Sie passiv?
2013 war ich aufgrund einer Krankheit beim Arzt, was dazu führte, dass ich mich mit Traumaarbeit und meiner eigenen inneren Aufklärung auseinandersetzte. Ich lernte andere Seiten an mir kennen und richtete damit einen anderen Blick auf das, was außen ist. Ich lernte über KenFM zum Beispiel Daniele Ganser und andere Autoren kennen, was mir die Augen geöffnet hat. Wichtig war meine Begegnung mit Franz Ruppert, der mir mich belastende Fragen beantworten konnte: Wie kommt ein Mensch dazu, sich einen Sprengstoffrucksack auf den Rücken zu schnallen und damit andere Menschen in die Luft zu jagen? Mir wurde sehr deutlich die Rolle von Psychotraumata als Ursache für Verbrechen bewusst. Bei mir waren es letzlich Psychotraumata, dass ich Polizist werden wollte, und die Motivation war dementsprechend nicht uneingeschränkt positiv.

1 https://www.youtube.com/watch?v=0-8tFHBDBoY → Kurzlink: ws1.eu/k/34

Wie meinen Sie das?
Der Einstellungsberater zeigte uns ein Video von einer Polizeiaktion, bei der es richtig „zur Sache ging." Mir schoss durch den Kopf: „Die Polizei handelt richtig – ich kann einem anderen auch mal aufs Maul hauen, wenn der Gesetze bricht. Ich will Gesetze durchsetzen und Gutes tun." Für diese Gedanken habe ich mich sehr lange geschämt – aber mir ist inzwischen klar, woher es kam, und ich kann das seit Kurzem formulieren.

Wann wurden Sie aktiv?
Das dauerte etwas. Im Sommer 2019 habe ich mit einem Familienmitglied darüber gesprochen, dass wir uns in einer Art 3. Weltkrieg befinden, es fehle nur der Showdown – wie auch immer der aussehen würde. Im September hat mir das Interview von Ken Jebsen und Heiko Schöning schlagartig bewusst gemacht, dass Krieg nicht nur atomare oder chemische, sondern auch biologische Kampfmittel umfasst.[1] Und dann kam Ende Dezember 2019 das neue Virus aus Wuhan. Mein Gedanke war sofort: Aha – so machen sie es jetzt also ...

Was hat das mit Ihnen gemacht?
Für mich hieß es abzuwarten. Ich habe keine Angst vor Viren – von Anfang an nicht, selbst wenn sie tödlich sind, dann ist es eben so. Ich hatte nur Angst vor den Reaktionen der Regierung – ich befürchtete ein trojanisches Pferd. Im März habe ich dann die Aktienkurse verfolgt, um Antwort auf die Frage nach dem „Cui bono?" zu bekommen. Der DAX ging in den Keller, die Kurse der Digitalkonzerne wie Amazon, aber auch der Pharmaunternehmen schossen in die Höhe. Leider erkannten das aber die wenigsten Menschen in meinem Umfeld.

Wie reagierte Ihr Umfeld, Ihre Kollegen?
Im März waren manche gleichgültig, andere ängstlich. Ich galt ja schon länger als Verschwörungstheoretiker, daher hielten die Kollegen mehr und mehr Abstand. Immer wenn ich etwas sagte, schienen sie mir offensichtlich getriggert. Ich sah, dass sie mehr und mehr in die Angst kamen. Ein Kollege von mir regte sich eines Morgens sehr über „ein Arschloch" auf, einen Arzt, der dies und das gesagt habe. Ich hatte am Tag vorher auch ein Video mit Dr. Wodarg gesehen, das für mich widerspruchsfrei und plausibel klang. Und irgendwann merkte ich, er meint genau dieses Video, hatte es aber völlig anders wahrgenommen als ich. Da wurde ich bei meinen Äußerungen sehr vorsichtig. Ende März gab es dann häusliche Bereitschaft. Ich fuhr nur montags und freitags zur Dienststelle und hockte sonst von 8 bis 15 Uhr zuhause vor dem Telefon. Das Haus durfte ich in dieser Zeit nicht verlassen. Arbeiten konnte ich nicht, es gab nicht die Technik beziehungsweise sichere Leitungen für meine Tätigkeiten. Operative und strategische Auswertung für die Taschendiebstahlsfahndung war also nicht möglich, es gab während des Lockdowns nur wenig zu tun. Das hat mich belastet.

---

1 https://www.youtube.com/watch?v=vQKYegj6S-4 → Kurzlink: ws1.eu/k/35

Inwiefern? Wie haben Sie das wahrgenommen?
Ab 23. März stiegen sowohl mein Ruhepuls als auch mein Belastungspuls beim Sport um 10 bis 15 Schläge nach oben. Mein Körper signalisierte mir deutlich, dass etwas schiefläuft. Heute weiß ich, das war eine Retraumatisierung aus meiner Kindheit. Ich hatte 1,5 Monate außerdem heftige Zahnschmerzen – der Trigeminusnerv quälte mich. Es belastete, einfach nichts tun zu können. Am 11. April habe ich spontan mit einer Bekannten in Hoffnungsthal vor dem Rathaus demonstriert, nachdem das Zwischenergebnis der Heinsbergstudie von Professor Streeck veröffentlicht wurde. Ich habe sie am Abend stolz umarmt und zu ihr gesagt: „Jetzt bin ich im Widerstand."

Weiter ging es dann aufgrund von Beate Bahner. Ende März hatte ich mich bereits gefragt: Wo sind die Juristen? Und dann stand Frau Bahner auf. Ihr 36-seitiger Eilantrag an das Bundesverfassungsgericht entsprach komplett meiner Vorstellung. Ich war fassungslos, dass er abgelehnt und sie selbst kurzzeitig in die Psychiatrie zwangseingewiesen wurde. Nach der Entlassung hatte sie den Vernehmungstermin in Heidelberg, für den es Unterstützungsaufrufe gab. Da war ich dann das zweite Mal auf der Straße.

Aber Sie haben weitergearbeitet?
Ja. Ich habe die Füße, so gut es ging, stillgehalten. Aber das wurde immer schwieriger. Mir war bewusst, mein Beruf verändert sich, das kann ich nicht auf Dauer mitmachen. Die Solidaritätsveranstaltung in Heidelberg wäre eine Woche später aufgrund der Corona-Schutzverordnung eine Straftat gewesen. Bereits die Anordnung vom Inspektionsleiter Ende März/Anfang April, man solle soziale Kontakte weitestgehend reduzieren, hielt ich für Wahnsinn.

Während meiner Ausbildung haben wir uns mit Rechtsthemen – Menschenrechten und Grundrechten – beschäftigt. Man bekommt ein Gefühl für Gut und Böse, für Recht und Unrecht. Dieses Gefühlt wurde maßgeblich erschüttert, und das ist so geblieben.

Einschneidend war der 19. Juni: Ich wollte meine Kinder mit dem Zug abholen, war ohne Maske auf dem Bahnsteig. Einer meiner Kollegen erkannte mich und meinte, Maßnahmen gegen mich treffen zu müssen. Zu dem Zeitpunkt bestand Masken-, aber keine Attestpflicht. Er wies mich an, Maske zu tragen, holte dann aufgrund meines Widerspruchs einen Kollegen zu Hilfe. Man fragte mich nach meiner Dienststelle, um die gesundheitlichen Gründe zu überprüfen, obwohl ich sogar mein Asthmaspray vorzeigte, um den Kollegen zu verdeutlichen, dass ich aus medizinischen Gründen keine Maske trage. Aber weder die Kollegen noch später die Vorgesetzten interessierten sich dafür.

Nach längerer Diskussion habe ich die Kinder ohne Maske abgeholt. Am folgenden Montag musste ich eine Stellungnahme schreiben, da der Kollege meine Vorgesetzten kontaktiert hatte. Das Ganze führte dann zum ersten Disziplinarverfahren gegen mich.

Bei dem Kollegen handelte es sich um einen unserer LebEL-Trainer, also Mitarbeiter, die Fortbildungen für lebensbedrohliche Einsatzlagen wie zum Beispiel terroristische Anschläge durch Islamisten durchführen. Aus einer derartigen Fortbildung kannte ich ihn. Heute werden PCR-positiv-Getestete ja bereits mit „infiziert und krank" – in Kürze dann mit verfolgbaren Gefährdern gleichgesetzt. Zum Terroristen ist es dann auch nicht mehr weit. In seinem Gefährdungsbericht wies er explizit darauf hin, dass ich „Grundzüge einer Gesinnung eines sogenannten Reichsbürgers" in mir trage.

Ich reagierte darauf nachts mit einem Albtraum, da Reichsbürger als rechtsradikale bewaffnete Gewalttätter gelten, gegen die man rigoros vorgeht. Im Traum kamen ein Einheitsführer der AFK-PMK (Allgemeine Fahndungskomponente politisch motivierte Kriminalität) und die GSG9 in meine Wohnung und fanden Waffen und Sprengstoff.

Daraufhin habe ich eine Mail mit einer Krankmeldung sowie der Aufforderung zum Einzug meiner Waffe an die Dienststelle geschickt. Die psychische Belastung war mir zu viel – ich war bis Mitte August im Krankenstand. Während der Krankheit kam die Einleitungsverfügung für das Disziplinarverfahren, das seitdem noch zweimal ausgeweitet wurde.

Sind Sie noch mal in den Dienst zurückgekehrt?
Ja. Am 17. August fuhr ich wieder zum Dienst, entschied mich aber dann, schriftlich gegen die Anordnungen der Behörde (Direktion) und Dienststelle (Inspektion) zu remonstrieren. Auf sechs Seiten habe ich detailliert dargelegt, warum die Anordnungen verfassungswidrig sind und mir keine Wahl bleibt, als zu remonstrieren. Verstöße gegen die Würde des Menschen kann und darf ich nicht mittragen. Am 20. August erfolgte die Übergabe an meinen Einheitsführer. Daraufhin wurde ich vom Dienststellenleiter suspendiert, weil ich andere gefährde, das Betriebsklima störe und mich nicht an die Bestimmungen halte.

Nachdem ich Schlüssel und Zugangskarten abgegeben hatte, war ich erleichtert. Mir war klar, Füße stillhalten macht mich psychisch und damit körperlich krank. Endlich hatte ich das Gefühl, das Richtige zu tun.

Wie sehen Sie Remonstration?
Remonstration ist eine Pflicht – wenn etwas nicht passt. Ich muss meine Vorgesetzten beraten, dass sie etwas übersehen, habe also eine grundsätzliche Beratungspflicht. Könnte es aufgrund einer Weisung heikel werden, muss ich remonstrieren. Wiederholt mein Chef die Anordnung, muss ich den nächsthöheren Vorgesetzten informieren. Hält auch der an der Weisung fest, bin ich erst mal verpflichtet, die Anordnung umzusetzen. Ausnahmen gibt es nur, wenn ich erkenne, dass es gegen die Würde des Menschen verstößt oder ich eine Straftat oder Ordnungswidrigkeit begehen soll. In diesem Fall bin

ich weiter für mein Handeln verantwortlich. Damit soll verhindert werden, dass man sich einfach auf Anordnungen oder Befehle berufen kann. In Nazi-Deutschland haben ja viele versucht, sich so aus der Verantwortung zu ziehen – ebenso die Mauerschützen der DDR.

Wegen der Remonstration wurde das Disziplinarverfahren dann ausgedehnt?
Ja – und die zweite Ausdehnung kam, nachdem ich mich in Köln mit meiner ersten Rede auf einer Demonstration als Staatsdiener öffentlich geoutet habe. Das war am 12. September.

Sie waren aber schon vorher auf Demonstrationen?
Ja klar, der 1. August und 29. August in Berlin zum Beispiel waren für mich Pflichtprogramm. Am 1. August war ich völlig fassungslos, als der Einsatzleiter die Versammlung auflöste. Am 29. August befand ich mich anfangs beim Wagen von „Eltern stehen auf". Später bin ich dann zum Stern gegangen, um erstmalig auf die Bühne zu gehen. Für eine Rede war für mich aber keine Zeit mehr vorhanden. Wie man mit den Demonstranten umging, war für mich unfassbar.

Warum?
Ich hatte rund 15 Jahre eine Planstelle in einer BFE – Beweissicherungs- und Festnahmeeinheit –, war unter anderem ausgebildet für unfriedliche demonstrative Aktionen, zum Beispiel Landfriedensbrüche in Form von Angriffen mit Pyrotechnik, Stein- und Flaschenwürfen, und habe auch sehr viele Jahre unfriedliche Demonstrationen begleitet. Ich weiß also aus der Praxis, was unfriedlich und was friedlich verläuft. In Berlin – das war kognitive Dissonanz, das war für mich sehr schwer zu verarbeiten. Bis jetzt habe ich noch keine Erklärung finden können, wie man diese friedliche Demonstration auflösen konnte.

Wann wurden Sie suspendiert?
Mit Wirkung zum 1. September wurde mir die Verbotsverfügung zugestellt, das heißt, mir wurde verboten, als Beamter meinen Dienstgeschäften nachzugehen. Dagegen habe ich natürlich Widerspruch eingelegt und muss diesen bis Ende Oktober begründen.

Wissen Sie, wie es weitergeht?
Nein. Eine Suspendierung mit dem Ziel, einen Beamten aus dem Dienst zu entfernen, kommt normalerweise bei schweren Straftaten zum Tragen. Da läuft das Disziplinarverfahren über die Behörde. Mein Disziplinarverfahren läuft aber über die Dienststelle – ich kann nicht einschätzen, was sie vorhaben. Für drei Monate erhält ein suspendierter Beamter noch die vollen Dienstbezüge, danach können diese auf bis zu 50 Prozent reduziert werden. Das wird sich im Dezember zeigen. Das Ende ist offen.

Wie reagiert Ihr Umfeld?
Bei mir bildet sich gerade ein neues soziales Netzwerk, ein neuer Freundeskreis. Das Alte ist komplett zusammengebrochen, aber ich habe viele mutige, engagierte tolle Menschen kennengelernt. Das macht es wett! Einzelne Kollegen sprechen mich vertraulich an. Sie lassen sich derzeit lieber krankschreiben, als aktiv Widerstand zu leisten. Das muss eben jeder für sich entscheiden.

Bereuen Sie Ihren Schritt?
Ich bereue nichts. Kleinigkeiten würde ich vielleicht anders machen, aber der rote Faden bliebe derselbe.

Danke für Ihre Konsequenz. Ich hoffe, mehr Kollegen und Kolleginnen trauen sich zukünftig, ebenfalls offen zu agieren.

Markus Fiedler: Interview mit einem Selberdenker

Andrea Drescher

Foto: Privat

Markus Fiedler hat es wieder gewagt zu hinterfragen, was vielen als selbstverständliche Wahrheit erscheint. Nach seiner gnadenlosen Analyse der Situation in der vermeintlich neutralen Wikipedia hat er das nächste heiße Eisen angepackt. Er hat es gewagt, die Konsensstudie „Quantifying the consensus on anthropogenic global warming in the scientific literature" des Kognitionspsychologen Cook (Cook et al.) von 2013 zu überprüfen – um festzustellen, dass die von allen Medien zitierten Ergebnisse nicht haltbar sind.

Für alle, die ihn noch nicht kennen: Markus Fiedler ist als Biologe mit Hauptfächern Molekulargenetik und Mikrobiologie als Lehrer an einer allgemeinbildenden Schule. Er ist kritischer Beobachter der Wikipedia und der dunklen Machenschaften hinter der sauberen Fassade dieses Scheinlexikons und hat die Filme „Die dunkle Seite der Wikipedia" und „Zensur – die organisierte Manipulation der Wikipedia und anderer Medien" gemacht. Informatives dazu findet man auf seiner Webseite[1] sowie auf dem YouTube-Kanal.[2]

Am 02.01.2020 erschien auf *Anti-Spiegel.ru* sein Beitrag „Klimawandel: Die Einigkeit unter Wissenschaftlern, die es nie gegeben hat."

Aufgrund seiner Analyse der Rohdaten, die im Artikel für jeden nachvollziehbar dokumentiert ist, kommt er zu dem Ergebnis: Die angeblichen 97% Zustimmung hat es nie gegeben. In den Rohdaten findet man gerade einmal 0,54% der wissenschaftlichen Veröffentlichungen, die dem Menschen explizit einen überwiegenden Anteil am Klimawandel von über 50% zuordnen. Neben gravierenden methodischen Fehlern wurde mit falschen Zuordnungen, gezielter Verschleierung der Datenbasis und einer irreführenden Zusammenfassung der Ergebnisse gearbeitet.

1 https://wikihausen.de

2 https://www.youtube.com/wikihausen → Kurzlink: ws1.eu/k/36

Lieber Markus Fiedler, gleich zu Anfang die etwas provokante Frage: Wer hat Sie finanziert? Die AfD, die Erdöllobby oder die Autoindustrie? Bisher wurden ja Kritiker des wissenschaftlichen Konsens gerne in einer dieser Ecken verortet. Welche dieser Gruppierungen wollen Sie mit Ihrer Arbeit unterstützen?
Ich hoffe doch, die Wissenschaft. Ich habe für die Analyse kein Geld bekommen und habe das aus Eigeninitiative durchgeführt. Ich wollte einfach wissen, ob diese Zahl stimmt oder nicht.

Wieso kamen Sie darauf, dass sie nicht stimmt? Schließlich besteht doch sogar in alternativen Medien ein ziemlich breiter Konsens, dass die Wissenschaft hier seriös gearbeitet hat.
Ich beschäftige mich seit über zehn Jahren mit dem Thema. In vielen Medien, die ich häufig lese, wurden die 97% immer wieder genannt – und immer wieder mit Bezug auf die Cook-Studie. Unter all den Informationen, die ich gehört habe, waren auch solche, die die Verlässlichkeit der Cook-Studie anzweifelten. Ich wollte einfach wissen, wer recht hat, und habe mir die Studie sowie die verfügbaren Rohdaten angeschaut. Und das Ergebnis sprach für sich.

Illustration: Martin Weinknecht

Wie stehen Sie persönlich zum Thema menschgemachter bzw. CO2-verursachter Klimawandel?
Ich mache dazu keine Aussage, da ich in der Öffentlichkeit ja auch von meinen Schülern wahrgenommen werde. Schule hat ein politisches Neutralitätsgebot. Das Thema ist politisch und emotional hoch aufgeladen. Wer den Menschen bzw. CO2 als Verursacher sieht, wird häufig den „Grünen" zugeordnet , wer die Gegenposition vertritt und andere Faktoren für relevanter hält, wird dem „AfD-Lager" zugeordnet. Jede Aussage wird zu einem Politikum – darum mache ich keine.

Schulen sollen zu eigenständigem Denken erziehen und politisch neutral bleiben. Daran halte ich mich so gut es geht. Mir war und ist es aber ein Anliegen, dass deutlich wird, dass man nicht jeder wissenschaftlichen Veröffentlichung glauben darf. Auch in der Wissenschaft „menschelt" es. Zum einen machen Menschen Fehler, was vollkommen okay ist und einfach passieren kann, zum anderen wird dort auch gezielt manipuliert und Einfluss genommen – was völlig unwissenschaftlich ist.

Was qualifiziert Sie zur Analyse der Cook-Studie?
Ich bin Diplombiologe, bin also Empiriker und habe mich wie erwähnt auch schon lange mit Klimawandel beschäftigt. Abgesehen davon gehört das Thema verpflichtend in den Biologieunterricht, der auf das Abitur vorbereitet. Die Studie selbst ist keine hohe Mathematik, aber trotzdem habe ich, um mich abzusichern, einen Mathematik-Professor hinzugezogen. Prof. Hans Jürgen Bandelt ist aber nicht nur Mathematik-Experte, ihn persönlich interessierte das Thema ebenfalls und auch er wollte wissen, ob die Studie von Cook und Kollegen korrekt ist. Von seiner Seite kam übrigens neben vielen anderen nützlichen Hinweisen der Tipp, dass sich mehrere Wissenschaftler öffentlich geäußert hatten, dass ihre Arbeiten in der Cook-Studie falsch eingeordnet waren.

Wie lange hat es gedauert, die Studie zu analysieren?
Die eigentlich Analyse dauerte 5 Minuten – dann sah man, dass etwas ganz und gar nicht stimmen kann. Es hat mich eine halbe Stunde gekostet, die Rohdaten zu finden und in ein Tabellenkalkulationsprogramm zu importieren. Cook et al. haben 7 Gruppen von Zustimmungsraten zum Klimawandel gebildet und 11.944 wissenschaftliche Veröffentlichungen diesen Kategorien anhand der jeweiligen Aussagen in den Kurzzusammenfassungen, den sogenannten „Abstracts", zugeordnet. In der veröffentlichten Studie wurden die Teilsummen dieser einzelnen sieben Gruppen aber nicht einzeln aufgeführt, sondern gleich gruppiert. So wurden die Gruppen 1 bis 3 von der Logik her unzulässig zu einer Gruppe zusammengefasst. Denn nur die Veröffentlichungen in Gruppe 1 geben explizit an, dass der Mensch den überwiegenden Anteil am Klimawandel hat. Die Zustimmungs-Gruppen 2 und 3 sehen zwar einen mehr oder minder starken Anteil des Menschen am Klimawandel, jedoch nicht einen überwiegenden Anteil. Cook fasst jedoch die Gruppen einfach zusammen und behauptet, alle Arbeiten sähen einen überwiegenden Anteil des Menschen am Klimawandel, was schlicht nicht der Wahrheit entspricht.

Die Frage ist also, warum Cook et al. das machen. Als ich sah, dass Cook et al. nur 64 der bewerteten Arbeiten – also 0,54 % – gefunden haben, die die These vertreten, dass der Klimawandel überwiegend vom Menschen verursacht wurde, beantwortet diese Frage. Die Idee, einen Artikel darüber zu verfassen, fiel dann sehr schnell.

Was auffällt, sind die sprachlichen Kniffe, die angewendet werden. Cook et al. schreiben in ihrer Studie beispielsweise recht schwammig: „Among abstracts expressing a position on AGW, 97.1% endorsed the consensus position that humans are causing global warming." Das kann man übersetzen als: „Unter den Abstracts, die eine Position zu AGW ausdrücken, befürworten 97,1 % den Konsens, dass Menschen die globale Erwärmung verursachen." Gemeint ist dann also, der Mensch verursacht die komplette Erwärmung zu 100 %.

Oder aber, man kann es übersetzen, dass der Mensch allgemein „Globale Erwärmung" erzeugt, also nur einen Teil der derzeit zu messenden Erwärmung zu verantworten hat.

Was Cook et al. aber meinen, wird aus anderen Textstellen von Cook klar, die Bezug auf die Arbeit nehmen. Er schreibt z. B. im Handbuch zum Konsens:

„Simply communicating the current state of scientific agreement (97%) not only raises perceived consensus, it also has a positive influence on acceptance that global warming is real, human-caused, and is a serious problem."

Die Übersetzung ist: „Die bloße Übermittlung des aktuellen Standes der wissenschaftlichen Einigung (97%) erhöht nicht nur den Konsens, sondern wirkt sich auch positiv auf die Akzeptanz aus, dass die globale Erwärmung real und vom Menschen verursacht ist und ein ernstes Problem darstellt." Ich denke, das reicht an Eindeutigkeit.

Können Sie die Studie kurz bewerten?
John Cook will mit der Studie offenbar die politische Willensbildung beeinflussen. Das ist nicht Aufgabe von Wissenschaft. Die Studie ist außerdem ein sehr kreativer Umgang mit Zahlen und steht in meinen Augen im Widerspruch zur Verpflichtung der Wissenschaft zur Wahrhaftigkeit. Sie erwarten beispielsweise von Politikern nicht die Wahrheit, sondern gehen zwingend davon aus, dass sie mehr oder minder häufig angelogen werden. Von Wissenschaftlern erwartet man hingegen Ehrlichkeit. Natürlich können immer Fehler auftreten. Als Empiriker weiß ich, dass das, was ich heute sage, morgen schon falsch sein kann. Es kann sein, dass man etwas nicht besser gewusst hat oder sich einfach verrechnet hat. Fehler passieren. Allerdings darf man nicht den Leser bewusst täuschen. Wenn nur 0,54% in die Kategorie 1 (im Original: „explicitly endorses and quantifies AGW as 50+%") fallen, d. h. einen überwiegenden Anteil des Menschen am Klimawandel sehen, kann man nicht von einer Einigkeit von 97% der Wissenschaftler sprechen. Bei diesem „überwiegend" gibt es ja auch wieder Abweichungen. Beim IPPC behauptet man, der menschliche Anteil am Klimawandel läge bei über 90%, die 0,54% der Arbeiten bei Cook geben hingegen einen menschlichen Anteil von lediglich über 50% an.

Aber selbst mit dieser weicheren Abfrage kamen sie nur auf einen verschwindend geringen Anteil an Veröffentlichungen, die dem zustimmen. Außerdem hat man einfach alle Arbeiten, die sich gar nicht zum menschlichen Anteil am Klimawandel äußern, aus der Rechnung herausgenommen. Das ist immerhin der größte Anteil von über 66%.

Dass die wissenschaftlichen Veröffentlichungen dabei zusätzlich sehr wohlwollend den Kategorien 1 und 2 zugeordnet wurden, ist dabei noch ein ganz anderes Kapitel. Ich habe bei einer (nicht repräsentativen und nicht zufälligen) Stichprobe beispielsweise zahlreiche Falschzuordnungen in Kategorie 2 gefunden und einige davon in meiner Rezension tabellarisch aufgelistet. Andere haben bereits vor mir festgestellt, dass deutlich weniger als 64 Arbeiten wirklich in Kategorie 1 gehören, weil diese ebenfalls falsch zugeordnet sind. Fehler und falsche Daten, wohin man sieht. Wie diese Studie ein Peer-Review-Verfahren überstehen konnte, ist mir schleierhaft.

Können Sie kurz erklären, was ein Peer Review ist?
Ein Peer Review bedeutet, dass eine wissenschaftliche Arbeit bei einem etablierten Wissenschaftsmagazin eingereicht und dort von Fachkollegen untersucht wird. Die schauen sich die Arbeit an und überprüfen die fachliche Richtigkeit bzw. Plausibilität der Aussagen.

Man hätte die Fehler also im Peer Review erkennen können?
JA! Man musste erkennen, dass die Zahlen und Analysen nicht plausibel sondern Zahlenspiele sind. Jeder kann erkennen, dass da was nicht stimmt. Ich bin nur ein lausiger Mathematiker, aber es ist offensichtlich, dass getrickst wurde. Das erkennt auch ein durchschnittlich begabter Schüler mit den Grundrechenarten. Es gab grundlegende methodische Fehler wie z. B. die erwähnte reduzierte Darstellung der Messreihen. 66 % der untersuchten Arbeiten haben überhaupt keine Aussage zum menschlichen Anteil gemacht. Hinzu kommt, wie erwähnt, die fehlerhafte Zuordnung der Arbeiten, die ich stichprobenhalber untersucht habe. Das hätte jeder Fachlektor ebenfalls tun können.

Wie sind Sie vorgegangen?
Ich habe mir die Kategorie 2 („Explicitly endorses but does not quantify or minimise“) genauer angeschaut. In dieser Kategorie befürworten 7,72 % den menschgemachten Anteil, ohne ihn jedoch zu quantifizieren. Nehmen wir beispielsweise die Veröffentlichungen von Biologen in dieser Kategorie. In den Veröffentlichungen nehmen sie den Klimawandel und eine erhöhte CO_2-Konzentration als gegeben hin, da die Temperatur und CO_2-Werte ja aktuell messbar höher sind als vor Jahrzehnten. Für Biologen steht stets die zentrale Frage „Wie passen sich Pflanzen und Tiere darauf an?“ im Vordergrund. Allein die Erwähnung von CO_2 und Temperatur in der einleitenden Zusammenfassung einer wissenschaftlichen Arbeit führt bei Cook et al. schon zur Zuordnung in Kategorie 2, ohne dass darin auch nur der Mensch als Verursacher des Klimawandels erwähnt wurde. 17 der Arbeiten in der Zustimmungsgruppe 2 waren definitiv falsch zugeordnet, was bei meiner groben Stichprobe von ca. 70 wissenschaftlichen Arbeiten in etwa einem Viertel der Arbeiten entspricht. Darunter auch eine Arbeit, die klar den menschlichen Anteil am Klimawandel minimiert, also das Gegenteil aussagt.

Haben Sie eine Vermutung, warum die Experten, die das Peer Review durchgeführt haben, derartig versagt haben?
Dazu kann ich nichts sagen. Es gibt mehrere Möglichkeiten. Die Arbeit wurde einfach durchgewinkt, weil evtl. die Zeit fehlte, sie genau zu überprüfen. Vielleicht fand kein Peer Review statt und sie wurde trotzdem publiziert. Oder die Experten haben Alarm geschlagen, aber das Wissenschaftsmagazin hat die Arbeit trotzdem veröffentlicht. Das ist aber alles nur Spekulation.

Wer hat aus Ihrer Sicht das Interesse, die Zahlen derart zu verfälschen?

Das ist wiederum eine politische Aussage. Lassen Sie es mich neutral so formulieren: Es gibt mindestens zwei Lager, die die politische Debatte beeinflussen wollen, zum einen die Energieversorger und alle Industriebereiche, die damit zusammenhängen – Strom, Gas, Öl, Autoindustrie, etc.

Auf der anderen Seite gibt es das Lager, das das arme Mädchen Greta Thunberg als Galionsfigur missbraucht, nämlich solche Leute wie Soros und Al Gore, die mit CO_2-Zertifikaten an den Klimabörsen zocken und damit Milliardengeschäfte machen.

Unter den Energieversorgern gibt es außerdem die Atomlobby, die seit Neuestem bis ins Umfeld der „Grünen" reicht. Neuerdings werden als Lösung der Klimadebatte neue Atomreaktoren vorgestellt. Und das aus dem Umfeld der „Grünen", die als Anti-Atomkraftbewegung gestartet sind. Ich muss mir doch die Augen reiben.

Atomreaktoren seien ja CO_2-neutral und daher eine gute Alternative zu fossilen Brennstoffen bei der Energieerzeugung, so wird es verlautbart. Dass die neuen Laufwellen- oder auch Thorium-Reaktoren eine Variante vom „Schnellen Brüter" darstellen, deren Gefahren bestenfalls in Nebensätzen erwähnt werden, gibt mir schwer zu denken. Ein Reaktortyp, der noch schneller außer Kontrolle geraten kann als die heute üblichen Siedewasserreaktoren, und der beispielsweise flüssiges Natrium als Kühlmittel nutzt.

Wenn elementares Natrium mit Sauerstoff oder Wasser in Verbindung kommt, dann gibt es ein Feuerwerk, gegen das die explodierten Reaktoren in Fukushima oder Tschernobyl nicht mehr als müde Knallfrösche waren. Alle Seiten versuchen die öffentliche Debatte für ihre eigenen Interessen zu beeinflussen, alle Seiten verfälschen dabei Zahlen, alle Seiten arbeiten unwissenschaftlich.

Unwissenschaftlich? Inwiefern?
Ein Meinungsbild unter Wissenschaftlern ergibt keine Aussage über den Wahrheitsgehalt der Aussage, dass der Klimawandel menschgemacht ist oder nicht. Das ist Kaffeesatzleserei.

Also warum erstellt man eine Konsensstudie? Cook schreibt selbst: „Eine genaue Einschätzung des Grades an wissenschaftlichem Konsens ist ein wesentliches Element für die öffentliche Unterstützung der Klimapolitik (Ding et al. 2011). Die Vermittlung des wissenschaftlichen Konsenses erhöht auch die Akzeptanz der Menschen für den Klimawandel (CC) (Lewandowsky et al. 2012)." (Übersetzung aus dem Englischen) Er will offenbar die politische Debatte mit seiner Arbeit beeinflussen. Das ist nicht Aufgabe von Wissenschaft.

Ist Cook die einzige Studie, die auf 97 % hinweist oder gibt es andere Quellen?
Es gibt sieben oder acht weitere Arbeiten. Cook et al. liegen aber bereits mit 12.000 untersuchten Veröffentlichungen eine große Datenbasis zugrunde, deren wahrheitsgetreue

Auswertung eine nur verschwindend geringe Zustimmung zur These des anthropogenen Klimawandles ergeben hat. Da stellt sich mir die Frage, was mit den anderen Studien los ist.

Aber die Medien zitieren Cook et al. sowie die anderen Studien weiterhin als seriöse Quelle und als Beleg für den menschgemachten Klimawandel. Wie schätzen Sie das ein?
Seit wann sind die Mainstreammedien eine verlässliche Quelle?

Sie stehen mit Ihrer Position aber auch bei einigen Ihrer engeren Kollegen in den alternativen Medien eher allein da. Wie waren die Reaktionen auf den Artikel?
Ich wurde eindeutig für den Artikel gelobt. Es wird anerkannt, dass in der Cook-Studie nicht korrekt vorgegangen wurde.

Haben Sie schon das nächste heiße Eisen im Feuer?
Oh, da gibt es einiges! Ich könnte mir beispielsweise die 100 %-Konsensstudie vornehmen. Es gibt außerdem zahlreiche Fehler im Film „Eine unbequeme Wahrheit" von Al Gore, die man einfach einer breiteren Öffentlichkeit zeigen müsste. Über all das und noch mehr könnte man etwas veröffentlichen.

Auf jeden Fall einmal herzlichen Dank für Ihr Engagement in der Wahrheitsfindung, Herr Fiedler!

Weitere Information:

John Cook: The consensus handbook. 2018. S.18
https://www.climatechangecommunication.org/wp-content/uploads/2018/03/Consensus_Handbook-1.pdf → Kurzlink: **ws1.eu/k/68**

Marcus Sonnenberg: Rettungssanitäter aus Leidenschaft

Andrea Drescher

Foto: Privat

Marcus Sonnenberg (Jahrgang 1983) stammt aus Leverkusen und lebt heute in Wuppertal. Der Sanitäter im Rettungsdienst erhielt seine Ausbildung auf der Rettungsdienstschule der Malteser. Er war 20 Jahre ehrenamtlich u. a. als Rotkreuzleiter tätig und seit fünf Jahren hauptberuflich im Rettungsdienst aktiv. Seine unzähligen Ehrenurkunden für Hochwassereinsätze und ähnliche Katastrophen zeigen seine Haltung der Menschheitsfamilie gegenüber. Zu seinen Hobbys gehörten vor Corona Wing Tsun in Verbindung mit Escrima, Fußball, Besuche im Phantasialand und einfach Spaß haben. Heute beschäftigt sich der Vater von drei Kindern intensiv mit der Organisation von Demonstrationen und tritt dort auch als Sprecher auf.

Sie hören sich nach politischem Aktivisten an, stimmt der Eindruck?
Eigentlich nicht. Meine Kinder waren mein Motivator zu handeln. Mich hat Politik nie interessiert, da war mir immer zu viel Unehrlichkeit dabei. Aber was jetzt passiert, das sprengt die Grenzen, da muss ich eingreifen. Deswegen bin ich Mitglied bei WiR2020 und war Gründer der Initiative „Querdenken-214 Leverkusen", wo ich aber jetzt nicht mehr aktiv bin.

Was meinen Sie mit „sprengt Grenzen"?
Bei der Arbeit stellte ich fest, dass das, was die Medien sagen, mit meinen konkreten Erfahrungen aus dem Dienstbetrieb nicht zusammenpasst. Wer, wenn nicht wir aus dem Rettungsdienst, hat einen Einblick darüber, was wirklich los ist? Wir sind an vorderster Front und sollten daher auch von dem, was wir wahrnehmen, sprechen dürfen.

Was haben Sie wahrgenommen?
Es war Anfangs eine massive Grippewelle erkennbar, die aber aus meiner Erfahrung saisonal nicht untypisch war. Es war nichts Ungewöhnliches, die Rettungseinsätze verliefen bei uns nicht anders als die Jahre zuvor. Wir haben keinen Corona-Patienten gefahren. Es gab PCR-positiv-Getestete – aber mehr war nicht. Die Leitstelle hat dann ein Abfragesystem etabliert, und zwar ist das die Abfrage nach GAK: „G"rippeähnliche Symptome, „A"ufenthalt im Risikogebiet oder „K"ontakt zu Corona-positiven Patienten

bzw. positiv getesteten Personen, also PCR-Positiven. Die Informationen darüber erhält man während eines Notrufs – die Fahrzeugbesatzung soll wissen, ob der zu erwartende Patient GAK-positiv oder GAK-negativ ist. Was ich feststellen musste: Im Laufe der Zeit war eigentlich jeder nur noch GAK-positiv. Wir hatten einen Patienten mit Harnwegsinfekt durch Katheter. Der galt ebenfalls als GAK-positiv und wurde im Krankenhaus sofort isoliert. Eigentlich wird jeder, der erhöhte Temperatur oder sonst ein Erkältungssymptom hat, sofort isoliert. Im Rettungsdienst wurde bereits gelästert, dass selbst jemand, der unter einem LKW hängt und den wir rausschneiden müssen, an Corona leidet. O.k. – das ist ein sehr schwarzer Humor, aber unser Schutz, damit wir das Leid, mit dem wir bei der Arbeit oft konfrontiert sind, nicht zu sehr an uns heranlassen. Alles war eben nur noch „Corona".

Ist es nicht sinnvoll, Menschen zu schützen?
Unbedingt. Es gab bzw. gibt sehr vieles, vor dem man sich schützen sollte. Nehmen wir die MRSA-Keime, 3MRGN- oder 4MRGN-Keime. Früher wurde überprüft, ob Patienten hiermit infektiös sind oder nicht. Das ist seit Corona alles in den Hintergrund gerückt worden. Es gibt keine Keime-Warnung mehr – ich habe zumindest keine mehr mitbekommen. Und das ist ziemlich ungewöhnlich. Mit meinem 40-Stunden-Woche-Vertrag saß ich oft bis 260 Stunden pro Monat im Auto. Ich war also fast jeden Tag bei der Arbeit und erhielt keine einzige Keime-Warnung. Dafür gab es rund 1000 GAK-Meldungen, aber nicht einen Corona-Patienten. Das passt für mich nicht zusammen.

Sie hatten keine Angst?
Doch, natürlich. Am Anfang hatten wir alle Angst. Wenn eine bedrohliche Krankheit auf uns zukommt, betrifft es uns im Rettungsdienst doch als Erstes. Darum habe ich auch sofort im privaten Umfeld Maßnahmen ergriffen.

Welche Maßnahmen waren das?
Zum Schutz der Familie gab es eine räumliche Trennung. Ich wollte meine Kinder und meine Frau auf keinen Fall gefährden. Beim Rettungsdienst besteht die Pflicht zur Information, also habe ich mich selbst informiert und mich erst mal von der Familie getrennt. Ich war übrigens der Einzige, der die Maßnahmen bei der Rettung für unzureichend hielt. Den Kollegen haben die Schutzmaßnahmen gereicht.

Was hat Sie gestört?
Am meisten war es die Tatsache, dass Einmalprodukte mehrfach verwendet wurden – wie z.B. Schutzanzüge und Masken. Inzwischen gibt es Mehrzweckschutzanzüge, die man von morgens um 7:00 Uhr bis abends um 19:00 Uhr trägt und dann zur Wäsche gibt. Die Nachtschicht ist weiterhin mit Einmalschutzanzügen ausgestattet. Das passt in meinen Augen nicht mit einem hochinfektiösen, lebensgefährlichen Virus zusammen. Auch bei der Grunddesinfektion der Rettungsfahrzeuge müsste im Falle einer bedrohlichen Lage mehr getan werden. Warum man in dieser Hinsicht bei uns weniger investiert

hat als anderswo, weiß ich nicht. Es wurde wohl nicht für nötig erachtet. Beruhigend fand ich das alles nicht.

Das sehen Sie jetzt aber anders?
Definitiv. Ich hielt die Maßnahmen zunächst für unzureichend, seit ich die Gefahr selbst besser abschätzen kann, für völlig überzogen. Keiner meiner Kollegen ist erkrankt. Im Juni und Juli galt für zwei Monate die Dienstanweisung, 14-tägig zum Abstrich zu fahren. Es gab nicht einen einzigen positiven Test unter meinen Kollegen – und das trotz der Fehlerrate bei den Tests. Bis zu meiner Krankmeldung im September habe ich keinen Kranken kennengelernt.

Warum haben Sie sich krank gemeldet?
Ich konnte einfach nicht mehr. Es gab familiäre Probleme, der berufliche Druck war hoch, die Widersprüche groß. Ich konnte mich nicht mehr auf den Dienst konzentrieren. Rettungsdienst ist kein Kinderschminken. Ist der Kopf nicht frei, besteht das Risiko, dass man Fehler in der Patientenversorgung macht – das geht gar nicht. Daher habe ich mich wegen Überlastung krank gemeldet und blieb zu Hause. Die freie Zeit führte dazu, dass ich politisch aktiv wurde.

Wie kam es dazu?
Ich fing an, mich umfassend zu informieren, was vorher aufgrund der intensiven Dienste nur beschränkt möglich war. Die Videos von Ärzten und Experten haben mir die Augen geöffnet – was die Situation aber nicht besser gemacht hat. Bei meinem ersten Demo-Spaziergang in Düsseldorf am 20.09. habe ich dann Aktivisten wie Stefan Brackmann kennengelernt. Zwei Wochen später stand ich das erste Mal auf der Bühne. Es war eine Demo in Köln, woraufhin ich dann gekündigt wurde. Das hat zunächst einmal eine heftige Krise bei mir ausgelöst.

Wie meinen Sie das?
Ich war fertig. Mein Beruf ist mein Lebensinhalt, ich will im Rettungsdienst arbeiten und Menschen helfen. Aber nicht unter diesen Umständen. Es war wirklich schlimm. Der Kontakt mit den vielen herzenswarmen, engagierten Menschen, die ich auf den Demos kennenlernen durfte, hat mich aber wieder aus dem Tal rausgeholt. Ich bin jetzt regelmäßig auf Demonstrationen aktiv, versuche Menschen zu informieren.

Wenn Sie sagen „unter diesen Umständen" – was störte Sie denn?
Die Dienstanweisungen stimmen für mich nicht. Unabhängig von der Art des Einsatzes muss man im Rettungsfahrzeug eine Maske tragen – selbst wenn man keinen Patienten im Auto hat. Lt. Straßenverkehrsordnung ist das doch eigentlich untersagt, ein Fahrer eines Fahrzeugs darf sich doch nicht maskieren. Bei Einsätzen im Altenheim oder mit Kindern führt unsere Einsatzkluft dazu, dass die Menschen nur noch mehr verängstigt sind. Es wird für die Patienten zu einem superstressigen Ereignis. Warum muss ich als

gesunder Mensch – nachgewiesen durch regelmäßige Tests – bei anderen symptomfreien Menschen eine Maske aufsetzen, die diese unter Umständen in Angst und Panik versetzt? Ich habe sie daher meist nur in der Hosentasche mitgehabt oder am Gürtel getragen – wie übrigens viele meiner früheren Kollegen auch. Die wenigsten haben wirklich noch Angst vor der Krankheit, viele folgen der Dienstanweisung, weil man das eben so macht. Das ist aber nicht mein Weg. Ich muss überzeugt sein von dem, was ich tue.

Wie geht es für Sie weiter?
Noch bin ich krankgeschrieben – aufgrund psychischer Belastung – und erhalte eine Lohnfortzahlung. Mein Arzt hat mir aber angeraten, weiter auf die Demos zu fahren. Ich komme dabei unter Menschen, was mir gut tut. Ich finde es wichtig, dass Menschen stärker zusammenhalten. Je intensiver der Zusammenhalt, je mehr Menschen aktiv werden, desto besser. Ich hoffe, die zunehmende Gewalt, die willkürlichen Verhaftungen seitens der Polizei, werden nicht zur Regel. Gewalttätige Konfrontationen sind für mich als Rettungssanitäter indiskutabel. Ich hoffe, es ergeben sich für mich wieder neue berufliche Perspektiven und ich kann meinen Beruf wieder ausüben, wie es menschlich und medizinisch notwendig ist.

Ich drücke Ihnen fest die Daumen. Vielen Dank für Ihren Mut.

Martin Eckhard: Aussteiger und Weltverbesserer mit Wurmkiste

Andrea Drescher

Foto: Privat

Martin Eckhard (* 1973), den in der Friedensbewegung viele nur als „Ecki" kennen, stammt aus Kamp-Lintfort und wohnt heute in Duisburg. Der gelernte Dipl. Marketing-Kommunikationswirt beschäftigt sich mit Wurmkisten, ganzheitlichem Gärtnern und Selbstversorgung, soweit das in der Großstadt geht, liebt die Natur und sammelt gerne Pilze. Auch weiß er Literatur und Musik zu genießen, wozu er, seit er „aus dem System ausgestiegen ist", etwas mehr Zeit hat.

Wann und warum bist du aus ausgestiegen?
Ich war seit 1998 in Werbe-Agenturen für „schwierige" Kunden zuständig, betreute deren Online-Plattformen erfolgreich als Experte für Online-Marketing – aber ganz ehrlich, ich sah 2014 einfach keinen Sinn mehr darin. Im Gegenteil. Statt nützlich zu sein, hatte ich das Gefühl, mit dem, was ich tue, der Welt eher zu schaden. Ich bat meine Chefin um Kündigung, blieb noch drei Monate, bis der Nachfolger eingearbeitet war. Ich mochte die Arbeit, aber die Tätigkeit in Agenturen geht gar nicht mehr. Man arbeitet für vier verschiedene Zielgruppen – den Werbeträger, den Werbetreibenden, den Chef und die Investoren der Firma – gleichzeitig. Alle wollen von meiner Arbeit profitieren, also Geld verdienen. Aber das ist nicht möglich. Das führt zu einem Spagat, der mir überhaupt nicht entsprach. Agenturen sind schon eine sehr eigene Welt. Ich arbeite sehr gerne mit den Menschen zusammen, die Produkte oder Dienstleistungen entwickeln und dann auch vertreiben. Aber nicht in solchen Strukturen, wo man ganz weit weg vom realen Ergebnis ist. Da ich überhaupt nicht gut damit klarkam, dass ich – weil ich ja auch verdammt gut im Job war – die Welt schlechter gemacht habe, bin ich anschließend für ein halbes Jahr noch in eine Gesprächstherapie gegangen. Danach war ich wieder mit mir im Reinen.

Du willst die Welt besser machen?
Das ist schwierig zu sagen. Ich möchte in einer besseren, friedlichen, freien und gerechten Welt mit anderen zusammenleben. Man kann Frieden, Freiheit und Gerechtigkeit aber nicht erleben, wenn es nur einen selbst betrifft. Darum bin ich früher auf die Straße gegangen, ich wollte etwas verändern. Ich habe schon in der Schule als stellvertretender

Schülersprecher unsere alten Stühle zum Rathaus gebracht, weil man darauf nicht mehr sitzen konnte. Ich bzw. wir haben Forderungen gestellt. Laut und deutlich. Von dieser Form der Aktionen bin ich aber abgekommen.

Warum?
Wenn man sich die Erziehung von Kindern anschaut, wirkt diese nur effizient, wenn man ihnen das vorlebt, was wichtig ist. Man kann keine Kinder erziehen, wenn man selbst als schlechtes Beispiel wirkt. „Du darfst nicht rauchen" ist wenig überzeugend, wenn man täglich 1 bis 2 Päckchen vernichtet. Und in diese Richtung hat sich in den letzten Jahren mein Aktivismus entwickelt, das war ein Prozess. Ich mache das, von dem ich möchte, dass es auch andere in meiner bzw. in der Gesellschaft machen.

Ich stelle mich nicht mehr hin und fordere, sondern stelle mich auf die Straße, um zu zeigen, welche Meinung ich vertrete. Ich habe intensiv daran gearbeitet, die mangelnde Akzeptanz von anderen für mein Tun tolerieren zu lernen. Ist man nicht einverstanden mit dem, was ich mache, ist das o.k. Was ich mache, tue ich für mich und teile es anderen mit. Niemand muss meiner Meinung sein, aber ich äußere meine Meinung deutlich.

Ich verlange auch von niemandem mehr, etwas bis dann und dann erreicht zu haben, außer von mir selbst. Und werde mir manchmal – erschreckend oft – selbst nicht gerecht.

Kannst du ein Beispiel dafür geben?
Ich versuche generell nicht zu urteilen, will weder Menschen beurteilen noch das, was sie tun. Aber das zu lernen, ist wohl eine Lebensaufgabe. Letzten Endes vereinfachen Vor-Urteile das Leben auch, weil sie ja nicht immer falsch sind.

Wie gehst du mit Widerspruch um?
Jeder sieht Dinge so, wie er sie sehen möchte. Ich diskutiere. Ich sage, wie ich etwas sehe. Dann kommt Gegenwind oder mein Gegenüber schließt sich meinen Gedanken vielleicht an. Vielleicht hat ja auch mein Gegenüber recht. Die drei wichtigsten Worte meines letzten Jahres waren: Weiß ich nicht.

Du bist schon sehr lange aktiv. Wir haben uns durch die „Bandbreite" kennengelernt, die du über Jahre begleitet hast. Wie kam es dazu?
Ich habe Wojna 1998 kennengelernt und bin dann Ende 99 mit ihm in Duisburg in eine WG gezogen. Dadurch habe ich seine Musik und seine politischen Positionen kennengelernt. Wir waren oft – fast immer – einer Meinung, und da war ich gerne aktiv dabei. Ich war der Rowdy auf den Konzerten, die anfangs zwar immer politisch und sozialkritisch, aber noch kein Aktivismus waren. Er war mit der Gewerkschaft eng verbunden, ich kam aus dem links-sozialisierten Umfeld der Jugendkultur. Da ich mit 24 noch an das Parteiensystem geglaubt habe, habe ich auf der offenen linken Liste kandidiert. Diese linke Sozialisierung hat uns verbunden. Als „Die Bandbreite" dann 2007 als Vorband in

Nürnberg vor 15.000 Menschen auf der Bühne den Song „Selbst gemacht" spielte, war allerdings Schluss mit der Karriere der Band.

Wegen dieses Songs?
Ja. Am nächsten Tag konnte man bei „Spiegel online" lesen: DGB lässt Verschwörungstheoretiker rappen. In dem Song wird die Urheberschaft des Anschlags vom 11.09.2001 in Frage gestellt. Alles, was offiziell war, hat ihn danach fallen gelassen, die Auftrittsmöglichkeiten eingeschränkt. Wir mussten weiter fahren, bekamen aber weniger Geld. Um das auszugleichen, habe ich mich vor Ort um das Merchandising gekümmert.

Das wurde mit den Mahnwachen wieder besser, oder?
Das kann man sagen. 2014 erhielt ich von einem Bekannten aus Kanada eine E-Mail. Im letzten Satz wies er mich auf die Berliner Demo hin, auf der man gegen die Fed und für Frieden protestieren würde. Ich rief sofort Marcel an, dass in Berlin „unsere Leute auf der Straße stehen" und wir sind am Montag hingefahren. In den nächsten beiden Jahren waren wir ständig unterwegs. Das waren 60 bis 70 Auftritte pro Jahr in Deutschland, Österreich, aber auch Frankreich. Da ich nur noch einen Mini-Job hatte, um Strom, Wasser und Miete zu bezahlen, hatte ich Zeit und war immer dabei.

Die Protestbewegung schmolz aber wieder zusammen, außerdem war ich nicht mehr ständig in Duisburg und konnte nicht jedes Mal mitfahren. Auch reifte in mir der Gedanke, in einer größeren Gemeinschaft zu leben, in die sich jeder mit seinen Talenten einbringen kann, ohne großen Fußabdruck, ohne sinnlosen Konsum.

Hast du das umgesetzt?
Ja, aber nur für 13 Monate. Ich zog in eine bestehende Gemeinschaft, musste aber feststellen, dass es dort heftig „menschelte". Das war für mich auf Dauer nicht hinnehmbar. Die Strukturen passten nicht. Ich habe immer noch vor, diese Lebensform für mich umzusetzen, aber nur unter der Voraussetzung, bei der Ausgestaltung von Anfang an dabei zu sein.

Menscheln – ist das nicht das Problem in jeder Gruppe? Führt das nicht immer wieder zur Spaltung gerade in der Friedensbewegung?
Natürlich. Man muss aber nicht mit jedem „können". Alleine kann keiner ein großes Ziel erreichen. Wichtig ist: Wir müssen an einem Strang ziehen. Aber ich muss nicht vor oder hinter einem Menschen stehen, mit dem ich nicht „kann". Der darf gerne weiter vorne oder hinten in die gleiche Richtung ziehen. Will man in einer Gemeinschaft leben, müssen wesentliche Werte passen. Das ist bei Demonstrationen noch etwas anderes.

Inwiefern?
Ich denke mir bei manchen Teilnehmern auch hin und wieder: „Da wird mir ja einiges zugemutet." Es sind Menschen dabei, mit denen ich nicht mal gerne Kaffee trinken

gehen, geschweige denn auf einem Foto landen möchte. *Aber* ... ich habe auch schon erlebt, dass ich bei einer Ramstein-Demo die Pressesprecherin einer mir überhaupt nicht genehmen NGO traf. Wir kamen ins Gespräch und sie führte sämtliche Argumente gegen die Airbase auf, die ich ebenfalls verwende. Soll sie nicht mitprotestieren dürfen? Man muss nicht mit jedem gerne sprechen, aber wenn es um lösungsorientierten Konsens in einer Gesellschaft geht, muss ich auch mit den Teilen der Gesellschaft einen Konsens finden, die ich nicht nett finde.

Ausgrenzen, was von einigen gefordert wird, ist das eine Extrem. Das andere, was ebenfalls viele fordern, ist: „Wir müssen mit jedem reden." *Nein*, ich muss das nicht. Ich erlaube mir, andere nicht zu beurteilen, aber ich beurteile mich. Und ich mag mich lieber, wenn ich dies und jenes nicht mache. Dazu gehört, mit für mich unangenehmen Menschen nicht zu sprechen. Ich muss nicht mit jemandem Freund sein, um mit ihm am gemeinsamen Strang zu ziehen.

Gibt es für dich auch Grenzen?
Bei „meiner Demo" kann mitmachen, wer will. Wir leben in einem Rechtsstaat und das ist gut so. Wird aber versucht, „meine Demo" als Plattform für eigene, mir nicht genehme Ziele zu missbrauchen, sage ich die Demo lieber ab.

Und ich habe auch menschliche Grenzen. Ich packe es auch nicht immer, dann weiche ich manchen Menschen lieber aus. Da zählt dann der Selbstschutz. Das ist kein Kampf gegen diesen Menschen, sondern ich entferne ihn aus meinem direkten Leben. Das spart einfach Kraft. Mit diesen Menschen geh ich den Weg in die gleiche Richtung, aber man geht in Parallelstraßen. Auch das bringt uns alle gemeinsam ans Ziel, ohne mich unnötig zu belasten.

Es ist aber angenehmer, mit Freunden gemeinsam zu gehen, nicht wahr?
Definitiv. In der Friedensbewegung bin ich über die Jahre mit sehr vielen Menschen zusammengekommen. Darunter gibt es vielleicht zwei Hände voll, bei denen ich mich anfangs nicht überwinden musste, sie in den Arm zu nehmen. Auch wenn wir uns nicht häufig sehen und nicht immer einer Meinung bin: Das sind Menschen, mit denen ich menschlich klarkomme, von denen ich weiß, dass sie echt sind. Die habe ich am liebsten direkt um mich rum, wenn es darum geht, zu ziehen. Denn da weiß ich, dass es klappt.

Diese Bilder drücken hervorragend aus, wie man es schafft, aus der Spaltung herauszukommen, ohne sich menschlich zu verbiegen: Am gleichen Strang in die gleiche Richtung ziehen, aber maximalen Abstand halten oder auf parallelen Wegen das gleiche Ziel anstreben.
Ja. Vergleiche und Bilder machen uns komplexe Themen zugänglich. Es bringt nichts, komplexe Diskussionen zu führen, denen nur ein Bruchteil der Bevölkerung überhaupt folgen kann oder will. Das merkt man bei den ganzen Diskussionen rund um Corona.

Du bist bei den Demonstrationen gegen die Corona-Maßnahmen dabei. Warum?
Seit 2014 versuche ich, mein Leben anhand der Grundsätze der neuen Friedensbewegung – „Frieden, Freiheit, Gerechtigkeit“ – zu führen, mal mehr, mal weniger erfolgreich. Als es im April hieß, wir müssen Masken tragen, hatte ich eigentlich kein Problem damit. Ich sitze zu Haus vor meinem Computer und trage höchstens mal zehn Minuten eine Maske, wenn ich einkaufe. Aber ich bin nicht der Maßstab. Andere müssen diese Teile acht bis zehn Stunden aufsetzen und sind davon sehr belastet. Da habe ich zugehört, habe feststellen müssen, dass deren Widerspruch nie akzeptiert, sondern niedergemacht wurde. Kritikpunkte wurden einfach flachgebügelt. Hinzu kommen die Auswirkungen auf die Psyche von Kindern, vom Totraumvolumen bei Kindern möchte ich gar nicht anfangen.

Die Vereinsamung alter Menschen, deren Gesundheit auf einmal so wichtig war, hat niemanden interessiert. Was mich besonders erschreckt hat: Medizinischer, wissenschaftlicher Dissenz wurde nicht gehört, sondern Kritiker bestenfalls ignoriert, in vielen Fällen aber diffamiert. Jetzt im Januar 2021 leben wir bereits seit zehn Monaten nach Anordnungen von Menschen, die nach unserer Verfassung keine Befugnis haben, diese Anordnungen überhaupt zu treffen. Es scheint für viele Parlamentarier kein Problem zu sein, dass andere ihre Arbeit machen. Meinem Verständnis von Freiheit und Gerechtigkeit widerspricht das, was passiert, aber völlig. Und nebenbei ist durch die Spaltung der Gesellschaft in „Covidioten“ und „Coronaleugner“ der gesellschaftliche Frieden völlig zerstört.

Foto: Thomas Stimmel

Anfangs konnte ich die Grundrechtseinschränkungen intellektuell noch nachvollziehen. Aber es wurde immer radikaler. Es findet kein Diskurs statt, es gibt keine nachvollziehbaren Ziele, keine Überprüfungen der Ergebnisse, es ist ein Fass ohne Boden. Ich kann nicht auf der Couch sitzen und sagen: „Dann ist das eben so.“ Ich bin nicht mehr ich, wenn ich das auf längere Zeit ignoriere.

Was hast du dieses Jahr unternommen?
Ich war in Berlin bei großen Demos wie „Kündigt Ramstein Airbase“ am 30.05., bei Querdenken am 01.08. und 29.08. sowie am 10.10. beim Schweigemarsch aktiv mit dabei.

Ich habe bei mir in der Region lokale Demos und Schweigemärsche organisiert, mache Livestreams und dokumentiere, was so passiert. Dabei muss ich sagen, dass mich der 29.08. wirklich erschrocken hat.

Was war denn für dich so schlimm?
Was ich da an Erosion des Rechtsstaates gesehen habe, hat mich wirklich geschockt. Das wirkt bis heute bei mir nach. Es scheint in Ordnung zu sein, dass die Exekutive sich über Anordnungen höchster Gerichte einfach hinwegsetzt. Ich muss gestehen, Gewalt auf Demonstrationen schockt mich nicht mehr. Das ist nichts Ungewöhnliches. Das kennen wir schon seit Jahrzehnten und woanders, z. B. in Frankreich, gibt es noch viel mehr Gewalt. Aber dass Anwälten die Handys abgenommen werden, dass Menschen in Uniform Busse anhalten, weil diese zur Demo fahren wollen, das berührt mich sehr. Ich höre jetzt noch meine Oma, die mir gesagt hat: „Kind, wir haben alle nichts gewusst." Sie haben von Auschwitz nichts gewusst, sie haben auch nichts von Berufsverboten, von der Zerstörung von Karrieren, von der Diffamierung Andersdenkender oder Ausgrenzung von Juden gewusst. Und jetzt wissen offensichtlich viele nicht, dass unser Rechtsstaat zerstört wird, ohne dass ein Diskurs stattfindet. Aber der 29.08. hatte auch etwas Gutes.

Was denn?
Wir haben gewonnen. Es gab im Kessel keine Eskalation, keine Gewalt, alles blieb total friedlich. Und das, obwohl die Wasserwerfer um die Ecke auf ihren Einsatz zu warten schienen. Auf unserem LKW musste auch keiner unruhig werden: Wir hatten unser eigenes Klo an Bord. Die Erfahrung der „Alten" erwies sich da als Vorteil. Die alten Hasen haben für Ruhe gesorgt. Wir blieben stehen, lächelten und solidarisierten uns untereinander. Es gibt inzwischen immer mehr, die mit friedlichem Protest nicht mehr zufrieden sind. Wir dürfen uns aber nicht in gewalttätige Aktionen reindrängen lassen. Gewaltlosigkeit ist und bleibt das oberste Ziel.

Natürlich war nach dem 29.08. die Enttäuschung groß. Auch ich brauchte zwei, drei Tage, um mich wieder zu fangen. Aber wir waren da, wir haben Gesicht gezeigt. Unsere Antwort – die Schweigemärsche – konnten sie nicht blockieren. Und so haben wir gezeigt, dass wir trotzdem da sind. Und auch wenn jeder der Aktivisten zwischendurch mal eine Pause braucht: Wir werden weitermachen. Wir leben bereits in einer völlig anderen Welt als im Dezember 2019. 16 Menschen bestimmen, was wir zu tun und zu lassen haben, aber das lassen wir auf Dauer nicht zu.

Alles klar: Die Devise heißt Weitermachen*! Danke.*

Mathias Tretschog: Die Stimme für den Jemen

Christiane Borowy

Foto: Privat

Die oft geäußerte Annahme „Wir leben in Frieden" und „Uns geht es doch allen gut" ist eine der größten deutschen Verdrängungsleistungen der vergangenen Jahrzehnte. An Krieg denken wir alle nicht gerne und vielleicht ist das der Grund, weshalb es Kriege und damit Kriegsopfer gibt, die zu den Vergessenen zählen. Das würde auch so bleiben, gäbe es da nicht Menschen wie Mathias Tretschog, 57 Jahre alt, Betriebswirt und Ökonom und freier politischer Journalist, der mit seiner Friedensinitiative „Stoppt den Krieg im Jemen" an die vergessenen Kriegsopfer im Jemen erinnern und die Gleichgültigkeit und das große Schweigen mit seiner Stimme durchdringen möchte.

Lieber Herr Tretschog, wie kommt man als Betriebswirt und Ökonom dazu, an den in Vergessenheit geratenen Krieg im Jemen zu erinnern? Das liegt nicht sofort auf der Hand.
Das hat weniger mit meinem Bildungsstand zu tun, sondern viel mehr mit Kindheitserlebnissen einer Zeit, in der ich zwischen 13 und 14 Jahre alt war, und die mich bis heute prägt.

Mitte der 1970er Jahre hatten wir in meinem Elternhaus einen Studenten aus dem Jemen zu Gast, der über die Jahre de facto mit zur Familie gehörte. Seitdem sind mein Interesse und meine Neugierde am Jemen mit seiner unfassbaren Geschichte, großartigen Kultur und seinen faszinierenden Menschen lebendig.

Was ist aus Ihrer Sicht das Wichtigste, das man am Krieg im Jemen verstehen sollte?
Kurz erklärt: Wie bei jedem anderen Krieg der sogenannten westlichen Wertegesellschaft seit Ende des Zweiten Weltkrieges unter Führung von US-Regierungen geht es im Namen von „Frieden, Freiheit, Gerechtigkeit, Demokratie und Menschenrechte" um politischen Machteinfluss in anderen Ländern, insbesondere um deren natürliche Ressourcen und sichere Transportwege.

Aus der selbsternannten Wertegesellschaft ehemaliger Kolonialmächte unterhalten allein die USA mehr als 1.000 militärische Stützpunkte über den gesamten Globus verteilt, Tendenz steigend. Das bedeutet, dass insbesondere die USA wie kein anderes

Land für die Versorgung mit Nachschub und Funktionsfähigkeit seiner Militärbasen und Kriegsmittel auf ausländische Ölquellen angewiesen sind.

Dazu brauchen die USA weltweit Regierungen, die verlässlich auf Seiten der USA stehen, die die Ausbeutung von natürlichen Ressourcen ihrer Länder zulassen und für die Beute sichere Transportwege ermöglichen.

Der Jemen liegt für das US-Imperium an einem geostrategisch neuralgischen Punkt. Eine Regierung Jemens, die, ähnlich wie beispielsweise der Iran, der Politik der USA nicht freundlich gegenübersteht, hätte im Ernstfall die Möglichkeit, den dringend benötigten Bedarf an Nachschub an Öl für Kriegsschiffe, Panzer, Flugzeuge, Artillerie und sonstige Versorgung spürbar abzuschneiden und so den Wirkungskreis des US-Militärs ernsthaft zu gefährden.

Der Iran beispielsweise hat bereits mehrfach im Fall einer militärischen Konfrontation angedroht, die Meerenge von Hormus zu boykottieren, die alle Öl- und Flüssiggas-Transporte per Schiff aus dem Irak, Kuwait, Saudi-Arabien und den Emiraten passieren müssen, um Stützpunkte in Indien, Pakistan, Australien, Neuseeland, Japan etc. zu versorgen.

Sollen kostengünstig und zeitnah Öl-Lieferungen aus Saudi-Arabien Europa oder Nord-Amerika erreichen, müssen Tausende Öl-Frachter an Omans und Jemens Küste entlang durch die Meerenge Bab el Mandeb – kontrolliert vom Jemen – weiter durch das Rote Meer über den Suez-Kanal ins Mittelmeer transportiert werden. Allein durch die Meerenge Bab el Mandeb werden tagtäglich über 4 Millionen Barrel Rohöl, was etwa 70% der gesamten transportierten Öl-Menge auf dem Seeweg weltweit entspricht, am Jemen vorbei transportiert.

Daher versuchen nun die USA und beinahe alle NATO- und EU-Länder, inklusive Deutschland, Saudi-Arabien mit seinen arabisch-afrikanischen Kriegspartnern gegen den Jemen mit modernsten Waffensystemen zu versorgen, um eine Regierung mit dem Ex-Übergangspräsidenten Mansour Hadi künstlich am Leben zu halten, um sichere Nachschub-Handelswege für Öl aus dem Nahen Osten zu garantieren.

Was kann man von Deutschland aus tun, damit das Ziel, den Krieg im Jemen (und überhaupt) zu stoppen, gemeinsam erreicht werden kann?
Der Krieg im Jemen ist ein exemplarisches Beispiel für alle geführten Kriege auf unserem Globus. Im Jahr 2017 wurden 20 Kriege und 222 Konflikte laut Institut für Internationale Konfliktforschung weltweit ausgetragen. Ende 2019 waren insgesamt 79,9 Millionen Menschen auf der Flucht. Das ist rein rechnerisch beinahe die gesamte Bevölkerung von Deutschland. Kriege sind Fluchtursache Nr. 1 auf der Welt.

Aus meiner Sicht gibt es für die Menschen dieser Welt nur eine Möglichkeit, auf friedlichem Weg die unweigerliche Gewaltspirale in einen neuen Weltenbrand zu stoppen: wenn die Bürger aller Länder als Souverän, der sie sind, bei Wahlen keinen Mitgliedern von Parteien, egal auf welcher Ebene, ihre Stimmen geben, die Kriege, Kriegsverbrechen und Völkermord zu verantworten haben.

1991 wurde für die Finanzierung der Wiedervereinigung Deutschlands der Solidaritätsbeitrag eingeführt. Viele Jahre blieb der Öffentlichkeit vorenthalten, dass mit den Einnahmen auch der 2. Irakkrieg der USA – und damit weitere Kriegsverbrechen – mitfinanziert wurde.

1999 führte Deutschland sogar auf Beschluss von SPD und Grüne, gemeinsam mit den USA und weiteren NATO-Staaten, aufgrund von Lügen gegen Jugoslawien seinen ersten völkerrechtswidrigen Krieg nach 1945.

Menschen nehmen gerne von sich an, dass Konflikt und Gewalt das ist, was die anderen haben – ähnlich wie ein Kind, das sagt: „Ich habe gar nichts gemacht, XY hat angefangen." Ausgehend von diesem Gedanken, dass die Konfliktfähigkeit eines Einzelnen, aber auch die Konfliktkultur auf gesamtgesellschaftlicher Ebene noch in den Kinderschuhen steckt: Würden Sie sagen, dass es eine Art „Konfliktschule" geben müsste, um zukünftig Kriege zu verhindern?
Es braucht keine „Konfliktschule", sondern wirklich starke, freie und unerschrockene Medien, die den Medienkonsumenten gesamtgesellschaftliche Aufklärung über die Machenschaften der wahren Terroristen dieser Zeit anbieten.

Laut Michel Chossudovsky, kanadischer Professor der Wirtschaftswissenschaften an der Universität Ottawa, und James A. Lucas, US-Filmproduzent und Autor, haben die Regierungen der USA seit Ende des Zweiten Weltkrieges von 1945 bis heute in 37 Ländern ungefähr 20 bis 30 Millionen Menschen durch Kriege, Regime-Change, völkerrechtswidrige US-Sanktionen und Geheimdienstoperationen getötet und ungleich viel mehr Menschen verletzt und verkrüppelt. Die Opferzahlen im Libanon, in Syrien, im Jemen und in Libyen werden in der Studie „Kontinuierliche US-geführte Kriegsführung (1945 –): Es gab keine ‚Nachkriegszeit'" nicht berücksichtigt.

Doch hat diese Nachricht den geneigten Zuschauer von ARD, ZDF und deren Spartenprogrammen, trotz selbst auferlegten Programmgrundsätzen der umfassenden Berichterstattung, jemals erreicht? Laut Brown-University heißt es im September 2020, dass US-Kriege seit 2001 bis zu 59 Millionen Menschen zu Flüchtlingen gemacht haben. Wurde darüber jemals irgendeine übliche Podiumsdiskussion mit deutschen Bundestagsabgeordneten bei den beliebten Sendungen Maischberger, Maybrit Illner, Lanz produziert, die Völkermord und Kriegsverbrechen der USA und der NATO öffentlich debattiert hätten? Natürlich nicht, und genau das gilt es zukünftig durch einen mutigen Journalismus zu realisieren.

Für viele ist also der Jemen sehr weit weg vom persönlichen Erlebnishorizont und deshalb völlig aus dem Blick geraten, während es gleichzeitig Menschen gibt, die an dem Leid der Menschen enorm verdienen, wie beispielsweise die Rüstungsindustrie. Diese ist allerdings ein starker Gegner. Sind Sie oder Ihr Projekt schon einmal bedroht oder sabotiert worden?
Man braucht nur meinen Namen in Suchmaschinen einzugeben, dann wird zu Rufmordkampagnen geleitet, die mich als Querfrontler, rechtsoffen, Nazi und Weiteres diffamieren. Das geht seit Ende 2016 so, nachdem ich als Pressesprecher die erste Pressemitteilung überhaupt veröffentlichte, und zwar zu dem Friedensfestival Pax Terra Musica. Dies fand erstmalig im Juni 2017 statt und präsentierte sich in keiner Weise „irgendwie rechtsoffen“, ganz im Gegenteil.

Zu verdanken haben ich/wir das unter anderem Jonas Fedders von Jungle World sowie Sebastian Leber und Matthias Meißner vom Tagesspiegel. Ergebnis der permanenten Rufschädigung war, dass ich meine junge Medienagentur, die sich der Öffentlichkeitsarbeit für gemeinnützige Organisationen, insbesondere für Flüchtlingsinitiativen, verschrieben hatte, als angeblicher „Nazi“ wegen Auftragsschwund liquidieren musste.

Nach konspirativ anmutenden Bilddokumentationen, die von der Antifa Berlin veröffentlicht wurden, die mich während meiner journalistischen Tätigkeit bei Kundgebungen in Berlin auf „Hygiene-Demos“ zeigen, kommt der Verdacht auf, dass Dossiers von Dissidenten und Journalisten auf den Rechnern heutiger „Antifaschisten“ gespeichert sind.

Was demgegenüber nirgends zu finden ist, ist die Entscheidung des Deutschen Presserates, der meiner Rufmord-Beschwerde im Jahr 2018 folgte und gegenüber dem Tagesspiegel presseethisch eine Missbilligung wegen schweren Verstoßes gegen den deutschen Pressekodex aussprach.

Der Journalist Julian Assange, für dessen Freilassung Sie ebenfalls eintreten, ist ein Symbol für den Kampf von journalistischer Aufklärungsarbeit mit großen einflussreichen Gegnern geworden. Er sitzt im britischen Hochsicherheitsgefängnis Belmarsh und es gibt sogar Anzeichen, dass er zumindest psychisch gefoltert wird, was sogar UN-Beobachter und andere Beobachter bestätigen. Dennoch wird auch hier gemeinhin geschwiegen, obwohl es gewissermaßen vor unserer Haustür geschieht. Haben Sie selbst Angst, dass sich die Lage zuspitzen könnte und Sie durch ihre Recherche- und Aufklärungsarbeit in eine ähnliche Lage kommen könnten?
Ich konnte John Shipton, den Vater von Julian Assange, im November 2019 persönlich kennenlernen und sende ihm seither regelmäßig Fotos und Video-Dokumentationen von Free-Assange-Kundgebungen in Berlin-Brandenburg als moralische Unterstützung für seine Familie zu.

Ob ich selbst ähnliche Erfahrungen wie Chelsea Manning, Edward Snowden oder Julian Assange machen werde, darüber denke ich lieber nicht wirklich nach. So wie ich die heutige Zeit, die ich ganz bewusst als Corona-Faschismus bezeichne, wahrnehme, scheint mir im Namen von „Schutz des Lebens und der Gesundheit" derzeit wohl alles möglich.

Würden Sie sagen, dass jeder Mensch den Mut aufbringen könnte, eine unbequeme Wahrheit laut auszusprechen?
Die dahinterstehende eigentliche Frage ist doch die: Welche Konsequenzen ziehen ausgesprochene Wahrheiten und Meinungen heuer nach sich?

Daran ließe sich ermessen, ob jemand wirklich mutig war, Wahrheiten öffentlich zu kommunizieren oder aufgrund zu erwartender beruflicher, persönlicher oder öffentlicher Repressalien sich lieber für Schweigen, lethargisches Hinnehmen, Ignorieren oder aus Angst sogar zum „Mitmachen" entschieden hat.

Illustration: Diana Wille

Als Kriegsenkel – mein Vater überlebte als kleiner Junge nur knapp den Feuersturm auf Dresden im Februar 1945 – frage ich mich heute immer noch, warum die Weltkriegsgenerationen beim Offensichtlichwerden von Unrecht, Zerstörung und Kriegen geschwiegen haben, warum sie den Völkermördern sogar nachgelaufen sind und welche Parallelen zwischen damaliger und heutiger Zeit sichtbar werden.

Sie sagen auf Ihrer Webseite, dass Sie sich an humanistischen Grundwerten orientieren. Wie sähe eine Welt aus, in der alle diesen Grundsätzen folgen würden?
Einer der wichtigsten humanistischen Grundwerte ist aus meiner Sicht die Achtung vor dem Leben. Das Leben der Pflanzen, der Tiere und der Menschen sind das höchste Menschheitsgut, das es zu bewahren und zu schützen gilt.

Neben der Achtung vor dem Leben gehört Toleranz und Respekt vor dem Individuum ebenfalls dazu. Für mich ist Andersgeartetsein weniger als Bedrohung, sondern eher als Bereicherung anzusehen. Dies alles sind für mich Wesenszüge einer friedlichen, freiheitlichen, offenen und solidarischen Menschheitsfamilie.

Vielen Dank für Ihre Arbeit und Ihr Erinnern an alle vergessenen Opfer von Kriegsprofiteuren!

Michael Ballweg: Vom Unternehmer zum Querdenker – (k)ein weiter Weg

Andrea Drescher

Foto: Privat

Der Diplom-Betriebswirt BA und Vater zweier Kinder kam 1974 in Wertheim am Main zur Welt und lebt heute in Stuttgart. Er war schon als junger Mensch sehr aktiv, hat mit 19 seine erste eigene Firma gegründet, sodass ihm als erfolgreichem Unternehmer nur wenig Zeit für seine persönlichen Interessen wie Skifahren, Fotografieren und seinen Hund blieb. Viel Zeit hat er heute, nachdem er das Hauptprodukt seiner Firma verkauft hat, immer noch nicht. Er hat durch die Gründung der Bewegung Querdenken-711 und durch die regelmäßigen Demonstrationen, die von der Querdenken-Bewegung organisiert werden, deutschlandweit – aber auch international – Bekanntheit erreicht.

Sie waren vor ein paar Monaten noch ein ganz normaler erfolgreicher mittelständischer Unternehmer aus dem bürgerlichen Lager. Trifft diese Beschreibung es halbwegs?
Ja. Bis April 2020 ist das richtig.

Heute sind Sie für viele ein Paria – ein Querdenker eben. Wie würden Sie sich heute beschreiben?
Darüber habe ich mir keine Gedanken gemacht. Ich sehe mich als Friedensaktivist, aber es gibt eigentlich keine Bezeichnung. Ich setze mich einfach dafür ein, dass alle Menschen in Freiheit und Frieden miteinander leben können.

Wie kam es zu diesem Wandel?
Eigentlich durch mein Bauchgefühl. Anfangs war ich unsicher bezüglich der Gefährlichkeit des Virus. In der Zeit des Lockdowns habe ich viel recherchiert und gelesen. Mir wurde deutlich, dass wichtige Grundrechte weggefallen waren: erst Versammlungsfreiheit, dann Meinungsfreiheit. Ich sah unheimlich viel Zensur. Es machte den Eindruck, dass jeder, der eine andere Meinung äußerte, weg vom Fenster war. Nach der ersten Woche Lockdown hatte ich den Impuls: Etwas ist faul, ich muss aktiv werden.

Wie hat sich Ihr Weltbild, Ihre Sicht auf die politische Welt, z. B. die Rolle der Medien, verändert?
Ich habe mir nicht vorstellen können, dass man so unvollständig, so nicht wahrheits-

gemäß berichtet. Allerdings kam das Gefühl, dass da etwas nicht stimmt, nicht aus dem Nichts heraus. Ich habe zwei Krisen mitgemacht – 2001 und 2008. Und schon damals habe ich nicht verstanden, warum eine Wirtschaftkrise nur wegen einer Bankpleite kommen kann. Ich fing an, mich mit den Hintergründen zu beschäftigen. Das Misstrauen war geweckt.

Das Misstrauen war da, reichte aber noch nicht, um aktiv zu werden?
Ja, ich habe mich über vieles gewundert. Auf den ersten Blick sind es viele Kleinigkeiten, die in Summe deutlich machen, dass etwas in diesem Staat nicht stimmt. Warum soll jemand, der eigenen Sonnenstrom produziert, Steuern darauf zahlen? Warum muss man – aufgrund der hohen Abgabenlast – die Hälfte des Jahres nur für den Staat arbeiten, ohne dass man den Eindruck hat, es kommt auch bei den Menschen an? Die Tickets für den öffentlichen Nahverkehr in Stuttgart sind sehr kostspielig. Wer benötigt die am dringendsten? Menschen mit niedrigem Einkommen. Die Grundversorgung ist sehr teuer – gerade für junge Menschen. Wie soll man aus diesem Hamsterrad rauskommen? Die ganze Situation hat einfach nicht gepasst.

Und die Maßnahmen aufgrund von Corona haben dann das Fass zu Überlaufen gebracht?
Ja. Da habe ich mich entschieden, aktiv zu werden.

Sie sind das Ganze recht professionell angegangen, oder?
Ich bin Unternehmer, mache die Dinge, die ich tue, mit 120 %. Das ist schon richtig. So bin ich auch in den Widerstand eingestiegen. Es begann mit einem Facebook-Post. Ich war bereit, 25.000 Euro zu investieren, wollte aber von Anfang an Marketing-Profis und Rechtsanwälte an meiner Seite haben. In der Gruppe war man der Meinung, dass das nicht notwendig sei, da laut Artikel 20, Absatz 4 Widerstandsrecht gelte, und man schmiss mich aus der Gruppe raus. Naja. Ich bin dann mit Ralf Ludwig vor das Bundesverfassungsgericht gegangen und wir konnten die Versammlungsfreiheit wieder durchsetzen.

War das nicht sehr teuer?
Ich lebe lieber in einer freien Welt ohne Geld als in einer unfreien Welt als Reicher. Das Universum hat mich zur richtigen Zeit mit den richtigen Mitteln für diese Aufgabe ausgestattet.

Was sind Ihre wichtigsten Ziele?
Wie schon gesagt, dafür arbeiten, dass Menschen in Freiheit und Frieden leben können, dass jeder Mensch seiner Bestimmung folgen kann und das bei achtsamem Umgang mit der Natur und die Energie der Natur nutzend.

Sie sind, wie man aus Videos erfährt, ein spiritueller Mensch. Wie praktizieren Sie?
Ich meditiere relativ viel. Manchmal acht Stunden am Stück, aber immer eine Stunde am Tag – das gibt mir Inspiration und sorgt dafür, dass ich ausgeglichen und in meiner Mitte bin.

Daher können Sie mit Diffamierungen und Angriffen gelassen umgehen?
Ja – das kommt vom Meditieren. Ich war schon mit 19 selbstständig, habe gelernt, dass man sein Leben selbst leben muss, sich nicht von anderen und deren Meinungen abhängig machen darf. Ich kenne meinen Weg. Dazu gehören auch Hürden, sonst könnte es jeder machen. Ralf Ludwig hat mich schon als Teflon-Michael bezeichnet: An mir prallt alles ab. Ich akzeptiere, was ist und ertrage auch andere Meinungen.

Das halten Sie immer durch?
Als sie uns nach rechts geschoben und als NAZIs bezeichnet haben, da hatte ich einen Durchhänger, habe gezweifelt und gedacht: „Was denken andere über mich?" Aber das hat sich wieder gelegt. Ich weiß ja, wer ich bin.

Viele bekannte Aktivisten werden bedroht – bis hin zu Morddrohungen. Haben Sie ähnliche Erfahrungen machen müssen?
Im Frühjahr gab es die Anschläge gegen die beiden LKW. Sie wurden in die Luft gesprengt. Das waren nicht meine, sondern die unseres technischen Dienstleisters. Sonst habe ich aber noch nichts Negatives erlebt.

Querdenken scheint – von außen betrachtet – geführt zu werden wie ein Unternehmen. Täuscht der Eindruck?
Nein, das täuscht nicht. Ich habe drei Firmen gegründet, bin es gewohnt, über professionelle Strukturen meine Ziele zu erreichen, und schütze mich dabei auch selbst, um nicht zu verbrennen. Ich habe immer am, nicht im Unternehmen gearbeitet. So handhabe ich das bei Querdenken auch. Es war von Anfang an mein Ziel, es personenunabhängig aufzubauen, ich habe es relativ schnell auf breite Füße gestellt, damit das Risiko kleiner ist. Es ist keine hierarchische Struktur, also keine Pyramidenstruktur, die Gruppen stehen nebeneinander.

Wie viele Menschen sind bei Querdenken aktiv, und werden die Aktiven für ihre Arbeit bezahlt?
Inzwischen sind es gefühlt Zig-Tausende – in den einzelnen Gruppen. Das kann man nicht zählen. Und dann gibt es noch die verschiedenen vernetzten Gruppen wie Klagepaten, Anwälte für Aufklärung …

Bei Querdenken-711 arbeiten alle ehrenamtlich. Wie es die anderen machen, weiß ich nicht. Ich mache das aus einer intrinsischen Motivation. Bezahlt werden viele dank Arbeitslosigkeit und Kurzarbeitergeld vom Staat. Man kann also sagen, die Bundesregierung finanziert den Widerstand.

Wie kann man das Ganze finanzieren? Ist das alles spendenbasiert oder schießen Sie selbst zu?
Wir bekommen keine Spenden, sondern Schenkungen – aber ich schieße natürlich zu. Nach meinem schweren Unfall habe ich gelernt, dass ein Leben im Heute wichtiger ist als ein Leben für die Zukunft. Ich habe meine Finanzen neu sortiert, Versicherungen ge-

kündigt, das Hauptprodukt meiner Firma verkauft – und das nutze ich jetzt, um bei der Transformation mitzuwirken. Ich habe mich viel mit dem Geldsystem beschäftigt, das hält ja nicht mehr lange, und mein Geld ist daher jetzt sehr viel wirksamer eingesetzt.

Sie haben Ihre Firma noch?
Sie ist der Rechtsrahmen für meine weiteren Tätigkeiten, alle großen Kunden sind abgesprungen, aber das belastet mich nicht.

Wirklich nicht?
Ich kann mit wenig Geld leben. Wenn ich mit meinem Hund durch den Wald laufe, bin ich glücklich. Außerdem hat mir das Universum viele Begabungen geschenkt. Ich finde immer meinen Weg. Currency – Geld im Fluss – man muss es nicht bunkern.

Haben Sie nicht die Befürchtung, dass Querdenken von rechts, links oder dem Verfassungsschutz unterlaufen bzw. gekapert wird?
Ich lebe nicht in Sorge, sondern in Hoffnung. Der Druck ist heute viel höher als früher. Das erzeugt eine Bereitschaft bei den Menschen, sich zusammenzutun. Dadurch wächst die Bewegung so schnell, dass es nicht möglich ist, sie zu kapern. Meine Hoffnung ist, dass es so schnell weitergeht – wir werden immer wieder Konflikte haben oder Probleme. Mein Team bleibt daher klein, um dem vorzubeugen. Sorgen habe ich nie, ich beobachte nur und versuche vorausschauend, Probleme zu vermeiden.

Und die Bewegung wächst weiter?
Ja – aufgrund der Fehlberichterstattung haben viele Demonstranten, die zum ersten Mal auf einer Demo waren, begriffen, wie sehr die Medien lügen. Die Teilnehmerzahlen waren runtergerechnet, angeblich waren nur rechte Verschwörungstheoretiker anwesend. Das verstärkt den Effekt. Genauso wie die herausragende Idee von Herrn Lauterbach, die Unverletzlichkeit der Wohnung in Frage zu stellen, oder dass Lebenspartner nur noch mit Maske gemeinsam durch die Stadt gehen dürfen. Das ist alles so absurd, dass es immer mehr Menschen merken. Aus meiner Sicht ist das ein neues Bewusstseinserweckungsprogramm durch die Bundesregierung. Dafür bin ich dankbar!

Sie streben jetzt das Amt des Oberbürgermeisters in Stuttgart an. Glauben Sie, dass Parteipolitik noch etwas verändern kann, dass man in dem bestehenden System noch etwas verändern kann?
Das ist ja keine Parteipolitik – ich bin ein freier Kandidat. Mit Demonstrationen wirken wir nur außen, wir erhalten auch kaum juristisch verwertbare Daten, müssen immer klagen, um Antworten zu bekommen. Mit offiziellem Zugang zu Daten und Entscheidungsgrundlagen wird es einfacher sein, juristisch vorzugehen. Das Amt des Oberbürgermeisters ist mit vielen Kompetenzen ausgestattet, sodass man etwas bewegen kann. Und allein durch meine Kandidatur habe ich erreicht, dass in Stuttgart auf 1500 Plakaten Werbung für das Fest für Freiheit und Frieden gemacht wird. Einige dieser Plakate haben auch schon den Weg nach Berlin gefunden.

Haben Sie noch Hoffnung, dass wir das Ganze noch drehen können?
Ja – auf jeden Fall. Wir sind mittendrin. Wir haben schon gewonnen, wir dürfen uns nur nicht zerstreiten, müssen geduldig sein und die Menschen mitnehmen.

Danke für Ihren Optimismus und Ihren Mut!

Foto: Thomas Stimmel

Michael Fritsch: Ein Polizist wie er sein soll(te)

Andrea Drescher

Foto: Privat

Michael Fritsch kam 1963 in Lehrte bei Hannover als Sohn eines Polizisten zur Welt und begann seine Karriere als Kriminalbeamter 1981 bei der Polizei. Seit 2020 ist er suspendiert und soll aus dem Polizeidienst entfernt werden – nicht zuletzt, weil er nicht gegen sein Gewissen handeln wollte. Der Vater dreier erwachsener Kinder versucht gemeinsam mit seiner Lebensgefährtin und seinem Hund das Leben zu genießen, zumindest, wenn die politische Lage es ihm erlaubt.

Sie sind einer der beiden „Nazis", die sich nicht geschämt haben, in Dresden am 31.10. den Hitlergruß in der Öffentlichkeit zu zeigen?
Nein, ich bin definitiv kein Nazi. Ja, ich bin einer der beiden, die dessen beschuldigt werden, das aber nicht gemacht haben. Es geht mir scheinbar so wie vielen anderen Menschen auch, die wegen Corona-Maßnahmen, Bedenken gegen die Regierung oder das politische System, aus Angst um die Abschaffung der Demokratie, aus Angst um ihre persönliche Freiheit oder aus anderen Motiven auf die Straße gehen. Jeder, der nicht systemkonform ist oder sich kritisch öffentlich äußert, wird nicht nur öffentlich kritisiert, sondern es wird alles daran gesetzt, ihn zu beugen, ihn zu brechen, ihm finanziell zu schaden bis hin zum völligen wirtschaftlichen und gesellschaftlichen Ruin.

Warum stehen Sie unter Beschuss?
Am 09.08. hielt ich meine erste Rede in Dortmund auf einer Querdenker-Demonstration. Am 10.08. wurde ich vom Dienst suspendiert, musste Waffe, Dienst-Marke und -Ausweis abgeben. Mir wurden die Schlüssel abgenommen, ich bekam ein Betretungsverbot für die Dienststellen und mir wurde die Ausführung von Dienstgeschäften untersagt.

Mit welcher Begründung?
Zunächst sagte man mir, die Suspendierung habe auch das Ziel, mich aus der Öffentlichkeit und dem Sperrfeuer zu nehmen, und um zu prüfen, ob ein Disziplinarverfahren gegen mich eingeleitet würde. Das ist inzwischen erfolgt. Am 13.08. bekam ich per Post

die Information, dass ein Disziplinarverfahren gegen mich eingeleitet wurde. Begründet wurde es damit, dass ich keine Masken getragen habe – obwohl ich befreit bin. Darüber hinaus hätte ich Dienstanweisungen nicht beachtet und gegen Weisungsgebote verstoßen. Ich hätte angeblich das Ansehen der Polizei beschädigt und die Funktion der Polizei weit über die Grenzen der Behörde hinaus gefährdet.

Das hört sich schlimm an. Was haben Sie verbrochen?
Ich habe Polizisten aufgefordert, sich uns anzuschließen und ihr Recht bzw. Pflicht auf Remonstration in Anspruch zu nehmen. Das wird mir als Revolution ausgelegt. Also das Gegenteil dessen, was ich eigentlich intendiert habe.

Inwiefern?
Ein Beispiel: Ich sagte wörtlich: „Im dunkelsten Kapitel unserer Geschichte haben Regierende schon einmal ihre Sicherheitskräfte bedingungslosem Gehorsam unterworfen und sie für die abscheulichsten Verbrechen missbraucht, die anderen Menschen je angetan wurden. Wenn ich die grausamen Bilder gesehen habe, dann habe ich mich immer gefragt, wie Menschen dazu imstande waren, anderen Menschen dieses unfassbare Leid anzutun. Ich habe aus tiefstem Herzen gehofft, dass sich so etwas niemals wieder ereignen wird. Heute habe ich Angst, denn mein Bauch sagt mir, dass sich gerade alles wieder in dieselbe Richtung entwickelt."

Man liest in den Printmedien Überschriften wie: „Übler Nazi-Vergleich mit Corona, Polizei Hannover suspendiert Demo-Polizisten." Man verwendet üble Begriffe im Kontext von Corona-Kritik, um Menschen zu diffamieren. Diese Diffamierung kenne ich inzwischen ganz gut. Aber es kam noch härter.

Was ist passiert?
Am 24.08. saßen meine Freundin und ich beim Frühstück, da gab es überraschenden Besuch, eine Hausdurchsuchung, bei der ca. zehn Polizisten unser Haus auf den Kopf gestellt haben. Es gäbe Hinweise darauf, dass ich ein Reichsbürger sei bzw. typisches Verhalten dieser Gruppe gezeigt hätte. Mein Verbrechen bestand darin, dass wir uns bereits vor der Corona-Zeit mal mit dem Thema Staatsangehörigkeit beschäftigt hatten und wir beide zum Nachweis der deutschen Staatsangehörigkeit einen entsprechenden Ausweis beantragt und auch erhalten haben.

Das ist natürlich auffällig. Was waren Ihre Gründe?
Es gab mehrere. Der Hauptgrund war die Überlegung, auszuwandern, eventuell Deutschland zu verlassen. Die wirtschaftliche, aber auch politische Entwicklung gefällt mir schon einige Zeit nicht mehr, die Gefahr von Enteignung zur Finanzierung der immensen Staatsverschuldung ist vermutlich für jeden nachvollziehbar. Im Ausland muss man in mehreren Ländern seine Staatsbürgerschaft nachweisen, speziell wenn man, wie ich, eine kleine Firma gegründet hat. Für einige Tätigkeiten, beispielsweise für poli-

tische Ämter oder auch für Beamte, gibt es die Anforderung, dass man die deutsche Staatsangehörigkeit haben muss. Ich habe auch deshalb den „gelben Schein" beantragt, denn „Der Staatsangehörigkeitsausweis ist das einzige Dokument, mit dem das Bestehen der deutschen Staatsangehörigkeit in allen Angelegenheiten, für die es rechtserheblich ist, verbindlich festgestellt wird" (§ 30 StAG). Auf der Seite der deutschen Botschaft in den USA kann man übrigens wortwörtlich nachlesen: „Die Auslandsvertretungen können nicht rechtsverbindlich feststellen, ob die deutsche Staatsangehörigkeit gegeben ist. Ein deutscher Personalausweis/Reisepass ist kein Beweis der deutschen Staatsangehörigkeit."[1] Also dachte ich mir, es wäre ganz sinnvoll, darüber zu verfügen. Jetzt gelte ich als rechtsradikaler Reichsbürger.

Wie verlief die Hausdurchsuchung?
Sie haben das ganze Haus vom Keller bis zum Dachboden auf den Kopf gestellt, Computer, Handy, Datenträger, Bücher u. a. über die Verfassung. Auch der SS-Offiziersdolch – ein Erbstück von meinem Vater – und uralte Bücher mit Hakenkreuz vom Vorbesitzer unseres Hauses, einem betagten Lehrerehepaar, die noch am Dachboden verstauben, wurden mitgenommen, um nachzuweisen, dass ich kein guter Polizeibeamter, sondern ein Staatsfeind bin. Durch diesen Überfall wurde meine Freundin sehr belastet, die durch ihre persönliche Vorgeschichte bereits traumatisiert war, was an diesem Tag wieder hochkam. Auch das Privathaus für die mit einem Freund gemeinsam gegründete Firma wurde an diesem Tag durchsucht. Alles sehr unangenehm.

Waren Sie denn bis dato ein guter Beamter?
Ich war wohl nie ein „einfacher" Beamter, denn ich habe nie den Mund gehalten. Ich wollte Ideen einbringen, die Arbeitsabläufe verbessern. Meine Grundschullehrerin sagte schon, ich suche Würmer, wo keine sind. Ich habe mich immer intensiv mit Dingen beschäftigt, die mich interessieren, und sehe mich als Selbstdenker und freien Menschen – was sich mit hierarchischen Beamtenstrukturen vermutlich nicht perfekt in Einklang bringen lässt.

Waren Sie früher schon politisch aktiv?
Nein. Ich habe mich nur informiert und im privaten Rahmen über alles Mögliche diskutiert. Ob 9/11 oder der Mord an JFK: Seit rund 15 Jahren signalisiert mir mein Bauchgefühl, dass etwas nicht passt. Als ich vor ca. 7 Jahren aufgrund eines Bandscheibenvorfalls zuhause auf einen OP-Termin warten musste, stieß ich auf den Film von Andreas Clauss – „Crashkurs Geld" – und das Buch von Prof. Arnim „Die Deutschlandakte". Daraufhin habe ich intensiver recherchiert – ich hatte ja Zeit – und bin auf Themen wie die Bilderberger oder die Atlantikbrücke gekommen. Ich habe versucht, mich möglichst umfassend zu informieren. Bevor ich über etwas rede, muss ich selbst ein klares Bild gewinnen und betreibe ausführliches Quellenstudium. Aber aktiv war ich bis zur Corona-Krise noch nie.

1 https://www.germany.info/us-de/service/feststellung-der-deutschen-staatsangehoerigkeit/1216742
→ Kurzlink: ws1.eu/k/37

Warum geht man dann so massiv gegen Sie vor?
Die Ermittlungsgruppe wollte wohl feststellen, ob ich Teil eines rechtsradikalen Netzwerks innerhalb der Polizei oder Einzeltäter bin. Meine Social-Media-Kontakte wurden vernommen bzw. ausgewertet – alles auf verdächtiges Gedankengut hin untersucht. Ich stand und stehe immer, bei allem was ich sage und tue, mit beiden Beinen fest auf dem Boden der freiheitlich-demokratischen Grundordnung. Ich bin ein absolut friedlicher Mensch, der überhaupt keine fremdenfeindlichen Anwandlungen hegt. Ich verabscheue Gewalt, Lügen und Ungerechtigkeiten.

Ein Problem ist wohl, dass Sie sich als Beamter nicht öffentlich hätten äußern dürfen, oder?
Das Grundgesetz steht meines Wissens in der Hierarchie von Gesetzen weit über dem Beamtengesetz – man muss sich also äußern dürfen. Ich habe auch nirgends einen Hinweis gefunden, dass man nicht sagen darf, was man beruflich macht, wenn man öffentlich redet. Auf der Seite des deutschen Beamtenbundes wird formuliert, dass Beamte mündige Bürger sind, die sich am politischen Leben beteiligen sollen. Soviel zu Theorie und Praxis. Im Kontext von Corona waren für mich bei den nachvollziehbaren Fakten viele Maßnahmen nicht verfassungsgemäß, sofern wir denn eine Verfassung haben.

Wie meinen Sie das?
Wir haben ein Grundgesetz als vorläufige Verfassung – aber keine Verfassung. Der Artikel 146 des Grundgesetzes hat nach wie vor Gültigkeit. Aber wenn man sich mit derartigen Details zum Grundgesetz beschäftigt, wird es ganz kritisch. Im Zuge der Zusammenführung der beiden deutschen Staaten hätten wir uns eine Verfassung geben können. Das ist wohl bewusst nicht gemacht worden. Die Wiedervereinigung nach Artikel 146 wäre, so sagte es Herr Schäuble in einer Rede, zu langwierig geworden. In dieser Rede ging es auch um den Wirkungsbereich des Grundgesetzes gemäß Artikel 23. Es gibt sehr viel mehr Fragen als Antworten. Und wer solche Fragen stellt, gehört wohl nicht mehr in den Staatsdienst. Im Rahmen des Disziplinarverfahrens hat mein Anwalt Hunderte von Seiten Informationen an Richter und Ermittler geschickt. Darunter unzählige Aussagen allein aus YouTube, die das alles bestätigen. Und ich spreche eben öffentlich darüber.

Waren Sie auf vielen Demos?
Ja, in Berlin am 01.08, 29.08., 11.10., in Dresden, in Leipzig am 07.11. – eigentlich gehe ich jetzt ständig auf Veranstaltungen.

Am 11.10. waren Sie in Berlin. Wie verlief die Veranstaltung denn aus Ihrer Sicht?
In meinem Umfeld war sie sehr harmonisch – bis seitens der Polizei eskaliert wurde. Ganz schlimm ist die Sache mit dem Rollstuhlfahrer. Da war ich auf Bitten eines der Anwälte als Zeuge mit dabei. Die krasseste Aussage, die ich in dem Kontext vom verantwortlichen Beamten hören musste, war: „In einen Rollstuhl kann sich ja jeder setzen." Das hat mich umgehauen. Irgendetwas läuft in den Köpfen oder in der Ausbildung der

Berliner Polizisten völlig falsch. Mein Attest wurde auch angezweifelt. Und das, nachdem ich seit Tag 1 der Maskenpflicht, also dem 28.04., bereits befreit bin. Es wurde angezweifelt, dass es ein Original ist. Sie haben sich aber überzeugen lassen, dass das Attest korrekt ist.

Sie sagen, dass Sie jetzt ständig auf Demonstrationen gehen. Warum?
Ich möchte Menschen informieren und auch bei meinen Kollegen Impulse setzen. Der Krieg ist noch nicht beendet.

Warum Krieg?
Viele, die sich für Frieden und Freiheit einsetzen, die Corona für vorgeschoben halten, sagen mir, dass ich ihnen Kraft und Hoffnung gebe. Die Polizei hat eine wesentliche Schlüsselfunktion. Wir sind diejenigen, die die staatliche Macht aufrechterhalten. Wir haben die Waffengewalt. Wer die Waffen steuert, hat die Macht.

Wie sieht Ihre Zukunftsplanung aus?
Auswandern ist erst einmal zurückgestellt. Vor dem, was wir jetzt haben, kann man nicht weglaufen. Da engagiert man sich besser in dem Land, in dem man sich auskennt. Das Phänomen ist weltweit – es passiert weltweit. Man muss sich dem Problem stellen. Deutschland scheint eine Schlüsselfunktion zu haben. Das ist die Hoffnung. Die anderen Länder kämpfen auch. In jedem Land gibt es wache Menschen, die aufstehen und sich aktiv gegen die Maßnahmen stemmen. Bei den Demonstrationen habe ich bisher eigentlich immer tolle, friedliche Menschen getroffen. Ich glaube und hoffe daher, dass die breite Kritikerbewegung, die sich formiert hat, durch ihre Friedlichkeit letztlich gewinnen wird.

Und Ihre berufliche Zukunft?
Keine Ahnung. Bei einer Polizei, die so agiert, wie sie aktuell agiert, bin ich fehl am Platz. Das Produkt, das wir erfunden und entwickelt haben, wird nicht wirklich angenommen, davon kann ich auch nicht leben. Ob ich eine politische Karriere vor mir habe oder eine Aufgabe in einer neuen Polizei bekomme – ich weiß es wirklich nicht. Aber ich habe trotzdem die innere Ruhe und keine Angst vor der Zukunft. Da Herz und Gewissen mit meinem Handeln in Einklang stehen, wird sich sicher ein Weg finden.

Danke, dass Sie meine Vorurteile gegenüber Polizisten so gar nicht bestätigen!

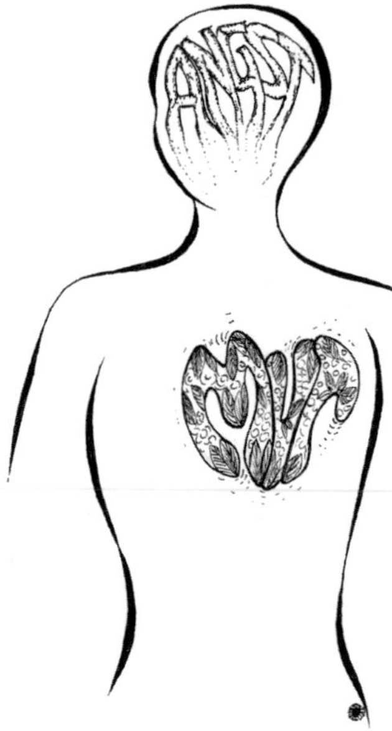

Illustration: Diana Wille

Michael Kottewitz: Brückenbauer mit Mut

Andrea Drescher

Foto: Privat

Michael Kottwitz aka. Mitsch Kotten, geboren 1982 in Zehdenick, wohnhaft in Berlin, ist als Unternehmensberater und Steuerfachangestellter tätig. Des Weiteren übt er Empfehlungsmarketing aus und will dadurch das Leben anderer besser machen. In seiner Freizeit trifft er sich mit Freunden und beschäftigt sich mit Fußball, Wandern, Natur sowie Billiard und liebt es, ins Kino zu gehen.

Seit wann bist du in der Friedensbewegung aktiv?
Am 3. Oktober 2014 auf der Demo von Carsten Halffter wurde mir zufällig ein Flyer von der Mahnwache in die Hand gedrückt. Ich hatte zwar im August schon mal von „denen" gehört, aber erst durch die Sondermahnwache im Oktober habe ich erfahren, worum es dort wirklich geht. Da bin ich dann hängengeblieben. Zunächst nur ab und zu, aber seit April 2015 regelmäßig fast jeden Montag – eigentlich halten mich nur Krankheit oder familiäre Verpflichtungen davon ab, auf die Straße zu gehen. Seit Ende 2016 bin ich in der Orga und stehe am Infotisch. Aber das ist nur eine Baustelle in der Friedensbewegung ...

Weitere Baustellen sind ...?
Bei „Stopp Ramstein", „Pax Terra" oder den „Raus aus der Nato"-Demos bin ich soweit möglich aktiv. Ich habe sowohl bei der Demo von Stefan Steins als auch bei Rainer Braun mitgeholfen, weil ich Spaltung ablehne. Ich helfe überall, wenn man mich fragt, wenn ich keine gravierenden ideologischen Probleme habe.

Wo ziehst du da Grenzen?
Bei Pegida wäre ich nicht dabei – ich bin Menschenfreund und humanitär eingestellt. Aber es braucht keine 100 % Übereinkunft. Bei Differenzen muss man sich nur auf das Verbindende konzentrieren. Diese allgemeine Ausgrenzung geht mir massiv auf die Nerven – wenn die zu heftig wird, ziehe ich mich zurück. Mir gehen die Forderungen von „Stopp Ramstein" persönlich nicht weit genug – aber ich bin trotzdem dabei.

Warum diese Toleranz?
Es ist einfach wichtig, Schritte zu setzen. Man muss eine Entwicklung durchlaufen. Man

kann nicht von jetzt auf gleich die perfekte freie und friedliche Welt erleben. Rudi Dutschke hat das sehr gut ausgedrückt: „Revolution ist nicht der eine Punkt, an dem alles anders wird, sondern ein langer Prozess, in dem der Mensch anders werden muss." Ich bin noch jung, ich glaube aber auch nicht, die perfekte freie Welt zu erleben, aber ich lege die Samen, dass es meine Urenkel erleben können.

Was motiviert dich zu handeln?
Mein Herz – ich sehe die Ungerechtigkeit. Alle klagen, was schlimm ist. Man hört immer meckern: „Jemand müsste was machen!" Nein, nicht jemand, man selbst muss etwas machen. Die letzten Jahre waren brutal intensiv – aber auch wunderschön.

Inwiefern wunderschön?
Ich habe so viele liebenswerte Menschen kennengelernt, so viele berührende Momente erlebt. Es gibt ein Maß an Herzlichkeit und Empathie in der Bewegung, das man sonst nicht findet. Es ist ein Füreinander da sein, die Möglichkeit sich auszutauschen – eine Friedensbewegungsfamilie irgendwie. Wir schaffen es jeden Montag einander zuzuhören – auch bei kontroversen Standpunkten. Jeder hat seine Meinung, aber man findet immer den Punkt, an dem wir gut zusammenarbeiten. Bevor ich 2014 aktiv wurde, habe ich verschiedene Bücher gelesen – das Lied von der Bandbreite. Matrix – das hat mich irgendwie geflasht – und ich war ziemlich allein mit meinen Gedanken. Als Einzelner ist man massiv überfordert. Die Mahnwachen-Bewegung bot und bietet mir den Raum für Gespräche, Wissensaustausch und gibt mir das Gefühl nicht allein zu sein – auch wenn es immer wieder Rückschläge gibt.

Was für Rückschläge?
Es gab immer wieder Angriffe, dass wir „rechts" sind, wir wurden auch mal mit Eiern beworfen. Diese Ablehnung war schon heftig. Das hat uns enger zusammengeschweißt. Unschön war und ist die Ausgrenzeritis, weil man nicht 100 % einer Meinung ist, das ist man ja eigentlich nie. Wo beginnt „rechts", wer legt das fest? Rechte sollen nicht kommen – wer entscheidet das?

Es gab einige, die anfangs sehr engagiert waren, die dann in die patriotische Schiene abgerutscht sind. Ich höre mir alles an und natürlich kann jeder zuhören. Und solange man niemanden beleidigt oder abwertet, ist das auch o.k. Die eigene Heimat bewahren zu wollen ist nichts Schlimmes. Angst vor Veränderungen zu haben ist auch nachvollziehbar. Warum denkt man so, wie kommt man zu der Meinung, was steckt dahinter? Das muss man hinterfragen.

Unterhalte ich mich mit den Fotografen, die die Mahnwache fotografieren, um sie entsprechend abzuwerten, habe ich oft festgestellt, dass wir gar nicht weit auseinanderliegen. Leider sind die selten gesprächsbereit.

Wo würdest du dich politisch einordnen?
Früher sah ich mich als links, jetzt als Libertärer oder Voluntarist. Denn beides basiert auf Freiheit und Freiwilligkeit. Es gibt gute libertäre Kanäle wie zum Beispiel Jens Böckenfeld, Große Freiheit TV und Freiwillig frei, die vieles aus dem libertären Themenbereich sehr gut erklären. Für mich steht das Thema Freiheit im Vordergrund.

Linke kritisieren den Kapitalismus und die großen Firmen, ich kritisiere eher den Staat als Problem. Er schützt die großen Firmen und subventioniert sie, während kleine Handwerker massiv besteuert, kontrolliert und bestraft werden. Konkurrenz belebt das Geschäft. Bei einem Monopol sinkt die Qualität. Der Staat hat auf alles ein Monopol. Beispiel Sicherheit: Die Aufklärungsquote in Berlin liegt bei rd. 25%. Beispiel Bildung: Das ist Massenware, in dem die unterschiedlichen Fähigkeiten der Kinder nicht berücksichtigt werden. Beispiel Gesundheit: Massive Kassenbeiträge, aber nur eingeschränkte Wahlmöglichkeiten. Alles das ist Zwang, den ich ablehne. Aber das ist ein breites Feld, da kann man sich auf YouTube z. B. durch „Anarchie in der Praxis" genauer informieren.

Anarchie?
Ja. Anarchie heißt „Leben ohne Herrschaft", nicht „Leben ohne Regeln". Regeln müssen in der Gruppe entwickelt und dann verbindlich für alle sein. Ich habe mir alles angeschaut: links, Mitte, rechts und libertär – Letztere haben mich begeistert und bilden die Grundlage meiner heutigen Meinung. Mit dieser Position steh ich in Berlin ziemlich allein – aber die anderen haben damit kein Problem. Wir haben oft stundenlange Diskussionen beim Kaffee und wir konnten uns nicht einigen. Das war auch nicht schlimm. Wir haben ja Punkte, bei denen wir uns einig sind. Anarchie heißt auch: Jeder darf seinen Weg gehen, solange er andere nicht schädigt. Die wichtigste Regel: Achte den anderen und schädige niemanden.

Du bist wirklich sehr offen.
Ja, denn es ist spannend, von anderen zu lernen , mich inspieren zu lassen, zu sehen, wie andere etwas geschafft haben. Ich gönne jedem von Herzen seinen Erfolg und möchte von Menschen lernen, die etwas geschafft haben, die ihren eigenen friedlichen Weg gehen. So wünsche ich mir Veränderung – für mich und für den Rest der Welt.

Monika Hosner: Wenn der Mut den Job kostet

Andrea Drescher

Foto: Privat

Geboren 1964 in Stockerau, lernte und arbeitete Monika Hosner als Gold- und Silberschmiedin – zuletzt fast 20 Jahre in einem Betrieb in Linz. Kreativität in allen Facetten – so auch mit Perlen – ist Teil ihres Lebens. Auf der Facebook-Seite „Perlenschmiedin" kann man einen Eindruck davon gewinnen. Trotzdem zog sie es vor, ihren Job zu verlieren, als Maske zu tragen, durch die sie gesundheitlich belastet war – ein Umstand, den weder ihre Tochter, die aktuell mit ihrer Familie in Japan lebt, noch ihre Mutter wirklich nachvollziehen konnte. Aber sich selbst treu bleiben zu können machte sie mutig.

Du bist dieses Jahr erstmals politisch aktiv geworden, richtig?
Ja – vorher habe ich mich zwar politisch Mitte/links interessiert, war aber eine brave Bürgerin und habe nichts wirklich hinterfragt. Ich habe – leider zu lange – auch an die Demokratie geglaubt.

Was hat dich politisiert?
Ich bin erst misstrauisch geworden, als es hieß: „Es kommt ein Virus aus China." Den Chinesen traue ich ja aufgrund der Medieninformationen einiges zu. Da wollte ich mal genauer hinschauen. Durch meinen Verlobten bin ich nach und nach auf Prof. Bhakdi, Dr. Wodarg und dann Prof. Mausfeld gestoßen. Da ist mir dann erstmals aufgefallen, dass etwas gewaltig nicht stimmen kann. Wir wurden bzw. werden offensichtlich in eine seltsame Richtung manipuliert.

Und dann wurdest du aktiv?
Nicht gleich. Ich habe mich während des Sommers mithilfe alternativer Medien informiert und war recht verwirrt, verzweifelt, deprimiert und auch ängstlich. Ich dachte mir, es kann doch nicht sein, dass alle wegschauen. Für mich wurde es nicht zuletzt aufgrund der Zahlen offensichtlich: Wir werden verarscht, die Panik hat keinen realen Hintergrund. Was mich schockiert hat, war, wie man den Pastor zensiert hat. Wie kann man einen evangelischen Pastor zensieren? „Wo san ma denn?", wie man in Österreich sagt. Dann wurde ich aktiv und bin mit meinem Verlobten am 01.08. nach Berlin gefahren.

Danach hast du erfahren, dass du einer von 17.000 Nazis warst – wie fühlte sich das an?
Oh ja, ich war völlig schockiert. Ich kam nach der Demo ins Hotelzimmer, drehte den Fernseher auf und hörte etwas von 17.000 Teilnehmern. Da bin ich dann so richtig rebellisch geworden. Am Nachmittag hatte ich von einem Polizisten selbst gehört, dass wir 800.000 waren. Der wurde von einem Passanten gefragt – und ich habe die Antwort mitbekommen. Im Fernsehen waren es dann nur noch 17.000. Und „Rechte" natürlich. Da ist mir klar geworden, dass die Regierung entweder in den letzten Zügen liegt oder glaubt, die Bevölkerung endlos für dumm verkaufen zu können.

Wie ging es dann weiter?
Mein Partner wollte einen Bus zur Demo am 29.08. organisieren, dadurch haben wir dann andere kennengelernt, die ebenfalls einen Bus von Linz planten – und damit ging es so richtig los. Wir waren dann mit zwei Bussen aus Linz am 29.08. dabei.

Wie hast du den 29.08. erlebt?
Aktiv. Ich hatte in meiner Werkstatt Corona-Anhänger angefertigt, mit auf die Demo genommen und zugunsten von Spenden für den LKW vom „Netzwerk Impfentscheid" unter die Leute gebracht. Damit hatte ich die Möglichkeit, selbst etwas zu tun – Spenden für einen guten Zweck zusammenzukriegen. Es hatte einen Sinn – ich konnte meinen Beitrag leisten. Wenn man unterstützen kann, soll man es tun. Egal wie.

Man ist raus aus der Opferrolle, das fühlt sich besser an?
Ja genau. Außerdem bin ich einigen Menschen begegnet, die zu Freunden wurden. Ich habe menschlich davon profitiert.

Beruflich hat dir dein Widerstand aber geschadet?
Im Nachhinein nicht unbedingt. Aber meinen Job bin ich los.

Wie ist das passiert?
In Berlin war ich bereits mit der Netzmaske unterwegs, nach dem Urlaub ging ich wieder ins Geschäft zurück und hatte entschieden, nur Netzmaske zu tragen. Ich war als Juwelierin in einem Einkaufszentrum tätig. Anfangs wurde die Maske toleriert – von allen Kunden gab es nur positive Reaktionen, denn alle hatten Verständnis, dass man in zehn Stunden auch atmen muss. Ich habe mit starken Beschwerden, Kopfweh, Übelkeit und Kreislaufstörungen auf die Maske reagiert. Meine Kollegen haben mich von Anfang nicht ernst genommen, obwohl ich sie immer auf die Entwicklung hingewiesen habe. Ich habe sie gefragt, ob sie Zustände wie in Australien haben wollen, ob sie auf ihre Menschenrechte verzichten wollen – hat aber keinen interessiert.

Dann wurde die Maske nicht mehr akzeptiert und auch mein Attest nicht anerkannt. Endgültig eskaliert ist es, als einige Kolleginnen sich zu Blockwarten entwickelten. Obwohl ich harmoniebedürftig bin – es war einfach Schluss. Ich konnte da nicht einknicken. Ich muss nicht nach Berlin fahren und demonstrieren, um nach Hause zu kommen und brav die Maske aufzusetzen. Insbesondere, wenn ich genau weiß, dass es mir nicht gut dabei geht – körperlich und seelisch.

Mein Entschluss stand: Sollen sie mich doch kündigen. Es kommt sowieso eine Umwälzung auf uns zu, es ist schon ganz egal. Nächstes Jahr wird es für alle anders als in der Vergangenheit. Mache ich das Beste daraus, ändere mich gleich mit. Es ist die Zeit der Veränderung, die habe ich genutzt.

Bist du immer so konsequent?
Konsequenz ist eigentlich keine meiner Stärken – weder beim Rauchen noch beim Sporteln – aber wenn man mich so unter Druck setzt, dann ist eine rote Linie erreicht, die eine Konsequenz erforderlich gemacht hat, die ich vorher nicht von mir kannte.

Wie geht es jetzt weiter?
Seit Anfang Oktober bin ich arbeitslos. Ich habe noch meine Abfertigung erhalten – nach 20 Jahren Mitarbeit bei dieser Firma haben wir uns auf einvernehmliche Kündigung geeinigt. Ich bekomme ab und zu Job-Angebote vom AMS – Vorstellungstermine sind aber auf nächstes Jahr verschoben. Derzeit überschlagen sich die Ereignisse und Gesetze – man weiß nicht, wie man reagieren soll, man kann nicht für die nächste Woche planen. Also erhole ich mich jetzt erstmal. Da ich nicht anspruchsvoll bin, weder Ski-Urlaub noch Kosmetikerin brauche und die Hälfte meiner Klamotten vom Flohmarkt stammen, mache ich mir keine Sorgen. Die Zeit hat mir gezeigt, wie wenig man braucht und was wirklich wichtig ist.

Du warst auch mutig genug, um dich auch auf Widerstand in der Familie einzustellen.
Ja, aber was sollte ich machen? Meine Mama mit 91 Jahren – ohne Internet – glaubt, dass sich alle für uns aufopfern und trotzdem massenhaft Menschen sterben. Anfangs war sie mir gegenüber sehr aggressiv, warf mir vor, ich sei in einer Sekte, einer Gruppe von Hasspredigern, und laufe mit Nazis. Aber ich war ihr nicht böse, was soll ich in ihrem Alter erwarten, also haben wir das Thema tunlichst vermieden, bis sie jetzt ins Altersheim kam. Dort musste ich sie vor der Tür – wie einen Hund vor dem Tierheim – abliefern, weil man auf einmal, ohne Vorankündigung, einen gültigen PCR-Test benötigte, um das Haus zu betreten. Das war schon sehr traurig.

Bei meiner Tochter war es ähnlich und doch anders. Sie lebt in Japan unter völlig anderen Umständen. Sie hat zwei Kinder, Haushalt und Job, und daher ganz andere Prioritäten. Sie stand mir sehr kritisch gegenüber – alles war „Verschwörungstheorie", „Fake-News" und ich war „auf einem Trip". Zu meinem Geburtstag wünschte ich mir von ihr, dass sie sich ein Video anschauen sollte. Ein gutes Verhältnis war mir wichtig, und einen Dauerkrieg mit der eigenen Tochter wollte ich unbedingt vermeiden. Das Video hat Fakten aus offiziellen Quellen zusammengefasst, was ihre Position verändert hat. Sie versteht jetzt, warum ich mache, was ich mache, und nicht will, was auf uns zukommt. Sie kann sich aber immer noch nicht vorstellen, dass der Sumpf dahinter so tief ist ... mit zwei kleinen Kindern schaut man dann wohl lieber weg. Mir war es wichtig, dass sie mal die Informationen erhält und anfängt nachzudenken. Das habe ich erreicht und sie nicht total verloren, wie ich zwischendurch fast befürchtet habe.

Hat sich dein Freundeskreis verändert?
Ein paar wenige Freunde haben mir die Freundschaft gekündigt, auf die kann ich verzichten. Ich habe als Jugendliche meine Mama gefragt, wie das mit dem Holocaust möglich wurde. Warum hat niemand etwas mitbekommen von den KZs, warum hat man Nachbarn denunziert? Jetzt verstehe ich, wie es passieren konnte. Ich will kein Mitläufer sein, ich will die sein, die ich bin, mich nicht verbiegen. Ich kann auf Menschen verzichten, die damit ein Problem haben.

Bist du weiter aktiv?
Aber sicher! Ich gehe jetzt regelmäßig auf Demos, kann offen in Facebook posten, muss auf niemanden Rücksicht nehmen. Ich war bei der Menschenkette Bodensee, bei den Schweigemärschen in Linz, bei Auftritten der Phantomgruppe Oberösterreich sowie Demos in Wien und gehe immer wieder freitags auf das Fest für die Freiheit in Linz, wo wir uns alle treffen, um uns zu vernetzen.

Foto: Thomas Stimmel

Nicht viele geben so leicht ihren Job auf. Hältst du dich für besonders mutig?
Sicher nicht. Ich bin auf jeden Fall nicht so mutig, dass ich mich impfen lasse. Hut ab vor Menschen, die das mit dem völlig neuen Impfstoff riskieren. Ich weiß, dass es immer irgendwie weitergeht, fokussiere mich auf das Positive. Ich habe in Berlin eine interessante Frau, eine Schamanin, kennengelernt, die mir neue Blickwinkel eröffnet hat, was mir hilft, im Positiven zu bleiben und das Gute zu erwarten. Wie es auch ausgeht, es geht für alle gleich aus. Ich habe mich aber wenigstens nicht zu Tode gefürchtet. Man muss zwar über manche Schwellen rübersteigen – wie bei meinem Job – aber was soll sein? Bevor ich mich verbiege, geh ich lieber putzen. Ich halte mich an das Zitat von Klaus Kinski: Keiner weiß, wo der Weg hingeht, aber jeder kann sich entscheiden, ob er ihn aufrecht geht oder kriecht. Ich krieche nicht. So leicht mache ich das „denen" nicht. Ich will mich nicht vor meinen Enkeln schämen müssen.

Danke für deinen Mut und die Inspiration, dieses Buch zu schreiben!

Moritz, Lina und Steffen: Fluchtpunkt Schulklo

Andrea Drescher

Foto: Privat

In den 1960ern wurde heimlich auf dem Klo in der Schule geraucht, in den 1970ern kam das Kiffen dazu und auf gemischten Schulen sicher noch das eine oder andere, was sich jeder vorstellen kann, der mal jung war. Heute treffen sich Schüler auf dem Klo und schütteln sich die Hände oder umarmen sich. Jedweder Körperkontakt ist nämlich auf dem Schulgelände strikt untersagt, wie Moritz S., ein 13-jähriger Gymnasiast aus Bayern, erzählt. In dem CSU-regierten Bundesland müssen die Schüler in der Regel selbst beim Sportunterricht die Maske tragen. Da er als Maskenbefreiter schon genügend Probleme in der Schule hat, wurde das Gespräch mit Moritz und seinen Eltern anonymisiert.

An „der Maske" scheiden sich die Geister, die Spaltung der Gesellschaft verlief niemals so tief wie heute entlang der Entscheidung, eine Maske zu tragen oder eben nicht. Besonders für Kinder und Jugendliche hat Corona seit Frühjahr einschneidende Veränderungen mit sich gebracht, wie Moritz und seine Eltern Lina und Steffen im Interview berichten.

Wie habt ihr die erste Phase der Corona-Pandemie erlebt?

Moritz: Wir hatten Schule zuhause. Das bedeutete, am Computer zu sitzen und jede Stunde nachzuschauen, ob neue Aufgaben geschickt worden waren. Jeder Lehrer hat das irgendwie anders gemacht. Von einem kamen täglich Aufgaben, andere hatten Wochenpläne und von manchen erhielten wir die Aufgaben per E-Mail irgendwann. Es gab Mails, die Schul-Cloud und den Messenger – irgendwie ein großes Chaos.

Lina: Man merkte, dass niemand wirklich auf Home Schooling vorbereitet war, weder die Schulen noch die einzelnen Lehrer. Ich habe gemeinsam mit Moritz immer überprüft, was zu tun ist, und habe ihm geholfen, wenn er nicht weiterkam. Aber es war auch für mich schwierig, den Überblick zu bewahren, was er alles tun sollte.

Gab es Unterstützung seitens der Lehrer?
Moritz: Nein. Die Aufgaben kamen mit den Lösungen. Wenn ich Fragen an die Lehrer geschickt habe, weil ich mit einer Aufgabe nicht zurechtkam, wurden die meist sehr spät beziehungsweise gar nicht beantwortet. Es gab auch viele technische Probleme. Der Messenger hat bei mir irgendwann nicht mehr funktioniert, die Cloud brach auch immer wieder zusammen – es waren einfach zu viele gleichzeitig online. Und die Lehrer wussten wohl auch nicht, wie sie das alles bewältigen sollten.

Hat euch das als Familie belastet?
Steffen: Wir hatten Glück. Moritz ging anfangs noch zum Rudern, sodass er ein wenig Ausgleich hatte. Lina arbeitet sowieso von zuhause, und für mich bedeutete es auch keinen großen Unterschied, ob mein Computer zuhause oder im Büro steht. Wir haben uns vor Corona immer wieder gezofft und zoffen uns jetzt immer wieder. Aber wir kommen als Familie gut miteinander klar, anstrengender als sonst war es jedoch definitiv.

Moritz: Ich konnte es ganz gut zuhause aushalten, bei uns gab es keine gröberen Probleme. Aber von anderen aus meiner Schule weiß ich, dass die ganz schön heftige Krisen hatten. Da habe ich Glück gehabt. Wir waren aber alle froh, dass ich nach Pfingsten dann wieder jede zweite Woche in die Schule gehen durfte.

Ihr hattet wieder Präsenzunterricht, wie sah der denn aus?
Moritz: Die Klassen wurden aufgeteilt und wöchentlich im Wechsel unterrichtet. Es war schon ein komisches Gefühl, man kommt in die Schule und die Hälfte der Klasse ist weg. Es gab strikte Verhaltensregeln, mit Händewaschen, Aufstellen, Links- und Rechtsverkehr, Abstände einhalten oder einfädeln lassen wie im Autoverkehr. Alles wird sehr scharf kontrolliert. Es gab die Maskenpflicht im Bus, im Schulgelände und im Schulgebäude auf dem Weg zum Platz, aber während des Unterrichts konnten wir sie dann wenigstens ablegen. Das war für mich gerade noch okay. Ich habe nämlich große Probleme mit der Maske, bekomme sehr schnell Kopfweh, wenn ich sie länger tragen muss.
Steffen: Für mich deuten diese Hygieneregeln auf totalitäre Strukturen, eine totalitäre

Erziehung hin. Die Kinder werden massiv beeinflusst, zum Gehorsam erzogen, zum willigen Mitmacher gedrillt. Und die wichtigen sozialen Kontakte untereinander gehen letztlich verloren.

Moritz: Wir saßen jeder einzeln am Tisch, ich habe mich schon sehr allein gefühlt. Auch in den Pausen waren wir isoliert. Jede Klasse hatte ihren eigenen Sektor für die Pause. Eine Begleitperson achtete darauf, dass wir allein blieben und immer unsere Masken trugen. Sie haben uns ständig beobachtet. Ich saß allein auf einem Stein und durfte die Maske nur abnehmen, wenn ich etwas essen wollte. Sobald sich zwei Schüler zu nahe kamen oder die Maske nicht ordnungsgemäß auf hatten, wurden sie ermahnt. Das ist auch jetzt noch so.

Lina: Mich erinnert das an Hofgang von Inhaftierten unter den Augen von Gefängniswärtern. Und das bei Jugendlichen. Das ist doch nicht normal.

Moritz: Wir müssen uns auch in jeder Pause die Hände waschen, und das mit kaltem Wasser und einer ziemlich unangenehmen Seife. Die Lehrer kommen und reinigen die Tische und auch die Hände stündlich mit einem stinkenden Desinfektionsmittel. Da ich Neurodermitis habe, vertrage ich das nicht so gut. Das ständige Waschen und Desinfizieren trocknet die Haut aus und die Neurodermitis wird schlimmer. Aber am übelsten war und ist es für mich, ständig beobachtet zu werden. Diese Dauerkontrolle war richtig unangenehm. Ich war froh, als endlich Ferien waren.

Wurde es nach den Ferien besser?
Moritz: Nein. Es wurde schlimmer. In Bayern mussten wir bis zum 18. September auch im Unterricht eine Maske tragen. Wir gehen zwar alle zusammen in den Unterricht und sitzen wieder zu zweit ohne Abstand an den Tischen, aber es ist jetzt echt unangenehm in der Schule geworden. Der Maskenzwang während der Stunde wurde zwar zeitweilig aufgehoben – aber wer weiß, wie lange das gilt.

Was ist denn so unangenehm?
Moritz: Zum einen die Maske selbst, weil ich sie nicht vertrage. Sechs Stunden Maskentragen im Unterricht pro Tag, fast ohne Pause, das hat mich fertiggemacht. Auch wenn ich mehr Masken mitgenommen habe als die zwei bis drei, die von der Schule gefordert wurden – die waren ständig feucht. Ich bekam immer häufiger Kopfweh und war in schlechter Verfassung. Wir dürfen sie in den Pausen ja auch nur absetzen, wenn wir essen. Und das, obwohl alles wieder so durchorganisiert wurde, dass wir uns in der Pause gar nicht zu nahe kommen können.

Jede Klasse hat ihren eigenen Eingang. Der Weg ins Klassenzimmer ist vorgeschrieben, es ist auf die Minute vorgegeben, wann man loslaufen soll. Das ist wie ein Fluchtwegeplan für eine große Katastrophe und wird auch genau eingehalten, weil die Lehrer das immer kontrollieren. Trotzdem: Maskenpflicht bleibt Maskenpflicht. Wenn man sie absetzt, gibt es mit einigen Lehrern gleich Ärger. Selbst als ich einem Lehrer sagte, dass ich wegen des Kopfwehs ohne Maske an die frische Luft gehen wolle, hat er das nicht erlaubt, sondern mich nur in die Nähe eines Fensters gesetzt, wo es mehr Luft gab.

Ganz übel ist der Sportunterricht: Basketball spielen bei über 30 Grad im Freien mit Maske. Basketball ist offiziell die einzige Mannschaftssportart, die noch gespielt werden darf, weil Körperkontakt verboten ist beziehungsweise als Foul gilt. Damit habe aber nicht nur ich Schwierigkeiten. Immer wieder ziehen sich Mitschüler die Maske vom Gesicht, um durchzuschnaufen – und unser Lehrer guckt auch ab und zu absichtlich lang weg ... bis er dann sagt, dass wir die Regeln wieder einhalten müssen.

Lina: Als Moritz uns das erzählte, war klar, dass wir endgültig einschreiten mussten. Sportunterricht bei Hitze im Freien mit Maske grenzt an Körperverletzung. Wir haben mit unserem Arzt gesprochen, der ihm dann auch sofort ein Attest ausgestellt hat.

Mit Diagnose?
Steffen: Nein. Es wird nur bescheinigt, dass Moritz den MNS aus gesundheitlichen Gründen nicht länger als 5 bis 10 Minuten tragen dürfe.

Gibt das keine Probleme?
Steffen: Wir haben dem Direktor das Attest vorgelegt. In den Verordnungen des Kultusministeriums heißt es ja, dass die Eltern glaubhaft machen müssen, dass ein Kind keine Maske tragen kann, aber nicht warum. Unser Arzt meinte auch, dass sich das Gesundheitsamt im Falle von Rückfragen gerne an ihn wenden könne.

Lina: Wir haben uns mit dem Direktor verständigt, dass Moritz eben ein Kinnvisier tragen wird. Die sind in Bayern ebenso wie Vollvisiere eigentlich verboten, aber an unserer Schule erlaubt, wenn man eine Maskenbefreiung hat.

Hat sich die Situation für dich damit verbessert?
Moritz: Nein – eigentlich nicht. Gesundheitlich geht es mir zwar wieder besser, aber seit ich das Attest habe und nur das Visier trage, gibt es Ärger mit Mitschülern und Lehrern. Das ist ziemlich anstrengend.

Was ist denn los?
Moritz: Ein Junge in meiner Klasse, den ich früher nett und korrekt fand, hat mir gesagt, das Visier bringe gar nichts, weil die Viren ja überall rausfliegen können, und ich würde alle Schüler mit den Aerosolen gefährden. Dann hat er mir „Corona in die Lunge" gewünscht, damit ich nicht mehr atmen kann und endlich einsehen würde, wie schlimm Corona sei. Also ich war ziemlich schockiert, dass sich dieser nette Typ so vollkommen verändert hat. Er hat seitdem nicht mehr mit mir geredet, nur noch abfällig hinter mei-

nem Rücken gestänkert. Jetzt bin ich der Außenseiter, denn ich bin der Einzige in der Schule mit Visier. Da kann es schon passieren, dass ich auf dem Weg zur Toilette blöde angemault werde. Alle wollen ihre Überlegenheit zeigen, in dem sie zeigen, wie gut sie beim Einhalten der Regeln sind.

Lina: Das grenzt an Mobbing. Das Verhalten der Schüler erinnert mich an den Film „Die Welle" – da wurde ja auch Disziplinierungsdruck durch Mitschüler aufgebaut.

Mobben dich jetzt alle Mitschüler?
Moritz: Nein. Manche rebellieren sogar heimlich, helfen mir. Wir tauschen Zettel aus, treffen uns am Klo und umarmen uns. Aber offen so wie ich verhält sich keiner. Zumindest kenne ich niemanden, denn wir sehen ja auch nur wenige andere Schüler außerhalb unserer Klasse. Zusammentreffen in der Schule werden durch die Regeln ja vermieden. Ich weiß von einem Mädchen in meiner Klasse, deren Mutter sich bei „Eltern stehen auf" engagiert. Aber sie wehrt sich überhaupt nicht. Viele halten sich einfach raus, machen das, was befohlen wird, auch wenn sie es wohl nicht wirklich einsehen.

Steffen: Das meine ich – die Kinder werden zu willigen Soldaten erzogen. Blinder Gehorsam, nur nichts hinterfragen – und diese Erziehung zeigt bereits Wirkung. Für mich ist das unfassbar. Und das geht ja schon im Kindergarten los. Die Kleinen werden mit 1,5 Meter Abstand aufgereiht und desinfiziert. Dieses Social Distancing führt dazu, dass sie von klein auf konditioniert werden. Ich habe keine Ahnung, wo uns das hinführen soll. Was Moritz von manchen seiner Lehrer erzählt, lässt mich Schlimmes befürchten.

Wie verhalten sich denn die Lehrer?
Moritz: Auch das ist unterschiedlich. Es gibt welche, die machen mir das Leben jetzt richtig schwer. Einer kam an meinen Tisch und zweifelte an, ob das mit dem Visier erlaubt sei. Er werde mit dem Direktor und mit meinen Eltern sprechen. Er ist sonst ein guter Lehrer, aber hier macht er richtig Stress. Und der Druck durch die Hardliner bei den Lehrern wird immer größer.

Wie meinst du das?
Moritz: Jede Stunde müssen die Lehrer auf die Hygieneregeln hinweisen. Das tun sie auch meistens ganz normal. Aber ein Lehrer ist richtig aggressiv. Er spricht von Covidioten und sagt, dass die, die Corona anzweifeln, die gleichen sind, die an die flache Erde glauben. Er hat uns auch schon erklärt, dass wir die Maske anziehen müssen, um die Wirtschaft aufrecht zu halten. Wenn wir keine Maske tragen, dann können mehr Infektionen kommen, und dann wäre ein wirtschaftlicher Zusammenbruch unvermeidbar. Wenn unsere Eltern arbeitslos werden, sind wir Kinder daran schuld. Aber manche Lehrer finden es sogar cool, dass ich das mit der Maskenbefreiung durchziehe. Nur richtig laut sagen traut sich das wohl keiner.
Lina: Das ist auch unsere Erfahrung aus dem Gespräch mit dem Direktor. Er steht dem

Ganzen wohl auch eher kritisch gegenüber.

Hat er das explizit gesagt?
Lina: Nicht direkt. Er sagte, dass es schon etwas eigenartig sei, dass sich die Schüler vor der Schule küssen und umarmen und man auf dem Schulgelände gezwungen sei, die Kinder diesen strikten Abstandsregeln und den Masken zu unterwerfen. Aufgrund der unzähligen Verordnungen – ständig kommen neue Maßnahmen dazu oder werden Vorgaben geändert – steht er unter enormem Stress. Mitarbeiter sind wegen positiver Testergebnisse nach dem Urlaub ausgefallen und das Kollegium ist – wie die ganze Gesellschaft – total gespalten in Befürworter und Gegner der Maßnahmen sowie Mitmacher. Erlaubt er sich einen Fehler, kann ihn das den Job kosten. Es wurde ja bereits ein Schulleiter in Brandenburg suspendiert. Diese Zwangslage wird durch das Damoklesschwert eines möglicherweise positiv getesteten Schülers verschärft, was zu Massentestungen der ganzen Schule führen könnte. Was auch keiner will. Sein einziges Ziel ist es, den normalen Schulbetrieb wieder aufnehmen zu können. Das Ende der Maskenpflicht im Unterricht ist da immerhin ein Lichtblick.

Moritz: Im Musikunterricht hat uns der Lehrer gebeten, die Masken im Unterricht anzubehalten. Ich wurde von ihm sofort auf einen Platz abseits der restlichen Klasse umgesetzt, da ich eine Befreiung habe und mich deshalb 1,5 Meter von den anderen fernhalten muss. Dieser Lehrer sagte auch, dass es Menschen gibt, die nicht an das Coronavirus glauben, wir Gymnasiasten müssten aber schlauer sein als andere. Im Verlauf des Unterrichts haben drei weitere Schüler die Maske abgenommen beziehungsweise unter ihr Kinn gezogen. Ich blieb aber die ganze Zeit separiert. Im Deutschunterricht mussten wir die Maske jedes Mal anziehen, wenn die Lehrerin durch die Reihen gelaufen ist oder wenn jemand aufgerufen wurde. Also vor dem Sprechen: Maske auf. Nach dem Sprechen: Maske runter.

Steffen: Dazu ist die Maskenpflicht auch noch abhängig von den Infektionszahlen beziehungsweise von der Zahl positiv Getesteter. Wird die Grenze von 35 auf 100.000 Einwohner erreicht, gilt sofort wieder die Maskenpflicht im Unterricht. In Würzburg ist das bereits der Fall und sie wurde bis 2. Oktober verlängert. Ab 50 auf 100.000 positiv Getestete werden die Klassen wieder aufgeteilt und das Home Schooling beginnt erneut. Für mich ist das kein Lichtblick, sondern einfach eine Option für weitere zukünftige Willkür. Man muss nur genug Menschen testen, um eine entsprechend hohe Zahl positiver Ergebnisse zu bekommen. Wir müssen uns konsequent weiter wehren.

Wie wehrt ihr euch denn?
Steffen: Neben den Gesprächen mit Lehrern und Direktoren gehen wir regelmäßig auf die Demonstrationen in der Region, aber auch überregional, verteilen Informationen von Klagepaten in der Öffentlichkeit und tauschen uns mit anderen Eltern aus. Obwohl auch die Elternschaft gespalten ist: Es werden immer mehr, die mit diesen Maßnahmen

nicht einverstanden sind.

Lina: Was augenblicklich passiert, darf so nicht weitergehen. Für mich selbst hätte ich wohl noch einiges hingenommen, Steffen vermutlich auch, weil wir eigentlich nur ein ruhiges Leben führen wollen. Aber hier geht es um die Gesundheit und die Zukunft unseres Sohnes. Da ist für mich als Mutter – für uns als Eltern – die rote Linie definitiv überschritten.

Was wünschst du dir denn für die Zukunft?
Moritz: Ich wünsche mir, dass es wieder besser wird. Ich fände es ganz wichtig, dass die Politiker auch mal auf die kleinen Leute hören, dass man unseren Problemen auch mal Aufmerksamkeit schenkt. Ich möchte wieder ein normales Leben, ich brauche den sozialen Kontakt mit meinen Freunden in der Schule – ich möchte wieder in eine normale Schule gehen können.

Dann hoffen wir, dass dieser Wunsch bald in Erfüllung geht. Euch alles Gute – und danke für das Gespräch.

Norbert Fleischer: Zeit, das „letzte Gefecht" zu beenden

Christiane Borowy

Foto: Privat

Norbert Fleischer, Baujahr 1978, aufgewachsen in Karl-Marx-Stadt (jetzt Chemnitz), war noch zu DDR-Zeiten Jung- und Thälmannpionier, erlebte seine späte Kindheit und Jugend unter den wechselhaften Eindrücken von Sozialismus, Friedlicher Revolution, Wiedervereinigung, Kapitalismus sowie den Irak- und Jugoslawienkriegen. An der Hochschule Mittweida studierte er Medienmanagement. Nach Stationen bei verschiedenen Tageszeitungen lebt und arbeitet er heute freiberuflich als filmender Journalist in Leipzig. Für seinen ersten Film „Ramstein – Das letzte Gefecht" wurde er 2017 in der Kategorie „Macht" mit dem Alternativen Medienpreis ausgezeichnet.

Herr Fleischer, Sie bezeichnen sich selbst gern als „Media Guy". Wie sind Sie zu den Medien gekommen? Was hat man von Ihnen schon gelesen, gesehen und gehört? Bitte stellen Sie sich doch kurz vor.

Naja, das war eigentlich ganz einfach: Zuerst habe ich in Mittweida etwa fünf Jahre lang Medienmanagement studiert, das ist ein eng getakteter Studiengang, bei dem man im Prinzip lernt, wie man einen Fernsehsender, eine Radiostation und andere Medien gründet und betreibt. Wir sind ab dem ersten Semester als Drehteams mit den Kameraausrüstungen der Hochschule um die Häuser gezogen, haben Leute auf der Straße interviewt. Bei den zumeist älteren Einwohnern dieser Kleinstadt waren wir wohl weniger beliebt als vielmehr „gefürchtet". Aber es hat großen Spaß gemacht, in den Redaktionen der Hochschulmedien mitzuarbeiten. Danach war ich in meiner Mainstreamphase, habe ein paar Jahre bei verschiedenen Zeitungen als Redakteur über Innere Sicherheit, Kommunal- und Landespolitik geschrieben. Dabei habe ich auch überwiegend die privaten Fernsehsender, aber auch mal den MDR oder das ZDF, mit Inhalten für ihre Sendungen beliefert, also mit den Geschichten, Fotos oder auch nur Kontaktadressen. Eine Geschichte von mir landete sogar mal in der türkischen „Hürriyet". Mein Steckenpferd waren, neben Mord und Totschlag, die vielen kleinen Skandale im damaligen Chemnitzer Regierungsbezirk. Da gab es manchen Lokalpolitiker, der bis über beide Ohren im „Schwarzen Filz" verstrickt war, öffentliche Gelder abzweigte oder, fern jeglicher Kontrolle, wie ein Provinzfürst des Mittelalters Entscheidungen durchboxte, die seinen anderen CDU-Kumpels Wählerstimmen, Steuergelder oder noch mehr Macht sicherten.

Einer von ihnen gab zum Beispiel jedes Jahr frei erfundene Fahrtenbücher für seinen Dienstwagen ab, mit dem er im echten Leben privat durch ganz Frankreich kurvte. Eine Geschichte, auf die ich ziemlich stolz bin, war das Verbot der rechtsradikalen Kameradschaft „Sturm 34", die eine Zeit lang allabendlich Studenten meiner ehemaligen Hochschule krankenhausreif prügelte. Die anderen Medien schien das nicht weiter zu kümmern, aber ich konnte durch konsequente Berichterstattung über jeden einzelnen Fall schließlich politischen Druck im Landtag erzeugen, der schließlich, als dann endlich auch die anderen Lokalmedien darüber berichteten, dazu führte, dass der sächsische Innenminister die Kameradschaft auf die Verbotsliste setzte.

Nach meiner Episode bei der „BILD"-Zeitung in Dresden habe ich mich dann den sogenannten „Alternativen Medien" gewidmet, die ja eigentlich nur „Neue Medien" sind. Bei NuoViso.TV führte ich einige Interviews und produzierte meinen ersten Dokumentarfilm „Ramstein – Das letzte Gefecht", für den ich dann sogar den „Alternativen Medienpreis" gewann. Ungefähr eine halbe Million Menschen haben ihn seither auf YouTube, DVD und im Kino gesehen.

Ist es nicht der Traum eines Berufsjournalisten, eine Karriere bei den Mainstream-Medien zu machen und den Pulitzerpreis zu gewinnen? War das auch mal ihr Traum, oder ist das ein Klischee?
Seltsamerweise hatte ich weder das eine noch das andere im Sinn, als ich mich für den Studiengang entschied. Mir ging es weder um Ruhm noch um Reichtümer. Ich wollte einfach irgendwie diese Welt besser machen, die mir schon in der Abiturzeit ziemlich kaputt und freudlos vorkam. Und ich wollte mir die technischen Fähigkeiten aneignen, meine Kreativität auch in elektronischen Medien ausleben zu können. Dabei war ich schon immer mehr der Typ für „hinter der Kamera". Vor die Kamera wollte ich eigentlich nie. Ich wollte Menschen zeigen, die etwas falsch machen, oder Pioniere, die etwas richtig tun.

In der ersten Seminarstunde im Fach Fernsehlehre gab dann jedoch der Medien-Dekan als Allererstes die sinngemäße Losung aus, dass es in unserem Studium sehr wohl vor allem ums Geld in den Medien ginge. Er zitierte dazu einen Leitspruch, den ich nie vergessen werde: „Das Programm ist die Zeit zwischen den Werbeblöcken". Also lediglich eine je nach Belieben austauschbare Manövriermasse, die Werbekunden anlocken sollte. Im Studium fand ich mich am ersten Tag unter Kommilitonen wieder, die nicht wie ich etwa die Welt verbessern wollten, sondern die überzeugt waren, dass sie, die Studentinnen, *so* unwiderstehlich seien, oder, die männlichen Studenten, *so* cool, dass sie *UNBEDINGT* ins Fernsehen gehörten, wohin denn sonst? An diesem ersten Studientag bekam also mein Bild vom edlen Wesen des Fernsehens und des Journalismus schon ordentliche Risse, die mit der Zeit immer größer statt kleiner wurden. Heute weiß ich, dass es naiv von mir war, anzunehmen, dass Gerechtig- und Wahrhaftigkeit die wichtigsten Motive für angehende Medienmacher seien. Der Antrieb vieler angehender Medienmacher, berühmt zu werden und Karriere zu machen, ohne zu wissen, für welche Sache eigentlich, ist meiner Meinung nach alles andere als ein falsches Klischee.

Schließlich sind Sie von NuoViso.TV weggegangen. Warum?
(Lacht) Es gibt einen Spruch, der lautet: „Man soll aufhören, wenn es am Schönsten ist.“ Das Motto klingt ironisch, hat aber einen ernsten Hintergrund: Als Journalist sehe ich mich nicht in einem statischen Hamsterrad, das sich bis zur Rente am selben Ort um sich selbst dreht, sondern ich sehe mich auf einer langen Reise auf der Suche nach neuen Erkenntnissen und Wahrheit. Ich hatte das Gefühl, dass ich nichts Neues dort mehr lernen konnte, dass meine eigene Entwicklung stagnierte und meine Kreativität darunter sehr litt.

Man steigt meist dann aus und wählt einen neuen Weg, wenn man die eigenen Werte nicht mehr vertreten sieht. Was, würden Sie sagen, sind die Werte, die Ihnen am wichtigsten sind und die im Journalismus erfüllt sein müssen?
Die wichtigste Eigenschaft, die eine menschliche Spezies vor dem Hintergrund der Evolutionsregeln erfüllen muss, ist ihr Überleben. Um dieses Ziel erreichen zu können, ist friedliches, zivilisiertes Zusammenleben eine zwingende Voraussetzung. Meine Berichterstattung war deswegen immer angetrieben von dem Wunsch, dass Menschen sich nicht gegenseitig die Köpfe einschlagen, zum Beispiel, weil sie verschiedene Religionen haben oder weil sie von dem Wunsch beseelt sind, andere für sich auszubeuten. Frieden an sich ist in jeglicher Hinsicht für mich der wichtigste, der grundsätzlichste aller ethischen Werte, aus dem sich alle anderen Werte als Voraussetzungen ableiten lassen, die als moralisch erstrebenswert gelten. Wahrheit ist so eine wichtige Voraussetzung für Frieden. Wenn eine US-Regierung zum Beispiel einen Auslandsgeheimdienst unterhält, der, wie Trumps Außenminister und ehemaliger CIA-Chef Mike Pompeo selbst erklärt hat, zum Lügen, Betrügen und Stehlen da ist,[1] dann sollte jedem Journalistenkollegen schon vom Grundsatz her klar sein, dass diese Regierung und diese Nation offensichtlich andere Ziele verfolgt als den Frieden mit ihren Mitmenschen auf dem restlichen Erdball. Und er sollte, weil es den meisten Mitmenschen immer noch nicht klar ist, so lange über die Lügen und die Betrügereien berichten, bis es wirklich alle begriffen haben. Nur so können Menschen überhaupt ihr Verhalten ändern, indem sie verstehen, was sie falsch gemacht oder geglaubt haben. Man mag zu den US-Lügen einwenden, dass Mike Pompeo inzwischen nicht mehr der Außenminister ist. Ja, das ist so – aber die CIA ist immer noch dieselbe.

„Ramstein – Das letzte Gefecht“ ist ein Dokumentarfilm, bei dem Sie Regie geführt haben. Können Sie sich noch an den Moment erinnern, wo Sie waren und wer dabei war, als Sie sich zu diesem Schritt entschieden haben, oder ist das eher ein langsamer Prozess gewesen, sich mit diesem kritischen Thema so intensiv zu beschäftigen?
Das war schon ein längerer Prozess. Ich wollte einen Film machen über die Macht und die Folgen des angloamerikanischen militärisch-industriellen Komplexes, da hingen

1 Quelle: https://web.archive.org/web/20190804093448/https://www.newsweek.com/china-responds-iran-us-spies-1450789 → Kurzlink: ws1.eu/k/38

sehr zeitaufwändige Recherchen dran. Jedenfalls erinnere ich mich an den Moment, in dem ich mich auf den Filmtitel festlegte: Als ich verstanden hatte, dass die US-Militärbasis in Ramstein nicht nur ein Soldatenflugplatz ist, sondern mit seinen Anlagen und Bunkern vielmehr das größte und wichtigste Kriegsdrehkreuz überhaupt außerhalb der USA, wusste ich: Ohne diese Air Base hätten all die Kriege und Kriegsverbrechen, die wir in den vergangenen zwanzig Jahren erleben mussten, so nicht stattfinden können. Außerdem dürfte es nach unserem Recht und Grundgesetz ein solches Kriegsdrehkreuz auf deutschem Boden gar nicht geben. Ramstein zu schließen wäre zwar ein großer Kampf auf politischer Bühne, aber womöglich wäre es der letzte Kampf um den Frieden, das letzte Gefecht sozusagen, das auf unserem Boden zu führen wäre, für jene Völker, die noch nicht von den Drohnensignalen via Ramstein gehört hatten, oder erst dann, als es für sie bereits zu spät war.

Wenn man eine Doku macht, die kritisch mit militärischen Aktivitäten der USA umgeht, legt man sich zwangsläufig mit den Mächtigen an, oder? Gab es Momente bei dem Dreh, in denen Mut gefragt war?
Das kann man wohl sagen. Obwohl ja sowohl die Air Base selbst als auch alles Gelände rundherum deutsches Hoheitsgebiet ist, reklamiert die US Air Force selbst die langen Zufahrtswege als ihr Territorium, das den USA gehöre. Dort mit einer Kamera aufzutauchen, gefiel ihnen gar nicht. Beim ersten Dreh vor der Einfahrt zum Stützpunkt wurden wir von wenig amüsierten Soldaten am Drehen gehindert. Als ich mich als Pressevertreter auswies und auf meine Rechte der Presse- und Informationsfreiheit bestand, wurde ich von fünf Mann umstellt, alle bewaffnet, die die Löschung des Materials von mir forderten – ein für deutsche Verhältnisse sehr schwerer Verstoß gegen die Pressefreiheit.

Wie ist die Situation ausgegangen?
Es kam ein sechster Uniformierter hinzu, in einem Wagen der US-Militärpolizei, mit einem Einsatzhund darin, der mir jedes Mal, wenn ich nach dem Grund für die Löschung meines Materials fragte, mit dem Satz antwortete, ich solle mich ruhig verhalten und mich fügen: „Machen Sie mal halblang, mein Hund im Auto ist schon sehr unruhig, der ist schon richtig wild auf Sie." Nun ja. Es blieb mir in dieser Situation zunächst nichts anderes übrig als ihrer Forderung nachzugeben. Die internen Dienstvorschriften der Air Force verbieten es ihrem Personal nicht, Personen von draußen unter Anwendung von Gewalt auf das Gelände der Basis zu verbringen, und wie man auch weiß, haben die USA im Ausland schon mehrere Personen gekidnappt, mit denen sie ein Problem hatten. Überspitzt ausgedrückt: Ich konnte in dem Moment nicht ausschließen, mich eine Stunde später etwa in einem US-Flugzeug in Richtung Guantanamo Bay wiederzufinden.

War damit das Thema für Sie erledigt?
Natürlich nicht. Wir hatten einen Teil der Aufnahmen für uns behalten. Bei der Recherche konzentrierte ich mich auf den rechtlichen Rahmen für den Aufenthalt der

US-Militärs in Deutschland, und die dreiste Lüge, es handele sich um amerikanisches Hoheitsgebiet, sollte eine zentrale Rolle in meinem Film spielen. Wir sind also noch einmal nach Ramstein gefahren, dieses Mal mit mehreren versteckten Kameras, um die Lüge im Detail zu dokumentieren, was auch gelungen ist. Dieses Mal kam dann neben der Military Police auch die deutsche Polizei zum Einsatz. Es war überaus interessant zu sehen, dass die deutschen und die amerikanischen Polizeikollegen durchaus grundverschiedene Ansichten darüber hatten, ob das Pressegesetz an der Torzufahrt zur Air Base seine Gültigkeit hat. Eine Polizeikommissarin hatte uns sogar ausdrücklich mit den Worten „Machen Sie ruhig" erlaubt, zu drehen. Diese Frage, ob in Deutschland die deutsche Presse in Bild und Ton überhaupt vollumfänglich berichten darf, was auf der Air Base vor sich geht, halte ich für die Gretchenfrage bei der Beurteilung, wie es bei uns um die Pressefreiheit bestellt ist.

Wenn Sie einen Blick auf das Weltgeschehen werfen: An welcher Stelle wünschen Sie sich gerade am meisten mutige Menschen?
Das kann ich Ihnen sagen: Direkt vor der Ramstein Air Base, als Begleitschutz für deutsche Journalisten, die von dort aus live für die Tagesschau berichten.

Oleg Muzyka: Wider das Vergessen: Odessa, 2. Mai 2014 – Aufklärung durch Augenzeugen nicht überall erwünscht

Andrea Drescher

Foto: Privat

Am 02.05.2019 jähren sich zum fünften Mal die Ereignisse von Odessa, bei denen insgesamt 48 Menschen – davon 42 im Gewerkschaftshaus – ermordet und Hunderte schwer und schwerst verletzt wurden.

Oleg Muzyka hat in dem Buch „Brennendes Gewissen – der 2. Mai in Odessa und die Folgen" seine Erlebnisse an diesem Tag dokumentiert und will damit, wie auch mit seinen zahlreichen Interviews und Vorträgen, zu einer Aufklärung der Geschehnisse an jenem Tag beitragen.

Zunächst ein kurzer Überblick für all jene, die nicht wissen, was in Odessa geschah: Infolge der Maidan-Bewegung in Kiew entwickelte sich in Odessa Widerstand, da viele der Menschen dort mit den politischen Vorgängen in Kiew – also dem Putsch gegen Präsident Janukowitsch, der Abspaltung von Russland und der Hinwendung zu EU und NATO – nicht einverstanden waren. Auf dem Kulikowo Pole, dem Platz direkt vor dem Gewerkschaftshaus, entstand ein Protestcamp. Die Anti-Maidan-Bewegung war ein demokratischer und gewaltfreier Protest. Mit anfangs 500 Teilnehmern, dann 1000, dann 2000 wuchs der sichtbare Widerstand. Bis zu 25.000 Menschen (lt. Polizeiangaben) demonstrierten für mehr autonome Rechte, ein Referendum zur Föderalisierung, territorial-administrative Reformen, die Anerkennung von Russisch als gleichberechtigte Zweitsprache, freie Wahlen von Gouverneuren, Bürgermeistern, Polizeichefs und anderen Funktionsträgern sowie das Recht, die kulturellen, wirtschaftlichen und verwandtschaftlichen Verbindungen zu Russland zu pflegen.

Der Protest verlief über mehrere Wochen friedlich – bis am 02.5.2014 mehrere Hundert Bewaffnete das Protestcamp in Odessa überfielen. Sie schlugen auf die Menschen im Camp ein und verfolgten Flüchtende bis ins Gewerkschaftshaus, wo sie sich hatten in Sicherheit bringen wollen. Die Zelte des Camps und schließlich das Gewerkschaftshaus wurden in Brand gesetzt. Mindestens 48 Menschen starben in den Flammen, erstickten oder wurden zu Tode geprügelt.

Die Täter – geschweige denn deren Hintermänner – wurden nicht verfolgt. Im Gegenteil: Wer direkt nach dem Pogrom von der Polizei inhaftiert wurde und nur auf öffentlichen Druck der Bevölkerung Odessas drei Tage später wieder frei kam – waren die Überlebenden des Pogroms. Auch 5 Jahre nach den Ereignissen hat noch kein Verantwortlicher vor Gericht gestanden. Eine Aufklärung und die Suche nach den Tätern wird weder in der Ukraine noch in der EU ernsthaft vorangetrieben. Dabei ist sie dringend notwendig.

Danke, dass Sie als Überlebender von Odessa über das, was vor fünf Jahren passiert ist, sprechen. Wie präsent sind die Ereignisse für Sie heute?
Das kann ich nicht sagen, darüber denke ich nicht nach. Es sind Erinnerungen an meine Kollegen und meine Freunde. Ich werde sehr oft nachts im warmen Bett wach und die Erinnerungen an das, was passiert ist, sind direkt vor mir. In den vergangenen fünf Jahren habe ich so viele Veranstaltungen besucht, Vorträge gehalten, Interviews gegeben und das Buch darüber geschrieben – das ist mein Leben heute.

Wie haben Sie früher gelebt?
Ich habe ein ganz normales Leben geführt. Ich kam 1967 gut 100 km von Odessa entfernt auf die Welt. Nach Abschluss der „Odessa National Maritime Academy" – technische Flotte – bin ich danach wie jeder andere zur Armee gegangen, habe geheiratet, wurde Vater einer inzwischen erwachsenen Tochter. Im Anschluss an die Armee fuhr ich als Bootsmann zur See, bis die Sowjetunion zerbrach. Dann wurde ich Unternehmer in der Automobilindustrie, das bin ich noch heute. 2009 wurde ich parteipolitisch aktiv, engagierte mich für soziale Themen in Odessa: Gemeinnützigkeit, Hilfe für alte Menschen und Kinder. Ich wollte die positiven, die sozialen Themen aus der Sowjetzeit in die neue Welt mitnehmen, in der es auch reiche Menschen geben durfte.

Waren Sie als Funktionär bei den Demonstrationen dabei?
Nein. Das war eine spontane, zivile Bewegung von unten, völlig informell. Einfache Menschen gingen auf die Bühne und sprachen. Man wusste zwar, dass ich politisch engagiert war, das hatte aber keine Bedeutung. Jeder durfte sich äußern. Nur wer zur Gewalt aufrief, wurde nicht mehr auf die Bühne gelassen. Es war eine selbstorganisierte Veranstaltung, die von Einwohnern Odessas getragen wurde, keine Partei stand dahinter. Den meisten offiziellen Parteien war es egal, was sich am Platz tat. Nur die kommunistische Partei wollte die Menschen unterstützen, es wurden dann aber keine Parteien zugelassen.

Können Sie Ihre Erlebnisse zusammenfassen? Nur kurz – im Buch gehen Sie ja ausführlich darauf ein.
Wir haben nicht erwartet, dass passieren wird, was passiert ist. Wir haben geglaubt und gehofft, dass man sich in Odessa – einer offenen und toleranten Stadt – friedlich

austauschen kann. Gerade in Odessa kam es zu intensiven Gesprächen zwischen den Maidan-Anhängern und der Anti-Maidan-Bewegung. Wir waren überzeugt, dass wir durch Gespräche zu Lösungen kommen werden. Aber es gab offensichtlich agressive politische Mächte, denen diese friedliche Situation nicht gefiel, die alles getan haben, die Stimmung zu kippen. Und sie waren erfolgreich damit.

Ich war an dem Tag bereits frühmorgens im Camp, habe daher auch die Polizei gesehen, die sich offensichtlich auf irgend etwas vorbereitet hat. Wir selbst hatten keine besonderen Erwartungen. Kinder, Frauen und ältere Leute haben sich ein Konzert angeschaut. Nichts deutete darauf hin, dass etwas passieren würde. Wir waren ja nur Zivilisten ohne jede militärische Ausbildung – niemand hat mit dem gerechnet, was dann kam. Als wir von den Kämpfen zwischen Maidan- und Anti-Maidan-Anhängern am Griechischen Platz hörten, entschied ich mich, mich nicht einzumischen. Bis ca. vier Uhr nachmittags konnte ich auch die anderen davon abhalten. Dann wurde die Unruhe zu groß und wir gingen hinüber, um selbst zu sehen, was los ist. Die Radikalität dort hat mich schockiert. Das war nicht mein Odessa, das war übelste brachiale Gewalt.

Noch heute stelle ich mir immer wieder die Frage: Hätten wir etwas anderes machen sollen, hätte man eingreifen sollen? Ich weiß es nicht. Gegen Abend haben wir uns dann wieder zum Kulikowo Pole zurückgezogen, wo Frauen, alte Menschen und Kinder – es waren fast keine jungen Männer auf dem Platz – Barrikaden bauten, um sich und das Camp zu schützen. Meine Frau rief mehrfach an, warnte mich, warnte uns alle, dass sie im Fernsehen live sehen könne, dass ein bewaffneter Mob zum Kulikowo Pole käme und ich unbedingt weggehen solle.

Warum sind Sie und die anderen nicht geflüchtet?
Ich hatte mit dazu aufgerufen, dass dieser Platz zum Zeichen werden sollte: ein Platz für den Erhalt der russischen Sprache und Kultur sowie demokratischer Gesetze. Ich konnte mir nicht erlauben wegzulaufen, solange noch Frauen und Kinder dort waren. Und ja, die meisten hätten noch fliehen können. Aber sie wollten ihre Stadt und ihre Werte verteidigen – das hatte etwas mit Berufung zu tun.

Aber es hat auch niemand nur im Traum daran gedacht, dass Menschen umgebracht werden könnten! Wir rechneten mit der Zerstörung des Zeltlagers, aber nicht mit Mord und Totschlag. Und wir gingen davon aus, dass uns das Gewerkschaftshaus mit seinen dicken Wänden Sicherheit bieten würde. Für Menschen ohne militärische Ausbildung eine ganz normale Einschätzung, wie ich jetzt weiß. In der Realität bot uns das Haus nur 30 Minuten Schutz, nachdem wir uns hinein geflüchtet hatten. Dann begannen die schlimmen Szenen.

Wir haben alle ums Überleben gekämpft – viele haben es nicht geschafft. Mein jüngerer Bruder kam erst wegen der Angriffe zum Platz, um uns zu helfen. Ich wusste nicht, wo er war, und erfuhr erst Tage später, dass er schwer verletzt überlebt hatte. Auf der Straße wurden Menschen niedergemetzelt, im Gebäude starben viele an Rauch und Feuer. Es hätte vieles verhindert werden können, wenn Polizei und Feuerwehr rechtzeitig eingegriffen hätten – das ist aber nicht passiert. Irgendwann mitten in der Nacht sind wir dann hinausgerannt. Ich habe meinen Bruder unter den Opfern gesucht – es waren so viele, ich konnte ihn nicht finden.

Irgendwann ging dann ein grelles Licht an. Die Polizei kam und verhaftete die Überlebenden – also uns Anti-Maidan-Aktivisten. Die Euromaidan-Anhänger und die Schläger des rechten Sektors blieben von der Polizei unbehelligt. Wir wurden durch den Korridor des Todes gejagt – mit Baseballschlägern niedergeknüppelt – und die Polizei schaute zu. Dann wurden wir ins Gefängnis gebracht, unsere Daten aufgenommen, und ich kam in Einzelhaft. Es gab so viele Verhaftungen, dass sie die Frauen freiließen. Dann ging alles sehr schnell. Wir wurden verhört, eine Anklageschrift vorgelegt – aber am 04.05. gab man dem Druck der Öffentlichkeit nach und ließ uns wieder frei.

Gab es Unterstützung aus Russland?
Nein, es gab keinerlei Unterstützung aus Russland, das ist ja das Beängstigende. Hätte Russland eingegriffen, wäre es wohl wie auf der Krim ohne Tote ausgegangen. Ich habe das Interview mit einer Frau gehört, die vom Dach des Gewerkschaftshauses aus die Russische Botschaft angerufen und um Hilfe gebeten hatte. Als man dort aber erfuhr, dass keine russischen Staatsbürger betroffen waren, entschied die Botschaft, nicht einzugreifen.

Wann haben Sie die Ukraine verlassen?
Am 21.05.2014 verließ ich Odessa in Richtung Russland. Dort habe ich erst einmal bei Freunden gewohnt. Dann habe ich Europa mit einer Fotoausstellung bereist, um über die Geschehnisse in Odessa zu informieren.

Was machen Sie jetzt?
Heute lebe ich als offiziell anerkannter Flüchtling in Berlin. Ich setze weiter alles daran, die Menschen über die Vorkommnisse zu informieren. Ich erreiche sie in Vorträgen, Ausstellungen und Diskussionen. Aber dabei kann man nie auf alles eingehen, was passiert ist. Mit dem Buch vermittle ich detaillierte Informationen und habe sie damit auch festgehalten; so geraten die unzähligen Fakten nicht in Vergessenheit. Bislang erinnere ich mich an die Geschehnisse vom 02.05.2014 zwar noch in allen Einzelheiten, aber irgendwann wird das Vergessen beginnen. Darum haben mir Freunde geraten, möglichst genau zu dokumentieren, was ich an diesem Tag erlebt habe.

Wenn Sie über Odessa informieren – wie wird es aufgenommen? Welche Erfahrungen haben Sie gemacht?
Ich habe den Eindruck, dass sich überall ca. 5 % der Menschen mit Politik beschäftigen, ob in der Ukraine, in Deutschland oder anderen Ländern Europas. Zu den Veranstaltungen

kommen eher wenige Menschen – in Berlin waren es einmal 150, in Koblenz im März 2019 etwa 40. Es sind nicht viele, die sich für Themen interessieren, die sie nicht unmittelbar selbst tangieren – egal in welchem Land. Die Ukraine ist weit weg. Odessa ist weit weg. Man reagiert erst, wenn man persönlich betroffen ist. Und heute leben selbst in der Ukraine noch Menschen, die nicht im Ansatz wissen, was am 02.05.2014 in Odessa geschah. Traurig, aber leider wahr. Die meisten Besucher, die zu den Veranstaltungen kommen, sind bereits informiert. Sie wollen mehr wissen, wollen Informationen von einem Augenzeugen erhalten. Und es gibt nicht wenige, die mit meiner Aufklärungsarbeit nicht einverstanden sind. Die setzen alles daran, Veranstaltungen zu verhindern, teilweise mit den fadenscheinigsten Begründungen, teilweise auch mit Drohungen.

Drohungen? Was heißt das?
Mehrheitlich sind es Ukrainer, die eher aggressiv vorgehen. In Dresden wurde eine Veranstaltung abgesagt, weil ein Ukrainer, der seit 15 Jahren in Deutschland lebt, der Auffassung war, dass ich lüge. Er wurde zur Diskussion eingeladen, war an einem direkten Gespräch aber nicht interessiert. In seinen insgesamt drei Beschwerden an den Veranstalter, der den Raum zur Verfügung stellen wollte, sagte er dann, wer uns den Raum gäbe, den müsse man als Agenten des Kremls ansehen. Das mag ja keiner … Wir trafen uns mit den Interessenten für die Veranstaltung dann vor dem Gebäude.

Und wie sind die Reaktionen von Medien?
Linke und kommunistische Medien reagieren eher positiv. Sputnik oder Russia Today haben ebenfalls über das Buch berichtet. Auch kleine lokale Zeitungen sind manchmal interessiert. Die großen, westlichen Medien ignorieren mich und meine Arbeit oder distanzieren sich. Die Deutsche Welle war anfangs interessiert, wir standen in Mail-Kontakt. Als sie aber erfuhren, dass es einen Bericht bei Sputnik gab, verschwand das Interesse.

Gibt es Interesse an der Aufklärung seitens der Politik oder offizieller Stellen?
Was ich feststellen muss, ist, dass offizielle Stellen kein ernstes Interesse an Aufklärung haben. Organisationen wie die Konrad-Adenauer-Stiftung geben sich zwar den Anschein, neutral zu agieren, unterstützen aber offensichtlich die ukrainische Regierung. So gab es am 16. und 17. Oktober die Kiewer Gespräche in Berlin, in der sich eine Arbeitsgruppe beim Thema „Umgang mit Gewalt – Straflosigkeit oder justizielle Aufarbeitung“ auch den Geschehnissen zum 02.05. widmete. Zumindest war laut Programm Tetjana Herasymova von „Gruppe 2. Mai, Odessa“ dort vertreten. Im Programm wurden „die Gewaltexzesse rund um den Brand des Gewerkschaftshauses in Odessa“ auf jeden Fall explizit erwähnt. Ich wollte als Augenzeuge daran teilnehmen, meldete mich an, erhielt aber auf meine Registrierung keine Antwort und wurde dann beim Empfang abgewiesen. Ich hatte meine Papiere dabei, das Buch, meinen Ausweis als anerkannter ukrainischer Flüchtling aus Odessa. Es gab angeblich keinen Platz. Ich fragte, wie man über etwas diskutieren wolle, wenn man keinen Augenzeugen dabei habe. Trotzdem wurde ich weggeschickt. Es gab wohl nicht genug Platz für die ganzen Überlebenden …

Man darf aber auch nicht vergessen, dass auf dem Maidan zahlreiche Politiker aus den USA und aus Deutschland als Unterstützer dabei waren, die damit den Putsch faktisch unterstützt haben. Wie soll da ein ehrliches Interesse an Aufklärung entstehen?

Wer unterstützt Sie bei Ihrer Arbeit?
In Deutschland sind das die Mütter gegen Krieg aus Berlin-Brandenburg, einzelne Bundestagsabgeordnete der Linken, die mir die Möglichkeit geben, bei Veranstaltungen zu informieren, sowie der Verein „Friedensbrücke Kriegsopferhilfe e. V.".

Haben Sie noch Kontakte nach Odessa?
Ja – dank Telefon und Skype stehe ich regelmäßig mit meiner Familie und Freunden in Kontakt und versuche den Menschen zu helfen, zum Beispiel indem ich Lebensmittel nach Odessa schicke. Ich unterstütze Projekte mit Spenden – wie z. B. den Film „Brennende Herzen". Ich tue eben das, was mir möglich ist.

Und woher bekommen Sie die Spenden?
Ich habe noch eine Firma, die von meiner Familie weiter geführt wird. Zudem stehe ich in engem Kontakt mit Geschäftsleuten vor Ort, die die jetzige politische Ausrichtung nicht gutheißen und Spendengelder zur Verfügung stellen. Und natürlich rufe ich bei meinen öffentlichen Veranstaltungen unter den Besuchern zu Spenden auf. Auch vom Erlös des Buches geht ein Teil an Menschen, die Hilfe benötigen.

Wo kann man das Buch erwerben?
Es ist in der Eulenspiegel Verlagsgruppe erschienen und kann dort oder in jeder Buchhandlung mit der ISBN 978-3-947094-37-0 geordert werden. Auch die Friedensbrücke Kriegsopferhilfe unterstützt mich beim Vertrieb, man kann das Buch über *fbko.org* ebenfalls bestellen.

Zum Abschluss: Was würden Sie sich von den Lesern dieses Artikels wünschen?
Mein Wunsch wäre es, dass die Menschen begreifen, dass man nicht teilnahmslos bleiben darf, wenn man sieht, dass Unrecht geschieht. Jeder kann innerhalb sehr kurzer Zeit in einem Krieg landen – davor ist niemand gefeit. Wie schnell das gehen kann, habe ich selbst erleben müssen.

Aber ich wünsche allen, dass sie nie im eigenen Haus Schüsse hören müssen, sondern weiter ein friedliches Leben mit viel Sonnenschein erleben dürfen.

Vielen Dank für Ihr Engagement und eine friedliche Zukunft für uns alle!

Foto: Lena Schukow

Oliver Völsing:
Wo sind die Berliner Anwälte?

Andrea Drescher

Foto: Privat

Oliver Völsing stammt aus Berlin, wo er seit seiner Geburt 1973 ununterbrochen lebt. Selbstständig mit eigener Anwaltspraxis beschäftigt sich der geschiedene Papa zweier Kinder, der mit seiner türkischen Freundin zusammenlebt, in seiner Freizeit mit Lesen und erholt sich in der Natur. Seit August 2020 engagiert er sich bei den Anwälten für Aufklärung, was ihn viel an freier Zeit kostet – aus seiner Sicht muss das sein.

Wie viele Anwälte und Juristen gibt es in Berlin?
Vor ein paar Jahren waren es 10.000, jetzt sollten es bald 11.000 sein.

Und wie viele der Berliner Anwälte engagieren sich bei den Demos vor Ort?
Am 29.08. waren wir 17 Anwälte vor Ort, aber die meisten kamen nicht aus Berlin. In der Gruppe Anwälte für Aufklärung gibt es Stand Ende November 13 Berliner.

Und wo sind die anderen?
Gute Frage – nächste bitte. Das kann ich leider nicht sagen. Ein guter Freund von mir ist auch Anwalt, sieht es ähnlich wie ich, engagiert sich aber nicht. Das hat mehrere Gründe. Zum einen sind Demos nicht seine Sache, zum anderen will er auch nicht aus der Deckung kommen. Aber man könnte im Hintergrund etwas tun. Ich mache ja auch keine Verfahren, da ich mich in dem Bereich als Zivilrechtsanwalt überhaupt nicht auskenne. Die meisten meiner Kollegen sind eher angepasst. In meinem Bürogebäude sind viele Anwälte mit ihrer Praxis. Einige haben bereits vor der Maskenpflicht freiwillig die Maske getragen, fahren mit mir – ohne Maske – nicht mehr zusammen im Fahrstuhl.

Ist das vorauseilender Gehorsam ?
Vielleicht. Eigentlich wundere ich mich über dieses Verhalten. Unsere Grundrechte,

unser Grundgesetz werden massiv eingeschränkt. Das müssen Juristen doch zur Kenntnis nehmen und viel kritischer sein. Sie verstehen doch aus fachlicher Sicht – viel eher als der normale Bürger – genau, was vorgeht. Aber die meisten haben wohl einfach Angst um ihr Einkommen. Wer Geld verdienen muss, will nicht der massiven Diffamierung ausgesetzt sein. Davor hatte ich anfangs auch Respekt.

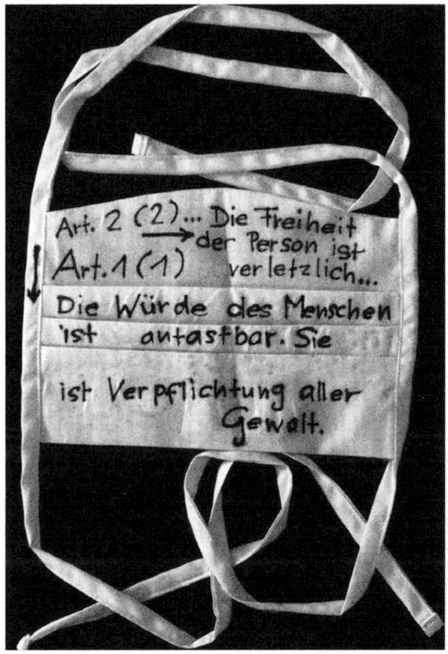

Foto: Thomas Stimmel

Sie hatten Angst, diffamiert zu werden?
Ja – man steht doch vor der Frage: Was tun, wenn ein Shitstorm kommt? Was tun, wenn man keine Mandate mehr erhält, wenn das Einkommen wegbricht? Ich war von Anfang an bei den ersten Demonstrationen am Rosa-Luxemburg-Platz – den sogenannten Hygienedemos – mit dabei als Teilnehmer. Da hatte ich Bauchweh, dass sie mich einfangen. Sie haben ja ziemlich viele Menschen einfach mal schnell festgesetzt. Klar hatte ich Existenzsorgen, das spielt wohl bei vielen eine Rolle. Ich habe mich nach und nach rangetastet.

Was heisst „rangetastet"?
Ich habe im Privaten den Austausch gesucht. Bei manchen Bekannten, Freunden oder Kollegen bin ich auf absolutes Unverständnis gestoßen, andere fanden es toll, dass ich mich „oute". Ich habe Gleichgesinnte gesucht und gefunden, war immer wieder auf den Demonstrationen und habe mich bei den Anwälten für Aufklärung angemeldet, als ich sah, dass wirklich gehandelt werden muss.

Wie kam es dazu?
Auslöser war die Geisel-Rede vom 27.08. Seine Aussage: „Ich bin nicht bereit, ein zweites Mal hinzunehmen, dass Berlin als Bühne für Corona-Leugner, Reichsbürger und Rechtsextremisten missbraucht wird", war eine reine Diffamierung der Kritiker. Seine Begründung des Verbots war in meinen Augen rechtswidrig. Wozu geht man demonstrieren? Er begründete sein Verbot, indem er alle pauschal diffamierte. Das war mir dann endgültig zuviel. Letztlich hat uns die Entscheidung ja in die Hände gespielt, weil viele dann aufgrund des Verbotes erst gekommen sind. Mir war ab diesem Zeitpunkt alles sch...egal, ab diesem Zeitpunkt war ich als aktiver Demo-Anwalt auf der Homepage der Anwälte für Aufklärung zu sehen und am 29.08. das erste Mal auf einer Demonstration aktiv.

Danke fürs Gesicht zeigen! Was sind Ihre Aufgaben auf den Demonstrationen?

Hauptaufgabe ist, darauf zu achten, dass alles rechtsstaatlich vonstatten geht. Wir Anwälte vermitteln zwischen Polizei und Veranstalter, versuchen zu deeskalieren und kümmern uns, wenn es Auseinandersetzungen zwischen Polizei und Demonstranten gibt. Am 29.08. waren Teams unterwegs, die speziell bei Festnahmen Unterstützung geleistet haben. Während der Aufnahme der Personalien haben wir die Vorwürfe geklärt. Unsere Anwesenheit gibt den Menschen mehr Sicherheit – das haben uns viele bestätigt. Ich war allerdings nicht sehr beschäftigt, da ich mich in einem Bereich befand, an dem nicht viel los war.

Wo war das?
Das war Richtung S-Bahnhof Tiergarten. Da hatte ich nur einen Einsatz, der aber außerhalb der Demo lag. Jemand hatte einen Polenböller gezündet, die Demonstranten haben die Person gestellt und an die Polizei übergeben. In diesem Moment war die Polizei von Demonstranten umringt und erschien sehr verunsichert und nervös. Auch die Demonstranten waren unsicher. Das konnte ich als Anwalt deeskalieren und den Druck rausnehmen. Das war für mich an diesem Tag die einzige richtige Aufregung.

Hatten Sie auch schon härtere Einsätze?
Ja, auch am 30.08. war ich vor Ort, da ging es richtig zur Sache. Der Aufmarsch der Polizei mit Helm und Schlagstöcken war wirklich bedrohlich. Die haben sich die Leute richtig systematisch vorgenommen. Die Veranstaltung war beendet, viele standen noch vor den Bühnen. Die wurden einkesselt und einzeln rausgezogen, so wie manche Einheiten es „gerne" zu machen scheinen. Und nicht nur die Polizei, auch die Antifa war und ist bedrohlich.

Das sind doch die guten Antifaschisten?
Das steht vielleicht drauf, fühlt sich aber nicht so an.

Inwiefern?
Für mich als Antifaschisten ist es absolut erstaunlich, dass Antifaschisten nicht sehen, was passiert. Es sollte doch jedem klar sein, dass die Grundrechte gefährdet sind. Und seit April engagiert sich die sogenannte Antifa gegen jeden, der sich gegen den Abbau der Grundrechte zur Wehr setzt. Und das in fast militärischer Manier.

Am Anfang wurde man als Demonstrant nur angesprochen – man solle nicht auf die Rattenfänger reinfallen, das wären alles Nazis. Wie bitte? Wir sind definitiv mal keine Nazis. Beim nächsten Mal waren die schon direkt vor den Eingängen zum Rosa-Luxemburg-Platz platziert. Mit lauter Musik und aggressiv wurden wir alle pauschal als Nazis beschimpft. Einmal betraf es eine junge Familie – typische Prenzelberger, also Hipster aus dem Mainstream. Die waren ganz und gar nicht Nazi oder Verschwörungstheoretiker, die waren erkennbar gut situierter Mittelstand. Sie kamen zurück und waren fassungslos: „Die Antifa sagt uns, wir sind Rechte – wie kann das sein?" Eine Antifa, die das bestehende System verteidigt, eine Antifa, die Schilder mit „Impfen ist Liebe" hochhält, das passt gar nicht. Eine Antifa, die das Regierungsnarrativ vertritt, ist doch keine Antifa.

Wie sind die Anwälte für Aufklärung politisch positioniert? Haben Sie sich vom rechten Rand abgegrenzt?

Es gab anfangs die Diskussion, ob wir uns gegen Linksextreme, Rechtsextreme und Verschwörungstheoretiker abgrenzen sollten. Aber es wurde schnell deutlich: Wir Anwälte müssen uns nicht abgrenzen. Wir haben einen Eid auf die freie demokratische Grundordnung geleistet – und damit ist alles gesagt. Wir dürfen als Anwalt nicht extrem sein. Außerdem wird man ja schon als rechtsextrem diffamiert, wenn man die Regierung kritisiert. Links und rechts sind nur noch Kampfbegriffe. Und was heißt schon Verschwörungstheorie? Als man begann, unser Grundgesetz zu kassieren, kannte ich mich mit Verschwörungstheorien überhaupt nicht aus. Aber was da passiert, ist wohl die Verwirklichung der abstrusesten, dümmsten Verschwörungstheorie der letzten Jahre. Was da noch auf uns zukommt, will ich gar nicht weiterdenken. Das Schlimme ist: Viele wollen das einfach nicht wahrhaben.

Woran liegt das aus Ihrer Sicht?

Viele ertragen die grausame Wahrheit einfach nicht, so geht es mir manchmal auch. Wir sind mitten drin im Faschismus. Es ist nicht „der Faschismus könnte kommen" – nein, wir sind drin. Meine Gespräche mit unkritischen Menschen sind erschreckend. Viele finden das alles gar nicht so schlimm. Im Lockdown hätte man Zeit für die Familie gehabt, es gab weniger Verkehr auf der Straße. Auf das alltägliche Leben gab es eher positive Auswirkungen. Eine interessante Sicht. Die Masse bekommt nicht mit, wie die Exekutive mit den Menschen umgeht. Sie ignorieren die Gewalt. Wie gesagt, sie wollen das nicht sehen. Viele glauben auch noch, dass es um Gesundheit geht. Da kommt dann: „Ich mache mir Sorgen um meine Mutter", das ist ein Totschlagargument.

Foto: Thomas Stimmel

Passiert das auch in Ihrem engeren Umfeld?
Ja. Auch da wollen viele es nicht hören. Ich sehe das an meinen Telegram-Kontakten. Da kommen Reaktionen wie: „Du schickst mir immer so komische Sachen" – obwohl ich nur einfach nachvollziehbare Informationen verteile. Mein alter – gutbürgerlicher – Freundeskreis hat sich inzwischen reduziert. Ein typisches Beispiel aus meiner Familie: Eine zweieinhalbstündige Diskussion mündete in Aussagen wie: „Wir sind uninformiert, wir schauen nur Fernsehen, da kommen derartige Informationen nicht vor." Zwei Monate später höre ich dann von den gleichen Menschen: „Die Quellen im Netz sind nicht vertrauenswürdig." Da habe ich dann abgebrochen. Das ist Energieverschwendung, man muss nur kämpfen. Was die GEZ sagt, ist die Wahrheit, alle anderen sind Lügner bzw. werden zunehmend abgedreht. So wird Meinungsfreiheit abgebaut. Das halte ich für gefährlich.

Wo sehen Sie die Gefahr?
Der Satz von Voltaire: „Ich mag verdammen, was du sagst, aber ich werde mein Leben dafür einsetzen, dass du es sagen darfst", ist für mich als Anwalt oberste Direktive. Das Verfassungsgericht hat bestätigt, dass auch die abstrusesten, abwegigsten Meinungen geschützt sind. Aber wenn unsere Justizministerin im Morgenmagazin von sich gibt: „Es kann jeder seine Meinung sagen, aber wenn jemand so weit geht, dass er anzweifelt, dass das eine Pandemie ist, geht das zu weit." – Tja, dann weiß man, wie es um unsere Meinungsfreiheit wirklich steht und was man sich von den Medien erwarten darf. Nämlich nichts.

Seit wann stehen Sie den Medien so kritisch gegenüber?
Den ersten massiven Vertrauensverlust hatte ich 2015, richtig kritisch geworden bin ich aber erst 2020. Das, was dieses Jahr passiert, hat noch eine andere Qualität. Teilweise lügen sie so offensichtlich, dass man es nicht hinnehmen kann. Das beleidigt mich persönlich. Die auf der Hand liegenden Unwahrheiten sind unerträglich. Die vierte Gewalt funktioniert nicht, so kann Demokratie als Ganzes nicht mehr funktionieren.

Glauben Sie, dass man die Demokratie noch retten kann?
Eher nicht. Ich fürchte, wir haben verloren. Die Macht ist so einseitig verteilt. Die Mehrheit schweigt, das bedeutet ja angeblich Zustimmung, ist aber falsch. Leider weiß ich nicht, wie man das noch drehen kann.

Machen Sie trotzdem weiter?
Ja, das ist für mich alternativlos. Ich brauche das für meine Seelenhygiene, bestehe darauf, es gesehen zu haben. Irgendwann wird es wieder anders werden, Veränderungen finden statt, man weiß eben nur nicht wann. Demonstrieren würde ich sowieso, da kann ich meine Zeit auch nützlich verwenden.

Danke für Ihr Engagement. Das motiviert – hoffentlich – auch andere, weiterzumachen!

Owe Schattauer: Ich lag instinktiv richtig

Sabiene Jahn

Foto: Privat

Owe Schattauer bleibt im Gleichgewicht. Präzise plant er seine Zeit für Familie, Beruf und seine Berufung, Songtexte. Passend wählte er seinen Künstlernamen: „C-Rebell-um“, das ist abgewandelt der lateinische Begriff für das Kleinhirn. Er macht Musik, um Menschen zum Nachdenken zu bringen. Owe schrieb in 25 Jahren über 100 Songs und ein bisschen deutsche Rap-Geschichte. Bis auf wenige Ausnahmen übt er darin schonungslos Gesellschaftskritik. Seine Band „Vereinigte Arroganz“ klingt kraftvoll. Diese Power brachte ihm zwei Plattenverträge. Er ließ sie sausen, enterte dennoch die Bühnen Deutschlands – in der Friedensbewegung. Dort wirbt er für den Verein „Druschba“ (deutsche Übersetzung für „Freundschaft“) mit Russland.

Du bist im Nordosten Deutschlands geboren, behältst du immer einen kühlen Kopf?
Ich hatte das große Glück, als zweiter Sohn sich liebender Eltern aufzuwachsen. Mein Bruder und ich hatten eine traumhafte Kindheit, ohne jegliche Gewalt, in Harmonie und Geborgenheit. Ich war sportlich, mir fiel alles in der Schule zu, da war ich überall vorneweg. Das alles prägte mein Selbstvertrauen bis heute. Ich denke, ich bin ein Türöffner, auch Frohnatur. Ich riskiere was, bin mutig, ein bisschen kaltschnäuzig, ich spreche aber eher aus dem Bauch. So bekomme ich auch meine Aufträge. „Mit jedem Quadratmeter mehr wachsen Sie mir ans Herz“, sage ich zu meinen Kunden. Dann bekomme ich noch die Kellertreppe (er lacht). Ich bin ehrlich und geradeaus. Bei einem Einstellungsgespräch fragte mich mein zukünftiger Chef einmal: „Wo sehen sie sich in zehn Jahren?“ Ich antwortete etwas großspurig: „Da möchte ich auf Ihrem Platz sitzen.“ Er fiel fast vom Stuhl und meinte: „Sie sind ja krass – und kommen aus dem Osten? Glaubt man gar nicht.“ Und ich bekam den Job. Ich machte meine Lehre als Hotelfachmann und war wenig später Abteilungsleiter im Hotel Hilton in Mainz. Ich hatte Spaß in der Gastronomie, nachdem ich mein Brückenbau-Studium an der TU-Dresden über Nacht gekickt hatte.

Wie kamst du in den Westen?
Mein Onkel wohnte bei Lübeck, ich verdiente meine ersten paar D-Mark in seiner Firma. Mir gefiel es im Westen, klingt komisch, aber es gefiel mir in der Buntheit. Das

war zu dieser Zeit anders als im Osten Deutschlands. Später kaufte ich mir eine Fliege, ein Sakko und wurde Barkeeper, inspiriert von Tom Cruise. Ein Koch empfahl mir dann, eine Ausbildung zu machen.

Souverän!
Ja, und bis 50 war ich dann gewissermaßen ein einsamer Wolf, der sein Leben lebte und genoss. Freunde, Frauen und Musik, mehr brauchte ich nicht für mein Glück. Meine Großmutter Wally Kliem (1912 geb.), die im Krieg aus Pommern mit zwei Kindern und einer Kuh als Großgrundbesitzerin flüchtete, sagte mir immer: „Du musst aus jeder Situation das Beste machen." Und mein Vater gab mir auf den Weg: „Das Wichtigste ist, glücklich zu sein." Meine Mutter war eine Kämpferin und riet mir: „Sei immer du selbst!"

Gelingt dir das?
Mit 16 Jahren nahm ich schon kein Blatt vor den Mund. Zehn Jahre lang habe ich auf Facebook die krassesten Sachen gepostet und manchmal dachte ich, die holen dich gleich ab. In der Friedensbewegung stellte ich mich als „Die Stimme des Zorns" ganz nach vorn. 2014 gründete ich die Mahnwache in Mainz, war auf unzähligen Demos und baute mir ein großes Netzwerk in der Aktivistenszene auf. Viele wertvolle Freundschaften entstanden. Ich glaube an mich. „Ich laufe, ich falle und ich stehe wieder auf, scheißegal was passiert, ich gebe niemals auf", ist ein Vers aus einem älteren Song von mir. Ich hatte nie Angst.

Hast du Prinzipien?
Ich bin laut und vor allem nicht käuflich. Ich stelle mich vor ein Mikrofon und sage, was ich denke. Hinzu kommt ein ausgeprägter Gerechtigkeitssinn. Ich denke, ich bin sehr empathisch. Mein Lieblingszitat ist: „Ich möchte nicht, dass ihr so denkt wie ich. Ich möchte nur, *dass* ihr denkt!"

Wie äußert sich das?
Schon im Kindergarten, da gab's ein Rollerrennen mit Holzrollern. Da kam einer mit 'nem Aluminiumroller aus'm Westen. Ich sagte: „Ich nehme nur teil, wenn alle den gleichen Roller fahren." Ich habe darauf beharrt, sogar unter Strafandrohung der Kindergärtnerin, und musste zusätzlichen Mittagsschlaf halten. Ruhen und still liegenbleiben, das war für mich als „Zappelphillip" die Hölle, aber ich hab' es durchgezogen. Als Kind sortierte ich sogar Gummibärchen nach Farben zwischen meinem Bruder und mir, die übrigen bekamen meine Eltern.

Gab es auch riskantere Episoden?
Das größte Risiko ging ich im Herbst 1989 mit damals 20 Jahren ein. Ich war bei der Nationalen Volksarmee (NVA) Soldat in der Grundausbildung bei Stralsund. Wir hatten Ausgang und wussten, dass eine Demo, eine Lichterkette durch die gesamte DDR, stattfindet. Ich hatte die Idee, „Knüppel zu Blockflöten" auf Pappstücke zu schreiben.

Die hatten wir unter den Soldatenmänteln versteckt, uns um den Bauch gebunden. Zu der Zeit wurde unser Handeln jedoch als Hochverrat eingestuft. Und prompt wurden wir auch von der Militärpolizei abgeholt und verhört von acht Offizieren und einem Oberstleutnant. Zwei Stasi-Leute standen damals an den dicken Samtvorhängen, die uns einschüchtern sollten. Meine anderen vier Kameraden haben mich als „Anführer" verraten. Wäre die Wende nicht gekommen, wäre ich wohl ins Gefängnis nach Bautzen gekommen. Seitdem traue ich nur mir selbst.

Und dann kam alles anders. Du warst sogar 25 Jahre Musiker und hattest mit Mitte 20 zwei Plattenverträge?
Ich hatte sogar zwei Major deals, davon träumen viele Musiker. Ich sagte, ich möchte meine politischen Songs machen. Sie wollten Liebeslieder. Das bot ich zunächst auch an. Bei Polygram Hamburg bekam ich den ersten Plattenvertrag 1995 mit dem Song „Liebe machen". Unser erstes Video lief bei VIVA auf höchster Rotation, wir waren bei der Sendung „Interaktiv" und „Vivasion" mit Stefan Raab, streiften kurz die deutschen Charts. 1997 folgte der nächste Vertrag, dieses Mal bei der EMI-Electrola in Köln. Dort produzierten wir unser erstes Album „Das Leben", und zwei Singleauskopplungen wurden geplant. Wir genossen das verrückte Leben im Showbusiness, wurden mit den beiden Videos bei VIVA gespielt, waren zu Gast bei Interaktiv, im Frühstücksfernsehen, hatten Tourneen, Radiointerviews und einige Zeitungsartikel.

Wie ging es weiter?
Möglicherweise hätte ich so belanglos wie die „Fanta Vier" („Die da") punkten können, ich wollte das aber nicht, und andere haben entschieden, was der Hörer hören wollte oder sollte. Sie wollten immer nur „Komm lass uns Liebe machen". Das hat unser Manager bei der Metronom Polygram so deutlich gesagt. Ich sollte einfach nochmal so einen Song nachlegen, um in die Charts zu gelangen. Mein Titel, den ich präferierte, hieß dann aber „Sorgen" – und da hörte ich vom Management, die Leute wollen Spaß haben, keine ernsten Lieder hören, das geht nicht. Ich hatte nach den Konzerten aber was ganz anderes gehört von meinen Fans, gesellschaftskritische Lieder gefielen ihnen. Conny, meinem Manager, sagte ich kurz und bündig: „Dann war's das eben!" Der erste Vertrag platzte. Dann war ich arbeitslos.

Wie hast du dich am nächsten Tag gefühlt?
Ich habe mich gut gefühlt, wirklich, ist kein Scheiß, bin mir treu geblieben. Mein Musikerkollege Sacha war ziemlich frustriert. Aber ich heiße „Owe", das ist Power (er lacht), mein Name steckt in diesem Wort und das ist mein Programm (lacht wieder). Ich sagte zu Sacha: „In ein, zwei Jahren bekommen wir den nächsten Plattenvertrag, wir sind gut." Und zack bekamen wir von EMI-Electrola diesen Vertrag. Die Band hieß immer noch „Vereinigte Arroganz" in Anspielung auf das Vereinigte Deutschland, Owe aus Nord-Ost trifft Sacha aus Süd-West.

Wie kamst du überhaupt dazu, in das Geschäft einzusteigen? Hast du eine musikalische Vorbildung?
„Wir konnten kein Instrument, kannten keine Noten, konnten nicht singen. Das sind die besten Voraussetzungen für Musik." Das haben wir auch dem Raab bei VIVA damals erzählt, der drückte die Lachtaste „Das ist geil" und nahm uns gar nicht ernst. Aber es war todernst (lacht), es stimmte ja.

Bei Raab hast du eine routinierte Show hingelegt, du warst wortgewandt, textsicher und ich glaube, Stefan Raab war etwas gefoppt, dass der Youngster ihm das Wasser reichen konnte.
Danke. Dabei war ich bei der Sendung schon schlecht drauf und echt genervt, weil wir im Radio auf dem Index standen und unsere Single dadurch gefloppt war. Trotzdem war die Sendung mit Raab schon drei Monate vorher geplant und wir mussten gute Miene zum bösen Spiel machen. Das ist Showbusiness.

Ist ein großes Plattenlabel nicht maßgeblich, wie Künstler sich entfalten können?
Nein, und das ist bis heute so geblieben. Sie wollen zwar in erster Linie Tonträger verkaufen, aber müssen sich anpassen. Ein Manager sagte mir mal: „Wir müssen uns immer irgendwie an die Radiosender halten. Wenn die Radios unsere Songs spielen, kommt der Hit automatisch." Das heißt, nicht die Plattenfirmen hatten die Macht, sondern die Medien. Die Inhalte bestimmen die Öffentlich-Rechtlichen. „Aufklärende Texte wollen sie nicht", sagte der CEO. Er hat sich später nochmal gemeldet und sagte: „Owe, ich zieh den Hut vor dir. Du bist der einzige deutschsprachige Künstler, der zwei Plattenfirmen einen Tritt in den A... gegeben hat."

Kann sich jeder leisten, mutig zu sein?
Tupac Shakur, mein Lieblingsrapper, sagte immer: „Es gibt nichts zu verlieren" und „You must smile about all this bullshit". Sinngemäß bedeutet das, du solltest immer lachen über all den Quatsch. Die Intensität des Mutes im jugendlichen Leichtsinn ist größer als im Alter, kann ich im Nachhinein sagen. Allerdings müssen wir alle immer wieder etwas riskieren. Nur so können wir eines Tages sagen, wir haben es zumindest probiert. So können wir in den Spiegel schauen, ich sehe sonst schwarz. Die meisten Menschen sind rückgratlos und lassen alles mit sich machen. Ich rezitiere oft aus meinen Songtexten: „... Solange es zu viele Kinder ohne Liebe gibt, müssen wir uns doch nicht wundern, wenn ein Volk die Kriege liebt." Die Macht hatte noch nie solch eine Kontrolle über uns. Sie haben das Informationsmanagement professionalisiert, die Propaganda perfektioniert, sie haben die Institutionen in Schlüsselpositionen besetzt, sie setzen alle ihre Finessen ein. Sie funktionieren seit über 2000 Jahren. Ich schrieb für alle Themen Lieder. Derzeit herrscht ein Informationskrieg um die Meinungshoheit. Alternative Medien und Wahrheitssucher werden diffamiert oder komplett zensiert, sie löschen Apps oder Beiträge in den Sozialen Medien.

Ich finde, die Meinungsfreiheit ist in Gefahr. Da gibt es kleine Inseln, in denen sehr offen und ehrlich informiert wird. Es ist oft ein einziger ernster Beitrag, und einhundert

Mal überschütten sie dich mit ihrer Schalala-Schalali-Mainstreamberieselung. Dafür bin ich 1989 nicht auf die Straße gegangen und habe etwas riskiert.

Ich höre gerade meine Mutter sagen – sie verstarb leider 2004 –: „Die lügen doch alle." Das meinte sie bei den Nachrichtensendungen, und mein Großvater war der Überzeugung: „Das sind alles Lumpen und Verbrecher." Mein Vater pflichtet mir heute regelmäßig am Telefon bei und stimmt zu: „Junge, du hast ja so Recht, aber sie hören einfach nicht auf uns." Ich schrieb auch dazu Songs und liege leider instinktiv immer noch richtig damit. Um den Mut nicht zu verlieren, halte ich an meinem Künstler- und Aktivistenmotto fest: Wenn ich nur einen Menschen mit meinen Worten erreiche, so ist es wieder einer mehr.

Vielen Dank für das Gespräch.

Weitere Informationen – Biografie

1969 geboren in Pasewalk (DDR), Polytechnische Oberschule, Berufsausbildung mit Abitur, 15 Monate Grundwehrdienst bei der NVA bis Januar 1990, nach der Wende Umzug in die Nähe von Lübeck zum Onkel, Ausbildung als Hotelfachmann, Abteilungsleiter im Hotel Hilton in Mainz, Bandgründung 1993 mit „Vereinigte Arroganz", später „Paragraph 117", Plattenverträge 1995 und 1997, Tourneen als Musiker von 1995 bis 1998, vier Semester Jurastudium in Mainz, da für ihn Rechtswissenschaften nichts mit Gerechtigkeit zu hat. Labelgründung „117records" im Jahr 2000, fast 20 Jahre eigene Baufirma.

Patricia Philipp: Von der Bürgerin zum Revoluzzer

Andrea Drescher

Foto: Privat

Dass aus „ganz normalen“ Bürgern auf einmal Revoluzzer werden, macht Hoffnung. Patricia Philipp aus dem Unterfränkischen ist eine dieser Revoluzzerinnen. Die gelernte Busfahrerin kam 1976 in Bad Soden zur Welt und lebt jetzt im Unterfränkischen, wo sie die Gruppe Querdenken-Miltenberg, also Querdenken-9371, ins Leben gerufen hat. Ihre beiden Kinder sind mit 22 und 24 bereits aus dem Gröbsten raus, ihrem Beruf als Mitarbeiterin im Verkaufsinnendienst kann sie aufgrund von Kurzarbeit aktuell nicht nachgehen, sodass sie sich intensiv den Demonstrationen gegen die Corona-Maßnahmen widmen kann.

Sie haben Querdenken-9371 ins Leben gerufen. Wie kam es dazu?
Im April habe ich eine Gruppe „Der Corona-Wahnsinn“ gegründet, dann habe ich mich Mitte Juni Querdenken angeschlossen und „umfirmiert“. ☺

War das gleich gut organisiert?
Naja. Ich war anfangs komplett allein unterwegs, obwohl ich eigentlich ein unpolitischer Mensch war. Aber ich musste aktiv werden, um mit dem Wahnsinn umgehen zu können. Ab Juni gab es dann eine Orga-Gruppe aus fünf Menschen, die sich nach dem 01.08. nochmals komplett umstrukturiert hat. Nach einem Aufruf in Telegram hat sich jetzt ein Team von verlässlichen Menschen zusammengefunden, das richtig gut funktioniert, Hand in Hand zusammenarbeitet und einfach „macht“. Wir sind meines Wissens die zweitgrößte Orga-Gruppe nach Stuttgart, die richtig gut läuft. Anfangsschwierigkeiten gehören wohl dazu.

Wieviele seid ihr und was macht ihr in der Orga?
Wir sind jetzt 15 Aktive und haben gut zu tun. Bei größeren Aktionen fällt ja einiges an – was man auf den ersten Blick nicht sieht. Die Aufgaben sind schon sehr vielfältig, angefangen bei der Anmeldung der Veranstaltungen und den Kooperationsgesprächen mit den Behörden, den Hintergrund-Recherchen, der Abwicklung mit den Sprechern, über Mobilisierung durch Werbung und Pressearbeit, dem Verteilen unserer Flyer, der Organisation der Ordner vor Ort, dem Catering, der Weitergabe von T-Shirts und

Buttons gegen Schenkung, der Betreuung des Kindertisches, damit die Eltern in Ruhe zuhören können, bis hin zur Aufzeichnungen der Veranstaltung ... Aber egal was ansteht: Einer aus der Gruppe ist immer da und macht es.

Sie sind überregional aktiv?
Ja. Neben den Veranstaltungen in Miltenberg haben wir beispielsweise in Berlin die Demo am 27.08. sowie die inzwischen berüchtigte Demo am 11.10. angemeldet.

Warum berüchtigt?
Weil die Polizei leider sehr gewalttätig wurde. Das hatte ich in der Form noch nicht erlebt. Einen Zusammenschnitt findet man im Video von Boris Reitschuster.[1] Das war echt unfassbar für mich und wird auch strafrechtliche Konsquenzen nach sich ziehen.

Und Sie waren früher unpolitisch?
Ich war ehrlich gesagt ein ganz normaler treudoofer Bürger, der nie auf einer Demonstration war und mit Politik nichts am Hut hatte. In meiner Tanzgruppe bekam ich aber dann bald im April den Spitznamen „Die Revoluzzerin".

Was hat Sie bewegt, aktiv zu werden?
Mein Bauchgefühl hat mir gesagt, dass etwas nicht stimmt. Am 17.03. wurde ich nach Hause geschickt, als der erste Lockdown begann. Ich habe einfach gefühlt, dass etwas gegen den Himmel stinkt.

Was „stank" Ihnen denn – wenn Sie unpolitisch waren?
Die Maßnahmen. Sie erschienen mir sehr schnell als völlig unverhältnismäßig. Wäre das Virus so tödlich, wie man es uns glauben machen wollte, müsste die halbe Menschheit tot sein. Sobald man sich informiert, recherchiert und nachdenkt, entdeckt man die Widersprüche. Die Fakten liegen ja alle auf dem Tisch, wurden über Medien aber nicht entsprechend kommuniziert. Dagegen wollte ich etwas unternehmen.

Darum die Demos?
Richtig. Die Kundengebungen dienen zur Aufklärung, der Präsentation der Fakten. Aber das mache ich auch tagtäglich im normalen Leben. Und das ist mindestens genauso wichtig, weil man Menschen erreicht, die nicht auf Demos gehen.

Was machen Sie? Können Sie ein paar Beispiele nennen?
Bei meiner Tankstelle gabe es anfangs massive Angriffe, ich solle trotz Attest ein Visier tragen. Die Mitarbeiter waren nicht ausreichend informiert. Ich habe deutlich gemacht, dass selbst laut Angaben der Polizei mein Attest reichen würde. Eine Zeitlang bin ich dort dann nicht mehr hingefahren, bis es sich aufgrund der Leere im Tank nicht

---

1 https://www.youtube.com/watch?v=Xpnvoqk61HY → Kurzlink: ws1.eu/k/39

vermeiden ließ. Der Mitarbeiter, mit dem ich mich beim letzten Mal auseinandergesetzt hatte, bat mich um ein Gespräch. Erst einmal entschuldigte er sich, dann teilte er mir mit, dass er sich informiert habe und mittlerweile der Meinung ist, dass hier etwas ganz und gar nicht stimmt. Ein schöner Erfolg.

IKEA ist ein anderes Beispiel. Da ich ein Ersatzteil von dort benötigte, habe ich die Maske kurzfristig in Kauf nehmen müssen, da IKEA Menschen mit Behinderungen ja diskriminiert. Im Restaurant habe ich nur Vor- und Zunamen angegeben, was für entsprechenden Ärger sorgte. Ich wies darauf hin, dass alles andere nicht DSGVO-konform sei und kam mit einem jungen Mitarbeiter ins Gespräch, der das Datenschutz-Argument gut nachvollziehen konnte. Querdenken kannte er noch nicht, jetzt kennt er uns. Was mich erschreckt, sind Menschen wie das ältere Ehepaar gestern beim Einkaufen, das die Maske trug, obwohl sie sichtlich Probleme hatten. Ich forderte sie auf, sie sollten die Maske doch einfach wegtun. Wir kamen ins Gespräch, sie erwiesen sich als recht gut informiert, ordnen sich aber trotzdem den sinnlosen Maßnahmen unter. Und ganz schlimm sind die Denunzianten, die andere anzeigen. Manchmal halten die ja selbst die Regeln nicht ein – tragen ihren Mundschutz unter der Nase – aber pöbeln Menschen ohne Maske an, ohne zu bedenken, dass es Menschen gibt, die mit Maske einfach Probleme bekommen. Das höre ich von vielen.

Kommen Sie mit vielen ins Gespräch?
Manchmal mehr als mir lieb ist. Viele Mütter rufen an und bitten um Hilfe. Es geht um Mundschutz bei Kindern, der ja im Unterricht – sogar in der Grundschule – in Bayern wieder mal Pflicht wurde. Es ist unmöglich.

Wie können Sie da helfen?
Ich bin mit den Klagepaten und den Anwälten für Aufklärung in direktem Kontakt. Wir müssen immer rechtlich absichern, dass unsere Aussagen auch Hand und Fuß haben und starten dann entsprechende Aktionen vor Ort. Laut Pressemitteilung aus München müssen dort Grundschulkinder keine Maske im Unterricht tragen. Es ändert sich ständig. Darum bin ich auch ständig mit den Juristen und Anwälten in Verbindung.

Was ist geplant?
Wir wollen Demos vor dem Landratsamt machen, gegen Maskenpflicht in der Grundschule. Weitere Aktionen sind in Vorbereitung. Diese sind aber noch nicht spruchreif, sondern müssen erst anwaltlich abgesichert werden.

Auf wie vielen Demos waren Sie bis jetzt?
Ganz ehrlich? Auf einfach viel zu vielen. Es sind zu viele, um sie noch zählen zu können. Ich bin jede Woche unterwegs, in Berlin, Miltenberg oder Aschaffenburg. Die ganze Geschichte ist Lug und Trug – wir müssen mehr Menschen erreichen, damit der Wahnsinn aufhört.

Beruflich haben Sie keine Probleme?
Nein, ich bin ja seit 17. März zu 100% in Kurzarbeit – es ist auch nicht absehbar, wann es bei uns weitergeht. Darum nutze ich die Zeit, mich zu engagieren. Jetzt arbeite ich rund das Doppelte meiner normalen Arbeitszeit für Querdenken.

Belastet Sie das nicht sehr?
Die ganze Situation ist belastend, selbst mein Privatleben leidet darunter, auch wenn mein Partner mich voll unterstützt und hinter mir steht. Ich bin sehr viel unterwegs, habe ziemlich viel Stress. Mein ganzes Leben ist eingeschränkt – ich kann und darf eigentlich nichts mehr machen, was einfach nur Spaß macht. Wir haben keine Freiheiten mehr. Ich warte nur noch auf den nächsten Lockdown – in Garmisch ist er ja schon da. Darum muss ich einfach aktiv sein.

Was wollen Sie mit Ihrem Aktivismus erreichen?
Mir geht es um die Menschen. Ich will nicht auf der Bühne stehen, die Anerkennung ist zwar nett – aber wichtig ist, dass wir mehr und mehr Menschen erreichen, sie motivieren, selbst zu recherchieren. Wenn ich einen Menschen pro Tag dazu bringe nachzudenken, habe ich mein Ziel schon erreicht.

Aber in Berlin waren Sie auf der Bühne?
Ja. Die 33er-Hundertschaft hat mich motiviert, auf die Bühne zu gehen. Deren grundlose Gewalt hat sehr deutlich gemacht, dass wir keine Rechte mehr haben, dass die Gesetze auf der Straße de facto ausgehebelt sind. Die Gewalt gegen Stefan Brackmann, der die Polizei vor agressiven Demonstranten schützen wollte und dem als Dank der Ellbogen gebrochen wurde, sagt ja alles.

Haben Sie keine Angst vor Repressalien?
Nein. Warum? Ich mache ja nichts Gesetzwidriges.

Sie wollen also auch mit rechtsstaatlichen Mitteln den Rechtsstaat wieder herstellen?
Ja – zumindest versuche ich es. Ich will mir nie vorwerfen lassen müssen, ich hätte nichts unterneommen.

Können Sie der Situation noch etwas Positives abgewinnen?
So schlimm wie die Situation momentan ist – ich habe nie so tolle Menschen kennengelernt wie in dieser Zeit. Ich bin dankbar, dass sich bei mir der Verlust an Freunden in Grenzen hielt, ich habe keinen meiner guten Freunde verloren. Und ich werde – wie jeden Tag seit acht Monaten – alles daran setzen, dass wir die Situation noch drehen können.

Auch Sie gehören zu den tollen Menschen, den mutigen Menschen – danke dafür!

Dr. Peer Eifler: Berufsverbot für kritische Ärzte in Österreich?

Andrea Drescher

Foto: Kurt Guggenbichler

Wer in Österreich als Arzt öffentlich dem Mainstream widerspricht, riskiert den Ausschluss aus der Ärztekammer. Dass die Tätigkeit von Journalisten in öffentlich-rechtlichen beziehungsweise Mainstream-Medien gefährdet ist, wenn diese den gängigen Narrativen in Bezug auf 9/11, Russland oder das Geldsystem widersprechen, ist nicht ungewöhnlich. Dass Ärzte ihre Zulassung riskieren, wenn sie dem gängigen Narrativ in Bezug auf Corona widersprechen, ist offensichtlich eine neue Entwicklung.

Dr. med. univ. Peer Eifler aus Bad Aussee in Österreich hat aufgrund seiner ärztlichen Praxis sowohl auf die derzeitige Corona-Pandemie als auch auf die Maßnahmen, die aufgrund dieser Pandemie in Österreich ergriffen wurden, einen anderen Blickwinkel als der Mainstream – und diesen auch öffentlich geäußert. Das kann für ihn schwerwiegende Folgen haben. Man will ihm den Mund verbieten oder ihm seine Approbation entziehen.

Als Allgemeinmediziner, Psychotherapeut und Arbeitsmediziner, der an der medizinischen Fakultät der Universität Wien promoviert hat, bietet Dr. med. univ. Peer Eifler seinen Patienten ein breites Leistungsangebot zur Diagnose und Behandlung unterschiedlichster Beschwerden und Erkrankungen. Neben allgemeinärztlichen Leistungen gehören arbeitsmedizinische Beratung und Abklärung, Lebensstil modifizierende Beratung zu Ernährung, Bewegung, Stressmanagement et cetera sowie psychotherapeutische Verfahren zu seiner Arbeit. Die Behandlungen fußen auf dem neuesten medizinischen Wissensstand und folgen stets einem ganzheitlichen Ansatz, bei dem Verstand, Geist, Körper und Seele als Einheit betrachtet werden. Dieser ganzheitliche christlich-orientierte Ansatz prägt sein Denken – und seine Sicht auf die aktuelle Corona-Krise.

Ihnen wurde Berufsverbot angedroht – in welcher Form und warum?
Man droht mir mit der Streichung von der Ärzteliste. Das geht direkt vom Ärztekammerpräsidenten aus, der das Schreiben persönlich unterzeichnet hat. Das bedeutet ein

faktisches Berufsverbot, da die Mitgliedschaft bei der Ärztekammer neben Studium und Nachweis der klinischen Ausbildung eine der drei Voraussetzungen für die Ausübung des Berufs ist. Für mich bedeutet das eine existenzielle Bedrohung, denn man kann nicht mehr in Österreich oder der EU arbeiten, wenn man in einem Land innerhalb der EU ausgeschlossen wurde.

Der Grund war ein Interview bei oe24 TV,[1] zu dem mich Inge Rauscher als Unterstützer gebeten hatte. Sie war dabei, das „unabhängige Personen-Komittee für die sofortige Aufhebung der Corona-Zwangsmaßnahmen" zu gründen und wünschte sich ein „medizinisches Rückgrat" für das Gespräch. Ich habe sie dann kurz vor der Sendung in Wien am Karlsplatz kennengelernt, wo wir uns kurzfristig noch abgestimmt haben. Ich habe in der Sendung versucht zu vermitteln, was mir als wichtig und wahr erschien, vieles ist ja heute allgemein bekannt. Darunter die Corona-Tests, die teilweise falsch-positiv testen oder auch die in meinen Augen völlig falsche Einordnung des Virus als Killervirus, was die Menschen total verunsichert. Dass ich die Maßnahmen als faschistoid-diktatorisch bezeichnet habe, fand der Ärztekammerpräsident ebenfalls kritikwürdig.

Drei Tage später kam der RSA-Brief mit dem Schreiben vom Ärztekammer-Präsidenten[2] persönlich.

Was wird Ihnen konkret vorgeworfen?
Eigentlich sind sämtliche meiner Aussagen als Arzt in einem von der Regierung bezahlten Sender unerwünscht, da daraus ja eine Verunsicherung der Bevölkerung resultiert. Daher soll ich mich einem Ehrenkomitee stellen. Meine Vertrauenswürdigkeit als Arzt steht in Frage. Sollte ich den Termin nicht wahrnehmen, wird das Verfahren auch in Abwesenheit durchgeführt. Es wurde im Schreiben aber kein Termin genannt.

Wie ging es dann weiter?
Seit dem Schreiben hat sich niemand mehr bei mir gemeldet. Ich habe aber auch nicht darauf reagiert, sondern den Fall in die Öffentlichkeit gebracht. Es gab eine kritische Sendung bei ServusTV[3, 4], für die ich befragt wurde, wobei von dem Material nur einige Ausschnitte gezeigt wurden. Darin kommen verschiedene kritische Stimmen – unter anderem auch aus Deutschland – zu Wort. Man hat mir aber ermöglicht, das ganze Interview online zu stellen,[5] und es wurde inzwischen auch zigtausend Mal angeklickt.

---

1 https://www.youtube.com/watch?v=wvnNbGqsD7A → Kurzlink: ws1.eu/k/40

2 Eine Kopie des Schreibens kann hier abgerufen werden: https://ws1.eu/k/1

3 ServusTV Reportage, 09.04.2020: https://www.youtube.com/watch?v=GrO47C9SoAY → Kurzlink: ws1.eu/k/41

4 ServusTV Reportage, 09.04.2020: https://www.youtube.com/watch?v=_fMOoFScAdo → Kurzlink: ws1.eu/k/42

5 Kritik bei ServusTV – ganzes Interview: https://www.youtube.com/watch?v=q4LsW4HbYww → Kurzlink: ws1.eu/k/43

Dann gab es eine Life-Sendung im Hangar-7[1] bei der Dr. Christian Fiala, der der ärztliche Leiter der in Wien geplanten Demonstration ist, sich für meine Position eingesetzt hat. Es gab viele Interviews und Artikel in verschiedenen Zeitungen Österreichs – unter anderem Heute, Kurier, Salzburger Nachrichten oder Kleine Zeitung – in sehr unterschiedlicher Qualität. Insbesondere die Leserzuschriften haben meine Position unterstützt.

Eine weitere Sendung bei ServusTV von einer anderen Redaktion war vorgesehen, der Redakteur wollte sofort losstarten, das wurde aber dann wieder zurückgezogen. Wir haben aber weiter einen guten Kontakt.

Haben Sie dazu aufgefordert, irgendwelche gesetzlichen Maßnahmen zu unterlaufen – außer dem Aufruf zu „zivilem Ungehorsam" gegen diese Maßahmen?
Nein. Definitiv nicht.

Wann ist ziviler Ungehorsam in Ihren Augen unvermeidbar?
Ziviler Ungehorsam ist dann notwendig, wenn die Grenze überschritten wird, bei der die Autorität in schädigender Weise in die Individualsphäre eingreift und Schritte unternimmt, die ethisch und moralisch nicht mehr zu rechtfertigen sind. Der Gehorsam gegenüber Gott, als dem Setzer der Realmaßstäbe, muss mehr Wertigkeit haben als der Gehorsam gegenüber menschengemachten Gesetzen. Man muss handeln, wenn zerstört und manipuliert wird, wenn der Missbrauch zu Gesetz gemacht wird. Das ist wie in der Nazi-Zeit: Auch damals wurden Dinge angeordnet, die zerstörerisch und entwürdigend sind.

Haben Sie irgendetwas getan, das juristisch anfechtbar ist?
Nein. Oh ja – eigentlich doch. Auf dem Weg zum Interview mit oe24TV bin ich zu schnell gefahren. Auf einer menschenleeren Autobahn ist es sehr schwer, die Höchstgeschwindigkeit einzuhalten.

Sie haben einfach nur Ihre eigene Sicht auf die derzeitige Situation deutlich in der Öffentlichkeit formuliert?
Ja. Ich habe meine eigene Meinung formuliert, die inzwischen aber auch von vielen anderen Kollegen geteilt wird.

Wie ist der Stand des Verfahrens?
Unverändert. Es gibt das Schreiben vom 31. März und meine Publikation des Schreibens. Es gibt sehr viel Solidarität und mediales Interesse.

Gibt es in Österreich auch andere Ärzte, die Ihre Auffassung teilen, beziehungsweise treten diese öffentlich auf?

---

1 https://www.servustv.com/videos/aa-22qz2r5y92112/ → Kurzlink: ws1.eu/k/69

Rund 150 Kollegen haben inzwischen zu mir Kontakt aufgenommen und meine Position unterstützt. Mehr als 30 davon sind bereit, in die Öffentlichkeit zu gehen und etwas auf die Füße zu stellen. Auch bekannte Rechtsanwälte haben sich – aus eigener Initiative – bei mir gemeldet und wollen mich unterstützen. Psychologen und Psychotherapeuten sowie Krankenpfleger von Intensivstationen haben mich kontaktiert. Alle sind mir sehr dankbar, dass ich der Kritik an den Maßnahmen eine Stimme gegeben habe – man spürt sehr viel Erleichterung bei den Menschen. Auch Kollegen aus Deutschland waren dabei. Eine Ehefrau eines Arztes hat mich angerufen und gebeten, ihren Mann zu überzeugen, aktiv zu werden. Er würde meine Position teilen, sich aber nicht trauen, etwas zu sagen. Die Ärzte sind teilweise total verunsichert, da die jetzt propagierten Meldungen im Widerspruch zu dem stehen, was wir vor Jahren im Studium gelernt haben. Bei dem, was heute auf höchster Ebene publiziert wird, hört man Dinge, die auch im Widerspruch zur eigenen Wahrnehmung stehen. Analysen werden als Fakten verkauft und Interpretationen von Fakten abgeleitet, die es gar nicht gibt. Oder Fakten werden falsch interpretiert. Im Thesenpapier zur Pandemie vom 05.04.[1] werden diese Widersprüche deutlich.

Ich habe sehr breiten Zuspruch auch von der Bevölkerung in Österreich, über 1.500 Menschen haben sich bei mir bedankt – 4.500 Mails sind in meinem Posteingang. Ich komme gar nicht dazu, das alles zu bearbeiten.

Glauben Sie, dass man an Ihnen ein Exempel statuieren wollte? Nach dem Prinzip: „Strafe einen – beherrsche alle"?
Ja, das glaube ich sehr wohl. Sie haben aber wohl nicht damit gerechnet, dass ich mich aktiv wehre und den Fall publik mache. Ärzte sind ja eher zurückhaltend und weniger aktiv. Daher freut es mich, dass sich so viele Kollegen bei mir melden und mir ihre Solidarität bekunden. Mir fehlen aber teilweise die Ressourcen, den Widerstand richtig voranzutreiben – 4.500 Mails ohne Sekretärin ...

Bis jetzt bin ich meines Wissens der Einzige, den man derartig hart angegangen ist. Sie haben gleich die ganz große Keule in die Hand genommen. Ich weiß zwar von einigen Kollegen, die auch schon seitens der Ärztekammer angesprochen wurden, denen wurde aber nicht gleich mit Ausschluss gedroht wie mir, sie hatten aber auch keine vergleichbare mediale Präsenz.

Was motiviert Sie, eine derartig deutliche Gegenposition zu beziehen?
Mein Motiv ist es, den Menschen die Angst zu nehmen, den Menschen die Angst vor der Krankheit und den Kollegen die Angst vor Repressalien. In meiner Arbeit ist genau das ein wichtiges Thema. Bei vielen meiner Patienten geht es um Angst, Depression, Verluste von Selbstwert, Würde oder Identität – und genau das erleben wir jetzt als Gesellschaft.

---

1 https://ws1.eu/k/2

Hätte man mich vor zwei Monaten gefragt, was man tun müsse, um ein großes Kollektiv in Depression und Suizid zu treiben, hätte ich Folgendes empfohlen: Nimm den Menschen die persönlichen Beziehungen, mache ihnen Angst vor einem nichtfassbaren Gegner, wiederhole pausenlos das Mantra der Bedrohung, halte sie konstant in Ungewissheit, reduziere die persönliche Kommunikation, streiche das Recht auf Versammlungsfreiheit, isoliere die Alten und verbiete Traditionen und Rituale. Alles das macht aus Menschen angstbesetzte Lemminge, die manipulierbar und missbrauchbar werden.

Vor zwei Monaten hätte niemand geglaubt, dass so etwas möglich ist. Und jetzt ist es Realität. Die Menschen sind verunsichert. Ich möchte ihnen diese Angst nehmen, Würde und Identität zurückgeben und dazu beitragen, dass wir die Basis einer Demokratie wiederherstellen. Und aufgrund der positiven Resonanz bin ich davon überzeugt, dass es viele Menschen bei uns in Österreich gibt, die genau das auch wollen. Dann wird auch das Verfahren mit der Ärztekammer wieder bedeutungslos.

Danke für Ihr Engagement.

Weitere Informationen:

Corona pur – QA – Wahrheit versus Wahrnehmung:
https://www.youtube.com/watch?v=XSKNEx4XWNo → Kurzlink: ws1.eu/k/44

Corona pur II – QA – Wahrheit versus Wahrnehmung:
https://www.youtube.com/watch?v=uIWLeNYG5lM → Kurzlink: ws1.eu/k/45

Philipp Ott: So schnell wird man kriminalisiert

Andrea Drescher

Foto: Privat

Der studierte Opernsänger Philipp Ott wurde 1985 in Bamberg geboren und arbeitet heute als Redakteur im Marketing eines Elektrokonzerns. Seit 2017 lebt er in Oberösterreich, wo er zunächst seine Passion Gleitschirmfliegen zum Beruf machen konnte. Diesbezüglich betreibt er auch den Blog „Unterwegs mit Stoff".[1] Sein Mut – ein demonstratives Zeichen gegen aufkeimenden Faschismus zu setzen – hat ihm nun eine Strafanzeige eingebracht und wurde auch von der BILD redaktionell aufgegriffen. Politiker und Medien rücken ihn und andere Demonstranten in die Nähe von PEGIDA – was für den überzeugten Antifaschisten und Neonazi-Gegner eine sonderbare Erfahrung ist.

Philipp, sind Sie schon lange politisch aktiv?
Nein. Ich war nie politisch aktiv – außer dass ich als kritischer Mensch schon immer meine Meinung geäußert habe. Erst aufgrund des Corona-Lockdowns habe ich angefangen, mich aktiv zu engagieren.

Also sind Sie ein Querdenker?
Auch wenn ich kein Mitglied von Querdenken bin, der Begriff „Querdenker" trifft wohl auf mich zu. Obwohl ich nicht mit allem Denken und Handeln der Querdenken-Bewegung einhergehe, bin ich froh, dass jemand etwas gegen die zum Teil fragwürdigen Corona-Maßnahmen unternimmt. Nach anfänglichem Widerstand unterstütze ich die Demos daher nun aus Überzeugung.

Seit wann und warum gehen Sie auf die Straße?
Naja, die Berichterstattung wurde immer widersprüchlicher – die Auswirkungen der Maßnahmen habe ich als immer extremer empfunden. Ich hatte das Gefühl, dass massives politisches Framing stattfinden könnte und Medien eventuell maximal gefärbt berichten. Die Schlagzeilen der öffentlich-rechtlichen Medien hatten bei mir den Anschein erweckt, dass dort ausnahmslos rechte Faschisten unterwegs seien.

1 https://unterwegsmitstoff.wordpress.com/ → Kurzlink: ws1.eu/k/46

Ich habe mich immer klar gegen Rechtsextremismus und Fremdenfeindlichkeit positioniert. Der Gedanke, mit Neonazis auf die Straße zu gehen, war und ist für mich undenkbar. Trotzdem stand für mich fest: Ich fahre am 29.08.2020 nach Berlin und bilde mir meine eigene Meinung.

Waren Sie allein in Berlin?
Nein, ich war gemeinsam mit Thomas Stimmel unterwegs, einem afro-deutschen Opernsänger und Vater meines dreijährigen Patenkinds. Unser Entschluss stand fest: Wir wollten herausfinden, welche Klientel dort tatsächlich unterwegs ist. Falls dort gehäuft Neonazis auftreten sollten, würden wir die Veranstaltung umgehend verlassen!

Sie sind aber beide geblieben?
Ja. Auch wenn wir immer wieder vereinzelt Rechtsextreme gesehen haben: In unserer Wahrnehmung kamen 98 Prozent der Menschen aus der bürgerlichen Mitte. Hier von einer Nazi-Demo zu sprechen, empfand ich als vollkommen inakzeptabel. Mit dieser Erkenntnis entschied ich, weiterzumachen.

Trotzdem – wie können Sie für sich persönlich rechtfertigen, mit diesen Rechtsradikalen gemeinsam auf die Straße zu gehen? Zum Beispiel skandiert ja die Antifa-Bewegung auf ihren Gegenprotesten: „Wer mit Nazis marschiert, hat nichts kapiert" ...
Ich marschiere nicht mit Nazis. Bedauerlicherweise ist es vielmehr so: Die zwei Prozent Neonazis marschieren mit, schreiben sich die gleichen Gründe auf die Fahne, versuchen die Veranstaltung für ihre Zwecke zu instrumentalisieren. Auch skandieren sie oft die gleichen Dinge, wie Frieden, Freiheit, keine Diktatur und – Liebe.

Das gefällt mir überhaupt nicht, aber ... in einer Demokratie, in der Meinungsfreiheit ein wesentlicher Grundsatz ist, muss ich in Kauf nehmen, dass Andersdenkende – von denen ich mich persönlich klar abgrenze – existieren.

Allerdings haben auch Politiker Querdenken ins „rechte Eck" gestellt. Wieso sollten sie derartig haltlose Anschuldigungen äußern?
Die Querdenken-Demonstrationen machen Politik und Medien Angst. Die dort vertretene Menge stellt einen hundertprozentigen Querschnitt der Bevölkerung dar, den sie nicht greifen können. Hat es doch eine Viruspandemie – sowie die daraus resultierende deutsche und globale Corona-Politik – tatsächlich geschafft, dass sich Neonazis und die jüdische Gemeinde für die gleiche Sache, auf derselben Veranstaltung einfinden. In Frieden und ohne gegenseitige Gewalt!

Alle Hautfarben, alle Ethnien und alle Religionen sind dort vertreten. „Alle Menschen werden Brüder." So schön dies anmuten mag, so eindeutig ist es in meinen Augen auch ein Zeugnis dessen, dass die Politik komplett versagt hat. Ein bedeutender Teil der Bevölkerung empfindet das Handeln der Staatsmacht als absolut unverhältnismäßig, hat große Sorge, dass unsere einst stabile Demokratie sowie unser Rechtsstaat in ein totalitäres Regime abrutschen. Was wir nun bereits vorliegen haben, kann in meinen Augen getrost als fortgeschrittener Gesundheitsfaschismus oder Hygienediktatur bezeichnet werden.

Ein probates Mittel, Andersdenkende – die dem politisch herrschenden System gefährlich werden könnten – unschädlich zu machen, ist deren öffentliche Diffamierung. Will man nun eine Bewegung aus der mittlersten bürgerlichen Mitte unglaubwürdig machen, packt man die „Nazikeule" aus. Solche Vorgehensweisen sind aufgrund ihrer Wirksamkeit durchaus etabliert und zeigen dabei infamer Weise deutliche Parallelen zu den beiden großen deutschen Unrechtssystemen des 20. Jahrhunderts auf …

Was kritisieren Sie an den Maßnahmen?
In meinen Augen wird die Menschenwürde mit Füßen getreten. Also ist es neben der sukzessiven Abschaffung der Rechtsstaatlichkeit – die massiv voranschreitet – vor allem die Abschaffung der Menschlichkeit, die in meinen Augen noch viel schwerwiegender ist. Zur Menschlichkeit gehört soziales Miteinander, sozialer Austausch, körperliche Nähe und Berührungen, Kommunikation, Kultur.

Ein System, das Menschen staatlich verordnete Distanz per Gesetz vorschreibt, empfinde ich als pervers. Dieses Vorgehen aufgrund einer pandemischen Lage – die vielleicht gefährlicher als eine Grippe ist, aber weit entfernt von Ebola oder der schwarzen Pest – passt nicht. Die Verhältnismäßigkeit ist hier in keinster Weise mehr gewahrt.

Wer leidet unter den Maßnahmen Ihrer Meinung nach am stärksten?
Es werden vor allem die Schwächsten dieser Welt sein, die am stärksten leiden, wenn wir die Welt-Wirtschaft gegen die Wand fahren. Menschen an der Armutsgrenze sind auf dieses funktionierende Weltwirtschafts-System am stärksten angewiesen, um den nächsten Tag zu überleben. Täglich sterben nun zahlreiche Menschen weltweit als Kollateralschäden des Lockdowns.

Ein Freund aus Ecuador bestätigte mir diese Tatsache bereits im April: Natürlich gibt es hier Coronatote. Aber das ist nicht das Problem. Es gibt jetzt auf einmal 85 % Arbeitslose und damit Menschen, die nicht mehr wissen, was sie am nächsten Tag essen sollen. Das ist eine humanitäre Katastrophe! Jeder Einzelne muss sich also die Frage stellen, ob das Für und Wider der Maßnahmen noch in einem vernünftigen Verhältnis steht. Werden nicht vielmehr Moral und Ethik mit Füßen getreten?

Können Sie das konkretisieren?
Es gilt, sich einige Fragen zu stellen: Welche Kollateralschäden gibt es? Wie vielen Kindern und Jugendlichen wird die Zukunftsperspektive geraubt? Wie viele Kinder wachsen völlig unnötig in Angst und Schrecken heran? Wie viele Menschen verhungern

aufgrund des Lockdowns? Hätten wir uns im Höchstmaß auf den Schutz der Risikogruppen konzentriert, hätte die Pandemie dann wirklich so viele Tote wie prognostiziert hervorgebracht? Unsere westliche Dekadenz der reichen Industriestaaten sowie unser pervertiertes Selbstverständnis sind mir absolut zuwider. Aus Angst um Oma und Opa – als Ausdruck eines kategorischen Ausklammerns des Todes aus der Gesellschaft – nehmen wir all das billigend in Kauf.

Foto: Thomas Stimmel

Es steht außer Frage: Menschen sind am Virus gestorben und es werden weitere sterben. Aber es ist sicherlich nicht der medial dargestellte Killervirus. Jeder Verstorbene ist einer zu viel. Allerdings ist es offensichtlich, dass die Auswirkungen der Maßnahmen um ein Vielfaches schwerwiegender sind als die der Pandemie selbst. Risikogruppen müssen sich bestmöglich schützen und wir müssen diese bestmöglich schützen. Wer sich hingegen dem Risiko freiwillig aussetzen will und kann, sollte den Alltag so normal wie möglich leben dürfen. Wer Angst hat, sollte sich ohne Umstände distanzieren dürfen. Nur so hätten wir die Situation vermeiden können, vor der wir jetzt stehen.

Welche Situation genau?

Letztlich nimmt die Bedrohung fast apokalyptische Ausmaße an – aber nicht aufgrund von Corona. Man versetzt die Welt in einen kriegsähnlichen Zustand – ohne dass Krieg herrscht! Und das bei einer zuverlässig geschätzten Letalität von 0,1–0,4 %.[1]

Was vermuten Sie dahinter?

Das weiß ich nicht. Ich beschäftige mich mit den Dingen, die ich als Fakten bewiesen vor mir sehe, die ich ändern kann. Ich versuche dem konkreten Wahnsinn entgegen-

1 https://www.who.int/bulletin/online_first/BLT.20.265892.pdf → Kurzlink: ws1.eu/k/47

zuwirken. Freundschaften werden zerstört, selbst Familien werden zerrissen, Kinder zuhause vom Rest der Familie separiert, und das, obwohl sie symptomfrei sind. Gesunde Menschen werden isoliert, Kranke sterben alleine auf Intensivstationen, vereinsamen in Altersheimen.

Und all das wird von namhaften Politikern aus Parteien vorangetrieben, die angeblich christlich-soziale Werte vertreten. Der bayerische Ministerpräsident Markus Söder erklärt einem zehnjährigen Kind im Radio, dass es schuld daran sein könnte, wenn Mama und Papa oder Oma und Opa sterben! Ich bin mit christlichen Werten aufgewachsen, habe Abitur an einer kirchlichen Institution gemacht und kurzzeitig auch Religion studiert. Aber eine Reihe opportunistischer Politiker hat es geschafft, ebendiese Werte innerhalb weniger Wochen de facto abzuschaffen.

Deshalb gingen Sie auch weiter demonstrieren. Wo waren Sie noch dabei?
Am 15.09. in München auf der Theresienwiese, am 07.11. in Leipzig, mit vermutlich über 50.000 Menschen. Das war eine ganz andere Hausnummer, besonders der Friedensmarsch – absolut ergreifend! Am 08.11. war ich nochmals auf einer kleinen Demo in München – wo es dann zum Eklat kam. Die Hauptveranstaltung auf der Theresienwiese wurde verboten, weshalb es dann eine kleine Spontandemo mit ein paar hundert Teilnehmern vor der Paulskirche gab. Gegen die krankhaften Auswüchse eines demokratischen Systems im Abklang wollte ich auch dort ein Zeichen setzen.

In Form eines T-Shirts?
Ja. Politiker betreiben Hetzkampagnen – Hexenjagden gegen kritische Bürger, die sich gegen die Zerstörung des Grundgesetzes und der parlamentarischen Demokratie engagieren. Das ist blanker Gesundheitsfaschismus, und dagegen positioniere ich mich öffentlich. Ich habe ein T-Shirt mit der Aufschrift „Gegen Corona-Nazis und Gesundheitsfaschismus" sowie einer großflächigen Persiflage in Bild und Schrift entworfen.

Ich komme ja aus der Werbung und weiß daher, wie Framing funktioniert – auch politisches. Ich habe ein sehr bildstarkes Sujet gewählt, das faschistoide Handlungsweisen ablehnend in Szene setzt. Es sollen Assoziationen zu den Vorgehensweisen der Nationalsozialisten bis zur Machtergreifung 1933 geweckt werden.

Sie wollen auf die Anfänge hinweisen?
Genau. Ich verharmlose ja dadurch nicht die Verbrechen der Nazis, was mir manche vorwerfen. Ich habe weder Zweifel am Genozid noch an den Millionen toter Soldaten. Aber der Vergleich zur NS-Ideologie darf gezogen werden. Es heißt: „Wehret den Anfängen." Wir alle sollten es ja im Geschichtsunterricht gelernt haben: „Der Blick in die Vergangenheit lehrt uns den Weg in die Zukunft. Es geht darum, die Zeichen wahrzunehmen." Ich nehme die Zeichen überdeutlich wahr. Auch die Reaktion der bayerischen Exekutive auf das T-Shirt ist ein weiteres Zeichen.

Was für eine Reaktion gab es denn?
Ich wurde am 08.11. bei der Demo in München von etwa zehn schwerbewaffneten Beamten – trotz der Einhaltung geltender Regeln wie Maske und Mindestabstand – in Gewahrsam genommen, einem Schwerverbrecher gleich abgeführt. Man ermittelt nun gegen mich wegen Anfangsverdachts auf Verstoß gegen Paragraph 86a – „Verwenden von Kennzeichen verfassungswidriger Organisationen". Laut Polizei hätte ich angeblich Adolf Hitler auf dem T-Shirt abgebildet! Natürlich ist das ein hanebüchener Vorwurf, der vor keinem Gericht Bestand haben wird.

Die Anzeige hat Sie offenbar stark bewegt. Wie beurteilen Sie das Vorgehen der Münchner Polizei darüber hinaus?
Im „Königreich" kam die durchweg positive Resonanz auf das Shirt wohl nicht so gut an – speziell beim linientreuen Einsatzleiter der Münchner Polizei. Man nahm mich in Gewahrsam und ließ mich danach nur mit unkenntlich gemachtem Hemd weiter an der Veranstaltung teilnehmen. Das war ein massiver Eingriff in die Meinungsfreiheit, also habe ich nach Abschluss der Versammlung meine Meinung wieder kundgetan, das Shirt erneut richtig herum angezogen und noch ein nettes Gespräch vor der Kundgebungsbühne geführt. Daraufhin nahm man mich wieder in Gewahrsam und konfiszierte das Shirt.

Haben Sie jetzt Bedenken wegen der Anzeige?
Nein. Erschreckend ist allerdings, dass die Polizei derartig willkürlich agiert. Das hat mit dem mir vertrauten Rechtsstaat nichts mehr zu tun. Speziell in Berlin und Bayern wird die Rechtsstaatlichkeit von Behörden und Exekutive augenscheinlich ausgehebelt. Die permanente mediale Gehirnwäsche und das Resultat daraus machen mir Angst: Ich sehe nur noch Duckmäuser, die sich verkriechen. Beziehungsweise Hardliner, die diesen Gesundheitsfaschismus proaktiv mitgestalten. Manchmal auch eine bunte Melange aus allem.

Glauben Sie, dass das Ganze noch zu drehen ist?
Ich fürchte nicht. Wir sind zu meinem großen Entsetzen in einer neuen Realität angekommen. Es muss wohl erst einen gehörigen Knall geben, bei dem ganz viele aufwachen. Diejenigen werden dann vermutlich auch wieder behaupten, von nichts gewusst zu haben. Wie nach 1945.

Aber Sie engagieren sich weiter?
Ich muss gestehen, dass der alltägliche Widerstand zermürbt. Die vermeintlich seriöse Medienberichterstattung ist meiner Ansicht nach durchseucht von politischem Framing. Ich bin schon müde geworden, gegen Windmühlen anzukämpfen. Aber ich möchte sagen können, dass ich einer von denen war, die gefordert haben, diesen Wahnsinn zu beenden. Also ja – ich engagiere mich weiter.

Was würden Sie den amtierenden Politikern mit auf den Weg geben, und welche konkrete politische Handlung würden Sie von den Verantwortlichen erwarten?
Es bräuchte den Politiker mit der notwendigen Zivilcourage, der sich vor die Bevölkerung stellt und in etwa folgende Ansprache hält:

„Meine Damen und Herren, wir haben ein schwerwiegendes Problem. Bei der Corona-Pandemie handelt es sich um ein ernstzunehmendes Virus, das aller Wahrscheinlichkeit nach an 98 Prozent der Bevölkerung relativ spurlos vorübergehen wird. Die restlichen zwei Prozent laufen Gefahr, ernsthaft an diesem Virus zu erkranken. Wenn wir nichts tun, drohen bis zu 1,54 Prozent der positiv getesteten Menschen daran zu versterben. Für deren bestmöglichen Schutz müssen wir alles Menschenmögliche tun.

Gleichzeitig müssen wir jedoch alles daran setzen, eine funktionierende Gesellschaft aufrecht zu erhalten. Wir sind auf dieses intakte System, das sich auch durch Zwischenmenschlichkeit auszeichnet, angewiesen – zum Wohle aller. Andernfalls sägen wir den Ast der Menschlichkeit ab, auf dem wir sitzen. Eine pervertierte Entmenschlichung der Gesellschaft wäre die unmittelbare Folge. Das öffentliche Leben muss daher umgehend und weitestgehend uneingeschränkt wieder stattfinden dürfen."

Ralf Ludwig: Wir brauchen den freien Debattenraum

Christiane Borowy

Foto: Privat

In Deutschland ist es rechtmäßig, Menschen, die für den Erhalt der Grundrechte im Zuge der Corona-Pandemie eintreten, als „Covidioten“ zu bezeichnen. Diese und andere Abwertungen führen dazu, dass sich ein tiefer Riss durch die Gesellschaft zieht. Einen freien Debattenraum gibt es so gut wie nicht mehr. Dabei gibt es gute Gründe, auf die Straße zu gehen, um öffentlich zu zeigen, dass es zahlreiche Menschen gibt, die mit den neuen gesetzlichen Regelungen nicht einverstanden sind und die sich für die Wiederherstellung demokratischer Rechte und Freiheiten engagieren. Ralf Ludwig ist Rechtsanwalt aus Leipzig, der sich dafür einsetzt, dass nach den Bedürfnissen von denjenigen gefragt wird, die demonstrieren. Sein Hauptziel ist es, gewaltfrei zu bleiben und sich mit juristischen Mitteln einen freien Debattenraum zu erstreiten.

Wie erklären Sie jemandem, der Sie noch nicht kennt, wer Sie sind?
Ich kann das einmal äußerlich beschreiben: Ich bin 48 Jahre alt, Rechtsanwalt, Papa einer wundervollen Tochter, digitaler Nomade, schon immer ein Querdenker. In mir drinnen bin ich ein Sinnsucher. Jemand, der immer über sich selbst, die ihn umgebende Gesellschaft nachdenkt. Und dabei fast immer optimistisch und positiv ist.

Sie sagen, Sie seien schon immer ein Querdenker gewesen. Beziehen Sie sich damit auf die so genannte „Querdenker-Bewegung“?
Ich bin aktuell einer der Anwälte der Querdenker-Bewegung. In dieser Bewegung haben sich viele Menschen gefunden, die Ereignisse und Informationen kritisch hinterfragen. Also tatsächlich eine Ansammlung von Querdenkern.

Ihr gesellschaftliches Engagement war auch schon vor dem Corona-Jahr 2020 zu erkennen, beispielsweise für diejenigen, die Kinder haben und für die das Thema Kitaplatz wichtig war. Vom Kitaplatz-Engagement zum „Querdenker-Anwalt“ – Wie war der Weg zu einer Schlüsselfigur der Proteste für den Erhalt der im Grundgesetz verankerten Rechte?
Das habe ich mir nicht ausgesucht. Ich habe früh in der Krise gemerkt, dass etwas nicht stimmt, dass unser Koordinatensystem sich verschoben hat. Die Stabilität und die Aus-

gleichsfunktion der Staatsgewalten waren nicht mehr da. Dann wurde die Staatsmacht schnell übergriffig gegen die Kollegin Beate Bahner und ich habe gedacht: Jetzt muss ich etwas tun.

Was meinen Sie genau? Was war da passiert?
Der Staat hat extrem schnell Allgemeinverfügungen und Rechtsverordnungen erlassen, die unglaublich tief in Grundrechte eingeschnitten haben. Die Gerichte haben von Beginn an weder die formelle noch die materielle Verfassungsmäßigkeit auch nur in Zweifel gezogen. Staatliche Maßnahmen wurden bis auf kleine Anpassungen als grundsätzlich unangreifbar angesehen. Die Parlamente haben sich völlig zurückgezogen. Die Kanzlerin hat mit den Ministerpräsidenten in einem Gremium, das unsere Verfassung nicht vorsieht, Entscheidungen getroffen. Damit war die Gewaltenteilung gewissermaßen aufgehoben. Ich selbst sehe mich in der Tradition der Kritischen Theorie und habe mich viel mit den Erfahrungen der intellektuellen Exilanten wie Adorno, Fromm, Brecht und Thomas Mann beschäftigt. Die Frage, die sich immer stellte, war: Wie konnte so etwas passieren? Und ich habe an Adornos Satz erinnert:

„Hitler hat den Menschen im Stande ihrer Unfreiheit einen neuen kategorischen Imperativ aufgezwungen: ihr Denken und Handeln so einzurichten, dass Auschwitz nicht sich wiederhole, nichts Ähnliches geschehe."

Hatten Sie keine Angst, dass man mit Ihnen genauso verfahren würde?
Nein. Ich hatte davor keine Angst. Ich habe dann aber mit Victoria Hamm und Dr. Bodo Schiffmann die Partei Widerstand2020 gegründet, weil ich ein Schutzschild wollte. Meine Idee war, dass es schwerer sein wird mit oppositionellen Politikern derart umzugehen als mit Einzelpersonen.

In den Medien wird Ihnen die Gründung des Projektes Klagepaten zugeschrieben. Was hat Sie dazu veranlasst?
Klagepaten gibt es schon seit 2016. Ursprünglich war der Verein gegründet, mittellosen Eltern, vor allem auch Migranten bei der Suche nach einem Kitaplatz und der Finanzierung von Anwaltskosten zu helfen. Diesen Verein haben wir dann in diesem Jahr ausgebaut, um Menschen in der Coronakrise helfen zu können und zum Erhalt von Rechtsstaatlichkeit beizutragen. Das Ziel ist, Recht leicht verständlich zu machen, damit die Menschen sich selbst ermächtigen können.

Wurden Sie selbst auch schonmal verklagt?
Ja. Der Staat mag es aktuell nicht, wenn man ihn kritisiert. Gerade klagt die Deutsche gesetzliche Unfallversicherung (DGUV) gegen Äußerungen von mir zum Thema Tragezeiten von Masken bei der Arbeit und in der Schule. Damit kann ich gut leben, denn es zeigt, wie vermengt inzwischen die Interessen sind und wie die DGUV instrumentalisiert wird, um die Maskenagenda entgegen jeglicher Evidenz durchzusetzen. Das Thema bleibt spannend.

Von Ärzten sagt man, sie seien selbst die schwierigsten Patienten. Verunsichert es Sie, wenn Sie selbst „auf der anderen Seite" stehen?
Nein, da Einzelentscheidungen ohnehin vom Glück und der aktuellen Machtstruktur abhängen. Prof. Mausfeld hat das in seinem Buch „Angst und Macht" sehr gut zusammengefasst: Das Recht wird entformalisiert durch die systematische Verwendung von unbestimmten Rechtsbegriffen. Bei der Frage, was ein „Ansteckungsverdächtiger" ist, kann der Staat und können die Richter entscheiden, wie sie wollen. Ohne klare Definition ist dem Missbrauch Tür und Tor geöffnet. Egal was in den Verfahren passiert, erhalte ich neue Erkenntnisse für mich. Ich vertrete mich auch selten selbst, damit ich nicht betriebsblind bin.

Sie ecken also auch an. Was motiviert Sie, trotz Zuschreibungen und Stigmatisierungen wie „Verschwörungs-Anwalt", „Aluhut-Träger" oder „Vertreter der rechten Querdenker-Bewegung", weiter engagiert zu bleiben?
Ich sehe keine Anfeindungen. Ich bin sehr in meiner Mitte und weiß, wer ich bin. Ich bin ein antiautoritärer Papa mit großem Hang zum gesellschaftlichen – nicht wirtschaftlichen – Liberalismus. Wenn jemand irgendwo schlechte Sachen schreibt, dann sage ich mir: Was Peter über Paul sagt, sagt mehr über Peter als über Paul. Ansonsten freue ich mich über Widerspruch und Kritik. Das lässt mich reifen. Natürlich mache ich Fehler, und da ich in der Öffentlichkeit stehe, darf man mich auch öffentlich kritisieren.

Es gab in Berlin massive Polizeigewalt, zum Beispiel wurde mit Wasserwerfern gegen Demonstranten vorgegangen. Ist das nicht ganz konkret erlebbare physische Gewalt, selbst wenn man selber nur zusehen muss?
Ich war noch bei keinem Wasserwerfereinsatz dabei. Wenn ich da war, haben sie die immer zurückgezogen. Aber selbstverständlich erleben wir gerade physische Gewalt und selbstverständlich fühlt man sich unglaublich ohnmächtig, wenn man das sieht. Dennoch erlebe ich die psychische Gewalt als schlimmer, da es diese Menschen in eine tatsächliche oder gefühlte Ausweglosigkeit treibt. Das ist der Samen für eine Gewaltspirale, die ich unbedingt verhindern will.

Hat sich ihr Glaube an den deutschen Rechtsstaat verändert?
Nein. Er zeigt sein Gesicht nur deutlicher. Ein Rechtsstaat wie in Deutschland dient den Interessen eines neoliberalen kapitalistischen Gesellschaftssystems. Dieses sollte sich in ein basisdemokratisches System mit echter Mitbestimmung und Teilhabe und Machtausübung auf Zeit transformieren. Für diese Prozesse brauchen wir die gesamte Bevölkerung, ein anders Mehrheitssystem (zum Beispiel Systemisches Konsensieren) und einen angstfreien Debattenraum.

Was sagen Sie jemandem, der sich verzagt an Sie wendet, weil er oder sie den Mut verloren hat?
Ich nehme ihn oder sie in den Arm und sage: Wir schaffen das gemeinsam. Wir alle sind wichtig und jeder von uns hat außergewöhnliche Fähigkeiten, mit denen er oder sie die Welt ein bisschen besser machen kann.

Wie schaffen Sie es, unabhängig von äußeren Umständen auf Ihrem Weg zu bleiben?
Ich bin in meiner Mitte. Ich meditiere viel. Ich habe das Privileg, viel am Meer leben zu dürfen. Ich habe tolle Freunde, eine wunderbare, liebevolle Tochter. Und ich habe Eltern, mit denen ich keine uneingeschränkt angenehme Kindheit verbracht habe, mit denen ich inzwischen einen liebevollen Umgang gefunden habe, der mir Wurzeln gibt und mich immer wieder stärkt.

Haben Sie Angst vor der Zukunft?
Nein. Wir machen als Menschheit gerade einen ruckeligen Transformationsprozess durch. Am Ende wird eine bessere, eine liebevolle Gesellschaft stehen. Ich spüre das an den vielen tollen Menschen, die ich in diesem Jahr kennenlernen durfte.

Wann haben Sie schon einmal Ihren größten Mut aufgebracht?
Ich spüre gar nicht, dass ich Mut aufbringe. Der mutigste Moment war, dass ich mich von der tollen Mama meiner Tochter getrennt habe und diese Nachricht mit ihr meiner Tochter überbracht habe. Und trotz der großen Traurigkeit meiner Tochter bei dem Entschluss geblieben bin. Das war tatsächlich der härteste Moment meines Lebens.

Sie gehen mit Ihrem Engagement jeden Tag Risiken ein, zum Beispiel könnten Sie ihre Zulassung als Anwalt verlieren. Oder Sie könnten bedroht werden, wie viele Menschen, die es wagen, sich ohne Maske in der Öffentlichkeit zu zeigen. Dann braucht es eine Portion Mut, es trotzdem zu tun. Wie gehen Sie mit solchen Unsicherheiten, Existenzängsten oder Angst vor Ausgrenzung um?
Alles das, was Sie beschreiben, sind Bedrohungen von außen. Das, was wirklich zählt, ist aber meine Einstellung dazu. Wenn ich weiß, wer ich bin, wenn ich mit mir im Reinen bin, dann können mich Ereignisse von außen nicht bedrohen. Natürlich habe ich Angst. Diese nehme ich aber wahr und stelle mich ihr. Ich glaube, dass ist auch der Kern der derzeitigen Krise. Solange Menschen in Angst verharren und nicht danach streben, mit sich selbst ins Reine zu kommen, sind Manipulation und Beherrschung möglich. Ein freier Geist kann nicht beherrscht werden.

Welche Quellen von Mut kennen Sie?
Nur eine: Bleib immer bei dir und folge deiner Intuition.

Laura Malina Seiler, von der ich weiß, dass Sie sie sehr schätzen, hat in einem ihrer Bücher gesagt: „Mit jedem Herzschlag sagt dein Herz dir: Lebe! Lebe ein außergewöhnliches Leben, lebe voller Mut, lebe voller Freude, lebe voller Kraft, lebe als Ausdruck von Liebe, lebe als reiner Ausdruck von mir." Herz, Gefühl, Liebe, Mut – inwieweit passen solche eher spirituellen Gedanken in Ihr gesellschaftliches Engagement als Jurist?

Spiritualität und Rechtswissenschaft schließen sich nicht aus. Wir haben immer mit Menschen zu tun. Bei Rechtsstreitigkeiten geht es immer um Gefühle, um Macht, um Befriedigung, Recht zu haben und Recht zu bekommen. Dabei werden fast immer Verlierer produziert. Würden wir unser Recht viel näher an den Gefühlen der Menschen konzipieren, mehr Reden, mehr Verstehen, mehr Nachempfinden und Spüren, würde unsere Welt gerechter aussehen. Gerade jetzt fehlen diese Spiritualität und Empathie. Die furchtbaren Entscheidungen zu Masken, Demonstrationsverboten oder Quarantäne von Kontaktpersonen zeigt das eindrucksvoll.

Warum braucht die Welt jetzt den „vollen Mut“, zu dem Laura Malina Seiler aufruft, ihn zu ergreifen?
Die Welt braucht keinen Mut, sie braucht Menschen, die sich selbst spüren, in ihre Mitte gehen und sich davon nicht abbringen lassen. Es braucht mehr Blick nach innen und weniger Bewertung des Außen.

Wie meinen Sie das genau? Dass Menschen weniger auf Demonstrationen gehen, sondern lieber inneren Frieden suchen mögen?
Nein. Auf unseren Demonstrationen sehe und finde ich viele Menschen, die mir spiegeln, dass ich mit meinen Gefühlen nicht allein bin. Wir sind soziale Wesen. Dennoch ist es meine Aufgabe, für mich und meine Bedürfnisse Verantwortung zu übernehmen. Das kommt von innen. Die Frage ist ja: Was ist das Ziel der Demonstrationen? Die Menschen sammeln sich, um auf ihr Bedürfnis nach einem Debattenraum aufmerksam zu machen. Diesen zu erstreiten, ist mein Ziel des Protests. Und ich habe das Gefühl, bei aller Repression, dass das gerade auch passiert. Dieser Debattenraum kann aber aus meiner Sicht nur zu einer besseren Gesellschaft werden, wenn wir uns von den äußeren Zwängen eines neoliberalen Kapitalismus innerlich lossagen können und somit tatsächlich frei gemeinsam und in Akzeptanz des Andersseins eine neue friedliche und liebevolle Gesellschaftsordnung erschaffen.

Vielen Dank, für das Gespräch und für Ihr Engagement für freie Debattenräume und einen liebevollen Umgang miteinander.

Ralph T. Niemeyer: Fernhalten, in seiner Nähe kommt es zu Staatsstreichen!

Andrea Drescher

Foto: Privat

Der 1969 in Bonn, Bad Godesberg geborene Journalist hat in seinem Leben mehrmals Situationen erlebt, die Mut erfordern. In der BRD groß geworden, ist er noch 1988 freiwillig in die DDR ausgewandert, hat einige Jahre seines Lebens in den USA, Russland und Venezuela verbracht, hat Staatsstreiche miterlebt und mitgestaltet und kennt – aufgrund seiner journalistischen Arbeit – manchen Mächtigen dieser Welt persönlich. Der überzeugte Sozialist und Marxist ist, wie er selbst sagt, bei historischen Ereignissen immer mal wieder durchs Bild gelaufen. Das macht den Vater von fünf eigenen und zwei adoptierten Kindern heute eher gelassen, wenn er berufsbedingt in den Kriegsgebieten im Jemen in Zusammenarbeit mit der UN Wasserprojekte durchführt.

Ihre journalistischen und politischen Aktionen hier darzustellen, würde den Rahmen des Interviews geringfügig sprengen. Konzentrieren wir uns auf ein paar „Highlights". Wie kommt man dazu, mit sechzehn Helmut Kohl und Petra Kelly zu interviewen?

Ich war Anfang der 80er Jahre als Gymnasiast des Pädagogiums Otto Kühne Schule (kurz: „Päda") in Bonn, Bad Godesberg begeistert in der Friedensbewegung aktiv und Anhänger von Petra Karin Kelly, die ich einige Male für unsere Schülerzeitung zur Nachrüstungsdebatte interviewt habe. Als Schülersprecher des Bonner Kreises und Redakteur unseres „Pädanten" mobilisierte ich für die Friedensdemos und organisierte zugleich regelmäßig Podiumsdiskussionen in der Aula des Päda's mit Bundestagsabgeordneten und sogar einmal dem US-Botschafter und dem Sowjetischen Botschafter. Auch Jungliberalen-Chef Guido Westerwelle, mit dem ich befreundet war, kam als Jungpolitiker ab und zu zu uns. Da ich immer mehr Fragen hatte, bemühte ich mich um ein Interview mit dem soeben aus dem Amt geschiedenen Bundeskanzler Helmut Schmidt. Nach ein paar Monaten für beide Seiten nervigen Wartens ...

... wieso für beide Seiten?

Na, ich habe halt nicht lockergelassen und etliche Telefonkarten verpulvert, bis ich Schmidt plötzlich selber an der Strippe hatte und die Sekretärin im Hintergrund schluchzte. Nach dem Interview mit Helmut Schmidt hatte ich Blut geleckt und fragte Petra Karin Kelly, der ich es vorspielte, was sie davon hielt. Sie ging förmlich in die Luft und machte mir Kontakte zu Edward Kennedy und anderen kritischen Senatoren in Washington.

Sie waren, wie Sie mir erzählten, mit 17 bereits in den USA als Journalist tätig. Was waren dort Ihre Aufgaben?
Für 1986 war für mich ein Schüleraustausch in den USA geplant, und so konnte ich meine Gastfamilie in Ann Arbor, Michigan, überreden, auf der Fahrt nach North Carolina in Washington einen Zwischenstopp einzulegen, während dem ich mir eigentlich Museen ansehen sollte, tatsächlich aber auf Capitol Hill Senatoren befragte. Im Café im Old Post Office traf ich die Journalistin und Schriftstellerin Suzie Gookin, die auch für diverse Sender und die Washington Post arbeitete. Wir unterhielten uns angeregt und sie meinte, ich sollte richtiger Reporter werden und nicht nur für die Schülerzeitung schreiben. Ich wurde von einer Produktionsfirma engagiert, Independent Broadcast News, die auch für NBC Nachrichten-Clips lieferte. Ich sollte aus Bonn berichten, wo NBC selber keinen Korrespondenten hatte. Der saß nämlich in Frankfurt am Main, vermutlich weil Amerikaner wissen, dass die Macht eher an solchen Orten zu finden ist. Ab September 1986 war ich dann in Bonn akkreditiert und machte mich auf, Bundeskanzler Kohl zu interviewen. Es geriet zu einer Art Slapstick, hatte ich doch zuvor den Graf mit seinen versunkenen Schätzen (Anm. d. Redaktion: Otto Graf Lambsdorff, F.D.P., wegen Steuerhinterziehung und Verstoß gegen das Parteispendengesetz verurteilter Bundeswirtschaftsminister) zum Zustand der Koalition befragt und erhielt von Kohl die ungehaltene Antwort: „Sie sehen doch, wie wir friedlich miteinander untergehen!" Das ZDF hatte es mitgeschnitten und sogar abends gesendet, was zu einem Anruf aus dem Kanzleramt bei dem Kollegen führte. Mir wurde klar, dass man sich als Journalist bei Kohl besser beliebt machte. Als „Benjamin" im Pressecorps waren alle nett zu mir, sogar der dicke Bundeskanzler, besonders aber Bundespräsident von Weizsäcker und Arbeitsminister Norbert Blüm. Herr von Weizsäcker schrieb mir sogar mal eine Entschuldigung für den Schulunterricht, den ich schwänzen musste, weil er einen Staatsbesuch hatte.

Wie standen Sie zu Kohl, er war ja nun nicht gerade ein Linker?
Nein, natürlich nicht. Als Kanzler in der BRD war ja gerade mal Brandt fortschrittlich und kein Reaktionär. Kohl sah ich pragmatisch. Er setzte das Programm der Industrie um. Ich versuchte ihn auf ironische Weise herauszufordern, und ich bin mir nie ganz sicher gewesen, ob er mich nicht vielleicht doch verstanden hatte und zurückverarschte. Komischerweise gehörte ich bald zur Runde bevorzugter Journalisten, die montags früh zusammengerufen wurden, um aus des Kanzlers Mund ein paar Hintergrundinformationen zu erhalten. Es ging recht vertrauensselig zu. Einmal sagte Kohl, dass er nach Italien fliegen müsse, weil die CDU der Democrazia Cristiana 2 Millionen Mark geliehen habe, diese sie aber nicht zurückzahle. Als Kohl dann abends wieder da war, stellte er

ein paar Flaschen Pfälzer Wein auf den Tisch und sagte zu uns: „Was ich heute erlebt habe, das glaubt ihr nicht!" Kurz: Andreotti hatte Kohl mit militärischen Ehren empfangen und jedesmal, wenn Kohl dachte, er könne das Thema anschneiden, ihm gesagt, „Dottore Kohl, nicht jetzt, nicht hier." Jedenfalls wurden Kohl Museen, Kirchen und Kinderchor geboten, bis er abends wieder zum Flughafen gebracht wurde und unverrichteter Dinge zu uns zurückflog. So wie er es erzählte, merkte ich, daß dieser große, oft grimmige Mann doch Humor hatte. Ich rief seitdem immer in Anlehnung an den Club der toten Dichter „Oh Kanzler, mein Kanzler!", wenn ich ihn sah, und er fasste sich dann an die Krawatte und pfälzerte: „Meinen Sie etwa mich?!"

Kohl ließ auch für uns Journalisten abends öfters auffahren, rief manchmal Lutz Ackermann, seinem Adjutanten seit Mainzer Tagen, scherzhaft zu: „Und was essen wir jetzt?", was dieser stets konterte mit: „Carbonara!" Was ihm den Spitznamen „Carbonara" beim Kanzler und auch uns eintrug. Ich fragte einmal frech wie Bolle: „Kanzler, oh mein Kanzler, denken Sie eigentlich an Deutschland in der Nacht, wenn Sie zum Kühlschrank gehen?", was Kohl mit einem breiten Grinsen quittierte. Oder bei den Koalitionsverhandlungen 1987 im Januar, als es bitterkalt war und wir draußen vor dem Kanzleramt standen, Kohl uns von der Bundeswehr ein Zelt aufbauen und Gulaschsuppe ausschenken ließ und einmal zu uns herauskam und sich entschuldigte, dass es noch länger dauern würde. Ich fragte ihn, ob er uns nicht schon etwas sagen könne. Er daraufhin: „Es wird natürlich noch viel diskutiert, aber dann wird das so gemacht, wie ich sage." Er blickte in unsere verfrorenen Gesichter und meinte dann: „Ihr könnt ja schon mal zu Karlchen gehen, ich komme dann nach, wenn wir fertig sind." Mit Karlchen war Karlchen Rosenzweig gemeint, der Wirt des Presseclubs. „Aber ohne Geld, mein Kanzler ...", warf ich ein, worauf er tief in seine schwarze Tasche griff und mir 100 DM gab. Das hätte er mit keinem älteren Kollegen gemacht, aber ich genoss quasi Narrenfreiheit.

Sie haben bei den Recherchen zur Iran-Contra-Affäre mitgearbeitet. Welche Folgen hatte das für Sie?
Das ist ein komplexes Thema. Ich war im April 1986 als Reporter nach Nicaragua geschickt worden, wohl weil ich aufgrund meines Alters und der Tatsache, dass ich einen deutschen Pass hatte, unverdächtig war, und interviewte Daniel Ortega. Zugleich fand der von den USA finanzierte Aufstand der „Contra" statt. Ich versuchte herauszufinden, woher die Waffen stammten, und hatte schließlich Kontakt zu Contra-Anführern. Diese prahlten vor mir – den sie ja aufgrund der Tatsache, dass ich für einen US-Sender arbeitete, für unverdächtig hielten –, dass sie schon vor der Wahl von Reagan durch Bush und sein Netzwerk Waffen geliefert bekommen hatten und auch finanziell unterstützt wurden. Zurück in New York berichtete ich meinem Kollegen Danny Casolaro davon, und das brachte den Stein ins Rollen, da man unbedingt Reagan mit einem Impeachment loswerden wollte. Ich war dann plötzlich einer der Kronzeugen, hatte heftige Auseinandersetzungen mit Bush und das erste Mal in meinem Leben richtige Todesangst. Letztlich wurde aber Lieutenant Oliver North überredet, die Alleinschuld

auf sich zu nehmen und Admiral Poindexter und Verteidigungsminister Weinberger freizusprechen. Ich musste dann nicht mehr aussagen.

Fortan war mir nicht mehr ganz geheuer. Ich tat zwar weiter meine Arbeit in Bonn, hielt mich aber insbesondere an meinen Kollegen und fast väterlichen Freund James Markham von der New York Times. Der Honecker-Besuch im September 1987 brachte mich in Kontakt mit Kollegen aus der DDR und ich bemerkte, dass wohl etwas in Bewegung zu kommen schien. Dann kam plötzlich mit der Barschel-Affäre eine Zeit, wo uns das Lachen verging. Ich sollte wieder für NBC Berichte machen, über die „Waterkantgate", und sprach mehrfach mit Barschel. Durch die Iran-Contra-Affäre sensibilisiert, recherchierte ich in eine andere Richtung als die meisten deutschen Kollegen und hatte plötzlich eine völlig andere Blickrichtung und entsprechende Hinweise, die ich Herrn Barschel dann auch mitteilte. Wir verabredeten uns in Genf, aber zu dem Treffen kam es dann nicht mehr, weil wir uns aufgrund der Fehlinformation des ominösen Robert Rohloff verfehlten. Wir hatten ja noch keine Handys – sonst wäre er vermutlich nicht ermordet worden. Meine Aussagen wurden allesamt bei den schweizerischen Behörden verschlampt und die deutschen Ermittlungen verliefen im Sande. Manche Berichte vermuteten lange Zeit, dass ich Rohloff gewesen sei, doch hierbei handelte es sich um einen CIA-Agenten namens Alvaro Jose Baldizon, der plötzlich – ebenfalls kurz vor einem Treffen mit mir – in Los Angeles verstarb.

Warum sind Sie in die DDR ausgewandert? Es hieß ja im Westen immer: „Geh doch nach drüben." Was war Ihr Grund – und wie haben Sie sich als Wessi im Osten gefühlt?
Im Dezember 1988 hatte ich Informationen auf NTSC-Kassetten zugespielt bekommen, die den Bau einer Chemiewaffenfabrik in Rabta, Lybien, durch die deutsche Firma Hippenstiehl-Imhausen und das Wissen darum seitens Kohl und anderen westdeutschen Regierungsmitgliedern beweisen konnten. Ich hatte diese NTSC-Kassetten am Tag des Absturzes der Pan Am über Lockerbie nach New York geschmuggelt und lange Zeit geglaubt, dass das Flugzeug wegen meiner etwas dilettantischen Aktion gesprengt worden war, denn ich hatte zunächst vorgetäuscht, die Pan Am-Maschine für den Transport auszuwählen, aber dann in letzter Sekunde die TWA genommen. Seit 8 Jahren weiß ich, dass es nichts damit zu tun hatte. Lange verfolgten mich furchtbare Alpträume.

Am 31.12.1988 wurden meine Kollegen James Markham, Julian Sanchez und Danny Casolaro, mit denen ich bereits in der Iran-Contra-Affäre zusammengearbeitet hatte, und ich ins Weiße Haus gerufen und von Bush informiert, dass unsere Informationen sehr ernst genommen würden und wir aus Gründen der nationalen Sicherheit etc. nicht veröffentlichen sollten, bevor die US-Regierung ihre Verbündeten informiert hätte. Bush ließ noch am Nachmittag des Tages jedem von uns einen Umschlag in unsere Fächer im Pressebüro des Weißen Hauses legen. Ich habe meinen zunächst nicht geöffnet, auch weil Bush bedeutungsschwanger zu mir gesagt hatte, dass ich erst mal nicht nach Deutschland zurückkehren sollte. Ich antwortete, dass ich noch dort studieren wollte. Bush sagte, in den USA gäbe es auch gute Universitäten. Wenige Tage später wurde

Libyen bombardiert und ich flog nach Frankfurt zurück. Zurück in Bonn wurde ich spätabends von „Carbonara" ins Kanzleramt gerufen. Kohl und Genscher wuschen mir den Kopf und warfen mir Landesverrat vor.

Einen Monat später, am 4. Februar 1989, starb unser Kollege Julian Sanchez auf dieselbe Weise wie Uwe Barschel in Paris. Am 9. August 1989 wurde dann die Leiche von James Markham in Paris gefunden. Kopfwunde, Jagdgewehr, schrieb die New York Times. Mich packte die nackte Angst und nach einem Gespräch mit Björn Engholm, der mir sagte, dass er als Ministerpräsident von Schleswig Holstein kaum eine langfristige Möglichkeit habe, für meinen Schutz zu sorgen, beschloss ich, in die DDR zu übersiedeln, in der Hoffnung, dass mir dort nichts passieren würde. Außerdem war mir seit 1987 klar, dass es dort zu großen Veränderungen kommen würde, und da ich an demokratische Formen des Sozialismus glaubte und bis heute glaube, hatte ich darin eine Perspektive gefunden. Mein Freund und Kollege Danny Casolaro wurde fast auf den Tag genau zwei Jahre später, am 10. August 1991, tot in einer Badewanne des Sheraton Hotels in Martinsburg, West Virginia, gefunden. Meine Angst war sicher real, und so floh ich zunächst in die UdSSR, die allerdings wenig später ebenfalls zusammenbrach. Seit 1993 lebte ich dann sehr zurückgezogen in Irland.

Die meisten Menschen in Deutschland kennen Sie, ohne zu wissen, dass Sie es waren. Sie hatten eine besondere Rolle bei der Öffnung der Mauer. Können Sie davon kurz erzählen?
Nach dem 9. Oktober 1989, an dem wohl alle gemerkt hatten, dass das System ins Rutschen kommt, war es eine Frage der Zeit, bis man auf eine weitere Zuspitzung zusteuerte. Der 9. November nahte. Morgens hatte Egon Krenz mir noch gesagt, dass die Tschechoslowakei sich bitter beklage, dass die Flüchtlingsströme nicht abreißen. Er habe daher einigen Beamten die Anweisung gegeben, ein Reisegesetz auszuarbeiten. Nachmittags war dies fertig und wurde im Umlaufverfahren als Entwurf des Ministerrates verabschiedet, hatte dadurch aber noch keinerlei Rechtskraft erlangt. Zudem ließ Krenz eine Erklärung für den 10. November vorbereiten.

Die Bestrebungen der SED-Führung unter Egon Krenz waren, die Grenzöffnung nicht auf dieses Datum, den 9. November, fallen zu lassen, ganz bewusst auch wegen der historischen Relevanz. Noch vormittags hatte Krenz gesagt, dass die neue Reiseregelung frühestens am 10. November bekanntgegeben werden solle. Die Pressemitteilung für ADN trug auch die Sperrfrist 4 Uhr früh, 10.11.1989.

Gegen 18 Uhr traf ich dann im Internationalen Presse-Zentrum in der Mohrenstraße 38 ein. Es war erst die zweite Pressekonferenz, die das ZK der SED abhalten ließ, und Günter Schabowski war als ehemaliger Chefredakteur des Neuen Deutschland sicherlich qualifiziert, sah sich aber auch sogleich von DDR-Journalisten mit der Kritik konfrontiert, wieder einen Personenkult zu inszenieren. Egon Krenz spielte in der öffentlichen Wahrnehmung jener Tage jedenfalls eine kleinere Rolle als Schabowski.

Ebenfalls auf dem Podium neben Schabowski waren die Mitglieder des ZK der SED, die Gewerkschaftsfunktionärin Helga Labs, Außenhandelsminister Gerhard Beil, mit dem ich ebenfalls bereits über Gegenmaßnahmen zu Lysakus gesprochen hatte und der von Plan Saigon wusste. Auch Manfred Banaschak, Chefredakteur einer Parteizeitung, war anwesend. Die insgesamt unprofessionell abgehaltene Pressekonferenz plätscherte so dahin, ohne irgendwelche besonders interessante Aspekte.

Lustig war höchstens, wie BILD-Korrespondent Peter Brinkmann Schabowski reizte, „die Pressefreiheit für die DDR zu verkünden", was mit Gelächter quittiert wurde, als Schabowski auf die doch völlig von der SED unabhängige DDR-Presse verwies. Dann, kurz vor Ende der einstündigen Live-Übertragung übergeht Schabowski den BBC-Kollegen Daniel Johnson und nimmt einfach Riccardo Ehrman von der italienischen ANSA dran.

Dieser stellt unbeholfen die Frage, ob die angekündigte Reiseregelung ein Fehler sei. Schabowski liest von dem Beschlussentwurf des Ministerrates ab: „Privatreisen nach dem Ausland können ohne Vorliegen von Voraussetzungen – Reiseanlässe und Verwandtschaftsverhältnisse – beantragt werden. Die Genehmigungen werden kurzfristig erteilt. Die zuständigen Abteilungen Pass- und Meldewesen der VP – der Volkspolizeikreisämter – in der DDR sind angewiesen, Visa zur ständigen Ausreise unverzüglich zu erteilen, ohne dass dafür noch geltende Voraussetzungen für eine ständige Ausreise vorliegen müssen. Ständige Ausreisen können über alle Grenzübergangsstellen der DDR zur BRD erfolgen ..."

Dann folgen Nachfragen, Peter Brinkmann ruft etwas, andere auch, und dann im Durcheinander bei Minute 1:02:34 von mir an der rechten Seite die Frage: „Wann tritt das in Kraft?" Ungläubig folgte ich dem Hin und Her, wusste ich ja, dass Krenz nicht vor dem 10. November die Erklärung abgeben wollte. Daraufhin antwortete Schabowski: „... das tritt nach meiner Kenntnis ... ist das sofort, unverzüglich ..."

Außenhandelsminister Gerhard Beil – im Gegensatz zu Schabowski Regierungsvertreter – hingegen beugt sich zu Schabowski und sagt leise, aber bestimmt: „Das muss der Ministerrat beschließen." Im Saal hörten wir die Worte nicht, aber sie sind aufgezeichnet worden. Nichtsdestotrotz bleibt Schabowski dabei und klingt im Folgenden nicht mehr verwirrt, sondern vielmehr absolut sicher. Lediglich auf die Frage von Daniel Johnson: „Herr Schabowski, was wird jetzt mit der Berliner Mauer geschehen?", hat Schabowski keine klare Antwort.

Es ist klar, daß die Frage von Riccardo Ehrman letztlich dazu geführt hat, dass die Mauer in dieser Nacht fiel, aber war sie wirklich so zufällig und spontan zustandegekommen? Jahre später, im MDR, gab Ehrman zu, dass er einen Tippgeber gehabt habe. Er habe kurz vor der Pressekonferenz mit Günter Pötschke – dem Chef von ADN, der auch schon für die UNESCO gearbeitet hatte und durch seine Funktion als Präsident der Europäischen Nachrichtenagenturen natürlich über zahlreiche und langjährige Westkontakte verfügte – telefoniert.

Ehrman, der später angibt, mit Pötschke befreundet gewesen zu sein, sagte im MDR: „Diese Person sagte: ‚Ich bin der Mann von dem Unterseeboot. Es gibt in Berlin einen Platz, ein Büro, das unter dem See liegt. Es ist bekannt als Unterseeboot. Und diese Person ist in diesem Büro der Chef.'" Der Raum, von dem Ehrman spricht, ist der abhörsichere Tagungsraum unter einem Teich im ADN-Gebäude in der Mollstraße. War es also doch eine abgekartete Sache und Schabowski nicht so ahnungslos, wie er tat? Ein Vollprofi wie er, weltgewandt, Chefredakteur des ND, der englischen Sprache mächtig, kamerasicher, soll so auf das Glatteis geraten sein? Schwer zu glauben. Auch sein Verhalten nach dem Ende der DDR spricht Bände. Als bester aller „Wendehälse" schüttete er einen Ascheimer nach dem anderen über sein Haupt, während Egon Krenz sich mit einer Haftstrafe herumärgern musste.

Mir waren diese Zusammenhänge lange nicht aufgefallen, auch weil ich die vollständigen Archivmaterialien über 25 Jahre nicht mehr angesehen habe. Ohne den Schabowski-Putsch wäre Krenz der Held geworden und der 09.11. nicht als historisches Datum in der deutschen Geschichte neu-definiert worden.

Putschartig wurde der SED-Führung das Heft des Handelns durch die eigenen Leute aus der Hand geschlagen und als „Abfallprodukt" auch noch nebenbei die für die deutsche Oberschicht peinlichen anderen geschichtlichen Bezüge entsorgt.

Während der Umsturz in der DDR vermutlich kein klassischer Staatsstreich war, haben Sie einen versuchten Staatsstreich in Venezuela live miterlebt. Was ist da passiert?
Nun, ich hatte mit meinem irischen Kamerateam einen Film über das neue Venezuela gedreht und interviewte am 11. April 2002 zum zweiten Mal Präsident Hugo Rafael Chávez Frías, den wir auch 3 Wochen lang begleitet hatten. Während des Interviews platzten plötzlich Generäle rein und beschuldigten den Präsidenten, auf das demonstrierende Volk schießen zu lassen. Dieser stritt das ab. Später wurde rekonstruiert, dass es sich um US-Scharfschützen gehandelt hatte, die damit Verunsicherung schaffen sollten. Stundenlang wurde über den Rücktritt des Präsidenten verhandelt, Fidel Castro rief an und wir hörten, wie dieser riet, nicht zurückzutreten, aber trotzdem sich verhaften zu lassen. Jedenfalls nicht mit der Waffe in der Hand zu sterben wie einst der chilenische Präsident Salvador Allende 1973. Dann kam der Nuntius des Vatikan, Cardinal Velasquez, und sollte vermitteln. Schließlich wurde der Präsident von den Putschisten verhaftet und bat mich, als Zeuge mitzukommen, was ich auch tat – obwohl mir recht mulmig zumute war, da mir schwante, dass man wohl im Fall eines Falles einen internationalen Journalisten nicht stehen lassen würde, damit dieser später die Geschehnisse brühwarm zu erzählen hätte.

Nachdem wir nach Fuerte Tiuna, dem militärischen Hauptquartier in Caracas, gebracht worden waren, flog man uns weiter auf die Insel La Orchila vor der venezolanischen Küste, wo sich eine Militärbasis befand. Wir hatten sehr philosophische Gespräche, unterbrochen immer wieder durch den Cardinal, der noch immer vorgab zu vermitteln, aber eine dubiose Rolle spielte, wie der Vatikan dies ja schon immer tut. Als ein Exekutionskommando gebildet wurde, legten die Soldaten jedoch die Waffen nieder. Dann landete die Fallschirmjägertruppe aus Maracaibo, wo Chávez einst selber gedient hatte, und befreite den Präsidenten. General Banduel stolperte auf uns zu und salutierte. Damit war uns klar, dass der Putsch zusammengebrochen war. Wir wurden in den Morgenstunden des 13. April 2002 zurück in den Palacio de Miraflores geflogen und der Präsident übernahm wieder die Amtsgeschäfte. Putsch-Präsident Piedro Carmona floh nach Miami.

Kommen wir in die Gegenwart. Sie engagieren sich gegen die Corona-Maßnahmen und organisieren derzeit auch eine Art Staatsstreich. Oder verstehe ich da etwas falsch?
Nun, einen Staatsstreich würde ich es nicht nennen, eher die Umsetzung dessen, was uns 1989-90 versprochen worden war, nämlich eine souveräne, gesamtdeutsche Verfassung. Ich hatte damals am 7. Oktober 1989, dem 40. „Geburtstag" der DDR in Bonn, Bad Godesberg den „Deutschlandkongress" gegründet, um die Bürgerrechtsbewegungen in der DDR auch im Westen zu verankern, denn auch die BRD hielt ich für reformfähig. Ich hatte Kontakt mit dem Neuen Forum, dem Demokratischen Aufbruch, mit Bürgerrechtlern Vera Lengsfeld, Edelbert Richter, Peter-Michael Diestel und vielen anderen, aber zugleich war ich oft mit Egon Krenz, Kulturminister Klaus Höpcke und den Krenz-Vertrauten Hartmut König und Gunter Rettner, die ich seit dem Honecker-Besuch in Bonn 1987 gut kannte, im Gespräch. Ich glaubte an eine Chance beider deutscher Staaten, sich demokratisch reformieren und einander annähern zu können, sodass am Ende eines solchen Prozesses das jeweils Beste aus beiden Systemen zu einem gemeinsamen deutschen Staat verschmolzen werden könnte. Als Ziel hatten wir im Deutschlandkongress uns den Mai 1995 gesetzt, zu dem das Potsdamer Abkommen nach 50 Jahren auslaufen würde. Eine schnelle Vereinigung war nicht unser Ziel. Ich hatte meinen alten Freund Guido Westerwelle in Bonn und Bernhard Mehr, einen Funktionär der Jungen Union, sowie Dieter Schaper, damaligen Juso-Vorsitzenden von Bonn, mit an Bord holen können, und so waren wir wirklich überparteilich. Am 11. Februar 1990 war ich in Moskau beim Staatsbesuch von Helmut Kohl dabei und sprach mit ihm sofort, nachdem er bei Gorbatschow aus dem Amtszimmer kam.

Der Kanzler sprach wieder mit Ihnen?
Na ja, er hatte keine Wahl und stöhnte zunächst nur: „Sie schon wieder!" Dann sagte er aber zu mir den Satz, auf den wir uns im Deutschlandkongress bis heute beziehen: „Wir werden eine neue Verfassung zu schaffen haben." Das ZDF sendete es ebenfalls. Später fragte ich Gorbatschow, und der bestätigte ebenfalls, dass Kohl es so gesagt habe.

In einem weiteren Interview mit Gorbatschow nur 12 Tage vor dem Ende der Sowjetunion am Freitag, dem 13. Dezember 1991, bestätigte er zudem, dass die UdSSR dem dann vereinten Deutschland einen Friedensvertrag angeboten habe, die USA, aber auch Kohl dies abgelehnt und auf den Zwei-plus-Vier-Vertrag verwiesen hätten, wonach Deutschland angeblich vollständig souverän sei. Dass dies nicht stimmt, besagen nicht nur die Fußnoten zum Zwei-plus-Vier-Vertrag, die das NATO-Truppenstatut und damit die Herrschaft der USA festschreiben, sondern auch die Tatsache, dass die NSA sogar Frau Merkels Handy ausgespäht hat, die USA die Drohnenkriege nach wie vor von Ramstein aus führen sowie ganz offen sagen, dass sie weiterhin Menschen aus Deutschland entführen werden – weshalb weder Edward Snowden noch Julian Assange hier sicher wären.

Ich hatte wenige Tage vor der deutschen Wiedervereinigung Bundesaußenminister Hans-Dietrich Genscher in New York im Beisein von US-Außenminister James Baker gefragt, ob denn nach Vollzug der Einheit Bundeswehr- und NATO-Truppen auf dem Gebiet der DDR stationiert werden würden, und er antwortete: „Es besteht nicht die Absicht, Bundeswehr- und NATO-Truppen auf dem Gebiet der dann ehemaligen DDR zu stationieren, und auch nicht darüber hinaus." Baker nickte zustimmend. Gorbatschow sagte mir, dass er sehr enttäuscht gewesen sei von diesen Wortbrüchen.

Foto: Lena Schukow

Ein Leben in ruhigen Gewässern? Schwer denkbar!

Sie sehen also, wie wichtig es wäre, einen Friedensvertrag zu haben, damit endlich Klarheit herrscht und Abrüstung stattfinden und Vertrauen zwischen Russland und dem Westen gebildet werden könnte. Die gegenwärtige Kapitalismuskrise, die durch eine Pandemie-Inszenierung vertuscht wird, bietet die Gelegenheit, heute endlich, 30 Jahre später, die deutsche Verfassung und damit die Souveränität und einen echten Friedensvertrag, vor allem mit der Russischen Föderation, mehrheitsfähig zu machen. Deshalb hatte ich meinen Aufruf als Vorsitzender des Deutschlandkongresses von 1989 zur Einberufung der Verfassunggebenden Versammlung am 29.08.2020 in Berlin in meiner Rede wiederholt. Es gab damals stürmischen Beifall von Hunderttausenden Menschen, die zwischen Siegessäule und Brandenburger Tor versammelt waren. Während Frau Merkel und ihr Kabinett unter dem Beifall aller Fraktionen, auch der so genannten Linken, im Bundestag das Grundgesetz de facto abschafft und sich somit zur Reichsbürgerin macht, müssen wir nun unser Schicksal selber in die Hand nehmen und die Verfassung aushandeln. Jede(r) kann sich anmelden, verifizieren lassen und dann Vorschläge einreichen und mit abstimmen. Das Tool ist über deutschlandkongress.poovi.de erreichbar und absolut sicher. Gemeinsam sind wir stark und werden die friedliche Revolution, keinen Staatsstreich, bewerkstelligen, wie in Artikel 146 von den Müttern und Vätern des Grundgesetzes vorgesehen.

Zum Abschluss: Haben Sie eigentlich keine Angst vor dem Tod?
Vor der Geburt hatte ich jedenfalls mehr Angst.

Danke für Ihr Engagement für Frieden, Freiheit und Gerechtigkeit!

Weitere Informationen

https://deutschlandkongress.poovi.de/anmelden?fullPath=%2Ffragen&routeName=QuestionsIndex → Kurzlink: **ws1.eu/k/48**
https://www.dieostschweiz.ch/artikel/30-jahre-nach-dem-mauerfall-ein-insider-erinnert-sich-zzK9WN3 → Kurzlink: **ws1.eu/k/49**
https://www.saarbruecker-zeitung.de/nachrichten/politik/topthemen/der-dritte-mann_aid-1368401 → Kurzlink: **ws1.eu/k/50**
https://www.youtube.com/watch?v=DrHVYNZWgHc → Kurzlink: **ws1.eu/k/51**
https://www.spiegel.de/spiegel/print/d-13498811.html → Kurzlink: **ws1.eu/k/52**
http://www.ralph-niemeyer-fuer-ein-rotes-land.de/files/downloads/Mit_dreizehn_schon_den_Kanzler_interviewt_Ralph_T.pdf → Kurzlink: **ws1.eu/k/53**
https://www.nytimes.com/1989/08/10/obituaries/james-m-markham-is-dead-at-46-chief-of-the-times-s-paris-bureau.html → Kurzlink: **ws1.eu/k/54**
https://en.wikipedia.org/wiki/Danny_Casolaro → Kurzlink: **ws1.eu/k/55**
https://www.youtube.com/watch?v=8uNtozVsK_Y → Kurzlink: **ws1.eu/k/56**

Rolf Kron: 33 Jahre Impfaufklärung – 33 Jahre gegen den Strom

Andrea Drescher

Foto: Albert Moser

Der in Düsseldorf geborene Arzt Rolf Kron ging 1987 nach Bayern zum Medizinstudium und eröffnete 1996 in Kaufering eine Praxis als Allgemeinmediziner und homöopathischer Arzt. Neben Hausmusik gemeinsam mit seiner Frau Rairda hat er keine Zeit mehr für weitere Hobbys. Er ist mit Aufklärungsarbeit zum Thema Impfen und Demonstrationen voll ausgelastet. Und das – im Gegensatz zu vielen – macht er nicht erst seit 2020, sondern bereits seit vielen Jahren. Er betreibt die Informationswebseiten **www.rolf-kron.de**, **www.impformation.org** sowie **www.aerzte-stehen-auf.de** und ist Urheber der Levana Bewegung der impfkritischen Elternstammtische **www.levana-verbund.de** .

Sie sind also nicht erst seit Corona kritisch?
Nein. Bei Impfaufklärung sind es inzwischen 33 Jahre, denn ich bin ziemlich zu Beginn meines Studiums auf das Thema Impfung aufmerksam geworden. Außerdem gab es schon vorher drei Schlüsselerlebnisse, die mich skeptisch werden ließen.

Können Sie diese kurz schildern?
In der Nachbarschaft starb ein Kind direkt nach einer Impfung, ein Freund hatte sich gegen Typhus impfen lassen und ist daran erblindet, und an der Universität wollte uns ein Professor verkaufen, dass die Keuchhustenimpfung eine der am besten verträglichen Impfungen sei. Und das genau in dem Jahr, als Keuchhusten aufgrund der hohen Krampfneigung aus der Dreifachkomponente DTP über viele Jahre genommen wurde. Das hat mich dann sehr stutzig gemacht – so wurde ich pharmakritisch und legte meinen Fokus sehr schnell auf die Homöopathie.

Gab es denn eine Homöopathie-Ausbildung im Rahmen des Medizinstudiums?
1987, also gleich zu Studienbeginn, las ich das Buch von Dr. Buchwald: Impfen, das Geschäft mit der Angst. Das brachte mich dazu, aktiv mitzuwirken, als an der Universität der homöopathische Arbeitskreis aufgebaut wurde. Dort wurden Referenten

eingeladen, die die Möglichkeiten der Homöopathie bei chronischen Krankheiten schilderten – dabei kamen immer wieder Impfthemen als Ursache zur Sprache. Ich habe meine Berufslaufbahn als homöpathischer Arzt gestartet, sonst hätte ich ziemlich bald meinen Arztkittel an den Nagel gehängt. Die Schulmedizin hat mich schon während des Studiums nicht überzeugt. Dafür habe ich schon vor Ende des Studiums mit der Homöpathie Erfolge im Freundeskreis erlebt, sah, wie man angeblich chronische, austherapierte Krankheiten mit Homöopathie lindern und heilen konnte.

Und das tun Sie heute noch in ihrer Praxis. Sind Sie Kassenarzt?
Ich habe eine Privatpraxis, wollte von Anfang an keine Kassenzulassung, da ich mir Zeit für die Patienten nehmen will.

Arbeiten Sie nur als homöopathischer Arzt?
Nein. Ich bin auch praktischer Arzt, habe ein halbes Jahr im Krankenhaus in der Chirurgie gearbeitet und als Arzt im Praktikum in einer Praxis in München eine homöpathische Ambulanz aufgebaut. In meiner Praxis in Kaufering arbeite ich seit 1996 als Allgemeinmediziner und Homöopath.

Wann ging es los mit dem Levana Verbund und wofür steht der eigentlich?
Der Beginn war vor ca. 10 oder 11 Jahren. Gegründet wurden die Stammtische von Eltern, die sich intensiv und kritisch mit dem Thema „Impfen" auseinandersetzen. Die Motivation dazu entstand aus der Beobachtung von Komplikationen nach Impfungen im persönlichen Umfeld sowie der Erfahrung, dass ungeimpfte Kinder wesentlich seltener krank sind. Der Levana Verbund ist eine gemeinnützige Organisation, die von vier Ärzten und einer Informatikerin getragen wird. Impfkritische Elternstammtische von uns gibt es in Deutschland, der Schweiz und bald auch Österreich. Der Zulauf ist seit ein paar Jahren enorm. Uns geht es nicht um „Impfen: Pro und Contra". Es geht um die Freiheit, selbst entscheiden zu dürfen, welche Medikamente wir zu uns nehmen oder welche Impfungen wir für uns und unsere Kinder in Betracht ziehen. Bei den regelmäßigen Stammtischen halten Ärzte und andere Experten Fachvorträge – und das zunehmend, auch vor Corona schon, online. Bei einem interessanten Thema organisierten die Stammtischleiter in den verschiedenen Städten an ihrem Treffpunkt eine Leinwand und einen Lautsprecher und schalten sich einfach dazu. Aktuell machen wir wegen Corona nur noch Online-Stammtische. In den Zooms, die einmal im Monat stattfinden, sind zwischen 500 und 1000 Menschen dabei. Der Levana-Chat in Telegram hat 1700 Mitglieder, unser E-Mailverteiler umfasst ca. 2500 Interessierte.

Wie ist die Resonanz seitens der Ärzte?
Ich mache Impfaufklärung natürlich primär für Eltern, ab und zu ist auch mal ein Arzt dabei. Spannend war ein Vortrag 2015 in Augsburg zum Thema Masernimpfung, der nur vor Ärzten stattfand. Ich glaube, der hat viele der Teilnehmer zum Nachdenken und Recherchieren angeregt. Es gab zumindest sehr viel positive Resonanz.

Das, was ich seit 33 Jahren plakatiere, wird durch Corona offensichtlich. Selbst klare Impfbefürworter unter den Ärzten werden jetzt kritisch, schauen jetzt hinter die Kulissen der WHO und der Pharma-Industrie und öffnen sich. In den Bewegungen „Ärzte für Aufklärung", „Ärzte stehen auf" bzw. „Ärzte für individuelle Impfentscheidung" findet man sowohl 100 %ig überzeugte Impfkritiker als auch 100 %ig überzeugte Impfbefürworter, aber die Freiheit der Entscheidung wird von allen getragen. Und das macht mich froh, da es meine jahrzehntelange Arbeit bestätigt. Es wird dringend an der Zeit, dass es hier zu einem Umdenken kommt und durch umsichtiges Impfen oder Beachtung der Kontraindikationen sowie ein sorgfältiges Abwägen von Notwendigkeit, Risiken und Nebenwirkungen die steigende Zahl der Impfgeschädigten endlich wieder zurückgeht.

Kann man gegen Impfschäden überhaupt etwas tun?
Natürlich. Aber es kommt auf die Art und den Grad der Schädigung an. Ich habe impfgeschädigte Menschen mit chronischen Erkrankungen behandelt, deren Impfung schon Jahre zurücklag. Je ausführlicher man Anamnesen macht – den zeitlichen Ablauf der Entstehung von Krankheiten auf eine Zeitachse aufträgt– desto deutlicher sieht man: der Gesundheitsknick fängt nach Impfungen an. Funktionelle Störungen können oftmals schon durch Entgiftungstherapien, Ernährungsumstellung und Homöopathie gebessert werden. Bei einem gravierenden Impfschaden, wenn das Opfer z. B. einen Hirnschaden erlitten hat und spastisch gelähmt im Rollstuhl sitzt, verschwindet zwar die Lähmung nicht mehr, aber die Krampfneigung kann sich wieder bessern. Durch Entsäuerung, Entgiftung und Ernährungsumstellung bekommt man vieles hin.

Sie sind schon solange aktiv, was hat sich für Sie 2020 geändert?
Außer dass ich den Glauben an die Menschheit verloren habe, man mich meiner Freiheit beraubt hat und ich wie ein Hexer verfolgt werde, eigentlich wenig. Es ist für mich unfassbar, dass die Menschen es zulassen, dermaßen für dumm verkauft zu werden. „Der üble Killervirus, von dem uns nur die Impfung retten kann." Seit Jahrzehnten wird es uns eingetrichtert, dass es ohne Impfung nicht mehr geht. Früher war nur die Pockenimpfung, die Dreifach-Impfung DTP und Polio vorgegeben, heute schreibt die STIKO über 50 Impfungen bei kleinen Kindern vor – und es werden immer mehr.

Das heißt, es wurde bzw. wird immer schlimmer, was Impfungen angeht?
Man hat den Menschen das Gehirn gewaschen und in ihnen den Glaubenssatz verankert: Impfungen schützen zu 100 %, sind zu 100 % sicher und zu 100 % notwendig. Wir können ohne Impfung nicht überleben, sterben einen jämmerlichen Tod – und k(aum) einer denkt darüber nach, dass man ohne Impfung ein gesünderes Leben führen kann. Völlig Ungeimpfte werden in einigen wenigen Studien offensichtlich als deutlich gesünder beschrieben, vor allem, was chronische Krankheiten angeht. Die STIKO empfiehlt trotz der sehr unsicheren Datenlage bezüglich der Impfschäden, die nicht adäquat erfasst werden, immer mehr Impfungen. Selbst das PEI hat beklagt, dass zu wenige Ärzte Impfkomplikationen melden, und viele Patienten wissen nicht, dass sie einen Impf-

schaden haben. Es fehlen kontrollierte Doppelblindstudien. Allein die beängstigende Zunahme allergischer Krankheiten sagt schon viel aus.

Können Sie das konkretisieren?
Mehr als 35% aller Kinder haben heute Neurodermitis. Wenn so viele Kinder hochallergisch sind, wird das eben hingenommen, der Zusammenhang mit Impfen ignoriert. Früher war eins von 30 Kindern allergiekrank, heute zeigen 4 von 5 Kindern allergische Reaktionen. Da muss ich als Arzt einfach handeln.

Und das tun Sie seit Corona noch aktiver?
Ich habe nie gedacht, dass ich einmal als Hobby angeben würde, auf Demonstrationen für Grundrechte und Freiheit zu stehen. Ich bin jedes Wochenende irgendwo auf der Straße. Das ist der Regierung ein Dorn im Auge. Ärzte, die aufklären, sind nicht gerne gesehen. Ich habe bereits am 07.03.2020 mit eingeSCHENKt.tv eines der ersten Videos zu Corona gedreht. Dieses Video ging viral, hatte 980.000 Aufrufe – bis YouTube es gelöscht hat. Nachdem es wieder hochgeladen wurde, hängt es zwischen 250.000 und 350.000 Aufrufen. Die werden aber immer wieder reduziert.

Sie wurden ja auch durch die Demo am 29.08. in Berlin sehr bekannt, haben angeblich Ihren Sohn als Schutzschild missbraucht. Können Sie den Vorfall aus Ihrer Sicht schildern?
Carola Javid-Kistel und ich hatten eine Spontanversammlung angemeldet, weil die Polizei den großen Demo-Zug mit unserem LKW ja blockiert hatte. Es war eine genehmigte Spontandemo für medizinische Selbstbestimmung und freie Impfentscheidung. Uns wurde zunächst der Weg von der Polizei freigegeben, dann 200 Meter weiter von einer anderen Polizeistaffel erneut blockiert und Carola verhaftet. Ich hatte natürlich meinen Sohn dabei, trug ihn auf den Schultern, als das passierte. Es ging dann alles so schnell, meine Frau war mit unserem Bollerwagen ca. 20 Meter hinter uns. Als Carola abgeführt wurde, bin ich gleich zu einem der Polizisten hin, um ihn zu fragen, warum unsere doch eben noch erlaubte Versammlung nun erneut gestört würde und warum Carola mitgenommen wurde. Ich verlangte nach dem Einsatzleiter. Die Antwort war, es gäbe keinen Einsatzleiter und ich solle verschwinden. Er schubste mich weg – und auf meine wiederholte Frage, warum man eine genehmigte Versammlung auflösen würde, wurde ich dann nochmals – und diesmal deutlich heftiger – geschubst, obwohl ich meinen Sohn auf den Schultern trug.

Das war Amtsanmaßung im Dienst – wir waren ja keine Rechtsradikalen, sondern Familien mit Kindern. Es waren an dem Tag Hunderte von Kindern dabei. Während der Demo-Zug festgesetzt wurde, haben wir ein Animationsprogramm für die Kinder organisiert, damit diese nicht unruhig werden. Natürlich hätte ich meinen Sohn nicht mitgenommen, wenn ich geahnt hätte, dass dieser Polizist dermaßen aggressiv vorgehen würde. Das Video ging ja viral, und es folgte eine absurde Täter-Opfer-Umkehr. Auf einmal war ich der Täter, der seinen Sohn als Schutzschild auf einer rechtsradikalen

Demonstration missbraucht hat. Das Jugendamt ermittelte sogar, da einige Meldungen eingegangen waren. Nachdem mich und gezielte Personen wohl die Antifa dort angeschwärzt hat, mussten sie dem natürlich nachgehen. Das Jugendamt merkte aber sehr schnell, was da wirklich passiert war, und stellte die Ermittlungen ein. Es war klar, dass da etwas nicht stimmte. Das Ganze stank zum Himmel!

Wie meinen Sie das?
112 Demonstrationen waren an diesem Tag in Berlin angemeldet, verboten wurden ausschließlich die von den Querdenkern angemeldeten 12 Veranstaltungen. Selbst die offensichtlich Reichsbürger-nahe Demo direkt neben dem Reichstag war genehmigt worden.

Sie wollten nicht, dass wir kompetent zu Passanten sprechen, wollen nicht, dass es noch mehr kritisch denkende Menschen werden. Darum drängen sie Demonstrationen jetzt raus aus den Innenstädten oder erlauben nur noch lächerliche Teilnehmerzahlen – und das, obwohl die Großdemos zu keinerlei Anstieg der Fallzahlen geführt hatten, weder die „Black Lives Matter"-Demo noch die der Querdenker. Am 24.01.2021 waren vor dem Verwaltungsgericht in München gerade 200 Teilnehmer erlaubt – und mehrere Hundert Polizisten kamen, um das zu überwachen. Sie drangsalieren uns, wo sie können. Selbst vor Übergriffen auf uns Ärzte schrecken sie nicht zurück, wie ich selbst vor Kurzem erfahren musste.

Bei Ihnen wurde eine Haus- und Praxisdurchsuchung durchgeführt. Was war der Anlass dafür?
Da ich Maskenatteste ausstelle, mache ich mich bei der Politik unbeliebt. Für die sind Maskenbefreite Kriminelle und nicht krank. Dabei sind die meisten krank, werden aber als Maskengegner diffamiert. Menschen, die Asthma, COPD oder Schwindel haben oder auch psychologisch gehandicapt sind, werden dadurch kriminalisiert.

Es heißt, Sie müssen 31.000 Euro Strafe zahlen, stimmt das?
Das sei die Summe, die bei meiner Sekretärin aufs Konto eingegangen sein soll durch das Ausstellen von Gefälligkeitsattesten, wurde behauptet. Das sollte ich sofort zahlen, noch während der Hausdurchsuchung. Da ich derartige Beträge aber nicht unter dem Kopfkissen verstecke, wurde es einfach vom Konto des Weißen Kranich abgebucht. Gleichzeitig haben sie meine Konten gesperrt, auch die von meiner Sekretärin, ja sogar das von unserm Buchprojekt „Krank geimpft – wenn der Beipackzettel wahr wird", welches wir, Carola Javid-Kistel, Uli Gerstmeier und ich, verfasst haben, wurde gesperrt. Also alle Privatkonten und alle meine Geschäftskonten, bei denen ich Mitkontoinhaber bin, wurden gesperrt.

Wie kann es sein, dass man das Geld vom Weißen Kranich konfisziert hat?
Ich habe die Bewegung „Ärzte stehen auf" mitgegründet, der Weiße Kranich ist ein Hilfsprojekt dieser Bewegung und ich bin dadurch Mitinhaber des Kontos. Dabei handelt es sich natürlich nicht um meine Gelder, sondern Spenden für Ärzte, die in Schwierigkeiten gekommen sind.

Wieso kamen sie in Schwierigkeiten?
Nun, die Raiffeisenbank hat uns die Kontoverbindung gekündigt. Man kann jedoch weiterhin auf das Konto spenden, da die Gelder täglich auf ein für uns sicheres Konto abgebucht werden, um Übergriffe des Staates für die Zukunft zu vermeiden. Die Kontosperrungen waren aber nicht das Schlimmste. Sie haben auch mein Handy und Laptop eingezogen und heute – mehr als 14 Tage später – noch immer in Verwahrung, obwohl ich die Geräte am Nachmittag wieder bekommen sollte. Das ist wirklich tragisch.

Wieso?
Sensible Patientendaten liegen jetzt bei Polizei bzw. Staatsanwaltschaft. Das Schweigepflichtgebot der Ärzte stand in der Vergangenheit immer über dem Datenschutz. Das wird mit Füßen getreten. Bei mir sind Anwälte, Lehrer und sogar Polizisten in Behandlung – deren Daten liegen alle offen. Theoretisch kann jetzt jeder in diesen Behörden auf diese wirklich sehr sensiblen Daten zugreifen.

Haben Sie anwaltliche Unterstützung?
Natürlich, aber was nützt der Anwalt, wenn die Staatsanwaltschaft ihren Job nicht macht? Stand 25.01. hatten weder mein Anwalt noch ich Akteneinsicht. Das ist ein Skandal. Mein Anwalt ist ein sehr guter und bekannter Münchner Strafverteidiger, aber auch für ihn ist der Staatsanwalt nicht erreichbar.

Machen Sie trotz dieser Razzia weiter?
Natürlich. Bereits am 17.01. hatte ich einen Auftritt bei der Demonstration in Olching, am 24.01. in München. Weitere Demos sind geplant, darüber hinaus organisiere ich den nächsten Impfstammtisch, gebe Interviews wie dieses und mache Reportagen.

Sie sind mutig, sich trotz dieser Repressionen zu wehren!
Es gibt kein Zurück mehr. In der Presse werde ich als Verbrecher dargestellt, als jemand, der schon mehrfach vor Gericht stand. Mein Ruf ist hin. Selbst die Waldorfschule hat meinem Sohn, der dort in der ersten Klasse war, gekündigt. Sippenhaft für ein 7-jähriges Kind – so weit sind wir schon. Ich habe einige Patienten verloren, ein paar „Freunde" haben mir die Freundschaft gekündigt. Für meinen anderen, inzwischen erwachsenen Sohn bin ich ein Verschwörungstheoretiker. Aber es gibt auch viele, die mir den Rücken stärken, viele, die jetzt Spenden oder Lebensmittelpakete vorbeibringen. Da alle Konten gesperrt sind, haben wir kaum mehr Geld zum Einkaufen. Irgendwann sind unsere Reserven erschöpft. Diese Unterstützung ist wohltuend und macht Mut.

Glauben Sie an einen Wandel zum Guten?
Die Welt, die wir hatten, will ich nicht mehr. Denn das ist ja genau die Welt, die das, was jetzt ist, hat entstehen lassen. Es gab den totalitären Staat schon vorher. Er war für viele nur nicht wahrnehmbar, aber sie haben immer alles durchgesetzt, was sie wollten. Ich hoffe, dass das System zusammenfällt und die Menschen sich bewusst werden, wie

wir manipuliert und gesteuert werden. Wir müssen eine Parallelwelt erschaffen, in der die Fluggesellschaften *AUCH* Geimpfte mitnehmen, in der Großkonzerne wie Aldi oder LIDL Pleite gehen und die Tante Emma-Läden lukrativ arbeiten können. Wir müssen eine menschliche und kooperative Welt erschaffen. Dafür setze ich mich ein.

Danke für Ihren Einsatz!

Rüdiger Wilke: Vom ehrlichen Umgang mit der eigenen Vergangenheit

Andrea Drescher

Foto: Privat

Weil er Krieg und Faschismus verhindern wollte, ging Rüdiger Wilke (geboren 1959 in Bernburg/Saale) als junger Mann zur Armee und war Offizier der Grenztruppen der DDR. Der Vater von sechs Kindern war bis 1990 Berufsoffizier, hat während seiner Dienstzeit freiwillig als Inoffizieller Mitarbeiter mit der Verwaltung 2000 des MfS zusammengearbeitet und sich dazu auch nach den politischen Umbrüchen öffentlich bekannt. Nachdem er bis 1992 aktiv beim Abbau der Sperranlagen an der ehemaligen Grenze mitwirkte, war er in verschiedenen Jobs tätig. Seit 2001 ist er Physiotherapeut, seit 2008 mit eigener Praxis selbstständig.

Können Sie bitte Ihre berufliche Entwicklung in den Grenztruppen der DDR kurz schildern?
Die NVA war in meinen Augen eine Armee zur Landesverteidigung. Die Grenztruppen waren eine eigenständige militärische Struktur zur Sicherung der Staatsgrenze DDR-BRD und der Trennlinie zwischen Warschauer Vertrag und NATO. Darum war ich von 1981 bis 1983 als Zugführer, ab 1983 als stellvertretender Kompaniechef und von 1986 bis 1988 als Kompaniechef aktiv. Ich wurde zweimal als bester Kompaniechef ausgezeichnet, trat aber 1988 von dieser Position zurück.

Warum das?
Das hatte zwei Gründe. Zum einen gab es aufgrund der sehr hohen dienstlichen Belastung familiäre Probleme. Ich hatte kaum Zeit, mich um meine erste Frau und damals vier Kinder zu kümmern. Sie war an der Grenze nicht glücklich und musste alles rund um die Familie managen. Dann gab es Befehle, die ich aufgrund der dienstlichen Belastung meiner Untergebenen nicht mittragen konnte. Ich musste mich entscheiden, ob ich sie umsetze, ob ich so tue, als ob wir alles umgesetzt hätten und sie de facto ignoriere oder meine Position aufgebe. Ich habe mich für die Ablösung als Kompaniechef entschieden, was mir den Vorwurf fehlender Standfestigkeit und mangelnder Linientreue einbrachte. Es ging mir nie um Opposition gegen den Staat oder die Idee der DDR. Meine Kritik richtete sich darauf, wie einiges gemacht wurde.

Es klingt, als haben Sie die DDR wirklich geschätzt?
Ja, definitiv. Es gab viel Negatives, keine Frage. Aber so wie die DDR normal dargestellt wird, war sie für mich nicht. Es gab nicht nur MfS und Mauer. Es gab viel Bewahrenswertes wie soziale Sicherheit und eine sehr gute Bildung für alle. Geld hatte keine große Bedeutung. Es war auch nicht wichtig, ob man Arzt oder Facharbeiter war. Soziale Ungerechtigkeiten, wie wir sie heute erleben, gab es keine.

Auch dass man sich nicht offen politisch habe äußern können, ist nicht meine Wahrheit. Meine Lehrer haben mir beigebracht zu hinterfragen, in Zusammenhängen zu denken und kritisch zu sein. Unser Bildungssystem hat es letzten Endes ermöglicht, 1989 auf die Straße zu gehen. Die DDR-Bürger hatten gelernt, Widersprüche zu erkennen und dagegen anzugehen.

Diese DDR wollten Sie als Soldat schützen?
Ja, ich bin freiwillig zur Armee und an die Staatsgrenze gegangen, ich habe gelernt, wie man mit Waffen umgeht, wie man Krieg führt und vor allem: dass den Frieden zu erhalten wichtiger ist als Krieg zu führen.

Hätte man mich als Kundschafter des Friedens in den Westen geschickt, wäre ich auch gegangen. Ich sah die Aufgabe unseres Geheimdienstes darin, Kriege zu verhindern. Auch Rainer Rupp hat ja ausgekundschaftet, wie die Nato Kriege führen will. Derartiges Wissen ist friedenserhaltend und damit positiv. Dass wir unsere eigenen Leute überwacht haben, ist etwas anderes.

Sie haben aber freiwillig als IM mit der Verwaltung 2000 des MfS zusammengearbeitet. Wie sah Ihre Tätigkeit aus?
Die Verwaltung 2000 war der militärische Teil des MfS bei den Grenztruppen. Als ich anfing, bildete ich Soldaten aus. Dazu gehörten Aspekte wie was bei bewaffneten Provokationen zu tun ist oder wie man mit Fahnenflüchtigen umgeht. Das war für mich in Ordnung. Ich habe mich mit anderen IM über Probleme einzelner Soldaten ausgetauscht, das war weniger in Ordnung, wobei mir als Offizier diese privaten Informationen halfen, meine Soldaten z. B. bei familiären Problemen unterstützen zu können. Mir ist heute bewusst, dass die Art, wie wir das gehandhabt haben, dazu geführt hat, dass etwas Wichtiges verloren ging: das Vertrauen. Darüber hinaus förderte es das Denunziantentum. Es ist eine zweischneidige Sache.

Haben Sie als IM etwas getan, was Sie im Nachhinein bereuen?
Nein. Alles, was ich gemacht habe, kann ich vor mir vertreten. Ich gestehe jedem, den ich mit dieser Tätigkeit überwacht habe, das Recht zu, mich zu befragen und moralisch zu bewerten. Der jetzigen Bundesrepublik gestehe ich dieses Recht nicht zu. 1998 oder 1999 sollte ich über meine Arbeit beim MfS unter vier Augen berichten. Ich wollte das öffentlich machen, daran war man aber nicht interessiert.

Gab es in der DDR auch Kritisierenswertes ?
Definitiv. Während das Recht auf Bildung, Arbeit, Gesundheit und Wohnung für alle halbwegs umgesetzt wurde, hat man das im Bereich bürgerlicher und politischer Freiheiten versäumt. Ich habe nicht die „Wende" gebraucht, um zu erkennen, dass es Veränderungen bedurfte.

Auch wenn ich persönlich immer öffentlich oder innerhalb der Partei sagen konnte, was ich dachte, ist mir bewusst, dass das nicht für alle galt. Es war für 10–15% der DDR-Bewohner ein Problem, geschätzt 3% der Menschen hatten wirklich gravierende Menschenrechtsprobleme. Es geht mir nicht um Verharmlosung, ich denke nur, dass eine sachliche Aufarbeitung notwendig ist.

Ein „Schwarzer Kanal", der die DDR erbarmungslos hinterfragt, wäre ein wirklicher Gewinn für unser Fernsehen gewesen. Es fehlte die Bereitschaft zur kritischen Auseinandersetzung und zur Veränderung.

Wie stehen Sie zur Mauer?
Um es gleich zu sagen: Ich habe für die Menschen, die an dieser Grenze gestorben sind, keine Friedenslichter aufgestellt. Weder für die Menschen, die bei dem Versuch, diese Grenze zu überschreiten, getötet wurden noch für die getöteten Grenzer. Mit dieser Verantwortung muss ich leben, und ich denke, davor habe ich mich auch nie gedrückt. Für die Art, wie diese Grenze militärisch gesichert wurde, trägt die ehemalige DDR die Verantwortung. Die moralische Verantwortung für die Grenze an sich tragen aus meiner Sicht beide deutsche Staaten, jeweils eingebunden in die Militärblöcke von NATO und Warschauer Vertrag.

Es war ja nicht nur die Staatsgrenze zwischen BRD und DDR, es war die Grenze zwischen zwei Militärblöcken. Es gab regelmäßig Einweisungen der britischen Rheinarmee entlang der Staatsgrenze, deren Berufsoffiziere wurden für den Kriegsfall entlang des Grenzverlaufs eingewiesen. Etwas weiter südlich führte die 6. US-Armee regelmäßig Streifen durch.

Hinzu kommt, dass man als Grenzer nie wusste, wer gerade die Flucht versucht. Diese zu verurteilen, ist der falsche Ansatz. War das nur ein Mensch, der seine Oma besuchen wollte – das haben wir erlebt – oder ein Fahnenflüchtiger? 1986 ist einem Unteroffizier der sowjetischen Streitkräfte der Grenzdurchbruch gelungen. Er war zur Aufklärung atomarer Abschussanlagen ausgebildet. Diese Flucht war sicher nicht friedensfördernd. Selbst heute finde ich es schlimm, dass Grenzsoldaten vor Gericht gestellt wurden. Die Soldaten waren das letzte Glied in einer langen Befehlskette.

So wie ich die Mitverantwortung für die Toten an der Grenze übernehme, nehme ich für mich auch in Anspruch, mit dem Schutz der Grenze Europa 40 Jahre Frieden gesichert zu haben. Ich habe keine Friedenslichter aufgestellt, sondern die Grenze militärisch gesichert. Keine drei Jahre, nachdem die Grenze weg war, begann der Krieg in Jugoslawien – übrigens auch mit Waffen der NVA, die man dorthin verschoben hat. Analysiert man die Geschichte der Sowjetunion bzw. des Warschauer Paktes, kommt man meines Wissens nach auf vier Kriege, die die Sowjetunion begonnen hat. Nimmt man die militärischen Aktivitäten in Ungarn und Tschechien dazu, sind es sechs. Wieviele Kriege wurden seitens der NATO bzw. USA begonnen?

Wie haben Sie die Zeit der Wende erlebt?
Ich wusste bereits im August, dass gravierende politische Veränderungen auf uns zukommen. Vieles, was 1989 passiert ist, habe ich nicht gleich verstanden. Die große Kundgebung in Berlin mit 500.000 Menschen gab mir und vielen anderen die Hoffnung, dass es sich positiv entwickelt. Sozialismus in den Farben der DDR – das war noch echt. Die Forderung „Wir sind das Volk" kam vielen aus dem Herzen. Es gab noch keine BRD-Fahnen, keine Flyer, keine Aufkleber. Irgendwann kippte das, die Verantwortlichen in der BRD hatten ihre Chance entdeckt, dann hieß es auf einmal „Wir sind ein Volk".

Es gab eine kurze Zeit 1989/90, wenn ich mich richtig erinnere, in der Demokratie gelebt wurde, bis dann der „Laden" von den Altparteien aus der BRD übernommen wurde. Der Demokratieprozess, der etwas Positives hätte bewirken können, wurde zerstört. Neues wie z. B. die verfassungsgebende Versammlung war nach dem 03.10. kein Thema mehr. Zu viel direkte Demokratie oder gar eine vom Volk erarbeitete gesamtdeutsche Verfassung war wohl doch zu viel des Guten. Auch einige Aktivisten verschwanden von der Bühne. Die, die heute als die großen Bürgerrechtler gelten, waren die, die sich der Politik der alten Bundesländer am besten angepasst haben.

Sie haben – im Gegensatz zu anderen – Ihre IM-Vergangenheit öffentlich bekannt gemacht. Warum? Und wie hat Ihr Umfeld reagiert?
Ich habe mich in den 90er Jahren politisch für Hilfsaktionen in Russland engagiert. Die Linke forderte damals ein MfS-Outing. Das war für mich o. k. Ich schickte einen Artikel über meine Tätigkeit an linke und auch regionale Zeitungen. Nur zwei linke Medien, UZ und KAZ, haben es aufgegriffen, weder regionale Zeitungen noch die Junge Welt haben reagiert. Im privaten Umfeld gab es kaum Reaktionen, nur als Fußball-Trainer wurde ich angefeindet. Aber das waren Einzelfälle. Innerhalb der Grenztruppen wussten alle von der Verwaltung 2000, da gab es kaum Resonanz. Nur das Jahr, das ich beruflich im Westen verbrachte, war echt sch...! Das war Spießrutenlaufen. Meine Patienten wissen das alle, die Menschen honorieren, dass man dazu steht.

Sie sind heute politisch aktiv – warum?
Weil es notwendig ist. Heute kann sich zwar jeder hinstellen und rufen: „Merkel muss weg!" Das interessiert keinen! Warum auch!? Als jemand, der in Bischofferode wohnt, mit den Erfahrungen um die Schließung des Schachtes, weiß man doch, WER Entschei-

dungen trifft. Ich empfehle den Film des MDR über die Treuhand und die wirklichen Entscheidungsträger.

Wenn ich 30 Jahre zurückdenke, habe ich mich auf einer Kundgebung in Ecklingerode, damals noch in Uniform, für die selben Dinge eingesetzt, die ich auch heute noch als gut und Errungenschaft der DDR betrachte: soziale Sicherheit, eine umfassende Bildung und ein solidarisches Miteinander. Wir müssen den militärischen Konfrontationskurs, die Militarisierung des politischen Alltags, die atomare Aufrüstung, die permanent steigende Kriegsgefahr und die katastrophale Umweltzerstörung stoppen – wenn nicht, hat unser Planet keine Zukunft. Dafür will auch ich meinen Beitrag leisten.

Wie engagieren Sie sich?
Anfangs bis 2012 habe ich mich – bis auf die Hilfstransporte für Russland – sehr zurückgehalten und meine Praxis aufgebaut. Seit 2012 engagiere ich mich in Venezuela. Aktuell unterstütze ich ein kommunales Projekt in Merida (Anden). Lateinamerika machte den Eindruck der positiven Veränderung, bis – wie in Kuba – Sanktionen der EU und Deutschlands wieder vieles zerstört haben. Das macht mich so wütend.

„Aufstehen" war eine große Chance, wäre Sarah Wagenknecht aus der Linkspartei ausgetreten und hätte die Chance für eine echte Bürgerbewegung genutzt. In der Friedensbewegung bin ich aus den gleichen Gründen aktiv, die mich auch zur Tätigkeit bei den Grenztruppen motiviert haben. Sehr wenigen ist bewusst, dass die derzeitigen Konfrontationen mit Russland und China im militärischen Bereich schlimmer sind als in den übelsten Zeiten des kalten Krieges.

Ich bin Gründungsmitglied der „Bewegung Oder-Neiße-Friedensgrenze – Sag NEIN zur NATO!" und versuche, in Zusammenarbeit mit anderen Friedens-Interessierten Bürgerversammlungen, Workshops, bzw. eine internationale Friedenskonferenz durchzuführen bzw. zu organisieren. Da für mich Umweltzerstörung und Krieg im Zusammenhang stehen, habe ich auch an Protestveranstaltungen von „Ende Gelände", XR und „direkte Aktion ndh", teilgenommen.

Auf meinem Autoanhänger steht die Forderung „NATO raus aus Deutschland – Deutschland raus aus der NATO". Das hat seinen Grund. Im Februar 1990 haben der amerikanische und der deutsche Außenminister dem Generalsekretär der KPdSU Michael Gorbatschow versprochen, es würde keine Osterweiterung der NATO geben. Schaut man heute auf die Landkarte, wo die NATO steht, kann man nur den Kopf schütteln. Noch prekärer wird es, wenn man die militärischen Denkspiele der USA kennt, die von einem „... begrenzten konventionellen und atomaren Konflikt ..." in Europa und Asien ausgehen. Im Klartext: Deutschland ist das atomare Schlachtfeld und die Bundeswehr, eigentlich zur Landesverteidigung gedacht, handelt im „Bündnisfall" und überlässt Deutschland der atomaren Vernichtung. Wir verteidigen „... unsere

Interessen am Hindukusch, im Indo-asiatischen Raum und im Baltikum ..." und geben unser eigenes Land im Interesse der USA der Vernichtung preis.

Die Forderung des „Rechts auf Frieden" steht ebenfalls auf meinem Hänger. Es gibt eine UNO-Resolution, dieses Recht auf Frieden in den einzelnen Länderverfassungen festzuschreiben. Deutschland hat diese Resolution nicht unterzeichnet.

Mit dem Zwei-plus-Vier-Vertrag verpflichtet sich Deutschland: „... von deutschem Boden wird nur Frieden ausgehen ..." Was die Verlegung von Kriegsmaterial und Truppen, auch der Bundeswehr, über die Oder-Neiße-Grenze ins Baltikum 100 km von der Russischen Grenze mit Frieden zu tun haben soll, erschließt sich mir nicht. Deshalb steht auf meinem Hänger auch die Aufschrift: Oder-Neiße-Friedensgrenze. 1956 wurde durch Otto Grotewohl und seinen polnischen Kollegen diese Linie als völkerrechtlich verbindliche Grenze festgeschrieben, um allen „Gebietsansprüchen" und damit möglichen zukünftigen Konflikten einen Riegel vorzuschieben.

Wir wollten für den 03./04.04.2020 eine bundesweite Aktion gegen das Kriegsmanöver DEFENDER 2020 organisieren, um auf die Einhaltung des Zwei-plus-Vier-Vertrages zu pochen, aber dann kam Corona.

Sie sind auch gegen die Corona-Maßnahmen. Warum?
Vieles, was passiert, ist für mich nicht nachvollziehbar. Lebt man Demokratie, muss man die Bevölkerung einbeziehen, darf nicht von oben herab totalitär entscheiden. Ich bin kein Experte, aber wenn fachlich kompetente Wissenschaftler und bisher anerkannte Mediziner die Lage völlig anders beurteilen und dafür dann gemobbt werden, bzw. im öffentlichen Diskurs nicht vorkommen, muss man hinterfragen, was los ist.

Bei den Demonstrationen stand die bürgerliche Mitte auf der Straße, die dann als „Nazis" diffamiert wurde. Die wenigen Nazis, die vor Ort waren, waren genau dort, wo Pressevertreter standen – ganz überraschend. Ich habe den Eindruck, dass die Polizei politische Vorgaben umsetzt, statt sich an Recht und Grundgesetz zu halten. Diffamierungen und unnötige Gewalt habe ich selbst früher als Linker erlebt, jetzt trifft es die bürgerliche Mitte.

Was ich nicht begreife: warum viele progressive Kräfte das nicht hinterfragen. Wo sind die ganzen Linken? Sie scheinen im Parlamentarismus gefangen zu sein, progressive Entwicklungen kommen keine. Die Linke müsste bei den Protesten vorneweg gehen und sie nicht anderen überlassen. Man muss verhindern, dass die bürgerliche Gesellschaft in ein totalitäres System abgleitet, in eine autoritäre Diktatur, wir befinden uns auf dem besten Weg dorthin. Das erfordert ein Bündnis von wert-konservativ bis gewaltfrei-links-außen und einen Mindestkonsens, auf den wir uns einigen.

Die zahlreichen Widerstandsparteien und Organisationen sollten sich zu einer Plattform zusammenschließen, damit der Widerstand überhaupt ins Parlament kommen kann, um sichtbarer zu werden. Ich hoffe, dass sich etwas ändern wird, wenn mehr und mehr Menschen auf die Straße gehen.

Die jetzige Corona-Situation wird – gerade von Westdeutschen – oft mit der DDR verglichen, Stichwort DDR 2.0. Können Sie das nachvollziehen?
Nachvollziehen ja, weil viele nur die Klischees über die DDR im Kopf haben, aber der Vergleich ist unangebracht. Auch wenn sich schematisch einiges zu gleichen scheint, es passt nicht. Man stößt damit auch viele Ostdeutsche vor den Kopf, was den Widerstand nur sinnlos spaltet.

Nehmen wir das Beispiel Impfung. Ich bekam in der DDR sämtliche Impfungen, aber es war ein sicherer Impfstoff und es ging nicht darum, Geld zu verdienen. Die neuen Impfstoffe, speziell der mRNA-Impfstoff, sind völlig unerprobt, niemand weiß, welche Nebenwirkungen oder gar Langzeitfolgen auf uns zukommen. Und ich habe den Eindruck, es geht nur um Geld – zumindest wenn man sieht, welche Gewinne die Pharmafirmen bereits gemacht haben.

Richtig ist, die aktuelle Kamera hat Nachrichten gefärbt, Informationen weggelassen und vieles schön geredet. Die Erfüllung der Vorgaben zu 110 % war wohl etwas übertrieben. Aber im Vergleich zu heute war sie harmlos. Heute wird seitens der Medien systematisch manipuliert und gelogen.

Natürlich gab es das MfS. Dessen Aufgabe war es, das System zu erhalten – und zwar für die Menschen. Heute ist es augenscheinlich die Aufgabe des Verfassungsschutzes, die politische Klasse zu schützen. Denn das, was wir erleben, ist die Konzentration politischer, finanzieller und militärischer Macht in immer weniger Händen. Das ist keine Verschwörungstheorie und muss nicht auf Einzelne wie Bill Gates oder George Soros reduziert werden. Das hat Marx schon analysiert. Es ist Kapitalismus im Endstadium, erweitert um die zusätzlichen Gefahren wie Umweltkatastrophen und Atombomben, die Marx noch nicht kannte.

Sie wurden vor Kurzem online wegen Ihrer Vergangenheit angefeindet, sollten sich nicht politisch für Demokratie und Frieden engagieren. Ist das richtig?
Ja, mir wurde nahegelegt, mich bei meiner „Vita", nicht „zu weit aus dem Fenster zu lehnen" in puncto Demokratie und Frieden. Wenn ich an die Ereignisse der letzten 30 Jahre denke, frage ich: „Welche Vita muss man haben, um berechtigt zu sein?" Die eines Oberst Klein, der in Afghanistan die Bombardierung von zwei Tanklastzügen befahl, trotz Hinweis auf Hunderte Zivilisten, die dann dabei umkamen? Dafür wurde er zum General befördert. Oder die Vita des ehemaligen Chefs des Verfassungsschutzes in Thüringen, der mit Steuergeldern die Nazistrukturen im Land erst aufgebaut hat? Oder die Vita der

Verantwortlichen beim Verfassungsschutz, die eine Festnahme der NSU-Mörder immer wieder und eine wirkliche Aufklärung auch weiter verhindern?

Ich bestimme selber, wie weit ich mich „aus dem Fenster lehne“, und soweit wie ich es kann werde ich meine Kraft für den Erhalt von Frieden und die Ausarbeitung einer Verfassung für Gesamtdeutschland, in der das Recht auf Frieden, Arbeit, Bildung und Wohnung neben den politischen Rechten verankert ist, einsetzen.

Dann lehnen Sie sich bitte weiter raus – in unser aller Interesse. Vielen Dank für Ihr Engagement!

Rudolf Reddig: Einmal widerständig, immer widerständig

Andrea Drescher

Foto: Privat

Ob Ost- oder West-Deutschland: Rudolf Reddig war schon immer Selbstdenker. Er kam 1952 in Ost-Berlin zur Welt, wo er heute noch lebt. Der Vater eines Sohnes ist von Beruf – nein, Berufung – Historiker, spielt gerne Schach, geht schwimmen und war und ist engagierter Friedensaktivist. Im Team von „Kündigt Ramstein Air Base" war er Mitorganisator der ersten Demo in Berlin, die am 30. Mai 2020 wieder offiziell stattfinden durfte. 2020 fand man ihn auch bei unzähligen Berliner Demos gegen die Corona-Maßnahmen – und das, obwohl er selbst zu den schwer gefährdeten Risikogruppen gehört.

Wo würdest du dich politisch verorten?

Ich bin im wahrsten Sinne des Wortes ein demokratischer Sozialist, habe immer von einem Sozialismus mit menschlichem Antlitz, mit Demokratie und Freiheitsrechten geträumt. Als Friedensaktivist teile ich die Haltung von Willy Brandt: Frieden ist nicht alles, aber ohne Frieden ist alles nichts. Frieden ist unverzichtbar für eine soziale Entwicklung. Und damit meine ich keinen „Friedhofsfrieden" – das Argument der Menschenrechtsbellizisten, die sämtliche Kriege der letzten Jahre immer unter dem Motto der Verteidigung der Menschenrechte geführt haben. Man muss eine Balance zwischen dem Kampf um Menschenrechte und dem Frieden als notwendige Grundlage, um Menschenrechte zu verwirklichen, finden. Es geht, wie Brandt einmal sagte, um Freiheit von Not und Ausgrenzung.

Du wurdest in der DDR sozialisiert. Wie ging es da mit dem Diskurs, insbesondere mit dem kritischen?

Das war unterschiedlich. Mit den richtigen Eltern konnte man widerständiger sein als mit Eltern, die bereits auf dem „Kieker" der Staatsmacht waren. Wer aus einem christlichen Elternhaus kam und aufmüpfig war, hatte es besonders schwer. Die Nachkommen der Nomenklatura waren teilweise besonders angepasst, teilweise aber auch gerade widerständig – und genossen eine gewisse Narrenfreiheit. Ich habe von der Vergangenheit und den Funktionen meines Vaters profitiert. Er war als Sozialdemokrat während der Nazi-Zeit im Widerstand, dann in der DDR bei der Polizei und später sogar beim

MfS tätig – da genoss ich zeitweise wirklich Schutz. Ich konnte mir Sachen erlauben, die andere nicht hätten tun können, ohne gleich in Schwierigkeiten zu geraten.

Könntest du dafür ein Beispiel geben?
Politische Widerspenstigkeit konnte sich schon in Kleinigkeiten ausdrücken. In der DDR klafften Anspruch und Wirklichkeit in vielen Punkten auseinander. Man propagierte ja die Menschenrechte und Freiheit – aber wenn man dann auf Missstände in diesen Bereichen verwies, war man entweder ein Querulant oder Narr. Mir wurde Letzteres sehr lange zugebilligt.

Ich habe meine Lehrer an der Oberschule und als Lehrling mehrere Male mit einem Buch provoziert. Es war ein „harmloser" Bildband von Heinz Bergschicker – über Berlin aus dem Jahr 1965. In dem Buch ging es um die Befreiung Berlins durch die Sowjet-Armee – es präsentierte aber noch die „alte" Konzeption des vereinigten Deutschlands. Man sah unter anderem ein riesiges Bild der Mauer inklusive Stacheldraht. Früher ging es auch im Osten noch um die Einheit der Nation. Die SED hat auf die Ostpolitik von Brandt aber ein Abgrenzungskonzept entwickelt, man wollte keine Illusionen zulassen, dass es zu einer Entspannung oder gar Wiedervereinigung kommt. Ende der 60er wollte man bei der SED nichts mehr von einer Einheit wissen, grenzte sich klar zur BRD ab und setzte auf die umfassende Anerkennung der DDR als eigener Staat. Aus der geteilten Stadt Berlin wurden zwei Städte: die Hauptstadt der DDR und Westberlin. Das Buch zu verwenden hat bei einigen zu großer Aufregung geführt – aber sie konnten mich nicht belangen. Die kleine Auflage stammte schließlich vom deutschen Militärverlag der DDR. Ich hatte das Buch über meinen Vater bekommen und konnte auf diese Art zeigen, was ich von einer eigenständigen Nation DDR mit eigener Geschichte – vergleichbar mit Österreich oder Schweiz – hielt. Nämlich nichts.

Hattest du während deiner schulischen und beruflichen Entwicklung je Probleme in der DDR?
Nach der Berufsausbildung mit Abitur zum Elektromechaniker wollte ich Geschichte und Journalistik studieren. Da ich aber nicht „freiwillig" drei Jahre zur Armee gehen wollte, meine „freiwillige" Verpflichtung nicht über die 1,5 Jahre ausdehnen wollte, hat es das erste Mal nicht geklappt. Beim Einstellungstest im Fach Geschichte wurde ich sogar angenommen, dann nachträglich aber wieder abgelehnt. Man wollte, dass ich Elektrotechnik studiere, da habe ich Einspruch erhoben. Dieser wurde während meiner Armeezeit beraten und man entschied, dass ich nicht direkt zum Studium antreten dürfe, sondern erstmal ein Jahr in der Produktion Dienst ableisten solle. Damit hat man hingebogen, dass ich doch drei Jahre auf meinen Studienplatz warten musste.

Warum war ein Geschichtsstudium so problematisch?
Geisteswissenschaft wie Geschichte durfte nicht jeder studieren. In der DDR legte man Wert auf technische Berufe. Als Elektrotechniker musste man politisch nicht so stark engagiert sein, um an einen Studienplatz dranzukommen, bei geisteswissenschaftlichen

Fächern sollte man politisch gefestigt sein – zumindest theoretisch. In der Praxis sah das dann anders aus. Rund die Hälfte der Studenten war nicht in der Partei und eher kritisch.

Warst du in der Partei?
Ja. Ich habe mich noch während meiner Zeit in der Produktion beworben und bin eingetreten, nachdem man mich im Betrieb hofiert hatte. Sie wussten, dass ich studieren will – und ich wollte nicht auf den letzten Metern vor Studienbeginn die Chance wieder verlieren. Ich bin nicht mit Idealismus oder Illusion eingetreten, ich habe gewusst, dass die Partei nicht nur ein Führungsorgan, sondern auch ein Disziplinierungsorgan nicht nur für das Fußvolk war. Ich war aber kein Karrierist, stand vor allem mit dem Deutschland-Konzept der Partei im Widerspruch und habe dies auch immer wieder zum Ausdruck gebracht.

Ein Problem war und blieb die Deutschlandpolitik?
Ja. Die Deutschlandpolitik konnte ich als Berliner nicht ertragen, die dauerhafte Teilung der Stadt habe ich nie akzeptiert. Bei meiner Dissertation – Sozialentwicklung in den 60er Jahren – also die Zeit, die mit dem Mauerbau begann, schrieb ich immer West-Berlin mit „-" und Berlin groß, so wie man es eben aus den 50ern und 60ern noch kannte. In den frühen 80ern war die offizielle Schreibweise aber Westberlin, um zu dokumentieren, dass es zwei Städte sind. Das hat mein Doktorvater immer wieder korrigiert. Er wusste aber genau, was ich durch die Schreibweise zum Ausdruck bringen wollte, nämlich dass West-Berlin Teil meiner Heimatstadt ist. Ich blieb stur, und nicht nur hier. Meine Sturheit führte letztlich auch zum Berufsverbot.

Warum hattest du Berufverbot?
Als Assistent an der Humboldt-Universität veranstaltete ich ab 1980 Geschichtsseminare zur DDR- und SED-Geschichte. Noch vor Glasnost habe ich versucht, meinen Studenten zu vermitteln, dass sie sich kritisch mit den Themen auseinandersetzen und das Seminar nicht als Jubelveranstaltung verstehen sollten. Das ging fünf Jahre gut, bis sie mich irgendwann dann am Wickel hatten. Es gab sicher auch IMs unter den Studenten, und man suchte nach Anlässen, mich zu entfernen.

Und der Anlass war …?
Ich habe mich privat mit einem englischen Kollegen getroffen, der vorher als offizieller Gast der Universität von mir betreut worden war. Er kannte einige schillernde Persönlichkeiten und wir hatten uns angefreundet. Er kam später regelmäßig mit seinen Schülern von der School of Economics nach Ostberlin und wir trafen uns – unangekündigt. Das führte zu dem Vorwurf feindlicher Spionageaktivitäten. Dies war einer der Anlässe, dass gegen mich ein Parteiausschlussverfahren eröffnet wurde, was zu einer Streichung aus der Partei und meinem Jobverlust führte. Schließlich war ich in meinen Seminaren von der offiziellen Linie abgewichen. In meinem Beruf als Historiker bekam ich keine

Arbeit mehr und auch meine Doktorarbeit konnte ich nicht verteidigen. Das hatte Auswirkungen, die bis zu meiner Verrentung reichten. Das wurde mir sogar offiziell bescheinigt.

Inwiefern offiziell?
Ich habe beim Senator für Gesundheit und Bildung einen Rehabilitierungsantrag eingereicht, der wurde geprüft und meine Benachteiligung – Verfolgung wäre ein zu großes Wort – anerkannt. Einer meiner Doktorväter hat das bestätigt. Ich hatte zwei Jahre, von 1985 bis 1987, Verdienstausfall, konnte nur Gelegenheitsarbeiten durchführen, war als Reinigungskraft und Toilettenmann in der Hopfenstube tätig und habe ab und zu Vorträge gehalten.

Hattest du in der Zeit große Probleme?
Dank meines familiären Hintergrunds ging das alles glimpflich aus. Wäre mein Vater Pfarrer, hätten die mir daraus einen Strick gedreht. Sie konnten mich nicht einordnen. Ich war zwar „Feind", wollte aber nicht in den Westen. Ich war ein kritischer Mensch, aber kein Propagandist. Ich habe mich kritisch mit Themen wie Stalinismus auseinandergesetzt und blieb trotzdem Sozialist.

Bist du immer noch links?
Ja. Das Grundkonzept hat mir gefallen, das vertrete ich weitestgehend heute noch. Nur die Art der Ausführung – die Primitivitäten der Macht – widern mich an, wobei ich heute besser verstehe, wie es dazu kommen konnte.

Wie meinst du das?
Ich begreife inzwischen, dass es bei dem übermächtigen Gegner, mit dem wir es zu tun hatten, schwer fiel, dagegenzuhalten. Wir befanden uns in einer Situation, in der ein Kampf um Leben und Tod zwischen den Systemen stattfand. Damit will ich nichts entschuldigen, was in der DDR an Machtmissbrauch oder ungerechtfertigter Staatsgewalt passierte.

Man darf aber auch nicht vergessen: Die Stasi wurde gegründet, um Feinde zu bekämpfen. Und es gab tatsächlich Feinde des Sozialismus. In West-Berlin agierte eine Kampfgruppe gegen Unmenschlichkeit und es gab das Ostbüro der SPD, die als richtige Agentenzentralen agierten und beispielsweise in der DDR und Ostberlin auch Sabotageakte organisierten. Es gab also mächtige Feinde, und die Zahl der vermeintlichen Feinde nahm gegenüber der der tatsächlichen Feinde mit der Zeit immer mehr zu. Dass sich in kirchlichen und kulturellen Kreisen kritisches Potenzial sammelte und die Stasi dort besonders viel Spitzel konzentrierte, lag nahe, war allerdings maßlos übertrieben. Ein überdimensioniertes Netz von IMs überspannte das Land und das hinter vorgehaltener Hand kolportierte inoffizielle Motto der Stasi lautete: „Kommen Sie zu uns, bevor wir zu ihnen kommen" – das ging alles viel zu weit.

Der zeitgleich im Westen mit alten Nazis gegründete Verfassungsschutz war wie die vom unter den Nazis für „fremde Heere Ost" zuständigen General Reinhard Gehlen geführte gleichnamige Organisation, der spätere Geheimdienst BND, sicher auch kein Mädchenpensionat. Die haben alles andere gemacht als die Verfassung zu schützen, sondern fingen schnell wieder an, Kommunisten zu jagen. Das vergessen jene gerne, die sich zu Recht über die Stasi mokieren. Das alles kann die Fehler und Missetaten der Stasi nicht relativieren – aber ich bin angesichts der heutigen Entwicklungen etwas milder gestimmt, was die Repressionen der damaligen Zeit betrifft.

Wo siehst du den Bezug zu heute?
Wir befinden uns wieder in einer Situation, in der wir Querdenker erneut als Außenseiter einem schier übermächtigen Gegner mehr oder weniger ausgeliefert gegenüberstehen und versuchen müssen, uns zu behaupten. „Covidioten" leben nicht ungefährlich, werden diffamiert, aber auch existenziell bedroht.

Bist du denn auch ein „Corona-Leugner"? Du gehörst doch selbst zur Risikogruppe?
Bei einer Herzinsuffizienz im fortgeschrittenen Stadium – mir droht ein Kunstherz – droht das Ende, wenn mich Corona erwischt. Ich habe aber trotzdem im letzten Jahr keine Gelegenheit ausgelassen, mich Gefahren auszusetzen: Ich habe die Menschen, die ich mag, die mir nah stehen, weiter umarmt, hatte kein Problem, mich als Mitmensch so zu verhalten, wie ich es für richtig halte.

Wer Abstand halten will, soll das tun. Aber meine Erfahrungen – auch aus meinem früheren Leben – über den Charakter der Gesellschaft lassen mich an dem ganzen Budenzauber, der hier betrieben wird, zweifeln. Alle reden vom Lüften, Lüften, Lüften – nur an der frischen Luft soll das nicht gelten? Und was mich besonders aufregt: dass man jetzt – insbesondere als kranker Mensch wie ich – erstickungsfördernde Masken tragen soll, um sich vor dem Erstickungstod zu schützen. Da fehlen mir die Worte. Das zeigt den Irrsinn ganz praktisch – dass die Menschen das mitmachen, tut weh.

Covid-19 kann als Krankheit sehr gefährlich sein und sehr schlimme Verläufe haben. Ich gehöre sicher nicht zu denen, die das in Frage stellen, werde aber als kritischer Mensch trotzdem als Leugner diffamiert. Ich habe nur keine so große Angst vor der Krankheit. Ich habe mehr Angst vor der Zerstörung der letzten Reste der freiheitlichen Demokratie als vor den Folgen, die eine Covid-Erkrankung für mich haben kann. Deswegen bin ich auf der Straße – weil jetzt das eintritt, was ich nach der Wende befürchtet hatte.

Was hast du denn befürchtet?
Kurz nach der Maueröffnung habe ich einen Artikel geschrieben, in dem ich mich auf ein Bild aus der Morgenpost bezog, dass einen DDR-Grenzer und einen West-Polizisten zeigte und mit „Der deutsche Frühling im November" überschrieben war. Ich schrieb daneben: „Lasst aus dem deutschen Frühling im November keinen eiskalten Winter im

Februar werden. Am 09.11. fiel die Mauer, ein freudiges Ereignis, am 27.02. ging der Reichstag in Flammen auf – ein eiskalter Winter, der den Terror der faschistischen Diktatur einläutete." Diesen Text habe ich verteilt und wurde massiv dafür angefeindet. Ich hatte diese Angst, dass die Maueröffnung uns in den Faschismus führt.

Ich habe mich einfach nur in der Zeit geirrt, hatte angenommen, das kommt viel früher. Jetzt droht einzutreten, was ich befürchtet habe. Zumindest gehen wir dem mit Riesenschritten entgegen. Das Establishment hat eine weltweite Front aufgebaut, die jede Art von Widerstand im Keim erstickt. Alle engagiert kritischen Menschen gelten heute als Antisemiten, Rechtspopulisten, Nazis oder Verschwörungstheoretiker. Sie werden aus dem Diskursraum ausgegrenzt.

Darum unterstütze ich die Schweigemarsch-Bewegung. „Der Schweigemarsch – wir müssen reden" spricht mir aus der Seele, denn er soll ja wieder einen Diskursraum eröffnen. Ich freue mich schon auf den nächsten Schweigemarsch.

Ich freue mich, dass wir da gemeinsam marschieren. Du in Berlin – ich in Linz. Danke dafür!

Sabiene Jahn: Aus der Mainstream-Filterblase herauskommen

Christiane Borowy

Foto: Privat

Julian Assange ist wohl den meisten Menschen ein Begriff und ein bekanntes Beispiel für einen mutigen Menschen. Doch kennen Sie auch Sabiene Jahn? Sie hat am 16. Okotber 2019 zusammen mit Julian Assange den sechsten Kölner Karlspreis der „Neuen Rheinischen Zeitung" für Engagierte Literatur und Publizistik verliehen bekommen. Wenn man mit der „Antifa" kämpfen muss, nur weil man sich, insbesondere in der Veranstaltungsreihe Koblenz: im Dialog für Austausch und Meinungsfreiheit unabhängig von Parteien einsetzt, braucht man enormen Mut.

Was sind die fünf wichtigsten biografischen Ereignisse in Ihrem Leben, die Sie ausmachen?
Das Schönste zuerst: Ich bin Mutter, zufrieden und glücklich. Dann bin ich Künstlerin, die schon in jungen Jahren auf großen Bühnen professionell Erfahrungen sammeln konnte und es beinah verboten bekam, weil eine Funktionärin der SED es nicht für opportun hielt, Musik und Journalismus zu verbinden. Ich weigerte mich das anzuerkennen und beendete ein wertvolles Volontariat.

Ich hatte das Glück, alle Leidenschaften zum Beruf zu machen, so u.a. auch Sprecherin für Funk- und TV-Spots, und habe darin – mehr oder minder – gleichzeitig gearbeitet. Eine Zeit lang packte ich obendrauf noch berufsbegleitend ein Studium. Etwa 25 Jahre war ich dann in einem großen regionalen Verlag beschäftigt, der fühlte sich an wie eine eigene Firma, wir waren dort ein gutes Team. Der Druck der Geschäftsleitung auf immer mehr Umsatz war nicht mein Problem, wenn die Serviceleistung für den Kunden vom Verlag zuerkannt worden wäre. Ich konnte das nicht mehr tragen und wechselte dann komplett in die künstlerische Branche. Als Frontfrau einer Journalisten-Rockband stand ich zwölf Jahre mit tollen Supportengagements, u.a. für Scorpion, BAP oder Nena, auf der Bühne und schwitzte in engen Lederhosen (lacht), sang in einem Gospeltrio und tourte später mit eigener Kindershow durch Rheinland-Pfalz und gründete danach eine eigene Galaband, die heute als Oktett bundesweit unterwegs ist, ja, wenn denn die Bühnen wieder bespielbar wären. Seit März 2020 bin ich coronabedingt im Aus-, aber vor allem im Widerstand. Ich kritisiere diese Art von beruflicher Einschränkung für beinah alle in der Branche Tätigen, was einzelne Kulturfunktionäre in Rheinland-Pfalz offenbar übelnehmen.

Wie äußert sich das?
Ende des letzten Jahres regte ein bekannter Fotograf ein regionales Fotoprojekt an. Er wollte Künstler darstellen für die Kampagne „Kulturgesichter 056“ unter dem Schlagwort „Ohne uns wird Stille“. Das fand ich prima. Als die Porträts dann von meinem Kollegen, dem Liedermacher Guy Dawson und mir auf Facebook veröffentlicht wurden, gab es, ohne dass wir es zunächst bemerkten, einen Shitstorm. Unsere Fotos wurden daraufhin gelöscht. Ich erhielt keinen Anruf oder Fragen vom Initiator, ob die Vorwürfe stimmen könnten. Eine Umschreibung lautete, so hörte ich in einem „Erklärvideo“ des Fotografen heraus, er müsse sich gegen Coronaleugner wehren. Ich bin keiner und kenne nicht mal einen Menschen, der das Virus leugnet.

Mich wunderte das, denn die Aktion wollte einzig darauf aufmerksam machen, dass diese Menschen gerade ihre Existenz drangeben, ihre Fans sollten aufmerksam werden. Die Motive vieler Akteure zeigten traurige Gesichter. Ich nahm an, da solidarisiert sich doch jeder. Es gab Fälle in meinem Umfeld, da haben Musiker furchtbar geweint, drei Tourneen waren nicht mehr durchführbar, ein anderer erhielt keine Grundsicherung und hatte nicht mal 50 Euro im Monat für seine Nahrungsmittel.

Anstatt um Geld zu bitten – das ist auch sehr wichtig, denn auch meine Engagements wurden alle storniert und kleinere Engagements fielen später weg, weil die Gastronomen schließen mussten – beschäftigte ich mich im Frühjahr damit, wie wir als Kunstschaffende die Kunstszene anders gestalten könnten und rief zu einer öffentlichen Versammlung auf. Der Kulturfunktionär der Landesarbeitsgemeinschaft Rock und Pop Koblenz und Mitglied des Deutschen Musikrates RLP, ein Mitglied der SPD Rhein-Lahn, nahm nicht teil, dafür aber eine Reihe von befreundeten Kollegen. Der Funktionär ließ aber über einen Bekannten, den Stadtrat der Grünen in Koblenz, Sebastian Beuth, ausrichten, dass er sich von unserer „politischen Einstellung“ distanzieren würde. Beuth selbst hatte zur selben Zeit wieder gegen uns und die Initiative „Kunst erhalten“ protestiert und brüllte das über den Platz. Ich war verblüfft und konnte nur annehmen, es geht nicht um Gemeinsames, nicht um Kunstschaffende.

Helfen Sie mir, das zu verstehen?
Der Tenor des Kulturfunktionärs war abschätzig, seine Intention war Ausgrenzung. Eine Strategie, die ich schon kannte. Ich kannte auch die Clique um den Stadtrat der Grünen. Gegen ihn klagte ich mehrere Male erfolgreich wegen Verleumdung. Er erhielt mittlerweile mehrere hohe Geldstrafen. Auch nach dem Urteil und nunmehr schon vier Ordnungsmittelstrafen verschiedener Gerichte in Koblenz, macht er schamlos weiter, stalkt sogar meine Freunde und mich. Das endete mal an einem Schiffsanleger. Er redete paralysiert auf den Kapitän ein und nannte uns „Antisemiten“, daher dürfe uns der

Kapitän uns auch nicht auf das Schiff lassen. Der Schiffseigner informierte sich bei der Koblenzer Polizei, ob etwas gegen mich vorliegen würde. Das war nicht der Fall, wir konnten schließlich an Bord gehen.

Inwiefern würden Sie sagen, dass biografische Prägungen und Haltungen einen Einfluss darauf hatten, dass Sie im März 2018 die Veranstaltungsreihe „Koblenz im Dialog" entwickelten?
Ich komme aus einer prinzipiell harmonischen und liebevollen Familie. Wir waren alle irgendwie politisch interessiert. Ich bin ein Kind des Kalten Krieges, der für mich als junger Mensch Verteidigungsbereitschaft bedeutete, aber international friedensbildend umgesetzt empfunden wurde. Meine Großmutter Emma Amalie war Widerstandskämpferin gegen die Faschisten und erlebte sogar noch Ernst Thälmann im Volkspark Halle. Sie half einem jüdischen Goldschmied und versteckte seine ganze Habe unter den Dielen. Sie riskierte damit ihr Leben, das beeindruckte mich. Ungerechtigkeit ist mir zuwider, das scheine ich vom Großvater Paul zu haben, er war Schöffe am Gericht und Schiedsmann im Ort. Ich interessierte mich schon in der Schule für alle nur möglichen Themen. Bald schrieb ich für eine regionale Zeitung in den Ferienwochen.

Als ich Anfang 20 – nach der Wende – beruflich nach Westdeutschland zog, bemerkte ich Narrative und eigenartige Erzählweisen zu gesellschaftspolitischen Zusammenhängen. Die Gewerkschaft, bei der ich arbeite, konfrontierte mich mit einem ernstgemeinten Vorschlag, denn ich sollte Mitglied in einer Partei werden, um dort weiter beschäftigt zu bleiben. Das lehnte ich ab, da ich noch kurz zuvor erlebt hatte, wie genau diese westdeutschen Funktionäre der DDR-Gewerkschaft eine Parteimitgliedschaft angekreidet hatte.

Ich orientierte mich zunächst einige Zeit, wie die öffentliche Lesart bei den Menschen in unterschiedlichen Bereichen aufgefasst wurde. Mir fiel auch auf, dass viele Menschen hinter vorgehaltener Hand sprachen. Das war für mich ein Alarmzeichen und ich wollte etwas tun. Offensichtlich war, es gibt Bedarf, den Debattenraum zu erweitern. Die allseits proklamierte Demokratie konnte ich so beleben und hatte zur ersten Veranstaltung im Bundesarchiv Koblenz über 80 interessierte Gäste. Das erste Thema war mir wichtig, ein Sachbuch vom Politologen Hermann Ploppa: „Die Macher hinter den Kulissen". Es ist ausgezeichnet recherchiert und seine Quellen sprachen für die Richtigkeit einer Reihe von Annahmen.

Sie haben sich durch die Auswahl Ihrer Gäste nicht nur Freunde gemacht und sind vielen Diffamierungen ausgesetzt?
Ich wurde eineinhalb Jahre von der Polizei in Koblenz geschützt und ich hatte Proteste mit allen nur denkbaren irreführenden Begriffen vor den Veranstaltungshäusern. Einige Vermieter bekamen deshalb Angst, sie wurden bedroht, erhielten schmähende E-Mails, die, wie ich dann feststellte, konzertiert und gezielt von einer einzigen Clique verschickt wurden.

Der Gegenwind begann jedoch früher, deutlich vor der Veranstaltung „Koblenz: Im Dialog“, in einer Ortsgruppe der Linken in Koblenz. Ich war nicht an Parteipolitik interessiert, eher am Austausch und Diskurs. Ich habe Projekte für Obdachlose und die Pressearbeit der Kampagne mit meinem Know-how unterstützt. Diese Gruppe veränderte sich zunehmend. Es gab beispielsweise Kampagnen gegen Sarah Wagenknecht, die Diskussion zu Syrien oder Russland wurde gar verboten. Ich war schockiert, weil eine Diskussion in einer Parteigruppe nicht möglich schien.

Ich entdeckte einige Vertreter, die in Koblenz einem pseudo-linken und pseudo-antifaschistischen Netzwerk angehörten. Die Personen, die dann gegen „Koblenz: Im Dialog“ Stimmung machten, gehörten zu den sogenannten „Antideutschen“. Das sind politisch Aktive, die sich selbst zwar als „Linke“ bezeichnen, mit linken Zielen aber nichts zu tun haben. Sie unterstützen den Exzeptionalismus, also ein Konzept mit Weltmachtanspruch einiger US-Politiker und damit Zielen von Kriegstreibern und Neocons. Noch schlimmer, sie sehen aber, in durchaus berechtigter Zuneigung zu Israel, in jedem Deutschen einen „Nazi“ und schüren ideologisch Hetze.

Ihre kriminellen Methoden betreiben sie aus der Anonymität heraus. Auch meine Referenten, die zu Ökologie, ihrer jüdischen Vergangenheit, die gespaltene Ost-West-Politik oder zu gerichtsfesten Verleumdungskampagnen von Personen auf der Wikipedia-Plattform sprachen, wurden diffamiert. Farbanschläge an Häusern und Autos mehrten sich. Die handfesten Drohungen kamen von einer „Antifa Koblenz“ und ein namentlich bekannter Protagonist drohte, so lange mit der Einschüchterung fortzufahren, bis es „Koblenz: Im Dialog“ nicht mehr gäbe.

Glauben Sie, dass pseudo-linke und pseudo-faschistische Netzwerke institutionell verankert sind?
Akteure sind da Bündnisse, zu denen sich einzelne Mitglieder der Grünen, der Linken und von Die Partei zusammengeschlossen haben, wie „Aufstehen gegen Rassismus Koblenz“ (AGR), beziehungsweise jetzt „Schängel*innen gegen rechts“. Ich muss nicht betonen, dass ich diese dahinter stehenden Ziele im Grunde teile, ich habe viele Berührungspunkte, denn ich lehne Rassismus ab und ich bin nicht „rechts“, ganz im Gegenteil. Deshalb wehre ich mich auch dagegen.

Ich persönlich würde jedoch nicht jeden Menschen angreifen und ihn „Nazi“ nennen, wenn er nicht meiner Meinung entspricht. Was allerdings weitgehend übersehen wird ist, dass wir einen differenzierten Blick brauchen und nur den ganzen Menschen an seinen Handlungsweisen messen und beurteilen können. Interessanterweise haben seltsame Ideologien in Universitäten und einigen Institutionen der Republik Platz gefunden. Hier wird freies Denken behindert und Deutungshoheit totalitär bestimmt. Und es gibt Menschen, die sich scheuen, mit Parteikollegen zu sprechen, obwohl sie gut analysieren und gute neue Ideen beisteuern.

Wen oder was meinen Sie damit konkret?
Ich habe beobachtet, dass es unter den politisch Engagierten gerade in den linken Gruppen Aktivisten gibt, die sehr zwiespältig handeln. Da kann es dann sein, dass einer in Ramstein auf der Bühne steht und starke Reden schwingt, jedoch im Hintergrund der Hauptinitiator von Ausgrenzungskampagnen ist und massiv gegen Leute aus den eigenen Reihen vorgeht, sie einschüchtert und mobbt.

In den Verwaltungen der Stadt beobachtete ich sogenannte Klüngelwirtschaft. Ein Beispiel ist, dass ich bei dem bundesweit bekannten Programm „Demokratie leben" ausgegrenzt wurde. Ich bewarb mich zwei Jahre hintereinander mit passenden Themen. Ich sah mir das Gremium genau an, das darüber entscheidet, und entdeckte interessante Cliquenverbündete der antideutsch orientierten Sekte, wie zum Beispiel einen DGB-Funktionär aus Koblenz oder einen Universitätsprofessor, dessen Doktorand mit der Amadeu-Antonio-Stiftung sehr eng kooperierte. Diese Verbindung gibt es auch bei dem Kulturfunktionär, den ich beschrieb. Die Amadeu-Antonio-Stiftung halte ich nur teilweise für förderlich im Prozess der Meinungsbildung. Sie betreiben vornehmlich Hetze, bekommen jedoch hohe staatliche Fördersummen.

Das Verrückte ist, dass gerade von Westdeutschen häufig die Unterstellung kam, dass es angeblich nur in der Ex-DDR Unterdrückung von Meinungsvielfalt gab und es war auch der Grund, weshalb ich kein Interesse an Parteipolitik hatte. Ich hatte dadurch die Erwartung, dass es ja nun anders sein müsse. Es gibt sehr wohl strukturelles Ungleichgewicht. Ein ernstzunehmendes Thema, was kaum in Stadträten zur Sprache kommt. Es entstand gefährlicher Filz.

Durch diese Verdrehung kann es dann soweit kommen, dass es keinen echten Austausch, keinen tatsächlichen Pluralismus mehr gibt, denn jeder, der nicht so denkt wie die institutionellen Köpfe, wird stigmatisiert und diffamiert, wenn er nicht bereit ist, ständig nur hinter vorgehaltener Hand zu sprechen. Umso wichtiger ist es auch, gegen diese Diffamierung vorzugehen.

Wie kann man sich stärken, um einen solchen Kampf durchhalten zu können?
Zu allererst Ruhe bewahren und sich vernetzen, Gleichgesinnte und Freunde einweihen. Eine Rechtschutzversicherung ist nicht das Schlechteste (lacht), sonst kann es richtig teuer werden, und dann geht einem im „Kampf" die Puste aus. Dabei ist es so wichtig, sich zu wehren. Nicht nur, um Recht zu erhalten, sondern auch um der Öffentlichkeit zu zeigen, was hier los ist. Ich schrieb zum Beispiel umgehend den Stadtrat an, um auf die Situation in der Stadt hinzuweisen. Und prompt meldeten sich die unterschiedlichsten Stadtratsmitglieder, die schon in ähnlichen Situationen waren, sie boten mir Hilfe an. So bekam ich Mails weitergeleitet, die mich diffamierten und hatte damit einen gerichtsfesten Beweis. Aufklärung ist zudem wichtig und Beharrlichkeit, sich eben nicht alles gefallen zu lassen. Wir haben in Koblenz Vernetzungen vom öffentlich-

rechtlichen Sender SWR bis zu ökumenischen Netzwerken oder Jugendorganisationen, wo niemand annehmen würde, dass sie Politik machen. Sie gibt es in unterschiedlichen Nuancen bundesweit, denn daran ist die gesellschaftliche Struktur erkrankt.

Sie haben – zusammen mit Julian Assange – den Karlspreis verliehen bekommen. Haben Sie Angst, dass Ihnen Ähnliches widerfahren könnte wie Julian Assange?
Nein, nicht wirklich. Ich war sehr geehrt von diesem Preis und auch ein bisschen verlegen, denn was Julian Assange gerade erleiden muss, ist wirklich die Hölle. Die Meinungsfreiheit allerdings, die sehe ich tatsächlich als bedroht an und es ist eine Schande, was da gerade passiert. Die Medienkonzerne sind ein wichtiger Gatekeeper und vielen Menschen fällt einfach nicht auf, dass sie nur durch die lückenhafte und tendenzielle Berichterstattung zu ihren Überzeugungen kommen. Sie müssen aus der Mainstream-Blase heraus, damit sie wieder selbst denken lernen.

Was außer Mut könnte noch helfen, damit das übergeordnete Ziel, eine freie und friedliche Welt, erreicht werden könnte? Was ist Ihre Vision?
Ganz einfach und pointiert, wünsche ich mir Ehrlichkeit und Wertschätzung, die über ein respektvolles Miteinander und liebenswürdige Umgangsformen durchaus gelebt werden können. Wir alle können hier dazulernen.

•

Weitere Informationen – Biografie

Jahrgang 1967, in Halle/Saale geboren, Polytechnische Oberschule, technische Berufsausbildung und Abitur, Ausbildung am Konservatorium Halle für Klassischen Gesang, mit 16 Sängerin in professioneller Bigband, Redakteurin einer Gewerkschaftszeitung, Umzug nach der Wende von Berlin über Bochum nach Koblenz, 12 Jahre Journalisten-Rockband und eigene Kindershow, Studium Kommunikation und Marketing, fast 25 Jahre Verlagstätigkeit, eigene Galaband und Veranstalterin von „Koblenz: Im Dialog".

Sabine Donath: Mit dem Rollator zur Demo

Andrea Drescher

Foto: Privat

Sabine Donath erblickte 1963 in Berlin das Licht der Welt, wo sie heute noch lebt. In der DDR zur Sonderschullehrerin für Lernbehinderte ausgebildet, wurde sie 2012 aufgrund von Multipler Sklerose in den Ruhestand geschickt. Sie ist aber – im Rahmen ihrer Möglichkeiten – sehr aktiv. Wenn sie nicht auf Demos zu finden ist, malt und bastelt sie gerne, dient ihrem Kater Mickey, der aus Rhodos stammt, seit drei Jahren als pflichtbewusster Dosenöffner und hofft, dass nach Corona das Reisen wieder möglich sein wird. Sie ist verwitwet und kinderlos, trotzdem sind Kinder ihr wichtigster Grund, sich politisch zu engagieren. Ihre Liebe zu Kindern war ja der Grund, dass sie sich für den Lehrerberuf entschieden hatte.

Sie haben bis 2012 als Lehrerin gearbeitet?
Nicht ganz. Ich war nach dem Studium fünf Jahre in der DDR tätig, dann in der BRD, bis ich MS-bedingt Probleme bekam. Vier Jahre war ich krankgeschrieben und wurde 2012 in den Ruhestand geschickt.

Können Sie mir etwas zu Ihrem politischen Hintergrund erzählen?
Politisch interessiert war ich eigentlich schon immer, auch wenn ich nicht zu denen gehörte, die in der DDR rebelliert haben. Dafür hatte ich persönlich und mit dem, was ich tat, keine Veranlassung. Die Arbeit hat Spaß gemacht, die Kinder stammten teilweise aus einfacheren Familien und ich konnte viel für sie erreichen. Ich war nicht reich – als Lehrer hat man in der DDR nicht besonders gut verdient – aber mir ging es gut. In der DDR erhielt ich monatlich 900 DDR-Mark, jeder Handwerker hatte mehr Einkommen, aber das war völlig ausreichend.

Ich habe die Weltlage kritisch hinterfragt und Nachrichten sehr aufmerksam verfolgt. In Berlin hatten wir Informationen von beiden Seiten, waren in der Lage, neben der Aktuellen Kamera auch die Westnachrichten zu verfolgen. Daher habe ich immer selbst überlegt, was mir plausibel erschien. Ich habe keinem Medium vorbehaltlos geglaubt. Nach Mauerfall und Wende bekam ich schnell mit, was der Goldene Westen bedeutet, obwohl ich selbst auf einmal zu den Privilegierten und Besserverdienenden gehörte. Ich stamme aus einer Arbeiterfamilie, das habe ich nie vergessen, und kenne viele Menschen, die finanziell am Anschlag lebten und leben.

Hat Sie das motiviert, selbst aktiv zu werden?
Ja, das hat mich dazu gebracht, mich zu engagieren. Die Diskrepanz – der Minilohn einer Kellnerin und die hohen Gehälter der Manager – fand ich schlimm. Jeder, der arbeitet, sollte mit seiner Hände Arbeit ein vernünftiges Auskommen haben. Man muss nicht reich werden, aber sich ein menschenwürdiges Leben gestalten können. Alles andere empfinde ich als ungerecht. Mitte der 90er begann ich viel zu lesen und das Weltgeschehen wieder genauer zu analysieren. Ich diskutierte mit Bekannten und Freunden, wollte in meinem direkten Bereich meine Sicht der Dinge vermitteln, bin aber noch nicht auf die Straße gegangen. Das kam deutlich später.

Wann war das?
Richtig aktiv wurde ich erst 2015, das hing mit der Flüchtlingskrise und dem, was sich im Mittelmeer abspielte, zusammen.

Wie meinen Sie das?
Ich liebe das Meer. Ich bin ungeheuer gerne am und auf dem Meer, schnorchele, segle gerne – und dann passierte das mit den Booten, die ständigen Tragödien, das Absaufen – und alle schauten zu. Das konnte doch nicht wahr sein! Menschen verrecken, weil keiner sie aufnimmt. Daraufhin ging ich zu den Demos von Seawatch, habe auch regelmäßig für den Unterhalt der Schiffe gespendet.

Nachdem sich bis Mitte 2016 im Grunde nichts geändert hatte – es ertranken weiter Menschen, die Lage in den Lagern war katastrophal und spitzte sich immer weiter zu –, begann ich an politisch Verantwortliche zu schreiben. Von Mitte 2016 bis 2017 schrieb ich über 400 Briefe an Merkel und De Maizière mit Informationen über die Lager mit der dringenden Aufforderung, endlich tätig zu werden und etwas zu verändern.

Und die Reaktion?
Ich bekam genau drei Antworten, deren Grundtenor in etwa war: „Ja o.k., wir tun, schauen Sie auf die Internet-Seite der Bundesregierung, da finden Sie …“ Dort stand aber nur das übliche Blabla. Im letzten Antwortschreiben wurde deutlich gesagt, dass man meine Schreiben zu Kenntnis nähme, aber nicht mehr antworten werde. Da war mir klar, das Porto kann ich mir sparen und besser für Organisationen verwenden, die vor Ort Hilfe leisten. Daraufhin habe ich den Schweizer Michael Räber mit seinem Schwizerchrüz, die sich bis heute noch engagieren, lange unterstützt. So wurde ich aktiv. Statt nur zu reden und mir Gedanken zu machen, kam ich ins Handeln und Tun.

Und dann kam Corona. Beim Protest gegen die Maßnahmen sind Sie auch aktiv. Gehören Sie aus Sicht der Mediziner mit MS nicht zu den Risikogruppen?

Ja nach offizieller Lesart – aber ich sehe das nicht so. Ich habe ein ganz anderes Problem. Seit ich dem negativen Stress auf der Arbeit nicht mehr ausgesetzt war, hatte ich 12 Jahre keine Schübe mehr. Seit Ende März habe ich permanent negativen Stress. Und jetzt laufe ich größere Strecken nur noch mit Rollator. Den habe ich bis jetzt nicht gebraucht. Im Alltag geht es gerade noch ohne – aber für Demos nicht mehr anders. Ich merke beim Einkaufen immer häufiger, dass ein Rollator besser ist als der Stock. Und er ist zunehmend auch meine einzige Erholungsmöglichkeit.

Wie meinen Sie das?
Ich habe so immer einen Sitzplatz mit dabei. In Berlin ist das notwendig, da in den Einkaufszentren sämtliche Sitzbänke entfernt wurden, sodass sich ältere oder behinderte Menschen beim Einkaufen nirgendwo mehr ausruhen können. Auch bei den S-Bahnen haben sie jetzt angefangen, Bänke abzubauen. Es gibt in Berlin viele alte und gehandicapte, aber aktive Menschen wie mich, die zwischendurch mal eine Ruhepause brauchen. Das ist ein Unding. Denen geht es doch nicht um die Menschen, da stimmt doch etwas nicht!

Wann wurde Ihnen bewusst, dass da etwas nicht stimmt?
Das war fast von Anfang an – seit April etwa. Aufmerksam gemacht durch die Videos von Bodo Schiffmann habe ich mir die Zahlen vom RKI selbst angeschaut. Dann kam der Sommer und Corona war fast verschwunden. Was aber nicht verschwand, waren die Einschränkungen. Obwohl ich nur drei Stunden von der Ostsee entfernt lebe, waren Tagesausflüge verboten. Das war alles so absurd! Zunächst habe ich mich weiter informiert, immer intensiver im Web vernetzt, ging auf Telegram und fand mehr und mehr Menschen, die ähnlich denken.

Waren Sie auf den Querdenken-Demos im August dabei?
Jein. Ich habe mich noch nicht getraut, mitzumarschieren, wollte den Rollator nicht nutzen, fuhr aber am 29.08. mit der S-Bahn zum Bahnhof Friedrichstraße und habe erlebt, was dort passiert ist.

Was haben Sie denn beobachtet?
Ich kam aus dem S-Bahnhof raus und ein paar Typen – nur wenige – kamen mir mit Reichsflaggen entgegen. Die waren aber nur am Rand, und ich habe mich von denen ferngehalten. Beim Gebäude, in dem der Rossmann-Markt drin ist, standen viele vornehmlich Ältere mit Peace-Fahnen. Da habe ich mich dazugesellt, kam sehr schnell in sehr nette Gespräche. Als sich der Zug in Bewegung zu setzen schien, haben die sich eingereiht – kamen aber nicht weit, da der Zug schnell wieder stoppte. Alle blieben friedlich und entspannt, haben sich teilweise auf die Straße gesetzt und versucht Abstände zu halten. Ich kam am Straßenrand mit anderen ins Gespräch. Ein sehr gutbürgerlich wirkender Herr sagte etwas, was mich zunächst irritierte: „Ich habe damals nicht verstanden, warum die Pegida-Anhänger immer von Lügenpresse sprechen, langsam fange

ich an, es zu verstehen." Als ich 2,5 Stunden später heimfuhr – gar nicht so leicht, durch die Absperrungen wieder aus dem Kessel zu kommen – und mir abends sämtliche Nachrichten angeschaut hatte, wusste ich, was er gemeint hatte. Ob ZDF, ARD oder die Abendschau im Lokalsender: Das Einzige, über das berichtet wurde, war der „Sturm" auf den Reichstag. Ich war echt erschüttert, denn anhand der Videos, die ich inzwischen verfolgt hatte, wusste ich ja bereits, dass die Reichstagsbühne nichts mit Querdenken zu tun hatte. Es wurde aber so hingestellt, als ob es eine Veranstaltung sei.

Das war der Anfang meiner „Corona-Demo-Karriere", ich wusste, ich kann nicht länger stillhalten und warten, dass jemand anderes etwas für mich tut. Dann stieß ich auf die Schweigemärsche, ich kannte Andreas Mertens, einen der Organisatoren, und war am 10.10. gleich mit dabei.

Allein?
Nein, ich war mit Freunden dort, wäre aber auch allein mitgegangen, zumal Andreas mir Unterstützung angeboten hatte. Das war aber bei allen drei nicht nötig.

Wie haben Sie die Schweigemärsche wahrgenommen?
Der Erste war total beeindruckend. Mich hat das Konzept überzeugt – keine politischen Fahnen, keine Symbole, Abstand und Maske – das ist doch genial! Der Staat kann es nicht verbieten, wenn sich ganz normale Bürger an seine dämlichen Verordnungen halten – und wir können unseren Protest zeigen. Also bin mit meinen Freunden hin und habe meinen Rollator rausgeholt. Wir haben uns eingereiht und liefen schweigend durch die Straßen. Ab und zu kamen Fragen vom Straßenrand. Aber wir sind einfach schweigend unsere Tour gelaufen. Ich habe es bis zum S-Bahnhof Tiergarten geschafft. Dort habe ich Schluss gemacht, mich auf meinen Rollator gesetzt und den Rest des Zuges an mir vorbeilaufen lassen. Das war für mich absolut beeindruckend. Als abends in den Hauptnachrichten – außer im RBB – nichts erschien, obwohl so viele Menschen teilgenommen hatten, machte mir das endgültig deutlich, dass es sich nicht lohnt, diese Nachrichten zu verfolgen.

Der zweite Schweigemarsch war völlig abgefahren. Etlichen, die mitmarschiert sind, fiel es sichtbar schwer, ruhig zu bleiben, so unfassbar aggressiv wurden wir von der Antifa beschimpft. Wir alle liefen ohne irgendein erkennbares politisches Symbol, alle trugen Maske und hielten Abstand. Woher diese Antifa-Gruppen wussten, dass wir mit Nazis marschieren, hat sich mir nicht erschlossen. Es war echt unglaublich, was die da geliefert haben.

Beim dritten Schweigemarsch am 20.12. waren nicht so viele dabei, aber man merkte, es hat sich schon ein harter Kern gebildet. Während der Zug bei den ersten beiden Märschen genau durch Ordner mit Maßband aufgestellt wurde, ging das beim dritten Mal schon ganz von allein – alle wussten, worum es geht. Auch mit der Polizei ging es sehr entspannt, sie wussten ja, dass wir die Auflagen einhalten. Das war am 18.11. noch völlig anders.

Sie waren auch eine von diesen „Antisemiten“ am Brandenburger Tor?
Ja klar. Ich wollte die Verabschiedung des 3. Infektionsschutzgesetzes, über das ich vieles gelesen hatte, nicht unwidersprochen hinnehmen. Überall war abgesperrt. Mit einem Freund ging ich zur Demo von „Eltern stehen auf“ und dann weiter über die Friedrichstraße bis zur amerikanischen Botschaft. Dort habe ich mich auf den Rollator gesetzt und mir die „Katastrophe“ angeschaut. Die Leute, die mit uns dort standen, haben gesungen, sich unterhalten und Sprüche wie „Frieden, Freiheit, keine Diktatur!“ skandiert. Es war ein komplett bunt gemischtes Publikum, alle Altersgruppen, Bevölkerungsschichten und Klamotten waren zu sehen.

Kurz bevor die Wasserwerfer einsetzten, tauchte von hinten eine Gruppe junger Männer auf. Sie schienen alle Anfang 30, waren alle dunkel – ich glaube mit Northface-Jacken – fast einheitlich gekleidet. Sie stellten sich direkt vor mir nebeneinander hin und warteten eine Weile. Die Typen passten überhaupt nicht ins bisherige Bild der Demo. Und dann bemerkte ich, dass sie aus den Jackentaschen Sonnenbrillen holten und aufsetzten.

Ich war auch vor Ort, kann mich nicht erinnern, dass die Sonne schien, oder irre ich mich?
Nein. An dem Tag und in dem Moment schien definitiv keine Sonne. Ich dachte: „Was ist denn jetzt los?“, bin aufgestanden und habe sie angesprochen: „Bitte – wir wollen hier friedlich protestieren, macht bitte keinen Ärger.“ Was dann passierte, war wirklich gruselig. Sie schauten mich nicht an, sie schienen nur durch mich durch zu sehen und keiner sagte etwas. Wenig später bewegte sich die ganze Gruppe geschlossen in Richtung der Massen beim Brandenburger Tor. Kurz danach hörte ich Böller knallen, und wieder nur mit wenig Zeitverzögerung begannen die Wasserwerferberegnungen. Ich bin überzeugt, das waren Agents Provocateurs – keine Neonazis. Die hätten auf mich irgendwie reagiert, hätten mich mit „Hey Alte, was willst du von uns?“ angepöbelt. Diese Typen wirkten gut organisiert und professionell – sie sagten einfach nichts. Leider habe ich nicht darauf geachtet, ob sie Ohrstöpsel hatten, und auch kein Foto gemacht. Meine Beobachtungen habe ich allen möglichen Nachrichtenseiten mitgeteilt. Aber es gab seitens derer überhaupt keine Reaktion.

Ist es nicht anstrengend mit MS, auf Demos zu gehen?
Ich bin dort nicht die Einzige mit Handicaps. Ich sehe immer wieder Leute mit Rollstuhl, Schwerstbehinderte, Menschen mit Krücken. Es sind ja vorwiegend bürgerliche Menschen mittleren oder höheren Alters, die auf die Straße gehen. Die Jungen stehen am Straßenrand und bepöbeln uns als Nazi oder Antisemit. Dabei demonstrieren wir ja nicht nur für uns selbst. Ich war Lehrer mit vollem Herzen, meine Schüler waren meine Kinder. Ich verfolge mit Entsetzen, was man Kindern antut, wie man ihnen Angst

macht, dass sie „ihre Großmütter umbringen", wenn sie Abstände nicht halten oder ohne Maske rumlaufen.

Im Rahmen unserer sehr guten Lehrerausbildung in der DDR gab es auch vier Semester Kinder- und Jugendpsychologie. Mir ist sehr bewusst, was mit Kindern gerade passiert. Sie werden schwer traumatisiert – mangelnder Körperkontakt, nicht mit Freunden spielen ist doch völlig ungesund! Für jüngere Kinder sind die Masken besonders schlimm, da ihnen die Mimik fehlt und sie noch nicht wissen, wie man ein Lachen an den Augen erkennt. Mir kann niemand erzählen, dass Kinder dadurch keine psychischen Schäden bekommen.

Foto: Lena Schukow

Das ist mein Hauptantrieb, mich zu engagieren. Ich hatte ein schönes Leben. Auch wenn es mir fehlt, ich kann damit leben, nicht mehr zu reisen. Das geht alles noch. Aber was man mit den Kindern macht, halte ich für unverzeihbar. Auch wenn ich merke, dass es mit meinen Beinen zunehmend schlechter wird, ich werde trotzdem nicht aufhören. Lokal machen wir mit Informationsständen Straßenaufklärung. Alles ist angemeldet, wir haben immer Polizei an der Seite und mit ihnen ebenfalls sehr gute Erfahrungen gemacht. Die letzten Male haben die Polizisten durchaus wohlwollend reagiert. Aufgeben ist da keine Option.

Vielen Dank für Ihre Standfestigkeit!

Sebastian Chwala: 42 Wochen – und kein bisschen leise

Andrea Drescher

Foto: Privat

Die Gelbwesten in Frankreich marschieren weiter – wenn auch mit gebremster Kraft. Sie geben nicht auf, die gesellschaftliche Situation in Frankreich verändern zu wollen. Trotz allen Widerstandes, der ihnen vonseiten der Staatsmacht entgegengebracht wird. Der Politikwissenschaftler Sebastian Chwala, Experte für französische Politik, hat die Bewegung fast von Anfang an beobachtet und dafür gesorgt, dass viele Informationen, die man in den Massenmedien nicht lesen konnte, den Weg in die Öffentlichkeit fanden.

Kurz zu Ihrer Person, damit die Leser einordnen können, mit wem sie es zu tun haben.
Gerne. Ich bin 39 Jahre alt, stamme aus Ostdeutschland und lebe jetzt in Marburg an der Lahn. Als Diplom-Politikwissenschaftler war ich früher Stipendiat der Rosa-Luxemburg-Stiftung und stehe jetzt in den letzten Zügen meiner Promotion zum Thema „Die radikale Rechte in Frankreich". Daher auch mein Versuch, einen objektiven Blick über die politische Lage dort zu gewinnen. Ich stamme aus einer linken sozialdemokratischen Familie aus der DDR und bin seit meinem 16. Lebensjahr politisch aktiv. Bis zur Agenda 2010 war das bei den Jusos, und dann, nach einiger Zeit im inneren Exil, wurde ich aktives Mitglied der Linkspartei. Dort war ich zeitweise Vorsitzender im Kreisverband, ein Amt, das ich aber wegen der Promotion niedergelegt habe, und bin als Geschäftsführer der Marburger Linken im Kommunalparlament tätig.

Wie entstand Ihr Bezug zu Frankreich?
Ganz banal. Ich habe mich immer für Frankreich interessiert, habe lange Jahre in Calw an der Grenze zum Elsass gelebt und intensiv Französisch gelernt. Ich mag Land und Leute. Die Spezialisierung hat sich dann im Studium ergeben. Mein Betreuer fragte mich, was ich machen wolle, und da es bei den Linken kaum jemanden gab, der sich in diesem Themenbereich wirklich auskannte, bot sich das einfach an.

Sie engagieren sich jetzt im Umfeld der Gelbwesten – warum?
Anfangs war ich zunächst eher zurückhaltend und habe das Ganze nur aus der Ferne verfolgt. Die Traditionslinien der Bewegung, die politische Stoßrichtung erschienen

mir problematisch. Dann kamen aus meinem politischen Umfeld viele Nachfragen nach meiner Einschätzung und Bewertung. Dass ich nach Frankreich über die sozialen Medien sehr gut vernetzt bin und viele Kontakte habe, ist auch innerhalb der Rosa-Luxemburg-Stiftung bekannt. Zwei Wochen nachdem es in Frankreich losging, begann ich mich intensiv mit dem Thema und der Bewegung zu beschäftigen.

Woher beziehen Sie Ihre Informationen?
Ich war in der Vergangenheit mehrfach in Frankreich, bei den Demos war ich jedoch nicht dabei – zugegebenermaßen aus Angst vor der Polizei. Ich bin aber eng über linke Gruppen online mit den Gelbwesten vernetzt, habe viele Kontakte ins wissenschaftliche Umfeld, lese viele Artikel und Studien und besuche Diskussionsveranstaltungen, bei denen Menschen auftreten, die vor Ort waren bzw. immer wieder sind.

Die Linken waren ja insgesamt anfangs eher zurückhaltend, nicht wahr?
Richtig, auch mich hat es am Anfang nicht begeistert. Das Milieu, aus dem die Bewegung entstand, war ja alles andere als unproblematisch. Im Dezember sah man die Bilder der „militanten" Proteste. Richtig interessant wurde es dann, als der Forderungskatalog kam. Um den Jahreswechsel 2018/2019 wurde deutlich, welche Sprengkraft dahintersteckte. Die Regierenden in Frankreich hatten die Bewegung wohl zunächst als unkritisch eingeschätzt, sahen in ihr keine Bedrohung für die bestehenden Strukturen. Die ideologische Gefahr wurde erst nach Weihnachten wirklich deutlich.

Wie entstand die Bewegung aus Ihrer Sicht und wie hat sie sich entwickelt?
Anfangs hat man über rechte Netzwerkstrukturen für den 17.11. mobilisiert, den ersten größeren Aktionstag. In Facebook-Gruppen und Foren wollte man Menschen erreichen, die nicht in den rechten oder gar rechtsradikalen Organisationen organisiert sind. Der „Volkszorn" wurde mit Themen hochgekocht, die klassischerweise eher von rechts kommen: Steuern, aufgeblähter Staat, Benzinpreiserhöhung, verbunden mit der gefühlten bzw. realen Erhöhung der Lebenshaltungskosten. Man zielte auf die Kleinbürger mit „rechter Tendenz" ab. Richtige Parteiaktivisten wurden eher rausgedrängt. Kleinunternehmer, Handwerker, das weniger akademische Milieu – Menschen, die zwischen der Arbeiterklasse und den Unternehmern verortet sind, waren aktiv.

Das hat sich ab Dezember dann verändert. Es stießen mehr und mehr Menschen hinzu, für die es über die Themen Preise und Steuern hinausging. Es wurden Forderungen an Macron, an das System laut. Und dann kam der Forderungskatalog: höhere Mindestlöhne, weg mit Obdachlosigkeit, Vermögensteuer wieder einführen. Die Demokratiefrage wurde gestellt. Es wurden soziale und systemische Fragen aufgeworfen. *Das* war die Bedrohung, die dann in entsprechenden Reaktionen seitens der Regierung mündete.

Es gibt aus meiner Sicht zwei Fraktionen bei den Gelbwesten. Die einen haben (noch) ein festes Arbeitsverhältnis, d.h. in Familien arbeiten beide Ehepartner, aber die Preissteigerungen und die langen Anfahrtswege zur Arbeit führen zur subjektiven Deklassierung. Die Einkommen halten den steigenden Preisen nicht mehr stand. Die zweite Fraktion sind Menschen, die bereits in prekären Verhältnissen leben, die heftige Brüche im Leben schon hinter sich haben und die für linke Themen von vornherein eher offen sind. Da beide Fraktionen aktiv zusammenarbeiten, brachten sie so viele auf die Straße. Und auch wenn die Zahlen aufgrund der massiven Repressionen zurückgehen: Zu speziellen Anlässen lassen sich immer noch in den vielen Städten Menschen mobilisieren.

Von wievielen Städten sprechen wir denn?
Das kann ich gar nicht genau sagen. Ob Paris, Lille, Marseille, Lyon, Toulouse, Bordeaux ... in allen relevanten großen bzw. mittelgroßen Städten hat Woche für Woche etwas stattgefunden. Zunächst wurden die Kreisverkehre in den umliegenden Gemeinden der Städte belagert, dann gingen die Demonstrationen los. Es war nie eine Bewegung, die zentral auf Paris fokussiert war, sondern sie ist in ganz Frankreich regional verankert. Auch wenn das Innenministerium immer niedrigere Zahlen nannte: Über Monate waren allein in Toulouse und Bordeaux zwischen 20.000 und 30.000 Menschen jede Woche auf der Straße. Überall in den Städten tat sich etwas, nicht jedes Wochenende überall, aber überall immer wieder. Auch während der Sommerferien wird weitergemacht und wir erwarten alle, dass die großen Aktionstage nach den Ferien wieder losgehen. Aber keiner weiß etwas Genaues, es gibt ja kein zentrales Aktionsbüro, das das Ganze steuert. Es gibt nur Zusammenkünfte, bei denen Aktive die gemeinsame Stoßrichtung besprechen. Bisher waren es drei solcher Zusammenkünfte, eine vierte ist geplant, aber wann und wo ist noch offen.

Wie haben sich die Teilnehmerzahlen denn entwickelt?
Im Frühjahr waren mehr als 130.000 Menschen an einem Wochenende auf der Straße, dann gingen die Zahlen – auch aufgrund der massiven Gesetzesverschärfung und Gewalt – wieder runter.

Apropos Gewalt – es geistern ja viele Zahlen von Verletzten bzw. Toten und Verhafteten durch die sozialen Medien. Wie ist Ihr Kenntnisstand?
Es gibt keine offiziellen Zahlen – der Inlandsgeheimdienst und die Sicherheitsstrukturen kennen sie natürlich, aber offiziell bestätigt wird wenig. Fakt ist, dass es enorm viele Schwerstverletzte durch das Eingreifen der Polizei gibt. Bestätigt sind 23 Menschen, die ein Auge verloren haben, fünf Menschen mit Verlust von Gliedmaßen und 300 Kopfverletzungen. Darüber hinaus gibt es noch eine große Anzahl Schwer- und Leichtverletzter – aber keine akkuraten Zahlen. Zwei Tote lassen sich eindeutig der Polizeigewalt zuschreiben, zwölf weitere Menschen sind aufgrund der Unfälle an den Kreisverkehren zu Tode gekommen. Das darf man meines Erachtens aber nicht zusammenzählen. Es gibt auch eine hohe Zahl an Selbstmorden unter den Polizisten. Über 50 sollen sich das Leben genommen haben, man weiß aber nicht warum, da es keine Abschiedsbriefe gibt.

Auch bei Verhafteten fehlen seriöse aktuelle Zahlen. Stand April waren es rund 2.000 Gerichtsverfahren, von denen 800 mit Haftstrafen geendet haben. Die Dunkelziffer der Verhaftungen liegt bei über 8.000.

Wie verhält sich die Polizei? Was haben Sie wahrgenommen?
Die französische Polizei greift hart und brutal durch. Teilweise kommen Einheiten zum Einsatz, die seitens des Staates zusammengestellt wurden, aus Angst, dass sich migrantische Gruppen gegen ihre schlechten Lebens- und Arbeitsverhältnisse erheben. Diese dienen jetzt dazu, die Gelbwesten-Bewegung niederzuwerfen. Man hatte ja nach Dezember 2018 wirklich Angst davor, dass die Regierung gestürzt werden könnte, und nutzt das gesamte repressive Potenzial der Staatsmacht.

Revolutionäre Umstände sollten auf jeden Fall verhindert werden – dafür hat man gegen die bis dato eher unpolitische untere Mittelklasse alles rausgeholt, was man hatte. Die „Brigade Anti-Criminalité" sollte mit einem hohen Grad an Repression gegen Migranten vorgehen. Jetzt ist das die Einheit, die den Großteil der Gummigeschosse verbraucht hat. Eine Art bewaffneter Kriminalpolizei, die in kleinen Einheiten sehr aggressiv und konfliktorientiert vorgeht. Das gesamte Waffenarsenal – alles was angeblich nicht tödlich ist, wie Granaten, Gummigeschosse und Drohnen – kommt zum Einsatz. In Frankreich sind das keine „Bürger in Uniform", wie das noch in Deutschland der Fall ist.

Sie sagten, dass die Gesetzgebung verschärft wurde. Inwiefern?
Bereits seit dem Ausnahmezustand im November 2015 nach den Anschlägen wurden die Bürgerrechte massiv eingeschränkt. Hausarreste oder Hausdurchsuchungen ohne Richtervorbehalte wurden schon länger intensiv gegen Linke genutzt. Diese Regelungen hat Macron schon im Herbst 2017 in das reguläre Antiterrorgesetz übernommen. Das wurde jetzt alles noch durch das Anti-Randalierer-Gesetz verschärft, das Demonstrationsverbote auf administrativem Wege ohne Richtervorbehalt ermöglicht. Darüber hinaus gibt es zwei Gesetze, die unspezifische Personenkontrollen erlauben und Vermummung zu einer Straftat machen, für die Gefängnis droht.

Es gab bereits das Gesetz gegen Bandenkriminalität, das erlaubt, dass Menschen präventiv verhaftet werden, wenn vermeintlich eine Straftat drohen könnte. In Verbindung mit neuen Gesetzen und vermeintlichen Hinweisen im Vorfeld einer Demonstration kann man jetzt alle Menschen festnehmen, weil sie vielleicht eine Straftat begehen könnten. Die Gesetze zur Prävention, die ursprünglich dem Antiterrorkampf dienen sollten, werden übertragen auf die Zivilgesellschaft und hebeln damit sämtliche Rechte und Möglichkeiten der Bürger aus, sich zu wehren.

Das heißt, die Repression nimmt zu?
Ja, der Weg in den autoritären Polizeistaat in Frankreich setzt sich unvermindert fort. Ein weiteres Zeichen dafür ist die Entfernung kritischer Köpfe aus dem Lehrpersonal

der Ausbildungsstätten des Polizeiapparates. Dieses Schicksal wurde gerade auch dem Soziologen Sebastian Roché zuteil, der bis vor Kurzem Vorlesungen für zukünftige Leitungskader der Polizei halten konnte. Sein Forschungsgebiet sind die Beziehungen zwischen Zivilgesellschaft und Polizeiapparat. Roché hatte in den letzten Monaten vermehrt die Polizeigewalt und die Repression gegen die Gelbwesten in der Öffentlichkeit kritisiert. Es verwundert daher nicht, dass die Leitung der ESPN, der wichtigsten Polizeischule im Land, sich jetzt mit den Worten, dass man Rochés Ausbildungsbereich umstrukturieren wolle, von diesem trennt.

Eine selbstkritische Auseinandersetzung mit dem eigenen Handeln ist im Apparat nicht erwünscht. Lieber soll sich die französische Polizei in einen Bürgerkrieg mit breiten Teilen der Gesellschaft verstricken, wie es die herrschende Politelite im Land fordert.

Wie erleben Sie in Frankreich den Umgang mit „rechts" und „links" – in Deutschland ein Thema, das zu einer massiven Spaltung in der Gesellschaft führt?
Eine Bruchlinie ist auch in Frankreich vorhanden – aber im Kontext der Gelbwesten dominierte die massive Unzufriedenheit mit der Politik der letzten Jahrzehnte. Beide Seiten arbeiten unter dem Banner der Nation zusammen. Für die Linke ist die Nation ein Emanzipationsprojekt, für die Rechte ein ethnisches Thema.

Aber es ist eine gemeinsame Bewegung, die ein anderes Frankreich will und die gemeinsam mit der Polizeigewalt konfrontiert ist. Das führt – überraschenderweise – wohl auch dazu, dass auf der Rechten Autoritäts- und Staatsgläubigkeit an Bedeutung verlieren. Staat und Polizei werden zunehmend in Frage gestellt. Bürgerliche begrüßen den schwarzen Block, der sich der Polizei mutig entgegenstellt. Die Bewegung entwickelt sich nicht entlang der traditionellen Linien, sondern die Menschen agieren zunehmend gemeinsam.

Wie ordnen Sie die Gelbwesten in Deutschland ein?
In Deutschland ist die Bruchlinie zwischen rechts und links deutlich größer. Im Grenzbereich zu Frankreich, also Baden, Saarbrücken und an der Grenze zum Elsass, gibt es sehr enge Verbindungen mit den französischen Gelbwesten. Viele andere Gruppierungen habe ich aber eher als fremdenfeindlich, konservativ und reaktionär wahrgenommen. Aber man kann und muss die Debatte mit Rechten führen. Das Ergebnis sieht man in Frankreich. Dort sind die Gelbwesten immer sozialer geworden, das Nationalistische wurde immer mehr rausgedrängt. In Deutschland war es leider umgekehrt, da wurde es immer deutschtümeliger – und nicht sozialer. Die „Anti-Merkel-Rhetorik" hat nichts mit der Protestbewegung in Frankreich zu tun.

Wie sehen Sie die weitere Entwicklung?
Aufgrund der gesetzlichen Maßnahmenpakete und der explodierten Polizeigewalt trauen sich viele nicht mehr auf die Straße. Ich hatte schon befürchtet, es bricht im Sommer

zusammen. Aber jedes Wochenende sind Menschen aktiv. Kommt nach den Ferien ein deutlicher Anstieg? Das hoffen wir alle.

Gleichzeitig sehe ich ein Problem: Was macht man politisch aus den Gelbwesten? Es gibt klare Forderungen, es ist aber nicht klar, wie man diese in die gesellschaftliche Debatte so einbringt, damit sich Kräfteverhältnisse verschieben oder die politischen Verhältnisse ändern können. Als Politikwissenschaftler muss ich die Frage stellen: Wie kommen wir konkret zu der von allen gewünschten Veränderung?

Meine Überzeugung ist, dass die Gelbwesten an sich es nicht schaffen, eine starke politische Organisation zu gründen. Das wollen sie ja auch nicht. Bestehende progressive Organisationen sollten sich daher öffnen und den Aktivisten der Gelbwesten auch den Einfluss geben, ihre politische Programmatik einzubringen und das politische Programm insgesamt weiterzuentwickeln.

Vielen Dank für Ihre Zeit!

Stefan Brackmann: Polizisten zu schützen kann schmerzhaft werden

Andrea Drescher

Foto: Privat

Der frühere Leiter der Vermögensverwaltung einer Bank, der jahrelang als Vermögensberater selbstständig war, ist heute Hausmann und lebt in Dinslaken. Geboren 1960 in Duisburg, ist er verheiratet und hat zwei Kinder. Diese sind ein wesentlicher Grund für sein Engagement für Frieden, Freiheit und Demokratie. Dass er seine Karriere hinter sich gelassen hat, gibt ihm die Möglichkeit, sich voll in den Widerstand gegen die Corona-Maßnahmen einzubringen. Denn er will für eine unbedingt friedliche Wiederherstellung des Rechtsstaates sorgen – und das, obwohl ihm seine Friedfertigkeit bereits einen Ellbogenbruch seitens der Polizei eingebracht hat.

Seit wann sind Sie politisch andersdenkend?
2002 habe ich mich aus dem System etwas zurückgezogen. Ich fand es nicht in Ordnung, nur für die Reichen zu arbeiten. Das Verhalten der Superreichen störte mich sehr. In der Bank gab es guten Service nur für Menschen mit großen Vermögen. Ich habe mich im gleichen Metier selbstständig gemacht und eine „Vermögensverwaltung für Arme" gegründet. Für jemanden, der sich mühsam 10.000 Euro zusammenspart, ist solch ein Vermögen von viel größerer Bedeutung als für den Millionär, der 100 Millionen besitzt und dann 1 Million Gewinn erhält. Den interessiert dieser Zuwachs doch kaum mehr, dementsprechend weiß er weder das Geld noch die Arbeit des Beraters ehrlich wertzuschätzen. Ich habe für alle gearbeitet, die mit kleinen Ersparnissen eine vernünftige Anlagestrategie gesucht haben. Damit bin ich einige Jahre gut zurechtgekommen, bis ich 2018 verklagt wurde, in wirtschaftliche Probleme geriet und ganz aus der Branche ausstieg. Aber das ist auch gut, so habe ich viel Zeit, das zu tun, was seit 2020 getan werden muss.

Waren Sie vor 2020 auf Demonstrationen?
Nein, nie.

Was hat Sie 2020 motiviert, das so grundlegend zu ändern? Sie gehören ja zu den besonders Aktiven bei Demonstrationen und anderen Aktionen.
Bei mir fing es bereits im Januar an. Die erste Datei zu dem Thema habe ich am 25.01.2020 abgespeichert. Das, was sich abzeichnete, schien mir merkwürdig, ja unglaubwürdig.

Inwiefern?
Ich lebe gesund, treibe Sport, ernähre mich bewusst und beschäftige mich auch mit alternativen Gesundheitsthemen. Mir war klar, wie man mit einem stärkeren Grippevirus umgehen muss. Dann kamen die ersten Informationen aus China. Ich bekam von drei verschiedenen Seiten den Hinweis, dass sich China mit Hochdosistherapien von Vitaminen und Mineralstoffen eindeckt.

Wie kommt man denn an solche Informationen?
Ich bin immer noch im Bereich Geldanlagen vernetzt, habe meine Kontakte. So erfuhr ich, dass die Chinesen 50 Tonnen Vitamin C bestellt haben, dann habe ich weiter recherchiert. Mit Therapeutika, die als gängige Therapie für Infektionskrankheiten zum Einsatz kommen – nämlich Vitamin C, D, Magnesium, Selen und Zink – wurden in China sämtliche Bedienstete im Gesundheitswesen ausgestattet. Die Mitarbeiter im Klinikumfeld mussten geschützt werden, um im Lockdown weiterarbeiten zu können.

Dann wurden die Ungereimheiten immer größer, immer abstruser. Da ich sehr analytisch denke, kam ich mit diesen Widersprüchen überhaupt nicht zurecht. Und ich war nicht allein. Anderen ging es ähnlich. Irgendwann kamen die ersten Videos von Bodo Schiffmann, Sucharit Bhakdi, Dr. Wodarg – also den ersten, die ganz zu Anfang bereits kritisch über die Lage berichteten. Ich habe mir nicht nur alles angehört, sondern mir auch sämtliche verlinkten Studien selbst angeschaut, habe nach weiteren Quellen gesucht, um mir ein eigenes Bild zu verschaffen, kam aber zu den gleichen Schlüssen wie die Genannten. Da wurde mir klar, dass ich etwas tun muss.

Wann ging es mit den Demonstrationen los?
Im April, das genaue Datum weiß ich nicht mehr, stand ich ziemlich alleine auf dem Marktplatz von Dinslaken mit silberner Bommel und Grundgesetz in der Hand. Das war schon die neue DIN A4-Variante, die 2020 erschien. Die habe ich seitdem fast immer dabei. In Dinslaken gab es aber keine besondere Resonanz, also bin ich nach Duisburg gefahren und habe mich mit anderen am Stadttheater getroffen – was zu meiner ersten von inzwischen sieben oder acht Anzeigen geführt hat.

Ich spreche in letzter Zeit nur noch mit Verbrechern – was war denn Ihr Vergehen?
Die Polizei kam und kritisierte, dass es sich um eine nicht angemeldete Versammlung handeln würde. Ich hatte zu diesem Zeitpunkt keine Ahnung vom Versammlungsrecht – und als sie fragten, wer vor Ort für das Geschehen verantwortlich ist, habe ich mich gemeldet. Meine Personalien wurden aufgenommen und ich erhielt die Anzeige. Die ist aber wie alle anderen später ins Leere gelaufen.

Dann ging es aber mit rechtlich korrekten Demos weiter, nicht wahr?
Ja. Ab dann habe ich mich in puncto Versammlungsrecht schlau gemacht und Veranstaltungen natürlich angemeldet. Das waren mehrere Demos in Duisburg und jeden Montag

die Mahnwache in Anlehnung an die Montagsmahnwachen 1989, die wir uns als Vorbild genommen haben.

Bei der Parteigründung – Widerstand 2020 – war ich von Anfang an dabei und habe bei einer der regionalen Zusammenkünfte dann Michael Scheele aus Hagen bzw. Dortmund kennengelernt. Er bot als arbeitsloser DJ an, sein Equipment zur Verfügung zu stellen. Daraus entstand eine enge Zusammenarbeit, und wir haben zeitgleich die Gruppen Querdenken Dortmund und Querdenken Duisburg angemeldet.

Die erste „große" Demo war im Mai in Duisburg. Zumindest war sie groß geplant. Da an dem Tag fünf verschiedene Veranstaltungen parallel angemeldet waren – von Antifa über AfD, MLPD bis zu einer Gruppe aus dem ausländischen Bereich – war Duisburg großräumig abgesperrt. Es blieb also mit rund 120 Teilnehmern sehr übersichtlich.

Wir kamen dann zufällig mit Patricia aus Miltenberg ins Gespräch – und so entstand unser Dreiergespann, das zahlreiche große Events in Berlin, Dortmund oder Düsseldorf organisiert hat. Am 01.08. waren wir mit eigenem Wagen dabei und haben am Abend vorher zum ersten Mal viele Aktivisten aus der Szene live getroffen. Viele kannten sich ja nur durch die sozialen Medien. Am 02.08. habe ich eine Ersatzdemo für alle angemeldet, die am 01.08. aufgrund der Auflösung der Veranstaltung am Stern nicht reden durften. Am 09.08. war Dortmund, wo sich Michael Fritsch zum ersten Mal als Polizist auf die Bühne wagte. Auch die Demonstrationen am 28.08. und 30.08. in Berlin habe ich organisiert. Das war das erste Mal, dass wir ein Versammlungsverbot hatten. Für unsere „Vorfreude-Demo" am Freitag wurden wir lange hingehalten. Wir sind durch die Instanzen gegangen, bis dann nach sieben Stunden klar war, dass uns das Oberverwaltungsgericht die Erlaubnis erteilt, aufzubauen. Ohne Dirk Sattelmaier – also ohne die Unterstützung durch die Anwälte – wäre gar nichts gegangen. Es war uns einfach wichtig, dass die, die am Freitag schon angereist sind, einen Treffpunkt haben.

Wir beide haben uns ja bei der Demonstration am 11.10.2020 persönlich kennengelernt. Das war wohl eine der härteren Veranstaltungen?
Ja. Am Tag nach dem ersten Schweigemarsch in Berlin habe ich zum ersten Mal massive Übergriffe der Polizei auf einer meiner Veranstaltungen erlebt. Sie haben Atteste kontrolliert, als Fälschung oder Gefälligkeitsatteste bezeichnet, sie den Menschen abgenommen – und damit alle als Lügner hingestellt. Irgendwann ist dann alles eskaliert.

Warum wurde aus Ihrer Sicht das Ganze so aggressiv?
Das war meinem Eindruck nach von der Polizei durchinszeniert. Von der Bühne aus betrachtet gab es im hinteren rechten Bereich auf dem Platz einen Zwischenfall. Man hat jemanden rausgezogen, alle rannten hin, auch alle Anwälte und YouTuber. Dann kam es links von der Bühne zu einem zweiten Vorfall. Dort standen Fernsehkameras und ein mir unbekannter Demonstrant, der sehr provokant war. Die verbliebenen Teilnehmer

gingen dorthin und begannen, die Polizei verbal anzugreifen. Wir sind dann von der Bühne runter und haben uns zwischen die Teilnehmer und die Polizei gestellt, um das Ganze zu deeskalieren. Es kamen weitere Polizeikräfte dazu, die haben uns bedrängt, weggeschubst und geschlagen.

Böse gesagt: Wer die Polizei schützt, bekommt in Berlin zum Dank dann Prügel.
Irgendwie schon. Wie man später festgestellt hat, hatte ich eine Absplitterung am Ellbogengelenk. Da ich mich umgedreht hatte und Namen und Dienstausweis der Polizisten haben wollte, wurde das als Angriff auf die Polizeibeamten gewertet und ich verhaftet. Ich wurde abgeführt und meine Daten erfasst. Wie der Sachverhalt wirklich war, sieht man sehr gut auf verschiedenen Videos. Meine Klage gegen Polizeigewalt ist daher noch ein laufendes Verfahren.

Wie ging es denn weiter?
Als ich merkte, dass mein Arm ein Problem hat, bin ich zum Sanitäter gegangen, der ihn provisorisch geschient hat, mich aber in ein Krankenhaus verwies. Dort bekam ich aber weitere gesundheitliche Probleme, nachdem die Polizei mein Attest eingezogen hatte. Da ich Asthmatiker bin und aufgrund eines Banküberfalles zusätzlich unter einer Angststörung leide, bin ich unter der Maske in der Charité umgekippt. Ich hatte es denen in der Charité angekündigt, dass das für mich Körperverletzung ist – das hat niemanden interessiert. Abends habe ich trotzdem mit unseren polnischen Freunden im Hotel die Großdemo in Frankfurt an der Oder geplant. Die Besprechung fing um 21 Uhr statt um 18 Uhr an, aber ich bin zäh.

Sie haben dann mit Demos weitergemacht?
Klar – z.B. am 25.10. erst am Alexanderplatz und bei der Kundgebung vor dem Kosmos. Am Alex wurde der Aufzug von der Polizei unterbunden. Die Teilnehmer sind einfach durchgebrochen und es ging mit der Kundgebung vor dem Kosmos weiter, wo der World Health Summit stattfinden sollte. Dort haben sie die Versammlung nach den Reden von Heiko Schöning und mir aufgelöst. Wir wollten dann mit Christian Stockmann von „Christen im Widerstand" einen Gottesdienst abhalten – aber da haben sie uns einfach den Strom abgedreht. Auch bei „Hellowien" am 31.10. in Wien habe ich mitgeholfen. Dann natürlich die gemeinsame Großdemo mit unseren Freunden in Polen Ende November.

Am 18.11. waren Sie nicht dabei?
Nein. Ich war auf dem Weg nach Berlin, bekam aber unterwegs nach Berlin mehrere Nachrichten von Menschen, denen ich vertraue, dass ich mich möglichst schnell zurückziehen solle. Es gab konkrete Bedrohungen seitens der Antifa und anderer. Da zog ich es vor, nach Hause zu fahren.

Hatten Sie schon öfter Probleme mit der Antifa?
Es gab schon mehrere „nette" Überraschungen, unter anderem haben sie meinen Namen

und Adresse veröffentlicht. Die letzten Drohungen führten zu einem Anruf seitens der Kripo, bei dem sie mir Schutz anboten. Ich stand auf der Fahndungsliste der Antifa an zweiter Stelle und – weil ich in mehreren Orgas aktiv bin – sogar gleich mehrfach. Aber so etwas gehört dazu. Darüber muss man sich im Klaren sein, wenn man sich in diese Rolle begibt.

In welchen Orgas sind Sie denn aktiv?
Ich bin bei „Querdenken“, „Wir stehen auf“, „D-Day 2.0“, bei „Die Föderalen“ und noch in mehreren anderen Gruppen als Gast und Netzwerker.

Worin unterscheiden sich die Orgas?
Auch wenn Michael Ballweg nicht der Kopf einer Organisation sein will, die Struktur ist doch hierarchisch. Nimmt man den Kopf weg, ist die Struktur beschädigt. Bei D-Day 2.0 funktioniert das nicht. D-Day 2.0 ist komplett dezentral aufgestellt, das ist das Geniale daran. Wir passen nicht in die Strukturen, geben nur eine Möglichkeit, bündeln Kräfte. Aber alle sind selbstbestimmt. Jede Initiative macht, was sie will. Es sind inzwischen ca. 150 Gruppen, die alle eigenständig agieren und das primäre Ziel haben, auf der Straße Impulse zum Nachdenken zu geben. Die Föderalen sind eine Partei, die nach dem misslungenen Start von Widerstand2020 aufgebaut wurde. Dort haben sich u. a. Mitglieder zusammengetan, die bei Widerstand2020 EDV-technisch und satzungsmäßig aktiv waren. Seit dem Bundesparteitag am 07.11.2020 bin ich dort Bundesvorsitzender – darum konnte ich am 07.11. in Leipzig nicht dabei sein.

Wie beurteilen Sie die aktuelle Situation?
Im Moment werden uns überall Steine in den Weg gelegt, gleichzeitig hat die Bewegung einen Durchhänger. Das ist ja auch kein Wunder. Viele sind körperlich und geistig ausgelaugt – haben sich über die Monate verausgabt. Hinzu kommen die immer stärker werden Repressalien seitens der Verantwortlichen. Das radikalisiert die Menschen, wie man in den Niederlanden sehen kann. Das ist nicht gut. Jetzt kommen auch bei uns mehr Radikale auf die Straße, was dann uns zur Last gelegt wird.

Unsere Rechtslage ist trostlos. Ich habe für den Schweigemarsch am 22.11., eine Protestform, bei der die AHA-Regeln eingehalten und Masken getragen werden, bis zum Bundesverfassungsgericht geklagt. Trotzdem wurde er verboten. Die 4000 Euro Kosten für eine Eilentscheidung, in der unsere Einwände in keiner Form zur Kenntnis genommen, sondern nur pauschal abgebügelt wurden, waren für die Katz. Darum sehe ich uns inzwischen nach Artikel 20 Absatz 4 im Widerstandsrecht. Trotzdem müssen wir auf jeden Fall gewaltfrei bleiben. Die Situation ist im Moment wirklich kritisch.

Aber Sie machen weiter?
Ich mache selbstverständlich weiter. Manchmal braucht man Pause, die gönne ich mir dann. Ich gehe jeden Tag spazieren oder joggen, meditiere oder mache Yoga. Ich glaube,

dass ich mein ganzes Leben dafür vorbereitet wurde, das zu tun, was ich jetzt tue. Meine Belastungsfähigkeit, meine Auffassungsgabe, meine Multitasking-Fähigkeit und auch meine erhöhte Aufmerksamkeit, alles das wird jetzt gebraucht. Im Moment habe ich Zeit, das hat auch nicht jeder.

Was treibt Sie?
Das ist einfach: Es ist der Wunsch, in einem gerechten System zu leben, meine beiden Kinder zu schützen und ihnen ein lebenswertes Leben zu ermöglichen.

Ein gerechtes System wollen wir wohl alle – also: weitermachen!

Sung Hyung Cho: Ein Blick hinter den Eisernen Vorhang – Einblicke in ein anderes Nordkorea

Andrea Drescher

Foto: Privat

Nordkorea ist ein Land, das seit Jahrzehnten vom Rest der Welt abgeschottet ist, der Eiserne Vorhang zwischen Ost und West ist zwischen Süd- und Nordkorea noch traurige Realität. Was wirklich im Land vorgeht, weiß man nicht. Folgt man den gängigen Narrativen der westlichen Medien, ist es eine Militär-Diktatur, die die eigenen Landsleute verhungern lässt und dem jeweiligen Führer blindlings huldigt. Dass diese Darstellung zumindest unvollständig ist, macht die 2016 erstmals im Kino ausgestrahlte Dokumentation der südkoreanischen Filmemacherin Sung Hyung Cho „Meine Brüder und Schwestern in Norden" deutlich, der 2017 unter dem Titel „Meine Brüder und Schwestern in Nordkorea" auch auf ARD, WDR und im HR zu sehen war. Sung Hyung Cho erhielt als erste Südkoreanerin eine Dreherlaubnis, da sie über einen deutschen Pass verfügt. Von 2012 bis heute hat sie das Land insgesamt neun Mal bereist und besitzt daher ein deutlich differenzierteres Bild als viele Journalisten, deren Berichte oft außerhalb des Landes und ohne Kenntnis der Landessprache entstehen. Sung Hyung Cho ist

Filmemacherin und Professorin an der Hochschule der Bildenden Künste Saar.

Ganz aktuell berichten die Medien ja wieder über Nordkorea. Dort soll die neue Stadt Samjiyon von Kinderhänden errichtet worden sein. So liest man beispielsweise im „Focus":
„Inbegriff der modernen Zivilisation": Von Kinderhänden errichtet: Machthaber Kim Jong Un eröffnet neue Stadt in Nordkorea. In Samjiyon wurden ein Museum, ein Wintersportgebiet, rund 10.000 Wohnungen und Gewächshäuser für Heidelbeeren und Kartoffeln errichtet. Tausende Arbeiter waren dafür nach AFP-Informationen im Einsatz, viele davon Soldaten. Laut KCNA mussten auch Studenten in den Semesterferien dort arbeiten. Diplomaten berichteten darüber hinaus von Kinderarbeit.
Das ist mal wieder eine dieser typischen Meldungen, durch die sich unsere Medien auszeichnen. Diese „neue Stadt", die in der Nähe des heiligen Berges, dem Geburtsort von Kim-Jong Il, liegt, hat einen Flughafen, der 1980 eröffnet wurde. Die Stadt gibt es also schon etwas länger. Ich war selbst schon dort.

Richtig ist, dass man dort sehr viel investiert hat, um die Gegend zu einer Vorzeigestadt und Tourismus-Zentrum auszubauen. Dass Kinder dort mitgearbeitet haben sollen, halte ich für kompletten Blödsinn. Nordkorea hat mehr als genug Soldaten und alle wichtigen Bauarbeiten werden vom Militär durchgeführt. Man ist sehr ehrgeizig, will die neuen Gebäude in Rekordzeit hochziehen. Kinder auf der Baustelle würden die Arbeiten nur unnötig belasten. Man arbeitet an diesen Prestige-Objekten Tag und Nacht. Bei dem Tempo, das die Soldaten vorlegen, kommen nicht mal „normale" Männer mit, geschweige denn Kinder. Das ist meines Erachtens nur eine der üblichen Standarddiffamierungen. Mit irgendetwas muss man die Sanktionen – unter denen das Land schwer leidet – ja rechtfertigen.

Es ist einfach haarsträubend, was alles über Nordkorea geschrieben wird. Ich verstehe nicht, wie solche „Informationen" zustande kommen. Aber der durchschnittliche Leser oder Zuschauer der Nachrichten glaubt es. Man kann alles Mögliche und Unmögliche über Nordkorea erzählen, da es ja kaum neutrale Berichte gibt. Das war mit ein Grund, dass ich meinen Film gemacht habe.

Ich gestehe, bis zu Ihrem Film wusste ich nichts über Nordkorea, außer dass irgendein böser „Kim" sein Volk unterdrückt, hungern lässt und in Armut hält. Mein Bild im Kopf war „braun, grau und waffenstarrend". Ihr Film „Meine Brüder und Schwestern in Nordkorea" hat mir ein anderes Bild von Nordkorea vermittelt. Es war teilweise sehr modern, auch richtig „bunt" – von den Kindern angefangen. Wurden Sie hier für ein Propaganda-Machwerk bezahlt?
Es gibt Menschen, die das so sehen. Einige Medien haben den Film als Propagandafilm verrissen. Aber das mache ich nicht zu meinem Problem. Wer Dinge nicht objektiv betrachten möchte, mit Ambiguität nichts anzufangen weiß oder nicht offen ist, für den habe ich den Film nicht gemacht. Er richtet sich an Menschen, die – so wie Sie – erst einmal nur neugierig und vorurteilsfrei sind und Dinge von verschiedenen

Seiten betrachten wollen. Ich hatte natürlich auch Vorurteile, als ich das erste Mal nach Nordkorea flog. Aber ich bin dort voller Neugier und mit menschlichem Respekt auf die Menschen zugegangen und habe meine Vorurteile dann sehr schnell begraben. Die Menschen sind äußerst liebenswürdig, fast möchte ich sagen unschuldig, auf jeden Fall nicht so korrumpiert und verdorben durch den Kapitalismus wie bei uns.

Propaganda lässt keine Ambiguität zu. Dass es positive Aspekte in diesem Land gibt, ist für manche schier unerträglich. Mein Film ist vielschichtig, mehrdeutig und versucht, alle Seiten und damit ein differenziertes Bild über das Land zu zeigen. Daher wurde er wohl auch von allen namhaften Festivals weltweit abgelehnt. Die Institutionen wollen nichts Positives sehen.

Natürlich leidet Nordkorea auch an Hunger und Unterdrückung. Der Westen sieht das Land aber als großes KZ und fühlt sich moralisch überlegen. Dass die Menschen dort lachen und glücklich sind, ist für die meisten unvorstellbar. Die totale Verteufelung und Isolierung schadet den Menschen. Gerade deshalb macht es mich wütend, dass die Menschen im Westen ein so einseitiges Bild haben.

Wie frei waren Sie bei der Gestaltung des Filmes, inwieweit waren Sie mit Zensur konfrontiert?
Man kann sich in Nordkorea nicht frei bewegen, weder als Journalist noch als Tourist. Man hat immer Begleiter dabei. Das war bei mir auch so, aber das wusste ich vorher. Ich wusste auch, dass sie mir die passenden Protagonisten für den Film aussuchen. Wir haben eine lange Liste eingereicht, welche Menschen wir treffen und welche Orte wir sehen wollen. Bei den vorbereitenden Reisen für die Recherche wurden uns verschiedene Protagonisten präsentiert, und wir durften auswählen. Es war aber auch möglich, vor Ort spontan auszutauschen, wenn man merkte, dass etwas nicht passte. Die Frau in der Kleiderfabrik, die wir zuerst interviewen wollten, war so scheu und ohne Ausstrahlung, das ging gar nicht. Da durfte ich mir dann unter den Arbeiterinnen einfach selbst jemanden als Gesprächspartner auswählen. Im beschränkten Rahmen hatten wir Freiräume, solange wir uns innerhalb des Rahmens bewegten. Auch unsere Begleiter, die normalerweise immer beim Dreh dabei waren, sahen nach einigen Diskussionen ein, dass ihre Anwesenheit die Gesprächspartner unter Druck setzte. Also blieben sie außer Hörweite. So konnten wir relativ entspannt drehen. Das Material wurde komplett kontrolliert. Aber die Korrekturwünsche waren harmlos, meist waren es verwackelte Darstellungen des Führers, die wir sowieso nicht benutzt hätten. Nur einmal kam die deutliche Bitte, bestimmte Aufnahmen nicht zu nutzen. In der Kleiderfabrik konnte man erkennen, für welche US-amerikanische Mode-Firma mit dem Label „Made in China" gefertigt wurde. Aufgrund der Sanktionen hätte das für alle Beteiligten Ärger bedeuten können. Das haben wir natürlich respektiert. Rohschnitt und fertiger Film wurden ebenfalls kontrolliert, aber es gab keine Probleme mit der Freigabe.

Manche Passagen im Film wirken schon sehr propagandistisch. Der Führerkult, die Lobeshymnen

und Liebesbezeugungen auf den großen Führer waren für mich fast peinlich. Glauben die Menschen wirklich, was sie sagen? War das authentisch?
Ich weiß es nicht. Die Kinder lernen schon in der Kita, den Führer zu lieben, sie werden mit 2 bis 3 Jahren auf diesen Menschen geprägt. Aber meine Erziehung in Südkorea war ziemlich ähnlich. Ich wurde durch Schule und Gesellschaft sehr patriotisch erzogen. Sechs Jahre lang rezitierten wir täglich am Tor der Schule mit der Hand auf der Brust vor der koreanischen Flagge einen stillen Schwur. Den hatten wir auswendig gelernt. Ich kann mich heute noch daran erinnern. Ich schwor, dass ich mich aufopfern werde für den unendlichen Ruhm des Vaterlandes und der koreanischen Nation. Als während einer der regelmäßigen Kriegsübungen in der Mittelschule mal außerplanmäßig die Sirenen losgingen, habe ich aus Dankbarkeit geweint. Ich war so froh, mich endlich für mein Vaterland aufopfern zu dürfen. Dieser Patriotismus ist für die heutige individuelle Gesellschaft Europas undenkbar, für die viel kollektivistischeren Gesellschaften Asiens ist das nichts Ungewöhnliches. Korea war schon immer von mächtigen Ausländern – China, Mongolei, Japan – bedroht. Da spielt Patriotismus eine große Rolle.

Hinzu kommt, dass die feudalen Strukturen in der asiatischen Tradition noch sehr tief verankert sind. Als der Diktator Park Chung-hee – der von vielen geliebte langjährige Staatschef des Südens – starb, war meine Mutter tottraurig und hat sehr lange geweint. Darum kann ich den Führerkult der Nordkoreaner wohl auch viel besser nachvollziehen, als es Europäern möglich ist. Der Druck, der durch die Sanktionen auf dem Land herrscht, trägt noch dazu bei.

Haben die Wirtschaftssanktionen so große Auswirkungen?
Oh ja. Nordkorea darf ja nicht einmal Medikamente frei importieren. China ist das einzige Land, mit dem Nordkorea Handel treibt. Darum wird die Kleidung mit dem Label „Made in China" über China in die USA, Kanada und noch andere Länder exportiert. Seit 2010 leidet das Land unter Wirtschaftssanktionen. Aufgrund der fehlenden landwirtschaftlichen Fläche – 80 % sind Gebirge mit sehr kalten Wintern – ist das Land nicht in der Lage, sich selbst zu ernähren. Sie sind auf Import/Export angewiesen und werden von China entsprechend ausgebeutet. Die seltenen Erden aus Nordkorea werden zu einem Spottpreis nach China exportiert, das im Gegenzug wichtige Güter nur extrem teuer nach Nordkorea verkauft. Computertomographen oder andere Medizintechnik, die Siemens nicht direkt nach Nordkorea liefern darf, erhalten sie aus China – allerdings zum doppelten oder dreifachen Preis.

Das Bild über Nordkorea ist durch Narrative wie tiefste Armut, Leid und Hunger, Unterdrückung und Ausbeutung der Menschen geprägt. Gibt es diese unfassbare Armut, die man uns immer wieder präsentiert?
Mitte bzw. Ende der Neunziger Jahre mit dem Zusammenbruch des Ostblocks ging es Nordkorea sehr schlecht. Man bekam keine Hilfe von sozialistischen Bruderstaaten mehr, dann gab es heftige Naturkatastrophen. Es war fürchterlich. Heute ist es defini-

tiv nicht mehr so schlimm, Menschen verhungern nicht mehr, aber es kommt – dank der Sanktionen – immer noch zu Mangelernährung. Ohne die Getreidelieferungen der Welthungerhilfe geht es noch nicht. Ich finde es aber bewundernswert, wie sich das Land trotz der Sanktionen konsequent weiterentwickelt. Das oberste Ziel von Kim-Jong Un ist es, den Lebensstandard der Bevölkerung zu verbessern. Ich konnte während meiner Reisen überall und immer wieder beobachten, wie sich das Land verändert. Er will natürlich auch das System aufrechterhalten, aber die wirtschaftliche Stabilisierung hat höchste Priorität für die Staatsmacht. Darum setzt man auch auf Tourismus und investiert in Musterstädte wie das eingangs erwähnte Samjiyon. Das bringt die dringend notwendigen Devisen. Der Wille ist da – darum ändern sich viele Bereiche in der nordkoreanischen Gesellschaft.

Von was für Veränderungen sprechen Sie?
Beispielsweise gibt es einerseits das Kollektiv, andererseits leistungsabhängige Entlohnung. Man findet überall kleine Kioske, deren Betreiber 80% vom Verdienst behalten können. Es wird versucht, die Wirtschaft nach Bedarf, Leistung und Verbrauch zu organisieren und die Menschen entsprechend zu entlohnen, was eigentlich fair ist. Ich hoffe, dass sich dadurch der Lebensstandard der Menschen verbessern wird. Marktwirtschaftliche Ansätze kann man überall in Nordkorea beobachten.

Wie oft waren Sie in Nordkorea?
Ich war inzwischen neun Mal dort. Vier Mal vor dem Dreh, um für den Film zu recherchieren, dann zwei Mal, um zu drehen. 2016 sind wir für ein neues Projekt hingeflogen, aus dem aber dann nichts wurde. Dieses Jahr habe ich erst eine touristische Reisegruppe organisiert und bin dann mit einer Filmdelegation zu einem Workshop gefahren.

Sie haben 2019 eine Reise nach Nordkorea organisiert?
Ja. Ich war mit zehn Facebook-Freunden – darunter Journalisten, Filmproduzenten und Künstler – unterwegs. In einer Gruppe ist es viel kostengünstiger. Ich wollte wissen, wie sich das Land ohne Arbeitsdruck als Tourist anfühlt und was sich seit 2016 geändert hat. Wir waren zehn Tage unterwegs, in Pjöngjang, am Ostmeer im Diamantgebirge und im südlichen Teil des Landes bis zur Demarkationslinie, an der sich dann wenige Tage später ganz überraschend die Präsidenten Trump und Kim-Jong Un trafen. Obwohl das Land wirklich sehr speziell ist, alles reglementiert wird und wir vom Ministerium streng kontrolliert wurden, würde jeder der Teilnehmer die Reise nochmals machen. Es war für alle ein ganz besonderes Erlebnis.

Und wie verlief die Reise mit der Filmdelegation?
Wir haben das internationale Filmfestival in Pjöngjang (PIFF) besucht. Man sieht den Wandel bereits anhand der gezeigten Filme. Gangster, Morde oder Drogen waren früher nicht zu sehen. Die Gesellschaft in Nordkorea wird offener und bunter. Unsere Delegation hat dort einen Workshop abgehalten. Die Tatsache, dass wir dafür die Ge-

nehmigung bekamen, zeigt, dass sich das Land öffnet, dass man Neues zulässt. Die Menschen wollen dazulernen und dürfen das auch. Ausländer sind willkommen und Koreaner können auch ausreisen, um sich weiterzuentwickeln. Sie dürfen aber leider fast nirgendwo einreisen.

Das deutsche Auswärtige Amt erteilt beispielsweise keine Visa für Studenten aus Nordkorea, die von der Konrad Adenauer Stiftung aus zum Studium nach Deutschland kommen sollten. Auch Filmschaffende bekommen nur noch schwer ein Visum. In der Vergangenheit hat das Goethe-Institut in Seoul zur Berlinale eingeladen und die Kosten übernommen. Aktuell können Filmleute aus Nordkorea dieses Festival nicht mehr auf Einladung des Goethe-Instituts besuchen. Darum haben wir eine kleine Delegation eingeladen und die Kosten übernommen. Aber so etwas als Privatperson zu organisieren und zu finanzieren bedeutet schon eine gewaltige Belastung. Also ist es wichtig, dass wir das Land bereisen, um den Austausch zu fördern.

Das heißt, Sie planen weitere Reisen?
Ja. Definitiv. Angepeilt wird der Sommer 2020!

Dann wünsche ich Ihnen viel Erfolg. Vielleicht sehen wir uns ja dieses Jahr!

Weitere Informationen

Der Film „Meine Brüder und Schwestern in Nordkorea“ wurde am 21.10.2019 im HR wiederholt und kann aktuell noch in der Mediathek angeschaut werden.

Sung Hyung Cho studierte „Mass Communication Studies“ in Seoul (B.A.). 1990 kam sie nach Deutschland, absolvierte ihr Masterstudium in Marburg in Kunstgeschichte, Medienwissenschaft und Philosophie und studierte anschließend noch Elektronisches Bild an der HfG Offenbach. Sie arbeitete als Schnittassistentin und Cutterin, startete ihre Hochschulkarriere als Lehrbeauftragte für Schnitt, Dokumentarfilm und Dramaturgie an der SAE und leitete Schnittseminare am Filmhaus Frankfurt. Nach Lehrbeauftragung und Gastprofessuren an verschiedenen Hochschulen wurde sie an die HBK Saar als Professorin für Künstlerischer Film/Bewegtbild berufen.
sung-hyung.de – Media Art & Design, Film/Bewegtbild

Tassilo Wik: Schluss mit Kampfbegriffen

Andrea Drescher

Foto: Privat

Tassilo Wik – vielen besser bekannt als Tass Mann – stammt aus Sindelfingen und lebt heute noch im Raum Stuttgart. Der Diener zweier Katzen ist von Beruf Informatiker und hat seit Jahren kaum mehr Zeit für irgendwelche Hobbys, denn er widmet sein Leben – mit einem Augenzwinkern – einem Ziel: „die Welt zu retten".

Seit wann rettest du die Welt?
Ich bin seit ca. fünf Jahren aktiv.

Was gab denn den ersten Anstoß?
Der „Erwachungsmoment" kam durch einen Freund, den ich für sehr intelligent hielt, der mir aber „komische" Sachen erzählt hat. Er behauptete, dass „9/11" ein Inside-Job war. Ich war sehr irritiert. Wie kann ein so intelligenter Mensch solch einen Blödsinn erzählen? Also habe ich angefangen, selbst zu recherchieren – und fiel vom Glauben ab: er hatte recht. Auch wenn die Mehrheit der verfügbaren Medien solche Aussagen ins Lächerliche zog, je mehr ich nachforschte, desto deutlicher wurde es: Das offizielle Narrativ vom 11.09.2001 war falsch. Dann begann ich auch anderes zu hinterfragen und habe weiterrecherchiert, bis ich auf den Kern des Problems stieß.

Was ist – aus deiner Sicht – der Kern des Problems?
Das wesentliche Problem ist das bestehende Geldsystem. Man muss wissen, wie es funktioniert, wie es aufgebaut ist. Es ist systemimmanent, dass das jetzige Geldsystem die Masse der Menschen immer ärmer und ein paar Reiche immer noch reicher macht. Der im Geldsystem enthaltene Grundfehler ist letztlich auch die Ursache für die Kriege, die Umweltzerstörung und für verhungernde Menschen in der Dritten Welt.

Was ist das für ein Fehler?
Die Geldschöpfung aus dem Nichts – genauer die schuldenbasierte Geldschöpfung – die in der Hand von Banken liegt, die nicht den Staaten, sondern vergleichsweise wenigen Privatpersonen gehören.

Also wurdest du zum „Antisemiten"?

Nein, im Gegenteil. Ich wurde Friedensaktivist. Ich setze mich für Frieden für alle Menschen auf der Welt ein, unabhängig von Herkunft, Religion oder sonstigem. Derartige Diffamierungen sind einfach absurd. Man muss das Geldsystem faktisch kritisieren dürfen, ohne Antisemit genannt zu werden. Das Geldsystem hat einen systematischen, mathematisch beweisbaren Fehler, der rein gar nichts mit irgendeiner Religion zu tun hat.

Wie wird man Friedensaktivist?
Ich wollte etwas tun und bin im Internet auf die Band „Die Bandbreite" gestoßen, fand einen Aufruf zum Truthcamp und fuhr einfach mal hin. Dort traf ich Kilez More, Tjorben, Morgaine und viele andere – der erste Schritt war gesetzt. Ich engagierte mich in der Friedensbewegung in meiner Region und war viel unterwegs. Ob Ostermarsch, Pax Terra Musica oder Stopp Ramstein – auch in der Regionalgruppe für „Frieden rockt" war ich damals aktiv. Als Teilnehmer auf Demos und Veranstaltungen habe ich immer dort mit angepackt, wo Hilfe nötig war. 2019 wurde ich bei Stopp Ramstein noch aktiver und hatte meine ersten Erlebnisse mit der Polizei.

Was war denn los?
Ich habe bei der Stopp-Ramstein-Demo versucht, eine Blockade zu organisieren, habe rumgefragt, wer sich mit mir gemeinsam von der Polizei wegtragen lassen will. Mir war der geplante Protest, spätestens nach der dritten Aufforderung der Polizei aufzugeben, zu soft ... Aber da die Polizei aufgrund der Aktion im Vorjahr mit sehr vielen Einheiten vor Ort war, kam nur eine sehr kleine Gruppe von uns durch. Ein lächerlicher Haufen – fünf oder sechs Teilnehmer – konnte durchbrechen und sich auf die Straße setzen. Natürlich wurden wir dann innerhalb von Minuten weggeräumt. Und das mit echter Gewalt.

Habt ihr euch denn aggressiv gewehrt?
Nein: Wir waren passiv. Aber die Polizei war sehr rigoros. Ich wurde an einem Fuß über die Straße gezogen und absichtlich verletzt. Diese Verletzung habe ich im Krankenhaus vor Ort dokumentieren lassen. Am Straßenrand zog man mich dann noch mal über Schotter. Meine Anzeige aufgrund dieser Polizeigewalt hatte aber leider nicht die notwendige anwaltliche Unterstützung. Das Verfahren wurde vom Staatsanwalt eingestellt, hat mir aber gezeigt, wie wichtig Anwälte sind. Das ist mit ein Grund, dass ich heute bei den Klagepaten mitarbeite und versuche, an der Aufklärung mitzuwirken.

Aufklärungsarbeit ist wesentlich, siehst du das auch so?
Auf jeden Fall! Enorm wichtig. Ohne die Aufklärung durch meinen Freund wäre ich nicht „wach" geworden. Und so geht es wohl vielen. Seit mir die Lügen rund um 9/11 bewusst wurden, tue ich das mir Mögliche. Auf Facebook und anderen sozialen Medien teile ich Informationen, mache Livestreams und kommentiere. Im privaten Umfeld versuche ich, die Menschen über das Geldsystem aufzuklären. Gerade jetzt, da der „Great Reset" ansteht, ist das entscheidend.

Warum denn das?
Ich halte den Crash des Geldsystems für unvermeidbar. Wichtig ist, was danach kommt. Eine reine Digitalwährung in den Händen der Mächtigen macht uns alle letztlich zu Sklaven. Wir brauchen ein demokratisches Geldsystem – und das kann nur kommen, wenn sich eine breite Mehrheit in der Bevölkerung des eingangs erwähnten Grundfehlers im System bewusst ist und für eine freiheitliche Alternative einsetzt.

Du informierst aber nicht nur – du handelst auch. Wir haben uns ja bei Pax Terra 2019 persönlich kennengelernt, wo du dich sehr aktiv gegen Spaltung eingesetzt hast. Kannst du kurz erzählen, was los war?
Ja klar. Man wollte eine Aktivistin vom Platz verweisen, weil sie einigen aus der Orga-Gruppe nicht passte. Als ich das hörte, habe ich gemeinsam mit einigen anderen ihr Wohnmobil umstellt, sodass ihr eine Abfahrt gar nicht möglich war. Gemeinsam mit Hardy Groeneveld habe ich danach spontan das Video „Unspaltbar" gemacht. Solidarität ist sehr wichtig – und die war im Rahmen dieser Aktion wirklich spürbar.

Für den Veranstalter wurde es aber schwierig, weil ein Teilnehmer der Orga dann das Festival verlassen hat.
Stimmt. Aber wir haben an der Bar ausgeholfen, sodass der Ausfall nicht zu irgendwelchen operativen Problemen führte. Dieser Tag beim Pax war übrigens einer der schönsten Tage meines Lebens. Ich war total im Flow, lief wie auf Wolken – mehr als einmal wurde ich angesprochen mit den Worten: „Ach, du strahlst gerade so." Überall waren liebe Menschen, es war nur schön. So sollte die Welt sein, miteinander und nicht gegeneinander agieren.

2020 wurdest du noch viel aktiver – wie schaffst du das zeitlich?
Hatte ich nicht erwähnt, dass ich keine Hobbys mehr außer meinen beiden Katzen habe? Inzwischen ist meine politische Arbeit zu meinem Beruf geworden, was sich zwar in Euros negativ ausgewirkt hat, mir aber sehr viel mehr Sinn gibt.

Warum dieser Schritt?
Ich war mein Leben lang selbstständig, habe aber die Lust am Geldverdienen verloren. Geld auf meinem Konto sorgt mit dafür, dass am anderen Ende der Welt Menschen verhungern. Das globale Geldsystem führt automatisch zu so etwas. Menschen werden dadurch reich, dass sie von der Arbeitskraft anderer profitieren. Es gibt einen immer größeren Druck, immer billiger zu produzieren, die Ärmsten werden am meisten ausgebeutet, müssen mehr und mehr Kredite aufnehmen. Kredite führen wiederum zur Geldschöpfung. Hat einer mehr Schulden, hat jemand anderer mehr Geld – vereinfacht ausgedrückt. Konzerne kaufen das Ackerland in den ärmsten Ländern auf, nehmen den Menschen dort die Grundlage, sich zu ernähren, und bauen Monsanto- bzw. Bayer-Saatgut an. Ich möchte mich einfach so gut wie möglich aus diesem System herausziehen und nur noch Dinge tun, die ich politisch verantworten kann.

Was tust du denn jetzt?
Ich war ein Jahr lang als Aktivist für die weltweite Gruppe „Anonymous for the Voiceless" fast wöchentlich auf der Straße. Dabei werden Passanten auf unseren Umgang mit Tieren aufmerksam gemacht, um ihnen die vegane Lebensweise näherzubringen. Der Vorteil dieser Aktivismusform ist, dass man schnell kleine Erfolge haben kann, anders als beim Friedensaktivismus. Denn mit einer veganen Ernährung tut man nicht nur sich selbst etwas Gutes, man reduziert auch seinen Umwelt-Fußabdruck enorm und bezahlt nicht mehr die industriellen Farmer, die für Weide- und Tierfutter-Anbaufläche den Regenwald roden.

Zu Beginn des Corona-Theaters bin ich in meiner Gegend alleine losgezogen und habe Grundgesetze verteilt, um mit Menschen ins Gespräch zu kommen. Dann wurde ich auf Querdenken aufmerksam und ging regelmäßig zu deren Demos. Hardy Groeneveld und Dirk Hellwig haben mich dann zu Widerstand2020 gebracht, um dort die IT zu organisieren. Nach Auflösung der Partei, habe ich mit daran gearbeitet, die Nachfolge-Partei „Die Basis" mit zu gründen. Während dieser Zeit habe ich Ralf Ludwig kennengelernt – und kurz danach wurde ich Mitglied der Klagepaten.

Wofür stehen die Klagepaten?
Die Klagepaten sind ein Verein mit jahrelanger Erfahrung in rechtlichen Auseinandersetzungen mit Behörden und Dienststellen. Hier wird Know-how gebündelt, um Menschen in dieser schweren Corona-Zeit zu ihrem Recht zu verhelfen. Dabei unterstützen die Klagepaten nicht jeden Fall separat, sondern stellen Informationen, Generatoren und rechtssichere, ausführliche Formulare wie Anzeigen bei Polizeigewalt oder Widersprüche gegen Bußgeldbescheide zur Verfügung, die die Menschen ermächtigen, ihre Rechte selbst wahrzunehmen.

Was kann man sich denn unter einem Generator vorstellen?
Mit den Generatoren werden standardisierbare Behördenschreiben mit rechtskonformen Textbausteinen generiert. Der wohl Bekannteste kam bei der Anmeldung von Demonstrationen in Berlin zum Einsatz. Anlässlich des Verbotes vom 29.08. wurden 6667 Demos innerhalb von 24 Stunden in Berlin angemeldet. Mit einem anderen Generator konnten wir erreichen, dass vor der Verabschiedung des IFSG3 Tausende Schreiben an die Bundestagsabgeordneten generiert wurden. Leider wurde dieses Gesetz trotzdem verabschiedet.

Verdient ihr damit Geld?
Nein. Wir sind ein Verein und voll auf Spenden angewiesen, um unsere Dienstleister zu bezahlen. Wir verdienen kein Geld, sondern arbeiten ehrenamtlich.

Wer steckt dahinter?
Das Ganze basiert auf einer Idee von Ralf Ludwig und wird inzwischen von neun Vereinsmitgliedern aktiv getragen – alles ganz normale Menschen, die die Schnauze voll

haben und andere im Kampf gegen die Maßnahmen unterstützen wollen. Anwaltsarbeiten übernehmen wir keine, arbeiten aber viel mit Anwälten zusammen, zum Beispiel auch mit den Anwälten für Aufklärung.

Und was machst du bei Klagepaten?
Ich betreue die Inhouse-IT, meine Hauptaufgabe ist aber das Marketing. Ich sorge über die sozialen Medien dafür, dass unsere Lösungen auch bei den Menschen ankommen.

Gehören Film-Aufnahmen bei Demos auch dazu?
Jein. Meine Livestreams machte ich anfangs für mich selbst und für meine Facebook Community, um von den Demos zu berichten. Wenn ich jetzt Videos mache, dann hauptsächlich für die Klagepaten. Das hat sich nach und nach entwickelt. Die Berichte von den Demos sind wichtig, um zu zeigen, was vor Ort wirklich passiert. Man muss den Menschen zeigen, dass die offizielle Mediensicht nicht ganz der Wahrheit entspricht, dass die Medien nicht das zeigen, was tatsächlich passiert.

Mein erstes Video, das viral ging, stammte von der Demo in Stuttgart, in deren Vorfeld der Technik-LKW gesprengt wurde. Seitdem habe ich als Livestreamer eine gewisse Bekanntheit. Ich war 2020 bei allen großen Demos dabei – mehrfach in Berlin, Leipzig, Düsseldorf, Nürnberg, natürlich oft in Stuttgart, Schweinfurt, Mannheim und auch Konstanz. Auch beim Bus von Bodo Schiffmann fuhr ich eine Nacht und einen Tag mit. Und es war immer das Gleiche: Realität und das, was man in den Medien sieht, weichen massivst voneinander ab.

Du warst auf allen Demos der sogenannten Corona-Leugner. Leugnest du die Krankheit?
Nein. Ich bin mir nur sicher, dass Corona-Viren schon seit Langem Teil der jährlichen Grippe-Epidemie waren, aber nie gezielt danach gesucht wurde. Das Virus mutiert ständig und diese Mutation ist erwiesenermaßen auch nicht dramatisch gefährlicher als vorherige.

Also bist du Gegner der Maßnahmen?
Definitiv, der Abbau der Rest-Demokratie geht gar nicht. Und die Geschwindigkeit, mit der das passiert, hat mich total überrascht. Es ist erschreckend, aber auch sehr erhellend zu sehen, dass Mechanismen der 1930er Jahre heute noch wirken. Ich habe nie verstanden, wie „Hitler" passieren konnte, auch nachdem ich den Film „Die Welle" gesehen hatte, konnte ich es nicht nachvollziehen, da fehlte etwas. Jetzt habe das für mich fehlende Puzzleteil gefunden, ich musste es live miterleben.

Welches Puzzleteil meinst du?
Ich habe nie gedacht, dass Menschen über Medienpropaganda derartig ferngesteuert werden können. Das hätte ich mir nicht ausdenken können. Die Menschen wurden nach 1945 über die Nazi-Zeit nur für Begriffe sensibiliert, kaum für die strukturellen

Vorgänge, die das alles möglich gemacht haben. Die heutigen Regierungen machen strukturell Ähnliches wie damals – geben dem aber andere Namen, also komplett gegensätzliche Namen – und die Mehrheit der Menschen erkennt es nicht.

Kannst du ein Beispiel dafür geben?
Wenn politisch eigentlich links stehende Menschen auf die Straße gehen und sich für das Grundgesetz, Demokratie und Freiheit einsetzen – und das auf Basis humanistischer Werte –, werden sie einfach mal als „rechts“ gelabelt. Alles ist heute „rechts“, was sich gegen die Regierung richtet.

Die Propaganda hat es geschafft, die Antifa dazu zu bringen, faschistoid zu agieren. Sie bekämpfen Demokraten, gehen gegen freie Meinungsäußerung vor und nutzen faschistische Methoden und Gewalt gegen eine friedliche Bürgerbewegung. An dem Tag, an dem der LKW in die Luft gesprengt wurde, gab es einen Mordanschlag gegen einen Gewerkschaftsfunktionär, der zur Demo gehen wollte. Er wurde von einem Mob überfallen, mit einer Gaspistole am Kopf verletzt und lag mehrere Tage im Koma. Und das von sogenannten Linken.

Die Kategorien „links“ und „rechts“ passen also nicht mehr wirklich?
Genau, es sind reine Kampfbegriffe, die man nicht mehr verwenden sollte. Es gibt natürlich auch echte Neo-Nazis – aber das ist eine kleine Minderheit, bei der man davon ausgehen kann, dass die Hälfte vermutlich vom Verfassungsschutz bezahlt wird. Gewalt ist inakzeptabel, die radikalen gewalttätigen Ränder muss man deeskalieren bzw. juristisch verfolgen. Aber es ist enorm wichtig, für den gewaltfreien Teil der Gesellschaft einen freien Debattenraum zu schaffen, in dem jeder seine Meinung sagen darf. Man sollte gewohnte Denkschranken hinter sich und die Begriffe links und rechts fallen lassen und in Kategorien wie Menschlichkeit, Gerechtigkeit und Freiheit denken. Dafür setze ich mich ein!

Danke für deinen Einsatz!

T.G.: Corona im Pflegeheim – Die Stunde der Heuchler

Andrea Drescher

Im Zeichen von Corona wollen angeblich alle die Alten schützen – in Wahrheit sterben diese nun einsam, isoliert und oftmals zu früh. Täglich sterben in Pflegeheimen alte Menschen. Das war schon immer so. Früher jedoch waren sie in ihren letzten Lebenswochen meist nicht allein. Angehörige konnten sie besuchen und auf ihrem letzten Weg begleiten. In der Corona-Krise sind Besuche dagegen unerwünscht und werden vom Personal oft aggressiv abgewehrt. Ein ganzes Volk vermeintlicher Senioren-Schützer führt das Wohl der älteren Generation paternalistisch im Munde – und ignoriert dabei das Wohl und Wehe der Betroffenen selbst. Schon die Anwesenheit lieber Menschen, Gespräche und Zuwendung geben ihnen oft einen letzten Sinn und verlängern sogar ihr Leben. In der nun erzwungenen Isolation hingegen sterben sie oftmals verfrüht, auf jeden Fall jedoch einsam und sicher häufig verzweifelt.

Unabhängig davon, welchen Wissenschaftlern man im Rahmen der Corona-Krise glaubt – unumstritten ist wohl bei allen die Tatsache, dass das Virus speziell für alte Menschen extrem gefährlich ist und dass diese Personengruppe daher bestmöglich geschützt werden muss.

Gerade mit dem Argument „Schutz der Alten und Vorerkrankten“ werden seitens der Regierung die drastischen Einschränkungen im öffentlichen Leben begründet. Wie dieser Schutz in der Realität aussieht, erfuhr die Pflegehelferin T. G. (Name ist der Autorin bekannt), die in Niedersachsen in der Nähe von Bremen in einem Pflegeheim arbeitet und nicht weiß, ob sie es verantworten kann, arbeiten zu gehen oder nicht.

Die junge Frau möchte auf die konkreten Probleme aufmerksam machen, damit Katastrophen wie in Wolfsburg zukünftig vermieden werden. Ich sprach mit der Fünfundzwanzigjährigen über ihre Erfahrungen in den letzten Wochen.

Was ist Ihnen passiert?
Vor knapp drei Wochen hatte es mich erwischt, mit allen Symptomen, die man sich zurzeit nur „wünschen" kann. Kopfschmerzen, Gliederschmerzen, mit 39,6 Grad für mich sehr hohes Fieber, Husten und Atemnot. Da ich seit einem Jahr in einem Pflegeheim arbeite, wollte ich nun von meinem Hausarzt erfahren, ob beziehungsweise wo ich nun getestet werde. Seine Reaktion hat mich erschreckt: Es wären nicht genug Tests verfügbar und solange ich mich in keinem Risikogebiet aufgehalten habe oder mit einer Person von dort Kontakt hatte, gäbe es keinen Grund zum Testen. Inzwischen weiß ich: Das ist eine typische Reaktion.

Hat er gefragt, wo Sie sich aufgehalten haben?
Ja, aber es waren nur die Standardfragen – ob ich in einem Risikogebiet gewesen wäre oder Kontaktpersonen von dort getroffen hätte. Beides traf nicht zu. Aber da ich vor den Kontaktsperren mit einer Freundin oft mit dem Zug unterwegs war, gab es mehr als eine Gelegenheit zur Infektion. Der Bremer Hauptbahnhof ist für uns das Tor zur Welt.

Was haben Sie dann gemacht?
Ich habe mich an die Corona-Hotline gewandt. Mir wurden die gleichen Fragen gestellt und es gab die gleiche Reaktion: Ohne direkten Kontakt in Richtung Risikogebiet gäbe es keinen Grund zu testen. Auf meine Frage, wie die Ansprechpartnerin es persönlich sehe, kam keinerlei Reaktion. Das kam mir alles unlogisch vor.

Inwiefern unlogisch?
Mir stellte sich die Frage, ob denn nicht im Grunde jeder Bahnhof oder Supermarkt schon ein Risikogebiet ist. Selbst wenn sich dieser Virus keine 9 Tage auf Oberflächen halten sollte, besteht die Gefahr auf schnelle Verbreitung, auch wenn man wie jetzt die Kontakte begrenzt. Zwei Wochen Inkubationszeit sind immer noch ganz schön riskant. Wenn ich jetzt in den Supermarkt gehe und verschiedene Produkte anfasse, die vor mir schon ein Mann in der Hand hatte, der seinem Nachbarn trotz der nun geltenden Gesetze kurz vorher die Hand gereicht hatte, weil er sich dachte: „Ja mein Gott, was soll's?", der Nachbar vor einer Woche mit dem Zug von Bremen nach Hamburg gefahren war und neben einer Frau saß, die aus München kam, um ihre Tochter zu besuchen, und die Tochter einen Freund mit Familie in Italien hat ... Sie wissen, worauf ich hinaus will? Im Grunde könnten wir schon längst alle infiziert sein, ohne es direkt zu wissen.

Wurden Sie wenigstens untersucht?
Nein. Es gab nur eine telefonische „Untersuchung" – obwohl ich 39,6 Grad Fieber hatte. Ich weiß nicht, ob das eine Erkältung, eine Grippe, eine normale Atemwegserkrankung oder der „Killervirus" war.

Der Besuch der Praxis wäre erst ab 40 Grad Fieber möglich, vorher wollte man mich dort nicht untersuchen.

Freunde von mir holten die Krankenkassenkarte aus meinem Briefkasten, gingen mit dieser in die Praxis, erhielten die Krankmeldung und brachten sie zu meinem Arbeitgeber. Ich kann mich nicht daran erinnern, seit frühester Kindheit jemals so hohes Fieber gehabt zu haben – aber ich bekam keinerlei Unterstützung oder Medikamente von dem Arzt. Wegen der Gerüchte um Ibuprofen war ich zusätzlich sehr verunsichert. Eine andere Freundin brachte Paracetamol vorbei. Aber ansonsten war ich komplett auf mich allein gestellt. In den Social-Media-Kanälen liest man überall das Gleiche. Viele schreiben, es passiert erst dann etwas, wenn man schon kurz vor dem Sterben ist. Dann darf man in die Arztpraxis kommen – und andere anstecken.

Sie sprechen von den sozialen Medien – mit wem tauschen Sie sich aus?
Einerseits mit Freunden und Kollegen, andererseits mit anderen Pflegekräften – die Mehrheit hat die gleichen Erfahrungen gemacht. Nach meinem Video auf TikTok, das weit über 40.000 Mal angeklickt wurde, gab es fast überall die gleichen Reaktionen. Speziell bei Altenpflegern ist das in meinen Augen sehr fahrlässig. Nur eine Kollegin von mir, die Fieber hatte, wurde – gottseidank – negativ getestet. Sie ist aber als Diabetikerin Typ 1 selbst Risikopatientin. Dass wir als Mitarbeiter der Einrichtungen ein enorm großes Risiko für unsere Bewohner darstellen, scheint nicht zu interessieren. Die Bewohner dürfen von ihren Angehörigen nicht besucht werden, aber das Pflegepersonal kann – selbst bei Symptomen wie meinen – das Haus ungetestet betreten.

Wie sind Sie dann weiter vorgegangen?
Naja, ich habe mir gedacht, da kann man halt nix machen, und meinen Hausarzt wollte ich auch nicht nerven. Also habe ich mich auf die Couch gepackt, bin zu Hause geblieben und habe mich von außen versorgen lassen, wie man das halt so macht. Jetzt geht es mir aber wieder halbwegs gut und seit einer Woche bin ich auch nicht mehr krankgeschrieben. Eine Woche Urlaub hatte ich im Anschluss auch gleich. Allerdings schleppe ich noch einen kleinen Schnupfen und ein bisschen Husten mit mir herum ...

Jetzt ist der Urlaub vorbei und Sie gehen wieder in den Dienst. Wie geht es Ihnen dabei?
Der Gedanke, jetzt wieder meinen Dienst anzutreten, freut mich persönlich, weil ich nach der eigenen Quarantäne endlich wieder aktiv werden kann. Aber: Ich bin komplett verunsichert. Was ist, wenn ich nun wieder arbeite und wir in circa zwei Wochen die ersten erkrankten Personen bei uns haben? Wer kann mir garantieren, dass ich reinen Gewissens wieder arbeiten kann? Verstehen Sie mich bitte nicht falsch – ich will unbedingt wieder arbeiten! Aber was ist, wenn? Weil mich der Arzt nicht testet, obwohl ich alle Symptome hatte? Bin ich schuld? Gibt sich der Arzt die Schuld? Ich weiß ja nicht, woran ich erkrankt war. Die Ungewissheit ist da.

Haben Sie nochmal mit der Praxis gesprochen?
Ja. Ich habe grade eben nochmals dort angerufen und die Situation geschildert. Dass ich ohne Untersuchung vom 18. bis 25. März krankgeschrieben war, dass ich immer noch

Husten und Schnupfen habe. Ich habe gefragt, ob man mir versichern könne, dass ich reinen Gewissens arbeiten gehen kann. Ich erhielt wieder die Antwort, dass man nicht jeden testen könne. Man könne mich aber auch nicht weiter krankschreiben, dafür gäbe es keinen Grund. Und man könne mir natürlich auch nicht versichern, also garantieren, dass ich niemanden anstecke. Wenn ich Bedenken hätte, sollte ich mich an das Gesundheitsamt wenden. Es gibt vom Arzt keine Garantie, keine Krankschreibung und keinen Test. Ich frage mich, warum eine Angela Merkel gleich mehrere Male getestet wird, aber Personen, die im Gesundheitsbereich mit Risikopatienten zu tun haben, nicht ein einziges Mal.

Weiß Ihr Arbeitgeber davon?
Grundsätzlich ja, ich habe mit meiner Chefin gesprochen und mich mit Kollegen ausgetauscht. Die Stimmung ist unterschiedlich. Die einen sagen, ich solle mich auf das Urteil meines Arztes verlassen, andere können es überhaupt nicht verstehen und verweisen mich auch auf das Gesundheitsamt. Ich weiß einfach nicht mehr weiter.

Am ersten Arbeitstag habe ich mit meiner Chefin gesprochen, die es auch nicht versteht. Uns allen sind die Hände gebunden, wir müssen das hinnehmen. Meine Chefin meinte, dass das Gesundheitsamt das wohl so ähnlich sehen würde wie die Ärzte. Wir könnten halt nichts machen. Und Mundschutz gibt es keinen.

Wir haben jetzt die Anweisung, dass maximal vier Kollegen im Dienstzimmer sein dürfen. Aber an Menschen mit speziellem Pflegegrad arbeiten wir immer zu zweit – und kommen uns da natürlich viel näher als es mit 1,5 bis 2 Meter vorgeschrieben ist. Von einer Kollegin in Hildesheim habe ich erfahren, dass sie getestet wurde.

Und was sagt das Gesundheitsamt?
Da habe ich auch angerufen. Nachdem ich zunächst hin- und herverbunden wurde, bekam ich jemanden ans Telefon, der mir zumindest mal zuhörte. Mein Gegenüber wollte sich intern erkundigen, mit einer Hygienebeauftragten sprechen, und versprach mir deren Rückruf. Der kam dann auch kurze Zeit später – und war wirklich unglaublich. Man könne das nicht ändern. Sie stünden ja nicht über den Ärzten. Wenn die Ärzte weder testen noch krankschreiben würden, gäbe es ja sicher einen Grund. Dann wäre das eben so. Ich könne mir ja noch einen anderen Arzt außerhalb meines Wohnortes suchen. Das ist unfassbar.

Warum wird so ein riesiges Tamtam gemacht – Sicherheitsabstand, Kontaktsperren und so weiter – aber Erkrankte werden nicht getestet, wenn sie nicht direkt im Risikogebiet waren, obwohl sie mit hochgradig gefährdeten Patienten arbeiten. Bin ich jetzt eine Gefahr für die Bewohner im Heim? Das kann doch nicht sein, oder? Also, ich glaube, da werden die Prioritäten vertauscht. Genauso wie sich auch einige Heime immer noch nicht einig sind, ob die Mitarbeiter nun am Arbeitsplatz mit Mundschutz arbeiten sollen oder nicht. Die ganzen Regeln in Supermärkten und die Versammlungsverbote zum Schutz der alten Menschen sind doch völlig sinnlos, wenn man derartig fahrlässig vorgeht. Die Corona-Toten im Wolfsburger Heim werden kein Einzelfall bleiben, wenn man so weitermacht.

Danke für die Offenheit – und alles Gute!

Thomas Brauner: Busfahrer im Widerstand – jede(r) kann etwas tun

Andrea Drescher

Foto: Privat

Thomas Brauner, von der Bundeswehr ausgebildete Fachkraft für Schutz und Sicherheit und gelernter Busfahrer, kam 1981 in Thüringen zur Welt, wo er heute wieder lebt. Als Familienvater mit drei Kindern im Alter von drei, vier und sechs Jahren erschien ihm das Leben in der alten, ländlichen Heimat zukunftssicherer als in der westdeutschen Großstadt. Bisher ein unpolitischer Mensch, der sich für Fußball, Luftfahrt, Musik und das Drehen von Hobbyfilmen interessiert hat, ist er aufgrund einer vorläufig letzten Busfahrt, die er auch auf Video[1] mitschnitt, bekannt geworden. Er forderte die Kinder auf, während der Fahrt die Masken abzulegen, da er überzeugt davon ist, dass es sie gesundheitlich belastet, und zeichnete alles auf Video auf. Dass er aufgrund seiner Aktion seinen Job verloren hat, belastet ihn nicht. Im Gegenteil: Seitdem ist er richtig politisch aktiv.

Wie wurden Sie politisiert?
Ich finde die aktuelle Politik völlig untragbar. Es funktioniert eigentlich nichts so, wie ich es erwartet hätte. Während ich in der Vergangenheit immer nur mit einem Auge auf das politische Geschehen geschielt habe, also nur Beobachter war, muss ich mich jetzt engagieren und entsprechende Maßnahmen ergreifen. Auch wenn das viele nicht verstehen.

Was tun Sie konkret?
Zunächst bin ich am 1. September in die alte Heimat zurückgekehrt – auch meinen Kindern zuliebe. Das musste vor der Einschulung meiner Großen passieren, damit diese gleich neue Freunde finden kann und nicht aus dem vertrauten Umfeld herausgerissen wird. Meine Entscheidungen richteten sich immer nach meinen Kindern. Ich bin davon überzeugt, dass es die Verantwortung der Eltern sein muss, ihre Lebensstruktur an ihre Kinder anzupassen. Das verstehen manche Menschen in meinem Umfeld zwar nicht, aber das stört mich auch nicht weiter.

1 https://www.bitchute.com/video/6mCgoocuoUMV/ → Kurzlink: ws1.eu/k/57

Wer versteht sowas nicht?
Bekannte, Freunde, selbst manche in der Familie – sobald sie merken, dass man gegen den Strom schwimmt, wird man kritisch begutachtet. Es wird erwartet, dass ich mich anpasse, wenn ich dazugehören will. Das habe ich nie gemacht, habe immer nach meinen eigenen Vorstellungen als eigenständiger Mensch gelebt. Diese Haltung scheint in unserer heutigen Gesellschaft nicht mehr gewünscht zu sein. Man wird abgewertet, wenn man sich nicht anpasst. Man gehört eben nicht mehr dazu. Ich machte schon immer mein eigenes Ding, und seit die Kinder da sind, treffe ich meine Entscheidungen eben so, dass sie meinen Kindern zugutekommen.

War diese Orientierung an Ihren Kindern der Grund für Ihre Aktion im Bus?
Ja. Genau. Ich habe gesehen, wie sich das entwickelt. Ich bekomme vom Arbeitgeber Anweisungen, die ich für falsch halte und nicht verantworten kann. Ich war in einem Konflikt. Meine Kinder tragen keine Maske – sind übrigens auch nicht geimpft – und sind kerngesund. Die Kinder im Bus gehen ja letztlich mit meinen in die Schule. Ich soll mit ihnen etwas machen, was ich meinen Kindern niemals zumuten würde, was ich aus Überzeugung nicht mittragen kann. Ich konnte da nicht länger mitmachen. Und nicht mitzumachen ist ja etwas, was in einem Rechtsstaat möglich sein sollte.

Ihre Kinder sind nicht geimpft – das ist auch bei Masernimpfung möglich?
Ja. Unsere Impfbefreiung wurde vom Gesundheitsamt anerkannt – ich habe das ausführlich mit den Verantwortlichen dort diskutiert und sie konnten meine Argumentation nachvollziehen. Auch jetzt können viele mein Handeln im Bus nachvollziehen – aber natürlich wird das keiner offiziell zugeben.

Wie war die Reaktion bei den Kindern im Bus?
Bis auf zwei Jungs, die Angst hatten, ihre Maske abzusetzen, war die Resonanz der Schüler absolut positiv. Erleichterung, Aufatmen, Freiheit. Es war schon seit Tagen eine gruselige Stimmung im Bus, beklemmend. Das war mit einem Schlag weg, und es war zu spüren, dass sie sich endlich wieder frei im Bus unterhalten konnten. Es war total super und hat die Kids positiv beschäftigt.

Wie war die Resonanz der Eltern?
Seitens der Eltern gab es keinerlei Reaktion bei mir direkt. Von meinem Vorgesetzten hieß es, dass sich Eltern gemeldet und über mich beschwert hätten. Ich gehe davon aus, dass es die Eltern der beiden Jungs waren, die die Maske nicht absetzen wollten und natürlich auch nicht mussten. Ich weiß es aber nicht. Seitens meines Arbeitgebers wurde ich befragt, was los gewesen sei. Seine Haltung war: „Das geht ja gar nicht“, „Wir müssen Strafe zahlen, wenn das rauskommt“, „Das verstößt gegen die Regeln“. Meine Position, dass ich für das Wohlbefinden der Kinder im Bus verantwortlich bin und quasi Hausrecht habe, ließen sie nicht gelten. Aber nachdem bekannt geworden war, dass Kinder im Bus offensichtlich durch die Masken geschädigt wurden, konnte ich das nicht mehr hinnehmen.

Wie ging es weiter?
Ich wurde am Tag der Aktion vom 29. September sofort beurlaubt und habe inzwischen meine Kündigung erhalten. Den Job bin ich los. Ich bin flexibel, kann auch LKW fahren. Nur für Geld gegen meine Überzeugung zu agieren, geht gar nicht. Nur des Geldes wegen zu arbeiten, geht nicht. Ich habe schon zu viele Menschen gesehen, die daran zugrunde gegangen sind. Arbeit muss ja auch Spaß machen – was in unserem System nicht so ganz einfach ist.

Sie haben nicht nur eine Maskenaktion in Ihrem Bus gemacht, sondern das Ganze gleich auch per Video dokumentiert und publiziert. Was hat Sie dazu veranlasst?
Ich wollte ein Zeichen setzen, damit es so viele Menschen wie möglich sehen können. Ich wollte zeigen, dass es Leute gibt, die sich Gedanken machen und sich aktiv dagegen wehren – auch mit vollem Bewusstsein im Hinblick auf die Konsequenzen. Wenn ich schon meinen Job verliere, sollten das möglichst viele mitbekommen. Und das ist mir ja auch gelungen.

Aber dafür sind Sie jetzt arbeitslos.
Ja, aber es geht immer weiter. Inzwischen wurde ich von einem Busunternehmen angefragt, ob ich nicht bei ihnen arbeiten möchte. Das ist ein Unternehmer, der in der Querdenken-Gruppe 361 Erfurt aktiv ist. Bei uns werden sogar jetzt noch Busfahrer gesucht – da habe ich Glück gehabt.

Sie unterstützen jetzt die Querdenken-Bewegung. Wie kam es zu dem Kontakt?
Patricia von Querdenken Miltenberg hatte mit mir Kontakt aufgenommen. Sie fand die Aktion gut und hat mich gefragt, ob ich Lust habe, am 11. Oktober nach Berlin zu kommen. Das habe ich gerne gemacht.

Ihr erster öffentlicher Auftritt?
Nein. Das war meine zweite Rede. Die erste Rede habe ich in Heiligenstadt vor 20 oder 30 Zuhörern gehalten. Da war die Stimmung seitens der Polizei deutlich freundlicher. Die saßen auf einer Terrasse von einem Café, das aufgrund von Corona nicht geöffnet war. Berlin war sehr aufregend. Vor allem auch der Ort – das Brandenburger Tor – ist ja sehr geschichtsträchtig. Das war schon etwas Besonderes. Es war auch sehr befreiend.

Inwiefern befreiend?
Ich kann mich öffentlich darüber äußern, was mich bedrückt, in der Hoffnung, dass es bei den Menschen ankommt. Es tut gut, Menschen zu treffen, die ähnlich denken. Man spürt die Solidarität der Menschen – etwas, was wir in den letzten Jahrzehnten vermisst haben. Es entsteht das Gefühl einer Gemeinschaft – die Gemeinschaft der Corona-Maßnahmen-Kritiker – die sich die gleichen Fragen stellt.

Welche Fragen stellen Sie sich?
Ich frage mich immer wieder, was das Ziel dessen sein kann, was gerade passiert. Wenn man gleichzeitig immer wieder hört, dass die Mächtigen sagen, dass die Welt unter

Überbevölkerung leidet, macht mir das große Angst. Was bedeutet das alles? Einerseits klagt man über Überbevölkerung, andererseits hat man extrem große Sorgen um unsere Gesundheit – das passt doch nicht zusammen. Was da an Zwängen auf uns zuzukommen scheint, wo man überall möglicherweise ausgeschlossen wird, wenn man sich diesen möglichen Zwängen nicht beugen will, wo soll das hinführen?

Was meinen Sie?
Als Maskenbefreiter kann man heute kaum mehr an Demonstrationen teilnehmen, wird von zahlreichen Geschäften und Restaurants ausgeschlossen. Wie geht das weiter? Darf man nicht mehr arbeiten oder auf Urlaub fahren, wenn man nicht geimpft werden möchte? Aber das Ganze bietet uns auch Chancen.

Sie sehen Chancen für sich selbst?
Ja. Natürlich stelle ich mir die Frage, wie weit sie noch gehen, bis ich STOPP sage. Und was mache ich dann? Darum beschäftige ich mich mit konkreten Lösungen für den Fall, dass sie es schaffen, ihr totalitäres System zu verfestigen – denn sie haben ja schon vieles erreicht. Ich denke darüber nach, wie ich mir eine autarke Lebensstruktur schaffen kann, um mich so gut wie möglich von Systemen unabhängig zu machen. Für mich bedeutet es Rückkehr zu einem einfacheren Leben mit Selbstversorgung beziehungsweise Tausch von Überschüssen. Aber in der nächsten Zeit bin ich aktiver Querdenker.

Ich will wenigstens den Versuch unternehmen, das, was da auf uns zuzurollen scheint, zu verhindern. Mir ist die Rückkehr zur Freiheit ein großes Anliegen. Die Menschen müssen etwas zu sagen haben. Von den Politikern oder gar Regierungsvertretern erwarte ich mir aufgrund des massiven Lobbyismus keine Lösungen. Die Lobbyverbände sind viel zu stark mit der Politik verfilzt. Das ist gefährlich, da sie unser aller Zukunft zerstören. Die nächsten Monate werde ich mich bei den Demonstrationen engagieren.

Bekommen Sie für Ihre Demo-Auftritte Geld?
Nein. Das mache ich aus Überzeugung. Meine Kinder sollen nicht in einem totalitären System aufwachsen und leben müssen. Ich möchte nicht sagen müssen, ich war zu feige und hatte Angst vor Repressalien. Solange ich gesund bin und aktiv etwas tun kann, werde ich etwas tun und bleibe nicht vor der Playstation sitzen. Viele können oder wollen das leider nicht, sonst hätten wir andere Zustände im Land. Die Menschen müssten endlich aus ihrer Komfortzone herauskommen. Das verstehen viele noch nicht. Ich möchte sagen können: Ich habe auf ehrliche Art und Weise daran mitgewirkt, dass wir wieder menschliche Verhältnisse in unserem Land haben.

Dann hoffe ich, dass Sie das möglichst bald sagen können. Vielen Dank für Ihr Engagement.

Kurz nach dem Interview wurde Thomas Brauner seitens der Behörden der Führerschein entzogen, wogegen er gerichtlich vorgehen wird.

Thomas Gauer: BewegWas – Livestreamen statt TV glotzen

Andrea Drescher

Foto: Privat

Der Bürokaufmann Thomas Gauer erblickte 1977 in Mainz das Licht der Welt. Bis 2018 hätte er sich nie träumen lassen, dass er jemals „Widerstand" als Hobby nennen würde. Er beschäftigte sich mit ganz bürgerlichen Themen wie Lesen & Musik, Oldie- und Seifenkisten-Autorennen. Jetzt betreibt er gemeinsam mit Partnern die YouTube- und Facebook-Channels BewegWas. Ursprünglich dem eher konservativ-patriotischen Lager nahestehend, positioniert sich der Kanal heute klar auf der linken Seite und erreicht je nach Thema zwischen 1000 und über 900.000 Zuschauer.

Seit wann sind Sie im Widerstand?
Bis 2018 war ich ziemlich „mainstream". Mit den Friedensmahnwachen 2014 kamen erste Impulse und ich stellte das Fernsehen ab, um mich der Propaganda zu entziehen. Ich hatte schon länger eine Abneigung bezüglich des sinkenden Niveaus im Fernsehen, wollte meine Lebenszeit nicht mit Talkshows und Werbeeinblendungen vergeuden. Man lockt die Menschen mit Programm – um dann diesen „geistigen Dünnschiss" in die Hirne einzupflanzen. Ich habe verstärkt Online-Medien konsumiert und dachte mir immer: „70.000 von 83 Millionen schauen sich das an, wir sind nur sehr wenige." Man fühlt sich sehr allein. Die eigene Partnerin denkt: „Du und deine Geschichten, du und deine Verschwörungstheorien ..." Es war schon ziemlich schmerzlich, wenn man nicht ernst genommen wird.

Bei den Mahnwachen waren Sie nie aktiv?
Nein, leider war ich war nie live dabei, habe das Geschehen nur online über die sozialen Medien beobachtet. Hätte ich Menschen wie Owe Schattauer oder Bodo Schickedanz von der Mahnwache Mainz persönlich kennenlernt, hätte ich gewusst, dass ich nicht allein bin, und wäre sicher früher aktiv geworden. Ich wurde aber zunehmend unzufriedener.

Warum?
Der andere Blick, geprägt durch Online-Medien, baut Verdruss auf. Bei den Widersprüchen zwischen den sogenannten Leitmedien und den Alternativen hatte ich immer

das Gefühl, dass es Satire war. Die Bundestagswahl 2017 gab dann den Ausschlag. Laut Martin Schulz sollte es keine weitere Koalition mit der CDU von Angela Merkel geben. Er wollte die GroKo nicht fortsetzen und einen vernünftigen Richtungswechsel sicherstellen. Nach dem Wahlverlust rechnete ich mit Jamaika oder Neuwahlen. Aber als es um die Macht ging, war das nicht mehr relevant. Im Februar 2018 gab es dann Sondierungsgespräche zwischen SPD und CDU und mir wurde klar: Egal was ich wähle, ich werde nur nach Strich und Faden belogen.

Dann sind Sie aktiv geworden?
Ja.

Worin bestand Ihr Aktivismus?
Ich stellte mich als Einpersonen-Demo mit Schild „Merkel muss weg!" am 26.02.2018 in Mainz auf den Bahnhof. Ich hatte mich sehr über das offensichtliche Framing der „Merkel-muss-weg-Demo" in Hamburg aufgeregt. Diese bot Menschen aus der Mitte der Gesellschaft eine Plattform, gehört zu werden. Maurer, Bäcker, H4-Empfänger, Anwälte – alle möglichen Menschen äußerten am offenen Mikro ihre Unzufriedenheit – und auf einmal waren das alles Rechtsradikale.

War es denn keine rechte Demo?
Ja und nein. Dort kamen auch rechte Themen zur Sprache. Aber es waren mehrheitlich Menschen aktiv, die vom System ungerecht behandelt wurden und ihrem Unmut Luft machen wollten. Sie wollten die Probleme in ihrer kleinen persönlichen Welt thematisieren. Als ich sah, wie diese Menschen bekämpft, wie sie verängstigt und eingeschüchtert wurden, dachte ich mir: Die kriegen Ärger, weil sie ihre eigene Wahrnehmung aussprechen. Das geht nicht. Ich wollte den Menschen in Hamburg zeigen, es gibt in Mainz auch jemanden, der die gleiche Haltung hat. Auch unter dem „Motto Merkel muss weg". Dass das ein „rechtes" Branding war, war mir zu dem Zeitpunkt gar nicht bewusst. Ich war ja anfangs wirklich unpolitisch.

Haben Sie das länger gemacht?
Die Demos in Mainz gingen bis September 2019. Zunächst stand ich montags allein am Bahnhof, habe mit Interessierten diskutiert und alles mit Kamera für YouTube eingefangen. Es gab nie Gegenproteste. Am 19.03. kamen drei ältere Damen dazu, extra um mich zu unterstützen, und ab diesem Moment wurde es mehr. Die Woche drauf kamen aufgrund der Anmeldung bei der Versammlungsbehörde rund 100 Teilnehmer und ca. 80 Gegenprotestler vonseiten der Antifa zum Bahnhof. Viele Menschen kamen auf mich zu und dankten mir für meinen Mut. Da wusste ich noch nicht, welche Ausmaße es annehmen würde, wenn man gegen die Regierung protestiert. Viele AfD-Mitglieder waren dabei, zwar in „zivil", ohne Fahne, aber namhaft – und gleich passend dazu auch mehrere Fotografen. Im Nachhinein kann ich mich des Eindrucks nicht erwehren, dass unsere Demo gezielt unterlaufen und in die rechte Ecke gedrückt werden sollte.

Im April 2018 hatten wir zwei sehr gute Demos mit 80.000 Aufrufen des Livestreams auf Facebook – daraus entstand zunächst der Kanal Merkel-muss-weg-Mainz auf YouTube und Facebook. Der Name erschien aber bald unpassend, denn wir wollen in der Gesellschaft etwas bewegen, einen Dialog anstoßen, Menschen aktivieren, etwas zum Guten verändern – und nicht nur eine Regierung loswerden. So entstand der Name BewegWas.

Und ihr wart eher rechts verortet?
Naja, bis Mai ging es nie um Themen wie Migration, sondern um Kritik an der Regierung. Dann wurden wir als BewegWas nach Kandel eingeladen – wo auf einer rechten Demo aufgrund der Vergewaltigungen von jungen Mädchen gegen Flüchtlinge demonstriert wurde. Wir haben in unserer Rede sehr deutlich thematisiert, dass Flüchtlinge ebenfalls Opfer sind, dass mit der Flucht nur Geschäft gemacht wird und wir alle – Entschuldigung – verarscht werden. Viele Demoteilnehmer haben uns zugestimmt. Ich habe versucht, einen Gesamteinblick über den Raubtierkapitalismus zu geben, damit die Hetze gegen Menschen aufhört. Die Kritik am kapitalistischen System wurde von den Demo-Organisatoren aber nicht sonderlich geschätzt und wir waren nicht mehr willkommen.

Bei uns im Orga-Team gab es dann im August 2018 eine Spaltung, da wir uns nicht von rechts vereinnahmen lassen wollten. Für andere waren wir dann „der linke Kanal“. Die Rede „Geschäftsmodell Migration“ haben wir im September in Hamburg wiederholt. Und auch da die gleichen Reaktionen: Positive Rückmeldungen der Demonstranten, Ärger mit der Orga.

Bei rechten Demos stehen immer die gleichen Protagonisten vorne und steuern das Ganze. Sie sorgen dafür, dass der Unmut über die Migration hervorgehoben und alles andere kategorisch abgeblockt wird. Man scheint nicht zu wollen, dass die Menschen aufgeklärt werden.

Ende September 2018 in Chemnitz wurde es dann aber abstrus. Wir waren vor Ort, haben mit dem Orga-Team von Pro-Chemnitz gesprochen. Das waren teilweise linke Punks, die als Rechtsradikale hingestellt werden. Man legte es darauf an, gewalttätige Bilder zu provozieren, das gelang aber nicht. Der Chefordner, ein Deutsch-Russe und selbst Punk, hat auf dem Marsch unter den 10.000 Menschen fünf eingeschleuste NPDler entdeckt. Als die anfingen ätzend zu skandieren, hat er sie aufgefordert, ihre eigene Demo zu machen, da Rechte nicht erwünscht waren, und sie einzeln von der Demo entfernt. Ca. 1000 Demonstranten haben über diesen Rauswurf gejubelt. Darüber wurde zwar nie von den Leitmedien berichtet, ich habe das Video aber gespeichert. Seitdem ist mir bewusst, wie der Staat agiert. Die Leitmedien berichten falsch und der Staat provoziert, um passende Bilder zu bekommen. Dem muss man klaren Protest entgegensetzen.

Warum haben Sie in Mainz dann Schluss gemacht?
Der Gegenprotest wurde immer gewalttätiger – so wurde u.a. eine Opernsängerin auf eine zweispurige Schnellstraße geschubst. Dass an diesem Tag sämtliche Überwachungskameras in der Gegend ausgefallen sind und wir juristisch dagegen nicht vorgehen konnten, war wohl reiner Zufall. Das war die letzte offizielle Demo, da wir als Orga die Verantwortung nicht übernehmen konnten. 2019 haben wir uns im März offiziell aus dem patriotischen Lager verabschiedet.

Wie ging es mit Ihrem Widerstand weiter?
Wir haben Videos für andere erstellt und verstärkt mit anderen Aktivisten zusammengearbeitet. Das Video „Ich schweige für die Meinungsfreiheit", mit dem gegen die Löschung des YouTube-Kanals von NuoViso protestiert wurde, haben wir geschnitten. Journalisten, Blogger und YouTuber von links bis rechts haben dabei mitgemacht. Mitte 2019 war ich erstmals bei „Koblenz: im Dialog" dabei, da begann ein sehr befruchtender Austausch mit Menschen wie Sabiene Jahn, Wolfgang Effenberger, Dirk Pohlmann oder Hermann Ploppa. Wir hatten aber auch Kontakte in die Q-Anon-Szene.

Wie würden Sie diese einschätzen?
Ähnlich wie die rechte Szene. Sie sind erst sehr nett und freundlich, werden aber autoritär, wenn man ihrem Narrativ nicht folgt. Und gerade in der Q-Anon-Szene haben wir festgestellt, dass – wie in der rechten Szene übrigens auch – viele aktiv sind, die ihren Aktivismus als Geschäftsmodell betreiben. Recherchiert man, stellt man auch fest, dass viele ursprünglich aus der rechten Szene stammten. Keiner weiß, welche Intentionen das Q-Netzwerk hat, aber in meinen Augen sind Q-Anons bestenfalls Kaffeesatzleser. Wir haben uns sehr schnell davon ferngehalten, auch wenn die Angebote – höhere Verbreitung über die großen Telegram-Kanäle – sehr verlockend waren.

Sie haben jetzt aber auch schon gute eigene Reichweite?
Stimmt. 2020 war aber auch heftig. Im Februar habe ich zwei Aktivisten von „Kündigt Ramstein" kennengelernt und der Kampagne die Unterstützung seitens BewegWas angeboten. Die Geradlinigkeit und Herzlichkeit der beiden Aktivisten, denen ich in Koblenz begegnete, hat mich überzeugt. Zwei Videos zur Mobilisierung wurden von uns erstellt und am 30.05. haben wir die Livestreams von Mainz aus organisiert.

Im April und Mai gab es bei den Corona-Demos in Frankfurt wieder Konflikte mit der Antifa. Aufgrund von Bedrohungen haben wir uns daher wieder zurückgezogen. Für mich ist es völlig unverständlich, wie manche dort agieren. Auf den Demos gab es sehr scharfe Kapitalismuskritik, weil viele die Corona-Maßnahmen nicht als Ursache, sondern nur Mittel zum Zweck für die aktuellen Probleme sehen. Also eigentlich klassische Antifa-Themen. Es gibt wohl nicht *die* Antifa – es gibt solche und solche. Auch da muss man differenzieren, nicht nur bei „rechten" Demos.

Am 01.08. und 29.08. waren wir gemeinsam mit „Kündigt Ramstein Air Base“ und „Netzwerk Impfentscheid“ auf dem LKW im Demozug in Berlin – von dort gab es unsere Livestreams. Und auch am 10.10. beim Schweigemarsch bin ich mitgelaufen.

War das nicht anstrengend, Sie sind doch schwerbehindert?
Ja – aber was soll ich machen? Ich muss doch etwas tun. Außerdem bin ich schon hart im nehmen und hatte – als ich wirklich nicht mehr konnte – richtig Glück.

Inwiefern?
Nach circa der Hälfte der Strecke war ich fertig und wollte mir einen E-Roller organisieren. Da gab es aber technische Schwierigkeiten. Ein Berliner sah, dass ich mit Klappstuhl, Rucksack, Tasche, Regenschirm und den Geräten für den Livestream unterwegs war und Probleme hatte und sprach mich an. Ich erzählte ihm, dass ich zum Endpunkt an die Siegessäule kommen muss. Daraufhin hat er mich mit seinem Motorroller rübergefahren und wollte dafür keinen Cent. Er meinte nur: „Nee Leute, es ist geil, was ihr macht. Und wenn du zur Orga gehörst, ist es das Mindeste, was ich machen konnte“, und ist wieder gefahren. Ein Fremder half mir, weil er der Meinung war, es ist wichtig, was ich tue. So was macht Mut weiterzumachen, auch wenn die Situation nicht immer erfreulich ist.

Was bedeutet denn Mut für Sie?
Mut ist eine Eigenschaft, die man aktiv erwirbt. Der Mutmuskel muss trainiert werden. Aber es fühlt sich auch unglaublich gut an, wenn man es trotz Angst, trotz möglicher Repressalien, gemacht hat. Das weiß man aber erst, wenn es hinter einem liegt. Ich bin sehr froh, dass ich im Februar 2018 den ersten Schritt gegangen bin.

Danke für Ihren Mut – weiterstreamen!

Thomas Röper: Ein deutscher Insider berichtet: Überleben in Russland – über Leben in Russland

Andrea Drescher

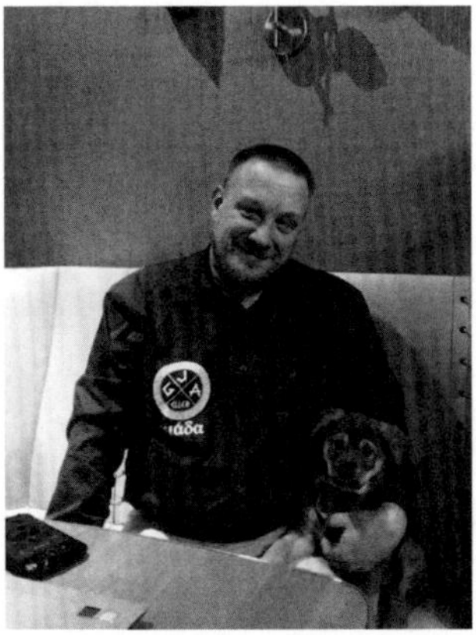

Foto: Privat

Berichte aus Russland sind zumeist widersprüchlich, abhängig davon, welches Medium berichtet. In den großen Medien kann man regelmäßig vom andauernden wirtschaftlichen Niedergang – nicht zuletzt durch die Sanktionen – lesen, in manch alternativem Medium erscheint es als heile Welt. Es gibt vermutlich viele unterschiedliche Wahrheiten über dieses Land, das jedoch viele Medien-Mitarbeiter, die darüber schreiben, kaum kennen, und schon gar nicht aus längerem und fundiertem eigenem Erleben. Der Autor und Journalist Thomas Röper („Anti-Spiegel") war seit 1991 jedes Jahr mehrfach in Russland unterwegs. Seit 1998 arbeitet und lebt er im Land. Ich sprach mit ihm in St. Petersburg.

Wie kamen Sie nach Russland?
Das ist eine lange Geschichte, die 1991 auch damit begann, dass ich Ende 1991 in die Sowjetunion ein- und 1992 aus Russland ausgereist bin. Der Fahnenwechsel fand ja über Silvester statt. 1991 konnte man in allen Medien über die Hungersnot in Russland lesen. Gemeinsam mit Freunden startete ich während meiner Ausbildung zum Bankkaufmann eine Hilfsaktion. Wir organisierten vier Container humanitärer Hilfe für Waisenhäuser und brachten diese dorthin. Daraus entwickelten sich die ersten Freundschaften. Unser Spendenkonto füllte sich immer wieder, sodass wir immer wieder Hilfsmaßnahmen durchführen konnten und mussten, es war nicht unser Geld und wir mussten es dem Zweck entsprechend verwenden. Als sich die Lage beruhigte und die Spendenbereitschaft nachließ, fuhr ich trotzdem weiter mehrfach im Jahr hinüber. Ich mag die Menschen, ihre Spontanität, Geselligkeit und Offenheit. Ganz besonders hatte und hat es mir St. Petersburg angetan. Da leben die Menschen – viel mehr als in Moskau, der Stadt, in der man arbeitet. Viele Moskauer fahren übers Wochenende nach St. Petersburg. Kultur, Nachtleben, Stadtfeste, es ist eigentlich immer sehr viel los.

Wie haben Sie die Jahre von 1992 bis 1999 unter Präsident Jelzin erlebt?
Auch wenn diese Zeit im Westen immer noch für Demokratie und Freiheit steht, waren es aus meiner Sicht Jahre der Anarchie und des Chaos. Es gab bittere Armut in der

Bevölkerung. Keiner ging zur Polizei, wenn etwas passierte, denn die Polizei war korrupt und hat die Menschen noch zusätzlich ausgeraubt. Es kam vor, dass man nachts auf der Straße von Polizisten angehalten und durchsucht wurde. Nach der Durchsuchung bekam man sein Portemonnaie immer leer zurück. Wir haben unser Geld immer in den Strümpfen versteckt und nur kleine Beträge im Geldbeutel behalten. Die Streifenpolizisten haben jeden nach Gusto angehalten – sie haben aber ja auch nichts verdient, konnten von ihrem Gehalt nicht leben. Damals ging folgender Witz rum: „Ein Autofahrer wird angehalten und beschwert sich, dass er doch gar nicht zu schnell gefahren sei. Die Antwort des Polizisten lautet: Meine Kinder haben heute Hunger und können nicht warten, bis du zu schnell fährst."

Die Wirtschaft war komplett mafiös. Heute nennen wir die Profiteure dieser Zeit Oligarchen, aber im Grunde genommen waren sie Mafiosi. Betrug, Korruption, Morde – so wurden Vermögen gemacht, so entstand der Reichtum der heutigen Oligarchen. Diese Oligarchen haben in den 80ern meist selbst noch im Plattenbau gelebt, saßen dann oft zufällig an der richtigen Stelle und waren ausreichend skrupellos. So wurden sie entweder reich oder erschossen.

Haben Sie von der Gewalt etwas mitbekommen?
Gottseidank nur am Rande. Unsere Dienstwohnung – ich arbeitete damals in leitender Position für eine Versicherung – wurde bei einem Mordanschlag auf einen Bankier mit einer Bombe beschädigt. Es galt zwar nicht uns, sondern dem Bankdirektor, aber die Mafia-Kriege hat man auch als normaler Mensch miterlebt. Das war damals nichts Ungewöhnliches, es gab viele verrückte Geschichten. Es wurden ja auch Menschen erschossen, die man persönlich kannte. Das Land wurde mit brutaler Gewalt aufgeteilt.

Russische Mafia und hungrige Kinder – nur das schaffte es ja damals in die deutschen Medien. Leute von Spiegel TV saßen in einer deutschen Kneipe – dort trafen sich viele Deutsche – und warteten auf den nächsten Sensationsbericht. Sobald eine heiße Story bekannt wurde, waren sie auf der Straße. Und bei alledem wurde Jelzin als der große Demokrat gefeiert.

Wie haben Sie den Einfluss westlicher Konzerne in dieser Zeit erlebt?
Man machte Geschäfte. Es gab unzählige Abenteurer, die reich werden wollten. Die Oligarchen kontrollierten die Regierung und natürlich hat auch der Westen versucht, Einfluss zu nehmen. Bill Browder, der durch den Fall Magnitzki bekannt wurde, ist nur einer von vielen, die hier Geld abgeschöpft haben. Er war geradezu bescheiden und hat sich nur um ein paar 100 Millionen bereichert, andere haben Milliarden abgegriffen.

Die westlichen Konzerne haben da, wo sie konnten, Werte abgeschöpft. Mit PSA-Verträgen – also Production Sharing Agreements – sicherten sie sich Bodenschätze. Sie „investierten" in die Anlagen und bekamen dafür Schürfrechte. Sie blähten die Kosten dann aber derartig auf, dass nur 20 oder 25% der Einnahmen beim Staat landeten, den Rest kassierten die Konzerne.

Und wie ging es Ihnen persönlich?
Ich habe gut gelebt. Von meinem Gehalt in leitender Position konnte ich mir alles leisten. Es gab ja alles, man musste es nur bezahlen können.

Man bekam alles – auch während der Staatspleite 1998?
Im Prinzip ja – nur eine Woche lang war es damals auch für mich schwierig, da die Läden leer waren. Ich habe einen ganzen Sonntag damit verbracht, eine Rolle Klopapier aufzutreiben. Obwohl ich über ausländische Währung verfügte.

Als der Staat – aufgrund der massiven Überschuldung – auf einmal „pleite" war und es keinen Kurs mehr gab, zu dem man Rubel tauschen konnte, waren die Geschäfte leergefegt. Niemand wusste, zu welchem Preis er Waren nachkaufen musste. Als es nach gut einer Woche wieder einen Kurs gab, war alles fünfmal teurer geworden. Die Gehälter wurden aber nicht erhöht, sie wurden nicht einmal pünktlich gezahlt. Viele Menschen mussten bis zu einem halben Jahr auf ihre Gehälter warten. Damals kursierte ein Witz, der die Lage hervorragend auf den Punkt brachte: „Unterhalten sich zwei Direktoren. Sagt der eine zum anderen: Kommen deine Leute auch noch zur Arbeit, obwohl du sie seit Monaten nicht bezahlt hast? Antwortet der andere: Ja, alle. Vielleicht sollten wir Eintritt nehmen."

Wie gingen die Menschen damit um?
Es war für alle sehr hart. Viele konnten sich kaum oder nur ganz einfach ernähren. Es war kurzfristig fast schlimmer als Anfang der 90er. Damals gab es wenig, es gab Lebensmittelkarten, es ging aber eher langsam bergab. 1998 kam die Krise für die normalen Menschen über Nacht – wir in der Finanzbranche hatten es alle erwartet. Wir bekamen unser Gehalt weiterhin in Dollar ausgezahlt und konnten nach dieser ersten Chaos-Woche normal weiterleben. Für den einfachen Russen wurde es richtig hart. Bei vielen Familien gab es nur Kartoffeln oder Nudeln, weil das Geld nicht für etwas anderes reichte. Die Kriminalität war wieder enorm hoch – sehr viel größer als heute. Das Land lag am Boden und kam erst langsam wieder in Gang. Und dieser Aufstieg ist für die Russen zeitlich eindeutig mit der Person Wladimir Putin verbunden.

Kann man sagen, dass die positive Wirtschaftsentwicklung mit der Präsidentschaft begann?
Definitiv. Ich versuche es mal mit einer stark vereinfachten Beschreibung – mit dem Thema lassen sich Bücher füllen. Als Präsident Putin an die Macht kam, hat er die Mafia in die Schranken gewiesen. Mancher Mafioso bekam einen Herzinfarkt. Die Oligarchen standen vor der Wahl: Entweder ihr zahlt korrekte Löhne und Steuern oder ihr bekommt ein Problem. Es war ja nicht möglich, die radikalen Privatisierungen der Jahre vorher rückgängig zu machen. Das hätte zu neuem Chaos geführt und dringend notwendige

Investitionen aus dem Ausland aufgrund der Rechtsunsicherheit verhindert. Also zog man einen Strich unter das, was geschehen war, und pochte auf die konsequente Einhaltung der Regeln. Wer sich daran hielt, machte in Russland weiter sehr gute Geschäfte.

Mit der Beendigung der PSA-Verträge 2003 – was im Westen für großen Ärger sorgte – blieb dann auch endlich das Geld wieder im Land. Die westlichen Konzerne wurden nicht enteignet, ihnen wurde einfach die Einnahmequelle entzogen, die über rund zehn Jahre intensiv gesprudelt hatte. Man hatte die Investitionen sicher um ein Vielfaches bereits wieder hereinbekommen. 70 bis 80% der Einnahmen waren ja den Konzernen zugutegekommen, die keine neuen Ölquellen erschlossen, sondern nur Bestehendes modernisiert hatten.

Damit war Präsident Putin endgültig nicht mehr everybody's Darling im Westen – aber in Russland wurde er immer beliebter. Nicht nur, dass es den Menschen wirtschaftlich spürbar besser ging – auch die Kriminalität ging zurück. Dass die Polizisten ihre angemessenen Gehälter regelmäßig ausgezahlt bekamen, hat dazu beigetragen, dass die Situation sich gedreht hat.

Wie verhält sich die Polizei denn jetzt?
Die Polizei wurde reformiert. Es gibt keine Willkür mehr wie in den 90er Jahren. Heute müssen Polizisten erklären, warum sie jemanden anhalten und befragen wollen. Sie müssen sich vorstellen und ihren Dienstausweis zeigen und begründen, warum sie zum Beispiel eine Ausweiskontrolle machen wollen. Sie müssen konkret sagen, was der Grund dafür ist, eine bestimmte Person nach dem Ausweis zu fragen. Dazu gibt es lustige Videos in Russland, da fast jeder Russe eine Kamera im Auto hat. Da wird auch gefilmt, wenn Polizisten jemanden wegen einer Geschwindigkeitsübertretung anhalten. Und manche Autofahrer machen sich einen Spaß daraus, ihre Rechte bis zum letzten auszureizen, bevor sie ihre Papiere vorzeigen. Da gibt es manch einen witzigen Dialog zu sehen.

Russische Polizisten sind heute aus meiner Sicht schon fast erschreckend höflich und zurückhaltend. Ich habe mal einer Schlägerei zugeschaut, bei der auch Polizisten anwesend waren. Sie haben die Streithähne schnell getrennt und dann sehr lange mit Engelsgeduld versucht, den aggressiven jungen Mann zu beruhigen und zu deeskalieren. Erst als alles nicht half, haben sie ihn ohne Gewaltausübung verhaftet: Hände auf den Rücken, Handschellen an und ab in den Wagen. Wer Großveranstaltungen wie Scarlet Sails in St. Petersburg beobachtet, bei denen Millionen Menschen auf der Straße sind, erlebt eine entspannte und freundliche Polizei. Es gibt Sonderkommandos, die parken in den Nebenstraßen, aber sie fallen nicht auf. Sie sind nur sofort da, falls es nötig sein sollte.

Zurück zur wirtschaftlichen Entwicklung – wie verlief diese in der „Ära" Putin?
Eigentlich kontinuierlich positiv – mit „Dellen" während der Finanzkrise und zu Beginn der Sanktionen. Aber wenn man sich das russische BIP anschaut: Es ging in steiler Kurve

bergauf, nachdem Putin Präsident wurde, und das schlug sich in den Portemonnaies der Menschen nieder. Auch auf der Straße konnte ich das beobachten. In den 90ern sah man Wolgas und Ladas, die Nobelmarken waren die absoluten Ausnahmen der Reichen. Seit 2008 fuhren in St. Petersburg immer mehr KIAs, später kamen VW und andere westliche Fahrzeuge hinzu, da immer mehr Autofirmen aufgrund der gigantischen Importzölle begannen, Fabriken in Russland zu eröffnen. Nach und nach wurde St. Petersburg in Bezug auf Autos eine Großstadt wie jede andere.

Die Mittelschicht entwickelte sich ebenfalls sehr gut. In den letzten 20 Jahren hat Russland eine wachsende Mittelschicht zu verzeichnen, im Gegensatz zum Westen, wo diese immer dünner wird und immer mehr Menschen in Armut geraten. Das kann ich im eigenen Umfeld sehen. Fast alle Freunde, mit denen ich unterwegs bin – junge Leute ebenso wie Menschen meines Alters und auch ältere –, fahren ein bis zwei Mal im Jahr auf Urlaub. Ich rede von ganz normalen Menschen mit ganz normalen Jobs, nicht von ehemaligen Kollegen im Management der Finanzbranche.

Es gab Einbrüche während der Finanzkrise 2008. Waren diese heftig zu spüren?
Für Menschen, die die frühen 90er Jahre oder die Staatspleite 1998 mitbekommen haben, verlief die globale Finanzkrise 2008 eher entspannt. Natürlich gab es Rezession – wie überall. Die Firmen mussten Kosten senken, die Gehälter sanken. Die Wirtschaft hat „aufgeschrien" – aber letztlich hat es nur wenige erwischt. Das war nicht vergleichbar mit den Krisen vorher, in denen alle massiv belastet waren. Darüber hinaus war es ein Weckruf, gegenzusteuern und das Land wirtschaftlich unabhängiger zu machen.

Von welchen Maßnahmen sprechen Sie?
Die Regierung sorgte dafür, dass Russland weitestgehend schuldenfrei ist, Russland hat kaum Staatsschulden. Die Währungsreserven lagen 2018 bei umgerechnet rund 468 Milliarden US-Dollar, in Deutschland unter 200 Milliarden. Auch die Goldreserven wachsen. In den letzten Jahren ist die russische Zentralbank der größte Goldkäufer weltweit. Seit den Sanktionen wurden die Maßnahmen nochmal deutlich verstärkt.

Waren die Folgen der Sanktionen 2013/2014 im Land stark zu spüren?
Nur kurzfristig. Letztlich haben sie sich sogar positiv auf die Entwicklung Russlands ausgewirkt. Ein typisches Beispiel ist der Schimmelkäse: Als Antwort auf die Sanktionen gab es Gegensanktionen – die Lebensmittelimporte aus Europa wurden beschränkt. Es gab also keinen Schimmelkäse mehr. Heute kann Russland Käse exportieren – und die Russen haben gelernt, selbst Schimmelkäse herzustellen, den es früher gar nicht gab, und er schmeckt ausgesprochen gut.

Aufgrund der Ukrainekrise hat sich Russland gezwungenermaßen weiter vom Westen abgekoppelt. Man hört nicht selten: „Danke, dass ihr uns sanktioniert habt, so waren wir endlich gezwungen, unsere eigene Produktion aufzubauen." Nach meinen

Beobachtungen hat die Regierung unter Putin jahrelang mit Steuerförderung versucht, die Abhängigkeiten vom Öl- und Gasexport durch Diversifizierung in Industrie und Landwirtschaft zu verringern, aber nichts funktionierte. Dank der Sanktionen war man gezwungen zu handeln – und siehe da: In allen Bereichen geht es bergauf – und die Importe aus dem Westen sind immer weniger erforderlich.

Wirklich schmerzhaft waren eigentlich nur die Finanzsanktionen: Die mittel- und langfristigen Finanzierungen fielen weg und mussten aus den Reserven finanziert werden. Der Verfall des Ölpreises auf 30 $ führte zum Absturz des Rubels, aber das konnte man abwarten, da die USA ja selbst auf einen Mindestpreis von 50 $ angewiesen sind, weil das Fracking-Öl und -Gas der USA in der Förderung so teuer ist, das ansonsten nicht rentabel wäre.

Russland hat aber auch daraus gelernt und plant meines Wissens – bei einem aktuellen Ölpreis von 60 $ – seinen Staatshaushalt auf Basis eines Ölpreises von 40 $. So ist man vor bösen Überraschungen gefeit. Die Finanzreserven werden konsequent weiter aus-, die Abhängigkeiten und Schulden konsequent weiter abgebaut. 2018 begann die „Entdollarisierung der Wirtschaft". Das war keine Idee der Russen, aber man will sich absichern. Die Dollarbestände bei der Zentralbank wurden 2018 fast halbiert – und das geht weiter. Dafür wurde die Zusammenarbeit Richtung Osten – also mit China – deutlich ausgebaut. Mein Eindruck ist, die Russen wollen das nicht – aber sie müssen, weil die USA durch die Sanktionspolitik andere Länder dazu zwingen, sich Alternativen zum Dollar zu suchen. Ein Zitat von Putin, das meines Wissens kaum jemand im Westen kennt, drückt das sehr deutlich aus: „Die Amerikaner schießen sich mit ihrer Politik nicht ins eigene Knie, sie schießen etwas höher."

Aus Ihrer Sicht ist die aktuelle wirtschaftliche Situation also positiv?
Arbeitnehmer haben aus meiner Sicht keine Probleme. Die Lage ist insgesamt stabil. Jeder meckert natürlich, dass er zu wenig Geld hat – aber alle meine Freunde planen ihren zweiten Urlaub. Last Minute in die Türkei steht hoch im Kurs. Man geht vielleicht nachts nicht mehr so oft auf Tour, aber fürs Auto, die Wohnung und den Urlaub reicht es. Normalverdiener kommen gut über die Runden.

Rentner sind in Russland – genauso wie in Deutschland – nicht so gut dran. Ich habe mal das Einkommen eines Rentners aus Hamburg mit dem eines Pensionisten in St. Petersburg verglichen. Nach Abzug aller Kosten sind die Einkommen in beiden Fällen gleich schlecht. Von 1.000 Euro Rente bleiben einem deutschen Rentner in einer Großstadt nach Abzug von Festkosten wie Miete, Versicherung, etc. ca. 200 Euro zum Leben, beim durchschnittlichen Rentner hier in Petersburg sind es ca. 180 Euro. Die Russen sind am Ende nicht schlechter dran – in den Städten zumindest. Die Rentenerhöhungen liegen immer über der Inflation, insgesamt ist die Armut von 50 % auf 10 % russlandweit gesunken. Natürlich gibt es Altersarmut auch in Russland, aber in Russland wird es besser, während es in Deutschland nur bergab geht. Gleiches gilt nach allem, was ich aus Deutschland höre, auch für die medizinische Versorgung. In Russland wurde 2018 das Renteneintrittsalter angehoben. In vier Jahren muss man als Frau mit 60 und als Mann mit 65 in Rente gehen. Dagegen wurde lautstark protestiert, wie man auch in den westlichen Medien lesen konnte. In Deutschland würde man sich vermutlich freuen, nicht mehr so lange arbeiten zu müssen. Da liegt das Renteneintrittsalter zukünftig ja bei 67.

Was in Russland gut funktioniert, ist die Familien- bzw. Kinderförderung. Man will die Demografie in den Griff kriegen und hat bereits eine positive Geburtenrate erreicht. Es gibt das Mütterkapital – ab dem zweiten Kind –, das zweckgebunden für das Kind oder als Eigenkapital zur Finanzierung von Immobilien zur Verfügung gestellt wird. Kinder werden ganz bewusst geschützt. Hat man ein Kind in seiner Wohnung angemeldet, darf man diese nicht verkaufen ohne nachzuweisen, dass sich das Kind wohnraumtechnisch nicht verschlechtert. Überspitzt gesagt: Man kann seine Wohnung nicht zulasten der Kinder versaufen.

Auch arme Menschen haben in Russland ein Dach über dem Kopf – wenn auch in manchen Fällen ein sehr ärmliches. Aktuell werden die uralten Plattenbauten aus der Chruschtschow-Zeit abgerissen und die Eigentümer der Wohnungen kostenlos in Neubauten umgesiedelt. Das ist schon etwas anderes als die Gentrifizierung großer Wohngebiete in Deutschland. Zumindest in Moskau und St. Petersburg finde ich nur wenige Obdachlose und Bettler auf der Straße. Komme ich nach Hamburg, sehe ich viel mehr Armut auf den Straßen.

Natürlich ist auch Russland heute eine kapitalistische Gesellschaft. Aber der Sozialstaat ist in der Verfassung verankert und man versucht, entsprechend zu agieren. Nicht zuletzt, um nicht durch die Bevölkerung abgewählt zu werden – und die Wahlergebnisse zeigen immer wieder, wie gut die Bemühungen bei der Mehrheit der Bevölkerung ankommen.

Jetzt würde ich mich noch über einige kurze Einschätzungen zu einigen Reizthemen freuen, die in westlichen Medien besonders diskutiert werden. Was sagen Sie zur mangelnden Presse- und Meinungsfreiheit?
Das, was man in westlichen Medien liest, ist einfach Quatsch. Punkt. Es gibt eine breite oppositionelle Presse und die wird auch intensiv gelesen. Die regierungskritischen Medien in Russland haben eine deutlich höhere Reichweite als die Alternativmedien in Deutschland. Auf meinem Blog habe ich mal eine ausführliche Analyse dazu gemacht.

Gesellschaftliche Spaltung?
Die erlebe ich in Russland nicht. Ich sehe keine Spaltung der Gesellschaft, da es keine „political correctness“ wie im Westen gibt. Man kann jede Meinung haben – in Deutschland wird man für vieles schon schief angeguckt, in Russland geht man gemeinsam

einen trinken. Zu meiner Clique gehören zwei Frauen. Eine ist homophob, die andere Lesbe. Für keine von beiden ist das ein Grund sich zu streiten. In Russland gibt es keine „Kampfbegriffe". Man findet die Haltung des anderen zu einem Thema vielleicht nicht gut, aber das Bier, der Wein oder der Kaffee schmeckt trotzdem zusammen.

Staatliche Unterdrückung?

In meinen Augen ist Russland heute viel mehr Rechtsstaat als Deutschland. Ich kenne keinen Fall aus den letzten Jahren, wo jemand wegen politischer Meinungsäußerung eingesperrt wurde. Es stand immer ein Verbrechen dahinter – sei es Steuerhinterziehung, sei es Terror, sei es eine unangemeldete Demonstration. Nehmen wir doch den Fall des Regierungskritikers Nawalny. Er wird immer wieder mal verhaftet – und freigelassen. Warum? Weil er unerlaubte Demonstrationen durchführt. Was passiert in Deutschland, wenn man zeitgleich zu einer offiziellen Veranstaltung eine unangemeldete Demo am gleichen Ort organisiert? Man wird verhaftet und angezeigt. Genau das passiert mit Nawalny. Der Unterschied ist, dass es in Deutschland eine Straftat ist, für die man jahrelang ins Gefängnis kommen kann. In Russland ist es eine Ordnungswidrigkeit wie Falschparken, man bekommt eine Geldstrafe. Erst im Wiederholungsfall kann es bis zu 30 Tage Ordnungshaft geben, aber man geht am Ende ohne Vorstrafe nach Hause. Darum kann Nawalny das Spiel ja auch immer wieder spielen, im schlimmsten Fall bekommt er eine Geldstrafe und 30 Tage Ordnungshaft, mehr passiert nicht. Und da er provozieren will, macht er das immer wieder. Und wird dafür von den westlichen Medien als Held gefeiert. Der Fall Ivan Golonov ist ein anderes Beispiel, das in der westlichen Presse als Unterdrückung freien Journalismus' angeführt wurde. Dabei handelte es sich um einen Fall lokaler Korruption im mittleren Beamtenapparat. Als diese offensichtlich war, wurde nicht nur ein Ermittlungsverfahren eingeleitet, sondern auch der Polizeichef gefeuert. Davon las man dann aber kaum mehr was in der deutschen Presse. Ich warte immer noch auf einen konkreten Fall aus den letzten Jahren, wo jemand ausschließlich aufgrund seiner politischen Äußerungen Probleme bekam. Dem gehe ich sofort nach. Mir ist zumindest nichts bekannt.

Die einzige Ausnahme ist Volksverhetzung, darunter fallen religiöse Beleidigungen und Verherrlichung der Nazis. Bei so etwas wie den Mohammed-Karikaturen geht man in Russland wegen Volksverhetzung ins Gefängnis. Das ist der für alle transparent definierte Rand der Meinungsfreiheit – nicht zuletzt, weil Russland ein multikulturelles und multireligiöses Land ist, das religiöse Unruhen im Inneren verhindern will.

Korruption?

Korruption gibt es noch – auch wenn man versucht, sie zu bekämpfen. Russland war seit den Zaren immer ein korruptes Land. Und wie will man mit einem korrupten Beamtenapparat einen korrupten Beamtenapparat bekämpfen? Das ist ein langer gesellschaftlicher Prozess, da ja auch diejenigen profitieren, die die Beamten bestechen. Es ist angenehmer, für 50 Euro nur eine Stunde statt einen Monat auf eine Genehmigung zu warten. Aber die Fortschritte sind sichtbar. Die alltägliche Korruption auf der Straße ist vorbei. Die Beamten sind sehr vorsichtig geworden. Und mit der Digitalisierung der Behörden hat Russland jetzt einen Weg gefunden, die Korruption weiter zurückzudrängen, denn es wird schwer, für etwas „im Hinterzimmer" Schmiergeld zu nehmen, wenn alles online und transparent geschieht. Man geht mit Riesenschritten an die Digitalisierung der Verwaltung. Aber ja, die Korruption ist noch ein großes Problem in Russland.

Homophobie?
Das lässt sich ganz einfach beschreiben: Vor Kindern ist es verboten, Homosexualität als etwas Positives anzupreisen, im Gesetz heißt es, es ist verboten, „Homosexualität vor Minderjährigen zu propagieren". Ansonsten kann jeder machen, was er will. Russland ist in dieser Hinsicht deutlich konservativer als der Westen. Es fehlt das Verständnis, warum Homosexuelle eine Ehe schließen sollen, da diese doch der Zeugung der Kinder gewidmet ist. In St. Petersburg gibt es unzählige Homo-Bars. Die Szene ist sehr aktiv und mancher Westler würde tief Luft holen, wenn er wüsste, was sich in den Dark Rooms abspielt. Ein westlicher Bekannter von mir ging mal mit einem Petersburg-Besucher in ein derartiges Etablissement hinein – er hatte die Lokalität bis zu dem Zeitpunkt immer nur in Begleitung von Frauen besucht, was kein Problem ist, dann ist es lustig dort. Aber zwei Männer alleine, die werden massiv angebaggert. Jedenfalls kamen die beiden ziemlich panisch wieder heraus.

Oligarchen?
Die Oligarchen Russlands haben die gleiche Position wie die Familien Springer, Mohn, Albrecht oder Quandt. Ihnen gehören die Firmenimperien, sie sind gut vernetzt und haben großen Einfluss auf das, was in Politik und Wirtschaft passiert. Aber ich bin überzeugt, die Oligarchen in Russland zahlen – da sie sich heute an die Regeln halten müssen –, mehr Steuern als Amazon & Co in Deutschland.

Zum Abschluss noch eine persönliche Frage: Wie wurden Sie vom Vorstandschef einer Versicherung zum politischen Autor? Sind Sie aus politischen Gründen ausgestiegen?
Nein. Ich habe zuerst gemerkt, dass es wenig Spaß macht, 20 Tage im Monat auf Dienstreise zu sein, aber von den vielen Nullen auf dem Konto eigentlich nichts zu haben. Es war spannend, aber ich hatte keinerlei Privatleben mehr. Geld macht einfach nicht glücklich. Und ich wollte unbedingt nach St. Petersburg, die Stadt ist umwerfend – wie du ja weißt. Daher entschied ich mich zuerst einmal für Lebensqualität. Politisch aktiv wurde ich erst später.

Mir wurde anhand der Ukraine-Berichterstattung erschreckend bewusst, dass ich seitens der westlichen Medien massiv belogen wurde. Nachdem ich ja seit Jahren Russisch beherrsche und die Medien verfolgen kann, konnte ich die massiven Diskrepanzen zwischen der Berichterstattung in Deutschland und den tatsächlichen Vorgängen sehen. In der Vergangenheit dachte ich, aufgrund meiner Hobbys Politik und Geschichte gut informiert zu sein. Und dann merkte ich, dass das eine Illusion war. Die mediale Kriegshetze gegen Russland, die Aufrüstung im Westen und die teilweise eklatante Ignoranz, was die russische Sicht angeht, haben mich motiviert, mit Schreiben anzufangen.

Ich habe mein Hobby zum Beruf gemacht, „arbeite" fast jeden Tag 12 Stunden und genieße es – auch wenn ich nur einen Bruchteil von dem verdiene, was ich früher als Führungskraft in der Finanzbranche einnahm. Von Spenden, der Werbung auf meinem Blog und den Buchverkäufen kann ich fast leben. Aber Geld war ja nie die Motivation. Ich möchte, dass mehr Menschen ihre medial gesteuerten Vorurteile Russland gegenüber abbauen. Darum übersetze ich immer wieder die Originalreden russischer Politiker oder wichtige Artikel aus russischen Medien. Nur wenn man beide Seiten kennt, hat man überhaupt eine Basis, sich eine eigene Meinung bilden zu können.

St. Petersburg — Foto: Privat

Thomas Stimmel: Die frische Sicht in Person

Andrea Drescher

Foto: Privat

Thomas Stimmel ist laut Antifa ein „verhaltensauffälliger Migrant, der mit Nazis kuschelt". Für den 1985 gebürtigen Münchner, Sohn eines kanadischen GIs, der in der US-Armee diente, und einer Deutschen, ist das ein eigenartiger Vorwurf. Zeit seines Lebens war er aufgrund seiner dunklen Hautfarbe Ziel rassistischer Übergriffe – jetzt kuschelt er mit den Tätern? Auch heute wohnt der ausgebildete und international erfolgreiche Opernsänger, Kunstfotograf und Publizist mit Freundin und Sohn im Raum München. Er spielt aber mit dem Gedanken, weiter raus aufs Land zu gehen. Dort will er sich aber nicht aus der Welt zurückziehen – im Gegenteil. Nach erfolgreichem Start seines Presseportals „Frische Sicht" hat er sich noch sehr viel ambitioniertere Ziele gesetzt.

Wir kennen uns ja persönlich, bleiben wir also beim Du?
Natürlich!

Als Opernsänger und Künstler bist du nicht der klassische politische Aktivitist. Seit wann engagierst du dich?
Ich bin bei Themen, die mich bewegen, schon immer aktiv. Ich war lange in der „Initiative schwarzer Menschen in Deutschland" dabei oder habe mich im Zuge meiner klassischen Musikkarriere mit der Literatur von afrikanisch-stämmigen Komponisten beschäftigt, die aufgrund ihrer Hautfarbe vergessen wurden. Meine Diplomarbeit beschäftigte sich mit dem Thema „Apartheid in der klassichen Musik". Durch Musik und Fotografie habe ich spannende Länder erleben dürfen – ganz oben Äthopien und Pakistan – und versuche seitdem, das Erlebte in mein Leben zu integrieren. In dem Sinne sehe ich mich auch nicht als Aktivisten sondern als neugierigen, an unterschiedlichen Kulturen interessierten Menschenfreund, der ein großes Bedürfnis nach Austausch, Fairness, Ehrlichkeit und Gerechtigtkeit hat.

Aber jetzt gehst du mit Nazis auf eine Demo? Du weißt, ich meine die Querdenken-Demos am 1. und 29. August in Berlin.
Als Journalist schaue mir alles an, bin weit entfernt von Schubladendenken und möchte Dinge selbst wahrnehmen, um mir ein eigenes Bild zu machen.

Also konkret: Waren viele Nazis in Berlin?
Eigentlich nicht. Ich habe dafür alles andere gesehen. Mitglieder der jüdischen Gemeinde, Menschen der LGBTQ-Szene, auch Hippies waren vertreten. Ich sah viele junge Familien, Muslime, sprach mit anderen Afro-Deutschen und Menschen aus aller Herren Länder.

Keine Nazis?
Ich habe Reichsbürger an den Botschaften gesehen, wusste aber, dass es sich dabei um eine andere Demonstration handelt, da ich mich natürlich vorab informiert hatte, wie man das von einem Journalisten erwarten kann.

Du wusstest also mehr als die Polizei?
Anscheinend. Ich habe mir das bewusst als Journalist angesehen. Ich habe allerdings beobachten müssen, dass offensichtlich rechts aussehnde Menschen an einem Seiteneingang während der Einkesselung auf der Friedrichstraße in den Kessel reingelassen wurden, einer nachfolgenden jungen Frau mit Kindern der Zutritt aber verweigert wurde.

Was verstehst du unter „rechts aussehend", wie erkennt man einen Rechten?
Ich bin aufgrund meiner eigenen Erfahrungen leider sehr geschult, T-Shirts mit einschlägigen Aufdrucken sofort wahrzunehmen. Es gibt bestimmte Marken, die in rechten Kreisen bevorzugt getragen werden. Derartige Klamotten fallen mir direkt auf, weil ich ja aus genau diesen Kreisen immer mal wieder angegangen wurde.

Und diese Leute wurden in den Kessel gelassen?
Ja. Ich habe das mitgefilmt und alles auf meiner Webseite dokumentiert, habe Zeugen befragt und das Bildmaterial gespeichert. Ich war schon ziemlich verwundert, das zu beobachten. Meine Rücksprache bei der Polizei blieb aber ergebnislos. Angeblich waren diese Typen vorher schon da und hätten die Friedrichstraße nur kurz verlassen. Der Polizist sah sich auch nur als ausführendes Organ – ich solle mich an seinen Vorgesetzten wenden. Dessen Handynummer führte aber zu nichts, es wurde nicht abgehoben. Ich habe den unangenehmen Verdacht, dass man die Typen reingelassen hat, um entsprechende Bilder zu produzieren. Sie gingen nämlich direkt zur Spitze des Zuges, wo andere Pressevertreter ihre Fotos machten. Sie spazierten auch recht auffällig immer am Rand entlang – es waren 15, vielleicht 20 Personen, die immer auf- und abliefen.

Du warst aber nicht nur vor Ort, du hast auch vorab ein Video für die Demo gemacht.
Ja, das stimmt. Dafür habe ich u. a. mit Alexandra Wester, Joshiko Saibou, Schwarzweiss und Nana zusammengearbeitet. Im Video habe ich mich für eine kritische und unvoreingenommene Medienberichterstattung ausgesprochen. Das sollte ja eigentlich eine Selbstverständlichkeit sein – und darum bin ich auch hingefahren.

Du hast selbst keinerlei rassistische oder rechte Erfahrungen mit Querdenken gemacht?
Definitiv nicht. Wäre ich rassistisch angegangen worden oder wäre die Demonstration in irgendeiner Form „rechts" gewesen, hätte ich das dementsprechend publiziert. Da bin ich ganz konsequent. Und obwohl ich meine journalistische Tätigkeit dort korrekt und sauber ausführte, bezeichnete mich im Nachgang die Antifa als „verhaltensauffälligen Migranten, der mit Nazis kuschelt". Aber viele Menschen, die sich Corona-kritisch äußern bzw. den Themenkomplex kritisch journalistisch bearbeiten, haben ähnliche Erfahrungen gemacht. Saibou hat z. B. seinen Vertrag verloren wegen angeblicher Gefährdung seiner Mannschaft, einer Begründung, die nicht stichhaltig sein kann, da zu dieser Zeit weder Trainings noch Spiele stattfanden.

Kann man als Journalist objektiv über eine Veranstaltung berichten, für die man ein Werbe-Video macht? Ist man da nicht bereits im Vorfeld positioniert?
Ich positioniere mich für Meinungsfreiheit, einen sauberen Diskurs und Rechtsstaatlichkeit. In dem Video habe ich mich als Journalist dafür ausgesprochen, dass kritisch und sauber berichtet wird. Nicht mehr, aber auch nicht weniger.

Seit wann arbeitest du als Journalist?
Foto-Essays und Videos mache ich schon seit einigen Jahren. Ich war Markenbotschafter für einen großen Kamerahersteller, der mir aufgrund meines Presseberichts über den 29.08. jetzt die Zusammenarbeit gekündigt hat. Das ist zwar kein großer finanzieller Verlust, aber die Tatsache, dass ich als Fotojournalist dort tätig war und nicht negativ berichtet habe, hat gereicht, um rausgeschmissen zu werden. Man unterliegt also bereits einer Kontaktschuld, wenn man seine Rolle als Journalist wahrnimmt und „sauber" berichtet. Das ist schon ziemlich eigenartig. Ich habe dem PR-Chef der Firma jedenfalls sehr deutlich meine Meinung gesagt.

Und mit Ungerechtigkeit kommst du nicht klar?
Richtig. Ich habe aufgrund meiner Hautfarbe sehr viel Negatives erlebt – Ungerechtigkeit ertrage ich nur sehr schwer. Ich bin mit meiner Großmutter aufgewachsen. Sie ist eine sehr starke Frau, die nicht nur sieben Kinder durchgebracht hat, sondern aufgrund ihres Glaubens während des Zweiten Weltkrieges im Widerstand aktiv war. Sie hat mir viele Werte mitgegeben. Ich bin zwar kein Freund der Institution Kirche, aber die Grundwerte haben mich geprägt. Ich habe meinen ganz eigenen Kompass, der sich auch durch meine Reisen, die Begegnungen mit besonderen Menschen entwickelt hat. Trifft man authentische Menschen, findet man den gemeinsamen Nenner sehr schnell: die Achtung voreinander, die Begegnung auf Augenhöhe.

Du bist vom Fotojournalisten in den politischen Journalismus gewechselt – dein neues Portal „Frische Sicht" präsentiert sich zumindest so. Sehe ich das richtig?
Jein – natürlich beschäftige ich mich mit politischen Themen. Aber mich bewegt ein grundsätzliches Interesse am Menschen. Ich möchte die Menschen hinter ihrer Fassade

kennenlernen, deren Beweggründe verstehen. Bei dem Thema Politik verhält es sich für mich ähnlich. Dieses Konstrukt, in welchem die Akteure berufsbedingt „Fassaden" aufrecht erhalten, gilt es aus meiner Sicht mit Neugier und Interesse wachsam zu hinterfragen und zu beleuchten. Ich möchte dadurch erreichen, dass Menschen beginnen, „um die Ecke zu denken" und ihre so wichtige Neugier wieder zu entdecken, die aus meiner Sicht bei vielen abhanden gekommen ist. Darum habe ich auch das Ziel auf der Homepage formuliert, mit der Plattform „einen Beitrag zur fundierten und kritischen Meinungsbildung der Gesellschaft zu leisten".

Neben Berichten zu Demonstrationen findet man dort Interviews mit Künstlern, Beratern des Robert Koch Instituts, Psychologen, Coaches und Artikel zu verschiedensten Themen – die ganze Bandbreite unserer Gesellschaft soll sich dort wiederfinden. Dass Politik derzeit im Fokus steht, ist natürlich der aktuellen Situation geschuldet. Ich lasse Menschen zu Wort kommen, die aus meiner Sicht nicht genug wahrgenommen werden.

Was hat dich motiviert, das Portal ins Leben zu rufen und und seit wann ist es online?
Das war immer ein Traum von mir, den ich dank Corona im April 2020 endlich verwirklichen konnte. Durch meinen Verlag, das Label und die Musik war ich zu eingespannt, es voranzutreiben. Die Coronakrise war der Katalysator, Dinge zu realisieren, die sonst nicht möglich gewesen wären. Die Musikszene ist seit Mitte März lahmgelegt. Mein nächstes Konzert findet vielleicht im Januar 2021 statt. Das ist aber nicht schlimm, ich habe mich ja bewusst für mehrere berufliche Standbeine entschieden. Zwar war die Musik immer der wesentliche Teil meines Einkommens, aber ich denke, es ist alles nicht umsonst. Dieser Irrsinn ist auch eine große Chance: Man lernt unfassbar tolle Menschen kennen.

Du sagst Irrsinn. Seit wann siehst du das so?
Als es am 16.03. in Freiburg bei der Generalprobe hieß: „Das Konzert findet nicht statt", wusste ich, es wird haarig. Es ist spannend zu sehen, was als systemrelevant und was als unwichtig kategorisiert wird. Das was Menschen verbindet – z. B. Kunst und Kultur – wird abgewürgt, das was nicht der Gesellschaft zuträglich ist, wird gefördert. Milliarden werden umverteilt, die Lufthansa wird mit Unsummen subventioniert, zahlt Dividenden an die Anteilseigner und die Mitarbeiter gehen in Kurzarbeit. Viele Unternehmungen, die der Gesellschaft nichts gebracht haben, profitieren. Sei es Amazon, Apple, Facebook oder Google – alle legen zu, während kleine und mittelständische Firmen, die bisher immer brav Steuern gezahlt haben, sterben. Das ist doch Irrsinn.

Und du versuchst dich diesem Irrsinn entgegenzustellen?
Ja. Ich möchte, dass mein Sohn in einer freien guten Welt aufwachsen kann, einer Welt, die nicht menschenfeindlich ist. Was starb als Erstes in dieser Krise? Kultur und Kunst, also das, was Menschen durch Krisen trägt. Ich wundere mich, dass so wenige Künstler aktiv sind. Es gäbe so viel zu tun.

Ich frage mich: Wie kann man Menschen in dieser verfahrenen Situation erreichen? Präsenz auf der Straße ist wichtig. Der Schweigemarsch in Berlin war ein geniales Format – es ist eben alles gesagt. Wir müssen empathisch sein, um die Menschen, die in die Angst getrieben wurden, wieder abzuholen. Das geht nur mit liebevoller Hartnäckigkeit – indem man Alternativen zeigt. Man muss die Absurditäten zeigen und keine direkte Konfrontation eingehen.

Wie willst du die Menschen denn erreichen?
Ich habe derzeit ein ziemlich herausforderndes Projekt in Vorbereitung. Ich möchte Medienschaffende, die in ihren Blasen eingeschränkt sind, zu einer Art alternativen ARD zusammenfassen. Wir müssen auch die gängigen Kommunikationskanäle jenseits des Internets bespielen. Also Radio und Fernsehen nutzen, aber als demokratische Institution, in der ein plurales Meinungsbild repräsentiert wird. Ich habe nicht nur erste Ideen, wie man es umsetzen könnte, sondern auch erste Partner, die mitarbeiten. Das ist alles gerade in der Findungsphase. Meine Vorstellung ist durch mein humanistisches Gymnasium geprägt. Der Name ist schon in meinem Kopf: „Nous".

Wofür steht das?
Es kommt aus dem Altgriechischen und bedeutet Geist, Intellekt, Verstand, Vernunft. Nous ist auch das Vernehmen des schöpferischen Geistes im Bewusstsein, aber nicht dieser selbst. Andererseits hat man auch die französische Lesart – nämlich ganz einfach „Wir". Unter diesem Dach möchte ich Kunst, Kultur, Informationen und Dokumentationen zusammenfasssen. Wenn die zahlreichen, erfolgreichen alternativen Redaktionen sich da einbringen, als Menschen zusammenfinden, kann es klappen. Wichtig ist, dass es Kollegen sind, die genau wie ich den Anspruch haben, journalistisch sauber zu arbeiten. Gemeinsam kann man dann sehr viel mehr Menschen erreichen.

Mein Wunsch wäre es, z. B. Bhakdi und Drosten in ein Gespräch zu bringen. Widerstreitende Stimmen müssen aufeinandertreffen können, damit sich jeder selbst ein fundiertes Bild machen kann. Keiner hat die Wahrheit gepachtet. Unterschiedliche Positionen müssen gesehen und gehört werden, Debattenräume eröffnet werden. Es ist offensichtlicher denn je, dass – abgesehen von Ausreißern um 23:50 Uhr auf ARTE – nur Irrelevantes bzw. Einseitiges im Fernsehen kommt. Relevantes geht unter bzw. wird nicht gesendet. Wir haben keine unabhängigen Medien mehr. Das umzusetzen ist mein großer Traum.

Dafür braucht es aber sehr viel Geld.
Ja, das stimmt. Jetzt geht es hauptsächlich darum, viele Menschen ins Boot zu holen, denen an der Sache etwas liegt. Man muss die alternativen Qualitätsmedien an einen Tisch bringen – und eine meiner Stärken ist es, Menschen zusammenzubringen. Vielleicht bin ich ja naiv – aber ich glaube, dass es möglich ist. Also arbeite ich daran.

Viel Erfolg dabei – dir und uns allen, dass es gelingt!

Ute Dawson: Eine Recherche über eine mutige Frau

Jochen Mitschka

Foto: Privat

Wenn ein solcher Fall nicht zu einem Sturm der Empörung führt, muss man befürchten, dass Deutschland wieder auf einem sehr gefährlichen Weg ist.

Dies ist die Geschichte einer Frau, die jahrelang für eine soziale Einrichtung arbeitete, die sich aus Spenden, auch aus Teilen ihres Gehaltes, aber insbesondere aus Steuermitteln finanziert, und die vielen jungen Menschen half, Fuß in der deutschen Gesellschaft zu fassen. Die dann aber das Opfer eine hasserfüllten und bösartigen Mobbinggruppe wurde, vor der der Arbeitgeber in die Knie ging und sie im Stich ließ, ja sie unter äußerst unsozialen Bedingungen feuerte. Es ist aber auch die Geschichte eines Deutschlands des 21. Jahrhunderts, in dem die Spaltung der Gesellschaft, die Macht des medial Stärkeren und der Hass zu Werkzeugen wurden, um Konformismus zu erzwingen. Einen Konformismus, der beängstigende Parallelen mit Entwicklungen in der Vergangenheit aufweist. Man sagt, die Geschichte wiederhole sich nicht. Aber sie macht immer wieder gleiche Fehler.

Es war aufregend, den Spuren dieser Frau zu folgen. War sie eine Antisemitin, eine Rassistin, die ihre hässliche Fratze versteckt hatte? War sie eine Holocaustleugnerin, die rechtsextreme und verschwörungsmystische Ansichten verbreitete? Oder war sie die Frau, welche von Freunden beschrieben wurde als sozial engagiert, ihr ganzes Leben für andere zur Hilfe bereit gewesen, für Wahrheit und Frieden engagierte Frau, die nur einmal den Fehler gemacht hatte, ein in Deutschland politisch angeblich unkorrektes Video zu verbreiten, in dem ein Kind die Corona-Maßnahmen mit den Entwicklungen zum Dritten Reich verglichen hatte. Und war sie dann von der Gesellschaft in dem Moment im Stich gelassen worden, als sie einmal die Hilfe anderer bedurft hätte?

Die Familiengeschichte

Diesen Sommer wollte Ute eigentlich die Silberhochzeit mit Familie und Freunden auf einem Gelände bei St. Goarshausen feiern. Alle hatten sich gefreut, wieder einmal, wie vor vielen Jahren, mit Musik, Tanzen, Spielen und Lagerfeuer die über 30-jährige Liebe und Ehe zu feiern. Was dann aber wegen Corona abgesagt werden musste.

Ute hatte Guy vor 32 Jahren kennengelernt, und seine Musik hatte sie sofort in ihren Bann gezogen. Nachdem die erste Ehe mit drei Kindern in Frieden auseinandergegangen war, heiratete sie ihn und aus der Ehe gingen noch ein Sohn und eine Tochter hervor. Die fünf Kinder wurden zusammen groß und der Musiker ließ sich zum Altenpfleger ausbilden, um die finanzielle Situation zu verbessern. Ute arbeitete in unterschiedlichen Nebenjobs und zog die Kinder erfolgreich groß. Als das letzte Kind das Abitur erledigt hatte, beschlossen Ute und ihr Mann ein paar Jahre als Hauseltern in einer Camphill-Gemeinschaft in England zu leben.

„Die Camphill-Bewegung ist eine heilpädagogische Initiative, basierend auf den Prinzipien der Anthroposophie. Camphills sind sozialpädagogische Lebensgemeinschaften und Schulen, welche Unterstützung bieten in Bildung, Arbeit und im täglichen Leben für Erwachsene und Kinder mit Lernbehinderungen, psychischen Störungen oder anderen benötigten besonderen Förderungen.“[1]

Endlich konnte Ute die britischen Wurzeln ihres Mannes besser verstehen, als sie als Hauseltern auf eine Biodyn-Farm im Süden Englands bei Bournemouth zogen, hatte sie Freunden erzählt. In der Gemeinschaft lebten und arbeiteten Menschen aus aller Welt. Die „coworker“, wie die jungen Leute hießen, die jeweils für ein Jahr die Familien unterstützten, kamen aus Chile, Japan, Kasachstan, Amerika, Israel und auch aus Deutschland und Großbritannien.

Die Zeit in England

Aus dieser Zeit stammt die erste Aussage eines Zeitzeugen, den ich zu Ute Dawson befragte, um eine Art Psychogramm zu erstellen. Ich konnte den Kontakt aufnehmen mit Edilberto Restino, Soziologe und Politikwissenschaftler, aber besser bekannt als Filmregisseur. Mit 21 Auszeichnungen ist Restino einer der meistausgezeichneten Regisseure Großbritanniens. Ich fragte ihn, ob er sich an Ute Dawson erinnern würde und was ihre Rolle in der Gemeinschaft gewesen wäre. Er antwortete:

„Ich lebte und half mit, eine Gemeinschaft für Menschen mit Lernschwierigkeiten zu leiten, und Ute und Guy mit ihren beiden Kindern zogen ein, kurz nachdem ich ein Jahr lang dort war. Die nächsten zwei Jahre waren wir Nachbarn und Kollegen. Ich lernte, das Paar zu respektieren und sehr zu mögen. Sie waren die herzlichsten und freundlichsten Menschen, mit denen ich bis zu diesem Zeitpunkt hier im Vereinigten Königreich Kontakt hatte. Die Gemeinde liebte sie und vermisste sie sehr, als sie weggingen. Sie und Guy kümmerten sich um ein Haus mit Erwachsenen mit Lernbehinderungen, sie waren ihre zweiten Eltern.“

Ich fragte ihn dann, ob er irgendeine Art von Rassismus oder Antisemitismus an Frau Dawson bemerkt hätte. Daraufhin äußerte er sich sehr eindeutig: „Über Antisemitismus

1 https://de.wikipedia.org/wiki/Camphill → Kurzlink: ws1.eu/k/58

und Rassismus: Nein, sie hat keine Vorurteile. Viele Leute dachten damals, ich sei Araber, und weil der 11. September noch nicht lange her war, wurde ich hier in Großbritannien schlecht behandelt, da wir in der Nähe eines Dorfes lebten, in dem nur Weiße lebten. Als ich ankam, war es also sehr merkwürdig. Aber als sie ankamen, waren sie sofort diejenigen, die meine Freunde wurden. Sie stehen auch heute noch in Kontakt und fragen immer nach mir und meiner Familie."

Dann wurde ich konkreter und versuchte in Erfahrung zu bringen, ob Frau Dawson jemals etwas gesagt hatte, das Beziehungen zum Holocaust hatte. „Sie waren stets sozial und politisch korrekt, freundlich und ehrlich. Ich habe ein Drehbuch, in dem der Zweite Weltkrieg die dominierende Rolle spielt. Als wir uns unterhielten, gab sie mir einige Einblicke und hat den Holocaust nie geleugnet, ganz im Gegensatz dazu. Sie nimmt die deutsche Geschichte sehr ernst."

Dann erkundigte ich mich danach, ob Frau Dawson mit ihm über Verschwörungstheorien gesprochen hätte. Restino antwortete, dass dies niemals der Fall gewesen wäre. Als ich ihn dann nach seiner allgemeinen Meinung zu ihrem Charakter und ihrer Lebenseinstellung befragte, antwortete er: „Insgesamt ist Ute eine der liebenswertesten Personen, die ich hier im Vereinigten Königreich kennenlernen durfte. Sie und ihr Mann, Guy, machten für mich, meine Frau und meine Tochter die Zeit des Lebens in dieser Gegend zu einer viel besseren Erfahrung. Meine Frau hat Ute als eine ihrer schönsten Erinnerungen an die Gemeinschaft von Sturts Farm. Was könnte ich noch über ein so warmes Herz und eine so liebenswerte Frau sagen?"

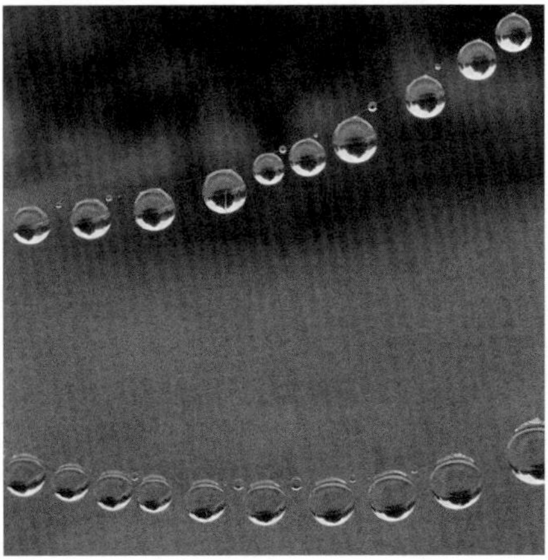
Foto: Lena Schukow

Nun ist die Zeit in Großbritannien bereits einige Jahre vorbei. Hatte sie sich vielleicht anschließend radikalisiert, geändert? Ich versuchte also in Kontakt zu treten mit ehemaligen KollegInnen.

Die KollegInnen

Schließlich kam ich in Kontakt mit Frau Simone Klein, eine ehemalige Erzieherin bei der Lebenshilfe, die einen eigenen Bioladen führte. Sie hat vier Kinder und ist inzwischen sogar Oma. Ich fragte sie, wie ihre Beziehung zu Frau Dawson war. Sie antwortete, dass sie zuerst vor zwölf Jahren als Kundin mit ihr bekannt geworden wäre, dann als Mitarbeiterin für den Bioladen gearbeitet hätte. Anschließend hätte Frau Klein in der Lebenshilfe als Vertretungskraft im Kindergarten der Organisation gearbeitet.

Ich fragte sie dann, ob Frau Dawson in ihrer Anwesenheit einmal rassistische oder antisemitische Bemerkungen gemacht hätte und ob sie jemals gehört hätte, dass Frau Dawson Zweifel am Holocaust geäußert hätte. Die Antwort war ein eindeutiges *NEIN*.

Dann fragte ich, wie die Einstellung von Frau Dawson zu Verschwörungstheorien wäre, ob sie dazu etwas sagen könnte. Die Antwort lautete: „Nein, von Verschwörungstheorien, wie einer Weltverschwörung für Impfung, hatte sie nie etwas verlauten lassen. Frau Dawson steht nur sehr kritisch dem Impfprogramm von Herrn Gates gegenüber und hinterfragt die Zusammenhänge auf die zukünftige Impfung gegen Corona und die Aussage von Frau Merkel: „Die Pandemie ist erst vorbei, wenn der Impfstoff da ist." Wie könne es sein, meinte sie, dass die Politik bestimmt, wann eine Pandemie vorbei ist?

Dann versuchte ich zu erfahren, wie die Haltung von Frau Dawson gegenüber den Maßnahmen der Bundesregierung im Fall der Corona-Pandemie nach Eindruck von Frau Klein war. Daraufhin erklärte Frau Klein, dass Frau Dawson die Meinung vertreten würde, dass die Corona-Politik nicht zu unserem Schutze dient und die Regierung so einen Weg gefunden hätte, Dinge durchzusetzen, die in einer funktionierenden Demokratie so eigentlich nicht möglich wären, z. B. die Einschränkungen der Grundrechte.

„Frau Dawson hat nie den Virus geleugnet, allerdings die Gefahr, die davon ausgehen soll, in Frage gestellt, ebenso die dazu getroffenen Maßnahmen, besonders die Maskenpflicht. Ihre Motivation dazu ist ganz klar, sie sorgt sich um das Wohl aller Kinder!"

Natürlich musste ich auch hier nachfragen, wie denn die allgemeine Einschätzung der Person Dawson war. Daraufhin wurde sie als integrer Mensch beschrieben: „Ein Mensch, in dessen Nähe man sich wohl fühlt und geachtet wird."

Dann hatte ich das Glück, Heike Michel kennenzulernen. Sie kannte Frau Dawson, seit sie vor neun Jahren bei der Lebenshilfe gearbeitet hatte, bis sie dort vor sechs Jahren aufhörte. Allerdings waren sie mit unterschiedlichen Aufgaben betraut gewesen. Frau Dawson hatte ihren behinderten Ehemann betreut, und während der Zeit eine enge Beziehung zu der Familie aufgebaut. Die Kündigung durch die Lebenshilfe würde eine große Lücke in das „Betreuungsloch" von Frau Michel reißen. Auf die Frage, ob Frau Dawson ihr gegenüber jemals rassistische Äußerungen gemacht hätte, antwortete sie wörtlich: „Niemals!" Das Gleiche sagte sie zu antisemitischen Bemerkungen oder zur Leugnung des Holocaust. Auf die übliche Frage nach der Impf-Weltverschwörung erklärte sie wörtlich: „Sie ist setzt sich dafür ein, dass die Impfpflicht in Deutschland nicht per Gesetz entschieden wird. Sie möchte, ihren wissenschaftlichen und medizinischen Recherchen zufolge, über die gesundheitlichen Folgen von Impfungen aufklären und somit jedem Menschen, jedem Erziehungsberechtigten hier eine persönliche Entscheidung einräumen".

Allgemein wurde mir Frau Dawson als eine sehr empathische Frau beschrieben, die ein großes Herz, besonders für Schwache hätte. Sie wäre sehr lebensfroh und von ihr würde ein Funken Freude auf alle überspringen, die mit ihr enger zu tun hätten. Sie würde offen ihre Meinung äußern, wäre sehr reflektiert und engagiert, besonders wenn es um den Schutz von Schwachen und Behinderten gehe. Dabei wären sie durchaus nicht immer einer Meinung gewesen. „Wenn sie für Themen brennt, dann voller Leidenschaft, die dann auch schon mal in vehemente Statements ausufert und von mir viel Toleranz und Verständnis forderten, manches Mal auch den Wunsch nach Information und Aufklärung."

Auf meine Frage, wie sich Frau Dawson zur Corona-Politik der Bundesregierung geäußert hätte, meinte Frau Michel, dass Frau Dawson ihr gegenüber geäußert hätte, dass sie der Meinung wäre, dass alle Themen, Maßnahmen und Einschränkungen rund um Corona unverhältnismäßig wären, uns Bürgern die Grundrechte rauben, und den Schwächsten, darunter besonders den Kindern, unnötige Leiden abverlangen würden. Frau Michel erklärte, entsetzt gewesen zu sein, wie „Nichtwisser" und „Fackbookler" das Leben von Frau Dawson und ihrer Familie zerstören würden, ohne sie überhaupt wirklich zu kennen.

Anonyme Aussagen

Die nächste befragte Zeugin wollte nur unter Anonymität mit mir sprechen. Nennen wir sie Susanne. Frau Dawson hatte im Kindergarten ihres Sohnes einmal pro Woche Englischunterricht über eine private Sprachschule gegeben. Und der Sohn wäre vollkommen begeistert gewesen, denn Frau Dawson hätte eine außerordentliche Gabe, Kindern mit Freude Wissen zu vermitteln, erzählte sie mir.

Inzwischen wurde aus dem Sohn ein Mann mit 18 Jahren, der demnächst sein Abitur ablegt. Aber der persönliche Kontakt zu Frau Dawson bestehe immer noch fort. Für den Sohn war der frühe Umgang mit Englisch die Möglichkeit, demnächst eine Prüfung für ein Sprachzertifikat der Universität Cambridge abzulegen, und damit in englischer Sprache studieren zu können. Ohne die „Grundsteinlegung" und das Erzeugen von Sympathie für diese Sprache, die von Frau Dawson gelegt worden wäre, so Susanne, wäre es vielleicht nicht dazu gekommen.

Auf die Frage, ob Frau Dawson Susanne gegenüber einmal rassistische Bemerkungen gemacht hätte, antwortete sie: „Niemals. Ich kenne Ute als sozial, weltoffen und tolerant allen Menschen gegenüber. Völlig undenkbar, dass von Ute jemals eine rassistische Äußerung käme." Da Gleiche gelte für antisemitische Bemerkungen. Und auf die Frage, ob Susanne jemals den Eindruck gehabt hätte, dass Frau Dawson Zweifel an der offiziellen Version der Holocaust-Beschreibung hätte, antwortete sie ganz entschieden: „Nein. Völlig absurd!"

Dann fragte ich zu der Einstellung von Frau Dawson zu Verschwörungstheorien im Bereich der Impfpolitik, ob sie jemals etwas von einer Weltverschwörung in Verbindung mit Impfungen gesprochen hätte? Die Antwort wörtlich: „Nein. Über das Thema kann man geteilter Meinung sein und Ute plädiert dafür, dass jeder für sich selbst darüber frei entscheiden können sollte. Das sehe ich auch so. Von ‚Verschwörung' war nie die Rede."

Susanne erklärte mir dann, dass Ute Dawson eine absolut soziale und integre Person wäre, die sich gesellschaftlich besonders für Behinderte und Schwache engagiere. Ihr besonderes Talent, Kinder aus schwierigen sozialen Verhältnissen zu unterstützen und zu begleiten, verdiene ihren absoluten Respekt.

Eine weitere Bekannte von Frau Dawson, die auch anonym bleiben will, erklärte mir: „Ich möchte nicht, dass mein Name erwähnt wird. Ich bin zwar vollkommen unpolitisch, habe aber keine Lust, ähnlich wie Frau Dawson behandelt zu werden." Sie erklärte, dass sie die Dawsons vor 12 Jahren kennengelernt hätte, als sie den Ehemann gebeten hatte, etwas Musik auf einem Familienfest zu arrangieren. Ute Dawson war als Gast eingeladen, und die Familienfeier wäre ein voller Erfolg geworden.

Niemals hätte Frau Dawson eine rassistische Bemerkung in der Anwesenheit der Zeugin gemacht. Es würde auch überhaupt nicht zu ihrem Charakter passen. Sie würde Menschen nicht nach Hautfarbe, sondern Charakter beurteilen. Auch irgendeine Verharmlosung des Nazi-Regimes oder des Holocaust kam niemals zur Sprache. Auf die Frage nach der Haltung von Frau Dawson zu Impfungen erinnerte sich die Zeugin, dass Frau Dawson erwähnt hatte, dass einige ihrer Kinder nicht geimpft worden wären und sehr zufrieden damit sind, weil sie niemals eine ernsthafte Krankheit entwickelt hätten. „Von einer Verschwörung hat sie in diesem Zusammenhang nie gesprochen."

Was die Corona-Auflagen der Regierung angeht, würde Frau Dawson die Maskenpflicht für Kinder als schädlich für Psyche und Physis der Kinder ansehen, weshalb sie die Masken für Kinder ablehnen würde.

Als ich nach der generellen Beziehung zu Frau Dawson fragte, erhielt ich folgende Antwort: „Frau Dawson ist freundlich und emphatisch. Sie liebt Kinder und möchte nur das Beste. Sie ist gerade heraus und sagt was sie denkt. Was nicht immer gut ist, wie man sieht. Ich bin nicht in allem ihrer Meinung, z. B. meine Kinder sind geimpft. Aber ich akzeptiere auch die Meinung anderer Menschen und es hat bei uns nie Probleme deswegen gegeben. Frau Dawson ist ein feiner, ehrlicher Mensch und ich bin froh, sie zu kennen."

Sprachnachrichten

Um einen Eindruck von der Angst und dem Konformitätsdruck zu geben, den die Corona-Spaltung, welche durch Politik und Medien in die Gesellschaft gebracht wurde, möchte ich hier den Transkript einer Sprachnachricht einer anonymen Kollegin von Frau Dawson wiedergeben. Die Auslassungen dienen der Anonymisierung, verfälschen aber nicht den Inhalt.

„Ich habe immer noch die naive Vorstellung, dass man das in einem Gespräch hätte irgendwie regeln können, aber dass sofort eine Kündigung ausgesprochen wird ... aber vielleicht ist das meine naive Vorstellung, wie die Welt so läuft oder wie sie zu laufen hätte ... Über deine Frage, ob ich dir nicht was schreiben kann, habe ich mir viele Gedanken gemacht. Und ich habe in der Woche auch drei- oder sogar viermal von dir geträumt. Das beschäftigt mich wirklich sehr. Ich glaube, wenn ich dir privat was schreibe, oder wenn ich es auch anonym schreiben würde, könnte mich das wieder in Teufels Küche bringen, weil ich ja aus meiner Funktion als Lehrkraft schreiben würde, und ich glaube, das ginge nur, wenn mein Dienstherr, also der neue Chef, das irgendwie absegnet. Und dann geht das wohl nur in Form eines Arbeitszeugnisses. Was ich aber herzlich gern schreiben würde. Also wenn du das anforderst bei der Lebenshilfe oder in der Schule, dann sag ruhig auch, dass du gerne hättest, dass die Kollegen, mit denen du zusammengearbeitet hast, auch ein paar Zeilen schreiben sollen. Ich schreibe dir dann das schönste Zeugnis der Welt. Das könntest du überall herumzeigen.

Wer auch immer da jetzt versucht dich fertigzumachen, das ist so fies und so ungerecht, dass da Leute irgendwas behaupten, was nicht stimmt, weil du warst ... immer tipp-topp in der Schule. Tipp-topp ist jetzt ein blöder Ausdruck. Aber da kann man dir überhaupt nichts anlasten. Du hast so toll gearbeitet und viel mehr gemacht, als du eigentlich hättest tun müssen. Du warst für jeden Schüler da, für jedes Anliegen. Ich denke da an die kleine (...), die sich dir so oft anvertraut hat. Und das war gar nicht dein Aufgabenbereich. Trotzdem hast du das angenommen und dich gekümmert und die Kinder haben sich bei dir angenommen gefühlt.

Ich empfinde das als ungerecht. Ich kann auf der anderen Seite natürlich Eltern verstehen, die irgendwie eine Facebook-Seite sehen und sich dann Gedanken machen, was läuft da in der Schule, was wird da an die Kinder vielleicht herangetragen, was die in ihrem Alter noch gar nicht so erfahren sollten, ganz klar ... verstehe ich da die Elternseite. Aber ja, das hätte sich in einem Gespräch klären müssen, dass du einfach sagst, das ist mein privates Ding, Diskussionen anstoßen, (...) und in die Schule trage ich das aber überhaupt nicht. Und das ist so schade, dass das nicht so deutlich geworden ist. (...)

Aber ganz offiziell schreiben, wie phantastisch du gearbeitet hast, vor Corona, während Corona und auch, nachdem die Schule wieder losgegangen ist, ich denke, das ist was ganz Offizielles, das nachher auch keiner anzweifeln kann, von den Leuten, die dich da fertigmachen, und es ist für mich auf jeden Fall auch der sichere Weg, dass mir nachher keiner sagen kann, ich hätte hintenrum was geschrieben."

Abschließend hieß es, dass die Anrufende sicher wäre, dass wenn es zu Meinungen der Lehrkräfte zu der Leistung von Frau Ute Dawson kommen sollte, *alle* Lehrkräfte einhellig nur Positives berichten würden.

In dieser Art liegen mir noch weitere Sprachnachrichten vor. Alle voller Entsetzen, Angst und Unverständnis, was da gerade passiert. Eine Transkription wäre jedoch zu verräterisch, könnte kaum anonymisiert werden. Der Versuch, von aktuellen Mitarbeitern eine Auskunft für die Reportage zu erhalten, verlief jedoch negativ. Auch anonym wolle man sich nicht dazu äußern.

Die Vorgeschichte

Frau Dawson erzählte mir, dass sie seit über zehn Jahren für die Lebenshilfe Rhein-Lahn arbeiten würde. Zuerst im Familien unterstützenden Dienst, dessen Leitung sie auch unter dem ehemaligen Geschäftsführer innehatte, sowie als Integrationskraft (Schulbegleitung) in verschiedenen Grundschulen. Diese waren immer sogenannte prekäre Arbeitsverhältnisse, weil die Integrationsmaßnahmen an das Schulhalbjahr gebunden waren.

Ganz im Einklang mit dem, was wir bisher von ihr hörten, erklärte sie, dass die Arbeit ihr trotz des geringen Gehaltes immer viel Freude gemacht hatte. Zu sehen, wie in Zusammenarbeit mit Lehrkräften und Erziehungsberechtigten oft traumatisierte und unruhige Kinder, viele mit ADHS-Diagnose, erfolgreich in eine Klassengemeinschaft integriert werden konnten, hätte sie sehr befriedigt.

Mit dem neuen amtierenden Geschäftsführer der Lebenshilfe hätte sich jedoch der Geist des Vereins gewaltig verändert. Vom einst sehr an den menschlichen Bedürfnissen der Klienten orientierten Stil wäre immer weniger zu spüren gewesen. Die Zahlen und Gewinne waren entscheidend, das Menschliche wäre immer mehr auf der Strecke geblieben. So wäre es in der Vergangenheit schon zu einer hohen Fluktuation gekommen, das Personal hätte immer häufiger gewechselt. Daraufhin, so Frau Dawson, hätte sie es vorgezogen, nur noch in den Schulen für die Lebenshilfe zu arbeiten, obwohl von ihrem Stundenlohn fast die Hälfte an den Verein ging.

Das Jahr 2020 hätte ganz normal mit ihrer vierten Klasse begonnen. Dort hätte sie einen türkischen Jungen betreut. Während der Corona-Krise wurde der Junge im „Homeschooling“ unterrichtet und die Lebenshilfe hätte für die Mitarbeiter Kurzarbeit angemeldet. Als die Schulen wieder öffneten, hätte Frau Dawson sich vollständig den Corona-Hygienemaßnahmen unterworfen, obwohl sie immer größere Zweifel bekam, ob diese wirklich gerechtfertigt waren. Ihr Integrationskind mochte den Mundnasenschutz überhaupt nicht und hätte oft über Atemnot geklagt. Sie hätte aber immer versucht, es zu beruhigen und die Betreuung so angenehm wie möglich zu machen.

Anfang August, als die Sommerferien in Rheinland-Pfalz begannen und die Demonstration am 1. August in Berlin stattgefunden hatte, wären jedoch aus dem Zweifeln Aktivitäten geworden. Ausgelöst zusätzlich durch das neue Masernschutzgesetz vom 1. März, welches die Freiwilligkeit der Impfung beendete. Sie erzählte, wie sie begann, sich mit politischen Zusammenhängen zu beschäftigen.

Sie erzählte, wie ihre Zweifel an der Glaubwürdigkeit der Corona-Maßnahmen immer deutlichere Formen annahmen, und wie sie dann begann, zusammen mit ihrem Mann Demos und Versammlungen zu besuchen und auch selbst zu organisieren. Diese Versammlungen wurden aber bereits früh von der so genannten Antifa massiv gestört. Schon bald begannen Verleumdungen und Verschwörungstheorien über sie verbreitet zu werden. Ganz besonders, so erzählte sie mir, litt sie mit den Kindern, welche durch die Maskenpflicht teilweise drastische Einbrüche der Psyche aufwiesen. Und so begann sie sich dafür einzusetzen, dass die Maskenpflicht, besonders für Kinder, ein Ende fand.

Der Shitstorm

Am 15. August, so berichtete sie weiter, hätte sie dann ein Video hochgeladen, in dem Eltern und ihre Kinder vor dem Ministerium lautstark gegen die Maskenpflicht protestiert hatten. Ein etwa neun oder zehnjähriges Mädchen, welches Frau Dawson nicht persönlich kannte, hätte dann ins Mikrofon gerufen: „Wir sind doch nicht im Dritten Reich, warum müssen wir alle Masken tragen?"

Auf Grund dieses Satzes hätte ein ungeheurer Shitstorm begonnen. Sie wurde beschuldigt antisemitisch zu sein, rassistisch, den Holocaust zu leugnen, das Nazi-Regime zu verharmlosen. Er wurde um so dramatischer, je mehr Frau Dawson versuchte, in Facebook ein gewisses Verständnis für die Familie auszudrücken. Es folgten wüste Beschimpfungen und Beleidigungen, wie zum Beispiel behauptet wurde, sie wäre eine „Corona-Leugnerin". Es folgten „Aluhutträgerin", „Schwurblerin", „Verschwörungstheoretikerin", „Holocaustleugnerin", „Faschistin", „Nazi", um die harmloseren zu erwähnen. Der Hauptvorwurf lautete, dass die Eltern das Kind, welches das Dritte Reich erwähnt hatte, instrumentalisiert hätten und ihm die Worte in den Mund gelegt worden wären, und dass sie das gut heißen würde. Es folgten dann nicht nur Meldungen über Facebook, sondern auch E-Mails an den Arbeitgeber, mit der Aufforderung, die Mitarbeiterin unverzüglich zu entlassen.

Die Reaktion des Arbeitgebers

Am 17. August, so erzählte mir Frau Dawson, sollte der erste Arbeitstag in der Grundschule Nassau stattfinden, obwohl sie noch keinen Arbeitsvertrag erhalten hatte. Der Arbeitgeber, der während der Sommerferien mit dem zuständigen Jugendamt den Vertrag aushandeln musste, war nicht in der Lage gewesen, ihr rechtzeitig einen Vertrag zukommen zu lassen. Aber da das nächste Integrationskind bereits in den Startlöchern stand, wie sie erklärte, wollte sie nicht auf einen Vertrag warten.

Allerdings hätte sie dann die Mutter des Kindes angerufen und gesagt, dass der Junge erkrankt wäre und erst in ein paar Tagen zur Schule kommen könnte. Frau Dawson wollte aber trotzdem zur Schule gehen, um die ganze Klasse kennenzulernen. Als sie dort eintraf, wurde sie völlig überraschend in das Büro des Schulleiters gerufen. Er war neu und kannte Frau Dawson nicht. Dann tauchte plötzlich ihr Arbeitgeber, der Geschäftsführer der Lebenshilfe mit einer Mitarbeiterin auf und drängte sie ohne Begrüßung in das Büro. Dort wäre man gleich zur Sache gekommen.

Es wären am Wochenende etliche E-Mails, sowohl bei der Lebenshilfe als auch bei der Schulleitung eingetroffen, die bezeugen würden, dass sie in der Öffentlichkeit ein Verhalten zeigen würde, das nicht mit dem Leitbild der Lebenshilfe übereinstimmen würde. Sie hätte sich rassistisch geäußert und ihre Solidarität mit den protestierenden Eltern in dem Video, in dem ein Vergleich zum Dritten Reich gemacht worden wäre, sei absolut verwerflich. Außerdem sei eine Mitarbeiterin, die die staatlich angeordneten Corona-Hygienemaßnahmen kritisiert und in Frage stellt, nicht tragbar in einer Schule, sodass sie nun zwei Möglichkeiten hätte: Entweder sie unterschreibe sofort den Aufhebungsvertrag oder würde eine außerordentliche Kündigung erhalten. Sie erzählte dann, wie sie darum bat, Rat bei einem Anwalt, oder wenigstens bei ihrem Mann einzuholen, was brüsk abgelehnt wurde. Derweil hätte der Schulleiter nur betreten weggeschaut. Schließlich ließ man sie wenigstens fünf Minuten zur Toilette gehen. In dieser Zeit konnte sie aber niemanden erreichen. Und als sie zurückkehrte, war der Druck noch größer und sie beugte sich und unterschrieb einen Aufhebungsvertrag, obwohl sie ja noch gar keinen Arbeitsvertrag erhalten hatte. Eingeschüchtert und verwirrt wäre sie dann nach Hause gegangen, hätte die Mutter des Kindes und die Klassenlehrerin über die Kündigung informiert.

Der Shitstorm geht weiter

Auf Facebook[1] veröffentlichte dann die Lebenshilfe, allerdings ohne einen Namen zu nennen, den Vorgang und schien stolz darauf zu sein, wie sie Frau Dawson umgehend loswurde. Daraufhin outete sich die Beschuldigte und schrieb eine kleine Stellungnahme, berichtete sie mir, in der die Anschuldigungen zurückgewiesen wurden.

Daraufhin wäre der Shitstorm noch schlimmer geworden. Allerdings auch von Mitteilungen, welche die „Distanzierung von einer Mitarbeiterin, die nicht dem Leitbild der Lebenshilfe entspricht“ kritisierten. Dann hätte sie am 18. August den neuen Arbeitsvertrag in der Post gehabt und hätte den Aufhebungsvertrag angefochten, weil sie sich genötigt gefühlt hätte. Am 20. August erhielt dann Frau Dawson einen Brief von der Lebenshilfe Rhein-Lahn mit dem Betreff „Außerordentliche Kündigung“.

Inzwischen erschienen auf der Facebook-Seite der Lebenshilfe Mitteilungen wie folgende (inzwischen gelöscht): „Wer sich nochmal ein Bild von den „Friedensaktivisten“ und

---

1 https://www.facebook.com/lebenshilfe.rl → Kurzlink: ws1.eu/k/59

„Freiheitskämpfern" rund um das Ehepar D. und Koblenz: Im Dialog machen möchte ... dem empfehlen wir beigefügten Screenshot: Hier wird der faschistische Gewaltherrscher Lukatschenko verteidigt weil er angeblich der (jüdischen/Soros) Korruption und Weltverschwörung standhält, und Corona nicht ins Land läßt. Man kann kaum soviel essen wie man kotzen möchte...." (sic)

Was war der Grund für diesen erneuten Hassausbruch? Der Ehemann von Frau Dawson, also nicht sie selbst, hatte auf seinem Facebook-Konto geschrieben: „Organisierte Korruption: Lukaschenko hat sich von der WHO, Weltbank und IWF weder bestechen noch erpressen lassen Corona Maßnahmen in sein Land einzuführen. Jetzt erntet er die Farbenrevolution der Soros NED und Open Society. Viele Länder haben Bestechungsgelder angenommen." Der Inhalt der Aussage, wenn auch nicht mit den Worten „Bestechungsgelder" wird übrigens nicht bestritten. Also abgesehen davon, dass wir eigentlich über Sippenhaftung hinweg sein sollten, ist die Aussage zwar überspitzt, aber zutreffend,[1] denn der IWF hat ursprünglich tatsächlich Kredite von einem Shutdown abhängig gemacht. Und wenn man Soros als „jüdisch" bezeichnet, was in keiner Weise in der ursprünglichen Nachricht eine Rolle spielte, ist dann nicht das Hassposting Antisemitismus?

Der Vergleich mit Faschismus

Ein Artikel in der israelischen Zeitung Haaretz vom 6. Juni 2019 mit dem Titel „Weder Israels noch Deutschlands Abrutschen in den Faschismus war zufällig"[2] erklärt, dass weder das Abrutschen Israels in den Faschismus noch das Deutschlands im sogenannten Nationalsozialismus aus Versehen passiert wäre. Nun wird immer wieder behauptet, jeder Vergleich zwischen der Entstehung des Faschismus in Deutschland und der Entwicklung in Israel oder Deutschland wäre Antisemitismus. Gerade so, als ob es vollkommen unmöglich wäre, dass sich faschistoide Tendenzen in diesen Ländern breit machen könnten. In Deutschland wird jede Diskussion darüber sofort mit der Antisemitismuskeule abgewürgt. Nun wird diese Behauptung aber durch eine offizielle israelische wissenschaftliche Analyse, welche in diesem Artikel dargelegt wird, widerlegt.

Der Autor Yoav Rinon ist außerordentlicher Professor für vergleichende Literatur und der Klassik an der Hebräischen Universität von Jerusalem. Der Artikel basiert auf einem Forschungsprojekt mit dem Namen „Fragen der Identität", das vom israelischen Wissenschaftsrat finanziert worden war.

Und wie wirbt die ZDF-Sendung Monitor für einen Bericht am 10. April 2020 über die Folgen des Infektionsschutzgesetzes? „Entmachtung des Parlaments durch Infektions-

---

1 https://www.anti-spiegel.ru/2020/meldung-aus-italien-hat-der-iwf-lukaschenko-900-mio-im-gegenzug-fuer-lockdown-geboten/ → Kurzlink: ws1.eu/k/60

2 http://www.alitheia-verlag.de/product_info.php?products_id=33 → Kurzlink: ws1.eu/k/61

schutzgesetz! ‚Ich kenne niemand, der diese Regelung für verfassungsmäßig hält. Es ist eine Regelung von einer Tragweite, wie sie bislang nur in der Weimarer Reichsverfassung gegeben war'." Das Zitat stammt von Prof. Uwe Volkmann von der Universität Frankfurt.

Da vielleicht den meisten Menschen gar nicht bewusst ist, wie stark die Grundrechte eingeschränkt werden, empfiehlt sich ein Blick in den Artikel von LTO, insbesondere auf die ersten drei Absätze: Bundestag kann Epidemiefall ausrufen, Grundrecht auf körperliche Unversehrtheit eingeschränkt, Ausganssperren und Auskünfte.[1]

Nun hat ein Kind es gewagt, etwas zu sagen, was es vielleicht irgendwo mal aufgeschnappt hat. Frau Dawson hat das hochgeladen und wird nun als Rassistin und Antisemitin beschimpft. Nein, sie hat es nicht selbst gesagt, sie hat es nicht dem Kind gesagt, sie hat lediglich Verständnis aufgebracht dafür, dass jemand das Gefühl haben könnte, dass es wieder beginnt, wie wir es in Deutschland schon einmal erlebt hatten. Eben so wie der Professor Yoav Rinon aus Israel oder Professor Volkmann von der Uni Frankfurt.

Zeigt der Hass, die Denunziation und die Reaktion auf Frau Dawson aber nicht gerade auf, dass es wieder Kräfte gibt in Deutschland, die keine Meinung außer der eigenen zulassen wollen, die alles, wirklich alles unternehmen, um Menschen zu zerstören, die nicht denken wie sie? Und sind nicht die Mittel der Denunziation, der Verleumdung, des Hasses, genau jene, welche in verschiedenen Gesellschaften zu schlimmen Auswüchsen führten?

Die Stellungnahme des Arbeitgebers

Am 22. August 2020 bat ich die Lebenshilfe Rhein-Lahn darum, mir eine Stellungnahme zukommen zu lassen und insbesondere zu detaillieren, was verstanden wurde unter „Distanzierung von einer Mitarbeiterin, die nicht dem Leitbild der Lebenshilfe entspricht", und gegen welche Teile des Leitbildes Frau Dawson genau verstoßen hätte. Bis zum Oktober hatte ich leider immer noch keine Antwort erhalten. Die Auseinandersetzung wird nun juristisch geführt.

Fazit

Frau Ute Dawson hat in ihrem Leben mehr für die Gesellschaft, für Verständnis, gegen Diskriminierung und Rassismus, für die Schwachen und Hilfebedürftigen geleistet als alle ihre Kritiker. Und in dem Moment, da die Gesellschaft unter Druck eines von Hass zerfressenen Mobs gerät, ist alles vergessen, und die Gesellschaft lässt sie fallen wie eine heiße Kartoffel. Genau in dem Augenblick, da es angebracht gewesen wäre, ihr wenigstens etwas von dem zurückzugeben, was sie für die Menschen geleistet hat. Wenn das die „neue Normalität" ist, dann ist es eine sehr alte Normalität. Was sich in Deutschland abspielt, ist ein Spiegel der Weltpolitik. Mitgefühl, Fairness und Toleranz werden ersetzt durch brutale Gewalt

---

1 https://www.lto.de/recht/hintergruende/h/corona-bundesregierung-gesetz-infektionsschutz-strafverfahren-krankenhaus-solo-selbststaendige/ → Kurzlink: ws1.eu/k/62

desjenigen, der der Stärkere ist. Wir befinden uns zurück auf den Weg ins finstere Mittelalter, wo nur das Faustrecht galt. Wenn die Gesellschaft schon so verroht, angesichts eines doch so relativ unbedeutenden Anlasses wie dieser „Pandemie nach neuer WHO-Definition". Was mag wohl erst passieren, wenn wieder einmal Krieg oder Hungersnot herrscht? Mit Cum-Ex-Verbrechern werden Deals abgeschlossen, die ihnen einen großen Teil des dem Staat gestohlenen Geldes belassen und nicht einmal ihren Ruf ernsthaft in Frage stellen. Aber „Corona-Leugner", Menschen, welche Zweifel an den Maßnahmen der Regierung äußern, werden an den Pranger gestellt, wirtschaftlich zerstört, ausgegrenzt. Und das mit Mitteln, welche sicher nichts mit einem sozialen und demokratischen Staat zu tun haben.

Als der Faschismus vor über hundert Jahren begann, sich in Europa und der ganzen Welt zu verbreiten, glaubten viele daran, dass er die Menschen wieder motivieren könnte, sich für den Staat einzusetzen, denn viele Monarchen und sonstige Herrscher sahen sich einer unmotivierten Masse gegenüber, welche keine Ziele außer dem persönlichen Überleben hatte. Welche Folgen der Faschismus haben würde, erkannte man viel zu spät.

Die Situation heute unterscheidet sich natürlich. Zwar versucht man mit Musikshows, kostenlosen Bustransfers und organisierten Demonstrationen die Menschen zu motivieren, sich für den Staat und die Gemeinschaft einzusetzen. Dabei wird aber gleichzeitig die Gemeinschaft gespalten, weil Hass und Ablehnung gegenüber den Gegnern des Mainstreams von Politik und Medien verbreitet wird. Während man zwar Denunziantentum und Konformismus fördert, frustriert man jene, die kritisch sind, skeptisch, drängt sie zurück in die Privatsphäre, weil man ihre wirtschaftliche Existenz bedroht, erzeugt durch Konformitätszwang den beugsamen, braven Bürger, der keine Widerworte gibt. Deshalb lehnen immer mehr Menschen die Politik als „schmutziges Geschäft" ab. Sie wenden sich vom Staat ab. Manche lassen sich dann doch immer mal wieder zur Wahl motivieren, weil es angeblich „noch Schlimmeres" zu vermeiden gäbe, aber auch das lässt nach. Die Aristokratie der deutschen politischen Parteien rangiert das Land in die gleiche Sackgasse, aus der vor über hundert Jahren der Faschismus als Ausweg empfunden worden war. Und die Vorboten, die Denunzianten, Hasser und Bekämpfer jeder abweichenden Meinung sind bereits unterwegs.

Hass im Internet

Was durch solche Vorgänge zusätzlich entlarvt wird, ist die „Anti-Hass"-Politik der Bundesregierung. Da werden Gesetze erlassen, um „Hass"-Botschaften im Internet zu verhindern, zu verfolgen und zu bestrafen. Aber wenn normale Menschen davon betroffen sind, „können" sie nicht angewandt werden. Eine Erfahrung, die ich ähnlich auch selbst gemacht hatte.[1] Während Prominente in Politik und Wirtschaft geschützt werden, bleibt die „kleine Frau" auf der Strecke, wird zum Mobbingopfer.

---

1 https://dieunbestechlichen.com/2019/03/die-selektive-justiz-in-deutschland-prominenz-und-geld-ist-nicht-hinderlich-um-recht-zu-bekommen/ → Kurzlink: ws1.eu/k/63

Wolfgang Effenberger: Als Neunjähriger war klar: Ich will selbst denken!

Christiane Borowy

Foto: Privat

Als junger Mann mit der Transsibirischen Eisenbahn nach Irkutsk zu fahren erfordert einen gewissen Mut. Doch wenn man es Ende der siebziger Jahre als Geheimnisträger der Bundeswehr tut, dann ist das noch eine Steigerung. Wenn man seine Karriere als Beamter aufgibt und anstatt Berufssoldat zu werden noch einmal völlig von vorne anfängt, um sich für Frieden und Menschlichkeit einzusetzen, dann gehört auch hierzu Mut. In einem engen und verminten Debattenraum unliebsame historische und geostrategische Wahrheiten auszusprechen, die völlig konträr zu dem sind, was gemeinhin als Wahrheit gilt, ist ebenfalls sehr mutig. Wolfgang Effenberger, 74 Jahre alt, ehemaliger Zeitoffizier, Politikwissenschaftler, Bauingenieur und Sachbuchautor, hat seit jeher diesen Mut. Als Neunjähriger war er sich schon sicher: Ich will selbst denken!

Lieber Wolfgang, wir duzen uns, denn wir kennen einander seit gut fünf Jahren. Wenn man Mut als das Gegenteil von Gehorsam definieren würde: In welcher Situation würdest du dann sagen, hast du in den vergangenen fünf Jahren den größten Mut aufgebracht?
Ich denke schon, dass ich sehr mutig war, als ich der Einladung des letzten jugoslawischen Außenministers gefolgt bin und am 23. März 2019 anlässlich des Gedenktages des 20. Jahrestages des völkerrechtswidrigen NATO-Angriffs auf die Bundesrepublik Jugoslawien auf einer internationalen Konferenz gesprochen habe. Sie stand unter dem Motto „NATO-Aggression – Niemals vergessen – 1999-2019 – Frieden und Fortschritt statt Krieg und Armut".

Wie ist es dazu gekommen und inwiefern war das mutig?
Weil die Situation hier in der Bundesrepublik eine andere ist. Immer noch wird dieser Krieg als „gerechter Krieg" bezeichnet und ich habe diesen Krieg vor internationalem Publikum als völkerrechtswidrigen Angriff gegeißelt. Ich hatte den Mut, dort hinzugehen und das so zu sagen, obwohl von unseren politisch Verantwortlichen niemand da war, um sich bei den Serben zu entschuldigen. Peter Handke hat dort auch gesprochen und ist dann ja auch schwer angegriffen worden.

Das heißt, du musstest auch damit rechnen, angegriffen zu werden. Was hast du denn gesagt in deinem Statement?
Ich habe mich gewissermaßen fremdgeschämt für die völkerrechtswidrigen Kriegshandlungen Deutschlands. Das war der Punkt. Mehr habe ich im Grunde nicht gesagt, als dass ich mich dafür entschuldigt habe. Von denen, die damals verantwortlich waren, also von den Grünen oder von der SPD, ist niemand nach Belgrad gereist. Für die ist das alles ja „gerecht“ gewesen.

Ist die Befürchtung dann auch eingetreten, bist du daraufhin angefeindet worden?
Nein, das wurde ja auch nicht weiter veröffentlicht. Die Neue Rheinische Zeitung hat darüber berichtet, aber sonst niemand.

Wie bitte? Auf einer internationalen Konferenz, auf der Vertreter aus beinahe 50 Ländern gesprochen haben, spricht ein deutscher Publizist und ehemaliger Major d.R. und darüber wird medial keine Silbe verloren. Hat dich das geärgert?
Nein, als so bedeutend sehe ich mich nicht an, und ich habe auch nicht wirklich damit gerechnet. Mir ging es auch nicht um mich persönlich. Mir war wichtig, dass jemand aus Deutschland öffentlich Verantwortung übernimmt und sich entschuldigt für die Kriegshandlungen. Im Übrigen habe ich mich an das Totgeschwiegen- und Angefeindetwerden schon gewöhnt, denn das ist eben so, wenn man unbequeme Wahrheiten aufdeckt.

Kannst du dich auch an das erste Mal erinnern, an dem du über Mut nachgedacht hast?
Ja, schon im dritten Schuljahr. Im Alter zwischen acht und neun Jahren besuchte ich im katholisch geprägten Südoldenburg den Kommunionsunterricht. Das Standardsprüchlein dort war: „Mut hat auch der Mameluck, Gehorsam ist des Christen Schmuck.“ Da habe ich mir geschworen, so mutig zu sein wie der Mameluck. Um gehorsam zu sein, da braucht man nicht zu denken. Ich habe mir dann immer gesagt: „Aber ich möchte denken.“

Wer sind denn die Mamelucken, und wieso galten die als so mutig?
Die Mamelucken, das waren zur Zeit der Kreuzzüge Söldner im islamischen Herrschaftsgebiet. Der Mameluck war für mich ein Bild für Mut, weil das der tapfere und wilde Mann mit dem Krummsäbel war, im Gegensatz zu den Rittern in ihren Rüstungen. Das hat mich fasziniert. Und dass die durchaus erfolgreich waren, hat mir als Neunjährigem auch ganz gut gefallen. Wo ich allerdings später dann richtig mutig war, das war bei meiner Fahrt in die Sowjetunion.

Warum?
Das war ganz schön verwegen, da ich mich sowohl in Deutschland als auch in Russland strafbar machte. 1976 schied ich aus dem aktiven Dienst aus, studierte an der TU München Bauwesen und Mathematik und fuhr dann angesichts der damals aktuellen „Nachrüstungsdiskussion“ im September 1977 als ehemaliger Geheimnisträger verbote-

nerweise in die Sowjetunion. Ich hoffte, Argumente gegen die Nachrüstung zu finden. Ich habe das alles nicht geglaubt, sondern ich habe darin eine Gefahr gesehen.

Als Bauingenieur und Pionieroffizier fühlte ich mich in der Lage, eine grobe Analyse der sowjetischen Volkswirtschaft zu machen. Mit einer guten Kamera samt Teleobjektiv bewaffnet fuhr ich also mit der Transsibirischen Eisenbahn von Moskau bis nach Irkutsk. Die Industrieanlagen entlang der Transsib gaben ein ruinöses Bild ab – ähnlich den Bildern 1990 in der Ex-DDR. Mir war klar: Dieses Land kann keinen längeren Krieg durchstehen.

Beim Abflug von Irkutsk machte ich in der Abflughalle – überall gab es Hinweise: Militärisches Gebiet / Striktes Fotografierverbot – hinter dem Schutz eines Vorhangs meine Kamera klar und staunte nicht schlecht: Vor mir parkten in unmittelbarer Nähe zwei neue Transportmaschinen.

Als die sich zum Rollfeld bewegten, wurde der Blick in die Tiefe des Flugplatzes frei. In 800 Meter Entfernung glänzten in der Morgensonne wie an einer Perlenkette aufgereihte brandneue Mig-23. Mir wurde klar: Einen Krieg kann die Sowjetunion nicht führen, aber zu einem Vernichtungsschlag mit der Luftwaffe dürfte es noch reichen! Dieser am Boden liegende Gegner sollte nicht noch zusätzlich gereizt werden. Da überraschte mich das Klappern von Militärstiefeln. Sie kamen direkt auf mich zu. Ein Luftwaffenhauptmann riss den Vorhang zu Seite und schaute mich strafend an. Ich dachte, unter zwei Jahren Sibirien wird es nicht abgehen, und streckte dem Hauptmann meine überkreuzten Hände entgegen. Mit spitzen Lippen bedeutete er mir, die Kamera samt Film einzupacken, und ließ mich stehen. Ich habe die Kamera dann nicht mehr ausgepackt.

Würdest du nach diesen Erfahrungen sagen, dass Mut sich lohnt?
Na ja, das kommt auf das Verständnis von Lohn an. Wenn damit Anerkennung und Ruhm gemeint ist, dann wäre ich nie auf die Idee gekommen. Doch in mir gibt es das Wissen: Ich habe alles richtig gemacht – unabhängig von irgendeinem möglicherweise eintretenden Erfolg. Im Grunde ist das auch bei meiner Arbeit so, beim Schreiben. Meine Frage ist die: Dienen Strukturen, egal welche, dem Menschen?

Das neue Buch, das „Schwarzbuch EU & NATO", ist in diesem Sinne mein Vermächtnis. Die EU und die NATO sind Systeme, die dem Menschen auf gar keinen Fall dienen, um es mal ganz vorsichtig auszudrücken. Sie müssen aufgelöst werden. Man muss dabei bedenken: Die EU hat mit Europa überhaupt nichts zu tun. Das wird oft verwechselt. Auf der Friedenskonferenz in Paris 1919 wurde die EU quasi gezeugt, und nach Ende des Zweiten Weltkriegs waren die USA mit der Gründung des American Committee for a United Europe (ACUE) die Geburtshelfer. Vorsitzender war der Geheimdienstchef General Bill Donovan und aus Europa Winston Churchill und Graf Coudenhove-Kalergi. Die EU wurde also von den USA aus der Taufe gehoben. Wir brauchen ein europäisches Band, aber nicht dieses abhängige Großgebilde, mit dem wir hier keinen Frieden finden.

Wer wärst du ohne deinen Mut?
Dann wäre ich wahrscheinlich ein gehorsamer Offizier gewesen, Anerkennung heischend, ein angepasster Mensch im System. Doch ich bin nach 12 Jahren ausgestiegen. Ich war Hauptmann und wäre mit Sicherheit mindestens als Oberstleutnant in Pension gegangen. Das wäre ein ruhiges Leben gewesen.

Kannst du die Situation greifen, in der du dich gegen dieses ruhige Leben entschieden hast?
Ich wollte es einfach nicht mehr, und zwar aufgrund dessen, was ich an Kriegsplanung gesehen hatte. Das war etwas, das ich als Zeitsoldat mit meinem Gewissen nicht mehr vereinbaren konnte. Ich bin allerdings weiterhin wehrpflichtig gewesen und auch zu Mobilmachungsübungen befohlen worden.

Das ist auf den ersten Blick überraschend. Was wäre das Gutes gewesen?
Auf meinem Dienstposten als „Wirkungsberater" habe ich gesehen, wie menschenverachtend die Kriegsplanungen sind, und das mögliche Inferno erahnt. Mit ging es darum, den mir anvertrauten Menschen das Überleben zu ermöglichen und vielleicht ein wenig Menschlichkeit zu bewahren. Im Krieg verrohen die Menschen. Ständig den Tod vor Augen, kaum Schlaf, Erschöpfung und mangelnde Hoffnung entfesselt die Urinstinkte. Deshalb ist mein ganzes Trachten, dass Kriege geächtet werden müssen! Darum setze ich mich für Frieden ein.

Was mich immer umgetrieben hat, ist die Frage, was das für Menschen sind, die so kalt sind, dass sie ohne menschliche Regung die totale Zerstörung planen. Willy Wimmer (CDU) hatte sich während der Wintex-Übung geweigert, atomare Angriffe auf Dresden und Potsdam zu befehlen. Und ich hätte im Kriegsfall einen atomaren Sperrzug führen sollen – ein Bundeswehrzug und ein Trupp US-Amerikaner mit den Atomsprengkörpern (ADM). Wir beide sind mit unserem Wissen an die Öffentlichkeit gegangen.

Zusammen mit Willy Wimmer, ehemaliger parlamentarischer Staatssekretär im Verteidigungsministerium und bis 2000 Vizepräsident der Parlamentarischen Versammlung der OSZE, hast du dann ja auch „Die Wiederkehr der Hasardeure" geschrieben. Wie habt ihr euch eigentlich kennengelernt?
Das war auf dem Kirchentag 2010. Es gab dort eine Friedensdiskussion, auf der er erstmals vom völkerrechtswidrigen Krieg gegen Jugoslawien gesprochen hat. Ich hatte ein Manuskript in der Tasche, habe es ihm gegeben und ihn gefragt, ob er bereit wäre, das Vorwort zu schreiben. Das hat er dann auch gemacht, und seitdem sind wir in Kontakt.

Warum war es so etwas Besonderes, dass Willy Wimmer erstmals vom völkerrechtswidrigen Krieg gesprochen hat? Wenn etwas rechtswidrig ist, dann müsste es doch eigentlich sanktioniert werden?

Ja sicher. Doch es ist niemand sanktioniert worden. Das ist ja das Bigotte an der ganzen Geschichte. Die Kriege gelten als gerecht. Ich war aufgewachsen in der jungen Bundesrepublik. Ich fand es als junger Mensch einleuchtend, dass unsere Republik geschützt werden muss. Die NATO galt als reines Verteidigungsbündnis, und das habe ich als junger Mensch von gerade mal 18 Jahren geglaubt. Es war ja auch reizvoll. Ich hatte mit 20 Verantwortung als Pionierleutnant und Zugführer. Mit Sprengstoff und allem Drum und Dran. Da hätte es durchaus Unfälle geben können. Da hatte die Sicherheit der Soldaten einen hohen Stellenwert. Ich hatte dadurch auch ein enormes Selbstbewusstsein.

Die Bundeswehr versucht heute immer noch, gerade junge Menschen zu werben.
Das ist heute schon anders, denn es wird eher darauf abgehoben, dass die Bundeswehr ein Karrierecenter ist. Da wäre ich nie Soldat geworden! Ich würde heute jedem abraten, zur Bundeswehr zu gehen. Jeder, der heute zur Bundeswehr geht, weiß, dass er an völkerrechtswidrigen Kriegen teilnehmen muss und dadurch auch zur Rechenschaft gezogen werden kann.

Könnte man dann auch Angela Merkel zur Rechenschaft ziehen?
Ja natürlich. Das macht nur keiner. Der Ex-Admiral Schmähling hat geklagt, aber seiner Klage wurde nicht stattgegeben. Nach § 80 Abs. 1 StGB wird die Vorbereitung eines Angriffskrieges mit lebenslanger Freiheitsstrafe oder Freiheitsstrafe nicht unter zehn Jahren bestraft. Doch alle Klagen gegen Schröder, Scharping oder Fischer wurden abgewiesen, da nach dem Wortlaut der Vorschrift nur die Vorbereitung an einem Angriffskrieg und nicht der Angriffskrieg selbst strafbar ist. Die Vorbereitung lag allerdings in den Händen der USA. Ich finde, diese Lücke ist eine Schande in unserer Rechtsprechung. Jürgen Habermas, Soziologe und Philosoph, stellt sich noch heute hin und redet davon, dass der Krieg gegen Jugoslawien ein gerechter Krieg gewesen sei.

Habermas gilt in der Soziologie noch immer als Vertreter der sogenannten Kritischen Theorie. In der Tradition der Kritischen Theorie steht allerdings die kritische Analyse der Strukturen, die den Zweiten Weltkrieg überhaupt möglich gemacht haben. Da kommt der Verdacht auf, dass sich an den Strukturen, die zu verheerenden Kriegen führen, kaum etwas geändert hat. Warum findet die Welt keinen Frieden?
Ja, es sind immer noch die gleichen Strukturen. Das liegt daran, dass es Kräfte gibt, die an Zerstörung enorm viel verdienen. Es geht immer um das Prinzip von Zerstörung und Wiederaufbau, wobei die Zerstörung in zehnfacher Potenz höher ist als der Aufbau. Gemeint ist vor allem der militärisch-industrielle Komplex, das heißt Großkonzerne, die spektakuläre Gewinne einfahren wollen. Das macht den Krieg so reizvoll, und natürlich der Aufbau von Machtstrukturen. Die Leitfrage ist also: Cui bono? Wem nützt es? Ganz grundsätzlich kann man sagen: Folge der Spur des Geldes – und dann haben wir die Leute, die hinter dem stehen und die Struktur bilden. Die Welt findet keinen Frieden, weil eine ganz kleine, selbst ernannte Macht- und Geldelite die Welt nach ihren Vorstellungen gestalten will. Das geht dann schon fast ins Religiöse hinein. Die wollen also Gott spielen.

Sind das dann die Kreuzritter von heute?

Das ist ein guter Vergleich. Es sind die Globalmilliardäre, die mit ihrem Kapital spielen und überall in der Welt die Regierungen einsetzen, die ihnen gefallen. Dann haben sie das Geld, überall Verwüstungen anzurichten. Das macht mich einfach ganz traurig, denn das ist deren Denken, dass sie alles ins Chaos stürzen und dann sagen, dass sie ein geordnetes Chaos daraus machen. Die sind keinen Deut besser als die Ritter in den Kreuzzügen im 12. Jahrhundert.

„Wird eine Zeit ideenarm, so schwindet aus dieser Zeit der Friede", hat Rudolf Steiner 1918 gesagt. Müsste sich also das Denken und damit die Ideen ändern?

Ja, denn angelehnt an Karl Valentin bin ich der Ansicht, dass, wenn alle das Gleiche denken, dass dann keiner denkt. Genau das ist gerade der Fall. Es wird alles gleich gedacht. Der Meinungskorridor wird immer enger und es gibt keinen wissenschaftlichen Diskurs mehr, sondern nur noch das wird als wissenschaftlich anerkannt, was den Interessen der Regierungen entgegenkommt. Wir können die Probleme dieser Welt nur in einem Diskurs lösen. Die Meinungsdiktatur führt automatisch in die Despotie, davon bin ich überzeugt. Das ist dann auch der Moment, in dem die Achtung und der Respekt vor dem anderen verschwinden. Wäre der da, dann gäbe es Frieden.

Wenn die Nazikeule nicht mehr ausreicht
Teil 1

Andrea Drescher

Nichts ist in Deutschland politisch gefährlicher, als als Antisemit bezeichnet zu werden. Man wird zur Persona non grata und riskiert gesellschaftliche Ächtung. Die traurige Vergangenheit hat bei den Deutschen zu einem – nicht ganz unberechtigten – historischen Schuldbewusstsein geführt, welches Menschen bei rassistischen Angriffen gegen Juden sehr wachsam macht. Das ist auch gut. Daher macht man um alles, was auch nur in die Nähe eines Antisemitismus-Verdachts gerät, instinktiv einen großen Bogen. Der Begriff Antisemitismus als Totschlagargument dient dazu, Themen zu diskreditieren, Kritiker zu diffamieren und deren Punkte in ein schlechtes Licht zu rücken, sodass „normale" Menschen es nicht mehr wagen, sich zu bestimmten Themen zu äußern. Sich mit „antisemitisch" abgestempelten Themen auseinanderzusetzen oder die Narrative, die diesen Stempel erhalten haben, zu hinterfragen, erfordert daher einiges an Mut.

Bereits 2014 hat man die Mahnwachen für den Frieden mithilfe der Antisemitismus-Keule diskreditiert. Aufgrund der dort geäußerten Kritik am Finanzsystem, die man seitens linker Ikonen als strukturellen Antisemitismus bezeichnete, wurde eine ganze Bewegung diffamiert, in eine Ecke geschoben und der anfangs stark wachsenden Bewegung die Energie genommen. Das war schon schlimm. Aber 2020 haben Vertreter regierungsnaher Institutionen – konkret Frau Kahane, Herr Klein und Herr Kühnert – mit der Bundespressekonferenz (BPK) am 24. November 2020 in meinen Augen endgültig eine rote Linie überschritten, als sie Antisemitismus und Corona-Proteste de facto gleichsetzten.

Auch wenn einzelne bekannte Rechte auf den Demonstrationen gegen die Coronamaßnahmen zu sehen (und zu fotografieren) waren: Die überwältigende Mehrzahl der Demonstranten gehört nicht zu dieser Szene. Coronamaßnahmen-Kritiker im Spektrum der Antisemiten zu verorten ist einfach abstrus. Die Einbettung des Themas Coronakritik in das Deutungsraster Antisemitismus – neudeutsch: „Framing" – dient wohl einzig und allein dazu, die Kritiker mundtot zu machen. Nicht nur dass auf der Demonstration am 18. November 2020 in Berlin Israelfahnen gesehen wurden, auch Henryk M. Broder scheint ein Antisemit geworden zu sein. Zumindest wurde er auf der Demo gesichtet und von einem Filmemacher, der für alternative Medien arbeitet, fotografiert.

Auch ich war dort. Und nein, ich praktiziere diese Religion nicht. Aber gemäß der religiösen Lehre bin ich Jüdin. Meine Mutter war Jüdin, meine Großmutter war Jüdin, der Stammbaum meines Großvaters mütterlicherseits lässt sich ebenfalls lückenlos auf jüdische Familien zurückführen. Meine Familie hat 1933/34 Deutschland verlassen und ist nach Kroatien emigriert, weil sie im Anschluss an das Ermächtigungsgesetz übelste Befürchtungen hinsichtlich des Bevorstehenden hatte. 1943 wurde die Familie durch einen Geschäftspartner meines Großvaters denunziert, durch die Ustascha verhaftet, kam zunächst ins Gefängnis, dann ins KZ Bergen-Belsen.

Auch wenn ich kein Mitglied einer jüdischen Gemeinde bin, nehme ich mir auf dieser Basis das Recht, eine Grundgesetzänderung zu kritisieren, die ich in Teilen mit dem Ermächtigungsgesetz für absolut vergleichbar halte, ohne die Schoah oder die Nazi-Vergangenheit in irgendeiner Weise zu verharmlosen. Das Recht auf körperliche Unversehrtheit, der Schutz des Wohnraums, das Recht auf Versammlungsfreiheit wurden mit dem Infektionsschutzgesetz (IfSG) 3 eingeschränkt. Die Regierung ermächtigt sich damit zu Eingriffen in das individuelle Leben, die für mich untragbar sind.

Nein, wir haben noch nicht die Zustände von 1943, als Sophie Scholl ihr Leben ließ. Nein, noch muss sich keine Anne Frank, die zeitgleich mit meiner Mutter in Bergen-Belsen war, im Hinterhof verstecken. Aber es heißt ja: Wehret den Anfängen! Es begann nicht mit Auschwitz und dem Zweiten Weltkrieg, es begann mit dem Ermächtigungsgesetz. Und wenn ich etwas von meiner Familie beigebracht bekommen habe, war es das „Wehret den Anfängen" und „Wehrt euch".

Man kann zu der Viruserkrankung stehen, wie man möchte: Die daraus abgeleiteten Eingriffe ins Grundgesetz sind in meinen Augen indiskutabel. Man kann selbst zu den Maßnahmen stehen, wie man möchte: Die Schoah und das Judentum zu missbrauchen, um Kritiker der Maßnahmen zu diffamieren, ist absolut indiskutabel.

Abgesehen davon würde es mich interessieren, wie Frau Kahane und ihre Anhänger die Coronakritiker in Israel bezeichnen.[1] Ist in ihren Augen ein Israeli, der die Coronamaßnahmen kritisiert, ein Antisemit? Was maßen sich diese Menschen eigentlich an?

Aber nicht nur ich vertrete diese Position. Ich habe mit einigen Coronamaßnahmen-kritischen Menschen gesprochen, die jüdischen oder israelischen Bezug haben und die bereit waren, ihre Position und Meinung über diese Pressekonferenz entsprechend öffentlich zu vertreten. Vier Vertreter werden in Teil 1 vorgestellt.

1 https://www.youtube.com/results?search_query=Corona+protest+jewish+israel
→ Kurzlink: ws1.eu/k/64

Konvertit zum Judentum – Antisemit?

Abe Treiner stammt aus Dachau und ist jetzt wohnhaft in München. Der 62-jährige Softwareentwickler befindet sich seit 2013 im Prozess der Konvertierung zum Judentum, mit dem Ziel, nach Israel auszuwandern.

Warum konvertieren Sie zum Judentum?
Ich habe mich nach der intensiven Auseinandersetzung mit der Arbeit von Hannah Arendt zum Judentum hingezogen gefühlt. Auch das Leben und Wirken von Fritz Bauer hat mich sehr beeinflusst. Die Ethik des jüdischen Glaubens trifft meine Überzeugung. Im Christentum wird alles entschuldigt, das Üble auf den Tod Jesus' projiziert. Im Judentum hat jeder selbst die Verantwortung zu tragen und ist zu ethischem Handeln verpflichtet. Man wird selbst in Verantwortung genommen. Das führte mich zum Judentum. Mein Name weist darauf hin, dass ich jüdische Vorfahren habe. In der jüdischen Datenbank findet man ihn sehr häufig speziell in der Ukraine und ich weiß, dass meine Wurzeln aus Osteuropa stammen. Ich bin gerade dabei, das zu erforschen. Durch Filme, durch Bücher, durch jüdische Schauspieler habe ich immer einen Bezug zum Judentum gehabt, habe mich mit dem jüdischen Humor identifiziert, war immer dem Judentum zugewandt. Daher jetzt die Konvertierung, die einem nicht leicht gemacht wird. Ein Rabbiner aus Hof unterstützt mich bei der Konvertierung.

Sie sind also kein klassischer Antisemit?
Sicher nicht. Bei Hannah Arendt kann man nachlesen, wie Antisemitismus entstand. Mit diesem Verständnis weiß ich, dass bei Antisemitismus auch Verschwörungsideologie dahintersteht. Es sind menschliche Mechanismen, die sich auch aus den engen familiären Zusammenhängen innerhalb der jüdische Bevölkerung ergeben. Ich wehre mich schon lange gegen Antisemitismus.

Aktiv?
Ja. Ich bin immer eingetreten, wenn Juden verunglimpft wurden. Das war für mich schon seit vielen Jahren eine innere Haltung. Es geht nicht, dass eine Minderheit verunglimpft wird.

Wie stehen Sie zu Corona?
Natürlich gibt es dieses Virus, aber die Reaktionen darauf sind in meinen Augen drastisch übertrieben. Die Folgen und Schwere der Erkrankung rechtfertigen nicht die massiven Lockdown-Maßnahmen. Ich bin kein Verschwörungstheoretiker, bin aber inzwischen der Meinung, dass die Situation von der Regierung missbraucht wird. Das ist inakzeptabel und erinnert an böse Zeiten.

Was meinen Sie damit?

Orthodoxe Jüdin – Antisemitin?

Nurit Schaller, 45, ist Sprachwissenschaftlerin und Künstlerin. Die modern-orthodoxe Jüdin ist Mitglied der Israelitischen Kultusgemeinde ihrer Heimatstadt Wien. In ihrem Studium an den Universitäten von Amsterdam, Wien und Heidelberg beschäftigte sie sich mit Jüdischen Studien und Semitistik, insbesondere althebräischer und aramäischer Sprachwissenschaft und jüdischem Neo-Platonismus sowie mathematischer Mystik.

Sie haben sich die Bundespressekonferenz angeschaut?
Ja – aber nur den Anfang. Was da gesagt wurde, ist grundlegend falsch und unerträglich.

Können Sie mir Beispiele nennen?
Gerne. Es wurde behauptet, der Antisemitismus hätte sich durch die Coronaproteste verdichtet. Das ist unhaltbar. Eine Verdichtung begann lange vorher durch die zunehmende Islamisierung in europäischen Ländern, was man schon anhand der Daten vor 2015 aus zum Beispiel Frankreich, Schweden und den Niederlanden erkennen kann. Eine gravierende Zuspitzung und vermehrt jüdische Auswanderung sehen wir ab 2015. Die Verbindung des linken Antisemitismus mit dem islamischen Antisemitismus seit dem Sechstagekrieg ist ein wichtiges Element darin.

Als Nächstes wurde behauptet, dass Antisemitismus eine Verschwörungstheorie sei. Wer so etwas sagt, hat sich nie mit den Wurzeln des Antisemitismus beschäftigt: dem Christentum in der Antike, das sich gegen das Judentum abgrenzte. Freilich wurde dies dann kräftig weiter ausgebaut im Laufe der Jahrhunderte (siehe Brunnenvergiftungs-, Ritualmordlegenden et cetera). Es geht also um Vorurteile – wie Antiziganismus, Rassismus oder auch Sexismus.

Fakten scheinen eine geringe Rolle bei den Aussagen zu spielen?
Ja. Dabei geht es gerade bei den Coronaprotesten um Fakten, die nicht zur Kenntnis genommen werden. Experten werden verunglimpft, zensiert, diskreditiert und verfolgt. Wissenschaftliches Vorgehen scheint nicht gewünscht – ein weiterer Widerspruch.

Was meinen Sie?
Es wird behauptet, die Proteste richten sich gegen die Errungenschaften der Moderne und der Vernunft. Genau das Gegenteil ist der Fall. Gefordert werden faktenbasierte Entscheidung und unabhängige Wissenschaft. Und zu den Errungenschaften der Moderne zähle ich Meinungsfreiheit, freie Bildung, das Recht auf objektive Information, Pressefreiheit, Persönlichkeitsrechte und das Recht auf Demonstration. All das wird ja gerade abgeschafft. Und dagegen wird protestiert.

Angeblich werden die Proteste immer radikaler. Wie sehen Sie das?

Die Radikalität und Gewalttätigkeit der Polizei in Deutschland hat zugenommen. Auch wenn das in den Nachrichten nicht gezeigt wird, die unzähligen Videos von unabhängigen Journalisten und Demonstranten sprechen Bände. Ich bin froh, in Österreich zu leben. Hier geht die Polizei fast nicht gegen uns vor, und es wurde auch schon seitens der Polizei Widerspruch gegen die Coronapolitik der Regierung geäußert. Das lässt hoffen.

Gab es weitere Falschaussagen?
Ja. Es wurde gesagt, die jüdische Gemeinde habe Vorbehalte gegen ein Milieu, das sich mit Natur und Naturheilkunde beschäftigt anstatt mit Wissenschaft. Wer so etwas sagt, kennt die jüdischen Gemeinden nicht von innen. Ich kenne jüdische Gemeinden in vielen Ländern – Deutschland, Österreich, Niederlande, Belgien, USA, Israel, Frankreich und Italien –, und wir, darunter auch Ärzte, sehen keinen Widerspruch zwischen alternativen Heilmethoden, Wissenschaft und Naturverbundenheit. Aber es kam noch schlimmer: Zwei Punkte haben mich so aufgeregt, dass ich abschalten musste.

Welche waren das?
Die Behauptung, das Benutzen der Davidsterne sei eine Selbstviktimisierung der Demonstranten. Wer so etwas sagt, beweist, dass er die Geschichte nicht kennt. Die Demonstranten verwenden die Symbolik, um auf die Parallelen in der Gesetzgebung der 30er-Jahre und heute hinzuweisen. Ganz verwerflich fand ich, dass die Bekämpfung des Antisemitismus – also eigentlich etwas Positives – dazu missbraucht wird, um Maßnahmen zu begründen, die dazu dienen, ein totalitäres Regime zu etablieren. Das ist an Perversität nicht zu überbieten!

Was würden Sie sich von den jüdischen Gemeinden wünschen?
Ich hoffe, dass mehr und mehr jüdische Gemeinden dieser Politik entgegentreten. Halacha und Ethik fordern, dass wir für die Wahrheit eintreten. Nur ein Beispiel: Die Halacha besagt, man darf niemanden der Möglichkeit, seinen Lebensunterhalt zu verdienen, berauben. Genau das wird gerade gemacht. Wir werden zu Almosenempfängern degradiert. Das lässt sich mit jüdischem Gedankengut nicht vereinbaren. Auch soll man als Jude für die Freiheit und Möglichkeit zur Selbstentfaltung aller kämpfen. Darum freue ich mich, auch durch unser Gespräch zur Aufklärung beizutragen.

Danke dafür!

Danke allen Aufrechten, die mit ihrer Position mutig an die Öffentlichkeit gegangen sind.

Spannend, aber auch sehr traurig: Mich haben einige Menschen kontaktiert – mit jüdischen Wurzeln, die mein Vorhaben unterstützen, aber sich nicht öffentlich äußern wollten, weil sie Angst haben. Angst vor Diffamierung, Angst vor Hetze, Angst vor Verfolgung – und das in Deutschland 2020. Das ist eine ganz besondere Form des Antisemitismus.

Wenn die Nazikeule nicht mehr ausreicht Teil 2

Andrea Drescher

Es sind viele Menschen mit jüdischen oder israelischen Wurzeln, die die Auffassung teilen, Anetta Kahane, Vorsitzende der Amadeu Antonio Stiftung, Felix Klein, Antisemitismus-Beauftragter der Bundesregierung, und SPD-Vizevorsitzender Kevin Kühnert haben in ihrer Pressekonferenz am 24. November 2020 über die wachsende Radikalisierung und die Gefahr durch Antisemitismus und die Corona-Leugner-Szene den Bogen überspannt. Die Gespräche aus dem ersten Teil waren nur ein spontaner Anfang. Viele Menschen haben mit mir Kontakt aufgenommen, nachdem ich über die sozialen Medien nachfragte, wer öffentlich dazu Stellung beziehen möchte. In diesem und dem nächsten Artikel kommen sie zu Wort.

Für manchen ist diese Art der Kritik eine neue Erfahrung, einige – wie Elias Davidsson, der sich hier unter anderen zu Wort meldet – kennen sie schon länger. Bis dato war man schon Antisemit, wenn man das Finanzsystem kritisierte. Derartige Kritik gilt als struktureller Antisemitismus, da ja die Gründer mancher Bankhäuser mosaischen Glaubens waren. Heute reicht es aus, nur Vertreter der Industriemacht zu kritisieren – Herkunft oder Religionszugehörigkeit sind da nicht mehr relevant. Das gipfelt in dem Satz: Wer gegen Bill Gates protestiert, ist genuin antisemitisch.

Auf den Punkt gebracht: Wer gegen die Mächtigen protestiert, ist Antisemit. Also haltet das Maul, wenn ihr euch eben dieses nicht verbrennen wollt.

Menschen mit jüdischen Wurzeln oder jüdischen Glaubens wie die folgenden drei – aus Sicht der Amadeo Antonio Stiftung – „Antisemiten“ lassen sich aber nicht so gern „das Maul verbieten“.

Sohn jüdischer Eltern aus Israel – Antisemit?

Elias Davidsson wurde 1941 in Palästina als Sohn deutscher Eltern mit jüdischem Glauben geboren, die 1931 beziehungsweise 1935 aus Deutschland emigrierten. Er lebte zunächst in Tel Aviv, später in Jerusalem. Der bekannte Autor verbrachte Jahre seines Lebens in Island und Frankreich, bis er vor 12 Jahren nach Deutschland kam.

Frau Kahane setzt Corona-Maßnahmenkritiker mit Antisemiten gleich. Was sagen Sie dazu?
Das ist natürlich völlig absurd. Ich habe selbst an mehreren Demonstrationen teilgenommen und habe nichts – aber auch absolut nichts – in dieser Richtung gehört, gesehen oder getroffen. Man kann natürlich nicht in die Seelen, den Geist oder den Kopf der Demonstranten hineinschauen – man kann Menschen nur anhand ihres Verhaltens beurteilen. Aber was ich sah, war die Forderung nach Freiheit, Frieden und Demokratie sowie Forderungen, die Maßnahmen zu beenden. Ich habe nichts erlebt, was in Richtung Antisemitismus auch nur am Rand in irgendeine Verbindung gebracht werden kann.

Ich selbst bin seit meiner Jugend ein Gegner jeglicher Art des Rassismus. Wer sich bei mir zu Hause rassistisch äußert, fliegt auch schon mal raus. Aber das war bei keiner der von mir besuchten Demonstrationen, die sich gegen die Coronamaßnahmen richten, je ein Thema, das ist absoluter Nonsens.

Wie stehen Sie selbst zu den Maßnahmen?
Ich bin selbst aufgrund der Menschenrechte überzeugter Gegner der Maßnahmen und kann nur sagen, dass jeder Deutsche, jeder Mensch überhaupt gegen diese Willkürmaßnahmen aufstehen sollte. Und das hat nichts mit Verschwörungstheorien oder gar Antisemitismus zu tun. Das hat mit dem Grundgesetz zu tun.

Wie schätzen Sie den Antisemitismus in Deutschland ein?
In 12 Jahren in Deutschland habe ich keinen einzigen bekennenden Antisemiten kennengelernt. Ich weiß nicht, wo dieser mutmaßliche Antisemitismus stattfinden soll. Es gibt Menschen, die Vorurteile gegen Juden haben. Es gibt aber auch Menschen, die Vorurteile gegen Muslime haben – denen begegnet man leider viel häufiger. Vorurteile gegen Banker oder Anwälte sind genauso vorhanden wie „der Pole, der klaut" oder „der geizige Schotte". Viele Menschen haben Vorurteile, falsche und dumme Ideen über dies und das, das ist menschlich. Dummheit ist doch ein Menschenrecht. So gesehen ist es auch das Recht von Frau Kahane, ihren Unsinn zu erzählen.

Meinen Sie das ernst?
Ja. Jeder hat das Menschenrecht, Dummheiten von sich zu geben, ohne dafür bestraft zu werden. Sie sollte das aber nicht im Namen der Steuerzahler tun, die ihre Stiftung ja finanzieren. Wenn sie ihre Meinung privat erzählt oder irgendwo auf einem Blog pub-

liziert, ist das für mich völlig in Ordnung. Offiziell geht es natürlich gar nicht! Sie hat auch ein völlig überzogenes Bild von Antisemitismus, das realitätsfremd ist.

Wie meinen Sie das?
Man muss unterscheiden zwischen bellenden und beißenden Hunden. Kritik an Juden zu äußern, Vorurteile zu haben, bedeutet nicht, dass diese Vorurteile in Taten umgesetzt werden. Das ist ein sehr langer Weg dorthin. Ich habe viele Menschen getroffen, die der Meinung sind, dass Juden zu viel Macht hätten, dass Juden die Wall Street kontrollieren würden. Und so weiter. Damit habe ich keinerlei Probleme. Wenn jemand behauptet, die Erde ist flach, wäre das auch kein Problem für mich. Das lässt sich diskutieren. Ich spreche mit diesen Menschen und frage sie, ob sie das belegen können, ob es nur Juden wären, die aufgrund ihres Reichtums zu viel Macht hätten. Ich mache den Menschen deutlich, dass man sich die Fakten anschauen muss. Reiche Juden agieren ja nicht als Juden, sondern als reiche Menschen. In Israel gibt es sehr viele sehr arme jüdische Menschen. Kein einzelner Mensch agiert im Namen des jüdischen Volkes, im Namen des Judentums, sie agieren im Namen des Geldadels. Im Gespräch merkt man schnell, dass die meisten keine Antisemiten sind, sondern Ideen haben, die man diskutieren kann. Keiner fordert, dass man Juden diskriminieren sollte. Diese Vorurteile sind dumm. Sie zu einer existenziellen Bedrohung zu potenzieren, ist pathologisch. Vorurteile können schädlich werden, wenn sie in der Politik Auswirkungen haben. Und was derzeit gerade in der Politik passiert, ist schädlich.

Warum?
Ich bin überzeugt, das Thema Antisemitismus wird politisch instrumentalisiert. Frau Kahane dient als Alibi, weil sie Jüdin ist. Ihre Besessenheit mit Antisemitismus wird für andere Zwecke genutzt, darunter mit dem Ziel, die Querdenken-Bewegung zu diskreditieren. Dahinter steht eine faschistoide Politik, die den Antisemitismus für politische Ziele missbraucht.

Welche Ziele sehen Sie da?
Ich bin jetzt über 30 Jahre mit internationaler Politik befasst, habe mehrere Bücher zum Thema Staatsterrorismus geschrieben. Ich sehe im Hintergrund eine Agenda, die dazu dient, Rechtsstaat und Demokratie abzuschaffen, damit die Reichen noch reicher werden. Dafür müssen alle möglichen Feinde herhalten. Der islamistische Feind wurde in den 1990er-Jahren aus der Taufe gehoben. Jetzt sind es die Corona-Maßnahmengegner, die als Feind herhalten müssen. Das ist alles nichts Neues. Es hat schon etwas Skurriles, wenn man einen jüdischen Antirassisten wie mich zu einem Antisemiten erklären würde. Dann sagt man, der Mann sei ein selbsthassender Jude oder ganz einfach ein Verschwörungstheoretiker. Auf Wikipedia werde ich tatsächlich so diffamiert. „Antisemitismus“ ist ein hervorragendes Mittel, Menschen zu diskreditieren.

Das bringt es auf den Punkt – danke dafür!

Enkelin jüdischer Flüchtlinge aus Kolumbien – Antisemitin?

Petra Derlaw, 58, stammt aus Bogotá, Kolumbien, lebt und arbeitet als Schneiderin in Köln.

Sie stammen aus Kolumbien?
Ja, meine Großmutter ist mit der Familie im Dezember 1938 nach Kolumbien ausgewandert. Dort lebte bereits mein Urgroßonkel seit Anfang der 1920er-Jahre. Ihm hatte die Entwicklung in Deutschland nicht gefallen. Er hat in Bogotá eine jüdische Gemeinde gegründet, eine Synagoge gebaut und seinem Bruder schon lange gesagt, er solle folgen.

Nach der Reichskristallnacht sind Sie gegangen?
Ja, mein Urgroßvater wurde in der Reichskristallnacht einkassiert – verhaftet – und von einem SS-Mann gewarnt, er solle sehen, dass er wegkommt, weil die Familie deportiert würde. Ende Dezember sind sie verschwunden und nach vielen Schikanen mit dem Schiff nach Kolumbien geflohen. Dort haben alle den Krieg überlebt.

Wie ging es mit Ihrer Familie weiter?
Meine Großmutter hat Anfang der 1940er-Jahre einen ebenfalls nach Bogotá geflüchteten Berliner Juden geheiratet, meine Mutter nach ihrer Ausbildung im französischen Lyzeum meinen Vater kennengelernt, einen katholischen Kolumbianer. Ich kam 1962 auf die Welt. Die Rückkehr nach Deutschland war 1966. Meine Großmutter ging mit den Kindern und Enkeln, ohne meinen Vater. Meine Mutter wollte aber wieder nach Kolumbien und ist leider kurze Zeit später verstorben. Daher wuchs ich bei meiner Großmutter auf, die mich stark geprägt hat.

Haben Sie Antisemitismuserfahrung?
Persönlich kaum. Ich habe eher rassistische Übergriffe erlebt, da ich als Kind sehr dunkle Haut und Augen hatte. Aber mein jüdischer Großvater hatte in Nachkriegsdeutschland Probleme. Er hatte in Berlin in den 1950er-Jahren ein Gebäude angemietet und dort ein Hotel eingerichtet. Als ich 13 war, erzählte er mir, dass er fast wöchentlich eine Morddrohung als Jude bekäme. Antisemitismus ist unausrottbar. Ich habe mich intensiv mit der Historie des jüdischen Lebens der Juden in den Ghettos und nach der Öffnung der Ghettos beschäftigt. Antisemitismus ist so alt, wie es jüdische Menschen gibt, die ihren Geschäften nachgehen.

Hatte Ihre Familie in Kolumbien Antisemitismuserfahrung?
Kolumbien hat nur wenige Nazis aufgenommen. Darüber hinaus haben Kolumbianer ihre eigenen Probleme, waren und sind mit Überleben beschäftigt. Es gab sicher auch dort diesbezüglich einiges, aber die Familie hat davon nichts mitbekommen.

Wie stehen Sie zu Corona?
Wenn man sich die Zahlen anschaut, wurde die Influenza durch Corona abgelöst. Es gibt das Virus, es gibt Tote, es ist eine gefährliche Erkrankung, an der Menschen sterben. ABER: Es ist nicht die todbringende Seuche, als die sie uns verkauft wird. Ich empfinde Corona nicht als bedrohlich, die Maßnahmen dagegen jedoch sehr.

Was sagen Sie zu den Coronamaßnahmen?
Die sind menschenverachtend! Wenn Großeltern ihre Enkel nicht sehen dürfen, wenn Menschen in ihren Wohnungen isoliert werden, wenn alles, was Menschen ausmacht, auf einmal untersagt ist, dann stimmt etwas nicht. Die gesetzlichen Änderungen sind furchtbar. Das Aushebeln des Grundgesetzes ist ein Todesstoß für jede Demokratie.

Also haben Sie auch dagegen protestiert?
Ja, mehrfach – in Köln und an vielen verschiedenen Orten. Aber es ist jedes Mal ein ziemlicher Stress aufgrund der intensiven Polizeipräsenz. Ich fühle mich in das Leben meiner Großmutter versetzt, merke die heftige familiäre Retraumatisierung. Ich komme immer wieder in einen Film – früher war es der Judenstern, heute ist es das „Nichttragen der Maske".

Sie gehen auf Demos und tragen keine Maske – also sind Sie eine rechtsradikale Antisemitin?
Wenn man den Medien und Frau Kahane folgt, ja. Aber das ist absurd. Und ich verniedliche auch nicht die Schoah – wie man schon hören durfte. Ich begreife das alles nicht. Wie kann man die Menschen so dermaßen belügen und so tun, als ob das ganz normal wäre? Das hat alles nichts mehr mit Demokratie zu tun. Diese Propaganda wird in einer unglaublichen Perfektion betrieben. Kaum geht man auf die Straße und protestiert für den Erhalt des Grundgesetzes, schon heißt es überall: Das sind alles Rechtsradikale. Das verfolgt mich seit April, das belastet mich psychisch enorm. Ich bin froh, dass ich meine Arbeit noch erledigen kann. Ich versuche, der Verleugnung aktiv entgegenzuwirken, auch um mich zu entlasten.

Was tun Sie?
Ich sage den Menschen: „Das mit dem Virus ist die eine Sache. Die andere ist, wenn ein Mensch nicht mehr Mensch sein kann. Da fühle ich mich jetzt wie im Leben meiner Großmutter. Wir werden in Deutschland mithilfe von Verordnungen und einem Ermächtigungsgesetz regiert." Manche reagieren darauf, können verstehen, dass mir das Angst macht.

Was erwarten Sie für die Zukunft?
Ich hoffe, dass dieser Spuk nicht mehr lange dauert. Wir tragen alle dazu bei, es zu verändern – und ich bin ein optimistischer Mensch.

Danke dafür!

Traditionell-religiöse Jüdin – Antisemitin?

Carmen M., 46, stammt aus Wien und pendelt jetzt zwischen Wien und Berlin. Aktuell ist die Buchhändlerin aufgrund von Corona arbeitslos und kann auch ihren kulturellen Interessen nur eingeschränkt nachgehen.

Warum wollen Sie das Interview nicht mit vollem Namen führen?
Ich kriege bereits auf Facebook entsprechende Kommentare. Es gibt enorme Anfeindungen, ich werde beschimpft und gemobbt, eine frühere Freundin hat mich sogar bedroht. Das sind keine antisemitischen Bedrohungen, auch jüdische Freunde greifen mich an, weil ich nicht das gängige Narrativ vertrete.

Sie sind Jüdin?
Ja – traditionell. Also weder ultraorthodox noch liberal. Ich bin Mitglied der Israelischen Kultusgemeinde (IKG) in Wien, einer Gemeinde, in der es derzeit keine Gottesdienste gibt.

Wie stehen Sie zu den Coronamaßnahmen?
Die Maßnahmen sind völlig unangemessen, die psychischen Schäden unabsehbar. Ich fürchte, es kommen heftige psychische Erkrankungen mit Langzeitfolgen auf die Gesellschaft zu. Ich habe erst vor Kurzem eine Studie gelesen, wie Isolation Psyche und Existenz der Menschen zerstört. Das ist unvertretbar – für eine Erkrankung, die man nicht auslöschen kann. Auch Grippeviren kommen jedes Jahr wieder. So traurig das ist: Täglich sterben Menschen an multiresistenten Keimen, an Influenza, Herzinfarkten oder Krebs. Sterben gehört zum Leben. Da die Gottesdienste ausfallen, sind wir in der Religionsausübung beeinträchtigt. Gott sei Dank ist Berlin da etwas mutiger.

Wie meinen Sie das?
Die Synagoge in Berlin hat ein Hygienekonzept. Man muss anrufen und sagen, wann man in den Gottesdienst gehen will. Jede Woche wird Fieber gemessen und es werden die Daten aufgenommen. Aber immerhin finden Gottesdienste statt.

Gehen Sie auf Demonstrationen?
Ja, soweit mir das am Schabbat möglich ist. Vormittags gehe ich in die Synagoge, da muss ich erst nach Hause, um mich umzuziehen. Am Anfang bei den Hygienedemos für das Grundgesetz und mehrere Male in Wien bei den Demos der Initiative für evidenzbasierte Corona-Informationen (ICI) war ich dabei.

Warum sind Sie da hingegangen?
Es ist mir wichtig, dagegen zu protestieren, dass Gesetze ausgehebelt werden und sich alles in Richtung einer globalen Diktatur entwickelt. Das sind Entwicklungen, die ich

als sehr bedenklich erachte. Die Maske ist für mich ein Symbol der Unterdrückung. Die Menschen haben nichts zu sagen, man klebt ihnen den Mund zu. Das hat einen starken symbolischen Wert, wir werden als Bürger entmündigt. Das ist nicht hinnehmbar. Da muss ich etwas machen. Leider tun viel zu wenige etwas.

Wie verhält sich die jüdische Gemeinde?
Ich höre von Rabbinern Sätze wie „Man soll befolgen, was die Regierung sagt, die meinen das nur gut" oder „Es ist keine Zeit für falsch verstandene Religiosität – es besteht Lebensgefahr". Da kann ich nur sagen: Selbst in Auschwitz haben die Menschen gebetet – da bestand Lebensgefahr. Zwei Brüder meines Großvaters mütterlicherseits starben im KZ.

Nach der Schoah stand die Frage im Raum: Warum habt ihr euch nicht gewehrt? Ist es überzogen, diese Frage heute wieder zu stellen?
Nein. Die Frage muss man stellen. Ich verstehe nicht, dass Menschen sich – freiwillig – wegsperren lassen, dass sie Vorschriften akzeptieren, die sie hinter vorgehaltener Hand für sinnlos erklären. Ich verstehe nicht, dass nicht mehr Menschen auf die Demos gehen. Eigentlich würde ich Proteste wie 1989 in der DDR erwarten. Es ist wieder die schweigende Masse, die einfach aus Angst oder anderen Gründen mitmacht. Indem man mitmacht, unterstützt man die Mächtigen. Damals wie heute ist das der gleiche Mechanismus. Gerade von Juden müsste man mehr Widerstand erwarten.

Waren Sie früher schon politisch aktiv?
Ich war immer interessiert, aber nicht aktiv. Aber bei gesellschaftlichen Entwicklungen wie jetzt muss man doch handeln. Ich bin definitiv nicht der typische Demonstrant, eher ruhig und zurückhaltend, also niemand, der auf die Straße geht. Aber jetzt muss es einfach sein.

Gab es auf den Demos Antisemiten oder Rechte?
Ein Einzelner hat in Wien mal „rechte" Flyer verteilt, mehr habe ich nicht gesehen. Von der Oma bis zum Enkelkind waren das alles offene, aufgeschlossene, ganz normale Menschen. Aber ich habe als Jüdin schon mehrfach zu hören bekommen, dass ich ein Nazi sei, weil ich auf die Demos gehe. In Israel sind die Maßnahmen übrigens noch diktatorischer. Der Lockdown war umfassend, und es gibt seitens vieler Israelis heftige Kritik. Sind Israelis jetzt Nazis?

Laut Frau Kahane sind es zumindest Antisemiten. Was sagen Sie zu der Pressekonferenz?
Diese Vermischung aus Corona und Antisemitismus hat keinen Bezug zur Realität. Zu sagen, Antisemitismusbekämpfung dient dem Gesundheitsschutz, ist einfach nur wirr, wirft alles in einen Topf. Ja, es mag einzelne Demonstranten aus dem rechten Spektrum gegeben haben, aber in der Pressekonferenz gewinnt man den Eindruck, das wäre die übergroße Mehrheit. Das ist schlichtweg falsch und auch verletzend. Irgendwie ist es ein

persönlicher Angriff, dass ich mich mit Antisemiten und Nazis in einem Topf wiederfinde, dass ich verunglimpft werde, nur weil ich gegen die Maßnahmen protestiere. Das geht doch gar nicht.

Ja, das sehe ich auch so. Danke für Ihre Unterstützung!

Weitere Betroffene melden sich im nächsten Artikel zu Wort. Wir sind viele. Es trauen sich nur – noch – zu wenige, es offen auszusprechen.

Wenn die Nazikeule nicht mehr ausreicht Teil 3

Andrea Drescher

Die Bundespressekonferenz (BPK) vom 24. November 2020 mit Anetta Kahane, Vorsitzende der Amadeu Antonio Stiftung, Felix Klein, Antisemitismus-Beauftragter der Bundesregierung, und SPD-Vizevorsitzendem Kevin Kühnert hat viele Coronamaßnahmen-kritische Gemüter erhitzt. Darum ein dritter Artikel zu dem Thema – denn gerade Nachgeborene von Überlebenden haben ein Problem damit, in die antisemitische Ecke gestellt zu werden.

Manche Aussagen bei der BPK lassen sich an Absurdität kaum mehr überbieten. Naturheiler dem antisemitischen Milieu zuzuordnen oder zu erklären „Antisemitismus zu bekämpfen ist auch Teil des Gesundheitsschutzes", lässt Böses erahnen. Mir drängt sich der Verdacht auf: Wer den Schutz vor Antisemitismus mit dem Schutz der Gesundheit in einen direkten Zusammenhang stellt, ist von der „Volksgesundheit" nicht mehr weit entfernt.

Wenn man schon nach Antisemiten beziehungsweise Nazis sucht, wäre es Zeit, den Blick mal etwas auf die aktuell politisch Verantwortlichen zu werfen. Der Sprachgebrauch mancher Politiker lässt an dunkle Zeiten erinnern. Da erklärt der CSU-General Markus Blum zur Coronakrise: „Impfen sollte zur patriotischen Selbstverständlichkeit werden."[1] In den Impfpässen der Nazizeit stand zu lesen, „man habe sich und dem deutschen Volke einen Dienst erwiesen" – so erzählte mir das zumindest eine Bekannte, die das im Impfpass des inzwischen verstorbenen Schwiegervaters (geboren 1936) gelesen hatte.

Volksgesundheit statt individuellen Patientenwohls war seit den 1920er-Jahren ein Thema. So kann man nachlesen: „Federführend bei dieser Umgestaltung war der ‚Nationalsozialistische Deutsche Ärztebund' (NSDÄB), der schon 1929 als ‚ärztliche Kampforganisation' innerhalb der NSDAP neben SA und SS gegründet wurde und dem ab 1930 neben Ärzten auch Zahn- und Tierärzte sowie Apotheker beitreten konnten. Der NSDÄB setzte sich zum Ziel, nicht nur die Ärzte- und Zahnärzteschaft, sondern das gesamte Gesundheitswesen dem NS-Führungsanspruch zu unterwerfen und unter der Führung seiner Mitglieder radikal neu auszurichten. Statt des individuellen Patientenwohls waren nun ‚Rassenhygiene' und ‚Volksgesundheit' die Ziele medizinischen Handelns."[2]

---

1 https://www.welt.de/politik/deutschland/plus221209618/Corona-Impfen-sollte-patriotische-Selbstverstaendlichkeit-werden.html → Kurzlink: ws1.eu/k/65

2 https://www.zm-online.de/archiv/2017/20/gesellschaft/im-dienste-des-volkskoerpers/seite/alle/ → Kurzlink: ws1.eu/k/66

Da stellt sich die Frage: Gilt es 2020 wieder, als guter Patriot „deutsches Blut“ durch die Impfung zu schützen, oder dient diese – in meinen Augen äußerst fragwürdige – Impfung dem Schutz der Menschen?

Der Zusammenhang „Impfung – Patriotismus“ ist nicht weniger fragwürdig, als „Antisemitismus“ mit „Gesundheitsschutz“ zusammenzubringen oder „Coronaleugner“ mit „Antisemit“ gleichzusetzen, worüber sich zahlreiche Menschen mit jüdischen Wurzeln oder jüdischen Glaubens persönlich sehr aufregen. Drei weitere Menschen aus diesem Umfeld kommen heute zu Wort.

Sohn eines namhaften Holocaust-Überlebenden – Antisemit?

Ateet Frankl, 73, ist wie sein Vater Künstler und Grafiker. Er stammt aus Bratislava, wuchs in Wien auf und lebt heute in München.

Sie nennen sich Ateet Frankl – wie kommt das?
Ich bin zwar in einer jüdischen Familie geboren, hatte mich in meiner Jugend in der jüdischen Hochschülerschaft engagiert und anfangs die großen Feiertage eingehalten, habe aber später über die Therapie-Szene andere Welten kennengelernt und längere Zeit in Indien verbracht. Mein vollständiger Name, den mir Osho gab, lautet *Veet Ateet*. Das bedeutet: „Gehe jenseits der Vergangenheit." Ich habe auch erfahren, dass Ateet auf Hebräisch „Zukunft" bedeutet. Das passt zu mir. Jenseits der Vergangenheit, jenseits der Zukunft – da bleibt nur noch das Hier und Jetzt.

Ihr Vater war Adolf Frankl, der mit seinen Bildern über den Holocaust bekannt wurde.
Ja, er wurde mit 41 Jahren nach Auschwitz-Birkenau deportiert und hatte die Tätowierungsnummer B 14395. Seine Bilder waren ein Versuch, diese Erlebnisse zu verarbeiten und künstlerisch auszudrücken. Dass er das geschafft hatte, 80 Jahre alt wurde und ein sanfter, gütiger Vater war, ist für mich ein Wunder.

Foto: Ateet Frankl

Adolf Frankl bei derArbeit

Sie sind also der typische Antisemit?
Ich bin der Sohn des Auschwitz-Häftlings, der das Gesamtkunstwerk „Visionen aus dem Inferno“, Tausende Zeichnungen und Hunderte an Ölgemälden zur Schoah geschaffen hat, und soll Antisemit sein? Mein Bruder und seine Frau Inge haben Ausstellungen mit dem Werk meines Vaters überall auf der Welt organisiert, die letzte habe ich im NS-Dokumentationszentrum in München 2015 angeleiert, und jetzt wird mir unterstellt, die Schoah zu verharmlosen? Auch wenn ich heute die jüdische Religion nicht mehr praktiziere, sondern meinen Weg in Indien mit der Meditation gefunden habe, gibt das niemandem das Recht, mich als Antisemiten zu bezeichnen. Aber solche Vorwürfe hört man überall. Da hat die Propaganda ganze Arbeit geleistet.

Was wirft man Ihnen denn vor?
Ich habe von Freunden auf Facebook schon mehrfach gehört, dass man nicht verstehen könne, wie ich bei meiner Familie und Vergangenheit gemeinsam mit Rechtsradikalen demonstrieren könne. Das ist so absurd.

Was antworten Sie darauf?
Anfangs hab ich versucht, zu diskutieren, dann habe ich Kontakte einfach blockiert. Ist ein Mensch einmal auf einer Position festgefahren, nützen rationale Argumente kaum mehr. Man hat uns hervorragend gespalten – „teile und herrsche“ in Reinkultur. Das geht leider bis in die Familien.

Auch in Ihre?
Ja, leider. Auch mein Bruder und seine Frau glauben dem Mainstream und machen sich wegen mir Sorgen. Er nennt mich wenigstens nicht Antisemit, möchte nur, dass ich Maske trage, Abstand halte und nicht auf Demos gehe. Aber er ist auch schon 86, und es geht ihm nicht so gut. Bereits bei der ersten Demonstration im März in München fing es an mit den Vorwürfen, die Demonstranten seien alle Rechte. Als solche Anschuldigungen auch vonseiten meiner Familie kamen, war ich enorm betroffen. Sie glauben den Medien – und nicht meinen Worten. Ich habe das auch mit einer Freundin erlebt. Sie behauptete, die Filme, in denen man die Polizeigewalt sieht, wären alle Fakes, also alles nur gespielt. Das finde ich so unfassbar. Diese Gewalt war für mich besonders schlimm!

Haben Sie eigene Erfahrungen gemacht?
Nein. Ich hatte wirklich Glück in Berlin, am 29. August war ich nicht dort, wo es brutal und hässlich zuging. Ich weiß, dass Gewalt stattgefunden hat, aber die ging von der Polizei aus. Die Menschen waren so friedfertig und freundlich. Das war ein buntes Friedensfest. Ich habe auf keiner der Demonstrationen, auf denen ich war, Nazis oder Hakenkreuze gesehen. Auf einer Demonstration sah ich auch eine isrealische Fahne. Die einzelnen Reichsfahnen, die man in Berlin gezeigt hat, haben mit den Nazis nichts zu tun. Das alles ruft ganz böse Assoziationen und Ängste bei mir hervor.

Was meinen Sie damit?
Mich erinnert alles an 1933/34. Als meine Eltern heirateten, gingen sie auf Weltreise. Das war 1934. Die Reise brachte sie unter anderem nach München, wo sie am Stachus beobachten mussten, wie Menschen von Uniformierten mit Hakenkreuzbinden auf Lastwagen verfrachtet wurden. Sie haben sich damals gesagt: „Das wird bei uns nie passieren." Und knapp zehn Jahre später saß mein Vater im Waggon nach Auschwitz – diesen Fehler will ich nicht wiederholen.

War Ihre Mutter auch im KZ?
Nein. Sie hat es mit sehr großem Mut, Geschicklichkeit und Bluff geschafft zu überleben. Als meine Eltern mit meinen beiden jungen Geschwistern im September 1944 in Bratislava zum Verladebahnhof gebracht wurden, sagte mein Vater zu ihr: „Geh zum Kommandant Brunner und sag, du bist keine Jüdin." Sie tat das nicht nur voller Überzeugung, sondern forderte auch noch Begleitschutz, damit sie sicher vom Gelände käme. Der slowakische Faschist, der am Rand stand und sie erkannte, meinte nur: „Gehen Sie schnell weg, Frau Frankl." Dass mein Vater wusste, dass Frau und Kinder entkommen waren, gab ihm die Kraft, das Lager zu überstehen. Meine Mutter versteckte sich, meine Geschwister kamen in ein Mädchenkloster, sodass alle bis Kriegsende überlebten. Aber sie waren auch zeitlebens gezeichnet. Meine Schwester war in Behandlung und bis zu ihrem Tod voller Angst und Panik. Mein Bruder beschäftigt sich heute nur noch mit der Vergangenheit und den Bildern meines Vaters, die ein Mahnmal für diese Untaten darstellen.

Was sagen Sie dann zu den Aussagen auf der Bundespressekonferenz?
Frau Kahane spricht nicht in meinem Namen. Sie hat auch definitiv nicht das Recht, mich oder andere zu Antisemiten zu erklären. Ich weiß nicht, für wen sie arbeitet, aber sie hat wohl einen Auftrag. Anders kann ich mir das nicht erklären. Jedenfalls ist es eine niederträchtige Chuzpe, friedliche Demonstranten als Verschwörungstheoretiker und Antisemiten zu bezeichnen.

Vielen Dank für Ihr Engagement gegen diese Chuzpe!

Jüdischer Arzt – Antisemit?

David Gold ist Arzt, um die 40, stammt aus Israel, lebt seit Längerem in Österreich und ist Mitglied der Israelischen Kultusgemeinde (IKG). Hinter dem Namen verbirgt sich ein Mensch, der Angst hat, identifiziert zu werden. Die Identität ist bestätigt, Kontaktdaten liegen vor.

Warum haben Sie Bedenken, öffentlich aufzutreten?
Zu Beginn der Krise habe ich mich als Arzt um Aufklärung bemüht, musste aber feststellen, dass ich nur wenige erreichen konnte. Ich wollte Menschen anregen, selbst zu recherchieren, aber viele wollen das nicht – sei es aus Bequemlichkeit, Angst oder Zeitmangel. Ich musste auch erleben, dass ich in einem jüdischen Geschäft angegriffen wurde, weil ich – mit Attest natürlich – keine Maske trug. Ich wollte der Panik entgegenwirken und ermutigen, nicht gleich ins Spital zu rennen, und habe gebeten zu bedenken, dass Menschen auch oft durch Behandlungsfehler sterben. Denn Ärzte in Panik geben oft alles oder viel in der Hoffnung, nichts zu „übersehen". Aber mehr ist nicht immer mehr, denn Patienten sterben auch durch Medikamentencocktails oder Therapien, die von „oben" angeordnet werden, obwohl man weiß, dass eine Intubation mit künstlicher Beatmung einer geschwächten Lunge den letzten Rest gibt. Meine Aussagen haben viele schlafende Dämonen geweckt. Einzelne verbreiten Lügen über mich, behaupten, ich sei ein Coronaleugner, was ich nie war.

Wie stehen Sie zu Corona?
Ich habe viele Patienten erfolgreich gegen Coronaviren behandelt. Echte Coronapatienten, die sich durch verschiedene Medikamente, darunter hochdosiert Zink und Vitamin D, eine Kombination aus Engystol, Metavirulent und Echinacin, einen Spitalaufenthalt ersparen konnten. Ich habe jeden untersucht, die Blutwerte analysiert, um individuell zu bestimmen, was am besten hilft. Auch sehe ich den Nocebo-Effekt. Wenn Menschen sagen, es gibt kein Mittel gegen Corona, wird das richtig gefährlich für die Psyche. Denn viele haben sich beim ersten Husten schon sterben gesehen. Allein in unserer Gemeinde sind viele Menschen im Spital gestorben – keine Patienten kamen zuhause ums Leben. Nur kann ich nicht beweisen, dass es Behandlungsfehler gab. Ich habe mit Kollegen gesprochen, viele sind sich bewusst, dass das Intubieren tödlich sein kann. Aber sie halten sich an das Protokoll, schwimmen mit, weil sie sonst ihre Karriere riskieren.[1] Ich habe auch Angst um meine Approbation, nachdem diese den ersten kritischen Ärzten bereits entzogen wurde. Trotzdem muss ich als Arzt handeln! Ich sehe es wie viele andere Ärzte auch: „Primum non nocere, secundum cavere, tertium sanare!" Das heißt: „Als Erstes nicht schaden, zweitens vorsichtig sein beziehungsweise bewahren und drittens heilen."

1 https://www.tagesschau.de/investigativ/monitor/beatmung-101.html → Kurzlink: ws1.eu/k/67

Es sind aber nur wenige Kollegen beziehungsweise Kolleginnen?
Ja, leider. Was ich schlimm finde, ist, dass man Ärzte aufruft, Kollegen zu denunzieren, die Atteste ausstellen oder Corona-kritisch informieren. Es berührt mich, wenn Ärzte gegen ihr besseres Wissen handeln. Ich habe einmal erlebt, wie ein Kollege sagte: „Wenn Patienten mit so viel Information, die heute zur Verfügung steht, immer noch naiv einem Arzt vertrauen und sich impfen lassen, werde ich meine Approbation nicht für jemanden riskieren." Die meisten Kollegen berufen sich darauf, dass die Ärztekammer strikte Vorgaben hat. Also sei man ja nicht schuld, da man nur Befehle ausüben würde. Aber wer gegen die eigene Überzeugung impft, ist schuld an einem Impfschaden. So sollte es gehandhabt werden, dann würden sich viel mehr Kollegen mit Pro und Kontra von Impfungen beschäftigen. Wirklich leid tun mir die Kollegen, die an die Religion Medizin glauben. Denn mit so vielen gefälschten Studien kann man das nicht mehr Wissenschaft nennen.

Wie stehen Sie zur Maskenpflicht?
Wenn jemand wirklich Angst hat, trage ich aus Respekt vor der Angst des anderen kurzfristig eine, erkläre aber, warum ich es für falsch halte. Aber ich setze keine Maske auf, weil „Kanzler Kurz es sagt", weil „man es halt so macht". Solch ein Verhalten schockiert mich – da fehlen mir die Worte. Halachisch (die jüdischen Gesetze und religiösen Vorschriften in ihrer Gesamtheit betreffend) ist es auch nicht in Ordnung, sich selbst zu schaden, um andere zu „schützen" – wobei Maskentragen kein Schutz ist. Die Maskenträger von heute sind die Lungenkranken von morgen. Dafür muss man weder Hellseher noch Genie sein.

Wie reagiert die jüdische Gemeinde?
Ich habe versucht, Rabbiner aufzurütteln, und bin total enttäuscht von unseren religiösen Führern. Wir dürfen den Staat nicht verärgern, weil wir als Gemeinde doch erhebliche Subventionen bekommen. Die meisten haben Angst, ihre Meinung zu sagen. Sie haben keine Angst vor Corona, sondern machen im Mainstream mit, um ihre Position nicht zu gefährden. Man muss sich an die Regeln halten, weil der Staat es sagt. Es wird schon nicht so schlimm werden. Und genau das haben sie vor 80 Jahren auch gesagt! Ich frage mich, wann kommt für solche Menschen die Zeit zu handeln? Wissen Sie, wer mich verstanden hat? Ich habe eine alte, jüdische Familie behandelt, die das KZ überlebt hat. Die sind sich klar darüber, was gerade passiert, sie sehen die Zeichen der Zeit, sehen das, was sich am Horizont abzeichnet ...

Was sehen Sie?
Man darf seine Meinung nicht mehr äußern, ohne das Risiko einzugehen, seinen Job zu verlieren oder, wie in meinem Fall, die Lizenz zu verlieren. Man hat mich so unter Druck gesetzt, dass ich mich jetzt etwas zurückgezogen habe. Ich muss Rücksicht auf meine Frau und die Kinder nehmen. Auf der Familie lastet der Druck, ausgeschlossen zu werden, nicht mehr eingeladen oder denunziert zu werden. In Facebook wurde bereits

dazu aufgerufen, die „Verharmloser" innerhalb der jüdischen Gemeinde im Auge zu behalten und zu melden. Ist das krank? Wir brauchen keine Feinde von außen, das sieht man auch bei Frau Kahane.

Sie meinen die Pressekonferenz?
Ja, die war schrecklich. Wie kann man dieser Frau so viel Redezeit geben? Ich habe selbst mehrfach Antisemitismus-Erfahrungen machen müssen und sage oft nicht, dass ich jüdische beziehungsweise israelische Wurzeln habe. Großmütterlicherseits sind während der Schoah über 80 Menschen gestorben, und jetzt bin ich Antisemit, weil ich die Maßnahmen kritisiere? Dieser Antisemitismusvorwurf ist ein Totschlagargument. Ich habe noch nie bei Demonstrationen so viele Teilnehmer mit Migrationshintergrund gesehen. Ich bitte die Menschen, selbst hinzugehen und sich zu überzeugen, wer dort protestiert.

Ja – das wäre der beste Weg!

Urgroßmutter vergast, Großmutter und Mutter im Versteck überlebt – Antisemitin?

Petra W., 53, gebürtig und wohnhaft in Berlin, arbeitet derzeit aufgrund des Lockdowns im Homeoffice im Vertrieb.

Warum wollen Sie nicht namentlich genannt werden?
Bei mir im Unternehmen ist man für die Maßnahmen – ich habe Angst um meinen Arbeitsplatz.

Sie gehen regelmäßig auf Demos?
Regelmäßig nicht, aber immer wieder. Im Frühjahr war ich auf den Hygiene-Demos am Potsdamer Platz, dann habe ich mir auch mal Attila Hildmann von Weitem angeschaut. Am 29. August war ich an der Siegessäule und am 22. Oktober beim Schweigemarsch teilweise mit dabei.

Haben Sie Rechte auf den Demos gesehen?
Eigentlich nicht. Am 29. August an der Siegessäule habe ich allerdings Folgendes beobachtet: Da stand ein Pärchen mit einer Israelflagge. Ein Typ mit Profi-Kamera kam vorbei und beschimpfte die beiden ganz übel. Sie seien schuld daran, dass seine Großmutter vergast wurde. Aber dann kamen gleich die Ordner, und der Typ ist weggerannt. Ich hatte den Eindruck, der wollte Aufsehen erregen, und ich habe auch den Verdacht, dass er eingeschleust war, um für Ärger zu sorgen. Um mich herum waren nur ganz normale, friedliche, nette, bürgerliche Menschen. Es waren Menschen, die wissen, was sie tun, warum sie da sind. Man kam mit jedem ins Gespräch. Alles verlief ruhig, besonnen und ernst – die Stimmung war alles, nur nicht aggressiv oder rechts. Aggressiv war die Polizei – zumindest in ihrem Auftreten. Sie haben immer wieder einzelne Demonstranten umzingelt.

Wenn Sie auf die Demos gehen, sind Sie also Coronaleugnerin?
Nein. Das bin ich nicht. Ich stelle allerdings die Gefährlichkeit des Virus infrage und insbesondere die Maßnahmen dagegen.

Aber dann sind Sie Antisemitin?
Laut Frau Kahane ja – aber was hat das eine mit dem anderen zu tun? In meinen Augen überhaupt nichts. Ich weiß aber auch nicht, wie oft ich schon von unwissenden Leuten als Nazi betitelt wurde. Dabei habe ich jüdische Wurzeln, und es ist für mich niemals ein Thema, welche Religion jemand hat, welche Hautfarbe er hat oder woher ein Mensch stammt.

Was heißt das – jüdische Wurzeln?

Ich bin weder gläubig noch bin ich in dem Glauben erzogen worden. Aber meine Urgroßmutter wurde 1941 in Lodz vergast, mein Großvater konnte dem Tod nur entkommen, da man ihn „nur" in Danzig inhaftiert hatte. Er war ein „politisch Verfolgter", da er Flugblätter zur Aufklärung verteilt hat. Diese Wurzeln sehe ich als einen sehr wichtigen Teil meines Lebens an, auch wenn ich nur spät davon erfahren habe.

Warum das?
In der Familie wurde darüber geschwiegen. Erst als meine Mutter verstarb – sie kam 1942 auf die Welt –, habe ich angefangen, tiefer zu forschen. Ich wollte wissen, wer meine Urgroßmutter war und warum das alles passieren konnte. Ich wusste, meine Großeltern und Eltern hatten gelitten, aber ich kannte wenige Details.

Was haben Sie erfahren?
Meine Mutter und Großmutter haben überlebt, weil ein Teil der Familie nicht jüdisch war. Meine Großmutter hielt sich in der Nähe von Cottbus versteckt. Mein Großvater sprach so gut polnisch, dass man ihn für einen Polen hielt. Das rettete ihnen das Leben. Und wie erwähnt, meine Urgroßmutter wurde vergast. Darüber zu reden hat wohl zu viel Leid aufgewühlt. Das „Nicht-Reden" wurde auch auf mich übertragen. Nicht über Probleme reden, leise sein, unauffällig sein. Das war ein Erziehungsmuster, das ich aber nur begrenzt übernommen habe.

Sind Sie daher politisch aktiv?
Ich wollte, als ich jung war, mal in die Politik gehen, habe aber schnell begriffen, dass man hier nichts ändern kann. Daher war ich nie wirklich politisch engagiert. Ich setze mich aber immer für Menschen ein, für Gerechtigkeit. Ich gehe sehr offen auf Menschen zu und lehne Schubladendenken ab.

Sind Sie durch Corona aktiv geworden?
Ich war schon vorher sehr bewusst und schaue mir vieles an. Jetzt versuche ich im Rahmen meiner Möglichkeiten, andere aufzuklären, zu informieren. Das kostet aber sehr viel Energie. Die Menschen müssen selbst schauen und sich selbst informieren und nicht berieseln lassen. Darum war ich auch so entsetzt über das Video von der Bundespressekonferenz. Mit dem Antisemitismusvorwurf gegen Coronamaßnahmen-Kritiker blockiert man jede neutrale Information.

Was sagen Sie zu diesem Video?
Also ich würde sagen: „Ohne Worte." Aber es wundert mich auch nicht. Ich empfand schon die Kindergarten-Information von Frau Kahane vor ein paar Jahren als unsäglich.

Worum ging es da?
Es gab eine Broschüre, wie man Kinder von Nazi-Eltern erkennt. Wenn Mädchen Zöpfe haben und gerne Handarbeiten und Jungen sportlich sind, ist das ein Indikator für

rechte Eltern. Da dachte ich zuerst, es sei Satire. Es war aber keine. Schon da fehlten mir die Worte. Ich verstehe nicht, warum man diesen Hass schüren will. Und das Gleiche wiederholte sich jetzt bei der BPK. Das war so völlig empathiefrei. Statt mit andersdenkenden Menschen ins Gespräch zu kommen, wurde „von oben“ diffamiert. Die wissen doch nichts von uns normalen Bürgern auf der Straße. Sie sprechen von Antisemitismus und sind selbst gleichzeitig Hetzer. Gerade mit diesem Verhalten kann man doch Antisemitismus erzeugen.

Beunruhigt Sie das?
Es erschreckt mich, wie schnell sich das entwickelt hat. Das hätte keiner erwartet. Das System scheint völlig am Ende – sonst gäbe es keine abstrusen Erscheinungen, wie sie jetzt auftreten. Es ist höchste Zeit, dass wir da eine Gegenposition beziehen, auch wenn es gegen die Macht der Medien nicht leicht ist. Wir müssen uns – nein, ich muss mich – zu Wort melden, gerade wegen der Geschichte meiner Familie.

Danke dafür!

Es haben sich noch mehr Menschen mit jüdischen Wurzeln gemeldet, als hier zu Wort gekommen sind.

Konkrete Hilfe für die Wahrheitsfindung: Hardy Groeneveld und Mutigmacher e. V.

Foto: Privat

Gründungs- und Vorstandsmitglied Hardy Groeneveld beschreibt sein Motto – und damit auch die Gründungsidee hinter dem Verein: „Zu meinen Grundwerten gehören Liebe, Respekt und Toleranz und darauf basierend Frieden und Freiheit. „Friede ist nur durch Freiheit, Freiheit nur durch Wahrheit möglich", sagte der Psychologe und Philosoph Karl Jaspers und ich stimme ihm zu 100 % zu. Wir brauchen wirklich dringend mehr Wahrheit und Wahrhaftigkeit – und mutige Menschen, die dafür stehen!"

Mehr und mehr Menschen verlieren den Mut, sich öffentlich zu äußern. Zwei Faktoren spielen eine wesentliche Rolle: Die Angst vor Verlust der eigenen Reputation und des sozialen Umfelds einerseits und die Angst vor dem finanziellen Absturz zum Beispiel durch Verlust des Arbeitsplatzes andererseits.

Denn immer häufiger hört man von Menschen, die massiv diffamiert werden oder ihren Job verlieren, weil sie sich öffentlich kritisch über Corona äußern. Menschen wie Uti Dawson, die sich öffentlich über Facebook zur aktuellen Corona-Krise geäußert hat, insbesondere zur Maskenpflicht für Kinder in der Schule. Sie zeigte sich solidarisch mit demonstrierenden Eltern und deren Kindern, die die Maskenpflicht mit dem Dritten Reich verglichen haben und diese schlimme Zeit nicht wieder erleben wollen. Dafür verlor die engagierte Lehrerin ihre Arbeit bei der Lebenshilfe.

Wie man mit bis dato anerkannten Wissenschaftlern medial umgeht, ist unfassbar. Beispiele dafür sind der emeritierte Professor Sucharit Bhakdi, deutscher Facharzt für Mikrobiologie, Virologie und Infektionsepidemiologie, sowie von 1991 bis 2012 Leiter des Instituts für Medizinische Mikrobiologie und Hygiene an der Johannes Gutenberg-Universität Mainz oder Professor Hendrik Streeck, der als Professor für Virologie und Direktor des Institutes für Virologie und HIV-Forschung an der Medizinischen Fakultät der Universität Bonn tätig ist.

Dass ein Polizist aus Hannover nach seiner Rede bei einer Demonstration gegen die staatlichen Corona-Schutzmaßnahmen in Dortmund vorerst vom Dienst entbunden wurde, gegen einen anderen in Augsburg durch das Polizeipräsidium Mittelfranken ein

Disziplinarverfahren eröffnet wurde, sorgt ebenfalls für Ängste und Verunsicherung, sich gegen bestehendes Unrecht öffentlich zu äußern.

Ein Referent des Innenministeriums, der einen kritischen Bericht zur Coronakrise verfasst hatte und darin von einem Fehlalarm sprach, bekam die Folgen deutlich zu spüren. Seine ausführliche Begründung dieser Aussage, die er an die Öffentlichkeit brachte, führte dazu, dass er von seinen Dienstpflichten entbunden wurde.

Damit die Menschen sich in unserer Gesellschaft weiter öffentlich äußern können, braucht es also bereits sehr viel Mut – und hier setzt der Verein „Mutigmacher e. V." an. Er will Menschen ermutigen, bisher unbekannte, aber für die Gesellschaft hoch-relevante Informationen an die Öffentlichkeit zu bringen, auch wenn sie dadurch negative Konsequenzen zu erwarten haben. Man hilft „Whistleblowern" durch ein großes Netzwerk an Unterstützern aus den verschiedensten Bereichen. Wer seinem Gewissen folgen und bisher unbekannte Fakten bekannt machen will, kann sich direkt bei den Mutigmachern melden. In einem persönlichen Gespräch, bei dem selbstverständlich absolute Vertraulichkeit herrscht, wird festgestellt, welche Hilfe benötigt wird, um den Betroffenen am besten zu unterstützen.

Die Hilfsangebote sind vielfältig. Die juristische Beratung hilft bei rechtlichen Fragen, zum Beispiel über den Arbeitsvertrag. Das Netzwerk an Anwälten (u. a. die KlagePATEN) hilft bei der genauen Einschätzung juristischer Konsequenzen. Um die teilweise sehr starken psychischen Belastungen auszugleichen, die entstehen können, wenn man mit unbequemen Fakten in die Öffentlichkeit geht, gibt es Unterstützung durch professionelle psychologische Beratung.

Das Aufdecken von Missständen bringt den Whistleblower eventuell in finanzielle Nöte. Auch hier können die Mutigmacher unter bestimmten Voraussetzungen Beistand leisten. Die Mutigmacher helfen auch, bei Verlust des Arbeitsplatzes einen neuen Job zu finden und können durch die Zusammenarbeit mit Immobilienbesitzern in vielen Städten auch bei der Wohnungssuche behilflich sein. Ist mediale Unterstützung erforderlich, können dank eines großen Netzwerks innerhalb der Medienbranche Kontakte zu den passenden Medien – Print-, Audio- oder Video-Medium – hergestellt werden.

Der Verein „Mutigmacher e. V." trägt dazu bei, dass die Menschen mutig sein können.

MUTIG MACHER

Weiterführende Informationen findet man unter

www.mutigmacher.org

Wer hat das Mutbuch möglich gemacht?

Foto: Privat

Andrea Drescher, Jahrgang 1961, lebt seit Jahren in Oberösterreich. Sie ist Unternehmensberaterin, Informatikerin, Selbstversorgerin, Friedensaktivistin, Schreiberling und Übersetzerin für alternative Medienprojekte sowie seit ihrer Jugend aufgrund ihrer jüdischen Wurzeln überzeugte Antifaschistin. Bisher erschienen von ihr „Wenn eine eine Reise tut", „Wir sind Frieden" sowie das „Selbstversorgerbuch für die Küche von Oma & Co".

Als sie Kind war, wollte sie Journalistin werden, schrieb mit 13 erste Presse-Artikelchen in Lokalblättern. Mit dem Abitur in der Tasche entschied sie sich ganz pragmatisch für ein Informatik-Studium. Schon von Jugend an als Selbst- und Querdenkerin geprägt, sah sie keine Chancen, die Autorität eines Chefredakteuers oder die Blattlinie einer Zeitung ohne Widerspruch zu akzeptieren, sodass sie sich keine guten beruflichen Perspektiven erwartete.

Als Informatikerin mit Nebenfach Marketing nutzte sie die Entwicklungsmöglichkeiten, die ihr ein IT-Unternehmen bot. Sie landete im internationalen Marketing – wo sie erste Chancen bekam, Text zu produzieren und dann die bis dato recht brachliegende Pressearbeit aufbaute.

Mit einer kleinen Wald-und-Wiesen-Werbeagentur creaPower machte sie sich 1999 selbstständig, betreute IT-Unternehmen, darunter auch namhafte internationale Konzerne, im Marketing. Welche Agentur hat schon eine Informatikerin als Texterin im Team? Über die PR-Aufgaben für ihre Agentur-Kunden entwickelte sie sich langsam zur Fachjournalistin.

Als sie 2016 Tommy Hansen begegnete und die Möglichkeit bekam, sich auch über politische Themen auszulassen, erfüllte sich ihr Jugendtraum. Seitdem schreibt sie – als „freie Radikale" – für Free21, Frische Sicht, NachDenkSeiten, Neue Rheinische Zeitung, Rubikon und Zivilimpuls sowie für ihren Blog **www.oberhubistan.at**. Ehrenamtlich. Denn sie kann und will sich den Luxus der politischen Unabhängigkeit leisten.

Ihre Motivation: Ich will mich nie bei der Antwort auf die Frage: „Warum hast *du* damals nichts getan?" schämen müssen – außerdem fehlen mir Reisen und Bergsteigen in Zeiten der Coronakratur.

Foto: Privat

Christiane Borowy, Jahrgang 1968, ist seit jeher wichtig, eine harmonische Beziehung von Individuum und Gesellschaft zu kultivieren. Bereits in der Schule hat sie deshalb Streit auf dem Schulhof geschlichtet oder denjenigen ein Ohr und Rat geschenkt, die gerade eine Umbruchzeit in ihrem Leben durchgemacht haben. In den 80er Jahren ist sie gegen Atomkraft und für Frieden auf die Straße gegangen und war Mitglied im BUND.

„Was braucht der Mensch als Einzelner und in seiner Mitwelt, damit es ihm gut geht?“ war eine der Fragen, die sie zu ihrem Soziologie-Studium geführt haben. Neben dem Studium hat sie nach einer ganzheitlichen Methode Gesang gelernt und dabei erlebt, dass es Menschen – in Gruppen oder allein – dann gut geht, wenn sie – beispielsweise durch Musik – berührbar sind, denn dadurch steigert sich die Fähigkeit zu Empathie. Der Mensch singt dann am schönsten und kann sich dann am besten ausdrücken, wenn er frei und ohne Blockaden singen kann.

Deshalb hat sie sich mehr und mehr dafür interessiert, wie man sich von alten und nicht mehr dienlichen Gewohnheiten oder Traumata befreien kann. In ihrer fünfjährigen Ausbildung zur Körperpsychotherapeutin konnte sie diesen Blockaden auf den Grund gehen und verstehen, wie man inneren Frieden erreichen, sich von seelischen Blockaden befreien und schließlich glücklich werden kann.

Heute coacht Christiane Borowy Einzelpersonen oder arbeitet mit Gruppen und gibt Seminare zum Thema Konfliktfähigkeit, innerer Frieden, Persönlichkeitsbildung, Beziehungsfähigkeit und Trauma. Die Methoden, die sie dabei anwendet, sind zum Beispiel Achtsamkeit, Musik (Gesang) und Aufstellung von herausfordernden Themen oder Anliegen.

Für Christiane Borowy ist es wichtig, immer wieder die Frage zu stellen, was es braucht, damit möglichst alle Menschen in einer Gesellschaft ein gutes Leben führen können. In ihren Artikeln, die sie für verschiedene gesellschaftspolitische Magazine schreibt, taucht diese Frage immer wieder auf. Sie weist darauf hin, wenn eine Gesellschaft durch Krieg, Armut oder Gewalt dabei ist, sich so einzurichten, dass viele Menschen entweder gar kein Leben haben oder ein schlechtes.

Bild: Björn Gschwendtner

Jochen Mitschka, Jahrgang 1952, bezeichnet sich manchmal als Teil der letzten Generation, die noch mit den Menschen sprach, welche den Krieg und den Weg zum Krieg erlebt hatten. Aber erst nach dem Jahrtausendwechsel begann er zu verstehen, was passierte. Er erklärte, wie schmerzvoll die Erkenntnis war, dass jene, denen man mal vertraut hatte, einen belogen. Wie schwierig es war, sich selbst einzugestehen, dass man in einer Lüge lebte.

Und ironischerweise war ein Teil dieser Erkenntnis während seiner Zeit in Südostasien entstanden. Als er selbst Augenzeuge von Ereignissen wurde, die dann in den internationalen und deutschen Medien vollkommen verdreht und falsch dargestellt wurden.

Er berichtete, wie er früher Analysen des Deutschlandfunks und anderer staatlicher und quasi-staatlicher, also öffentlich-rechtlicher Sender gerne gehört, gelesen und gesehen, und darauf sein Weltbild aufgebaut hatte. Und wie er dann eines Tages die Werbung in SWR3 für Reisen nach Bangkok hörte, während dort vom Militär die Menschen auf den Straßen erschossen wurden. Wobei der Höhepunkt der politischen und medialen Heuchelei in der Berichterstattung 2014 über den Putsch in der Ukraine zu beobachten gewesen war.

Und so hatte er 2006 mit dem Schreiben von Büchern und Artikeln für Online-Medien begonnen. Zunächst unter Pseudonymen, dann, nach Eintritt in den Ruhestand, unter seinem Realnamen. Es ist der Versuch, jene Informationen, die nicht oder nicht zutreffend von den Medien weitergegeben werden, bekannter zu machen.

Jochen Mitschka versteht sich weniger als Aktivist denn als Chronist, der zukünftige Generationen warnen will. Denn seiner Meinung nach befindet sich die Gesellschaft auf dem Weg zurück in die Zeit vor der Aufklärung, als die Erkenntnisse der Antike vergessen und die Werte der Aufklärung noch Utopien Einzelner waren. Und die Themen, über die er schreibe, so sagt er, seien nur die Symptome dieser Entwicklung.

Foto: Privat

Kathrin Feldmann, geboren 1971 in Hamburg, wuchs bis zu ihrem 8. Lebensjahr in Zentralafrika auf, bevor sie mit Abstechern nach Hamburg und Berlin in München landete.

Bereits während ihres Musikstudiums stand sie als singende Schauspielerin auf den Brettern des Bayerischen Staatsschauspiels, später reiste sie als freischaffende Sängerin, Pianistin, Performerin in verschiedenen Formationen durch die Lande.

2003 brachte sie Zwillinge zur Welt und organisierte sich weiterhin als Leiterin einer eigenen Musikschule. Sie gibt Kurse für Menschen jeden Alters im Bereich Singen, Klavier, Darstellung, verbindet als Leiterin des intergenerativen Zweiges des Seniorenstudiums der LMU Kinder und Senioren in Musiktheaterprojekten, in denen es im weitesten Sinne um das Erleben und Darstellen von „Glück" und „Schicksal" geht, trommelt in einer Sambaformation, leitet einen Damenchor und schreibt bereits seit vielen Jahren als freie Journalistin für verschiedene Kulturjournale.

Seit 2016 arbeitet sie weiter als Heilpraktikerin für Psychotherapie, wobei sie die Stimme als therapeutisches Mittel nutzt, um auf intuitive Art vielen Arten von psychischen und physischen Leiden zu begegnen und Menschen zu ermutigen, sich selbst als stimmig wahrzunehmen und auch so zu leben.

Als sich im März 2020 die Welt schlagartig veränderte, war sie die Erste, die im öffentlichen Raum auf dem Münchner Odeonsplatz musikalische Versammlungen mit an die 50 professionellen MusikerInnen verschiedener Sparten unter dem Motto „Musik heilt, tröstet, verbindet" organisierte, in der Hoffnung, Menschen angstfreie Augenblicke zu ermöglichen, die ihnen Klarheit in Herz und Kopf ermöglichte.

Nachdem im Zuge von Corona ihre Kurse und Konzerte kaum bis gar nicht mehr stattfinden konnten, entschied sie sich, einen lang gehegten Traum in die Tat umzusetzen und ihr Leben in einen Bauwagen zu verlegen, in dem sie seit dem 1. Dezember mit Hund und Katze eine neue Art des sinnvollen Seins erprobt.

Foto: Privat

Michael Dahnke, 1973 geboren in Rostock und 16 Jahre lang gelernter DDR-Bürger, nahm die Nachrichten der Öffentlich-Rechtlichen vor und nach seinem Umzug nach Bremen 1990 komplett und weitgehend ungeprüft für bare Münze und hielt sie für eine ausschließlich demokratischen Werten verpflichtete Informationsverbreitung im Sinn der Erfüllung des öffentlich-rechtlichen Programmauftrags.

Vor circa zehn Jahren motivierte ihn das Fehlen kritischer Gegenstimmen in diesen Medien zur Privatisierung der Öffentlichen Daseinsvorsorge in Deutschland dazu, nach privaten und nicht kommerziell gelenkten Medien zu suchen. Als besonders prägend erinnert er sich an die per Volksentscheid gegen den SPD-Senat, die Handelskammer und einige Gewerkschaften durchgesetzte Re-Kommunalisierung des Hamburger Stromnetzes 2013.

Michael Dahnke ist ein Historiker, der für an den Fakten Interessierte schreibt. Sein Credo lautet, dass Menschen erst dann erfolgreich in der Gegenwart handeln können, wenn sie kritisch und umfassend alle verfügbaren Fakten über die Vergangenheit zur Kenntnis genommen haben.

Nachdem Dahnke bereits von 2007 bis 2010 als freiberuflicher Wissenschaftsjournalist gearbeitet hat, bemüht er sich angesichts der aktuellen Entwicklung in Deutschland mit seinen Mitteln der Recherche und Analyse, das Verständnis aller an der aktuellen Situation in Deutschland Interessierten zu erweitern und es ihnen so zu ermöglichen, informiert und selbstbestimmt zu agieren.

Er ist überzeugt davon, dass es immer eine Alternative zur gegenwärtigen Situation gibt und diese von Menschen als Individuen gestaltet wird, die über eine positive Vision verfügen müssen, um erfolgreich und zielgerichtet handeln zu können.

Foto: Privat

Sabiene Jahn, Jahrgang 1967, studierte Kommunikation und Marketing der Werbewirtschaft und ist seit 37 Jahren als freischaffende Künstlerin in der Musikbranche als Sängerin, Orchesterleiterin, Veranstalterin und als freie Redakteurin tätig. Ihr Musikensemble ist international besetzt und arbeitet national. Ihr aktuelles Bühnenprogramm ist unter anderem ein Beitrag für erfolgreiche Inklusion und besteht aus Künstlern mit und ohne Handicap.

Seit 2017 ist sie aktiv in der Friedensbewegung tätig. 2018 gründete sie den parteifreien Bürgeraustausch „Koblenz: Im Dialog". Sie möchte Menschen der Region in eine persönliche Debatte bringen, um friedliche Lösungen zu finden. Die Veranstaltungsreihe ist bundesweit bekannt. Sie lädt monatlich renommierte Experten, analysierende, Gesellschaftskritik übende Wissenschaftler und Journalisten nach Koblenz ein, um thematisch mit Bürgern zu diskutieren, und sie stellt neue Projekte vor, die basis-demokratische Bürgerbeteiligung anregen möchten. Seit dieser Zeit muss sie sich gegen unwahre Behauptungen der antideutschen Szene in Rheinland-Pfalz, die aus ein paar Vertretern der Parteien Die Grünen, der SPD, die Partei und Die Linken besteht, vor allem juristisch zur Wehr setzen und gewann bislang alle Verfahren. Die Denunzierungen werden dennoch nicht aus dem Internet gelöscht.

Durch ihre Recherchen enthüllt sie die regionalen Vernetzungen, die auch bundesweit Wirkung zeigen, von Parteien, NGOs, Gewerkschaften, Medienunternehmen bis zu religiösen Netzwerken, die strukturell zusammenarbeiten, um von Kritik abzulenken und die Opponenten über Verleumdungskampagnen bekämpfen. Ihr Resümee: „Das Recht auf freie Meinungsäußerung findet sich ausschließlich im Grundgesetz wieder, aber gelebt wird es sehr oft nicht. Das hat auch mit Verklärung der öffentlich-rechtlichen Medien und strukturellem Ungleichgewicht zu tun."

Sabiene kommt aus einer links orientierten Familie, die ihre Wurzeln im antifaschistischen Widerstandskampf hat und jüdischen Menschen in Sachsen-Anhalt im Zweiten Weltkrieg half.

Foto: Privat

Thomas Stimmel, Jahrgang 1985, Sohn eines afroamerikanischen GIs und einer deutschen Mutter, wuchs in einem kleinen oberbayerischen Dorf mit Mutter und Großmutter auf.

Aufgrund der für die damalige Zeit noch recht ungewöhnlichen familiären Umstände war das bewusste Hinterfragen der gängigen gesellschaftlichen Denk- und Handelsmuster wichtiger Bestandteil der eigenen Lebenswirklichkeit.

Nach Beendigung eines klassischen Gesangsstudiums in München und Berlin folgten internationale Engagements, die Stimmel Einblicke in unterschiedlichste Länder boten. Schon früh waren auf diesen Reisen eine Kamera und Notizbuch nicht mehr wegzudenken. Gespräche mit Menschen vor Ort, der Austausch mit Botschaftsangestellten (hier waren besonders Reisen nach Pakistan und Äthiopien prägend) nährten den Wunsch, diese Erlebnisse in Reportagen zu verarbeiten, da die Eindrücke vor Ort dem medial in Deutschland publizierten Bild nur teilweise entsprachen. Diese Erkenntnis untermauerte sein kritisches Denken, welches seinen Ursprung in den Ereignissen rund um den 11. September fand.

Es folgte die Gründung eines eigenen Musiklabels und Verlags, um hochwertige musikalische und „druckbare" Inhalte zu publizieren, sowie das Fotografiestudium an der Münchner Akademie der Bildenden Künste.

Durch die pandemiebedingte musikalische Zwangspause konnte das Projekt, die Gründung des unabhängigen Presseportals „Frische Sicht", umgesetzt werden. Auf dieser journalistischen Plattform sollen Beiträge verschiedener Autoren veröffentlicht werden, die einen wertvollen und nachhaltigen Beitrag zur kritischen Meinungsbildung leisten.